民商法论丛

第65卷

CIVIL AND COMMERCIAL LAW REVIEW VOL. 65

梁慧星/主编

中文社会科学引文索引（CSSCI）来源集刊

法律出版社
LAW PRESS CHINA

目　　录

税收法定

税收法定原则与法治*

姜孟亚

目　　次

十八届三中全会的公报中明确提出"落实税收法定原则"。我们对此应该如何理解？为什么在如此重要的文件中要特别强调它呢？它与法治是什么关系？

在国内外学术界,税收法定原则被认为是税法最为重要的原则或税法的最高原则。它对于保障人权,维护国家利益和社会公众利益,促进社会政治和经济的发展具有十分重要的意义。① 作为现代税法的理论基石,税收法定原则是民主原则和法治原则等现代宪法原则在税法上的体现,其与罪刑法定原则被并称为"现代法治主义之两大枢纽"。②

* 本文系江苏省社科基金规划课题"税收之债研究(13FXD020)"的阶段性成果。

① 王鸿貌:《税收法定原则之再研究》,载《法学评论》2004 年第 3 期。

② 郑玉波:《论赋税法学》,载《民商法问题研究(一)》,台湾三民书局 1976 年版,第 547 页。

一、税收法定原则的基本含义及其本质内容

税法基本原则,是指一国调整税收关系的基本规律的抽象与概括,是贯穿税收立法、执法、司法与法律监督的整个过程的具有普遍指导意义的基本准则。

税收法定原则是税法的基本原则之一,一般也称为税收法定主义,其基本含义是指税法主体的权利义务必须由法律予以规定,税收要素必须由法律予以明确规定,征纳主体的权利义务只以法律规定为依据,没有法律依据,任何主体不得征税或者减免税收。在税法的基本原则中,税收法定原则是最重要的原则,被称为税法领域中的"帝王条款",也是税收立宪最基本的标志。③

税收法定原则包含三方面内容,即征税要件法定、征税要件明确和税收征管合法性。征税要件法定是指有关纳税人、征税对象、征税对象的归属、税基、税率、税收减免及加重事由等课税要件,均由国家立法机关自己制定的法律加以规定(即法律保留原则);征税要件明确要求征税要件的规定,须在内容、标的、目的及范围必须确定,以便纳税人可以预测自己的税收负担并能够具有自行计算的可能性;税收征管合法性原则意指税务机关原则上不仅有权限,而且有义务征收法律上规定的各种税。④

税收法定原则的确立,是资产阶级革命限制封建王权、保护私人财产权的一大胜利,标志着专制君主滥用税收课征权的没落。以 1215 年英国国王约翰签署《自由大宪章》确定"王国大会议"对国王征税的否定权为肇始,在"不经召开王国会议获得全国公意许可,将不征收任何免役税与贡金"的口号下,经由 1629 年的《权利请愿书》到 1689 年的《权利法案》等一系列宪法性文件,确立了所谓"国家的课税权非基于国民代表议会所通过的法律则不得行使"的宪法原则,亦即"税收法定原则"。美国 1776 年的《独立宣言》也以英国殖民者"非经我们同意,

③　翟继光:《税收法定原则比较研究——税收立宪的角度》,载《杭州师范学院学报》(社会科学版)2005 年第 2 期。

④　陈清秀:《税法总论》(第 5 版),元照出版有限公司 2008 年版,第 38 ~ 42 页。

随意向我们征税”作为革命独立的口号。法国 1789 年颁布的《人权宣言》以美国《独立宣言》为蓝本，采 18 世纪的启蒙思想家学说和自然权论，宣称“自由、财产、安全和反抗压迫是人天赋的（自然的）不可剥夺的权利”，所有政治联合的目的则在于保护这些自然权利。这大大丰富和完善了财产权仅受法律限制、课征税收应由法律规定、应经过公民或其代表的同意等税收法定方面的内容。自此以后，资本主义各国无不相继仿效，并以宪法或税收基本法的形式明定税收法定原则。

随着立宪主义的兴起和发展，税收法定原则被越来越多的国家写入宪法，将其作为一项宪法原则予以确认。根据学者对亚洲、欧洲、美洲和大洋洲的 111 个国家的宪法文本的考察，在这些国家的宪法中，包含明确的税收法定原则条款的有 85 个，占比 77%。税收法定原则入宪的具体原因，在不同国家间可能存在一定的差异，但其理论依据则可以从宪法的人权保障使命与税收法定原则的人权保障机能的契合中获得统一的解释。控制公权力以保障基本人权是宪法的首要使命。正如有学者所指出的：“传统的立宪主义表现为一种制度性原理，即针对专制的国家权力的肆意运用，而保护自由自立的个人所固有的、不可侵犯的权利，为此，基本人权的保护，遂成为近代宪法的价值体系的核心。”因此，从权力控制的视角来看，所谓宪法，实乃“限法”，即“限权之法”，而限权之最终目的又在于保障基本人权不受公权力之不法侵害。⑤

各国宪法确定的税收法定原则深刻表明，在发达市场经济国家中国家据以征税、人民据以纳税的正当依据只能是狭义的形式意义上的法律，即最高立法机构制定的法律，而不包括行政法规、行政规章。尤其在实行两院制国家，这种制定税收法律据以征税的立法权（至少是立法优先权）更要置于人民直接选举的下院或者众议院的手中，参议院的税收立法权则要受到极大限制。这种国会保留甚至下院保留税收立法权的做法，其背后隐含的基本逻辑是：财产、自由、安全是人民天赋的不可剥夺的基本权利，应当受到国家的切实保护；政府课征税捐虽系提供政务支出满足社会公共需要之所需，但其课征的结果毕竟意味着

⑤ 易有禄、李婷：《税收法定原则视野下的税收立法权回归》，载《江西财经大学学报》2014 年第 1 期。

纳税人财产权益的减少和财产运用自由的受限,涉及人民的生存、营业自由、人生规划等基本权利,因而其行使应取得人民的同意以获得正当性;同意的方式在民主宪政体制下则是应由人民或人民选举并可罢免的议会制定法律。

没有法律依据国家就不能课赋和征税,公民也不得被要求缴纳税款,这一直是税收法定原则的核心。依据民主原则和法治原则,国家征税所依据的法律,仅是指公民行使权力的立法机构制定的法律或立法机构授权制定的法规,但最主要、最大量的应是立法机构制定的法律。由公民通过其代表在立法机构上自己决定要负担什么税收,并通过立法机构制定的法律加以确定,这样的法律才是符合和体现民意的;公民交纳其自愿负担的税款才是合法的。正因如此,行政机关不应有自己决定征税的权力,而只能有执行法律的权力,这也符合一般的公法原理。⑥

由此,我们可以推断税收法定原则的根本要义和精神实质在于政府课征税收应当经过全体纳税人的同意。同意的途径是人民参与或通过其代表(议会)制定法律;同意的目的是体现人民的意志、限制政府征税权并借由税收法律安定性的保障(可预见性、透明性及信赖保护)来维护纳税人的财产权及其营业自由、人生规划自由。⑦

二、税收法定原则的三个发展阶段

(一)国民主权与形式的税收法定原则

"法治国家之发展史莫不显示,先形式而后实质。"税收法定原则也是如此。当近代资产阶级民主革命成功后将税收法定原则写入宪法时,其主要表现为形式意义的税收法定——公民依照法律方有纳税的义务,而法律只能由民选的国家立法机构制定,税的行政与裁判只能依据法律进行。如此,公民通过自己选举的代表决定自己的税收负担,由此实践古老的"征税同意权"以及"无代表则无税"的税收民主主义

⑥　张守文:《论税收法定主义》,载《法学研究》1996年第6期。

⑦　朱大旗:《论税收法定原则的精神实质及其落实》,载《国际税收》2014年第5期。

理想。

由形式的税收法定原则衍生出溯及效力禁止原则和类推适用及其他法律补充之禁止原则。因为法律的溯及效力必然使法律保留的要求在时空上实质被挖空,即便按照法律明文规定有溯及效力的法律,也仅限于对纳税人有利的变更,而不允许做不利的变更。此外,行政机关若要制定法规性命令,必须有法律授权,且这种授权不能是概括性的、一般性的授权,应尽可能符合个别的、具体性的要求。

处于这一阶段的税收法定原则是被简单地归结为一种确保税收领域中法的安定性、法的预测性的法律手段,其重点不在于制约立法,而是通过阻止在税法执行过程(行政和裁判过程)中滥用权力的方式,以发挥维护纳税人权利和保障自由权的作用。

(二)税收正义与实质的税收法定原则

形式的税收法定原则基于对于民主宪政的信赖,也因为经验幼稚,尚未设防由民选产生的立法机构可能会制定出不符合实质正义的税法。所以,对于国家的征税权往往只是从人民有依法律纳税的义务出发,只要满足于依法课征的形式要件即可,对于不合理的税收负担或课征方法,“了无戒心”。然而,民主代议制的缺陷,使民选代表不一定真正代表民意,形式法律的内容可能自始即不符合税收的实质正义标准。“二战”后发展出来的实质税收法定原则主要表现为运用实体宪法原理,包括平等原则、比例原则以及财产权、生存权等基本权保障,制约议会课税立法权,实现税收正义。

所谓实质的税收法定原则,意即税法不仅仅是遵守国家立法机关保留原则制定出的法律,而且是符合宪法秩序的法、契合宪法法理的法、保障纳税人基本权的法。这首先表现为宪法中的平等原则在税法中的贯彻与执行。由于税收是无对待给付的强制征收,所以只能按照公民的税收负担能力平等分摊,这就形成了税法上特有的原则,也是体现分配正义的税法建制原则——量能课税原则。量能课税原则为依法课税的伦理基础。⑧

20世纪下半叶的国家,随着其职能的扩张而广泛运用税收作为财

⑧ 熊伟:《重申税收法定主义》,载《法学杂志》2014年第2期。

政收入目的以外的政策工具,以推动经济、社会或文化目的,由此推动了宪法上比例原则在税法中的适用。宪法对征税的限制除了量能课税原则和比例原则外,还有公民基本权保障,或者说纳税者基本权保障。

依据发达国家的经验:税收法定原则发展的第一阶段主要是通过阻止行政过程、裁判过程中发生的权力滥用现象以消极地保护纳税人的权益;而第二阶段则是通过制约立法过程中的权力滥用现象以积极地维护纳税人的自由权,从而使纳税人基本权的保障贯穿立法、行政和司法全过程。

(三)迈向税的收支一并贯通的税收法定原则

如同形式的税收法定原则并未在实质的税收法定原则发展阶段消失一样,第三阶段仍是实质的税收法定原则继续深化的过程,也是形式的税收法定原则与实质的税收法定原则更为交融的时期。然而,第三阶段关注的更为尖锐也更为关键的问题则是国家征税权与税收收入的最优规模问题。这是国家财政汲取权与公民财产自由权之间合理配置的宪政问题。在纳税义务人全体层次上,量能课税原则要求划定国家税收收入占国内生产总额的最优比例。税收收入规模不能仅仅孤立地从税收负担来判断,还必须考虑其财政支出的项目及效率。因此,第三阶段税收法定原则所面临的挑战是:政府与社会都必须认识到参酌财政资金利用效率,税收收入最优规模的问题,并由此开启关于税制与税政的理性对话。否则,关于税收收入,政府与社会之间的关系必然紧张,难以协力促其正常发展。

以上是第三阶段延续第二阶段实质税收法定原则的深化而面临的艰巨任务。如果从更宏大的视野看第三阶段区别于前两个阶段的特点,则在于其打通税的收与支,使税收法定原则不再局限于税的征收层面,而自然延伸到税的使用层面。

现代税收国家体制下,税的征收与支出都必须符合宪法规定的保障公民基本权利的目的,作为纳税者的公民享有对符合宪法目的的税的征收与支出而承担纳税义务的权利。这一由宪法直接引导出来的新人权被称作纳税者基本权。按照纳税者基本权原理,税收法定原则是维护纳税者基本权利的最根本表现。公民不仅对税的征收享有民主管理的权利,而且对税的支出也应该享有民主管理的权利。

尽管以预算法为龙头的财政法也在研究财政民主、财政公平以及预算法定等问题,但是从税收法定原则理论出发研究税的使用问题,必然会给传统财政法学引入新的研究视角。例如,如果从宪法理论上确定纳税者基本权所包含的权利,那么纳税者就可以广泛地对税的征收与使用的方法加以争执,这样就比较容易地引入“纳税人诉讼”。[⑨]

三、当代中国的税收法定原则

1949 年中华人民共和国成立以前,在中国共产党领导的革命根据地曾先后制定过一些具有宪法性质的文件,其中就有关于税收的规定。例如,1946 年 10 月 28 日制定的《中华民国陕甘宁边区自治宪法草案(修正稿)》第 18 条规定,“陕甘宁边区议会,为陕甘宁边区之立法机关及监察机关”,其职权中包括议决边区财政预算、审核财政决算、议决税收和其他收入。第 30 条规定,编制财政预算、决算和税收事项,“须依行政委员会决议行之”。第 63 条规定:“财政公开,厉行预算决算制、会计制、金库制、审计制,严惩贪污,实行合理税则,贫苦人民免税。”这里作出了税收由立法机关议决的规定。

1949 年 9 月 29 日,中国人民政治协商会议第一届全体会议通过了具有临时宪法作用的《共同纲领》。其中第 8 条规定:“中华人民共和国国民均有保卫祖国、遵守法律、遵守劳动纪律、爱护公共财产、应征公役兵役和缴纳赋税的义务。”第 40 条规定:“建立国家预算决算制度,划分中央和地方的财政范围,厉行精简节约,逐步平衡财政收支,积累国家生产资金。国家的税收政策,应以保障革命战争的供给、照顾生产的恢复和发展及国家建设的需要为原则,简化税制,实行合理负担。”这里规定了国民的纳税义务和国家的税收政策,但是没有直接规定税收与法律的关系。

1954 年 9 月 20 日,一届全国人大一次会议通过了中华人民共和国的第一部宪法。它规定了全国人民代表大会的立法权,但是依然没有税收法定的规定;它规定了依法纳税的义务,但是仅限于公民。1975 年宪法删除了关于公民纳税义务的条款。1978 年宪法,当时正值“文

---

⑨ 丁一:《税收法定主义发展之三阶段》,载《国际税收》2014 年第 5 期。

化大革命”结束不久,改革开放尚未起步,税收的作用也没有受到应有的重视。1982年宪法恢复了1954年宪法关于税收的规定,但是没有明确税收法定。[⑩]

税收法定原则在我国宪法上规定的并不明确。我国宪法既未对财税制度作专门的规定,也未对税收立法权作专门的规定。[⑪] 但是从我国法律规定和立法实践来看,税收立法权归于国家立法机关(人民代表大会)也是为大家所公认的一项原则。在1984年以前,国务院也好,国家财政税务部门也好,虽也曾制定过有关的税收法规,但基本上都是为了执行上位法而依据上位法的授权进行的。虽然我们不能据此认定这一时期的立法实践意味着对税收立法权应当归属于立法机关的认同,但起码不能作出相反的解释。而1984年全国人大常委会《决定》的基本精神大体可概括为两点:一是税收事宜只能由最高国家权力机关以“法律”的形式加以规定;二是在工商税制改革过程中,最高国家权力机关有条件地将税收立法权授予国务院行使。就这两点看,《决定》实质上是间接肯定了税收法定原则。及至1992年,《税收征收管理法》第3条进一步明确,除法律授权国务院以行政法规规定外,“税收的开征、停征以及减税、免税、退税、补税,依照法律的规定执行;法律授权国务院规定的,依照国务院制定的行政法规的规定执行”。特别应当指出的是,该条后半段虽有“依照国务院制定的行政法规的规定执行”的规定,但其前提是“法律授权国务院规定的”。也就是说,本条后段进一步确立税收立法权属于全国人大及其常务委员会的立法理念。

2000年的《立法法》尽管本身也受到合宪性的困扰,但值得肯定的是,该法以明确而有力的措辞肯定了税收立法权应归于最高国家权力机关的原则。该法第8条和第9条明确规定,有关“基本经济制度以及财政、税收、海关、金融和外贸的基本制度”等事项只能以“法律”规定,只有在“尚未制定法律”的情况下,才能由全国人民代表大会及其常务

---

⑩ 刘佐:《学习全会决定精神 落实税收法定原则》,载《当代中国史研究》2015年第1期。

⑪ 张守文:《论税收法定主义》,载《法学研究》1996年第6期。

委员会作出决定,授权国务院可以根据实际需要,对其中的部分事项先制定行政法规。

这里所谓的税收等“基本制度”,应当主要包括两个方面:一是税的开征、停征、减征、免税、退税、补税等直接涉及公民财产权利的实体法部分;二是税收征收的基本原则、制度与程序等。如果税收的开征、停征、减征以及税收征收的基本原则、制度与程序等不属于税收“基本制度”,那么什么是税收“基本制度”?从这一意义上说,即便是抛开宪法是否确立了税收法定原则这一问题不谈,如果仅从《立法法》的规定来看,一般意义上的税收立法属于法律保留事项。

应该指出的是,仅就国家立法层面而言,税收法定原则的确立似乎是没有疑问的,但就具体的立法与行政实施层面而言,该原则似乎并未得到严格遵守。这主要体现在两个方面。

(一)就税收立法而言,税收法定原则几成具文

综观中国现行税收法律体系就不难发现这样一个事实:除了兼具基本法与程序法性质的《税收征收管理法》外,涉及具体税种的开征、税率等18个有效实体税法,其中由国家立法机关制定的只有3个税法,即个人所得税法、企业所得税法和车船税法。其余各税种实质上都是由国务院以行政法规加以规定的。

除关税立法权来自《关税条例》较为明确的授权外,其他税种的立法权基本上来自全国人大常委会1984年9月18日的《关于授权国务院改革工商税制和发布试行有关税收条例(草案)的决定》,而该授权决定无论是在授权的范围还是在授权的时间方面,都没有明确规定,有“空白授权”之嫌。更重要的是,该授权决定本来属于临时性授权。依其规定:“授权国务院在实施国营企业利改税和改革工商税制的过程中,拟定有关税收条例,以草案形式发布试行,再根据试行的经验加以修订,提请全国人民代表大会常务委员会审议。”在国家税收框架体系早已基本成形的情况下,其施行时间仍长达25年之久,至2009年6月27日始被废止(全国人大常委会,2009年)。但是,即使该决定自废止至今,最高国家权力机关也仅仅制定了车船税法,其他税收立法仍然主要是由国务院甚至是国务院部门来行使的。

(二)就税收法律的执行情况来看,无论是从中央政府层面,还是从地方政府层面来看,现有的税收法律、行政法规也未得到严格遵守

且不论自改革开放以来持续至今各地为吸引投资而展开的税收竞争在法律依据上的不足,即便是在中央税务部门的税收管理层面也未严格遵从相关法律、行政法规的规定。

以2009年1月1日开征的"燃油税"为例,即不无可商榷之处。该税的开征及税率,其依据也仅仅是国务院的一纸《关于实施成品油价格和税费改革的通知》。尽管该项税费改革乃大势所趋,也是10余年前即1997年通过的《中华人民共和国公路法》(以下简称《公路法》)提出的要求,"公路养路费用采取征收燃油附加费的办法。拥有车辆的单位和个人,在购买燃油时,应当按照国家有关规定缴纳燃油附加费。征收燃油附加费的,不得再征收公路养路费。具体实施办法和步骤由国务院规定。"但从法律的层面来看,依据《公路法》第36条之规定,有关燃油税的征收办法,也应当由国务院制定正式的行政法规加以规定,这同时也是《税收征收管理法》(第3条)所要求的。当然,此次"燃油税"的开征,有关机关通过以"提高""成品油消费税"代替《公路法》规定的"依法征税"(1997年《公路法》的"燃油附加费")这样一种简单的技术性处理,就有效地实现了对《公路法》和《税收征收管理法》等相关法律的规避,同时也规避了其自行制定的《消费税暂行条例》,而令其"貌似"获得了合法性:将原来已经开征的成品油消费税由每公升0.20元提高0.80元至每公升1.00元(无铅汽油)。

如果说"燃油税"的开征是"千呼万唤始出来"的"迟到",那么,研究开征"环境税""物业税"则有"未婚先孕"之嫌。在国家尚未出台相关法律、行政法规的情况下,国家发展改革委员会于2009年出台了《关于2009年深化经济体制改革工作的意见》,决定"加快理顺环境税费制度,研究开征环境税;深化房地产税制改革,研究开征物业税(财政部、税务总局、发展改革委、住房与城乡建设部负责)"。至于证券(股票)交易印花税的开征、调整更是视税收法律、行政法规为儿戏的典型:财政部、国家税务总局等有关部门在没有明确法律依据的情况下,开征并且随意调整印花税税率。

凡此种种，从中或可略窥税收法定原则在当代中国的命运之一二。[12]

四、落实税收法定原则的路径

十八届三中全会《决定》提出："到 2020 年，在重要领域和关键环节改革上取得决定性成果，完成本决定提出的改革任务。"落实税收法定原则作为全面深化改革的一项任务，也需要有明确的时间表、路线图。特别是考虑到我国税收法律体系缺位较为严重、税收法治观念有待加强的现状，具体的落实路径必须更加积极、审慎和稳妥。从方法论上说，这一改革关系复杂、牵涉面广、矛盾突出，很难一步到位，故应当找准突破口，分阶段、分层次、分步骤实现。

（一）全国人大需要加快税收立法步伐

立法是实现法治的重要基础。我国的立法体系虽已告形成，但许多重要的税收立法却尚付阙如。税收法定原则要求"一税一法"，而我国多数税种却尚无相应法律，不仅有悖于严格的"法定"要求，亦有违《立法法》的明确规定。[13]

落实税收法定原则的第一步是实现"有法可依"，即解决税收立法供给不足的问题，推动税收立法权回归全国人大。与此同时，全国人大及其常委会应当结合税制改革的进程，在新税种上积极行使税收立法权，并将原有税收行政法规进行逐步、逐级、逐层地清理，最终将其全部上升为法律。当然，税收法律化也需要一个循序渐进的过程。要求短时间内将所有税种都制定法律，并不现实。

税收法定原则的具体落实，应当根据宪法规定的原则和完善税制、税收管理制度的需要与可能区别不同情况，逐步推进，并尽量加快步伐：条件已经比较成熟的税收行政法规，可以先行升格为法律；条件暂时不太成熟的税收行政法规，应当先行完善行政法规，待其比较成熟以后升格为法律；正在改革中的税种，应当加快改革步伐，在改革完成以

---

⑫ 袁明圣：《税收法定原则在中国：收回税收立法权没有时间表》，载《江西财经大学学报》2014 年第 4 期。

⑬ 张守文：《税收法治当以"法定"为先》，载《环球法律评论》2014 年第 1 期。

后适时制定法律;已经制定的某些税收法律,也应当随着有关税制和税收管理制度的改革尽快加以完善。[14]

还应看到,税收法定原则并非绝对排斥其他法律渊源在税收事项上的效力。相反地,它承认并要求税收行政法规、规章和规范性文件在宪法、法律的统领下,在各自效力范围内发挥作用。也就是说,在全国人大及其常委会制定某一税种法之后,国务院仍然可以进行执行性立法,出台实施条例等行政法规,税收主管部门也可以根据法律法规来制定具体解释与执行细则。尤须强调的是,必须严肃禁止以往存在的“有法不依”现象,不允许下位法违反甚至架空上位法的规定。其他法律渊源在法律允许的范围内,可以进行法律内容的补漏,但不得超越法律进行创制性的补充。对此,十八届三中全会《决定》也在“推进法治中国建设”部分中着重强调了对法规、规章、规范性文件的审查制度,这是一个重要的信号。各种法律渊源相互配合、相互协调,才能够实现税收法律制度的形式协调,形成层次分明、结构完整、有机联系的统一整体。

(二)提高税收立法质量,回应公众诉求

落实税收法定原则的第二步是提高立法质量,不仅要有法律,而且还应当是“管用的良法”。实践已经证明,不是什么法都能治国,也不是什么法都能治好国;人民群众对立法的期盼,已经不是有没有,而是好不好、管不管用、能不能解决问题。

为此,一方面,应当按照“要素确定”的要求,增强税法的可操作性。鉴于国情的复杂性与不平衡性,我国立法机关常常倾向于在法律中仅作原则性规定,具体内容留待法规、规章甚至是司法解释去规定。客观地说,这种做法有一定合理性,但也加大了法律冲突、法律真空的概率,最终将会损害法律的权威。特别是对于税法而言,如果法律仅有原则性条款,就很难实质性地约束税务机关的课征行为,纳税人也难以据此形成稳定预期,税收法定原则的功用实际上就被架空了。从外国实践来看,税法都是高度细化,因此也是高度复杂的。当然,要素确定

---

⑭ 刘佐:《借鉴外国宪法税收法定规定 推进中国税收法定早日“入宪”》,载《国际税收》2015年第7期。

并不是完全排斥不确定法律概念——这实际上也是很难实现的。但是,太过于一般的、不明确的甚至是接近空白的条款,就难以依解释方法使其意义明确,而有导致公权力之肆意滥用之虞,因而与税收法定意旨相悖。一般来说,税法条文应当足够具体到能够为纳税人提供较为确定的预期。

另一方面,应当提高税法内容的实质正当性,使之尽可能地吻合税收公平等原则的要求,并更多地回应民众诉求,在不同的利益群体中寻得平衡与协调。而要提高立法质量,重要的途径就是坚持开门立法、民主立法和科学立法。此外,在制定不同层级的税收法律规范时,也应当建立起不同程度的民意控制机制。对于涉及纳税人实质性利益的规范性文件,也应将"正当程序"的要求引入制定过程中,建立信息公开、专家审议等制度。当然,从根本上说,这需要推动人民代表大会与时俱进,不断提升其专业能力和政治地位,使其真正发挥好最高立法机关和最高权力机关的作用。

进一步看,在现代多元社会中,受制于信息条件或利益俘获,人民的代表在税收事项上并不总是能很好地代表人民。因此,税收作为深刻涉及国家与纳税人关系的根本性事项,不能仅仅被视为政治决定之产物,也不能单凭形式上的立法程序而取得正当性。换言之,税收立法权也不是完全没有限制的,它应当受到宪法价值的约束,特别是要受严格平等原则的约束,亦即依量能课税原则予以平等负担。在这个意义上,以立法控制来防范课税侵犯人民基本权利的时代已经结束,强调税收法定不得不面临寻求宪法保障之新时代。因此,在未来条件成熟时,应考虑在宪法中正式确立税收法定原则。

(三)实行税收法治,鼓励纳税人税务诉讼

落实税收法定原则的第三步,也就是要让税法的规定在实践中得到尊重和奉行。换言之,就是要真正实现其内蕴的规范国家税权的要求,有效、完整地保护纳税人权利,经由"税之良法"实现"国之善治"。对我国而言,这一点尤为重要。由于我国的法治建设主要依赖于政府推进而非自然演进,加之较为根深蒂固的权力至上传统,法律往往不能对政府权力进行有效的约束。要真正实现市场主体"法无禁止即可为"、政府部门"法无授权不可为",关键在于强化监督和责任制度。同样地,落实税收法定原则,也不仅仅要求有法可依,更要求有法必依、违法必究。因此,应当建立科学、理性的激励考核机制,引导税务机关转变按照指标或任务征税的思维,以税收法律作为征税的唯一依据。同时,要建立和完善对税收执法的监督和问责机制,切实保障纳税人获得救济,特别是获得司法救济的权利。全社会应当改变追求"税务零纠纷"的维稳思维,自觉通过税务诉讼等法治方式来解决纠纷、化解矛盾,通过个案来提高整个社会的税法遵从度。当然,这就要求对《中华人民共和国税收征收管理法》中的"两个前置"等不合理规定加以修改,并可以尝试设立专门的税务法院或税务法庭。在这个时候,"税收法定"就已经上升为了"税收法治",即实现了税收立法、执法、司法、守法整个环节的法治化。

不过,如果站在更高的层次上看,只关注收入面的税收法定仍然还不是最终的完美状态。在现代财税法视野下,税收的征收和使用已经被打通为一个整体。作为一种公共财产,税收来源于纳税人,也最终服务于纳税人,其收入和支出都与纳税人的福祉紧密相关。正因如此,学界才提出了"纳税人基本权利"的主张,认为人民拥有按照符合宪法的规定来征收和使用税收的权利。只有将法定的范围从征税扩展到用税,才能形成对纳税人权利的完满保护。对此,应当将税收的具体用途及开支程序也通过法律加以规范,特别是要更好地发挥预算的作用,切实管好政府的"钱袋子"。此外,还可探索建立纳税人诉讼等制度,提升纳税人在国家之前的积极主体地位,最终实现纳税人财产权和国家财政权的平衡与协调。当然,从税收法定到财政法定,对我国来说确实是一项任重而道远的事业,也因此需要更多的耐心、更强的坚持和更大的智慧。[15]

国际上税收法定原则之所以会不断地发展,在于其所根植的民主宪政在不断地发展;只要民主、法治与人权保障的进程仍在继续,税收法定原则就会不断前进。我国目前的税收实践与先进税收国家相比,差距比较明显。所以对我们而言,落实形式的税收法定原则仍是当务之急。但这并不表示我们还可以留待将来逐渐发展实质的税收法定。

---

⑮　刘剑文:《落实税收法定原则的现实路径》,载《政法论坛》2015年第3期。

形势逼人,呼唤着我国在落实形式的税收法定原则的同时,深切关注实质的税收法定原则,也即纳税人基本权利的积极保障,并且,对国家税收收入的超常增速必须有所警惕,提前设限。此外,尽早将税收法定与预算法定贯通一致地考虑,也是需要未雨绸缪的事情。[16]

在法治中国建设的进程中,税收法治是重点,而要推进税收法治,则应以"法定"为先,全面落实税收法定原则,结合以往在税收立法领域存在的中国问题,不断提升税收立法质量从而为税法的有效实施奠定坚实基础。[17] 落实税收法定原则,其实质就是把政府的征税权力关进法律的笼子。它意味着一种更深刻而直接的利益和财权调整。法定的税收必将实现法治的中国。

(姜孟亚,江苏省委党校教授。)

---

⑯ 丁一:《税收法定主义发展之三阶段》,载《国际税收》2014 年第 5 期。

⑰ 张守文:《税收法治当以"法定"为先》,载《环球法律评论》2014 年第 1 期。

专题研究

“控制”的公司法界定*

周哨龙

目　　次

在公司法上,“控制”始终是一个重要的概念,学说界对此的研究也非常多。但是目前的研究主要集中在所谓公司控制权的正当行使以及控制权的私人收益等方面。而关于“控制”的一些基础性的问题,如控制的概念与特征、控制的实现方式等,学者们似乎认为是不证自明不用赘述的,相关研究与讨论则比较少见。本文拟对控制概念的一些基础性方面进行剖析,以期能有益于对控制的准确理解。

一、控制的界定

(一)控制的学理界定

讨论“控制”的概念,就不得不提到伯利和米恩斯的《现代公司与私有财产》。该书最早研究“控制”,提出了经典的“两权分离”的命题。

---

* 基金项目:本文系2014年度安徽省高校省级人文社会科学研究重点项目(项目编号:SK2014A259)的阶段性成果。

但是遗憾的是，该书没有对“控制”给出明确的定义，而是从不同的角度对其进行描述性的介绍。但是总体而言，该书中的“控制”概念是模糊不清的。一方面，该书中对“控制”的许多描述都指向对公司资产的现实的占有使用处分和支配，[①]将控制混同于公司经营管理权力；另一方面，该书的其他描述又让很多研究此书的学者得出了另外的结论，即公司控制权的核心内容，“是能决定董事会中多数董事的当选，以及指令董事以影响董事会的决议，达到控制公司的目的”。[②] 可问题在于，这种选举董事的权力其实正是所谓的股东“所有权”的核心内容，如果将其作为“控制权”的话，那么也就不存在所谓的两权分离了。

伯利和米恩斯的观点对后世研究产生了深远的影响。一方面，两权分离的命题被逐渐修正。最初的两权分离，其英文原文是“separation of ownership and control”，直译为汉语就是“所有与控制的分离”，而现在汉语学说界所谓的两权分离，往往则是被解释为经营权与所有权的分离，即后世学者已经明确与所谓所有权相分离的，乃是公司的经营管理职权，而不再坚持所有权与控制权分离的说法。另一方面，“控制”的概念仍然被一些学者继续作为“经营管理”的代名词使用，这在一些经济学的文献中表现更为明显，甚至也有人将公司治理翻译为公司控制。但是在法学领域，“控制”则更多的是被用来指称公司控制股东或者实际控制人对于公司的决定性影响，由此也造成了“控制”语义的混乱。

---

① 该书作者写道：“对实物资产的控制权，已从个人所有者转移给那些领导准公共机构的人，而所有者保留了对这些实物资产的产品和增值的权益”，结果，所有权裂分为“控制权和可享受收益的所有权”，所有者“将财产的全部处置权让渡给了企业的控制者”。参见［美］阿道夫·A. 伯利、加德纳·C. 米恩斯著：《现代公司与私有财产》，甘华鸣等译，商务印书馆 2005 年版，第 9～10 页。

② 徐来：《公司控制的公司行为法理解释》，载《南方金融》2012 年第 11 期。另外，有美国学者也同样指出：“伯利与米恩斯给公司的‘控制’概念下了个含糊的定义。他们指的是一小群股东，实际上有权通过下列方法之一选择董事会：(1) 普通股的完全所有权；(2) 多数控股权；(3) 通过法律手段进行的控制；(4) 少数控股权；(5) 经营者控制。”参见［美］默里·L. 韦登鲍姆、马克·詹森：《Transaction 版导读》，载［美］阿道夫·A. 伯利、加德纳·C. 米恩斯著：《现代公司与私有财产》，甘华鸣等译，商务印书馆 2005 年版，第 9 页。

上述“控制”语义的模糊不清,在公司法学领域也有一定的体现,这主要体现在控制的界定上,出现了直接决定说和间接影响说两大阵营的对立。直接决定说强调“控制”是控制者直接决定公司有关事务,而根据控制作用的对象的差别,直接决定说之下又形成了不同的派系:决定公司政策说、战略决策权说、公司资产支配说和公司人事任命说(董事选举说);等等。[③] 例如,Lewis D. Solomon 认为,控制权是指决定公司商业政策和方针的权力,[④]将控制的对象界定为公司的商业政策和方针;Tirole 教授对公司控制权定义的着力点则是公司行为,认为“公司控制权是一个权利人(或者一个权利群体)所拥有的从公司成立之时就开始的影响公司行为整个过程的权力”。[⑤] 间接影响说强调,上述公司决策的做出,受到了来自控制者的实质性的影响,因此这些决策本质上都符合并体现了控制者的意志。有学者认为,影响说已经成为认识控制的主流观点。[⑥] 在控制性影响的提法之外,学说上还形成了“决定性影响”“支配性影响”“重要影响”“实质影响”[⑦]等提法,本文不再一一赘述。

(二)控制的立法界定

立法中直接对“控制”或者“控制权”进行界定的并不是很多,更多的立法是对与“控制”相关概念(如控制股东、实际控制人、控制关系等)进行界定,但是从这些规定中我们也可以看出立法者们心目中的“控制”是怎样的概念。比较这些立法规定,本文认为其明显的共同之

③　胡智强:《公司控制权的法律透视》,载《安徽大学学报》(哲学社会科学版)2009年第1期;以及俞雷:《论公司控制权及其性质》,载《黑龙江省政法管理干部学院学报》2009年第2期。

④　Lewis D. Solomon、Donald E. Schwartz and Elliott J. Weiss: *Corporations Law and Policy Materials and Problems*, West Group, 1998. 转引自徐来:《公司控制的公司行为法理解释》,载《南方金融》2012年第11期。

⑤　徐来:《公司控制的公司行为法理解释》,载《南方金融》2012年第11期。

⑥　胡智强:《公司控制权的法律透视》,载《安徽大学学报》(哲学社会科学版)2009年第1期。

⑦　俞雷:《论公司控制权及其性质》,载《黑龙江省政法管理干部学院学报》2009年第2期;以及林全玲、胡智强:《公司控制权的法律保障初论》,载《社会科学辑刊》2009年第4期。

处在于,强调控制者与被控公司是两个不同的法律主体,即控制的主体不是公司自身,也不是董事会之类的公司机关,而控制的本质在于一个主体对于另一个主体所施加的“影响”。

在立法中直接对“控制”加以定义的,比较典型的是美国。《美国联邦证券法典》第202条规定,“控制”是指直接或间接(如获得股权、签订合同或其他安排、通过中间人等方式方法)对一个公司的经营方针或日常管理或者对一个自然人的活动实施具有控制性影响的权力。另外美国法律研究院的《公司治理原则:分析与建议》中对“控制权的规定,[⑧]以及《特拉华州普通公司法》第203条(4)的规定,也基本与此一致,只不过措辞上使用“引导”来代替“影响”。

另一个明确定义“控制”的立法是澳大利亚公司法。根据澳大利亚2001年公司法(2013年修订)第50AA节,控制意味着有权决定被控制公司的财务和运营政策等方面的决策结果。这其实也意味着决策的过程是属于公司自身的,但是基于这个过程所产出的结果却受制于公司的控制人。即公司的决策形式上是独立的,实质上要受制于他人。

不直接定义“控制”而是界定相关的周边概念的立法中,一般都是在立法中直接界定所谓的“控制关系”或者是控制的主体,而立法上所界定的控制主体,不论是控制股东还是实际控制人,都是区别于被控公司的独立主体,而控制关系的术语本身就表明控制者与被控公司是两个法律主体。例如,《德国股份公司法》第17条规定,从属企业是在法律上独立的企业,另一个企业(支配企业)可以直接或间接地对该企业施加决定性影响。我国台湾地区“公司法”第369-2条规定,公司持有他公司有表决权之股份或出资额,超过他公司已发行有表决权之股份总数或资本总额半数者为控制公司,该他公司为从属公司。除前项外,公司直接或间接控制他公司之人事、财务或业务经营者亦为控制公司,该他公司为从属公司。我国公司法则是界定了两类控制主体:控股

---

⑧ “控制权”是指直接或间接地对一个商业组织的管理(或经营)政策施加控制性影响的权力。参见美国法律研究院:《公司治理原则:分析与建议》,楼建波等译,法律出版社2006年版,第702页。

股东和实际控制人。

(三)本文的定义

比较而言,直接决定说对于“控制”的界定,更加接近“经营管理”的意思。通过后文的讨论可以看出,直接决定说致命的缺陷在于无法有效保障公司法人格的独立存在,毕竟公司事务是由公司以外的控制者“决定”的,而非公司“自决”。而间接影响说虽然避免了这个缺陷,但是由于所谓的“影响”语义含糊,很难给“控制”的认定提供一个相对明确具体的标准。因此本文以间接影响说为基础,提出“控制”的如下定义并在后文详加论述:公司法上的控制是公司之外的第三人通过控股、合同约定等不同形式,使公司的决策遵从该控制者意志的法律事实。

二、控制的方式只能是间接影响

(一)控制者与公司是不同主体

如上文所述,在部分学者眼中,对公司的控制是一个含义非常广泛的概念,不仅包括前文援引的公司立法例中所提到的对公司的实质性的“影响”或者“引导”,同时也包括公司自身所具有的经营管理权力在内。有些学者甚至认为,这是两种不同的“控制”,只不过“控制”的主体有所不同罢了。例如,美国的 Troy A. Paredes 教授就曾表示,“董事会被授予对公司事务的经营性控制权,包括对被授权经营管理公司日常事务的公司管理人员的监督义务。而在另一方面,股东则保留了关键性的对公司的剩余控制权,其中最重要的是选举董事以及出售股份的权利”。⑨ 国内也有研究主张,控制者分为两类,一类控制者则是大股东,另一类是公司的经理人员,在后一种情况下,“此意义上的控制就等于经营管理,控制权就等于经营管理权”。⑩ 这种观点其实是将公司的经营管理也视为是“控制”的一种类型。

本文认为,这种将对公司的“经营管理”等同于“控制”的做法,是

---

⑨　Troy A. Paredes: The Firm and the Nature of Control: Toward a Theory of Takeover Law, http://sssrn.com/abstract=507762,最后访问日期:2016年9月3日。

⑩　参见殷召良:《公司控制权法律问题研究》,法律出版社2001年版,第7页。

完全不可取的。首先,这种做法造成了法律意义上的"控制"与日常意义上的"控制"的混淆。尽管从字面意义上理解,将公司的经营管理称之为"控制"似乎也没有问题,但是作为严格的法律术语,"控制"是具有特定的含义的,而不能将之与该词语的日常意义上的使用相混淆。

其次,上文所述的"两种控制"在性质上截然不同,不能将其混为一谈。董事会所享有的"经营性权力"和控制股东等主体所享有的对公司的决定性影响存在根本的差别。这两者最为明显的差别首先表现在主体上的不同。公司的经营管理权力是公司自身拥有的一种权力,这种权力通常都是由公司的董事会享有和行使。董事会是公司自身的机关,董事会的意思就是公司自身的意思,董事会的行为被认为就是公司的行为,因此公司通过其董事会行使经营管理权力,是其意思自治的一种体现。经理管理权力的行使主体,是公司自身。因此对于所谓的经营管理权力,公司法上需要考虑的问题是,经营管理的决策应当如何做出,其法律效果通过何种方式归属于公司?如何保障董事会的此类决策符合公司的利益?这些内容基本上都属于公司治理的范畴。

与此不同,对公司的控制指的应该是公司之外的主体对公司所施加的影响或者作用。控制的主体是公司之外的第三人,而不是公司自身,也不是公司机关。因此,在对公司进行控制的场合,控制者与被控制的公司是两个不同的人格。而两个不同的法律人格的存在,意味着"控制"的存在,很有可能会对公司的意思自治产生实质的影响,或者说公司法人格的独立性有受侵害的可能。因此"控制"对于公司法律制度提出了一系列区别于经营管理权的问题:公司之外的主体通过什么方式实现对公司的控制,在控制者实现对公司控制的情况下,我们又如何保证公司的法律人格是独立的?如何平衡控制者与公司之间的两种不同的法律人格?

可见,控制与经营管理存在根本的区别,这两者不应该混为一谈。将主体和属性根本不同的两种东西放在一个概念之中,是不合适的。那么,公司法上的"控制"究竟应该是指董事会的"经营管理权力"还是第三人对于公司所施加的"决定性影响"呢?本文主张应当是后者,理由有二:第一,前引的相关立法中所涉及的"控制",都是在此种意义上使用的,尽管各国立法的规定方式和具体措辞略有差别。第二,董事会的经营管理职权已经有了自己的明确称谓,没有必要再将之称为"控制",那样只能徒增混乱。

在明确了"控制"不同于公司的经营管理职权之后,"控制者"的身份也就十分清楚了,"控制者"也就是控制的主体,不是公司机关,更不是公司本身,而只能是独立于公司之外的其他主体,或者说是"第三人"。而各国立法上所界定的控制主体,不外乎控股股东和实际控制人两种类型,也验证了控制主体是独立于被控制的公司的,"控制者"和被控制的公司是两个不同的主体。

对于与公司具有不同人格的控制者,依照其控制公司的不同方式,一般将控制者可以分为控制股东和其他控制人。控制股东是指通过控股来实现对公司的控制。其他控制人则是通过非控股的其他方式来实现对公司的控制,这其中最为典型的就是所谓的控制合同。我国公司法上除控制股东之外,规定了一个实际控制人的概念,但是对实际控制人的规定,强调其并不持有公司股份。我国公司法规定的思路是,股东只能通过控股的方式来实现控制,从而使得只持有公司的少数有表决权股份,而通过合同等其他方式实现对公司控制的控制者,处于一种法律上无法定位的尴尬地位。笔者认为,应当将"实际控制人"的概念改造为"其他控制人",即只要是通过控股之外的其他方式来实现对公司控制的都应当划归一类,即其他控制人。

(二)控制的方式是间接影响

在明确了控制者与被控公司是两个不同的主体之后,我们立刻就可以发现"直接决定说"的一个致命缺陷:如果控制者能够直接"决定"被控公司的事务,那么被控公司还能具有独立人格吗?公司的"意思"还能否"自治"?很显然,公司作为私法上的主体,应当遵循意思自治原则,即公司事务应当由公司自身决定,而不能由其他主体决定,这是公司法人性的基本要求。而直接决定说则是与公司的法人性直接相冲突,因为这种学说实际上直接否定了公司的意思自治。毕竟"任何来自非公司本身对公司经济资源的支配都是对公司独立法人人格的违背、对公司财产独立性的违背和对公司财产权的侵犯"。[11] 要想尊重和

⑪　徐来:《公司控制的公司行为法理解释》,载《南方金融》2012年第11期。

维持公司的独立人格,就必须要充分尊重和维护公司的意思自治,也就是要让公司通过自己的意思来决定公司自身的事务。这就意味着,"直接决定说"在公司法理上是无法证成的。

相对而言,"间接影响说"更具有合理性。在间接影响说之下,控制的方式,是对公司事务施加间接的影响。所谓间接影响,就是在表面上尊重公司的独立人格,由公司"自主"地对其事务进行自行决策,而不是由控制者对公司事务指手画脚,甚至直接替代公司进行决策,但是在公司自己独立决策的过程中,通过对"控制"实施,将控制者的意思巧妙地贯彻到最终由公司自身所形成的所谓的公司团体意思之中去,从而达到"控制"的效果。

控制的这种间接的影响方式正是下文所提到的意思遵从,即控制者通过一定的途径,使公司所形成的意思符合控制者的自身意思。通过意思遵从,最终形成并表现出来的,是所谓的公司的团体意思,从而公司的独立人格得到了必要的尊重。而从内容上看,公司的团体意思内容,完全符合控制者的个人意图,"控制"得以实现,而且这种结果不是控制者"直接决定"公司的决策、财务、经营等事务,而是公司通过自己的"独立"的团体意思来形成的,因而"控制"等方式,只能称之为是"间接的影响",当然,这种影响必须是"决定性的"。

由此可见,间接影响说相对于直接决定说的最大理论优势,就是在实现控制的过程中,尊重了公司的独立法律人格,尽管这种尊重并不见得是多么彻底,但是至少在形式上,公司的独立人格得到了相应的尊重。当然如全文所言,间接影响说也存在自身的理论缺陷,即这种"间接"的影响应当如何去实现,这种影响又应当维持在什么程度才算是合适的?对这些问题的回答,本文认为,应当首先弄清楚控制作用的对象,下文对此进行讨论。

三、控股的标准是意思遵从

(一)控制的对象是公司意思

第三人对于公司的控制,其直接作用的对象是什么?上文的资料已经表明,学术界对此有多重不同的主张,如公司的方针政策、公司财务政策、公司资源的支配以及公司行为等。综观这些主张,总体感觉是有失片面,控制既可以作用于相对宏观的公司方针政策,也可以作用于相对具体的公司财务政策等,而不能认为控制只能作用于某一个方面。

本文认为,不论是公司方针政策还是财务政策,包括选举董监事的行为,其法律表现形式都是公司的意思,而对公司资源的支配以及公司的行为,也都是以公司意思为基础的。因此上述学者们认为被"控制"的对象,其共同的基础都是公司的独立意思。应该是"控制"的对象,是公司的独立意思,而不是单纯地通过公司意思所表现出来的所谓的公司的财务政策或者其他的经营政策等。

"控制"作为对公司独立意思的一种"间接影响",其实现的基本途径是通过对公司意思的形成施加影响,从而使公司团体意思的内容,符合控制者个人意思的要求,以此达成公司意思与控制者个人所追求的个人意思相一致的客观效果。"控制"的具体方式,既可以是直接或者间接参与公司的决策过程,也可以是通过与公司签订协议等其他方式来实现。

控制公司意思的最典型方式就是控制者直接参与公司意思的形成过程,即控制者利用自己的公司机关成员(股东会中的股东或者董事会的董事)身份,参与公司机关的决议过程,并利用公司决议规则及自己的影响力来作用于公司意思的形成,从而将自己的意思转化为公司意思。例如,公司控制股东利用自己的控股地位,在公司股东大会上按照自己的意愿提出议案,并利用资本多数决规则推动议案的通过,进而将自己提出的议案转变为公司的决议;同时,控股股东也可以利用自己的控股地位,在表决过程中对不符合自己意愿的决议方案投出反对票,使其无法通过而成为公司决议。该提案完全是控制者个人意思的体现,而公司决议则是公司意思,控制者借助公司决议规则,推动其提出的提案转化为公司决议,从而在法律上将其个人意思转化为公司的团体意思,通过这个意思的转化过程,完美地实现了控制者对于公司的"控制"。

控制的另一种常见方式是控制者间接参与公司决议形成过程,即控制者本人没有直接参与决策过程,但是利用其控制地位对决策过程的参与者施加影响,使参与者按照控制者的意思对公司决议事项进行表决,从而最终实现控制者对公司的控制。控制股东利用其控股地位,选举自己的代言人进入公司的董事会和监事会,并借助股东会决议对公司董监事的任免及其决定权,令董事在董事会上按照控制者的意思对董事会决议事项进行提案和表决,从而达到控制者将其自身意思转化为公司决议的效果。

另外,控制也可以通过公司事先授权控制者进行决策的方式来实现。在合同控制的场合,根据控制合同的规定,公司的一些重要事项的决策权,应当由控制者来行使,或者相关决议必须要经过控制者同意之后才能生效。这在根本上是公司对控制者的一种事先的授权,根据这种授权,控制者的意思可以依据控制合同而直接转化为公司意思。对此种情形,我们仍然可以理解为是公司意思自治的结果,是公司意思的体现,而不是控制者"直接决定"公司事务。

(二)控制的本质是意思遵从

从控制者的主观意图来说,"控制"的目的,就是公司能够按照控制者的意思来行为,当然从法律关系的角度观之,我们要求公司必须按照自己的意思来实施行为。这两个方面的结合,意味着"控制"的达成,就是公司按照控制者的意思来形成公司意思,至少公司意思不能违背控制者的意思。本文认为,"按照控制者的意思形成公司意思"和"公司意思不能违背控制者的意思",都意味着对公司"控制"的实现,只不过"控制"的力度有强弱之别罢了。本文根据这种控制力度上的差别,将对公司的"控制"划分为两种相对的类型:强控制和弱控制。

强控制是指控制者可以通过其对公司的控制,使得公司意思在内容上与控制者自身意思高度一致,而决议的形成,由控制者主导完成,其他参与者对于决议的内容及决议的作出,基本上没有或者仅有微小的影响。例如,持有公司50%以上表决权股份的股东,可以根据自己的意思向公司股东会进行提案,并在股东会上利用多数决规则进行表决,使自己的提案最终经公司股东会通过而成为股东会的决议,这就是典型的强控制。

强控制的典型方式是意思转化,即控制者根据自身意思,向公司机关提出提案,然后再根据公司决议规则使该提案获得通过并成为公司决议。在这个过程中,提案由控制者提出,其内容从实质上说完全是控制者的个人意思的体现,但是该项提案在获得通过并成为公司决议后,其法律属性已经转变为公司意思。而这样的过程,实现了控制者个人意思向公司团体意思的转化,进而实现了控制者对于公司的控制。

与上述的强控制不同,弱控制是指控制者对于公司的控制力,还达不到将其自身意思转化为公司意思的程度,但是其可以阻止任何与自身意思相悖的公司意思的形成。简单地说,所谓弱控制,就是控制者即便不能自己提出提案并将该提案转化为公司意思,但是对于其他主体所提出的提案拥有否决权。例如前述的持有表决权51%的股东对于一些在股东会上需要特别多数才能通过的决议事项,很显然其不能如同一般决议那样,直接借助股东会的决议机制来操纵表决结果,其提议可能会因为其他股东的联合反对而无法通过成为公司的意思。但是,任何一项需要特别多数才能通过的决议事项,如果不能获得该名股东的赞成票,都不可能成为有效的股东会决议,这就是本文所称的弱控制。在弱控制的情况下,控制者可能并不能有效地将自己的意思转化为公司意思,但是毫无疑问,任何不符合控制者意思的决议也无法通过,也就是说公司无法形成违背控制者意愿的公司意思。

弱控制的另外一种常见情形是在有些公司中,通过公司章程等形式,公司赋予小股东对于特定事项的否决权或者要求某些事项上决议的通过需要全体股东一致同意,这就确定了小股东对于此类事项的弱控制,从而减少大股东压榨中小股东现象的出现。这在一些中外合资经营和中外合作经营企业中比较常见。

本文主张,强控制所表现的意思转化是控制实现的理想状态,而弱控制所表征的意思不能相悖则是认定控制实现的最低要求。而"意思不能相悖"的这种最低要求,可以看作对控制认定上的所谓"决定性影响"的最好诠释。"影响"意味着"控制"的方式,只能是间接地发挥作用,而不能是控制者越俎代庖,直接替代被控公司做出决策。而认定这种间接的影响是否达到"决定性"的程度,关键就在于这种影响能否做到"令公司意思与控制者个人意思不悖"。如果达不到这一点,就意味着这种影响并不是"决定性"的,因而可以认定"控制"并没有达成。

可见,控制从其结果上看是要求公司的团体意思与控制者的个人意思相一致。这种意思的一致,可以是直接将控制者的意思上升或者转化为公司意思，也可以是公司意思符合控制者意思从而得到控制者的首肯。控制的这两种状态，本文统称为“意思遵从”，而这种意思遵从的过程，在追求公司的意思与控制者的意思相一致的同时，也从形式上保障了公司的行为是基于公司自身的意思而实施，即在形式上保证了公司的意思自治。

四、控制的属性是法律事实

在我国学术界，有一种普遍的观点即将对公司的控制理解为是一种权利，称之为控制权。诸如“控制权争夺”“控制权市场”“控制权的收益”等词汇更是充斥各类相关的学术文章与新闻报道。但是，对公司的控制可以构成一种权利吗？本文对此持否定态度。本文认为，“控制”并不符合法律权利的要求，不能称之为权利，而只能说是一种特殊的事实或者状态。

“所谓法律权利，是指法律允许主体为一定行为或不为一定行为的许可和保障。”⑫可见，作为法律意义上的权利，本质上是主体所具有的一种自由，而这种自由由谁来享有？权利首先应当有一个明确的主体，至少这个权利的主体是可以通过一定的方式加以确定的，反之则无法成为权利。同时，作为法律权利，内容也应当明确，即主体所享有的这种自由的“为或不为”的“一定行为”究竟是指什么，“为”的效果又是什么，即权利、内容和效果应当明确，为权利人的行为自由划定一个准确的范围，同时也是确定主体所享有权利是否受到侵害以及在权利受到侵害时请求法律保护的基本依据。

对照“控制”的概念，“控制”在本质上体现为意思遵从，即公司的意思符合控制者的意思，因此“控制”在根本上是两个主体之间的一种关系，对于“控制”的认定，是需要根据公司意思是否遵从了行为者（可能的控制者）的意思来判断的，即如果存在意思遵从的事实，则认定存在“控制”，反之则不存在“控制”。因此“控制”状态的达成，并不是行为人意思表示的结果。事实上，“控制”能否达成，可能会受到诸多因素的影响，往往并不是某一个或者几个主体单方面就可以确定的。而

⑫ 葛洪义：《法理学》，中国政法大学出版社2008年版，第313页。

在公司"控制"实践中,对"控制"的认定,往往也是个案式的,行为人不可能根据当前的"控制"而主张这种"控制"关系就必然会持续下去。可见"控制"从根本上说并不是赋予当事人一定的行为的自由,因而与法律权利殊为不同。另外,"控制"的归属以及可能主张的法律保护都可能具有相当的不确定性。正如有学者所指出的,"控制权并非法律用语,不是一项法律权利,他并不具备法律权利的特征,包括主体明确、内容明确及客体明确"。[13] 本文认为,这个观点是十分中肯的。

(一)控制的主体不确定

谁是公司的控制者?这要视具体情况而定。一般来说,如果控制是通过合同方式实现的,则根据相应的控制合同,控制的主体是十分确定的,但是如果是通过控股的方式实现控制,情况则可能会相对复杂。如果控股者可以行使的表决权数占据绝对优势,则这种控制在归属上也十分清楚;反之,如果多个主体持有的表决权数量比较接近,且各方无人拥有绝对优势,就可能会发生所谓的"控制权争夺战"。在这种情况下,谁可以控制公司,就只能等到争夺战的结果尘埃落定之后,才可以通过最后的表决结果,来反推究竟是谁控制了公司。也就是说,只有到那时候才能够确定谁是公司的控制者。

在典型的通过股东会展开的控制权争夺战中,一方提出一项议案,另一方则竭力反对,或者提出针锋相对的议案,双方所持表决权比例又比较接近,谁都没有把握确保通过或者否决该项议案,双方都会在表决之前努力争取中小股东的支持。而这种争夺表明,"控制"公司的主体往往并不确定,要等到控制权争夺战出现了结果,控制的主体才能确定。这种争夺充分表明了控制主体的不确定性。对于公司来说,"控制"是客观的、现实的,但是对于具体的股东来说,其是否能够控制公司,则是不确定的。

发生在2010年前后的国美控制权争夺案,不仅充分展示了控制主体的不确定性,同时还进一步表明,控制作为一种意思遵从,要根据公司的决议来反推谁是公司的控制者,而当公司同时对多项决议进行表决的时候,不同的决议事项上,可能是不同的主体对公司进行控制。从

---

[13] 殷召良:《公司控制权法律问题研究》,法律出版社2001年版,第25页。

双方之间的控制权争夺来看,双方之间其实各有胜负,并没有哪一方能够完全地控制股东会决议,撤销增发授权议案的结果显然是符合黄光裕意愿的,但陈晓的留任显然与其意愿相悖。⑭ 从决议的结果来看,参与控制权争夺的双方都在一些具体的决议事项上实现了对公司的控制,但是任何一方都没有能完全地控制股东会决议。这种情形,可以理解为多个控制主体并存。

另外,还需要注意一种特殊的情况,在弱控制的场合,公司的控制者也有可能是多个。上文提到的一些中外合作公司中,章程约定某些重要事项需要全体股东一致同意时,在章程约定的相关事项上,所有的股东其实都是公司的控制者。当然,持股较少的股东只能在章程约定的事项上对公司享有弱控制,而不能说在所有事项上都可以控制公司。

总而言之,谁可以控制公司,要视具体情况而定,不同的控制方式、不同的决议事项等,都可能影响到谁是公司的控制者。因此,控制的归属,无法做到像法律权利那样,有一个明确的具体的主体。

(二)控制的保护不确定

“控制”区别于法律权利的另一个明显特点,在于“控制”无法获得确定的法律保护,相关主体并不能主张自己的“控制权”受到侵害而向法院等机关寻求公力救济,而只能通过其他的方式,通过其他的法律权利来寻求法律救济。

以控股实现的控制为例,如果控制者通过公司股东会形成决议,使其自己的意思转化为公司意思,而公司管理层拒绝执行该项股东会决议,则控制者对公司的“控制”也就无法真正落实,此时,控制者显然是无法直接主张自己对公司的控制受到侵害,而只能通过公司法的相关规定,追究董事会违反股东会决议的相关责任,如果可能的话,控制者

---

⑭ 该起控制权争夺,起因在于公司大股东黄光裕与陈晓所代表的公司管理层之间的矛盾,最终在2011年的公司股东大会上,由股东动议的罢免陈晓的提案未能通过,但是通过了新增两名由大股东提名的董事进入董事会的提案以及撤销董事会提出的增发授权议案的决议,因为增发会稀释大股东的持股比例,不符合大股东的利益。外界对此次股东会决议的评价是富有理性的、带有和解色彩的股东会决议,参见“国美电器控制权之争”专题报道,载腾讯网:http://finance.qq.com/zt2010/gmhgy/,最后访问日期:2016年9月8日。

也可能根据股东会违反股东会决议的具体情形,主张自己的股权受到侵害。

在合同控制的情况下,如果被控制的公司及其管理层违反相关的控制合同,则相关当事人通常只能够根据控制合同的约定,追究相应的违约责任,而无法通过法律救济,直接实现自己对公司的控制。这方面经常被学者们援引的典型案例就是马云出售支付宝所引发的控制权纠纷。⑮ 该案中马云作为阿里巴巴集团公司的法定代表人处分公司的相关合同,尽管这种处分行为违反了公司控制者的意愿,但是公司的控制者并不能因此而主张马云作为公司的法定代表人所实施的对公司资产的处分行为是无效的,而只能间接地追究马云公司违反控制合同的违约责任。

综上所述,公司法上的"控制",可以理解为是一种行为过程和结果,它是一种法律事实,不是一种权利。这种"控制",是公司之外的主体通过控股、合同约定等不同形式,使公司的决策遵从该控制者意志的法律事实。控制的方式,只能是间接影响;当然,这种间接影响必须要达成"决定性的"程度,也就是说公司意思必须要遵从控制者的意思,唯如此才能认定"控制"的达成。

(周哨龙,安徽师范大学副教授。)

⑮ 争议发生在2011年,支付宝的股权结构是,支付宝属于浙江阿里巴巴电子商务公司(以下简称浙江阿里巴巴),同时,阿里巴巴集团与浙江阿里巴巴之间签订了控制协议,由阿里巴巴集团通过协议实现对浙江阿里巴巴的全面控制。马云作为阿里巴巴集团的股东和CEO,为了让支付宝符合央行的相关规定以取得第三方支付牌照,宣布终止有关协议控制,在向央行的申报材料中将浙江阿里巴巴的投资状况描述为全额内资,且不存在与外资企业之间的协议控制。参见"支付宝股权之争"专题报道,载腾讯网:http://tech.qq.com/zt2011/alipay/,最后访问日期:2016年9月8日。

CISG 与 PICC 债务人补救权比较研究*

王金根

目　　次

一、CISG 与 PICC 债务人补救权概述

（一）债务人补救权的源起

债务人应严格按照合同或法律之规定履行其义务。在债务人履行不符时，债权人可基于合同或法律之规定追究债务人相应责任。但是，基于鼓励交易、合同维持目的以及诚实信用之精神，新近国际商事法律及示范法都强调赋予债务人补救权，即通过修理、更换等方式来补救其违约行为之权利。①

债务人补救权并非大陆法系固有概念。② 在古罗马法中，因为交

* 2015 年福建省社科联青年项目“债务人补救权比较研究”（项目编号：FJ2015C036）资助研究成果之一。

① Gerhard Wagner, *Termination and Cure under the Common European Sales Law: Avoiding Pitfalls in Contract Remedies*, available at: http://ssrn.com/abstract=2083049.

② Bertram Keller, *Early Delivery and Seller's Right to Cure Lack of Conformity: Article 37 CISG and UNIDROIT Principles Comparative*, available at: http://www.jus.uio.no/pace/early_delivery_and_sellers_right_to_cure_cisg_article_37_and_upicc_comparative.bertram_keller/sisu_manifest.html.

易之对象主要是奴隶、动物及粮食等,如果卖方所交付之货物存有瑕疵,该种瑕疵系卖方所无法“补救”,故此,买方的救济措施主要是解除合同、减价及损害赔偿。③ 这一罗马法精神为后续各国民事法律所继承。例如,19世纪至20世纪初,不论是欧洲大陆法系还是英美法系国家法律,如1900年《德国民法典》与1906年《美国统一买卖法》等均未赋予卖方补救权。在这些国家的法律理论看来,一旦卖方将货物交付给买方,其便丧失了对该货物的处分权,自然也就没有再行去修理、更换等补救的权利。④

然而,由于工业革命,导致商业实践中交易的对象不再是以动物、粮食作物等为主,而是以工业产品为主。当工业产品存有瑕疵时完全可由卖方主动进行修理或更换,故此在商业实践中,商人突破传统法律救济模式,明确在合同中赋予债务人主动通过修理、更换等方式补救违约的权利。⑤ 故此,美国统一商法典(UCC)在1952年正式确立了卖方补救权制度。⑥ 随后,该制度经CISG、PICC之吸收与推广而获得各国法律普遍认可。

(二)CISG

联合国国际贸易法委员会在起草联合国国际货物买卖合同公约(CISG)时,借鉴了美国统一商法典的规定,于第34、37条及第48条确立了卖方补救权制度。其中,第34条针对的是卖方合同履行期限

---

③ Gerhard Wagner, *Termination and Cure under the Common European Sales Law: Avoiding Pitfalls in Contract Remedies*, available at: http://ssrn.com/abstract=2083049.

④ Bianca, in *Bianca-Bonell Commentary on the International Sales Law*, Giuffrè: Milan, 1987, p. 291.

⑤ See James J. White & Robert S. Summers, *Uniform Commercial Code*, forth edition, West Publishing Co., 1995, pp. 320-321.

⑥ 《美国统一商法典》第2-508条(卖方补救不当交单或交货;更换)规定:(1)若卖方之提交或交付因不符而被拒收,但履行期尚未届满的,卖方可及时通知买方其补救之意图并随即于合同期限内再次进行相符交付。(2)即使卖方之提示或交付与合同不符,只要卖方有合理理由认为,经过或不经过价格调整,买方是可以接受的,则此时如买方拒收,卖方应获得额外之合理时间重新进行相符交付,但卖方必须将此意图及时通知买方。

届满前单据补救权,其规定:“……如果卖方在那个时间以前已移交这些单据,他可以在那个时间到达前纠正单据中任何不符合同规定的情形,但是,此一权利的行使不得使买方遭受不合理的不便或承担不合理的开支。但是,买方保留本公约所规定的要求损害赔偿的任何权利。”第 37 条针对的则是卖方合同履行期限届满前货物补救权:“如果卖方在交货日期前交付货物,他可以在那个日期到达前,交付任何缺漏部分或补足所交付货物的不足数量,或交付用以替换所交付不符合同规定的货物,或对所交付货物中任何不符合同规定的情形做出补救,但是,此一权利的行使不得使买方遭受不合理的不便或承担不合理的开支。但是,买方保留本公约所规定的要求损害赔偿的任何权利。”

而第 48 条则规定的是合同履行期限届满后卖方享有在合理期限内补救单据与货物不符之权利:“(1)在第四十九条的条件下,卖方即使在交货日期之后,仍可自付费用,对任何不履行义务做出补救,但这种补救不得造成不合理的迟延,也不得使买方遭受不合理的不便,或无法确定卖方是否将偿付买方预付的费用。但是,买方保留本公约所规定的要求损害赔偿的任何权利。(2)如果卖方要求买方表明他是否接受卖方履行义务,而买方不在一段合理时间内对此一要求做出答复,则卖方可以按其要求中所指明的时间履行义务。买方不得在该段时间内采取与卖方履行义务相抵触的任何补救办法。(3)卖方表明他将在某一特定时间内履行义务的通知,应视为包括根据上一款规定要买方表明决定的要求在内。(4)卖方按照本条第(2)款和第(3)款做出的要求或通知,必须在买方收到后,始生效力。”

至于在卖方履行不符时赋予其补救权之原因,一方面是诚实信用原则(CISG 第 7 条)的具体体现,⑦另一方面也是鼓励交易与合同维持

---

⑦ See Bianca, in *Bianca-Bonell Commentary on the International Sales Law*, Giuffrè: Milan 1987, p. 291.

原则[⑧]的要求。同时,也与减轻损失精神相吻合(CISG第77条),因为补救有助于降低经济资源的浪费。[⑨]

(三)PICC

鉴于CISG卖方补救权制度的成功,国际统一私法协会在其主持起草的国际商事合同通则(PICC)第7.1.4条也规定了"不履行方的补救",共分五款:"(1)不履行一方当事人可自己承担费用对其不履行进行补偿,但须符合下述条件:(a)该方当事人毫不迟延地通知另一方当事人其准备补救的方式和时间;(b)该补救在当时情况下是适宜的;(c)受损害方当事人对拒绝补救无合法利益;并且(d)补救是立即进行的。(2)解除合同的通知并不排除补救的权利。(3)在收到有效的补救通知后,受损害方当事人所享有的与不履行方当事人的补救行为不符的权利应予中止,直至补救期限届满。(4)受损害方当事人在补救期间有权拒绝履行。(5)尽管进行补救,受损害方当事人仍保留对因迟延补救以及因补救所造成的或补救未能阻止的损害要求损害赔偿的权利。"

据PICC评注,该条款的意义在于"有利于合同的维持","它也反映了第7.4.8条(损害的减轻)体现的减少经济浪费的方针以及第1.7条阐述的诚实信用的基本原则"。同时该评注特别指出,该规定"是与包含在《联合国国际货物买卖合同公约》第37条和第48条以及一些规

---

⑧ 合同维持原则是CISG所确立的精神之一,在很多条文中有着明确的体现,如第11条(合同形式自由),第16条第(2)款(不可撤销要约),第19条第(2)款(承诺对要约的非实质性变更),第21条(迟到承诺),第25条(根本违约),第47、63条(宽限期制度),第49、64条(解除合同),第55条(合同价格确立),第65条(卖方确立货物规格),当然也包括本文探讨的补救权制度等。See Bertram Keller, Favor Contracts: Reading the CISG in Favor of the Contract, in *Sharing International Commercial Law across National Boundaries*, ed. by Camilla B Andersen & Ulrich G Schroeter, Wildy, Simmonds & Hill Publishing, 2008, pp. 247-266.

⑨ Bertram Keller, *Early Delivery and Seller's Right to Cure Lack of Conformity: Article 37 CISG and UNIDROIT Principles Comparative*, available at: http://www.jus.uio.no/pace/early_delivery_and_sellers_right_to_cure_cisg_article_37_and_upicc_comparative.bertram_keller/sisu_manifest.html.

范合同和买卖的国内法的补救规定相关联的”。[10]

从而，可以确知，CISG 和 PICC 关于补救权的规定，背后所体现的精神与蕴含的原理都是一致的，而且 PICC 的补救权规定是在参考 CISG 的相关规定基础上所制定出来的，[11]从而也就为本文将两者规定进行比较提供了基础。

二、CISG 与 PICC 债务人补救权之比较

（一）适用范围与主体不同

首先，CISG 规范的是国际货物买卖，自然其所规定之补救权针对的也就仅是货物买卖合同。其没有也不可能针对其他类型合同规定补救权。其次，CISG 补救权所针对之违约行为，不仅包括不符履行，也包括迟延履行、[12]部分履行。而就不符履行，其不仅包含交货不符，亦包括卖方交单不符；不仅包括物的瑕疵，也包括权利瑕疵。[13] 最后，CISG 所规定的补救权适用主体是卖方。在卖方不履行义务时，其可在履行期限届满前或履行期限届满后合理期限内对其不履行进行补救，如更换不符单据或货物，去除货物上存在的第三人权利等。然而，CISG 并没有明文赋予买方类似的权利。例如，买方在开立信用证不

---

[10] UNIDROIT Principles of International Commercial Contracts, Comment on Article 7.1.4.

[11] See Stefan Vogenauer & Jan Kleinheisterkamp, *Commentary on the Unidroit Principles of International Commercial Contracts (PICC)*, Oxford University Press, 2009, p. 750.

[12] 有学者认为，迟延履行无法补救，因为一旦迟延，时钟不可拨回（John O. Honnold. *Uniform Law for International Sales* (3rd edition). Hague: Kluwer Law Internatinoal, 1999: 319）。但笔者认为，在国际贸易中，相当数量之贸易属于种类物买卖，而非特定物买卖。自然，卖方一旦迟延履行，其仍可从市场上购进符合买卖合同履行期限要求的“在途货物”，从而弥补其“迟延”履行之目的。当然，不可否认，对迟延履行进行补救，属极端情形。应说明的是，尽管 Honnold 教授认为第 48 条第（1）款法定补救权不适用于迟延履行，但认同卖方可依据第 48 条第（2）～（4）款所规定之意定补救权对迟延履行予以补救。

[13] See Peter Schlechtriem and Ingeborg Schwenzer ed., *Commentary on the UN Convention on the International Sale of Goods (CISG)*, Second (English) Edition, Oxford University Press, 2005, p. 564.

符时,买方是否可以对不符信用证进行补救?抑或买方租船订舱时,所租订船舶或船舱不适,买方能否进行补救?从文义解释角度而言,买方自是无权补救,但从目的解释来看,应是肯定买方补救权利的。

PICC 所规范的对象是国际商事合同,其不仅限于国际货物买卖。[⑭] 自然其所规定之债务人补救权适用的范围也不限于买卖合同。凡是国际商事合同下的债务人存在不履行行为,其都有权在满足法律规定之条件下进行补救的权利。例如,工程建造合同中,建造人可根据 PICC 第 7.1.4 条之规定在履行期限届满后合理期限内对其不履行行为进行补救。[⑮] 此外,如果国际货物买卖合同法律适用条款明确约定适用 PICC 的话,不仅卖方享有补救权,而且买方也当然享有补救权。

(二)补救权类型划分不同

CISG 根据补救所发生期限之不同,划分为履行期限届满前补救权(第 34、37 条)与履行期限届满后补救权(第 48 条)。而在第 48 条中,CISG 又进一步将其划分为法定补救权[第(1)款]与意定补救权[第(2)~(4)款],[⑯]并针对这几种类型补救权分别规定了适用条件。

---

⑭ See UNIDROIT Principles of International Commercial Contracts, comments on Preamble.

⑮ See UNIDROIT Principles of International Commercial Contracts, Comment on Article 7.1.4.

⑯ 关于第 48 条第(1)款和第(2)~(4)款之间的关系,学者似有不同解读。例如李巍教授似乎便认为第 48 条第(2)~(4)款并未规定一项独立的补救权,而是对第(1)项补救权适用条件的进一步限定[具体参见李巍:《联合国国际货物销售合同公约评释》(第 2 版),法律出版社 2009 年版,第 223~224 页];武腾博士也是认为,"第(2)~(4)款旨在处理买受人权利与出卖人权利的协调",而并非独立于第 1 款的补救权类型(参见武腾:《出卖人的违约补救权》,载《民商法论丛》(第 55 卷),法律出版社 2014 年版,第 10~11 页。而 Peter Huber & Alastair Mullis 则认为第(2)~(4)款规定的是一项独立于第(1)款的补救权制度。具体参见 Peter Huber & Alastair Mullis, *The CISG: A New Textbook for Students and Practitioners*, *Sellier. European Law Publishers*, 2007, p. 218. 与 *Peter Huber* 等持相同观点的还有 *Muller-Chen, see Peter Schlechtriem and Ingeborg Schwenzer ed.*, Commentary on the UN Convention on the International Sale of Goods (CISG), *Second* (*English*) *Edition*, *Oxford University Press*, 2005, p. 571。

而PICC并未像CISG那样进行类型划分,而是一体规定。无论是合同履行期限届满前抑或是履行期限届满后,均统一适用第7.1.4条之规定。

(三)补救权适用条件略有不同

CISG根据不同补救权类型设定了不同适用条件。例如,合同履行期限届满前补救权,其所适用之条件为:(1)补救行为须完成于合同履行期限届满前。如果卖方在合同履行期限届满前着手进行补救,但该补救迟至合同履行期限届满后才完成,此时应适用CISG第48条之规定。(2)补救行为不得使买方遭受不合理的不便或承担不合理的开支。至于履行期限届满后的法定补救权,卖方应满足如下条件:(1)合同履行期限届满,卖方存有违约行为;(2)卖方补救不会造成不合理的迟延;(3)卖方补救不使买方遭受不合理的不便;(4)补救费用由卖方自行承担,如补救需买方垫付,则应确保其将偿付买方预付费用。

而就履行期限届满后的意定补救权,卖方只需给买方一份补救通知,表明其将于某一特定时间内履行义务(如更换、修理、补救单据不符等),并要求买方表明他是否接受卖方这一补救行为。甚至,根据第48条第(3)款之规定,卖方都无须在补救通知中"要买方表明他是否接受卖方履行义务"。因为"卖方表明他将在某一特定时间内履行义务的通知,应视为包括根据上一款规定要买方表明决定的要求在内"。一旦买方收到卖方之补救通知,根据诚信原则及第48条第(2)款之规定,其有义务在"合理时间"内对补救要求做出答复,表明是否接受。如前述,该"合理时间"是自其收到补救通知之时起开始计算。只要买方未明确在"合理时间"内表示反对,买方即应受卖方补救通知之拘束。

PICC所规定之债务人补救权适用条件规定在第7.1.4条第(1)款,其要求:(1)债务人毫不迟延地通知另一方当事人其准备补救的方式和时间;(2)该补救在当时情况下是适宜的;(3)受损害方当事人对拒绝补救无合法利益;(4)补救是立即进行的;(5)补救费用由债务人自己承担。

两相对比来看,PICC明文规定了补救"通知"要求,而CISG除履行期限届满后意定补救权外,另两种类型补救权都未明文规定卖方应给予对方补救通知。然而,一般认为,卖方应给予补救通知,因为如果卖方未给予补救通知,有可能会给买方造成被动,诸如需临时紧急办理进口手续、租赁存货仓库等,从而有可能会被认定卖方之补救给买方造成了"不合理之不便"。[17]

另外,由于 PICC 针对履行期限届满前与履行期限届满后补救权一体规定,从而在履行期限届满前的补救情形,PICC 的补救期限要求与 CISG 的履行期限届满前补救权期限要求不同。例如,买卖合同约定交货期限为 5 月,卖方 4 月 10 日便交付货物。如果卖方交货不符,而买方却并未拒绝接收货物,则在 CISG 第 37 条下,卖方有权在履行期限届满前也即 5 月 31 日前补救不符。但是,如果买卖合同约定适用 PICC,则卖方只能在"合理期限"内进行补救,该合理期限可能会远短于 CISG 下的 5 月 31 日。[18]

(四)和买方/债务人解除权之间关系不同

在 CISG 起草过程中,卖方补救权与买方合同解除权之间的关系是争议最多的问题。最初草案第 44 条(1)款[也即现 CISG 第 48 条(1)款]的措辞为:"[u]nless the buyer has declared the contract avoided in accordance with article 45"[但买方根据第 45 条(即现 CISG 第 49 条)之规定解除合同者除外],从该措辞来看,显然采纳的是买方合同解除权优先于卖方补救权。然而,由于争议过多,CISG 正式文本通过时,第 48 条第(1)款的措辞最终变为现在的"subject to Article Article 49"。

那么,修改后的"subject to Article Article 49"究竟是何意?美国 Honnold 教授认为,"不容置疑,该措辞变化表明卖方补救权优先于买

---

[17] 李巍:《联合国国际货物销售合同公约评释》(第 2 版),法律出版社 2009 年版,第 176 页。

[18] 当然,更多情况可能会是,法院将截至合同履行期限届满这段期间解释为"合理期限",从而也就和 CISG 第 37 条规定相一致。

方合同解除权”。[19] 该观点为不少学者与法院判决所认同。例如,Clout Case 339 中,德国法院认为,买方只有在给予卖方补救机会后方能解除合同。[20] 另在阿根廷法院所裁决的 Baros v. Salvador Martinez Gares 一案中,法院也是认为,只有在违约方无法补救根本违约时,合同方能解除。[21]

然而,无论是从文义解释还是历史解释,抑或目的解释角度来看,认为卖方补救权优先于买方解除权的观点都是不妥当的。也正是因为如此,多数学者[22]与法院判例都反对“卖方补救权优先于买方合同解除权”。例如,巴黎国际商会仲裁法院的裁决便是认为,被告(即卖方)交货不符构成根本违约,未经原告(买方)同意,被告无权主张更换货物。[23]

但是,需要指出的是,在反对卖方补救权优先于买方合同解除权的学者当中,有部分认为,尽管根据 CISG 第 48 条之规定,买方合同解除权优先于卖方补救权,但在衡量买方是否享有解除权,抑或说卖方的违约行为是否构成根本违约时,我们应考量卖方补救的可能性及意愿。即,尽管卖方违约,且违约后果很严重,但卖方能够对此进行补救且愿意补救而不会给买方造成不合理之不便或造成过分之迟延,则卖方违

---

[19] See John O. Honnold, Uniform Law forInternational Sales, *third edition*, Kluwer Law Internatinoal, 1999, p. 210. See also Eric C. Schneider, The Seller's Right to Cure under the Uniform Commercial Code and the United Nations Convention on Contracts for the International Sale of Goods, *Arizona Journal of International and Comparative Law*, Vol. 7, Fall 1989.

[20] Clout Case 339 Germany: Landgericht Regensburg; 6 O 107/98, 24 September 1998.

[21] National Commercial Appellate Court of Argentina, Sr. Carlos Manuel del Corazón de Jesús Bravo, Baros v. Salvador Martinez Gares, 31 May 2007.

[22] See Peter Schlechtriem and Ingeborg Schwenzer ed., *Commentary on the UN Convention on the International Sale of Goods (CISG)*, Second (English) Edition, Oxford University Press, 2005, p. 567.

[23] Arbitral Award 7531/1994, ICC Court of Arbitration - Paris, available at: http://www.unilex.info/case.cfm? id = 139.

约行为不构成根本违约。[24]

而且,在买方合同解除权优先于卖方补救权的情况下,究竟是只要买方享有合同解除权,便当然排除了卖方的补救权,还是说只有买方主张行使合同解除权的情况下,卖方的补救权才丧失?从CISG的规定来看,也不甚明了。

但是,PICC在起草过程中,则完全避免了CISG的模糊规定,其在第(2)款规定中明确指出:"解除合同的通知并不排除补救的权利。"从而,首先,债务人的补救权优先于债权人的合同解除权;其次,即使债权人在满足解除合同条件下先行提出合同解除通知,债务人仍可以在满足补救权其他条件下发出补救通知,从而"中止"债权人合同解除效力。[25]

三、简要评析及对我国补救权制度制定的借鉴意义

(一)补救权适用合同类型

从上述比较分析可知,限于本身调整对象范围,CISG所规定之补救权明显比PICC所规定的补救权要狭窄。而现实生活中,补救权的适用范围并不仅仅限于买卖合同,在大量非买卖合同中,诸如工程建造等服务合同中,也存在补救权适用之余地。正是基于这一原因,略比CISG起草晚的PICC明确将补救权适用范围扩充至一切(国际)商事

---

[24] CISG Advisory Council Opinion No. 5 *The buyer's right to avoid the contract in case of non-conforming goods or documents*. See also Peter Schlechtriem and Ingeborg Schwenzer ed., *Commentary on the UN Convention on the International Sale of Goods (CISG)*, Second (English) Edition, Oxford University Press, 2005, pp. 567 – 568. 持该观点之判例有:acrylic blankets case (OLG Koblenz, 2 U 31/96, January 31, 1997, available at: http://cisgw3.law.pace.edu/cases/970131g1.html); Marques Roque, Joaquim v. S. A. R. L. Holding Manin Riviegravere (Courd'appel de Grenoble, April 26, 1995, available at: http://cisgw3.law.pace.edu/cases/ 950426fl .html); wall tiles case (LG Baden-Baden, August 14, 1991, 4 0 113/90, available at: http: cisgw3.law.pace.edu/cases/910814g1.html); furniture case (OLG Oldenburg, February 1, 1995, available at: http://cisgw3.law.pace.edu/cases/950201g1.html).

[25] See UNIDROIT Principles of International Commercial Contracts, comments on Article 7.1.4.

合同。

梁慧星教授主持起草的民法典建议稿中，业已借鉴 CISG 与 PICC 的规定，在第 937、938 条规定了债务人补救权制度。[26] 但与 PICC 和 CISG 不同的是，该建议稿所规定之补救权适用范围不仅限于买卖合同，而是适用所有合同，无论是商事合同还是消费者合同。

应该说，建议稿将补救权扩大适用于包括消费者合同在内的所有合同类型是适当的，也与目前最新的 DCFR 的规定一致。[27] 但我们也应注意将债务人补救权扩大适用于消费者合同时，如何兼顾作为消费者的债权人利益，从而更好地践行现代民法中的消费者保护与人格实质平等。[28] 其中最为关键的便是如何处理债务人补救权与作为消费者的债权人合同解除权之间的关系，就此容下文再述。

（二）是否应划分债务人补救权类型

CISG 将卖方补救权根据合同履行期限是否届满而划分为履行期限届满前补救权与履行期限届满后补救权；履行期限届满后补救权再划分

㉖ 梁慧星主编之《中国民法典草案建议稿附理由合同编》（上册）（法律出版社 2013 年版）第 937 条规定：

“当事人一方不履行合同义务或者履行合同义务不符合约定的，如果履行期尚未届满或者其迟延并没有构成根本违约，则该方当事人可以自己承担费用，重新作出符合要求的给付。

违约方依前款规定对其违约进行补救的，应当同时符合下列条件：

（一）违约方当事人毫不迟延地通知对方当事人其准备补救的方式和时间；

（二）该补救在当时情况下是适宜的；

（三）对方当事人对拒绝补救无合法利益；

（四）补救是立即进行的。”

第 938 条规定：

“在收到有效的补救通知后，对方当事人所享有的与违约方当事人的补救行为不符的权利应予中止，直至补救期限届满。

对方当事人在补救期间有拒绝自己对待履行的权利。

尽管进行补救，受损害方当事人仍保留对延迟补救以及因补救所造成的或者补救未能阻止的损害要求损害赔偿的权利。”

㉗ 参见欧洲民法典草案（DCFR）第Ⅲ.－3:201 条至第Ⅲ.－3:205 条。

㉘ 梁慧星：《从近代民法到现代民法——二十世纪民法回顾》，载《民法学说判例与立法研究（二）》，国家行政学院出版社 1999 年版，第 91～94 页。

为法定补救权与意定补救权。而PICC的规定则极为简单,无论合同履行期限是否届满,一律适用统一的债务人补救权制度。笔者认为,CISG将补救权划分为法定补救权与意定补救权,并用三款来规定意定补救权并无太大意义,因为意定补救权本质上是双方当事人自由约定的问题。

从这个角度看,PICC第7.1.4条并不划分法定补救权与意定补救权值得肯定。因为,即使PICC并未规定意定补救权,但根据合同自由原则(PICC第1.1条),即使债务人并不满足第7.1.4条第1款所设定的补救权条件,只要债权人同意,债务人仍得对其违约行为进行补救。

但PICC第7.1.4条可能存在的问题是,其并未划分履行期限届满前补救权与履行期限届满后补救权。而如前述,如此规定,可能会导致在债务人提前履行合同但存有不符时,在满足其他条件下债务人有权在"合理期限"而非"履行期限届满前"享有补救其违约行为之权利。而这"合理期限"在解释上是否一定就是"履行期限届满前",颇有疑问。至少,存在做不同解释并导致"合理期限"短于履行期限的可能。因此,这一规定会在实践中给当事人造成不确定性,反而不如明确规定债务人得以在履行期限届满前补救违约来的明确。

从梁慧星教授主持的民法典建议稿建议稿第937条之规定来看,其显然是抛弃了CISG法定补救权与意定补救权划分标准,对此笔者认为值得赞同。另外,该条又肯定了CISG划分履行期限届满期补救权与履行期限届满后补救权的必要性,并在第937条第1款中有所体现。然而,笔者认为,由于其将"履行期限尚未届满"和履行期限届满后的补救杂糅在一起规定,并适用统一的条件,致使存在将履行期限届满前的补救权解释为要求债务人"将其补救的……时间"毫不迟延地告知债权人且该"时间"应当像履行期限届满后的补救时间一样需"合理"的可能。从而笔者认为,有必要将履行期限届满前补救权用单独一款进行规定。

因为,对于合同履行期限尚未届满的,债务人应有权在合同履行期限届满前而非"合理期限"内补救不履行。[29] 这对于合同剩余履行期限长于"合理期限"之情形非常有意义。因为,在合同履行期限届满前,

---

[29] See CISG Article 34,37; DCFR Ⅲ. -3:202(Cure by debtor: general rules) para.(1); PECL Article 8:104; UCC §2-508 (1).

债务人尚未构成违约,[30]而且,即使“合同剩余履行期限”显著短于“合理期限”,也并不会因此而给债务人造成不利影响。因为于此情形,债务人仍得依法主张“合理期限”之履行期限届满后补救权。果如此,则在立法上我们有必要将履行期限届满前补救权用单独一款进行规定,以避免法律解释上的模糊性。[31]

(三)债务人补救权行使条件中是否应要求给以补救通知

如前述,CISG 下的卖方主张行使法定补救权,原则上无须给予补救通知。只是如果卖方没有给予补救通知的,有可能会“使得买方遭受不合理的不便”。而 PICC 则明确将补救通知作为债务人行使补救权的前提条件。基于诚信与合作原则,笔者认为,从法律上明文规定补救通知要件更为妥当。

对此,梁慧星教授主持起草的民法典建议稿也在第 937 条第 2 款中明确要求:“违约方当事人将其准备补救的方式和时间毫不迟延地通知对方当事人。”笔者认为此规定值得肯定。[32]

(四)如何规定债务人补救权与债权人合同解除权关系

最后,就补救权与解除权的关系,PICC 的规定非常明确,债务人补救权优先于债权人的合同解除权。而且即使是债权人主张合同解除在先,债务人的补救权也优先。但有学者持批评意见认为,PICC 规定的补救权过于强大,而对债权人不利,易置债权人合同解除权于不定状态。[33] 而

---

[30] 参见崔建远主编:《合同法学》(第 4 版),法律出版社 2007 年版,第 280 页。该章作者认为,不完全履行与否的判定时间标准为“履行期限届满仍未消除缺陷或另行给付时为准”。

[31] See also UCC §2-508(1).

[32] See also UCC §2-508.

[33] See Christopher Kee, Commentary on the Manner in Which the UNIDROIT Principles May Be Used to Interpret or Supplement Article 48 of the CISG, available at: http://cisg3.law.pace.edu/cisg/principles/uni48.html. See also Jonathan Yovel, Cure after Date for Delivery: Comparison Between Provisions of the CISG (Seller's Right to Remedy Failure to Perfrom: Article 48) and the Counterpart Provision of the PECL (Article 8:104 and 9:303, in An International Approach to the Interpretation of the United Nations Convention on Contracts for the International Sale of Goods (1980) as Uniform Sales Law, ed. by John Felemegas, Cambridge University Press, 2007, p. 388.

CISG就补救权与解除权的关系存在争议之处。通说认为买方合同解除权优先于卖方补救权。但部分学者又进一步解释认为,在判定是否构成根本违约从而判定买方是否享有解除权时,应当考虑卖方补救的可能性。

梁慧星教授在借鉴PICC的规定起草民法典建议稿第937条和第938条时,唯独没有直接移植PICC第2款的规定"解除合同的通知并不排除补救的权利"。那么,问题是,在民法典建议稿中债权人合同解除权与债务人补救权之间关系如何?其究竟是像PICC那样采债务人补救权优先于债权人解除权,还是采纳CISG的规定,债权人解除权优先于债务人补救权?笔者认为,根据文义解释与体系解释,可以认为梁慧星教授主持起草的民法典建议稿主张,在债务人先行主张补救权时,债权人不得行使合同解除权。[34] 在债权人先行主张解除合同时,债务人是否有权主张补救,根据违约行为之性质进行判断:(1)如果债务人违约行为为迟延履行,且该迟延构成根本违约,则债务人不享有补救权,如果该迟延不构成根本违约,则债权人不享有解除权(第937条第1款)。在此情形下均无债务人补救权与债权人解除权相冲突之可能。(2)如果债务人违约行为为瑕疵履行,则无论债务人之违约行为是否构成根本违约,债权人均应给予债务人补救权机会,即债务人补救权优先于债权人解除权,从而即使债权人先行提出解除合同,债务人仍享有补救之权利。换言之,在债务人补救权与债权人解除权发生冲突之场合,债务人补救权优先。[35]

因此可以认为,民法典草案建议稿的这一规定总体上继承了PICC债务人补救权优先于债权人合同解除权的规定。但又有所改进,典型者便是在迟延履行构成根本违约时,排除了债务人补救权。其实质上就是间接承认了此时债权人合同解除权优先于债务人补救权。

---

[34] 梁慧星主编:《中国民法典草案建议稿附理由:合同编》(上册),法律出版社2013年版,第215页。

[35] 梁慧星主编:《中国民法典草案建议稿附理由:合同编》(上册),法律出版社2013年版,第173页。

我们应当承认,在商事合同下,民法典建议稿所确定的债务人补救权优先于债权人解除权这一精神的确有助于实现并贯彻鼓励交易这一理念。但是,我们应明白,PICC 及 CISG 所规定之补救权都只适用于商事合同,而不适用于消费者合同。从而,当我们将债务人补救权规定于民法典草案建议稿并扩大适用于消费者合同时,我们便会发现此一规定所存在之不合理之处。即,其明显背离了现代民法所提倡并贯彻之"消费者保护"这一精神,从而导致条款"商化过度"。[36]

实际上,我国在修改《消费者权益保护法》过程中,就卖方或服务提供方之债务人补救权与作为消费者之合同解除权两者关系上,也存有争议。但最终通过的《消费者权益保护法》第 24 条第 1 款则明确了消费者合同解除权优先于作为经营者之债务人的补救权这一精神。[37]与之呼应的是,《欧洲共同买卖法》(*Common European Sales Law*,*CESL*)在第 106(3)(a)条也是明确规定作为消费者之买方,其合同解除权并不受卖方之补救权限制。[38] 可以说,明确消费者(债权人)之合同解除权优先于作为经营者(债务人)之补救权,更好地体现了对消费者之保护精神。至少,它代表了一种新的立法趋向。

有鉴于此,笔者建议,将来在我国民法典起草时,就债务人之补救权条款拟定,应在充分借鉴 DCFR、《欧洲共同买卖法》及我国《消费者权益保护法》相关规定基础上,注意明确债务人补救权与债权人解除权之间关系,且应特别明确消费者的合同解除权应当优先于债务人的

---

[36] 梁慧星:《从近代民法到现代民法——二十世纪民法回顾》,载《民法学说判例与立法研究(二)》,国家行政学院出版社 1999 年版,第 91 ~ 94 页。

[37] 我国最新修改的《消费者权益保护法》第 24 条第 1 款规定:"经营者提供的商品或者服务不符合质量要求的,消费者可以依照国家规定、当事人约定退货,或者要求经营者履行更换、修理等义务。没有国家规定和当事人约定的,消费者可以自收到商品之日起七日内退货;七日后符合法定解除合同条件的,消费者可以及时退货,不符合法定解除合同条件的,可以要求经营者履行更换、修理等义务。"关于该条款之意义,请参见贾东明、杜涛、杨立新:《消费者权益保护法修订三人谈》(杜涛主任对提问 6 之回复),载 http://civillaw. com. cn/article/default. asp? id = 59079。

[38] 《欧洲共同买卖法》第 106 (3) (a)条规定:If the buyer is a consumer: (a) the buyer's rights are not subject to cure by the seller。See Schulze ed. ,Common European Sales Law (CESL) Commentary,Hart Publishing,2012,p. 492.

补救权,从而避免条文规定商化过度这一问题,从而更为有效地贯彻消费者权益保护与人格实质平等之理念。

(王金根,泉州师范学院工商信息学院副教授。)

论股权的产权逻辑*

高永周

目　　次

一、问题的提出

为了营造宽松便捷的经商环境、降低公司设立门槛、鼓励投资自由，我国于2013年12月28日修改了《中华人民共和国公司法》（以下简称《公司法》），将原来普通公司中可分期缴纳的法定资本制修改为认缴资本制；同时，为配合该制度的实施，废除了验资制度。这次修法被认为是我国公司法史上具有颠覆性的制度改革，关系到公司法律制度的整体架构和利益相关者的权益，备受关注。赞誉之声不绝于耳，亦有坚定地异议者，两者聚焦于认缴资本制对债权人保护是否充足的问题上。①

* 本文为安徽师范大学博士科研启动金项目：公司权利配置的产权逻辑（2016XJJ105）。

① 甘培忠：《论公司资本制度颠覆性改革的环境与逻辑缺陷及制度补救》，载《科技与法律》2014年第3期；甘培忠、吴韬：《论长期坚守我国法定资本制的核心价值》，载《法律适用》2014年第6期。

本文并非从宏观上关注认缴资本制本身的是非曲直及其对债权人的保护,仅从“认而不缴”的微观视角观察在认缴资本制度下股东权的生成面向及其对整个公司法律制度可能产生的影响。其实,该问题早在本次修法之前就在某种程度上存在。因 2005 年《公司法》第 26、81 条规定,公司全体股东/发起人的首次出资额不得低于注册资本的 20%……其余部分由股东自公司成立之日起两年内缴足;其中,投资公司可以在五年内缴足。在只认不缴的两年或五年的期限里,出资人/发起人没有实际缴纳的出资部分是否享有股东权不无疑问。然而,在司法实践中,就认而不缴涉及股东权利的纠纷裁判中,法院虽然没有直接否定只认不缴的股东享有股东权利,但都是清一色地认定出资到位是出资人/发起人取得股东权利的必要条件。吊诡的是,立法与司法的这种严重脱节似乎没有引起应有的注意。而这次修法改采认缴资本制并明确规定可以认而不缴无疑会加剧这种现象的发生。现有的研究成果都是在假定认而不缴可以生成股东权利的基础上,再行讨论股权如何计算及如何行使,鲜有质疑认而不缴能否生成股东权利这个更为根本性的问题。[②] 在现行公司法规定有效的情况下,这种研究无疑有助于统一法律解释与司法判决,但是这种治标非治本的研究思路并不能从根本上解决因该制度而衍生的矛盾冲突及其认识上的混乱,且无视由此造成的交易成本的增加。这正是本文的写作初衷。

---

② 刘俊海:《新公司法的制度创新:立法争点与解释难点》,法律出版社 2006 年版,第 70 ~ 71 页;李领臣:《资本分期缴纳下的股权计算——以实收资本还是认缴资本为依据》,载《云南大学学报》(法学版)2008 年第 4 期;彭冰:《未完成的变革——以股东分期缴付出资制度为例》,载《华东政法大学学报》2006 年第 1 期;黄耀文:《认缴资本制下的债权人利益保护》,载《政法论坛》2015 年第 1 期;薛波:《论公司资本改革后债权人保护机制之完善》,载《时代法学》2015 年第 2 期。2014 年 6 月,在中国商法学研究会、最高人民法院民二庭、中国政法大学商法研究中心联合主办的第三届公司法司法适用高端论坛上,来自全国人大法工委、国务院法制办、最高人民法院、最高人民检察院、国家工商总局和地方法院系统的有关负责同志,以及 20 余所高校的专家学者和法律事务工作者,就《公司法》修订和资本制度改革的热点问题进行研讨,其观点皆建基于认而不缴可以生成股东权利的基础之上。参见此次论坛上部分嘉宾的精彩发言:《认缴资本制与股东出资义务与责任》,载《中国工商报》2014 年 6 月 17 日,第 3 版。

二、股权产权的生成逻辑

我国《公司法》规定的认缴资本制肇始于2012年深圳市工商局发起的公司登记制度改革。[③] 现行《公司法》规定的认缴资本制，意味着普通公司无法定最低资本额的限制及实缴义务，注册资本额及其出资人缴纳股款的期限任由公司章程规定。当只认而不实际缴纳股款时，该出资人/发起人能否取得股东资格进而享有股东权利？按照现行公司法的规定似乎没有疑问。但是，本文认为这种做法实质上违背了股权产权的生成逻辑。

股东是与其公司相对而存在的，因此从公司存在的理论基础中探寻股权产权的内生逻辑不失为一条有益的路径。在对由价格机制配置资源的市场中为什么会存在公司的追问中，成就了1991年科斯获得诺贝尔经济奖的两篇获奖论文之一《企业的性质》。在这篇文章中，科斯认为，"设立企业有利可图的主要原因似乎是，利用价格机制是有成本的。通过价格机制'组织'生产的最明显的成本就是发现相关价格的工作……当存在企业时……某一生产要素（或它的所有者）不必与企业内部同他协作的一些生产要素签订一系列的契约……一系列的契约被一个契约替代了。在此阶段，重要的是注意契约的特性，即注意企业中被雇佣的生产要素是如何进入的。通过契约，生产要素为获得一定的报酬（它可以是浮动的也可以是固定的）同意在一定限度内服从企业家的指挥"。[④] "当资源的导向依赖于企业家时，由一些关系系统构成的企业就开始出现了。"[⑤]循此，"企业的显著特征就是价格机制的替代物"，[⑥]作为替代价格机制的纵向一体化的企业之所以能够发挥节约市场交易成本的功能，旨在通过科层制的命令形式直接支配生产要素，而非经由市场交易配置资源。在《企业的性质》一文的结论中，科斯"通过考虑通常被称为'主人与仆人'或'雇主与雇员'的法律关系"来

---

③ 参见《深圳经济特区商事登记若干规定》。

④ R. H. Coase, *The Firm, the Market, and the Law* (1988), pp. 38 – 39.

⑤ R. H. Coase, *The Firm, the Market, and the Law* (1988), pp. 41 – 42.

⑥ R. H. Coase, *The Firm, the Market, and the Law* (1988), p. 36.

强调这种支配性关系。科斯认为,这种关系的实质是前者“控制”“干预”和“指挥”后者。[⑦] 在该文的注释中科斯进一步解释道:“‘雇主与雇员’的法律概念和企业的经济概念不同,因为企业可能会控制他人的财产和劳务。但这两个概念的一致性是完全存在的,因为在评估经济概念的价值时,法律概念的检查是有意义的。”[⑧]由此,企业通过科层制的企业家来实现控制他人财产和劳务的,其前提条件是:被控制的生产要素要处于企业的现实支配之下。循此,作为生产要素的出资人的出资只有实际缴纳才能处于公司的控制之下,公司也才能发挥节约交易成本的功能进而替代价格机制;否则,公司就因欠缺支配对象而无法发挥其节约交易成本的功能,这就在某种程度上摧毁了公司存在的正当性基础,当然也就无所谓股东及股东权的存在了。因此,要成为股东享有股东权益就必须向公司实际交付出资。这是由科斯关于公司存在理论的当然的逻辑结果,亦是认识我国公司法规定的认而不缴的资本制度是否背离了股权产权生成逻辑的理论基点。这一点也可以从产权会计的角度进一步得到验证。

“产权界定的实质,就是界定企业各有关产权主体的权利与义务,使其充分发挥各自的职能作用。而会计则是界定产权的重要手段,会计制度和产权保护是不可分割的。”[⑨]“会计的基本职能从一定程度上可以归纳为:反映产权关系、体现产权结构、维护产权意志。”[⑩]从纯技术角度看,会计的产权功能可以从反映商主体在某一特定日期的财务状况的资产负债表中的资产、负债和所有者权益等会计要素及其相互之间的逻辑关系(会计恒等式:资产 = 负债 + 所有者权益)中体现出来。

财政部《企业会计准则——基本准则》(2014年)(以下简称《会计准则》)第20条对“资产”予以了界定。该条第1款规定:“资产是指企业过去的交易或者事项形成的、由企业拥有或者控制的、预期会给企业

---

⑦ See R. H. Coase, *The Firm, the Market, and the Law*(1988), p. 54.

⑧ R. H. Coase, *The Firm, the Market, and the Law*(1988), pp. 53–54.

⑨ 伍中信:《产权会计与财权流研究》,西南财经大学出版社2006年版,第49页。

⑩ 伍中信:《产权会计与财权流研究》,西南财经大学出版社2006年版,第59页。

带来经济利益的资源。”其中,“由企业拥有或者控制,是指企业享有某项资源的所有权,或者虽然不享有某项资源的所有权,但该资源能被企业所控制。”“预期会给企业带来经济利益,是指直接或者间接导致现金和现金等价物流入企业的潜力。”[⑪]循此,出资人只认不缴意味着企业无法对该承诺的出资享有所有权或者行使控制权;同时,该出资承诺亦不可能直接或者间接导致现金和现金等价物流入企业的潜力;与其相反,其则可能具有导致现金或者现金等价物流出该企业的潜力。这不仅因为按照我国《公司法》第 34 条的规定,认而不缴的股东可根据公司章程有股息或红利分配的请求权,而且在公司实务中,认而不缴不可避免地会造成一定程度的现金或现金等价物显性或隐性地流出企业。因此,认而不缴的承诺出资不属于会计要素中的资产。

《会计准则》第 26 条规定:“所有者权益是指企业资产扣除负债后由所有者享有的剩余权益。公司的所有者权益又称为股东权益。”该准则第 27 条第 1 款规定:“所有者权益的来源包括所有者投入的资本、直接计入所有者权益的利得和损失、留存收益等。”其中,所有者投入的资本“就是通常所说的实收资本。”[⑫]在目前的公司财务会计的实务中,对认而不缴的承诺出资不反映在公司资产负债表中,而仅仅以附注的形式呈现出来。[⑬] 因此,从所有者权益角度来看,认而不缴的出资人不享有所有者权益;相应地,承诺出资的出资人就不是所谓的股东。

如果将会计恒等式(资产 = 负债 + 所有者权益)进行移项,那么我们可以得出:所有者权益 = 资产 - 负债。当所有出资人都只认不缴,公司在成立时即无《会计准则》所界定的资产,而“‘资产’实质上是‘产权’的内涵,即法人财产权所能支配的内容”。[⑭] 这意味着只认不缴的出资承诺不是资产,因而就不存在所有者权益,也即无法生成股东权。相应地,实缴出资的出资人有股东权,只认不缴的出资人无股东权。

---

⑪ 《企业会计准则——基本准则》第 20 条第 3、4 款。

⑫ 朱弈锟:《商法学——原理·图解·实例》,北京大学出版社 2014 年版,第73 页。

⑬ 关于公司对认而不缴的承诺出资的财务会计处理,南京金陵石化有限公司赵峻岭博士和安徽师范大学经济管理学院会计系戴家龙教授为我解答诸多疑问,在此诚表谢意。当然,文责自负。

⑭ 伍中信:《产权会计与财权流研究》,西南财经大学出版社 2006 年版,第 67 页。

从该会计等式上看,当公司资产清偿了其负债,还有剩余,股东对此享有剩余索取权;当公司资产不足以清偿债务,所有者权益为负值,意味着股东对该公司资产没有剩余索取权,公司资产应归属于全体债权人。这就是经济学所说的企业状态依存所有权,“即在不同的状态下,企业为不同的利益相关者所有”。[15] 也就是说,当资产大于负债时,股东是企业的所有者;当资产小于负债时,债权人是企业的所有者。债权人“最强大的武器是公司必须偿还借款的法定义务。在公司债务的整个存续期间,股权投资者都处于这个义务之下。债务必须按时偿还,否则,债权人将获得公司控制权”。[16] “一种最常见的状态依存控制权表现为控制权在股东和债权人之间的移转:在正常情况下,企业由股东所有;在破产状态下,企业由债权人所有。”[17]这与我国《企业破产法》的相关规定基本吻合:人民法院受理破产申请后,债权人会议或其委员会取代了股东(大)会成为公司的意志机关(当然是处于人民法院的主导下的),破产管理人取代了原公司执行机关为全体债权人的利益管理破产财产,整个破产程序几乎不见股东身影。此时,公司人格存在,股东身份不变,但他们已经没有任何股东权益了,虽然在此之前已经缴付了全部出资。这说明了股东权益因公司资产的存在而存在,因该资产的消失而消失,两者是共生关系。这也恰恰呼应了前述的“反映产权关系、体现产权结构、维护产权意志”的会计职能。

由此可见,实际出资乃股东的基本义务,也是该出资人取得股东资格的必要条件。这是因为股东的股权是产生于出资人所转移的财产权利,即出资财产是股东权的基础和权源,没有该出资的财产权利作为基础,股东权利无从发生。皮之不存,毛将焉附。因此,从时间序列来看,股东权利应该在出资人实际出资之后才有可能发生。这亦可以从表彰

---

[15] 张维迎:《理解公司:产权·激励·治理》,世纪出版集团、上海人民出版社2014年版,第223页。

[16] [美]弗兰克·H. 伊斯特布鲁克、丹尼尔·R. 费希尔:《有限责任与公司》,载弗兰克·H. 伊斯特布鲁克等:《公司法的逻辑》,黄辉编译,法律出版社2016年版,第281页。

[17] 张维迎:《理解公司:产权·激励·治理》,世纪出版集团、上海人民出版社2014年版,第223页。

股东权利的出资证明书/股票/股单及其与表彰票据权利的票据的比较中进一步窥知。

在证券法上,作为出资表征的出资证明书/股票/股单是证权证券,其是相对于设权证券而言的。“它是指依据证券所能行使的权利,并非由证券本身所创设,而是产生于证券的基础法律关系。有限公司股东的权利并非由出资证明书本身所创设,股东所享有的股东权来源于股东的出资。出资证明书只不过是起到表征股东的地位和股东权益,记载和反映股东出资的客观状况和作用而已。”⑱“按有限公司出资额之凭证,称为‘股单’。股单之性质,通说认为股单仅系股东出资之证明文书,而非有价证券。而一般有价证券,须其所表彰之财产价值私权之发生、行使或移转,全部或至少一部须依该证券为之。但股单所表彰之有限公司股东出资,即股东权,并非因股单之发生而发生;股东权之行使或移转,也无需以股单为之。”⑲循此,出资证明书同创设权利的设权证券如票据(本票、支票、汇票)存在根本上的区别。

“有限公司成立后,向缴纳出资的股东签发出资证明书是股东合法的出资凭证。公司向股东颁发出资证明书后,即说明股东已经将其在公司章程中所认缴的出资额实际交到了公司,股东对这部分财产的所有权转化为股权。此时,股东的身份正式生效,开始享有股东对公司的各种权利。”⑳“购买股票的个人、公司或者其他经济实体就是股东。按照持有股份的多少,股东在公司里拥有一定比例的所有权,这种所有权称为‘产权’或‘权益’。”㉑因此,从股权的表现形式逆推回去即可清楚地看到,股权是产生于出资人的出资,是出资人的出资财产在公司法律制度中的表现形式,其又可以通过出资证明书/股票/股单的形式呈现出来。由此可见,如果出资人认而不缴就被认定为股东,就享有了股

---

⑱ 江平、李国光主编:《最新公司法理解和适用》,人民法院出版社 2006 年版,第 63 页。

⑲ 刘连煜:《现代公司法》(增订 10 版),台湾新学林出版股份有限公司 2014 年版,第 626 页。

⑳ 江平、李国光主编:《最新公司法理解和适用》,人民法院出版社 2006 年版,第 64 页。

㉑ 胡果威:《美国公司法》,法律出版社 2003 年版,第 97 页。

东权,混淆了股权和票据权利之间的本质区别,违背了股权产权的生成逻辑。

从公司法的规定来看,认而不缴并不免除股东的出资义务,无论公司章程规定实际缴纳股款期限的长短,并且法律明确规定该出资额由其他足额缴纳股款的股东承担连带担保责任。因此,认而不缴的股东享有股东权利似乎并无非难的余地。如有学者认为,"有限责任本质上是一种承诺性或宣示性责任,也即股东是以其承诺的数额对公司负责,注册资本不过是全体股东作出的出资承诺,资本的注册就是股东就其承担的责任范围对外进行公开宣示,所谓的有限其实就是承诺多少就承担多少,不承担承诺或宣示之外的责任"。[22]"以认缴出资比例行使表决权一般不会产生权利滥用现象,因为股东对公司承担的责任是以认缴出资额为限的,且股东所认缴的资本最终依法都是要缴纳的,所以承担经营失败的风险并没有减少。"[23]在此容笔者作一假设性的类比以便将问题更为清晰地呈现出来。例如,一存款人和某银行签订一存款合同,双方约定:存款人于五年后将10,000元存款实际存入该银行,但在这之前银行须支付利息;或一借款人和某银行签订一借款合同,双方约定:银行于五年后交付10,000元借款于借款人,但在这之前该借款人须向银行支付利息。[24]这种荒诞无稽的行为实际上就是我国公司法规定的认而不缴的股东权利逻辑演绎的现实版。另外,即使由其他足额缴纳股款的股东对认而不缴的出资额承担连带责任,但是,当认而不缴的股东不能履行该出资义务且该其他股东又无财产予以补足时,其他股东连带责任的规定就是镜中花、水中月。这又将债权人利益置于何处呢?

另外,出资人/发起人的出资与否和股东权利生成的内在关系牵涉

[22] 赵旭东:《认缴资本制下的股东有限责任:兼论虚报资本、虚假出资和抽逃出资行为的认定》,载《法律适用》2014年第11期。

[23] 李领臣:《资本分期缴纳下的股权计算——以实收资本还是认缴资本为依据》,载《云南大学学报》(法学版)2008年第4期。

[24] 这里所谓的"利息"并不是对应于股权中的股息或红利,而是相对于整个股东权利而言的,即《公司法》第4条规定的"公司股东依法享有资产收益、参与重大决策和选择管理者等权利"。

到财产要素是否是公司法人格生成和存续的必要条件。如果认为认而不缴可以取得股东权利,那么,就意味着财产这个要素不是公司法人格生成和存续的必要条件。这不仅和《民法通则》第37条规定的成立法人必须具备"有必要的财产或者经费"的规定相悖,而且也和现实不符。因为,根据我国《企业破产法》第2条第1款的规定,"企业法人不能清偿到期债务,并且资产不足以清偿全部债务或者明显缺乏清偿能力的,依照本法规定清理债务"。进入破产程序后,公司的法人资格虽未丧失,但其权利能力和行为能力已受到极大的限制,不能再以自己的名义从事各种民商事活动。由此可见,当资不抵债时,就意味着公司实际上没有属于自己的财产,因而不能以自己名义从事生产经营活动。虽然法人格还存续,但此时的法人格只是为清理债务而存在,已经不是真正意义上的能够享有民事权利并独立承担民事责任的民事主体了。这也从反面烘托出了财产相对于公司法人格的生成和存续的重要性和必要性。股东权利产生于出资人/发起人的出资,意味着财产要素是公司法人格生成和存续的必要条件,这就为成立法人为何必备财产要素寻找到了一个逻辑上的基点,呼应了《民法通则》有关法人格的规定,实现了逻辑上的自洽,在某种意义上呼应了无财产即无人格的法谚。这在下文对有关国家和地区公司出资制度的考察中将得到进一步的印证。

三、出资与股权产权生成关系的立法例考察

他山之石,可以借鉴。为了更好地理解出资人的出资与股东权利的内生关系,有必要考察不同国家或地区的相关规定,予以比较对照,以供参考,并消除误解。例如,有学者认为,"各国立法例均未规定,未实际出资将不能取得股东资格,司法实践中也不认为出资瑕疵将必然导致股东资格否定"。㉕ 该说是未经查证的虚妄之言。

(一)中国台湾

我国台湾地区"公司法"第100条规定,"公司资本总额,应由各股东全部缴足,不得分期缴款或者向外招募";该法第131条规定"发起

㉕ 范建:《论股东资格认定的裁判标准》,载《南京大学法律评论》2006年秋季号。

人认足第一次应发行之股份时,应即按股缴足股款并选任董事和监察人,"且满足前两条款的规定是公司设立登记的前提条件。㉖

(二)澳门

《澳门商法典》第203条规定:"一、出资应在订立设立行为时全数缴付,但不影响以下数款规定之适用。二、现金出资得按为每一类公司所定之规定延迟缴付。三、用以缴付非现金出资之财产,仅得在延迟交付财产对公司有利且在设立文件内注明延迟交付之确定日期之情况下延迟交付。四、非现金出资之缴付延迟逾一年者,应由核数师或核数师合伙编写新报告书;有关价值低于前评估之价值时,适用第二百零一条第四款之规定。五、如因第三人之正当行为令公司丧失对股东所给付之财产之权利,或因第三款所指之延迟令资产不能交付时,股东应当在出现任何上指事实后八日内,以现金付其出资之票面价值。"该法第204条规定:"一、公司对缴付出资之权利不可抛弃或抵消。二、不如期缴付应付之出资之股东,除须缴付欠缴资本外,亦须对因其不履行而引致公司之其他损失负责。三、在未履行缴付义务期间,股东不得行使相应于尚未缴付之出资部分之公司权利,特别是对盈余之权利。"㉗

(三)日本

《日本股份公司法》(2005年)第34条规定:"发起人在认购设立时发行股份后,须及时就其认购的设立时发行股份,足额缴纳与其出资相关的金钱,或给付与其出资相关的金钱之外的财产的全部。但,全体发起人同意时,不妨碍在股份公司成立后为实施对抗第三人所必要的登记、注册及其他设定或移转权利的行为。""前款规定的股款缴纳,须

㉖ 刘连煜:《现代公司法》(增订10版),台湾新学林出版股份有限公司2014年版,第242页。

㉗ 中国政法大学澳门研究中心、澳门政府法律翻译办公室编:《澳门商法典》,中国政法大学出版社1999年版,第56~57页。从澳门法例资料查询系统来看,自1999年11月至2015年6月1日,澳门商法典经历了两次更正(1999年11月1日、1999年11月22日)和三次修改(2000年4月27日、2009年8月10日、2015年6月1日),但均没有涉及有关公司资本制度的第203、204条,且法条序号没有更改。载http://legismac.safp.gov.mo/legismac/main/main.jsf;jsessionid=802d78417d80d06c12892b531b44,最后访问日期:2015年7月1日。

在发起人指定的银行等代收股款的场所进行。”该法第36条规定:“在发起人中出现未履行出资者的场合,发起人须规定日期,并通知该未履行出资的发起人须在该日期前履行该出资。”“依前款规定的通知,须在同款规定的日期的两周之前发出。”“收到第一款规定的通知的发起人,未在同款规定的日期之前履行出资时,丧失因履行该出资而成为设立时发行股份股东的权利。”㉘该法第50条规定:“发起人,在股份公司成立时,成为已履行出资的设立时发行股份的股东。”㉙

(四)德国

在德国,在所有资合公司(有限公司和股份有限公司)中,在新设公司或新增资本进行登记时,实物出资必须全部到位,在现金出资时必须缴付了1/4的股金。剩余的资本究竟何时缴纳,可以在公司合同中进行规定。对于拖欠出资可由公司经理催缴,并在必要情况下诉诸于法院。如果经理不积极催缴,则其他股东可以以股东之诉的方式行使这一权利。根据《德国有限责任公司法》第19条第1款的规定,催缴出资应适用平等原则,也即所有股东必须同时并依出资比例缴纳出资额。当然也可以采用其他方法,但必须取得其他利害关系人同意。股东可以查询其他股东是怎样缴付出资的,在得到答复之前,可以拒绝缴付。㉚ 如果股东没有缴纳或没有及时缴纳股金,法律对此规定了许多的制裁措施。如果股东没有及时缴纳股金,他必须缴纳4%的迟延利息,并赔偿公司因此所受损失。在公司章程中还经常对违约进行规定。此外,在需要时,公司还可以开除迟延缴付股金的股东。㉛

(五)法国

《法国公司法典》第38条规定:“以实物或现金出资的公司股份应由参股人全部认购并全部缴足。”㉜

㉘ 《日本公司法典》,崔延花译,中国政法大学出版社2006年版,第16~17页。

㉙ 《日本公司法典》,崔延花译,中国政法大学出版社2006年版,第23页。

㉚ 参见[德]托马斯·莱赛尔、[德]吕迪格·法伊尔:《德国资合公司法》,高旭军等译,法律出版社2005年版,第460~461页。

㉛ [德]托马斯·莱赛尔、[德]吕迪格·法伊尔:《德国资合公司法》,高旭军等译,法律出版社2005年版,第466页。

㉜ 《法国公司法典》,罗结珍译,国际文化出版社1995年版,第47页。

(六)欧盟

《欧洲理事会关于协调成员国为保护欧共体条约第五十八条第2项所称公司的股东和其他利害关系人的利益而制定的、有关股份有限公司设立及其资本的维持和变更的保障措施趋同的第二号公司法指令》(欧共体理事会1976年12月13日,第77/91号)第2条规定:“公司的章程或者设立文件通常应当载明下列事项……(3)在公司缺乏授权资本的情形下,实际认购的资本数额;在公司具有授权资本的情形下,授权资本的数额,以及公司成立之时或者被授权开始营业只是实际认购的资本数额;授权资本数额变动时,不得违反《第68/151号欧共体指令》第二条第1项(5)的规定。”该指令第3条规定:“至少下列事项必须按照每个成员国根据《第78/660号欧共体指令》第三条制定的法律程序载明于公司章程、公司设立文件或者公司公布的文件……(2)实际认购股份的票面价值和数量(至少每年公告一次)……(7)公司成立之时或者被授权营业之时实际认购的资本数额……”㉝

(七)美国

美国商业公司法第6.20条规定:“……(3)依照公司成立之前的认购所发行的股份,当该公司收到该认购协议特别约定的对价时,即为完全支付且不可估价的股份。(4)如果认购人未依照公司成立前订立的认购协议之规定,进行现金或财产支付,公司可将认购人所欠数额与任何其他债务一样进行收取。另外,除非认购协议另有规定,如果公司向认购人发出书面请求20日后,认购人仍没有支付所欠认购款额的,公司亦可宣布撤销认购协议并出售该协议认购的股份。”该法第6.21条规定:“公司发行股份前,董事会必须确定已收到或将会收到的股份对价为充足……(4)当公司收到董事会授权发行的股份对价时,该发行的股份即属完全支付且不可估价。”㉞

从上述例举而非列举的不同国家或地区公司法的规定中可以看到,无论是大陆法系还是英美法系的国家或地区,抑或无论是实行法定资本制还是授权资本制的国家或地区,都奉行了一个最基本原则:出资

㉝ 《欧盟公司法指令全译》,刘俊海译,法律出版社2000年版,第17~18页。

㉞ 虞政平编译:《美国公司法精选》,商务印书馆2004年版,第38~39页。

是取得股东权利的必要条件。也就是说，要想成为股东，享有股东权利必须要向公司实际缴付出资。虽然有的国家（德国）或地区（澳门）规定可以迟延缴付，但是尚未缴付的出资部分不享有相应的股东权利，并且如不按照规定或约定缴付出资将可能导致失权，从而保证了出资和股权之间的对应关系，恰好呼应了前文所讨论的股权产权的内生逻辑。

在我国，实际上很早就已经有了相关的立法例但没有很好地加以贯彻和利用。经国务院批准，1997 年 9 月 29 日外经贸部、国家工商行政管理局令发布《〈中外合资经营企业合营各方出资的若干规定〉的补充规定》（〔1997〕第 2 号）（以下简称“补充规定”）规定，“一、对通过收购国内企业资产或股权设立外商投资企业的外国投资者，应自外商投资企业营业执照颁发之日起 3 个月内支付全部购买金。对特殊情况需延长支付者，经审批机关批准后，应自营业执照颁发之日起 6 个月内支付购买总金额的 60% 以上，在 1 年内付清全部购买金，并按实际缴付的出资额的比例分配收益。控股投资者在付清全部购买金额之前，不能取得企业决策权，不得将其在企业中的权益、资产以合并报表的方式纳入该投资者的财务报表。二、中外合资经营企业的投资者均须按合同规定的比例和期限同步缴付认缴的出资额。因特殊情况不能同步缴付的，应报原审批机构批准，并按实际缴付的出资额比例分配收益。对中外合资经营企业中控股（包括相对控股）的投资者，在其实际缴付的投资额未达到其认缴的全部出资额前，不能取得企业决策权，不得将其在企业中的权益、资产以合并报表的方式纳入该投资者的财务报表。三、中外合作经营企业和外商独资经营企业比照本规定执行”。另外，根据《对〈商务部关于请对中外合资经营企业合营各方出资及外商投资企业清算相关行政法规条文应用问题予以解释的函〉的复函》（国法函〔2005〕10 号）（以下简称“复函”）认为，“补充规定”中所称的“企业决策权”是指作为企业出资人的所有决策权。虽然在上述的“补充规定”和“复函”中规定，“对中外合资经营企业中控股（包括相对控股）的投资者，在其实际缴付的投资额未达到其认缴的全部出资额前，不得取得企业决策权”，但是其遵循了出资是取得股东权利的前提条件（按实际缴付的出资额比例分配收益）的宗旨，符合股东权利的生成机理。可惜的是，在 2013 年修改《公司法》时没能很好地吸收利用该立法资源。

值得注意的是,1994年3月30日《最高人民法院关于企业开办的其他企业被撤销或者歇业后民事责任承担问题的批复》(法复〔1994〕4号)认为,“企业开办的其他企业虽然领取了企业法人营业执照,但实际没有投入自有资金……应当认定其不具备法人资格,其民事责任由开办该企业的企业法人承担”。一般认为,从该“批复开始,确立了股东出资不足和债权人保护之间的规则,如果出资没有得到法定最低限制,实际上是无限责任”。[35] 本文认为,该批复表面上是有关股东出资不足和债权人保护之间的关系问题,其实质在于作为出资人的企业没有实际缴付出资,违背了股权产权的生成逻辑,该出资企业不具有股东资格;相应地,由该企业开办的企业就不具有法人资格。因此,由前者承担后者的民事责任是股权产权生成逻辑的当然结果,而债权人保护仅仅是其副产品而已,并非学者所肯认的是确立了股东出资不足和债权人保护之间关系的规则。

四、背离股权产权生成逻辑的认缴资本制

2005年《公司法》规定了法定资本制,且可以分期缴纳。这是因为立法者考虑到“在创业之初,投资者由于财务状况囊中羞涩,无法一次出资到位。体恤到投资者创业之初的艰难和不易,国务院法制办的公司法修改送审稿第24条第1款就规定了分期缴纳出资制度”;[36]“分期缴付出资制度的目的是便利公司对股东出资的有效使用”。[37] 2013年公司法修改时也正是遵循了这个善念,规定了可以认而不缴的认缴资本制度,并为配合该资本制度能够顺利实施,修改了相关的配套措施,如取消了公司设立时的验资制度。

然而,公司法律制度是一个体系,体系中的任何因子不合逻辑地变

---

[35] 第三届公司法司法适用高端论坛上的精彩发言:《认缴资本制与股东出资义务与责任》,载《中国工商报》2014年6月17日,第3版。

[36] 刘俊海:《新公司法的制度创新:立法争点与解释难点》,法律出版社2006年版,第9页。

[37] 彭冰:《未完成的变革——以股东分期缴付出资制度为例》,载《华东政法大学学报》2006年第1期。

动都有可能导致整个体系运行不畅,增大交易成本。法律经济学开山鼻祖、诺贝尔经济学奖获得者科斯在其经典论文《社会成本问题》中就谆谆告诫:"就私人产品和社会产品之间的差异而言,把分析集中在制度中的具体不足之处,常常产生这样一种观念:任何消除缺陷的方法肯定是人们所需要的。这种分析的注意力脱离了那些势必与纠正措施相联系的体系中的变化,而这些变化也许会产生比原先的缺陷更多的损害。"[38]这种违背股权产权生成逻辑的认而不缴的认缴资本制度导致了我国现行公司法中存在诸多的矛盾性规定,必然会防碍公司制度的顺畅运行,增大交易成本。

(一)出资证明书签发与记载上的两难

我国《公司法》上所称的出资证明书是指表现公司股东地位或股东权益的一种要式证券,是公司必须提供给股东的一种表征其股东地位和股东权益的书面凭证。所谓要式证券,就证券的形式和记载事项由法律作出规定,而不能由当事人任意创设的证券。我国《公司法》规定出资证明书的制作和记载事项必须于法定日期并按照法定的方式进行。该法第 31 条规定:"有限责任公司成立后,应当向股东签发出资证明书。出资证明书应当载明下列事项……(四)股东的姓名或者名称、缴纳的出资额和出资日期。"该法第 32 条规定:"有限责任公司应当置备股东名册,记载下列事项……(二)股东的出资额;(三)出资证明书编号。记载于股东名册的股东,可以依股东名册主张行使股东权利……"从上述两条款的文字上看,"应当"意味着有限责任公司在成立后签发出资证明及备置股东名册是其法定义务,并且应明确载明股东"缴纳的出资额和出资日期"或"出资额"和"出资证明书编号"。当认而不缴时,公司在成立后如何应当签发出资证明书或者备置出资证明书编号呢?如果签发出资证明书或备置股东名册,必然违背出资证明书或股东名册中应该记载的事项;反之,则又违背了公司法规定的法定义务。当公司不按照该法第 31、32 条签发出资证明书时,只认不缴的股东能否向人民法院起诉公司要求其履行该义务?如起诉,该案的案由该如何确定呢?如人民法院支持原告的诉请,法院又该如何强制执行?

---

[38] R. H. Coase, *The Firm, the Market, and the Law* (1988), p. 153.

(二)红利分配上的难题

《公司法》第34条规定:“股东按照实缴的出资比例分取红利;公司新增资本时,股东有权优先按照实缴的出资比例认缴出资。但是,全体股东约定不按照出资比例分取红利或者不按照出资比例优先认缴出资的除外。”[39]该条在实践中可能会出现如下两种情形:第一种情形是所有的股东都只认不缴。如公司章程规定,所有的股东出资在公司成立后的第500年缴足,那么该公司的红利在股本缴足前500年都不能分配了,如果有红利的话。当股东们在缴纳该股本前分取了红利,又能拿他们怎么样呢?第二种情形是一部分股东缴足股款,一部分股东只认不缴。如果该公司章程规定,除公司法另有规定外,公司决议的事项以简单多数通过。那么,当该两部分股东的股份数各占50%时,该公司的红利可能无法分配给股东。因我国《公司法》第37条规定:“股东会行使下列职权……(六)审议批准公司的利润分配方案和弥补亏损方案……”这无疑是要求一个(部分)股东批准一个对其自身利益没有任何好处甚至“有害”的股东会方案,不是天方夜谭就是痴人说梦。之所以如此规定,可能是因为立法者想通过对分取红利的限制倒逼股东缴纳出资,但是从现行公司法的规定中很难得到预期的效果。同样的问题也存在于《公司法》第166条第4款的规定中。该款前段规定,“股份有限公司按照股东持有的股份比例分配”。

(三)股东实缴出资责任上的冲突

《公司法》第28条规定,“股东应当按期足额缴纳公司章程中规定的各自所认缴的出资额……”“股东不按照前款规定缴纳出资的,除应当向公司足额缴纳外,还应当向已按期足额缴纳出资的股东承担违约责任。”从规定上看,该条款适用的前提是,至少有一名股东足额缴纳了出资。但是按照认而不缴的资本制度,该前提不一定能够得到满足。如某公司有五名股东组成,公司章程规定某甲在公司成立后两年内足额缴纳出资,某乙在公司成立后三年内足额缴纳出资,其他股东在公司成立后十年内足额缴纳出资。当两年缴纳出资的最后期限到了,某甲

---

[39] 从该规定的前段中隐约看到,股权是基于出资人的出资,因没有出资就不能分取红利。

没有出资或没有足额出资，那么某甲该向谁承担违约责任呢？当某甲一直没有出资或没有足额出资，且当某乙足额缴纳出资的三年期限届满而没有出资时，此时某乙又该向谁承担违约责任呢？

（四）公司运行机制上的不畅

《公司法》第38条规定："首次股东会会议由出资最多的股东召集和主持，依照本法规定行使职权。"该法第42条前段的规定，"股东会会议由股东按照出资比例行使表决权"。如果将上述两条中的"出资"仅仅理解为认足而非实际缴纳出资，没有问题。但是，当有股东实际缴纳出资，但又少于其他只认而不缴股东的股权比例，此时的股东会会议该由谁来召集和主持呢？又该如何表决呢？如果不分缴纳与否，仅仅按照认缴的比例来计算的话，那么又该如何防范只认不缴的股东的道德风险呢？"如果允许股东对于尚未实际缴付的出资也可以行使表决权，则很可能产生该股东滥用此项权利的情况，因为他没有缴付出资，并不承担公司经营失败的风险。"[40]同样的道德风险也隐藏在《公司法》第43、103条的规定中。其中，第43条第2款规定："股东会会议作出修改公司章程、增加或者减少注册资本的决议，以及公司合并、分立、解散或者变更公司形式的决议，必须经代表三分之二以上表决权的股东通过。"第103条第1款前段规定，"股东出席股东大会会议，所持每一股份有一表决权"。

有学者认为，"在有一名或者多名股东实际缴纳出资的情况下，股东按其实缴的出资比例行使表决权，没有实缴的股东就不享有表决权"。[41] 但是，当股东会议的决议必须经代表多数表决权才能通过时，但实际缴纳的出资又无法达到该比例，又该如何解决呢？

（五）股权转让上的困境

从理论上看，当认而不缴时，股权转让仅仅是转让人转让给受让人一项债务。在司法实务中，有法院认为，受让人明知出让人出资不足仍

---

[40] 彭冰：《未完成的变革——以股东分期缴付出资制度为例》，载《华东政法大学学报》2006年第1期。

[41] 刘俊海：《新公司法的制度创新：立法争点与解释难点》，法律出版社2006年版，第71页。

然受让股权的,应当将股权款优先填补出资,剩余部分才支付给出让方;[42]有法院则认为受让方同意承担不足的义务。[43] 但是,当受让人善意且已将转让对价支付给了转让股东时,公司又该以谁为求偿的对象呢?另外,当有限公司股东转让其股权时,那些只认不缴的股东是否有优先购买权呢?即便这些问题都可以通过诉讼解决,是否应该考虑交易成本呢?

(六)实物和知识产权出资上的隐忧

按照《公司法》第27、28条的规定,当股东以实物和知识产权出资时,应当办理财产权的转移手续。当某股东认而不缴时,当其拟以某一实物财产如房产抵作股款时,那么其应办理房产的转移手续是否可以是约定的未来某个时点,比如认足后的第十年办理财产转移手续,按照《公司法》的规定这种约定无疑是合法的。问题在于,如果在办理该房产权利移转手续前因不可抗力而灭失时,又该如何救济呢?当该股东将该应当出资的房产过户给善意的受让人并收取了相应的对价时,又该如何呢?当房地产市场低迷,该房产价值大跌时,又该如何呢?当房地产市场持续看好,该房产价值大涨,该股东不愿办理财产权移转手续,又该如何呢?当股东拟以知识产权如专利出资时,因专利权有期限的限制,不同期限意味着该专利的价值不同,那么对拟作为出资的专利评估作价的时间点如何划定呢?是认缴之时还是转让之时?在公司章程规定在未来的某一时点出资人将特定的专利权转让给公司,如在转让时该专利技术对公司已无实际意义或者已出现了更先进、更有效率的专利技术,公司和股东又该如何处理呢?

以上例举了因认而不缴的资本制度在我国《公司法》中所隐含的现实问题,且其均源于违背股权产权生成逻辑。不论上述的哪一个问题都会动一发而牵全身,交易成本不可估量。波斯纳法官说:"对正义的要求绝不能独立于这种要求所应付出的代价。"[44]立法者的良善未必

---

[42] 上海市高级人民法院:《公司法疑难问题解析》,法律出版社2004年版,第37页。

[43] 蒋大兴:《公司法的展开与评判》,法律出版社2001年版,第185页。

[44] [美]理查德·A.波斯纳:《法律的经济分析》(上册),蒋兆康译,中国大百科全书出版社1997年版,第32页。

能有善果。这也在某种程度上应验了奥地利学派的代表人物、诺贝尔经济学奖得主哈耶克的名言:地狱之路往往由善意铺就。[45]

五、结语:制度选择的成本考量

我国公司资本制度经历了从法定资本制度到可分期缴纳的法定资本制度的微调,再到认缴资本制度的跳跃,顺应了放松资本管制、激活投资热情的经济大势,值得肯定。如上所述,问题的关键不在于认缴资本制度的本身,而在于认而不缴的具体技术操作上的误差。该误差可能源于对公司性质的认识不足。

科斯《企业的性质》一文将交易成本纳入经济分析,开启了交易成本经济学研究的先河。市场是一种制度,企业亦是一种制度,或替代或并存取决于交易成本的高低。企业之所以替代市场的价格机制配置资源就在于企业通过纵向一体化的形式直接控制资源的流向。“在企业之外,价格变动决定生产,这是通过一系列市场交易来协调的。在企业之内,市场交易被取消,伴随着交易的复杂的市场结构被企业家所替代,企业家指挥生产。”[46]指挥生产的前提是生成要素要处于企业家的控制之中,因此作为生产要素的出资人的出资就必须实际缴纳到公司才能实现这种控制,这是节约交易成本的需要,其亦是公司存在的正当性所在。毫不起眼的实际缴付出资是公司替代市场配置资源从理论跃入实践的逻辑支撑点,进而实现从出资到股权的华丽转身。“交易费用是决定经济制度的因素。社会将尽可能选择一个交易费用最低的制度。”[47]制度选择重在考量交易成本,公司资本制度的变迁是如此,股权产权的生成路径亦如是。差之毫厘,谬以千里。

如果将认缴资本制度中的认而不缴修正为既认又缴,不仅能避免上述我国公司法上的诸多抵牾,又不至于抑制投资者的投资积极性,节约交易成本,符合股东权利的生成逻辑。因为认缴资本制的本身没有

---

[45] 袁锋主编:《西方政治学名著提要》,北京大学出版社 2010 年版,第 148 页。

[46] R. H. Coase, *The Firm, the Market, and the Law*(1988), p. 35.

[47] 张五常:《中国的前途》(增订本),香港花千树出版有限公司 2002 年版,第 245 页。

最低出资额的限制,投资人可以根据自己的实际支付能力予以投资,大大地减少了虚假出资、抽逃出资的诱因,避免了为实现出资承诺而产生的交易成本,且公司可以审时度势地修改公司章程以增减资本。相应地,已经被废弃的验资制度也应该重新归位,将可能因出资是否到位及财产估值如虚假出资、参水股等相关问题提到公司设立之时,事前防范,尽可能地将其消灭在萌芽之中。诚如科斯《社会成本问题》一文的结论所言:"显然,只有得大于失的行为才是人们所追求的。但是,当各自为政进行决策的前提下,对各种社会格局进行选择时,我们必须记住,改善某些决策的现行体系的变化也可能恶化其他决策。而且,我们必须考虑各种社会安排(不论是市场机制还是政府部门)的操作成本。在设计和选择社会安排时,我们应该考虑总的效果。"㊽

写到此处,美国著名的经济学者亨利·赫兹利特的忠告又萦绕耳际。他说:"研究任何经济提案的效果时,不能只探讨立即的结果,也应该探讨长期的结果;不只探讨主要的影响,也要探讨次要的影响;不只看某个特殊群体受到的影响,也要看每个人受到的影响。推而广之,注意力只专注于特别的某一点,比方说只探讨某个行为发生了什么事,这是自欺欺人的行为。"㊾是否改革、如何改革,需要胆识,更需要慧见。

(高永周,法学博士,安徽师范大学法学院副教授。)

㊽ R. H. Coase, *The Firm, the Market, and the Law*(1988), pp. 155－156.

㊾ [美]亨利·赫兹利特:《一课经济学》,罗耀宗译,台湾经济新潮社 2012 年版,第 160 页。

共同危险行为制度再探讨*

周彬彬

目　次

引言

近年来，伴随《中华人民共和国侵权责任法》（以下简称《侵权责任法》）的起草和出台，我国学界围绕共同危险行为制度进行了新一轮探讨，提出了不少颇具启发意义的见解并形成了诸多新的重要共识，比如，将该制度的适用范围从须承担过错责任的行为扩及一切具有侵权性的事由。不过，对于该制度仍存在一些争议及可议的问题。本文中，笔者将主要围绕这些问题展开讨论，以期有益于民法典的起草。

需要指出的是，虽然学界对共同危险行为人的免责事由争议较大，存在“证明自己的行为与损害之间无因果关系即可免责说”与“证明真

* 本文系笔者主持的中国法学会2015年度部级法学研究课题“侵权因果关系不确定的解决路径研究”［编号CLS（2015）D071］的阶段性成果。

正加害人方可免责说”的对立,[1]但争论双方均详细阐述了相关理由,本文将不再赘述。鉴于第一种观点与比较法上的通行立场一致并且与侵权法中的自己责任原则更为契合,以下论述将以该观点为基础展开。

一、适用前提刍议

(一)共识及遗留问题

一般认为,依据《侵权责任法》第10条,共同危险行为制度的基本适用前提包括:其一,二人以上实施了危险行为;其二,损害由其中的部分人所致;其三,不能确定实际致害人。[2] 这里的行为应当作宽泛理解,包括一切具有侵权性的事由,不过,为了表述方便,以下笔者将仅使用该词。各行为人之间不能存在共同故意(或意思联络);如果存在,则属于共同侵权行为,[3]应适用《侵权责任法》第8条的规定。根据该条,即使事实上不能确定实际致害人,在法律上,每个人的行为也均被认为是损害的发生原因,各行为人进而必须承担连带责任并且不得主张适用第10条所规定的免责事由。[4]

---

① 持前一种观点的学者主要有程啸教授、叶金强教授、陈现杰法官、霍海红副教授等,参见程啸:《侵权责任法》(第2版),法律出版社2015年版,第370~371页;叶金强:《共同危险行为争议问题探析》,载《法学论坛》2012年第2期;奚晓明主编:《〈中华人民共和国侵权责任法〉条文理解与适用》,人民法院出版社2010年版,第86页(执笔人为陈现杰法官);霍海红:《论共同危险行为规则之无因果关系免责——以〈侵权责任法〉第10条之解释为中心》,载《中外法学》2015年第1期。持后一种观点的学者主要有王利明教授等,参见王利明:《侵权责任法研究》(上卷)(第2版),中国人民大学出版社2016年版,第573~574页。

② 参见梁慧星:《共同危险行为与原因竞合——〈侵权责任法〉第10条、第12条解读》,载《法学论坛》2010年第2期。

③ 《侵权责任法》出台之后,对于如何在理论上称谓第8条所规定的数人侵权类型存在不同的认识,本文遵循了多数学者的见解,参见王利明:《侵权责任法研究》(上卷)(第2版),中国人民大学出版社2016年版,第521页;张新宝:《侵权责任法》(第3版),中国人民大学出版社2013年版,第41页。

④ 参见王利明:《侵权责任法研究》(上卷)(第2版),中国人民大学出版社2016年版,第562页;奚晓明主编:《〈中华人民共和国侵权责任法〉条文理解与适用》,人民法院出版社2010年版,第84页(执笔人为陈现杰法官);程啸:《侵权责任法》(第2版),法律出版社2015年版,第363~364页。

不过,关于以下诸问题,学者之间仍然存在分歧,有的甚至尚未引起充分关注:

其一,部分行为人之间能否存在共同故意。多数学者没有提及这一问题,不过,从以下相对间接的论述来看,杨立新教授应当对此持否定态度。他写道:"在共同危险行为中,行为人不仅不存在共同故意,也不存在单独的故意;假如存在单独的故意,就可以追究单独故意人的责任而不构成共同危险行为。"⑤既然存在单独故意的场合仅应追究该故意行为人的责任,依据"举轻以明重"的法理,在部分行为人存在共同故意的情况下,就也仅应追究该部分人的责任。但是笔者认为,此时否定共同危险行为制度适用的见解是否妥当尚需要再予斟酌。

其二,行为人之间能否存在共同过失。学界就此问题仍然存在争议。有学者认为,共同危险行为人之间可以存在共同过失,他们一般同时认为,《侵权责任法》第 8 条所规定的共同侵权行为除共同故意侵权之外还包括共同过失侵权。⑥ 有学者则认为,共同危险行为人之间不能存在共同过失,否则,就属于共同侵权行为。比如叶金强教授指出,"共同危险行为与共同过失型共同侵权的区分,主要看行为人是否具有共同过失"。⑦ 本文赞同共同侵权行为包括共同过失侵权的通说,这基本上也是争议双方的共识;在此前提之下,笔者认为,解决本争议问题的关键在于明确"行为人存在共同过失但实际致害人不确定"的情形应由什么制度调整,详言之,其究竟是专门由共同侵权行为制度或共同危险行为制度中的某一个调整,还是由两种制度共同调整。如果答

---

⑤ 杨立新:《侵权责任法》,北京大学出版社 2014 年版,第 112 页。

⑥ 参见王胜明主编:《中华人民共和国侵权责任法释义》(第 2 版),法律出版社 2013 年版,第 72 页;王利明:《侵权责任法研究》(上卷)(第 2 版),中国人民大学出版社 2016 年版,第 568 页;杨立新:《侵权责任法》,北京大学出版社 2014 年版,第 112 页。不过,程啸教授虽然也认为共同危险行为人之间可以存在共同过失,但其主张共同侵权仅包括共同故意侵权。参见程啸:《侵权责任法》(第 2 版),法律出版社 2015 年版,第 348 页。

⑦ 叶金强:《共同危险行为争议问题探析》,载《法学论坛》2012 年第 2 期;相同的观点参见王竹:《再论共同危险行为——以客观关联共同侵权行为理论为视角》,载《福建师范大学学报》(哲学社会科学版)2010 年第 4 期。

案是后者,进一步需要回答的问题是,两种制度之间应当如何分工。

其三,关于时空密切联系要件的存废。多数学者认为,各共同危险行为之间在发生方面应存在密切的时空联系;需要指出的是,虽然很多学者使用了时空"同一"的语词,但从相关论述来看,其实际的意义指向却是时空"联系密切"。[⑧] 有些学者则认为,应当取消时空密切联系要件。[⑨] 从比较法上来看,德国法院目前也改变原先的立场放弃了这一要件。[⑩] 我国未来的解释论应当如何对待时空密切联系的要求值得再予探讨。

其四,受害人举证激励不足的问题及其克服。在《侵权责任法》第10条之下,受害人的举证激励可能存在不足。有些情况下,其在积极努力锁定实际致害人之后的处境反而会不如先前致害人不确定状况之下的处境,因为在后一状况中,各行为人须承担连带责任,受害人请求权的实现将更有保障。有学者形象地将这种现象称作"证据悖论",即提供的证据越多,对受害人就越不利。[⑪] 面对这一可能出现的问题,究竟是放任不管,还是修正共同危险行为制度的适用前提以解决之值得思考。

笔者下面将对这些争议及可议的问题进行较为细致的探讨,以期得出妥适的结论。

(二)关于部分行为人的共同故意

为便于展开讨论,这里先举一事例:

甲、乙共谋从楼上扔酒瓶致在楼下乘凉的丁受伤,他们各扔了一个

---

⑧ 参见王利明:《侵权责任法研究》(上卷)(第2版),中国人民大学出版社2016年版,第560~561页;奚晓明主编:《〈中华人民共和国侵权责任法〉条文理解与适用》,人民法院出版社2010年版,第85页(执笔人为陈现杰法官);张新宝:《侵权责任法》(第3版),中国人民大学出版社2013年版,第44页。

⑨ 参见程啸:《侵权责任法》(第2版),法律出版社2015年版,第366~367页;周友军:《我国共同侵权制度的再探讨》,载《社会科学》2010年第1期。

⑩ 德国法院先前也认为各行为须具有密切的时空关联,关于其立场的转变,详见后述。

⑪ 参见王竹:《侵权责任分担论——侵权损害赔偿责任数人分担的一般理论》,中国人民大学出版社2009年版,第279页。

酒瓶。碰巧的是，同时，丙不小心使放在窗台上的一个酒瓶掉落楼下。丁被其中一个酒瓶砸中，身受重伤，但是由于三个酒瓶系同一品牌和型号等原因而无法查明实际致害的酒瓶究竟来自何人。

在本例中，也存在加害人不确定的状况，其与共同危险行为制度之典型适用对象的唯一不同之处在于部分行为人之间存在共同故意。那么，在本例所代表的案型（即其他事实情况与共同危险行为制度的典型适用对象相同，只是部分行为人存在共同故意）中能否适用该制度？笔者认为，答案应当是肯定的，下面将通过反证法来论证这一结论。

如果不能适用共同危险行为制度推定各行为与损害结果之间均存在因果关系，那么在本例所代表的案型中，受害人将无法获得任何赔偿。理由如下：

首先需要指出的是，不存在共同故意的部分行为人与存在共同故意的部分行为人在法律上应当是相互独立的，不能作为一个整体看待。这种“独立性”源自个体责任原则（individual responsibility principle）。依据该原则，“某个体对其自身行为所致的结果负责，亦即：(1)对于该结果的责任将仅施加给他而非那些没有参与制造该结果的人；(2)他仅对自身的行为承担责任，而不对其没有参与其中的他人的行为负责。换言之，该个体对其所做的一切负责，并仅对此负责。该原则构成典型侵权案件的两个主要因素（即过错和事实因果关系）的基石。……事实因果关系要求证明，该个体被告的行为而非其他人的行为是造成原告损害的事实链条上的一个必要环节”。⑫ 值得注意的是，在侵权人之间存在共同故意的场合之下，我国通说似乎认可了个体责任原则的例外。比如，程啸教授指出，“由于共同加害行为以意思联络即主观共同性为要件，各个加害人的行为被作为一个整体而与损害之间存在可能的因果关系……并不要求受害人证明每一个加害人的行为与受害人的权益被侵害都存在因果关系”。⑬ 王利明教授指出，“每个人的行为与

---

⑫ Robert A. Baruch Bush, “Between Two Worlds: The Shift from Individual to Group Responsibility in the Law of Causation of Injury”, *University of California, Los Angeles Law Review* 33, 1985 - 1986, p. 1474.

⑬ 程啸：《侵权责任法》（第2版），法律出版社2015年版，第341～342页。

结果之间并不一定都有直接因果联系,只要共同侵权人具有以他人的行为作为自己行为的意思,就足以认定因果关系的存在。因此,在共同侵权中,不是从每个人个别行为的原因力来判断的,而是从行为的整体对结果的原因力来判断的"。[14] 鉴于存在共同故意的部分行为人与其他行为人是相互独立的,以下笔者将分别进行讨论:

对于不存在共同故意的那部分行为人而言,因果关系是其承担赔偿责任的要件之一,根据证明责任分配的一般规则,受害人必须依据证明标准证明每个行为人的行为均构成损害发生的原因(或原因之一)。在本例所代表的案型中,受害人无法证明此点;因此如果不能援用共同危险行为制度,其将不能从这部分行为人那里获得赔偿。

对于存在共同故意的那部分行为人而言,受害人的因果关系证明责任虽然有所减轻,但是并没有完全消除,学者们对此有较为详细的论述。比如,程啸教授指出,"受害人没有必要逐一地证明每个加害人的行为与损害之间的责任成立的因果关系,而只需证明多个加害人之间具有意思联络(即他们知道并且愿意协力导致所追求的后果),且他们中的任何一人的行为与损害存在责任成立的因果关系即可"。[15] 陈现杰法官也写道,"受害人也不必证明每个共同行为人的行为与损害结果之间都存在因果关系,而只需证明共同行为与损害结果之间存在因果关系"。[16] 这两种表述虽然存在差异,但是都指出了受害人在因果关系方面所负担的证明责任。由于在共同故意场合,一般认为,各行为人的"具体行为"都被作为"共同行为"的有机组成部分,[17]因此两种提法之间并不存在实质差异,第一种提法强调了"具体行为",第二种则强

---

[14] 王利明:《侵权责任法研究》(上卷)(第 2 版),中国人民大学出版社 2016 年版,第 524 页。

[15] 程啸:《侵权责任法》(第 2 版),法律出版社 2015 年版,第 340 ~ 341 页。

[16] 奚晓明主编:《〈中华人民共和国侵权责任法〉条文理解与适用》,人民法院出版社 2010 年版,第 69 页(执笔人为陈现杰法官)。

[17] 参见王利明:《侵权责任法研究》(上卷)(第 2 版),中国人民大学出版社 2016 年版,第 523 页;奚晓明主编:《〈中华人民共和国侵权责任法〉条文理解与适用》,人民法院出版社 2010 年版,第 68 页(执笔人为陈现杰法官);程啸:《侵权责任法》(第 2 版),法律出版社 2015 年版,第 341 页。

调了“共同行为”。由此可见，对于存在共同故意的那部分行为人而言，受害人仍然必须依据证明标准证明其损害系他们的“共同行为”所致。但是在本例所代表的案型中，受害人无法证明此点，如果不能推定因果关系存在，其就必须承受不能获得赔偿的后果。

但是，上述受害人不能获得赔偿的结果却无法让人接受，在部分行为人可责难性更大的情况下，不应当反而置受害人于不顾。因此，在其他事实情况都与共同危险行为制度的典型适用对象相同只是部分行为人存在共同故意的案型中，也应当适用该制度，推定各行为人的行为均与损害之间存在因果关系，进而追究其损害赔偿责任。

需要进一步指出的是，在免责方面，不存在共同故意的部分行为人与存在共同故意的部分行为人之间存在差异：对前一部分行为人而言，每个人均能通过证明自己的行为与损害之间不存在因果关系而免责；但后一部分行为人却不能如此，他们只有在证明了损害不是由其“共同行为”所致的情况下才能免责。

（三）关于共同过失

如上所述，解决我国学界关于共同过失的争议的关键在于明确“行为人存在共同过失但实际致害人不确定”的情形究竟应当由什么制度调整。本部分将按照以下顺序展开论述：首先论证《侵权责任法》第 8 条所规范的共同过失侵权可以涵盖该种情形；然后进一步论证其仅应涵盖该种情形的一部分，剩余的部分则应当归入共同危险行为制度调整；最后再探讨共同侵权和共同危险行为两种制度在调整该种事实情形方面的分工标准。需要事先指出的是，学界在讨论共同过失问题时，潜台词都是“所有的”行为人之间存在共同过失。鉴于讨论清楚了这一点之后，根据“举重以明轻”的法理并参照上一部分关于部分行为人能否存在共同故意的分析结论，部分行为人之间能否存在共同过失的问题即可随之解决，因此下面笔者也将仅讨论所有行为人之间存在共同过失的情况。

厘清共同过失侵权的涵盖范围的核心在于共同过失的界定，而阐明共同过失含义的关键则在于将之与内容相同的分别过失予以界分。

相较于后者,在共同过失场合,各行为人违反的是“共同注意义务”,[18]此种义务赖以产生的客观基础是各行为人之间存在某种特殊关系,笔者认为,该关系似可概括为协作关系。根据《汉语大词典》的解释,“协作”是指“互相配合,共同完成某项事务”,[19]如此,“协作”应足以将本来独立的数人关联在一起,进而为共同注意义务的产生提供客观基础。王卫国教授关于共同过失缘起的论述就着眼于此,其指出,“在共同的生产、经营和其他社会活动中,人们相互协作、联系和影响的机会日益增加,产生出大量的共同注意义务,就引申出共同过失的概念”。[20]如此,共同过失侵权可以界定为:各行为人在协作从事行为时,因违反从事该行为应尽的共同注意义务而导致的侵权。

目前,我国学界对共同过失侵权的探讨还仅止于概念界定和事例枚举,笔者亦将从学者所举的典型事例入手展开讨论。既有文献中的共同过失侵权事例包括以下两类:其一,“抬东西伤人案”,[21]比如,两人抬石头,相互询问之后相信绳子足够结实,石头不会掉落,结果石头掉落砸伤他人;其二,“部分人致害的飙车比赛案”,比如,甲、乙相约在城市道路上进行飙车,甲乙均明知该行为违法且该行为可能危害交通安全,但仍各逞意气进行飙车,甲车与丙车相撞,造成丙车损坏及人员受伤。[22]

---

[18] 参见曹险峰:《数人侵权的体系构成——对侵权责任法第8条至第12条的解释》,载《法学研究》2011年第5期;王利明:《侵权责任法研究》(上卷)(第2版),中国人民大学出版社2016年版,第541页。

[19] 《汉语大词典》,上海辞书出版社2007年版。

[20] 王卫国:《过错责任原则:第三次勃兴》,浙江人民出版社1987年版,第273页。

[21] 参见王利明:《侵权责任法研究》(上卷)(第2版),中国人民大学出版社2016年版,第539页;奚晓明主编:《〈中华人民共和国侵权责任法〉条文理解与适用》,人民法院出版社2010年版,第69页(执笔人为陈现杰法官);叶金强:《共同侵权的类型要素及法律效果》,载《中国法学》2010年第1期;曹险峰:《数人侵权的体系构成——对侵权责任法第8条至第12条的解释》,载《法学研究》2011年第5期。

[22] 参见奚晓明主编:《〈中华人民共和国侵权责任法〉条文理解与适用》,人民法院出版社2010年版,第69页(执笔人为陈现杰法官)。其他学者也举了类似的事例,比如王利明:《侵权责任法研究》(上卷)(第2版),中国人民大学出版社2016年版,第539页;曹险峰:《数人侵权的体系构成——对侵权责任法第8条至第12条的解释》,载《法学研究》2011年第5期;叶金强:《共同危险行为争议问题探析》,载《法学论坛》2012年第2期。

这两类事例均涉及协作关系：第一类事例中的协作表现为行为在物理上具有“一体性”，每个人的动作都是抬东西这个一体行为的有机组成部分；在第二类事例中，每个人的开车行为在物理上是相互独立的，协作体现在相互竞赛的层面上。值得注意的是：在后一事例中，实际撞人者仅为飙车者之一，目前通说将其作为共同过失侵权，让所有参与飙车者依据《侵权责任法》第 8 条承担连带责任是否妥当尚值得斟酌。这里“暂且”将之作为共同过失侵权的范例之一。

以上两类事例似乎都与本部分所欲讨论的“行为人存在共同过失但实际致害人不确定”的情况没有关系。不过，运用“举轻以明重”的法理应当可以从“部分人致害的飙车比赛案”中推出一个具有相关性的事例，即甲、乙二人相约在城市道路上进行飙车比赛，比赛过程中，其中一辆车将行人丙刮伤，但是由于灯光昏暗，无法查明究竟系何人所为。以下笔者将此事例称作“致害人不确定的飙车比赛案”。该事例亦应当属于共同过失侵权的范例，理由如下：在“部分人致害的飙车比赛案”中，未撞人者实际撞人的可能性为零，其须与另一人承担连带责任的基础只可能在于对飙车比赛的参与。换言之，只要其参与了飙车比赛，即使没有实际造成损害也要作为共同过失侵权人连带负责。既然如此，“致害人不确定的飙车比赛案”中，各行为人也应当被同等对待，因为此时每个人也都参与了飙车比赛并且实际撞人的可能性均为 50% 或至少大于零，让撞人可能性为零的参与人负共同过失侵权责任而豁免可能性大于零的参与人是没有道理的。反过来看，若“致害人不确定的飙车比赛案”属于共同过失侵权，“部分人致害的飙车比赛案”就也属于，因为《侵权责任法》第 8 条并没有规定第 10 条那样的免责事由，因此即使查明了真正的致害人，也不能免除另一人的责任。由此可见，上述两个飙车比赛案具有极强的关联性，承认其中的一个属于共同过失侵权就“必然”伴随承认另外一个。

值得注意的是，上一段是“暂且”将“部分人致害的飙车比赛案”归入共同过失侵权并由此推出与本部分所欲讨论的情况具有相关性的另一种飙车比赛案的。那么“部分人致害的飙车比赛案”属于共同过失侵权这一推论的前提及相应的结论是否能够站得住脚呢？以下笔者将尝试从法经济学和比较法的视角予以证成。

从法经济学的视角来看,侵权法的首要目标是损害预防。[23] 而实现损害预防的途径则是,通过责任配置促使行为人的注意成本支出和行为水平达到最优状态。注意成本,是指从事某个可能导致损害的行为时,行为人采取相关预防措施所耗费的机会成本。注意成本支出最优意味着,所支出的边际注意成本等于事故减少所带来的边际收益。行为水平,是指选择参加可能导致损害的某种活动的主体数量及每一主体从事这种活动的数量。行为水平最优意味着,从参加边际数量的新行为中获得的社会边际收益等于该行为给社会所带来的边际损害。[24] 将“部分人致害的飙车比赛案”和“致害人不确定的飙车比赛案”都归入共同过失侵权由《侵权责任法》第 8 条调整会导出如下结果:不论比赛过程中谁造成损害,不论该人是否确定,所有参与飙车比赛者均须承担连带责任。这将使欲参加飙车者的预期责任增加到“无以复加”的地步,即只有在所有飙车比赛参加者于竞技过程中均未造成损害的情况下,每个参与人才能免于侵权责任的承担;参加飙车的人数越多,每个人的预期责任将越重。侵权法实际上是要禁绝飙车比赛本身,让其行为水平等于零。鉴于在城市道路上飙车只会给社会公众带来极大的危害而没有相应的社会收益,将责任程度如此加码应当难谓不妥,这有利于最大限度地实现《侵权责任法》第 1 条所揭示的“预防并制裁侵权行为”的立法目的,同时不在城市道路上进行危害性极大的飙车比赛也不会构成对行为自由的不当限制。

从比较法上来看,在“部分人致害的飙车比赛案”中,让各行为人承担连带责任的立场并非我国学者所独有。比如 Rogers 教授写道,“A 和 B 在城市街道上进行汽车拉力赛,B 因为开得太快撞伤 V。此种情况下,以下见解似乎具有很强的说服力,即 A 对危险活动的参与应足

---

[23] 汉斯 - 贝恩德·舍费尔和克劳斯·奥特教授指出,“损害并没有被补偿,而只是从一个人转移到另一个人而已……如果在这种情况下损害法不发挥预防功能,损害的转移只会产生再分配成本……并导致整体社会净收入的损失,因为损害的转移本身并不会创造任何经济效益”。参见[德]汉斯 - 贝恩德·舍费尔、克劳斯·奥特:《民法的经济分析》(第 4 版),江清云、杜涛译,法律出版社 2009 年版,第 123 页。

[24] 参见[德]汉斯 - 贝恩德·舍费尔、克劳斯·奥特:《民法的经济分析》(第 4 版),江清云、杜涛译,法律出版社 2009 年版,第 126 ~ 129 页。

以证成让其与 B 一起向 V 承担责任,因为此种情况下风险是显而易见的(尽管 A 和 B 并未实际期待此种风险实现),A 的参与鼓励了 B 的危险驾驶行为”。从本段所在语境来看,其中所谓的“一起向 V 承担责任”是指 A、B 向 V 承担连带责任(solidary liability)。[25]

由此可见,将“部分人致害的飙车比赛案”以及“致害人不确定的飙车比赛案”归入共同过失侵权进而由《侵权责任法》第 8 条调整应当具有正当性。但是就本部分的论题而言,如果仅存在上述飙车比赛案这两个孤例似乎并没有多大意义。因此接下来的问题是:还有没有类似的情形,它们能否构成一种独特的案例类型?笔者认为,答案应当是肯定的。如前所述,将两个飙车比赛案归入共同过失侵权进而让各行为人依据《侵权责任法》第 8 条承担连带责任的实质理由在于该行为的社会危害性极大(即社会收益极小或为零,但给社会所带来的危险却极大)。鉴于与飙车比赛具有类似社会危害性的行为所在多有,将它们作为一种案例类型适用相同的处理方案实属妥当。

不过,共同过失侵权不应当涵盖所有“行为人存在共同过失但实际致害人不确定”的情形,共同危险行为制度(《侵权责任法》第 10 条)亦应存在适用的余地。因为在协作行为的社会危害性不大(即存在与风险大致对应的社会收益)的情况下,适用《侵权责任法》第 8 条,不允许参与协作的行为人通过证明损害与自己的行为无关而免责过于严苛,会严重妨碍行为自由的实现。这样就出现了以下局面:“行为人存在共同过失但实际致害人不确定”的情况中的一部分应归入共同过失侵权,另一部分则应归入共同危险行为。我国学界在论述共同危险行为时经常举的“打水漂案”可供参照:甲、乙、丙三人在河边用石子进行打水漂游戏,比赛谁打得更远。丁在河对岸玩耍,正好被打过来的一个石子击伤眼睛,但不确定该石子究竟系何人所扔。[26]

---

[25] W. V. Horton Rogers, “Comparative Report on Multiple Tortfeasors”, *Unification of Tort Law: Multiple Tortfeasors*, edited by W. V. H. Rogers, Hague, Kluwer Law International, 2004, p. 277.

[26] 参见刘保玉、王仕印:《共同危险行为争议问题探讨》,载《法学》2007 年第 2 期。

既然共同过失侵权和共同危险行为均调整"行为人存在共同过失但实际致害人不确定"的情形,那么两种制度应如何进行界分就成为至关重要的问题。笔者认为,界分的实质标准在于相关行为社会危害性的大小,形式标准则在于该行为被公法上的强制性规定所禁止的程度。共同过失侵权仅应调整那些社会危害性极大并且禁止程度相当高的行为,[27]其目的在于促使人们不再从事该行为,而共同危险行为则调整其他的"行为人存在共同过失但实际致害人不确定"的情况。

(四)关于时空密切联系要求

虽然在适用共同危险行为制度的案件中各行为的发生之间事实上通常具有密切的时空关联,但笔者认为,将之作为该制度的构成要件却并不妥当。前者是某类事实所具有的某种特征,而后者则是法律的强制性要求,将前者上升为后者需要以价值判断为中介,是一个价值判断问题。[28] 笔者对于将时空密切联系作为构成要件持否定论的理由如下:

其一,将各行为的发生之间具有时空上的密切联系作为构成要件(即法律的强制性要求)会导致共同危险行为制度的适用范围过于狭窄,从而无法妥当回应当下风险社会中的特殊问题。共同危险行为制度旨在为面临以下状况的受害人提供特殊的救济,即数行为均具有造成系争损害的可能性(或风险),而该损害仅由其中的一部分行为造成。此时,就该损害的发生而言,各行为所制造的风险处于"平行"状态。就风险"平行"性的判断而言,各行为的发生之间存在密切的时空

[27] 对于是否要求相关行为触犯刑法还有待进一步探讨。飙车可能触犯刑法,比如我国《刑法》第133条之一规定,"在道路上驾驶机动车追逐竞驶,情节恶劣的……处拘役,并处罚金"。

[28] 举一个与本文论题不是很相关的例子,盗窃这类事实通常都具有秘密性特征,但将"秘密性"作为盗窃罪的构成要件却不适当,许霆案就是一个典型的例子。关于该案的经济分析,参见桑本谦:《传统刑法学理论的尴尬(I)面对许霆案》,载《广东商学院学报》2009年第5期。

联系虽然是重要的考量因素，[29]但是却并非必要条件，明显异时空发生的诸行为可能也会制造对于某损害而言处于"平行"状态的风险。在现代风险社会中，有些侵权行为（如污染环境行为）往往会给处于不同地域的人们制造损害风险，而且该风险还可能会在相当长的时间（比如数年）之内持续存在。[30] 此段时间内，这些人们可能还遭受了来自其他侵权行为的并且能够造成相同损害的风险。异时空发生的两种甚至多种行为所制造的风险交织、重叠在一起，形成"平行"状态，当某损害实际发生之际，囿于科技发展水平，很可能无法判定其究竟系哪个或哪些行为所致。此种情况之下，如果以时空密切联系作为构成要件，就会导出无法适用共同危险行为的结论。这不利于救济受害人，同时无法为行为人提供有效的损害预防激励。另外，以时空密切联系为要件，将风险在时空方面的分散性和科技发展局限性所造成的后果完全施加给受害人也甚为不公平。

其二，设置时空密切联系要件的目的能够通过其他构成要件实现。

㉙ 王利明教授指出，"不同时间和不同地点发生的单独危险行为不能构成共同危险行为。例如，第一个人实施了某种危险行为造成受害人人身处于危险之中，但其停止了继续实施，而以后又有数人可能继续在原有的基础上实施危险行为，最终造成了损害结果，但因为数人的行为在时空上不具一致性，故此时不能确定最终的损害后果是何人的行为造成的，也不能认为数人的行为构成共同危险行为"。［参见王利明：《侵权责任法研究》（上卷）（第2版），中国人民大学出版社2016年版，第561页。］笔者认为，王教授这段话中未言明的意思是，第一个行为"停止了继续实施之后"，其制造的风险也就随之停止了，因此其与之后的人实施的行为所制造的风险并非处于"平行"状态。这应是王教授认为本例不能适用共同危险行为制度的主要原因。

㉚ 这就是众所周知的潜伏期问题，就这段时期之内损害究竟是已经发生了但没有被发现抑或没有发生只是具有发生的可能性容有不同认识，具体情况也因不同损害而异。不过，可以肯定的是，很多情况下，损害没有实际发生只是具有发生的可能性，这种可能性就是所谓的风险，潜伏期之内风险一直存在并且有时无法除去，比如，因吸入石棉粉尘而面临的罹患间皮瘤或肺癌风险的增加即无法去除。See Jean Eggen, Toxic Torts in a Nutshell, 4th edition, St. Paul, Thomson Reuters, 2010, pp. 5 - 6; Andrea Boggio, The Puzzle of Mass Torts: A Comparative Study of Asbestos Litigation, Doctor of the Science of Law Dissertation, Stanford University, 2003, p. 1; James Bathgate, The Influence of a Tort for Risk on the Suit in a Costly Legal System, Doctor of Philosophy Dissertation, University of Connecticut, 2001, p. 2.

主张将时空密切联系作为构成要件的学者认为,其“有利于限制连带赔偿责任的范围,使连带责任不致泛化”。[31] 此种目的固然值得追求,但是却能通过其他要件(即“二人以上实施了危险行为”)得到实现。程啸教授指出,“所谓行为的危险性并非指一般的危险,而是指就造成损害而言具有高度真实性或确定可能性的危险。……通过这一要件,可以避免滥用共同危险行为,乱科连带责任”。[32] 既然如此,取消从《侵权责任法》第 10 条的表述中寻不到任何踪迹的时空密切联系要件转而诉诸其他更具文义基础的要件就不失为妥当的选择。就行为的危险性而言,Sandy Steel 博士关于德国法的以下论述可供参考:[33]

每个被告必须使原告面临遭受损害的风险。严格说来,其所要求的似乎高于单纯的风险增加。被告的行为必须给原告制造了具体的危险(konkrete Gefährlichkeit)。

这一条件难以界定,最好以一个例子进行解释。假设一辆汽车与受害人的汽车发生碰撞,肇事车辆未确定。经查 D1 至 D6 的车辆曾出现在事故现场附近。单纯此点很可能不足以表明每辆车给受害人制造了具体的危险。或者假设,某人违反制定法上的严格义务在某森林中点燃了一根香烟,该森林随后发生了火灾。人们论辩说这将不足以证明吸烟对森林火灾构成了具体的危险。

现在考虑处于区间另一端的情况,假定被告的三匹马从牧场逃了出来。800 米之外发生了一场马与汽车之间的事故。在事故现场的附近发现了三匹以上的马。基于这些事实,科隆高等普通法院(OLG)认为,被告的三匹马给受害人制造了具体的风险,理由是,它们从牧场逃离并且与事故之间存在时间和空间上的紧密关系。在另一个例子中,三个醉汉在埃尔福特教堂广场的一个桌子上激烈的舞蹈,一个人掉下桌子砸伤了原告,但无法确定是哪个。法院判决每个人须根据第 830

---

[31] 参见王利明:《侵权责任法研究》(上卷)(第 2 版),中国人民大学出版社 2016 年版,第 561 页。

[32] 程啸:《侵权责任法》(第 2 版),法律出版社 2015 年版,第 367 页。

[33] Sandy Steel, *Proof of Causation in Tort Law*, Cambridge, Cambridge University Press, 2015, pp. 150 – 151.

条第 1 款第 2 句承担责任。最后,在某案件中,D1 和 D2 在一个电子围栏中养了八只绵羊,D1 有两只黑绵羊,D2 有一只黑绵羊,一只黑绵羊从围栏中跑出并伤害了附近的一个人,该绵羊的所有人不明。法院判决,可以适用第 830 条第 1 款第 2 句追究 D1 和 D2 的责任。

其三,从比较法上来看,目前,德国和美国侵权法第三次重述均已不再将时空密切联系作为构成要件。我国侵权法学理深受德国的影响,该国的立场值得充分关注,同时美国侵权法重述的态度也可以提供必要的佐证。德国联邦最高普通法院(BGH)[34]原先要求,各可疑的加害行为必须是"事实上统一的、空间与时间上相互关联的过程"(ein tatsächlich einheitlicher, örtlich und zeitlich zusammenhängender Vorgang)。[35] 随着法院在解释时不断进行扩张,该要件逐渐空洞化,成为具文。代之而起的要求是,各可疑的加害行为必须具备"危险的同质性"(Gleichartigkeit der Gefährdung),然而,德国联邦最高普通法院对该术语的含义并没有给出一个明晰的轮廓,而是仅提示必须根据个案的具体情况作出判断。[36] 因此,"危险的同质性"亦沦为一项空洞的标准,甚至能被另一要件完全涵盖,即各可疑的加害行为均具有造成全部损害的具体危险,[37]后一要件相当于我国《侵权责任法》第 10 条中的"二人以上实施了危险行为"。就美国而言,美国侵权法中的选择责任(alternative liability)规则与我国的共同危险行为制度基本相当,该规则缘起于加利福尼亚州最高法院的 Summers v. Tice 案,[38]后来被多数

---

[34] BGH 是 Bundesgerichtshof 的缩略语,在我国通常译为联邦最高法院,鉴于 BGH 只是负责审理普通案件的最高法院,本书采用了齐晓琨教授的译法——联邦最高普通法院。参见[德]马克西米利安·福克斯:《侵权行为法》,齐晓琨译,法律出版社 2006 年版,"缩略语和引用文献缩写"部分第 2 页。

[35] BGHZ 25,271,274 = NJZ 1957,1834,1835; BGHZ 33,286,292 = NJW 1961,263,264.

[36] BGHZ 33,286,291 = NJW1961,263,264; BGHZ 55,86,95 = NJW 1971,506,508.

[37] 参见王千维:《环境损害中多数污染源之组合形式及其在侵权行为法上责任归属之基本原则》,载《政大法学评论》第 63 期,第 221 页,脚注 110。

[38] 33 Cal. 2d 80. 关于该案的详细论述,参见周彬彬:《论美国侵权法中的选择责任》,载梁慧星主编:《民商法论丛》(第 56 卷),法律出版社 2014 年版,第 639 ~642 页。

法院采纳。鉴于此种状况,《侵权法第二次重述》第433B条第(3)款[39]及《侵权法第三次重述:有形及精神损害责任》第28条第(b)款[40]对该制度的核心内容进行了总结。针对有些法院将行为的"同时性"作为选择责任规则适用前提的做法,《侵权法第三次重述:有形及精神损害责任》的报告人在考察了提出"同时性"要求的判例后指出,行为的"同时性是一个既没有必要又无法获得支持的要求,在每个援用该要求的案件中,均存在其他可以据之拒绝适用选择责任的充足理由,另外,法院也没有清楚地就应当保留该要求给出令人信服的理由"。[41] 基于此种认识,该条评注k中指出,"各行为人的侵权行为无须同时发生",其还举了以下事例说明此点:Lucia在一个树木浓密的公园中散步时从公园中偏离,进入一块私有土地。Chris正在该土地上打猎,他因过失朝Lucia所在的方向开了一枪。八岁儿童Nicholas也朝Lucia所在的方向开枪,该枪是他父亲Rich前一天过失交给他的。凑巧的是,该土地的所有人Allison上一周侵权性地设置的弹簧枪触发并朝Lucia所在的方向也射出一发子弹。Lucia被一发子弹击中,并对Chris、Nicholas、Rich及Allison提起了诉讼。案件审判中,不能依据弹道证据确定实际致害

---

[39] 该款规定,"如果两个以上行为人的行为均具有侵权性,并且已经证明原告的损害仅为其中一人所致,但是不能确定究竟是哪个;那么每个行为人都将承担证明其并未造成损害的[证明]责任"。(Where the conduct of two or more actors is tortious, and it is proved that harm has been caused to the plaintiff by only one of them, but there is uncertainty as to which one has caused it, the burden is upon each such actor to prove that he has not caused the harm.)

[40] 该款规定,"满足以下条件时,事实因果关系的证明责任(包括提出证据的责任和说服责任)将转移给诸被告:原告起诉了所有行为人,并且已经证明他们均从事了让其暴露于受损风险之中的侵权行为,其中一人或者数人的行为造成了损害;但不能合理期待原告证明哪个或哪些人实际造成了其损害"。(When the plaintiff sues all of multiple actors and proves that each engaged in tortious conduct that exposed the plaintiff to a risk of harm and that the tortious conduct of one or more of them caused the plaintiff's harm but the plaintiff cannot reasonably be expected to prove which actor or actors caused the harm, the burden of proof, including both production and persuasion, on factual causation is shifted to the defendants.)

[41] Restatement (Third) of Torts: Liability for Physical and Emotional Harm § 28, Reporters' Note Comment l (2010).

子弹的来源。尽管被告们的侵权行为在发生时间方面存在明显的差异,但每个被告均须依据选择责任规则承担证明其过失行为没有造成原告损害的证明责任。[42]

不再将各行为之间的时空密切联系作为构成要件之后,以下情况中亦可以适用共同危险行为制度,即数行为虽然异时空发生但是对特定损害而言它们所制造的风险处于“平行”状态。不过,需要强调的是,法官于此种情况下应当更加谨慎,在适用共同危险行为制度之前,应尽力细致地考察相关事实,重点关注数行为之间的时空间隔能否为确定真正的加害人提供帮助。因此,笔者对于程啸教授的以下见解持保留态度。程啸教授写道:“甲于 2012 年在 A 医院动手术,输过一次血。2014 年在 B 医院又做过一次手术,输过一次血。2015 年体检时甲被发现感染了丙肝。现查明甲以往没有丙肝且仅接受过这两次输血。那么其肯定是在 A、B 两个医院中的一家输血时被感染了丙肝。此时如果以时空同一为要求,则无法适用共同危险行为”。[43] 笔者认为,法院首先应当细致考察相关症状出现的时间以及某甲疾病的发展阶段,看能否通过这些因素确定真正的致害原因,如果能,就不应再适用共同危险行为制度。

(五)关于受害人的举证激励不足问题及其克服

1. 受害人的举证激励不足问题

共同危险行为制度的适用前提之一是加害人不确定,而减少不确定状况进而精准地追究责任是侵权法的应然目标之一;因此诉诸该制度让各可能的加害人承担责任应当定位成次优选择。[44] 实践中,加害人是否确定在相当程度上取决于证据的多寡,由于当事人是民事诉讼中主要的证据提供者,在适用共同危险行为制度之前,有必要促使双方当事人尽力举出其掌握的与认定实际加害人相关的证据。

---

[42] Restatement (Third) of Torts: Liability for Physical and Emotional Harm §28, Comment k (2010).

[43] 程啸:《侵权责任法》(第 2 版),法律出版社 2015 年版,第 366 页。

[44] See Ariel Porat, Alex Stein, *Tort Liability under Uncertainty*, Oxford University Press, 2001, p. 150.

在《侵权责任法》第 10 条之下,行为人(或被告)的举证激励应当不会存在不足的问题。根据该条的规定,受害人证明了“二人以上实施了危险行为”以及“损害由其中的部分人所致”之后,即使实际致害人不确定,其也能够要求各行为人承担连带责任。此种状况下,除非某行为人就是真正的加害人,否则,应当有充足的动力提出能够证明其并非实际加害人或有助于确定真正加害人的所有相关证据。在各行为人为免于承担连带责任而争相举证的过程中,真正加害人现身的可能性亦将随之增大。

与此形成鲜明对照的是,受害人在举证证明上一段所述的事实之后却可能缺乏进一步证明真正加害人的积极性。原因在于:既然在无法确定真正加害人的情况下,各个行为人仍然必须承担连带责任,受害人的损害赔偿请求权已经具有充分的保障,其并没有必要进一步耗费资源证明真正的加害人。更有甚者,连带责任意味着隐瞒关于真正加害人的证据对原告反而更为有利;[45]有学者形象地指出,这里存在一种“证据悖论”现象,即证据越多,对原告可能越不利。[46]

面对《侵权责任法》对受害人的举证激励存在不足的状况,我们究竟应当采取何种立场值得斟酌。有学者认为,应持放任态度,即“对受害人而言,无论是真的不能确定具体侵权人,还是能确定却故意不确定,在所不问”。[47] 但是笔者认为,在加害人不确定明显应归咎于受害人未积极保存或提供证据的情况下,仍允许其援用共同危险行为制度追究各被告的连带责任,实在难称妥当,需要设置适当的应对规范。

2. 问题之克服——一项适用限制的增设

从比较法上来看,美国《侵权法第三次重述:有形及精神损害责任》第 28 条针对受害人举证激励不足的问题设置了专门的应对规则。

---

[45] See Ariel Porat, Alex Stein, *Tort Liability under Uncertainty*, Oxford, Oxford University Press, 2001, pp. 156 - 157.

[46] 参见王竹:《侵权责任分担论——侵权损害赔偿责任数人分担的一般理论》,中国人民大学出版社 2009 年版,第 279 页。

[47] 程啸:《侵权责任法》(第 2 版),法律出版社 2015 年版,第 370 ~ 371 页。

该重述出台之前，有些法院在适用选择责任时就要求原告必须勤勉地利用可以据之确定加害人的机会。[48] 重述对此亦持肯定态度，第 28 条第(b)款规定，“满足以下条件时，事实因果关系的证明责任(包括提出证据的责任和说服责任)将转移给诸被告：原告起诉了所有行为人，并且已经证明他们均从事了让其暴露于受损风险之中的侵权行为，其中一人或者数人的行为造成了损害；但不能合理期待原告证明哪个或哪些人实际造成了其损害”。其中“不能合理期待……”一句就是激励受害人尽力举证的制度安排。在该条的评注 n 中，报告人又进一步阐述了此项要求在实践中应当如何适用的问题，即“证明实际致害行为具有侵权性以及被告与该行为之关系的证据通常会支持法院进一步得出如下推论，即原告不能合理地证明哪个(或者哪些)被告的行为造成了损害。声称原告本来能够合理地做得更多的被告则必须通过挑出原告所举证据的不足或者提出新证据来揭示原告在努力确认实际致害人方面所存在的某些欠缺”。[49]

笔者认为，我国应当借鉴美国的做法，在原告没有善尽必要注意保存或者提供有助于确定实际致害人的证据的情况下，排除共同危险行为制度的适用。这不仅有助于矫正上述受害人的举证激励不足问题，还符合诚信原则的要求。诚信原则是民法的基本原则之一，没有确定的内涵和外延，一般认为，该原则要求当事人尊重他人的利益，不得损人利己。[50] 如果由于可归咎于受害人的事由致使相关证据灭失并进而失去了确定实际致害人的机会，那么再允许其依据共同危险行为制度获得赔偿显然有违诚信原则。在具体的制度设计方面，可以考虑在未来民法典中为共同危险行为制度设置一项但书性规定，即“但受害人没有妥善保存或提供证据的除外”。

---

[48] 比如，在 Layton v. Blue Giant Equip. Co., 599 F. Supp. 93 (E. D. Pa. 1984) 中，法院以原告若合理勤勉地行事本应能够确定加害人为由拒绝适用选择责任。

[49] Restatement (Third) of Torts: Liability for Physical and Emotional Harm §28, Comment n (2010).

[50] 参见徐国栋：《诚实信用原则研究》，中国人民大学出版社 2002 年版，第 3 页。

二、责任形态反思

(一)立法论上更具合理性的按份责任

就共同危险行为人的责任形态而言,比较法上存在三种模式:

其一,连带责任模式。德国、日本及我国台湾地区均持此种立场。《德国民法典》第830条第1款规定,"二人以上以共同实施的侵权行为引起损害的,每一个人就损害负责任。不能查明两个以上参与人中孰以其行为引起损害的,亦同"。该条仅规定每个人都对损害承担责任但没有明确责任形态,第840条第1款进一步规定,"二人以上一同就因侵权行为而发生的损害负责任的,作为连带债务人负责任……"[51]《日本民法典》第719条第1款规定,"数人因共同侵权给他人造成损害时,各自对其损害的赔偿负连带责任。在不能知晓共同行为人中由何人加害时,亦同"。[52] 我国台湾地区"民法"第185条规定,"数人共同不法侵害他人之权利者,连带负损害赔偿责任;不能知其中孰为加害人者,亦同。造意人及帮助人,视为共同行为人"。

其二,按份责任模式。《欧洲侵权法原则》第3:103条第1款规定,"在存在多个活动时,如每一活动都可以同时单独地造成损害,但不能确定事实上是哪一个引起了损害;则每一活动在其可能造成损害的范围内,都是损害的原因"。据此,各行为人仅需根据其行为造成损害的可能性(likelihood)承担责任。[53] 瑞士学界的立场也是如此,海因茨·雷伊教授讨论了以下事例,即一名摩托车驾驶员在通往高速公路的连接路段上与汽车相撞,当场死亡。事发当时,经过事故地点的汽车共有三辆,无法确定哪辆汽车造成了死亡结果。其写道:"通说的观点认为,在无法证明谁人造成损失的情况下,任何人均不负损害赔偿责任。理论上提出的解决择一的因果关系的新的解决方案主要有:以连

---

[51] 《德国民法典》(第2版),陈卫佐译注,法律出版社2006年版,第308、311页。

[52] [日]田山辉明:《日本侵权行为法》,顾祝轩、丁相顺译,北京大学出版社2011年版,第157页。

[53] 参见欧洲侵权法小组:《欧洲侵权法原则:文本与评注》,于敏、谢鸿飞译,法律出版社2009年版,第82~84页。

带责任(solidarische Haftung)来解决这一问题,或者推测确定的造成损害的各个原因的份额,决定损害赔偿责任的承担[这与瑞士法中的按份责任原则(Grundsatz der anteilsmässigen Haftung)相符。]这一观点值得赞同。潜在的赔偿义务人承担的责任应与其在造成损害结果中所发挥的作用相当。依此原则,上例中每个汽车所有人在造成损害结果中所发挥的作用为1/3,各承担1/3责任”。[54]

其三,混合责任模式。美国侵权法改革之前,各行为人依选择责任规则承担责任时,其责任形态为连带责任;改革之后,各州所采的责任形态差异较大。《侵权法第三次重述:有形及精神损害责任》第28条第b款评注n指出,“当数被告依据本款承担责任时,他们的责任究竟是按份的[并因此依比较有责性(comparative responsibility)进行分担]、连带的抑或某种混合形态的,取决于所在司法区可适用的法律。[参见《侵权法第三次重述:责任分担》第17条]”。[55]《侵权法第三次重述:责任分担》第17条规定的是“独立侵权人(independent tortfeasors)的连带或按份责任”,即“如果两个以上之人的独立侵权行为构成某个不可分损害的法律原因,相关司法区可以适用的法律将决定他们究竟应当承担连带责任、按份责任抑或某种连带和按份的混合形态的责任”。该条之后的条文详细规定了实践中的五种不同模式:模式一是连带责任;第A18条规定,“如果两个以上行为人的独立侵权行为均构成某不可分损害的法律原因,每个人将对该侵权行为所致的可赔偿性

---

[54] [奥]海因茨·雷伊:《瑞士侵权责任法》(第4版),贺栩栩译,中国政法大学出版社2015年版,第173~174页。另外,2005年“奥地利损害赔偿法草案”第1294条也持此种立场。该条规定,“存在数个可能造成损害发生的原因的情况下,依据归责事由的程度、因果关系的盖然性,由可能引发该损害的数人按比例承担损害赔偿责任”。参见[奥]海尔穆特·库奇奥:《替代因果关系问题的解决路径》,朱岩、张玉东译,载《中外法学》2009年第5期。

[55] Restatement (Third) of Torts: Liability for Physical and Emotional Harm § 28 comment n (2010).

损害赔偿金承担连带责任”。[56] 模式二是按份责任;第B18条规定,“如果两个以上行为人的独立侵权行为均构成某不可分损害的法律原因,除第12条所规定的情形之外,每个被告以事实裁决者分配给他的相对份额为限对原告应获得的损害赔偿金承担赔偿责任”。[57] 模式三是“附加再分配规则的连带责任”(joint and several liability with reallocation);第C18条规定,“如果两个以上行为人的独立侵权行为均构成某个不可分损害的法律原因,每个人须对该侵权行为所致的可赔偿性损害赔偿金承担连带责任,但是要适用第C21条的再分配条款”。[58] 值得注意的是,能够适用第C21条再分配条款的只是各责任人的内部责任份额。依据该条,在对某责任人的内部追偿无法实现的情况下,该责任人本来应当承担的份额原则上在其他的责任人(包括亦须承担部分损害赔偿金的原告)之间按比例分配。模式四是“以比较有责性比例门槛为基础的混合责任形态”(hybrid liability based on threshold percentage of comparative responsibility);第D18条规定,“如果两个以上行为人的独立侵权行为均为某不可分损害的法律原因;那些被分配的比较有责性比例等于或者超过法律所设定的门槛的每个被告须承担连带责任;那些被分配的比较有责性比例低于法律所设定的门槛的每个被告则须承

[56] 原文是:If the independent tortious conduct of two or more persons is a legal cause of an indivisible injury, each person is jointly and severally liable for the recoverable damages caused by the tortious conduct. 由于该条是《侵权法第三次重述:有形及精神损害责任》之前出台的,因此仍沿用了第二次重述中法律原因的概念,以下所引诸条均存在同样的问题。需要指出的是,重述接下来对连带责任模式之下各责任人内部责任的划分作了规定(第A19条),由于本文的目的并非详尽研究美国侵权法上的责任分担问题,故未予引用。以下对其他模式的分析亦同。

[57] 原文是:If two or more persons' independent tortious conduct is the legal cause of an indivisible injury, each defendant, subject to the exception stated in §12, is severally liable for the comparative share of the plaintiff's damages assigned to that defendant by the factfinder。

[58] 原文是:If the independent tortious conduct of two or more persons is a legal cause of an indivisible injury, each person is jointly and severally liable for the recoverable damages caused by the tortious conduct, subject to the reallocation provision of §C21。

担按份责任,但是第 12 条(故意侵权人)除外”。[59] 模式五是“以损害赔偿金的类型为基础的混合责任”(hybrid liability based on type of damages);第 E18 条规定,“如果两个以上行为人的独立侵权行为均为某不可分损害的法律原因;每个被告对可赔偿性损害赔偿金的财产性损害赔偿金部分承担连带责任;但除第 12 条(故意侵权人)及第 15 条(协同行为人)所规定的情形之外,对非财产性损害赔偿金则仅在其相对份额之内承担按份责任”。[60] 在这五种模式中,后四种都是在修正第一种(连带责任模式)的基础上发展起来的。

如果抛开《侵权责任法》的规定,纯从立法论的角度衡量以上三种模式,笔者认为,混合责任模式试图通过连带和按份的“混搭”实现公正等立法目标,但是过于复杂的制度安排可能会造成法律适用者无所适从的局面;因此应当着重考虑的选项就剩下连带和按份责任两种,比较而言,按份责任似乎更具合理性。理由如下:

其一,现代侵权法奉行自己责任原则,每个侵权人仅须对自己所造成的损害负责,受害人有责任证明侵权人的行为与损害之间存在因果关系。如上所述,每个侵权人原则上都是相互独立的,有多个侵权人的情况下,除非他们之间存在共同故意,否则,受害人需要证明每个人的行为均构成损害的原因。[61] 在受害人试图援用共同危险行为制度的场合,其并没有证明损害与任何单个行为人的行为之间存在因果关系,由于各行为人没有共同故意,依据侵权法的一般立场本来将会导出各行为人均无须承担责任的结果。但是《侵权责任法》为矫正此种局面,引

---

[59] 原文是:If the independent tortious conduct of two or more persons is a legal cause of an indivisible injury, each defendant who is assigned a percentage of comparative responsibility equal to or in excess of the legal threshold is jointly and severally liable, and each defendant who is assigned a percentage of comparative responsibility below the legal threshold is, subject to the exception in §12 (intentional tortfeasors), severally liable。

[60] 原文是:If the independent tortious conduct of two or more persons is a legal cause of an indivisible injury, each defendant is jointly and severally liable for the economic-damages portion of the recoverable damages and, subject to the exceptions stated in §12 (intentional tortfeasors) and §15 (persons acting in concert), is severally liable for that defendant's comparative share of the noneconomic damages。

[61] 参见程啸:《侵权责任法》(第 2 版),法律出版社 2015 年版,第 337 页。

入了特殊的制度安排,让各行为人就可能的因果关系负责。“天平”已经向受害人做出了倾斜,如果在责任形态方面再配置最为严苛的连带责任似乎有些“过头”,难称妥当,而让各行为人仅承担按份责任的做法应当更能在受害人利益与行为人利益之间维持平衡。

其二,由于实际致害人仅为部分行为人,共同危险行为制度的适用肯定会造成部分并没有导致损害的人承担责任的局面。但是,在侵权责任法中,无论某人的行为多么“恶劣”,只要其未造成损害就无须承担赔偿责任,[62]从这一角度来看,实际并未造成损害的那部分行为人是“无辜的”,让各行为人承担按份责任能够减少他们所承担责任的数额,从而尽量避免与侵权损害赔偿的基本立场冲突过大。

(二)《侵权责任法》内部的价值判断失衡问题及其矫正

《侵权责任法》第10条采纳了连带责任模式,这虽然从立法论角度来看不尽合理,但是在比较法上也存在相同的立法例。选择何种责任形态从某种程度上来说是立法者的“自由”,但是无论如何,一定要在本国法律体系内部保持价值判断的均衡。卡尔·拉伦茨教授曾言,“法规则存在于一特定的规整脉络中;多数规定必须相互协调、逻辑一贯,以避免产生相互矛盾的决定”。[63] 但《侵权责任法》对共同危险行为(第10条)和无意思联络数人侵权(第11、12条)配置的责任形态却难称“协调”和“逻辑一贯”。鉴于我国学界尚未充分注意到这一问题,以下笔者将进行较为详细的分析。

1. 共同危险行为与无意思联络数人侵权的关系

就责任形态而言,共同危险行为人须承担连带责任;无意思联络数人侵权场合,各行为人则根据行为的原因力状况承担不同形态的责任,只有在各行为均足以造成系争损害时才必须承担连带责任(《侵权责

[62] 参见程啸:《侵权责任法》(第2版),法律出版社2015年版,第24页。《侵权责任法》规定了两类责任——预防性责任和赔偿性责任,预防性责任的适用不以损害结果发生为前提。

[63] [德]卡尔·拉伦茨:《法学方法论》,陈爱娥译,商务印书馆2003年版,第6页。

任法》第 11 条），否则，仅须承担按份责任即可（第 12 条）。[64]

就构成要件而言，二者的相同之处包括：其一，均可以适用于所有类型的侵权事由；其二，在适用于过错责任领域时，均要求全体行为人之间不能存在共同故意；其三，均要求受害人遭受了损害，损害类型既可以是财产损害又可以是非财产损害。二者的不同之处包括：其一，共同危险行为人之间可以存在共同过失甚至部分行为人之间还可以存在共同故意，而无意思联络的数侵权人之间则不能如此；其二，共同危险行为中，各行为虽然都具有致害的可能性，但是仅部分行为实际造成了损害，而无意思联络数人侵权中，各行为与损害之间均存在因果关系。

鉴于本文的主题，这里将仅关注共同危险行为与无意思联络数人侵权在构成要件方面的共性。在各行为人同样都不存在共同过错的场合，共同危险行为并不比无意思联络数人侵权在性质上更应当受到非难。只要添加上各行为都现实地造成了损害这一点，共同危险行为就会“摇身一变”成为无意思联络数人侵权。共同危险行为不过是在受害人不能证明实际致害人的情况下对其提供特殊救济的制度安排。既然二者的关系如此密切，《侵权责任法》对之分别配置了差异颇大的责任形态似乎值得再予仔细斟酌。以下笔者将先引入抽象致害能力的概

---

[64] 值得注意的是，我国学界对《侵权责任法》第 12 条之适用范围的通常理解是，其适用于各行为人的侵权行为均不足以单独造成损害的情形，[参见王利明：《侵权责任法研究》（上卷）（第 2 版），中国人民大学出版社 2016 年版，第 588 ~ 589 页]但这种解释会使“部分侵权事由足以造成全部损害而部分侵权事由不足以如此的情形”掉入第 11 条与第 12 条的规范“缝隙”。因此有必要采用程啸教授的观点，即“第 12 条规范了因果关系类型不属于第 11 条的其他的全部无意思联络数人侵权”。[参见程啸：《侵权责任法》（第 2 版），法律出版社 2015 年版，第 383 页]不过，根据该条，各个侵权人仅需承担按份责任即可。笔者认为，这种处理方案不尽合理，最高人民法院《关于审理环境侵权责任纠纷案件适用法律若干问题的解释》第 3 条第 3 款的规定值得注意，“两个以上污染者分别实施污染行为造成同一损害，部分污染者的污染行为足以造成全部损害，部分污染者的污染行为只造成部分损害，被侵权人根据侵权责任法第十一条规定请求足以造成全部损害的污染者与其他污染者就共同造成的损害部分承担连带责任，并对全部损害承担责任的，人民法院应予支持”。有别于一般理解的连带责任模式（各责任人均须就全部损害承担连带责任），此款规定创设了一种特殊的连带责任模式——限额连带（各责任人的关系类似于仅就部分债务提供担保的连带责任保证人与主债务人之间的关系），颇具创新性，对此笔者将另撰文论述。

念,然后再使用这一概念分析无意思联络数人侵权与共同危险行为,进而揭示《侵权责任法》中可能存在的价值判断失衡之处。再次强调一点,以下论述都是建立在全部或部分行为人之间不存在共同过错基础之上的!

2. 抽象致害能力概念的引入

对于无意思联络数人侵权而言,原因力是一个核心概念。[65] 一般认为,原因力,"是指在导致受害人同一损害后果的数个原因中,各原因行为对于该结果的发生或扩大所发挥的作用力"。[66] 由此可见,"原因力"在性质上是具体的、个案性的,指向的是这个行为与这个结果之间的关系,并且只有侵权行为对结果现实地发挥了作用的情况之下才能论及此点。为了展开讨论,笔者将在原因力概念之外再引入抽象致害能力的概念,后者指向某类行为导致某种损害的抽象能力,在性质上属于规律性认识,即便某个行为并未实际造成损害,我们也可以判断其抽象致害能力。[67] 比如,从10楼扔下的花盆即便没有砸中楼下行人的头部,我们也可以根据相关知识判定,如果其砸中了,通常能致人死亡,亦即其具有致人死亡的抽象致害能力。

实践中,具有个案属性的原因力通常是从带有一般属性的抽象致害能力中推论出来的,[68]其原因主要在于:其一,法官是在侵权行为发生之后才应原告的"请求"介入问题处理的,相关事实不可能在法官面前重现,他们对案件事实的认知是通过注定带有片段性的证据建构起

---

[65] 从第11、12条的规定来看,原因力之外的其他因素,比如过错程度等,只有在按份责任场合才能发挥作用。

[66] 张新宝、明俊:《侵权法上的原因力理论研究》,载《中国法学》2005年第2期。

[67] 需要指出的是,抽象致害能力既然属于规律性认识,自应容许在个案中出现例外情况,为简化讨论,以下暂不考虑此种例外而仅以一般情况为基础说明问题的所在。

[68] Richard Wright 教授指出,"因此,欲证明某个特定情况是某个特定结果的原因,显然必须确立……在该类情况及该类结果之间存在某种可靠的一般因果联系"。Richard Wright, "Causation, Responsibility, Risk, Probability, Naked Statistics, and Proof: Pruning the Bramble Bush by Clarifying the Concepts", *Iowa Law Review* 73, 1988, p. 1046. 当然,个案中的事实也可能是全新的,没有任何一般的规律性认识可循,此时法官在因果关系的判断问题上就会陷入困境。不过,这种情况属于疑难案件,在实践中应居于少数,本文将不予考虑。

来的,直接"测量"个案中的原因力在理论上就行不通,除了借助以规律性认识为基础的抽象致害能力进行推论之外,似乎并没有其他更好的办法。其二,"事实因果关系不是能够被看到或者觉察到的现象,其毋宁是人们从既往经验和对产生特定结果所要求的其他原因因素(原因机制)的有限理解中所得出的推论"。[69] 原因力属于事实因果关系的一部分,自然也离不开从一般到个别的推论。

引入抽象致害能力这一概念之后,以下笔者将用它来分析无意思联络数人侵权与共同危险行为,并揭示其间存在的价值判断失衡之处。

3. 价值判断失衡问题的揭示及矫正

借助抽象致害能力的概念,可以将《侵权责任法》第 11 条所规定的情形描述为:各侵权事由不仅都具有独立造成同一损害的抽象致害能力并且现实地造成了损害。而第 12 条规定的情形则可以描述为,各侵权事由并非都具有造成系争损害的抽象致害能力,但是它们结合在一起现实地造成了该损害。下面笔者再使用此概念来分析共同危险行为。

根据《侵权责任法》第 10 条的规定,共同危险行为中,实际造成损害的是行为人中的任意"一人"或者"数人"(而非全部),但不能确定究竟是何人。以下笔者将区分"不确定的一人致害"和"不确定的数人致害"两种类型分别进行探讨。

"不确定的一人致害"指向这样的情况,即实际致害人可能是行为人中的任意一人。此时,每个人的行为均应具备单独造成损害的抽象致害能力,如果某人的行为不具备此种能力,即不属于共同危险行为,行为人可据此免责。[70] 比较法上,《欧洲侵权法原则》就明确提及了抽象致害能力的要求,上述第 3:103 条第 1 款中的"如果每一活动都可以同时单独造成损害"所对应的英文原文是"would have been sufficient to

---

[69] Restatement (Third) of Torts: Liability for Physical and Emotional Harm §28, Comment b (2010).

[70] 王利明教授指出,"如果某人所实施的行为并没有造成损害后果的可能性,则该人并不属于此处所说的共同危险行为人。"[参见王利明:《侵权责任法研究》(上卷)(第 2 版),中国人民大学出版社 2016 年版,第 570 页]。套用本文的概念体系,其中的"没有造成损害后果的可能性"指向的就是行为没有抽象致害能力。

cause the damage”。[71] 这就是对各行为均应具有抽象致害能力的表述。在“不确定的一人致害”场合,《侵权责任法》推定每个人的行为都与损害之间存在因果关系。如此,各个行为的抽象致害能力就都经由推定制度在个案中“现实化了”。换言之,推定将实际上仅仅存在的致害可能性转变成了行为与系争损害之间的“因果关系”。[72] 这种情况与《侵权责任法》第11条所规范的情形的相同之处在于:各行为均具有单独造成系争损害的抽象致害能力。差异之处在于:前者中,仅部分行为人实际造成了损害,只是法律无视这一事实,推定所有行为均与损害之间存在因果关系;而在后者中,各行为与损害之间的因果关系都是现实存在的,并且是原告证明的结果。[73] 民法中的推定规范虽然属于例外性规范,但在法律效果的配置方面,民法对“未被推翻的推定事实”与“证明了的事实”通常是等同对待的。因此,“不确定的一人致害场合”,让各行为人承担连带责任在现行法之下也并无“不协调”之处,共同危险行为与无意思联络数人侵权在责任形态配置方面也不存在价值判断失衡之处。

共同危险行为与无意思联络数人侵权在责任形态配置方面的价值判断失衡之处出现在“不确定的数人致害”场合。此种共同危险行为案型中,损害是数行为造成的但不确定是哪些,每个行为的抽象致害能力并不必须均足以造成系争损害。比如,甲、乙、丙在相互不知情的情况下分别因过失(比如都因疏忽将毒药当成白糖)各往丁的一个茶杯中投入毒药,已经查明每个茶杯中的剂量均为致死剂量的一半。丁同时喝了两个茶杯中的水,然后中毒身亡,不过,由于种种原因无法查明

---

[71] 欧洲侵权法小组:《欧洲侵权法原则:文本与评注》,于敏、谢鸿飞译,法律出版社2009年版,第21页。

[72] 这种推定实际上是反事实的,因为实际造成损害的仅仅是其中一人的行为,但法律却推定每个人的行为均与损害之间存在因果关系。这种制度设计是出于价值判断的考虑。叶金强教授也认为,“对数行为与同一结果之间的因果关系同时作出推定,却违反了逻辑规则”。参见叶金强:《共同危险行为争议问题探析》,载《法学论坛》2012年第2期。

[73] 无意思联络数人侵权中,因果关系的证明责任应由原告负担,这与侵权责任法的一般立场是一致的。

这两个茶杯中的毒究竟系何人所投。这个例子应当可以归入《侵权责任法》第10条所规定的“不确定的数人致害”情形。根据该条,甲、乙、丙的行为将均被推定与丁死亡之间存在因果关系。不过,此时让三人根据该条承担连带责任却难称妥当。为了理解其间所存在的问题,不妨将该事例与以下情况进行对照,即最终查明丁所喝的两杯茶中的毒系甲、乙误投,此时应当适用《侵权责任法》第12条,甲、乙仅须承担按份责任即可。在这两个事例中,甲、乙行为的抽象致害能力相同,只是前者中两人的行为与损害之间的因果关系是法律推定的,而后者中的因果关系则是受害人证明的。严格适用现行法会导出一个令人难以接受的价值判断失衡局面:虽然行为的抽象致害能力相同,但是在法律推定其与损害之间具有因果关系的情况之下,各行为人(甲、乙)所负的外部责任甚至比在原告已证明他们的行为与损害之间存在因果关系的情况下还要重。“推定的因果关系”之下的责任重于“证明的因果关系”恐怕是没有道理的。

笔者认为,为矫正此种价值判断失衡局面可以考虑采纳以下处理方案:在共同危险行为场合,如果可能的致害人为其中的“数人”,在能够查明各行为的抽象致害能力的情况下,也应像在无意思联络数人侵权中那样,只在各行为的抽象致害能力均足以造成系争损害的情况下,才让各行为人承担连带责任,否则,仅要求他们承担按份责任即可。唯有如此才能维持两种制度在责任形态配置方面的均衡性。当然,司法实践中不可避免地会出现部分甚至全部危险行为的抽象致害能力无法查明的情况,为避免与自己责任偏离过大,此时仅追究各行为人的按份责任较为妥当。

三、适用范围再扩张问题思考

(一)部分可能的致害事由并非他人侵权行为的情形

部分可能的致害事由并非他人侵权行为的情形可细分为两种类型:一是部分可能的致害事由是受害人自身的行为;二是部分可能的致害事由系自然原因或他人的合法行为。我国学界大多并未论及这些情形,只有少数学者参酌德国的学理争议简单提到了它们,观点还存在分歧:有学者认为,这些情形中,为充分救济受害人,应当适用共同危险行为制度;[74]有学者则持否定意见。[75] 鉴于共同危险行为制度能否适用于这些情形的问题本身就是在德国学理影响下提出的,以下笔者将先对德国的争议状况进行分析,然后再简要探讨我国应采取的立场。

在德国,通说认为,《德国民法典》第 830 条第 1 款第 2 句不适用于以下两种情形:一是受害人的损害可能完全由不具侵权性的原因(比如某种先前存在的疾病)所致;二是其可能完全由受害人自身的过失所致。学者们就此提出的理由主要包括如下诸端:[76]其一,符合第 830 条第 1 款第 2 句的文义。该句规定了以下情况下的责任承担问题,即不确定哪个"参与人"的行为(Handlung)造成了损害,这就排除了自然事件。如果"行为"一词被解释为包括了不具侵权性的行为,那么随之就必须区别对待如下两种情形,即造成损害的潜在原因系不具有侵权性的行为以及造成损害的潜在原因系不具有侵权性的自然事件。但是在规范上区别对待这两种情形是站不住脚的。因此,该句仅应适用于各潜在致害原因均具有侵权性的情形。其二,符合第 830 条第 1 款第 2 句的原意。《德国民法典》的起草委员会仅关注了多人斗殴中不确定何人造成损害的范例,这类事例中损害显然一定是由某项侵权行为所致。更有甚者,他们在阐述本条的适用范围时近乎明确地表达了此点。其三,符合第 830 条第 1 款第 2 句的体系定位。将该句适用于原告的损害未被证明系具有侵权性的原因所致的案件之中,会导致取消以下一般规则,即原告负担因果关系的证明责任。而这明显不是立法者的意图,该句毋宁属于一条例外性规则。其四,符合正义的要求。只有在受害人依据实体法的规定确实拥有损害赔偿请求权的情况下,允许其从一个没有被依据证明标准证明实际造成了系争损害的行为人那里获得赔偿才会比禁止其从任何行为人那里获得赔偿更具有合理性。此种情况下,我们面临一个两难的选择:如果认可赔偿,就会牺牲行为人依据一般的证明责任规则本来应当享有的利益;如果拒绝赔偿,则肯定会

[74] 参见周友军:《我国共同侵权制度的再探讨》,载《社会科学》2010 年第 1 期。

[75] 参见程啸:《侵权责任法》(第 2 版),法律出版社 2015 年版,第 365 页。

[76] See Sandy Steel, *Proof of Causation in Tort Law*, Cambridge, Cambridge University Press, 2015, pp. 145 - 146.

给受害人带来不公正的结果。“两害相权取其轻”，牺牲不法行为人的利益来保全受害人的利益将是妥适的选择。但是在部分可能的致害事由不具有侵权性的情况下，牺牲行为人的利益将不再具有正当性。

有些德国学者提出了不同意见，认为在部分可能的致害事由不具侵权性的情况下也应适用共同危险行为制度，概括来看，学者们所提出的理由如下：[77]

其一，有学者认为，上述关于第830条第1款第2句的正义考量是临事而定的(ad hoc)，无法从基础原则中推导出来，其实质是功利主义的。相应地，以此为由否定将该制度扩张适用于部分可能的致害事由不具有侵权性的场合就不再具有妥当性。有趣的是，英美法学者Ariel Porat和Alex Stein教授也持类似的见解，他们写道：[78]

有人主张，在类似[打猎案]的案件中，根据矫正正义，判决诸被告集体担责比不施加任何责任更可欲。这一主张对比了以下两种状态：

1. 受害人获得全部赔偿，一个实际上没有造成任何部分损害的被告被判决就损害的一半负责；

2. 受害人不能就其损害获得赔偿，没有被告被判决承担责任。

根据该主张，第一种事实状态比第二种更可欲，因为后者相较于前者对矫正正义的背离更严重。这一主张相当成问题，因为其意味着矫正正义承认不同的程度并且对此种正义的背离是可以以同等单位度量的。但是，真得可能从矫正正义的角度比较两种独立的非正义状态吗？如何能够不将矫正正义替换为粗略的功利计算而做到这一点呢？对这些问题似乎没有令人满意的答案。

其二，有学者认为，在某侵权人无须对其他人的行为负责的情况之下，让其对受害人的责任取决于其他人的行为是否具有侵权性的做法是武断的。

其三，受害人对某个未知的行为人拥有实体上成立的请求权这一

---

[77] See Sandy Steel, *Proof of Causation in Tort Law*, Cambridge, Cambridge University Press, 2015, pp. 146 – 147.

[78] Ariel Porat, Alex Stein, *Tort Liability under Uncertainty*, Oxford, Oxford University Press, 2001, p. 134.

点并不会在其与每个行为人的关系方面制造具有规范意义的差异,除非有合法的理由将诸行为人看作一个集体,但是从第 830 条第 1 款第 2 句的适用范围来看,其并不局限于集体行为。

这些学者进而建议采用以下一般规则:依据某行为人造成受害人损害的可能性确定责任。尽管持肯定说的学者们提出的理由较为有力,但将之作为德国现行法的解释论却颇为牵强,一个主要的原因在于,依据《德国民法典》第 830 条和第 840 条的规定,各行为人须承担连带责任,如果将第 830 条第 1 款第 2 句适用于部分可能的致害事由并非他人侵权行为的案件之中,那么将没有可用的法律机制避免让行为人承担全部责任。有学者试图通过类推适用与有过失的规定(《德国民法典》第 254 条)来分割责任,但这会给德国在损害赔偿问题上所采纳的"全赔或不赔"的传统立场带来严重冲击,甚至可能会导出全面采纳比例责任规则的结果。[79]

反观我国的情况,从《侵权责任法》第 10 条的文义来看,其也无法适用于部分可能的致害事由并非他人侵权行为的案件。该条规定,"二人以上实施危及他人人身、财产安全的行为,其中一人或者数人的行为造成他人损害……不能确定具体侵权人的,行为人承担连带责任"。由此可见:其一,受害人并非行为人而是行为人之外的"他人";其二,各行为人实施的行为均具有侵权性,否则在不能确定具体侵权人的场合,让他们承担连带责任即失去了根据。突破法条文义的限制将共同危险行为制度适用于部分可能的致害事由并非他人侵权行为的案件虽然在理论上并非没有可能性,但应当慎之又慎。如上所述,德国持肯定见解的学者同时建议在共同危险行为中废弃连带责任改采比例责任,如果我国转向肯定说也会面临相同的立场抉择问题。如果未来在立法论上改为各共同危险行为人仅须承担按份责任,那么将该制度适用于部分可能的致害事由并非他人侵权行为的案件就会成为妥适甚至是理所当然的选择。在这方面,《欧洲侵权法原则》的立场值得关注,其在共同危险行为制度中采按份责任的立场(第 3:103 条)。该条中,

---

[79] See Sandy Steel, *Proof of Causation in Tort Law*, Cambridge, Cambridge University Press, 2015, pp. 146 - 147.

各“活动”均具有侵权性,并且受害人的损害肯定是这些“活动”中的一个造成的,虽然不知道究竟是哪个。接下来的第3:106条则将比例责任的方案适用于部分可能的致害事由并非他人侵权行为的情形,该条规定,“受害人必须依据处于其领域内的行为、事件或其他状况造成损害的可能性承受其损失”。[80] 该条的评注中指出,“与第三人的活动无关的地震、风暴等自然事件以及心脏病发作等疾病,也可以适用本条规定。如果这些活动、事件(包括自然事件)或具体情景造成了损害,则受害人必须在此原因可归于其自身领域的范围内承担损失。……第3:106条是第3:103条的补充”。评注还列举了相关事例并阐述了其意见。事例一是“一位登山者为滚石所伤。第二块滚石几乎击中他。其中一块岩石是由D的疏忽行为落下的;另一块则是由一只野生岩羚羊碰落的。我们不清楚到底是哪一块岩石击中了登山者”。针对该事例,评注写道,“本小组认为,这类案件适合用第3:106条解决,尽管大多数法律制度实际上似乎都否认这类案件的因果关系。D必须赔偿一半的损害”。事例二是,“某小镇有1万居民,1%的居民(P1－P100)患了一种非常危险的疾病。由于正常的发病率是0.05%(即5个人),1%的比例是相当高的。病人剧增可能是由于一家临近工厂D过失排放[污染物]所引起的,也可能只是巧合”。针对该事例评注写道,“若法院有充分的理由相信……如此高的百分率不是巧合,就可以适用本条款……理论上受害人可以就他们各自‘损害’的95%索赔”。[81]

(二)部分致害人已确定的情形

鉴于我国学者尚未论及此问题,笔者以下将先对德国和美国侵权

---

[80] 该条的原文是:The victim has to bear his loss to the extent corresponding to the likelihood that it may have been caused by an activity, occurrence or other circumstance within his own sphere。于敏和谢鸿飞教授将这一条文翻译为:“受害人必须承担其自身支配领域内的活动、事件或其他情况可能造成的损害”。(参见欧洲侵权法小组:《欧洲侵权法原则:文本与评注》,于敏、谢鸿飞译,法律出版社2009年版,第22页)笔者认为,此种翻译可能会引人误解,故根据原文重新做了翻译。

[81] 欧洲侵权法小组:《欧洲侵权法原则:文本与评注》,于敏、谢鸿飞译,法律出版社2009年版,第94~96页。

法第三次重述的立场进行比较考察,然后再论述我国未来应当采取的立场。

就在以下案例类型中能否适用《德国民法典》第 830 条第 1 款第 2 句所规定的共同危险行为制度,德国法院的立场曾经发生过 180 度大转弯:C 被 D1 过失驾驶的汽车碰撞,由于这起事故 C 躺在了公路上,其又被 D2 过失驾驶的汽车碰撞,C 最终死亡,但是无法确定该结果究竟是 D1 的撞击所致还是 D2 的撞击所致。在此类事例中,不论 C 死亡是由哪次撞击造成的,D1 都应对该结果承担全部责任,即使死亡是 D2 的撞击所致,D1 的行为与死亡结果之间也存在相当因果关系:一方面,如果 C 没有因为 D1 的撞击而躺在公路上就不会被 D2 的汽车碰撞;另一方面,被其他车辆过失碰撞是躺在公路上之后所面对的通常风险而不是无法预见的、极其特殊的、可能性极小的情况。[82] 问题是:能否针对 D2 适用第 830 条第 1 款第 2 句?

德国联邦最高普通法院原先持肯定态度,进而依据《德国民法典》第 840 条判决 D1 和 D2 就 C 死亡的结果承担连带责任。法院就在此类案型中能够针对 D2 适用第 830 条第 1 款第 2 句所提出的理由如下:首先,在 D1 无法找到或者没有资力赔偿的情况下,受害人对于依据该句向 D2 提出赔偿请求拥有显著的利益;其次,让 D1 对整个损害负责的相当因果关系规则旨在保护受害人,不应当因此而剥夺受害人在第 830 条第 1 款第 2 句之下本来所享有的利益,从而使其法律处境恶化。[83]

但是,德国联邦最高普通法院在 1978 年的一个判决中针对上述案型改采不准适用第 830 条第 1 款第 2 句的立场。[84] 法院就此提出的理由包括以下两点:首先,由于已知 D1 是原告全部损害的原因,因此不能说无法确定究竟是谁的行为造成了损害,而后者是第 830 条第 1 款

---

[82] 参见[德]马克西米利安·福克斯:《侵权行为法》,齐晓琨译,法律出版社 2006 年版,第 237、79 ~ 80 页; Sandy Steel, *Proof of Causation in Tort Law*, Cambridge, Cambridge University Press, 2015, pp. 148 – 149.

[83] NJW 1971 506, 507 – 508. Cited in: Sandy Steel, *Proof of Causation in Tort Law*, Cambridge, Cambridge University Press, 2015, p. 149.

[84] BGH NJW 1979, 544.

第2句的文义所要求的,仅仅是围绕着另一个人是否也是损害原因的不确定状态并不符合该条。其次,在D1无法找到或者无资力赔偿的情况下,原告就针对D2依据第830条第1款第2句提出请求拥有显著利益这一事实并不足以证成扩张该句的适用范围。该规定并不是设计来保护原告免于遭受此类风险的,这是所有原告都要面对的,其仅旨在于如下情况下给原告提供特殊的救济,即数人对其实施了不法行为的情况下由于无法确定实际致害人从而对任何人都无法主张其本来在实体上拥有的法律权利。[85]

值得注意的是,法院接着指出,在以下案型中可以适用该句的规定:D1因过失而未关上一个下水道的盖子。C被D2或D3中的一个人过失撞进下水道并发生了严重损害,但是不能确定究竟是哪个人撞了他。此时,尽管C可以要求D1赔偿全部损害,但是其也可以针对D2或D3援用第830条第1款第2句,对于他们两人而言,如果该句无法适用,C将被否定其在实体上享有的权利,这正是该句试图避免的状况。[86]

美国《侵权法第三次重述:有形及精神损害责任》第28条评注1中也提及了一种可以适用选择责任的特殊情形,即虽然能够确定某个人的行为系损害发生的事实原因之一,但是无法确定另一项事实原因究竟应归咎于数行为人中的哪个或哪些。就此,该评注举了以下事例予以说明:[87]

Paula是一个建筑工人,受雇于一家门窗分包商,所从事的工作是填补一个在建多层建筑物的窗户和门外侧的缝隙。由于是在建筑物里面从事该工作,他需要探出身去进行必要的修补。尽管安全规章有要求,总承包商Able没有为在高层工作并因此有掉落风险的建筑工人提供安全带。Paula从一个防火安全出口探出身去填补外侧的缝隙时,被

---

[85] See BGH NJW 1979, 544, 546. Cited in: Sandy Steel, *Proof of Causation in Tort Law*, Cambridge, Cambridge University Press, 2015, p. 149.

[86] Sandy Steel, *Proof of Causation in Tort Law*, Cambridge, Cambridge University Press, 2015, p. 150.

[87] See Restatement (Third) of Torts: Liability for Physical and Emotional Harm § 28, Comment l (2010).

某人移动的一块型钢碰到并从楼上跌落。当时,该楼层上只有另外两个工人——David 和 Felicitas。Paula 起诉了 Able、David 及 Felicitas。案件审理中,保安 Walter 作证说,他看到在 Paula 跌落的当口,只有 David 和 Felicitas 在该楼层上;两人在 Paula 所在的楼层上移动型钢时均存在疏忽之处。尽管 Able 的过失是 Paula 受损的原因之一,Paula 仍然可以援用第 28 条第(b)款(即选择责任)将如下事项的证明责任移转给 David 和 Felicitas,即他们中的何人移动了那块亦构成原告跌落原因的型钢。这个例子与德国联邦最高普通法院所举的例子可以说是如出一辙。

那么我国应当采取何种立场呢?笔者认为,从《侵权责任法》第 10 条的规定来看,其也旨在救济面临加害人不确定难题的受害人,另外,我国通说在因果关系问题上也持相当因果关系说,因此在上述部分致害人已确定的第一种案例类型中(即 C 被 D1 所驾驶的汽车过失撞上,由于这起事故 C 躺在了公路上,其又被 D2 过失驾驶的汽车撞上,C 最终死亡,不能确定 C 死亡的结果究竟是第一次撞击所致还是第二次撞击所致)不应当适用共同危险行为制度。而在德国联邦最高普通法院和美国侵权法第三次重述均提及的第二种案例类型中(即系争损害由两个以上的侵权事由所致,其中一个或数个原因来自某个确定的人,而另外一个或数个原因不确定来自数人中的何人)则应适用该制度,这涉及共同危险行为制度与无意思联络数人侵权制度的交错。为简便起见,以下将仅以损害由一个来源确定的原因和一个来源不确定的原因[88]所致的情况为例展开讨论。在来源确定的原因不足以造成全部损害的情况下,根据《侵权责任法》第 12 条的规定,对该原因负责的行为人仅须承担部分赔偿责任。如果我们在观念上将剩余的损害作为一个“独立的损害”,那么只要符合其他适用前提,就可以针对“可能就该来源不确定的原因负责的诸行为人”适用共同危险行为制度。这种思维操作符合正义观念,还有比较法上的支持,因此较为妥当。根据“举轻以明重”的法理,在来源确定的原因足以造成全部损害的场合,也应当针对“可能就该来源不确定的原因负责的诸行为人”适用共同危险行为制度。

---

[88] 所谓“一个来源不确定的原因”,是指该原因不知来源于数人中的何人。

结论

综上所述，共同危险行为制度一直是我国学界争论的对象，学界提出了各种颇具启发意义的洞见。本文更多是就学界关注不多的问题进行了探讨。在此，笔者将本文的主要研究结论总结如下：

在适用前提方面：部分行为人之间可以存在共同故意，不过适用于这部分人的免责事由较为特殊，他们只有在证明了损害不是由其共同行为所致的情况下才能免责。行为人之间可以存在共同过失，"行为人存在共同过失但实际致害人不确定"部分情形应由《侵权责任法》第8条调整，属于共同过失侵权，剩余的部分则由共同危险行为制度调整。就两种制度的分工而言，共同过失侵权仅应调整那些社会危害性极大并且法律上的禁止程度相当高的行为，其目的在于促使人们不再从事该类行为。时空密切联系不应再作为共同危险行为的构成要件，其仅应定位成重要的考量因素，即使各行为明显是异时空发生的，只要对于特定损害而言它们所制造的风险处于"平行"状态，就也可以适用该制度。为了激励受害人积极提供相关证据，应当给共同危险行为设置一项适用限制，即"但受害人没有妥善保存或提供证据的除外"。

在责任形态方面，立法论上有必要重新斟酌连带责任的妥当性，进而改采按份责任；即使仍坚持连带责任，也应当矫正共同危险行为与无意思联络数人侵权在责任形态配置方面的价值判断失衡之处。

对于共同危险行为制度能否扩张适用于部分可能的致害事由并非他人侵权行为的情形这一问题应当慎重对待。我们应当看到，比较法上肯定扩张适用的见解是与一般性地采纳按份责任的主张"联动"提出的，一面坚持连带责任另一面又赞同扩张的做法似乎无法做到逻辑自洽。损害由多个侵权事由所致的场合，在部分致害事由来源确定而其他致害事由不知道来源于数行为人中的何人的情况下，只要符合其他适用前提，也应当适用共同危险行为制度，这里存在该制度与无意思联络数人侵权制度的交错。

（周彬彬，法学博士，山东政法学院讲师，民商事法律与民生研究中心研究人员。）

论故意侵权的责任范围

——以比较法研究为视角*

郑永宽

目　　次

一、问题的提出

故意侵权,基于恶意而发动,乃侵权最初的基本形式,在侵权法发展的早期,居于核心地位,①而过失侵权,则仅为“准侵权行为”。但现如今,相较于过失侵权,无论自立法规范或学界研究,故意侵权在很大

* 感谢厦门大学中央高校基本科研业务费(T2013221006)对本文研究的资助。

① “英美法上,由于最早的令状制度通常是故意侵权,之后才出现了过失侵权和危险责任概念,因此故意侵权在侵权法中在一开始就有着其独立的地位。”参见丁海俊:《论故意侵权》,载陈小君主编:《私法研究》2009 年第 1 期。所以,有美国学者在阐述美国侵权法发展的讨论中直接把 1200 年到 1825 年这段时期称作“故意侵权时期”。See Thomas H. Koening and Michael L. Pustad, *In Defense of Tort Law*, New York University Press, 2001, p. 13.

程度上均被人们所冷落。故意侵权当前如此境遇,或可归因于如下因素:(1)人们普遍认为,侵权法的基本功能乃填补损害,故损害系基于故意或过失而引发,无关紧要,即“民法上故意与过失原则上同其价值”;②(2)相较于过失构成、认定等相关问题的繁杂,故意侵权被认为相对简单,易于解决;(3)故意侵权经常同时构成故意犯罪,而故意犯罪乃刑法之核心问题,故人们更多关注同一侵害行为的犯罪属性,而故意侵权经常被作为附属问题对待。且不论前述理由或认知是否完全可靠、充分,故意侵权,作为侵权行为的“固有形态”,侵权基本形式之一种,目前学界付诸的努力明显与其地位不成比例,即如冯·巴尔所认为的,故意侵权在某些方面需要独立的规则,将故意侵权放在过失侵权的层面上,并将二者仅作为“过错责任”的两种表现形式对待是不公平的。③ 故意作为意思责任应与过失作为行为责任相区别,④“故意”问题是应深入探讨的课题,⑤包括故意的构成、认定、责任基础、责任范围,等等。限于篇幅,本文将主要研究故意侵权的责任范围问题,但该问题的展开事实上也关系于故意的构成、认定与故意侵权的责任基础等诸多基本问题。

不可否认,相较于过失侵权,故意侵权引发后续损害的情形较少。但近来国外较多出现的故意侵权引发非直接侵害对象“精神震惊损害”(emotional distress)的赔偿探讨,则值得更多的关注。整体而言,关于故意侵权的责任范围,目前国外专门细致的研究不算很多。人们普遍认为,因为故意的道德恶性,应扩张故意侵权的责任范围,所以,“故意使损害总具有相当性”以及“加害原告的故意排斥了远因问题”⑥等类似的断言,在大陆法系司法实践中颇受肯定;而英美法系不少学者则

② 郑玉波:《民法债编总论》,中国政法大学出版社 2004 年版,第 139 页。

③ [德]克雷斯蒂安·冯·巴尔:《欧洲比较侵权行为法》(下卷),焦美华译,张新宝审校,法律出版社 2001 年版,第 655 页。

④ 于敏:《日本侵权行为法》,法律出版社 2006 年版,第 105、106 页。

⑤ 于敏:《日本侵权行为法》,法律出版社 2006 年版,第 109 页。

⑥ [德]克雷斯蒂安·冯·巴尔:《欧洲比较侵权行为法》(下卷),焦美华译,张新宝审校,法律出版社 2001 年版,第 672 页。

更清晰地主张,故意侵权的责任承担仅受事实原因的限制。[7] 但诸如此类的归责理论是否含义清晰,足够妥当,殊值怀疑。且看如下例子,打猎迷路的甲闯进乙残破的小木屋,并在壁炉中生火,因烟道故障,小木屋起火。此时乙恰好进入该区域,发现木屋起火后急忙奔跑过去,不幸摔倒并折断一条腿。甲遂用乙的车运送乙到镇上医院救治,途中甲虽谨慎驾驶,但还是和无赔偿能力的丙所驾驶的车发生碰撞,乙的车辆毁损严重且其另一条腿也断了。[8] 按美国法之规则,此案中甲擅入乙的木屋起火并致木屋毁损,对乙构成故意侵权,[9]但其后涉及诸多介入因素与后续损害,简单套用前述归责主张,似乎无所适从或无法探求妥当的结论。直觉告诉我们,使故意侵害人对全部损害负责并不必然妥当,仅有行为与损害之间的必要条件关系,不应意味着所有损害均由行为人负责,[10]故对于因故意侵权所引发的损害,仍存在责任范围确定的问题,应采用妥当的限责标准取代"故意行为产生的后果总是有相当性"的断言。就该问题,欧美近来开始出现一些规范应对的努力,如《侵权法重述(第三次):有形损害与精神损害责任》§33与《欧洲侵权法原则》第3:201条的规定等。[11]

在国内,学界对于整个侵权损害赔偿范围的研究非常有限,研究涉

---

⑦ Generally Note, The Tie That Binds: Liability of Intentional Tort-Feasors for Extended Consequences, Stan. L. Rev, Vol. 14, No. 2, 1962, p. 363. Osborne M. Reynolds, Jr., Transferred Intent: Should Its "Curious Survival" Continue?, 50 *Okla. L. Rev.*, 1997, p. 532.

⑧ Generally Note, The Tie That Binds: Liability of Intentional Tort-Feasors for Extended Consequences, *Stan. L. Rev*, *Vol.* 14, No. 2, 1962, p. 370.

⑨ 美国法关于故意的构成与我国及其他大陆法系国家有一些差异,此容于后文阐述。

⑩ 欧洲侵权法小组编著:《欧洲侵权法原则:文本与评注》,于敏、谢鸿飞译,法律出版社2009年版,第98页。

⑪ 关于这两个条款,尤其是《侵权法重述(第三次):有形损害与精神损害责任》§33的规定,后文将有详细的评述,这里暂不引述展开。

及故意侵权赔偿范围的更是少之又少,[12]基本只是在引介"故意使损害总具有相当性"的通常见解。而在立法层面,我国现行法并没有明确规定故意侵权的责任范围问题。《侵权责任法》第6条规定:"行为人因过错侵害他人民事权益,应当承担侵权责任。根据法律规定推定行为人有过错,行为人不能证明自己没有过错的,应当承担侵权责任。"此过错侵权的一般条款不仅没有为故意侵权单独立法,也没有将故意与过失明文并列,甚至在整部《侵权责任法》中,均没有行为人故意或过失的表达,仅以过错来笼统指称。[13] 如此的侵权立法,很大程度上忽略了故意侵权与过失侵权的区别。而对于侵权责任的赔偿范围,虽然《侵权责任法》第16、19、22条分别就人身损害的赔偿项目、财产损害的计算方法及精神损害赔偿分别作了规定,但无法充分应对解决关键疑难的损害赔偿范围问题。而如前所述,故意侵权与过失侵权在诸多方面有区别对待之必要,在赔偿范围问题上同样如此。很显然,学理研究与立法的欠缺无法抹杀故意侵权赔偿范围问题的现实存在[14]及其裁判的需要,但在立法规范缺失的背景下,学界研究的不足对于司法裁判的合理化精细化的帮助就会很有限。例如,在广

---

[12] 为从事本文研究,笔者没能搜集到国内目前对该问题专门研究的论文或著作,只有马栩生、丁海俊、叶名怡等人在他们的研究论文中对此问题有所涉及,分别参照马栩生:《比较法视野下故意侵权理论体系之构建》,载《法学评论》2010年第4期;丁海俊:《论故意侵权》,载陈小君主编:《私法研究》2009年第1期;叶名怡:《侵权法上故意与过失的区分及其意义》,载《法律科学》2010年第4期。

[13] 据学者的考证统计,在《侵权责任法》全部条文中,故意仅出现6次,并且全部指向受害人故意;过失仅出现3次,全部是受害人过失。参见叶名怡:《侵权法上故意与过失的区分及其意义》,载《法律科学》2010年第4期。

[14] 如西班牙Navarra上诉法院1996年7月31日裁判之事项,70岁老太打了年轻男子一耳光,后者因此患上"精神病理学上的精神错乱"。参见[德]克雷斯蒂安·冯·巴尔:《欧洲比较侵权行为法》(下卷),焦美华译,张新宝审校,法律出版社2001年版,第315页注[372]。原告将钻石寄售于被告珠宝商,后者后来拒绝将钻石返还给原告,原告自杀。See 20 Misc. 2d 144,188 N. Y. S. 2d 627 (Sup. Ct. ,1959). 被告对一女士施加威胁,在争吵过程中,该女士未受看护的小孩吞下一安全别针,受到损害。See Oklahoma Gas & Elec. Co. v. Hofrichter, 116 S. W. 2d 599,600 - 01 (Ark. 1938).

东省遂溪县人民法院所审理的“王华进、周丽强故意伤害刑事附带民事诉讼案”中，法院判决认为，在民事责任方面，不能认为王华进、周丽强仅对叶尤的轻伤害损失承担赔偿责任，因王华进等人在赌场发放高利贷给叶尤参与赌博，已属非法。而以务农为业的叶尤一天之内欠下万元赌债，本已难以面对家人，王华进等人随后将叶尤挟持到郊外威胁并殴打，致叶尤多处受伤。据此，可以认为在促使叶尤选择自杀的诸种原因之中，王华进、周丽强等人对叶尤的恫吓及伤害占了最大比例，故王华进、周丽强应对叶尤的死亡造成的损失承担 70% 的赔偿责任。叶尤借高利贷参与赌博，最终背负了自己不能承担的赌债，故应自负余下的 30% 的赔偿责任。⑮ 二审法院终审维持原判。在该案中，审理法官认为，被告人暴力追债行为与被害人自杀之间存在因果关系，故认定被告人须对被害人自杀此后续损害承担责任。尽管本案在此问题的裁判结论基本可予接受，但此案和其他涉及更复杂赔偿范围问题的案子一样，因为法律相应规定的缺失和理论研究的不足，我们确实无法窥见据以认定其中因果联系的统一判断基准或方法，而裁判者有时也习惯以简化或模糊的自由心证直接推出结论，这对于司法裁判的一致性与说服力的追求，确属不利。因此，本文就故意侵权及其赔偿范围的研究，希望对于立法完善、司法裁判以及相关研究的推进，能有所助益。但考虑到国内目前就该问题的规范与研究状况，本文的研究将更多基于比较规范与法理的角度展开，首先涉及对故意及故意侵权意义的认知，在此基础上，将进而研究故意侵权为何需要限责以及如何限责。

二、侵权故意的意义与构成

关于侵权故意概念的界定，国内学者的见解大同小异，可概括为行为人预见到自己行为的损害后果，仍然希望或放任损害结果

⑮　参见广东省遂溪县人民法院(2009)遂刑初字第 49 号判决。

的发生。[16] 依此，故意乃认识因素与意志因素的统一，且依意志因素中希望或放任的不同区分为直接故意与间接故意。如此界定的故意，在很大程度上受刑法故意概念的影响，但与刑法故意不同的是，“故意在民法上是责任要件，而非如刑法上是事实构成要件，因此，主要见于刑法上的区分方法，即界定蓄意、直接故意和间接故意（未必故意），对民法并不重要。民法以最后提到的最为弱化的形式为已足”。[17] 但从比较法的视角，侵权故意概念的界定则颇有差别与争论，尤其是对其中故意指向行为或损害以及故意构成与违法性认识的关系等问题的探讨，将有益于深化对故意侵权的意义认知，且将影响行为与后果之间的关系定性与相应的责任承担，故有必要稍作比较分析。

（一）美国侵权法上单一故意与双重故意之争

该争论之要点在于，侵权故意的构成是仅需具备行为的故意（single intent）或者尚需行为人具有侵害的故意（dual intent）。[18] 该争论因为美国侵权法第二次重述关于故意界定的模糊而持续甚至升温，

---

[16] 关于侵权故意的概念，国内学者的定义仍然存在些许的差异，如张新宝认为：“故意乃行为人实施加害行为时追求（期望）损害后果发生或者明知损害后果会发生或很可能发生而放任其发生的不良心理状态。”马俊驹和余延满认为：“所谓故意，是指行为人预见到自己行为的有害后果，仍然希望或放任有害结果的发生。”王利明和杨立新认为：“所谓故意，是指行为人预见到自己行为的后果，仍然希望或放任结果的发生。”魏振瀛认为：“故意，是指行为人预见到自己的行为可能发生某种不利后果而希望或放任该不利后果发生的主观心理状态。”等等。参见张新宝：《侵权责任构成要件研究》，法律出版社 2007 年版，第 446 页；马俊驹、余延满：《民法原论》（第 4 版），法律出版社 2010 年版，第 1012 页；王利明、杨立新：《侵权行为法》，法律出版社 1996 年版，第 71 页；魏振瀛主编：《民法》，北京大学出版社、高等教育出版社 2000 年版，第 692 页。

[17] ［德］迪特尔·梅迪库斯：《德国债法总论》，杜景林、卢谌译，法律出版社 2004 年版，第 239 页。

[18] 国内学者对该争论的译介评述非常少，在笔者查阅的文献中，仅丁海俊先生在其“论故意侵权”的论文中有所介绍说明。他将该问题翻译为“单一目的”与“双重目的”之争论，但其关于该争论的引述评论似乎不很确切。参见丁海俊：《论故意侵权》，载陈小君主编：《私法研究》2009 年第 1 期，第 56 ~ 57 页。

以至于理论与实务界关于该问题的争论相当激烈。[19]该争论的根源在于受害人救济的考量。持单一故意论者担心,如果故意必须包含行为人对侵害后果的故意,且是对特定损害的故意,则当现实损害并非意图或认知之损害或行为人欠缺损害之意图或认知时,受害人救济可能不得实现。[20] 所以,单一故意论者认为,在原告事实同意或被告可征引显然同意原理[21]等情形,足以保障被告不因单一故意的构成规则而须广泛担责;相反在前述责任构成要件限制下,双重故意构成标准则显得过于严格,尤其在越权医疗(医生超出病患同意范围治疗)致损、恶作剧

---

⑲ 美国《侵权法重述(第二次)》§ 8A 关于故意的定义规定:The word "intent" is used throughout the Restatement of this Subject to denote that the actor desires to cause the consequence of his act, or that he believes that the consequences are substantially certain to result from it.《侵权法重述(第三次):有形损害与精神损害责任》§ 1 对故意概念作了大致相同的解释,该条规定:A person acts with the intent to produce a consequence if:(a) the person acts with the purpose of producing that consequence; or (b) the person acts knowing that the consequence is substantially certain to result. 从字面上看,这两个重述文本均规定故意为行为人意图引起行为的结果或知道结果基本确定会因行为而发生,因此,故意系指对结果的追求或放任而非仅指行为的故意,但有趣的是,对故意概念作单一故意解释论和双重故意解释论的学者与法官,均主张《侵权法重述(第二次)》§ 8A 的规定、相关评论及起草者 Prosser 的著述可以支持他们各自的观点。具体可参照 Kenneth W. Simons, A Restatement (Third) of Intentional Torts?, 48 Ariz. L. Rev. (2006). pp. 1066 - 1070. Nancy J. Moore, Intent and Consent in the Tort of Battery: Confusion and Controversy, 61 *Am. U. L. Rev.* (2012). 其后,作为侵权法第三次重述组成部分的"Torts: Intentional Torts to Persons",在其 2013 年的草案(Preliminary Draft No. 1)中,其 § 101 关于殴打的界定如下:An actor is subject to liability to another for battery [by harmful contact] if: (a) the actor intends to cause a contact with the person of another; (b) the actor's conduct causes such a contact; (c) the contact causes bodily harm to the other; and (d) the actor knows or should know that the other does not consent to the contact. 较明显地,草案的起草者有意将故意明确为仅需行为的故意,即采单一故意的解释。

⑳ 当然,单一故意论者还提出其他一些支持理由,如便于认定操作、发挥威慑作用及更符合保护自由、尊严、安全的观念等。Ward Farnsworth & Mark F. Grady, Teachers' Manual to Torts: Cases and Questions, Aspen Law & Business, 2004, p. 12.

㉑ Apparent-consent doctrine says: a defendant with a reasonable belief that plaintiff consents is absolved of liability, even if plaintiff does not actually consent. 即根据周遭情形,若被告可合理相信原告同意其施加的损害,则被告可免责,即使原告事实上并没有同意。"显然同意"是一种推定,在判断故意构成与否时,在美国侵权法中被广泛运用。

致损及限制行为能力人致他人损害等情形中,无法依双重故意标准认定故意的构成并追究行为人的责任。[22] 因为,这些情形中,均难以认定行为人存在侵害的故意或确知,即使在越权医疗情形,医生也可能善意相信未经病患同意的治疗是有益于而非有损于病患的利益,从而不存在侵害的故意。单一故意论者因此认为,依双重故意标准,受害人的利益将很大程度上受行为人故意行为的支配,只要行为人不被认为有意于侵害后果;而该问题将因此从行为人视角而非法律客观视角被判断,[23]不符合正义的直觉,[24]不利于对受害人身体完整、自治及尊严的保障。

以上所述即为单一故意论者主张的核心理据,其与双重故意论的分歧虽着眼于故意的意义及其构成,但实质上指向的是受害人救济妥当性此实用性论辩。关于双重故意标准基础上的故意归责是否不利于受害人的救济,此涉问题有二:其一,抛除大量不因采单一故意或双重故意标准而影响故意构成判断的案型外,[25]确实存在一些如单一故意论者前述所列举的情形,若采双重故意标准,将无法认定行为人构成故意进而究责。问题是,诸如此类情形是否无法通过过失救济以及过失救济是否对受害人更加不利? 此涉及故意与过失的关系。事实上,从社会规范的关系视角来看,故意侵权与过失侵权同属对社会合理行为要求的违犯,但何以进而区隔二者,实乃行为人道德层面性状特征的不同仍需法律伦理的特别关注。故意,基于恶意而发动,其核心内容乃"明知和有意",[26]即"明知故犯",故意的结果是"知"基础上"意"之实

---

[22] Kenneth W. Simons, A Restatement (Third) Of Intentional Torts? 48 Ariz. L. Rev., 2006, pp. 1067 – 1070. ALI, "Torts: Intentional Torts to Persons" (Preliminary Draft No. 1), § 101, comment h.

[23] Wagner v. State, 122 P. 3d 599, 608 (Utah 2005).

[24] Ward Farnsworth & Mark F. Grady, Teachers' Manual to Torts: Cases and Questions, Aspen Law & Business, 2004, p. 12.

[25] ALI, "Torts: Intentional Torts to Persons" (Preliminary Draft No. 1), § 101, comment h.

[26] [德]克雷斯蒂安·冯·巴尔:《欧洲比较侵权行为法》(下卷),焦美华译,张新宝审校,法律出版社2001年版,第314页。

现,所以,“故意侵权保留了过错中的心理性因素,充分体现了法律规范对于个人道德之非难”。[27] 相反,当前各国普遍采纳的客观化过失,则是行为未及社会合理注意要求的外在评判,基本抽离于行为人之内心与个性,[28]故有“没有过错之过失”[29]的检讨,其实质乃对工业化社会风险普存及受害人安全的积极回应。故意侵权指向于预期的损害;过失侵权法则是对于非预期损害的规范,所以,对于依双重故意标准无法构成故意侵权的行为所引发的损害,只要其非系属行为时不可合理预见或不可合理避免的风险,则该损害即可依过失侵权加以救济。如此过失概念的应用,“完全成了纯粹客观地认定某人的行为与抽象行为模式的背离,这个模式是由知道了整个因果关系发展的法官事后确立的适当行为,此时法官很容易确定应当和可能采取避免伤害的措施”,[30]以至于有学者认为,“由于客观化过失之概念,本身业已甚为广泛,其高度运用,往往可以达成与无过失责任相近之结果。因此,目之为实质的无过失责任,亦无不可”。[31] 所以,大体而言,除非行为结合意外事件或有其他不可预见的因素存在或介入,其他情形通常足以认定行为对损害构成过失。当然,不可否认,美国法上故意侵权与过失侵权救济在惩罚性赔偿、过失相抵等方面确有差异,[32]且整体上故意侵权救

---

[27] 马栩生:《比较法视野下故意侵权理论体系之构建》,载《法学评论》2010年第4期,第118页。

[28] 关于过失客观化的理据及其判定,详可参照郑永宽:《论过失客观归责的理据及其地位》,载梁慧星主编:《民商法论丛》第56卷,法律出版社2014年版;郑永宽:《论侵权过失判定标准的构造与适用》,载《法律科学》2013年第2期。

[29] Albert A. Ehrenzweig, Negligence without Fault, *California Law Review*, *Vol.* 54, No. 4, 1966, pp. 1422 – 1477.

[30] 欧洲侵权法小组编著:《欧洲侵权法原则:文本与评注》,于敏、谢鸿飞译,法律出版社2009年版,第108页。

[31] 邱聪智:《从侵权行为归责原理之变动论危险责任之构成》,中国人民大学出版社2006年版,第310页。

[32] See Vincent R. Johnson, Transferred Intent in American Tort Law, 87 *Marq. L. Rev.*, 2004, pp. 916 – 927. Nancy J. Moore, Intent and Consent in the Tort of Battery: Confusion and Controversy, 61 *Am. U. L. Rev.*, 2012, pp. 1593 – 1594. 这种差异具体依赖于各国实证法关于故意过失不同法律效果的规定或判例。

济似乎对受害人更为有利,但如此法效差异的基础乃行为道德恶性的不同,故若仅仅为了在个别方面为受害人提供可能更好的救济,而刻意将没有侵害故意的故意行为致损纳入故意侵权规范,其对于行为人的不正义将更为明显。其二,当过失确实无以构成,如在 White v. Univ. of Idaho 中,被告钢琴教授轻拍了原告的后背,意在教导展示特定的钢琴弹奏动作,但被告在教学中经常用到的如此行为,却导致了案中原告意想不到的身体伤害,[33]此时需要思考的是受害人救济的可能性与正当性。过失责任主义主张,除了严格责任情形,行为人非因故意或过失而致损,无需担责。尽管在当前工业化的风险社会,"无辜"受害人的安全日益吸引人们的关注,但过失责任主义该层面的意义仍然得到坚持,否则,侵权法将再次走向原因主义,蜕变为一元化纯粹客观责任。White v. Univ. of Idaho 案中,很显然,被告并不能合理预见损害风险,更无意于损害的发生,但若为了原告救济的目的,依单一故意标准,将故意拍背却无侵害故意的被告致害认定为故意侵权,则实质上施加给被告的就是原因责任,也与通常所认为的"侵权故意比过失更具道德恶性"的论断相悖。[34] 所以,必须面对的是,有时人们可能不得不自己承受一些意外的损失,否则,只能质疑甚至推翻过失责任原则。

综上,笔者认为,单一故意论极大扩张了侵权故意的界限,使得故意很大程度上只是自愿行为的别名。[35] 如此施加的责任与过错责任原则相违背。[36] 侵权故意应指向于损害结果而非行为本身。[37]故意是行为

---

[33] White v. Univ. of Idaho, 797 P. 2d 108, 109 (Idaho 1990).

[34] Nancy J. Moore 教授认为,允许原告将如此意外的损失转嫁给被告,无异于将原告身体完整和自治的利益保护提升到超出 21 世纪所能有的程度。See Nancy J. Moore, Intent and Consent in the Tort of Battery: Confusion and Controversy, 61 *Am. U. L. Rev.*, 2012, p. 1645.

[35] ALI, "Torts: Intentional Torts to Persons" (Preliminary Draft No. 1), § 101, comment h.

[36] Dan B. Dobbs, Paul T. Hayden, Ellen M. Bublick, The Law of Torts, West Publishing House, 2011, p. 88. Nancy J. Moore, Intent and Consent in the Tort of Battery: Confusion and Controversy, 61 *Am. U. L. Rev.*, 2012, pp. 1636 – 1642.

[37] Anthony J. Sebok, Purpose, Belief, and Recklessness: Pruning the Restatement (Third)'s Definition of Intent, 54 *Vand. L. Rev.*, 2001, p. 1168.

人自身理性和意志的体现,“运用理性,他可以理解其可以追求的目的以及可以实施的行为。运用意志,他可以在前述目的和行为中进行选择”。[38] 行为人这种选择为善或为恶的自由正是道德的关键,其之所以要承担责任,正是因为其选择以损害别人的方式“实现了自己的意愿”[39]。

(二)故意的构成与违法性认识

关于故意的构成,大陆法系较大的争论在于是否要求行为人意识到行为的违法性。就此,存在心理责任论与规范责任论的分歧。心理责任论认为只要对事实构成要件中的客观事实有所认识,就可以追究故意责任。此见解将故意视为一种无需考虑规范评价的纯心理事实。而规范责任论则将违法性认识视为故意成立的必要条件。在日本,通说不采纳将违法性认识作为故意的构成要件。[40] 例如,我妻荣先生认为,“故意是客观上产生了被评价为违法的事实即足矣”,“违法的认识在民法上可以解释为不需要”。[41] 而在德国、荷兰、希腊等欧洲国家,故意的构成,以“明知行为的不法性”为前提。[42]

不主张违法性认识作为故意构成要件的否定论者,可能会担心因违法性认识证明的难度而被行为人用作辩解、逃避责任的工具。这首先涉及违法性认识的证明问题。笔者认为,行为人侵害行为本身从客观上既已彰显不法,且要求受害人证明行为人主观上具有违法性认识更加不易,因此,在举证责任上,应要求行为人负有证明自己行为时不具有违法性认识的义务,如此在一定程度上可减轻对受害人救济的不利影响。其次,这仍然涉及前述关于故意与过失的关系及转化问题。

---

[38] [美]詹姆斯·戈德雷:《私法的基础》,张家勇译,法律出版社2007年版,第294页。

[39] [美]詹姆斯·戈德雷:《私法的基础》,张家勇译,法律出版社2007年版,第294页。

[40] 于敏:《日本侵权行为法》,法律出版社2006年版,第101页。

[41] [日]圆谷峻:《判例形成的日本新侵权行为法》,赵莉译,法律出版社2008年版,第48页。

[42] [德]克雷斯蒂安·冯·巴尔:《欧洲比较侵权行为法》(下卷),焦美华译,张新宝审校,法律出版社2001年版,第314页。

依肯定论的主张,即使行为人可以证明自己行为时不具有违法性认识而不构成故意,通常其行为亦足以构成过失,因为,过失判断系采合理注意义务标准,合理人之认知通常包含了对于相关领域中法律与道德的认知。㊸ 故"倘若施加应有的谨慎可以避免有关的错误认识",仍须承担过失责任。㊹ 所以,从法实践的效果上看,肯定论主张对于受害人救济的影响并不大。㊺ 而从故意定义的自洽性视角分析,亦应坚持违法性认识作为故意之构成要件。侵权故意,系指明知故犯。故意与过失相比含有更强烈可谴责意味,其在道义上所受到强烈责难本质上应源自于其意思的可非难性,故只有在行为人明知存在义务时,违反义务始应受到"故意"这种严厉的无价值判断,否则,故意将丧失或弱化其作为意思责任之基础而被责难的本质属性。㊻

(三)小结

以上关于侵权故意的意义与构成的论述比较旨在说明,故意系在对侵害后果认知基础上对该后果的追求或放任。而在美国单一故意标准之下,侵权故意规范对于受害人身体完整、自治及尊严的保护明显走得过远。故意应指向于侵害后果而非行为本身,且对于具体侵害后果应具有违法性认识。如此界定的故意始足以与过失在主客观归责意义

㊸ 德国联邦最高法院在1984年7月10日的判决中明确指出,无过失之违法性错误认识是很少见的。因为任何一个谨慎的人都应知道其活动领域内的相关法律。参见[德]克雷斯蒂安·冯·巴尔:《欧洲比较侵权行为法》(下卷),焦美华译,张新宝审校,法律出版社2001年版,第315页注[370]。

㊹ [德]克雷斯蒂安·冯·巴尔:《欧洲比较侵权行为法》(下卷),焦美华译,张新宝审校,法律出版社2001年版,第314~315页。

㊺ 相较于刑法学界,我国侵权法上关于违法性认识与故意构成之关系的讨论并不多见。刑法学界的通说认为,不应把违法性认识当作犯罪故意的认识内容,因为关于违法性认识的要求会给犯罪人提供辩解的理由,不利于同犯罪作斗争,因而放纵犯罪。参见赵秉志主编:《刑法总论》,中国人民大学出版社2007年版,第191页。即使刑法学界此通说合理,亦不应简单挪用于侵权法故意构成之讨论,因为,故意与过失区别之意义及二者之关系,在刑法与民法中具有很明显的不同。

㊻ Larenz, Schuldrecht, Bd. I, Allg. Teil, S281f. 转引自刘文杰:《民法上的过错》,中国社会科学院研究生院2007年博士学位论文,第106页;[德]迪特尔·梅迪库斯:《德国债法总论》,杜景林、卢谌译,法律出版社2004年版,第240页;马栩生:《比较法视野下故意侵权理论体系之构建》,载《法学评论》2010年第4期。

上并立,并保留其作为基于道德恶意的意思责任之基础的本质属性。

与故意如此属性相适应,故意只能被"具体"认定而不能抽象认定。"善良家父"在这一点上不是恰当的标准,因为"他"永远不会有加害他人的意图。㊼ 因此,尽管行为人的内心意图无法窥知,故意只能凭据行为人之言行、事发情境及其他外在的事实证据推知,但与过失认定之合理人标准不同的是,故意的判断须基于行为人自身的各种情况,综合研究判断其在实施行为时是否存在追求或放任侵害结果发生的意图。㊽

三、故意侵权为何需要责任限制

人类原初的侵权责任曾采结果责任,即以原因归责,但失之过苛;其后渐变形成过失责任主义,即以故意或过失作为归责之基础,此乃人际互动中侵害归责关键性的发展。其间,虽过失之内涵历经主观过失与客观过失间的摇摆,且终以客观过失而被普遍采纳,但各国始终以过错作为一般侵权损失转移之基础。在过失法中,行为虽包含风险但可能对社会有助益而只能被认许甚至鼓励,因此,有行为自由保护之所需,故即使在工业技术发达而安全脆弱的今天,侵权责任追究中始终没有放弃自由的维度而完全转向安全的考量,所以有英美法上的法律原因或称近因及大陆法上的相当因果关系的规则,究其实质,均在于责任范围的限制。相形之下,因故意侵权行为通常的无价值,社会对故意侵权行为的态度趋于严厉否定,故对于故意侵权所引致的一系列损害,是

㊼ [德]克雷斯蒂安·冯·巴尔:《欧洲比较侵权行为法》(下卷),焦美华译,张新宝审校,法律出版社2001年版,第311页注[348]。

㊽ 此乃判断故意的通常模式。Dobbs即认为,故意是主观的,但故意的证明是客观的。See Dan B. Dobbs, Paul T. Hayden, Ellen M. Bublick, The Law of Torts, West Publishing House, 2011, p. 75. 但对于此判断过程,仍不乏质疑声音,认为推断的故意并非真的思想状态,只是对通常人们如何做的判断表达,因此,故意的推定可能导致强加故意给行为人,也可能导致行为人逃脱故意侵权责任。See Peter Cane, Mens Rea in Tort Law, *Oxford Journal of Legal Studies*, Vol. 20, No. 4, 2000, p. 542. Kűhl, a. a. O., S93, Rn88; BGH NJW 1999, 2533, 2534f. 转引自刘文杰:《民法上的过错》,中国社会科学院研究生院2007年博士学位论文,第100页。

否仍需有责任范围限制的努力,以及能否为这种努力找寻正当性根据,则不无疑问。

对于故意侵权行为,立基于刑法规范的违反或反社会的不道德行为,人们多主张应扩大故意侵权的赔偿范围。域外理论认为,侵权涉及法律规范的效力问题,故意的存在表明行为人不愿意以法律的规定来指导自己的"个人"行为,从而在根本上威胁到作为整体的法律制度,所以必须对行为人施以一定的惩罚。[49] 因此,各国法都有一种倾向性,在认定因果关系的时候,只要属于故意侵权情形,法官就倾向于认定因果关系的成立,甚至于认为,"故意行为产生的后果总是有相当性的",即在责任范围方面主张只要行为与损害之间存在事实因果关系即可追责,无需进一步考量相当性存否。相较于过失侵权"法律原因"的限责,该主张可以概括为,对于故意侵权,无须有"相当性"层面的责任范围限制。

面对故意侵权,仇恶的激情容易湮没理性的思量。这种简单以故意侵权行为的反社会性或较强的道德可谴责性[50]为理据的主张并不具有足够的说服力。因为,故意侵权动因多样,其后引致各种损害常有其他因素介入其中,包括受害人、第三人或自然力等方面的因素,因此,仅仅追溯源头之恶而使行为人对所有损害全部负责,可谓简单的粗暴。且看如此的设例,Snidely 在人行道故意猛推了一陌生人,致使该陌生人摔倒且一面镜子从该陌生人的口袋里掉落地上。该镜子反光照射了附近一位起重机操作员的眼睛,该操作员瞬间失明并受到惊吓,意外地将一大铁球投掷进一幢 20 层高的办公大楼,导致该大楼里数十人死

[49] 马栩生:《比较法视野下故意侵权理论体系之构建》,载《法学评论》2010 年第 4 期,第 120 页。

[50] Homels 和 Cooley 均认为道德可谴责性与侵权责任无关。See Kenneth J. Vandevelde, A History of Prima Facie Tort: the Origins of a General Theory of Intentional Tort, 19 *Hofstra L. Rev.*, 1990, p. 467. 事实上,如果说因过失客观化使得过失不必然与个人道德缺失有关,但正如前文所述,故意侵权责任仍然是基于恶意而发动的个人意思责任,故始终与个人道德恶性紧密相关。

亡,且给大楼造成了数百万美元的损失。[51] 此设例中,若使故意侵权人对损害全部负责,似可求严惩以达威慑之目的,但需反思质疑者至少包含如下几点:其一,如此归责是否真的足以产生威慑之社会效果?答案看似理所当然,但事实上,是否任何潜在故意侵害人在施恶之前真的会顿足忖思,且终因责任可能广泛而放弃侵害,此殊值怀疑。[52] 因为,每个人都无法拥有足够充分的信息与理性预见未来,也因为生活总会向人们呈现冲突狰狞的一面,将人们裹挟其中,使其无法完全自主。否则,刑罚这种更严厉且更清楚表达的威慑足以使这个世界比现在单纯美好很多。其二,故意侵权中,使行为人广泛担责以达侵权法威慑之功能,但此惩罚威慑的功能目的是不是交由刑法更可担当?[53] 而且,无论故意侵权行为是否同时构成犯罪行为,对行为人道德恶性的谴责,依个案情形还可能通过如下法律后果得到体现:使行为人承担行政责任或民法上的惩罚性赔偿、精神损害赔偿责任;行为人不可主张保险替代责任;行为人不可主张过失受害人的过失相抵责任;行为人可能须对于纯粹经济损失或第三人的精神震惊损害承担责任等。[54] 因此,是否一定要通过使行为人对直接和后续损害全部负责以实现对其强烈谴责乃至威慑之目的,有待省思。其三,基本不施限制的归责可能意味着对行为人的严厉惩罚,甚至于经济生命的终结,其正当性值得怀疑。是否该因一个人一时之错或恶意而使其广受责备且永受责备,况后续损害的发生常常会伴有各种介入因素或受害人自身因素的作用?这种过于宽泛

---

[51] Aaron M. Johnson, Wide Scope of Liability for Intentional Tortfeasors: A Doctrinal Rationale Applied to Alien Tort Statute Defendants, 27 *Review of Litigation*, 2008, p. 720.

[52] Osborne M. Reynolds, Jr., Transferred Intent: Should Its "Curious Survival" Continue?, 50 Okla. L. Rev., 1997, p. 531. Generally Note, The Tie That Binds: Liability of Intentional Tort-Feasors for Extended Consequences, *Stan. L. Rev*, Vol. 14, No. 2, 1962, p. 365.

[53] Osborne M. Reynolds, Jr., Transferred Intent: Should Its "Curious Survival" Continue?, 50 Okla. L. Rev., 1997, p. 532. Generally Note, The Tie That Binds: Liability of Intentional Tort-Feasors for Extended Consequences, *Stan. L. Rev*, Vol. 14, No. 2, 1962, p. 365.

[54] 关于故意侵权与过失侵权法律效果的区分,具体可参照叶名怡:《侵权法上故意与过失的区分及其意义》,载《法律科学》2010年第4期。

的归责可能导致责任与行为或过错很不成比例。[55] 而且,与刑事诉讼中被告被给予超越合理怀疑的严格证据保护及其他宪法保护相比,故意侵权人无法享有这些保护,[56]却须承担与自由刑不同但也相当严厉的经济责任。其四,将故意违约与故意侵权相比较,或也能提供反思的视角。二者均为故意不法行为,但对于故意违约行为,在违约赔偿范围上,包括我国《合同法》第 113 条[57]在内的诸多国家的合同法相关规定,仍给违约人提供合理预见规则的保护。尽管故意侵权与故意违约侵犯的利益或有不同,但即使这种所侵犯利益属性的不同,似乎不足以使故意侵权人须几乎不受限制地广泛担责,而与故意违约人违约责任范围的规制迥然不同。或许还有人认为,《合同法》合理预见规则通过限责承载着鼓励交易的价值,但就故意违约而言,究其实,其何尝不同样是故意以损害他人权益之方式谋取自己的利益,所以,对于故意违约的限责,很大程度上,并非基于鼓励交易之价值,而在于避免违约方须承担过于沉重的责任。

综上,笔者认为,尽管故意侵权表现了较强烈的道德可谴责性,但过于宽泛的归责与直觉的正确性并不相符,且经不起合理性质疑,故面对故意侵权,仍须考量,就受害人之损失,哪些应转嫁于加害人,哪些应由第三人承担或由受害人自己承受。此乃侵权救济的基本问题,故意侵权亦不应成其例外。

---

[55] Tony Honoré, "The Morality of Tort Law—Questions and Answers", in David G. Owen (Editor), Philosophical Foundations of Tort Law, Clarendon Press Oxford, 1995, p. 88. Aaron M. Johnson, Wide Scope of Liability for Intentional Tortfeasors: A Doctrinal Rationale Applied to Alien Tort Statute Defendants, 27 *Review of Litigation*, 2008, p. 722.

[56] Generally Note, The Tie That Binds: Liability of Intentional Tort-Feasors for Extended Consequences, *Stan. L. Rev*, Vol. 14, No. 2, 1962, p. 365.

[57] 我国《合同法》第 113 条规定:"当事人一方不履行合同义务或者履行合同义务不符合约定,给对方造成损失的,损失赔偿额应当相当于因违约所造成的损失,包括合同履行后可以获得的利益,但不得超过违反合同一方订立合同时预见到或者应当预见到的因违反合同可能造成的损失。经营者对消费者提供商品或者服务有欺诈行为的,依照《中华人民共和国消费者权益保护法》的规定承担损害赔偿责任。"

四、故意侵权责任范围的规制

相较于学者们对于过失侵权责任范围的热情研究,各国对于故意侵权责任范围的讨论显得冷清很多,但如前文所述,对于故意侵权,仍应有适当的责任范围规制,故,下文通过比较评析两大法系旨在扩张或限定故意侵权责任范围的理论或实践,以探寻合理有效的规制路径。

(一)转移故意理论

美国法上,为扩张对故意侵权损害的救济,除了部分学者与司法实践支持故意界定的单一故意标准外,另一理论乃转移故意理论。尽管该理论的最终目的并非旨在限定故意侵权的责任范围,但其仍构成美国侵权法实践中用于扩张故意侵权责任的司法尝试之一,故不妨稍加评介,借以窥知该理论主张的内在逻辑与价值基础,并可回应前文关于故意意义界定的论争。

转移故意理论旨在应对如下类似情形的故意侵权主张:甲意图枪击乙,但未能击中乙,却击中乙附近的丙,造成丙受伤。对于丙所受伤害,甲并无接触或伤害故意,因此,丙本无权主张甲构成故意侵权,但基于转移故意理论,甲伤害乙的故意"转移"到丙身上,所以,甲对丙构成了故意侵权。[58] 一般认为,该理论起源于刑事诉讼,[59]且因故意犯罪与故意侵权最初没有形式分离[60]及二者的实质关联,转而适用于故意侵权领域。但现今,该理论在侵权法中的适用,并不被美国之外的其他国家广泛接受。[61] 而且,该理论的适用受到人们诸多的质疑批判。Prosser

---

[58] 转移故意理论与侵权故意构成的单一故意标准一样,适用的结果均足以扩张故意侵权责任。但两者的适用情形有别:前者主要适用于对非意图侵害对象的损害;后者主要针对意图接触或侵害对象的非预期损害,实际适用的结果是无需证明损害意图的存在。

[59] Osborne M. Reynolds, Jr., Transferred Intent: Should Its "Curious Survival" Continue?,50 *Okla. L. Rev.*,1997,p. 530.

[60] William L. Prosser,Transferred Intent,45 *Tex. L. Rev.*,1967,p. 652.

[61] Osborne M. Reynolds, Jr., Transferred Intent: Should Its "Curious Survival" Continue?,50 *Okla. L. Rev.*,1997,pp. 530–531. 在美国,故意转移理论被理论与教科书所介绍,被司法实践所运用,甚至被美国法律协会(ALI)所承认。See Vincent R. Johnson, Transferred Intent in American Tort Law,87 *Marq. L. Rev.*,2004,pp. 903–906.

称其为“古代法律的奇怪残余”。[62] Cardozo 斥之为“历史上的异常偏离”。[63] 没有人认为甲伤害乙的故意真的会转化为伤害丙的故意。那样说的目的仅仅是想表明,甲应当承担责任。[64] 转移故意理论的适用满足了人们对故意严惩的诉求,但却带来诸多逻辑混乱,[65]是没有必要的法律拟制。[66] 但是,仍有些人认为,尽管转移故意理论看上去不合逻辑,但相比于其他理论,它却使法院得出了和通常的正义感似乎更为一致的结论。[67]尤其是在刑法上,故意犯罪可视为对社会的危害,非仅对特定个人的损害,[68]因此在打击错误场合,同样造成死亡,仅仅因为死者非意图侵害对象而使行为人只承担谋杀未遂及过失杀人责任,导致罪刑不均衡,损害了人们的道义感。[69] 所以,转移故意理论植根于社会政策和公众选择,可以满足人们的刑罚道德感。[70]

姑且不论该理论在刑法上是否有足够的合理性,将该理论转用于侵权法领域却很难有正当性支撑。刑法与侵权法在价值功能上有很大的不同,刑法重在对犯意的惩罚,所以,不同种类或程度的恶意的存在,对于犯罪构成及相应的刑罚至关重要;而侵权法主要目的在于补偿而非惩罚。在过失责任主义下,侵权法强调损害及故意或过失作为责任基础的存在。转移故意理论被认为远在侵权过失法未充分构建时进入

---

[62] William L. Prosser, Transferred Intent, 45 *Tex. L. Rev.*, 1967, p. 650.

[63] Cardozo in Sinram v. Penn. R. R. Co., 61 F2d 767, 770 (2nd Cir., 1932).

[64] [美]詹姆斯·戈德雷:《私法的基础》,张家勇译,法律出版社 2007 年版,第 301 页。

[65] 李韧夫、陆凌:《英美刑法中的犯意转移理论》,载《法律科学》2013 年第 5 期。

[66] Osborne M. Reynolds, Jr., Transferred Intent: Should Its "Curious Survival" Continue?, 50 *Okla. L. Rev.* 1997.

[67] Douglas Husak, Transferred Intent, 10 *Notre Dame J. of L. &Pub. Policy*, 1966, p. 70.

[68] Osborne M. Reynolds, Jr., Transferred Intent: Should Its "Curious Survival" Continue?, 50 *Okla. L. Rev.*, 1997, pp. 548 – 549.

[69] Leellen Coacher & Captain Libby Gallo, Criminal Liability: Transferred and Concurrent Intent, 44 *The Air Force Law Review.*, 1998, p. 229.

[70] Shachar Elder, The limits of Transferred Malice, 32 *Oxford Journal of Legal Studies*, 2012. 转引自李韧夫、陆凌:《英美刑法中的犯意转移理论》,载《法律科学》2013 年第 5 期。

侵权法[71],而如今过失法已能为私益提供宽泛的合理注意义务保护。就特定损害的赔偿而言,责任基础系属故意抑或过失,区别并不大。所以,转移故意理论对于惩治犯罪或有价值,但对于旨在损害赔偿的侵权法,则无需以牺牲逻辑自洽性为代价去维持或采纳该法律拟制。

(二)直接结果理论

美国法上也有人以直接结果理论作为反对转移故意理论的理由,认为后者因此不必要。[72] 直接结果理论最初乃作为英美法近因理论之一出现的。该理论主张侵权人应当为其侵害行为所造成的直接损害结果承担法律责任。其包含两层意义:其一,侵权人只对其侵害行为直接引发的损害后果承担法律责任;其二,只要是侵害行为直接导致之损害后果,不论该结果对侵权人而言是否具有可预见性,该行为均成为损害后果发生的法律上原因。其中,作为适用关键的直接原因或直接结果,"是指于时间与空间上距离最近的一对引起与被引起的现象。它们之间不存在任何另外的对其二者因果运动形式产生影响的人为或自然因素之介入"。[73] 所以,如果甲击打了乙,乙跌倒并使得头部撞上一块石头,因此受重伤,此伤害即属于甲殴打行为的直接结果,因为石头是作为先在条件而非介入因素存在的。[74] 直接结果理论主张对于侵害行为所有直接自然的结果负责,因此从功能效果上,基本可涵盖转移故意理论旨在解决的对于非预期对象损害的救济问题。[75] 该近因理论以其简

---

[71] Vincent R. Johnson, Transferred Intent in American Tort Law, 87 *Marq. L. Rev.*, 2004, p. 908.

[72] Osborne M. Reynolds, Jr., Transferred Intent: Should Its "Curious Survival" Continue?, 50 *Okla. L. Rev.*, 1997, p. 552.

[73] 王旸:《侵权行为法上因果关系理论研究》,载梁慧星主编:《民商法论丛》(第 11 卷),法律出版社 1999 年版,第 488 页。Generally Note, The Tie That Binds: Liability of Intentional Tort-Feasors for Extended Consequences, *Stan. L. Rev*, Vol. 14, No. 2, 1962, p. 368.

[74] Generally Note, The Tie That Binds: Liability of Intentional Tort-Feasors for Extended Consequences, *Stan. L. Rev*, Vol. 14, No. 2, 1962, p. 368.

[75] Osborne M. Reynolds, Jr., Transferred Intent: Should Its "Curious Survival" Continue?, 50 *Okla. L. Rev.*, 1997, pp. 543, 554. Dan B. Dobbs, Paul T. Hayden, Ellen M. Bublick, The Law of Torts, West Publishing House, 2011, p. 116.

单直观、易于适用见长,[76]但也因其仅刻板关注行为与损害间的形式联系而饱受批评,因此不足以作为解决侵权损害赔偿范围问题的主要规则。但仍有观点认为其大体可适用于故意侵权的责任承担,[77]或至少作为解决故意侵权损害赔偿范围的部分方案。[78] 只是,即使用作确定故意侵权领域损害赔偿范围的工具,该理论仍然有如下不足:(1)该理论未为损害归责提供充分的正当性,故正当性何在不易求解。如果是对意图结果负责,显然不是所有直接结果均可如此定性;如果是要彰显对故意行为道德恶性的强烈谴责,使行为人受威慑,那为何仅限于直接结果而不及于间接结果;如果纯粹为了法律适用的方便与确定,显然,此考量并不具有足够的正当性,可谓实质正义不足。(2)该理论在其归责的直观中,实际上掩盖了侵权构成与类型方面本应有的精当,即其仅捕捉了故意侵害的肇因,却可能将诸多非故意侵权所致的损害一股脑地归置于故意侵权之下处理。(3)该理论不能完全解决因故意侵害可能引发的一系列损害结果的归责问题,因为,很显然,大量的介入因素并不能作为切断故意侵权人责任的合理原因。

(三)"故意使损害总具有相当性"的归责主张

事实上,无论是大陆法系还是英美法系,关于故意侵权责任范围较流行的观点是如下类似的主张:故意使损害总具有相当性,"加害原告的故意排斥了远因问题";[79]与故意行为有事实条件关系的损害均应赔偿,除非是与加害人意图的结果有显著不同的结果;[80]故意侵权责任仅

---

[76] Jeseph H. Beale, The Proximate Consequences of an Act, 33 Harv. L. Rev., 1920, p. 640. Osborne M. Reynolds, Jr., Transferred Intent: Should Its "Curious Survival" Continue?, 50 *Okla. L. Rev.*, 1997, p. 555.

[77] 王旸:《侵权行为法上因果关系理论研究》,载梁慧星主编:《民商法论丛》(第11卷),法律出版社1999年版,第489页。

[78] Generally Note, The Tie That Binds: Liability of Intentional Tort-Feasors for Extended Consequences, *Stan. L. Rev*, Vol. 14, No. 2, 1962, pp. 369 – 371.

[79] Quinn v. Leathem (1901) AC 495, 537 (HL, Lindley 上议员之观点),转引自[德]克雷斯蒂安·冯·巴尔:《欧洲比较侵权行为法》(下卷),焦美华译,张新宝审校,法律出版社2001年版,第572页。

[80] 日本平井宜雄教授的观点,参见于敏:《日本侵权行为法》,法律出版社2006年版,第106页。

依赖于事实原因的限制;[81]等等。这些观点较一致地认为,责任应基于不当意图与道德过错,是行为的性质而非结果决定了责任范围,甚至及于最遥远的损害。[82]

上述观点主张,在故意侵权责任范围层面基本放弃了相当性或近因的检验,使得故意侵权人几乎须对与其侵害行为具有事实因果关系的所有损害负责,无论损害的发生是否纯粹基于巧合或其他不可预见的介入因素。按照这种标准,在前述 Snidely 故意推人致起重机操作员将大铁球投掷进办公楼造成损害的例子中,Snidely 将不得不对所有损害负责。这种无节制的过苛归责的不合理性,前文已有详论,在此不再赘述。事实上,很多法院在实践中对于故意侵权人并不会如此严格的归责。[83] 而美国《侵权法重述(第三次):有形损害与精神损害责任》§33 关于故意侵权责任范围的规定亦未采纳此种司法或学理观点。[84] 所以,还需要为故意侵权的责任范围探寻可行合理的限责标准,以取代"故意使损害总具有相当性"的归责断言。

---

[81] Ralph S. Bauer, The Degree of Moral Fault as Affecting Defendant's Liability, 81 *U. PA. L. REV.*, 1933, p. 588. Generally Note, The Tie That Binds: Liability of Intentional Tort-Feasors for Extended Consequences, *Stan. L. Rev.*, Vol. 14, No. 2, 1962, p. 363.

[82] See Generally Note, The Tie That Binds: Liability of Intentional Tort-Feasors for Extended Consequences, *Stan. L. Rev.*, Vol. 14, No. 2, 1962, p. 362.

[83] Generally Note, The Tie That Binds: Liability of Intentional Tort-Feasors for Extended Consequences, *Stan. L. Rev.*, Vol. 14, No. 2, 1962, p. 362.

[84] 关于美国《侵权法重述(第三次):有形损害与精神损害责任》§33 的规定,下文即将详细评述。《欧洲侵权法原则》第3:201条关于责任范围规定,某活动构成本章第一节规定的原因时,损害是否可以及在何种程度上可以被归责于某人,取决于下列因素:a)一个理性人在活动时预见该损害的可能性,尤其要考虑致害活动与其结果在时空方面的接近性,或与这种活动通常造成的后果相比,该损害的严重程度;b)受保护利益的性质和价值;c)责任基础;d)生活中通常风险的程度;以及e)被违反之规则的保护性目的。参见欧洲侵权法小组编著:《欧洲侵权法原则:文本与评注》,于敏、谢鸿飞译,法律出版社2009年版,第97~98页。该原则规定就侵权责任范围未区分故意侵权与过失侵权情形,但显然,对于故意侵权的责任范围,该规定亦未简单使其仅受限于事实原因的控制,而是与过失侵权责任范围的规制一样,采用一种灵活弹性的评价规范机制。

（四）《侵权法重述（第三次）：有形损害与精神损害责任》§33关于故意侵权责任范围规定的评述

美国《侵权法重述（第三次）：有形损害与精神损害责任》§33[85]是当前各国立法或法律编纂中少见的关于故意或重大过失侵权责任范围的规定。该条一共分为三款，下文将分别略作评述。

1. §33（a）规定评述

§33（a）规定，行为人对于故意引起的损害应承担损害赔偿责任，即使该损害基本不可能发生。该条款作为故意侵权人对于预期损害承担责任的一般性规则，沿袭了《侵权法重述（第二次）》§ 435A的规定。须注意的是，尽管当前美国侵权法对于故意构成的单一故意或双重故意标准以及转移故意理论是否继续适用于侵权法仍有争论，但相当部分学者支持故意构成的单一故意标准。作为侵权法第三次重述组成部分的“Torts：Intentional Torts to Persons”，在其2013年的草案（Preliminary Draft No. 1）中也支持单一故意标准的构成；而转移故意理论在侵权法中的适用，则得到《侵权法重述（第二次）》§ 16（2）、Comment b与§ 21（1）（a）、§ 35（1）（a）较明确的承认。美国侵权法上如此较为特别的规定与规则，无疑会对侵权故意与相应损害的认定产生较大的影响。此外，该款特别强调，即使对于不大可能发生的损害，故意侵权人仍须承担责任。应该说，这种情形较少发生，且主要适用于行为人意图损害后果发生的情形。在§33 comment d. 中举了这样的例子用于说明此情形：Wendy站在100英尺开外向他讨厌的

---

[85] 美国《侵权法重述（第三次）：有形损害与精神损害责任》 § 33. Scope of Liability for Intentional and Reckless Tortfeasors：（a） An actor who intentionally causes harm is subject to liability for that harm even if it was unlikely to occur. （b） An actor who intentionally or recklessly causes harm is subject to liability for a broader range of harms than the harms for which that actor would be liable if only acting negligently. In general, the important factors in determining the scope of liability are the moral culpability of the actor, as reflected in the reasons for and intent in committing the tortious acts, the seriousness of harm intended and threatened by those acts, and the degree to which the actor's conduct deviated from appropriate care. （c） Notwithstanding Subsections （a） and （b）, an actor who intentionally or recklessly causes harm is not subject to liability for harm the risk of which was not increased by the actor's intentional or reckless conduct.

Andrew扔石头,考虑到扔石头的距离以及Wendy手臂力量不足,即使Wendy有意伤害Andrew,也基本不可能伤害到Andrew,但结果是石头击中了Andrew,造成了损害。此例中,Wendy意图伤害Andrew,即使结果看似不可能,但按照该条款的规定,Wendy仍须对其追求的结果发生负责。当然,在行为人不追求但确知损害将发生的故意侵权类型中,即使按照客观标准损害基本不可能发生,但行为人有特别的知识能力能认识到损害基本确定将发生,则行为人对此"基本不可能发生"的损害也应按该条款的规定负责。[86]

2. §33(b)规定评述

美国《侵权法重述(第三次):有形损害与精神损害责任》§33(b)规定,故意或重大过失侵权人要比过失侵权人在相同损害情形下承担更宽范围的责任;通常,用于决定故意侵权责任范围的重要因素是行为人的道德可谴责性,具体表现为实施侵权行为的理由和目的、意图或危及的损害的严重性、行为人的行为偏离合理注意的程度等因素。该条款涉及故意侵权人对于非预期损害承担责任的范围问题。其评论意见认为,过失侵权的风险标准不适用于故意侵权责任范围的规制,因为故意侵权的风险范围将仅仅是意图或确认将发生的损害,[87]且基于侵权故意比过失具有更多道德恶性的流行见解,推导出故意侵权人应更多担责的原则性规定。[88] 最后,在该原则规定的实现路径上,通过对体现道德恶性的诸因素的具体弹性考量,试图使责任范围与过错程度相一

---

[86] 《侵权法重述(第三次):有形损害与精神损害责任》§33 comment d.

[87] 《侵权法重述(第三次):有形损害与精神损害责任》§33 comment a. Aaron M. Johnson, Wide Scope of Liability for Intentional Tortfeasors: A Doctrinal Rationale Applied to Alien Tort Statute Defendants, 27 *Review of Litigation*, 2008, pp. 725 – 727. John Fleming, The Law of Torts, 8th ed., The Law Book Company Limited, 1992, p. 25.

[88] Ralph S. Bauer, The Degree of Moral Fault as Affecting Defendant's Liability, 81 *U. PA. L. REV.*, 1933, pp. 588 – 589. 故意侵权的归责基础应追溯至源头:其道德上的可谴责性。这种可谴责性深层次地体现于行为人的认识和意志上:对"恶"的认识是基础,意志上的追求或纵容"恶"是根本。参见叶名怡:《侵权法上故意与过失的区分及其意义》,载《法律科学》2010年第4期。

致。[89] 该条款自《侵权法重述(第二次)》§ 435B、501 (2) 沿袭而来,较清楚地体现了侵权法第二次重述的编纂者 Prosser 教授的如下见解:试图为故意侵权责任范围的确定寻求更大程度的精确性是不可行的;故意侵权人应承担更多责任,更像是一种原则性的态度和未明说的倾向,而非一个具体的规则。[90] 但此条款自在《侵权法重述(第二次)》中规定以来,因较少案例的适用,一直没有经受较深入的批判检讨。[91]

依该条款的上述评论意见,故意侵权的风险范围仅局限于行为人预期的损害,则侵权故意的道德恶性如何体现于其他非预期的损害,此不免令人生疑。而且,若考虑道德恶性体现的诸因素及其程度并试图使其与救济相对应,采用的将只能是动态的衡量法则。如此动态法则适用的效果将很大程度上取决于裁判者的整体素质,包括其人格、心理、经历以及道德感等,很显然,道德恶性与损害救济之间的应称将非常的不可预测。在此问题上,评论意见举了一个例子,假定甲主观且不合理地认为自己有权正当防卫而对乙实施殴打,以说明如此较轻程度的过错应承担相应较小范围的责任。[92] 姑且认同依单一故意标准如此殴打构成了故意侵权,假设甲除了造成乙人身伤害外,还造成非预期的 A、B 两项损害。再将此故意侵权比较于另一相近的故意侵权,即甲明知违法而非误认正当防卫地殴打乙,并造成同样多的几项损害。如此依照前述的动态衡量法则,如何决定是否使前一情形中的甲对非预期的 A 项或 B 项损害负责,以体现其相较于后一情形较低程度的可谴责性,这里确实难以窥知裁判的明确有效基准。

3. § 33 (c) 规定评述

根据美国《侵权法重述(第三次):有形损害与精神损害责任》§ 33 (c) 的规定,即使有前两款的规定,故意或重大过失侵权人对于损害风险未因其行为而增加的损害也不承担责任。该条款认同对于故意侵权亦

---

[89] Clarence Morris, Punitive Damages in Tort Cases, 44 *Harv. L. Rev.*, 1931, p. 1174.

[90] William L. Prosser, Transferred Intent, 45 *Tex. L. Rev.*, 1967, p. 662.

[91] 《侵权法重述(第三次):有形损害与精神损害责任》§ 33 comment e.

[92] 《侵权法重述(第三次):有形损害与精神损害责任》§ 33 comment e.

应有一定的责任限制，是对于前述“故意侵权责任范围仅决定于事实原因存在与否”等类似观点的否定。在该条款的评论意见中，举了如此例子以示说明：Joe在路上遭遇Alex和Rob两个坏蛋，Alex和Rob手持武器迫近威胁Joe。Joe开始逃跑，在逃跑途中被闪电击中，导致烧伤。尽管不否认Alex和Rob的威胁恐吓行为是Joe被雷击烧伤的事实原因，但他们两人的行为并没有增加Joe受此损害的风险，所以，他们俩无需对Joe的如此损害承担故意侵权责任。[93] 此规则与过失侵权限责的方法并无实质区别。过失侵权的限责，无论是大陆法系的相当因果关系说还是英美法系的风险标准，都特别关注行为对于损害风险增加的作用。尽管§33(c)似乎站在反面的视角，检视特定损害风险是否未因故意行为而增加，以达到看似“仅例外地”排除故意侵权责任的规范效果。但事实上，过失客观化适用的结果是，过失责任成为趋向于严格责任的客观责任，所以，其与§33 (c)中限责规则适用的结果将几无差别。

（五）笔者的观点

以上比较分析表明，故意侵权责任范围的规制仍待充分探讨，以期有合理的规则建议。

如果我们严格遵循侵权故意的定义及其属性，故意应仅指向于特定损害的实现，该等损害被行为人追求或确知将发生。故意，不应只是故意行为的故意，且应包含故意侵害的故意，否则，在故意只是自愿行为的意义上，任何侵害行为，包括过失行为与无过失行为都可能与如此的故意行为相混同。这里，借鉴英美刑法上具体故意与抽象故意之争[94]表

[93] 《侵权法重述(第三次)：有形损害与精神损害责任》§33 comment f.

[94] 英美刑法中，具体故意说认为，行为人所明知的内容与实际发生的犯罪事实必须一致，才能构成故意犯罪；相反，若二者在具体环节上存在差异，则不构成犯罪。抽象故意说则认为，行为人明知的内容与实际发生的犯罪事实无需完全吻合，只要存在法律上的一致时，即可成立故意犯罪。See Burdick, Law of Crime, M. Bender & Company, Incorporated, 1946, p. 149. “具体故意观要求故意的认识对象必须是特定的行为对象，行为人认识到特定的对象才有故意。据此，具体故意观认为只能依据行为人具体认知的条件、环境进行评价，批驳抽象故意观忽视了故意的事实性基础，在事实与刑法规范存在矛盾时，抛弃了基础事实直接投奔了规范，质疑没有事实的规范何以可能?”参见李韧夫、陆凌：《英美刑法中的犯意转移理论》，载《法律科学》2013年第5期。

明，侵权故意应该是具体的故意，必须是行为人所明知的内容与实际发生的损害存在事实上的一致，才能构成故意侵权，而非如抽象故意观认为只需存在法律评价层面的一致即可。那么，具体故意观所要求的这种事实一致是否必须是完全一致呢？基于主观认知确证的难度及其推断性，就此的答案只能是，只要事实证据足以说明行为人意识到其将要实施的特定行为会伤害到特定他人的利益，即存在对行为对象和因果关系的认知即可，至于他人利益将受到何种程度的损害则不在认识要素之内。[95] 但如果现实发生的损害与认知的损害程度差异过大以致改变性质的话，这种不一致则将影响故意侵权的定性。欧洲侵权法即有判例如此认为，“一个人虽然‘故意’击打了某人，但也‘只是’想伤害他时，对由此造成的死亡只能认定为过失杀人”。[96]而在德国刑法中，如果甲朝丙开枪却射杀了乙，那么甲就企图谋杀丙的行为是有罪的，最多同时负有过失杀害乙的罪责。在侵权法中也坚持相同的逻辑推导结论，[97]则在民法层面分析，甲对乙的损害将构成过失侵权。诸如此类的判例均一致坚持，行为人只就其预期引发的损害的发生构成故意侵权。而在预期损害之外，故意侵权行为且引发其他一系列后续损害的情形，就故意侵权对损害后果之“预期”是属相当高确定性的意义而言，其他后续损害均属于行为人非预期的损害。这种损害的非预期，与前引判例中“打击错误”的情形并无实质区别，均非加害人故意所指向的损害。因此，若认同侵权具体故意的属性，行为人对于故意侵权引发的非预期后续损害，严格地说并不属于故意侵权的范畴，不应完全遵循故意

[95] 刘文杰：《民法上的过错》，中国社会科学院研究生院 2007 年博士学位论文，第 103 页。

[96] 参见荷兰阿纳姆上诉法院 1993 年 12 月 28 日之判决，载 A & v1994 年，第 84 页（第 30 号）。转引自[德]克雷斯蒂安·冯·巴尔：《欧洲比较侵权行为法》（下卷），焦美华译，张新宝审校，法律出版社 2001 年版，第 315 页。美国有学者就此持不同意见，Vincent R. Johnson 认为，应区分对意图侵害对象的非预期损害与对非预期对象的损害，并认同前者可构成故意侵权，毕竟行为人本身就意图侵害该受害人。See Vincent R. Johnson, Transferred Intent in American Tort Law, 87 *Marq. L. Rev.*, 2004, pp. 913 – 914.

[97] [美]詹姆斯·戈德雷：《私法的基础》，张家勇译，法律出版社 2007 年版，第 302 页。

侵权规范的逻辑。[98] 所以,所谓故意侵权责任范围的探讨,并非行为人对于任何预期损害与后续损害均构成故意侵权,只是因为行为人故意侵害的行为对于预期损害构成故意侵权,并引发了一系列后续损害,在最初乃故意发动侵权而非过失的语境下去探讨,行为人须对于哪些损害承担责任。

遵循上述逻辑思路,当损害乃行为人所追求或确知将发生,对于此等预期损害的归责,所谓相当性的探讨确实基本可以被忽略。就此,认同美国《侵权法重述(第三次):有形损害与精神损害责任》§33(a)的规定,故意侵权人须对于其预期的损害承担责任,即使该损害依外在客观标准基本不可能发生,但只要行为人自身追求或确认损害将发生,其即应负责。但笔者不支持采纳美国法上的转移故意理论,也不认同通过转移故意理论同样可以实现的直接结果理论的适用结果,即故意侵害人须对于所有直接的损害结果负责。

对于预期损害之外的其他损害,自行为与损害的关系视角,确实无法认定构成故意侵权,则行为人对于这些损害负责与否,是否无需另行探寻归责的基础,尤其是当受害人不一时?如甲故意伤害乙,同时非预期地导致丙的财产损失,若丙就其财产损失单独提起诉讼,似乎无法回避归责基础而仅陈述损害与因果关系的存在。那么,丙是否可以转引甲对乙的故意侵权作为自己主张损害赔偿的责任基础呢?对此,如同笔者认可卡多佐在美国著名案例 Palsgraf v. Long Island R. R. Co.[99]中对过失的相对性[100]分析一样,[101]侵权故意,同样是关系中的概念,具有相

---

[98] 按前引欧洲侵权法判例之见解,如果甲拟伤害某人,但造成死亡,对甲的侵害行为只能按过失侵权定性,若因此还造成一系列后续损害,显然只能按照过失侵权的规则原理确定对后续损害的赔偿范围;与此相比较,若甲拟杀害某人,结果确实造成死亡,且因此造成同样的一系列后续损害,则对于该一系列后续损害是否负责,仅仅因为甲的故意行为被确定为故意侵权而主张遵循不同的规则原理,似乎并不具有足够的说服力。

[99] Palsgraf v. Long Island R. R. Co.,248 N. Y. 339,162 N. E. 99(1928).

[100] 在该案中,卡多佐法官得出一个著名的结论:过失与风险一样,都是关系中的概念。

[101] 笔者在《论责任范围限定中的侵权过失与因果关系》一文中,对此有较详细的分析。该文载《法律科学》2016年第2期。

对性。丙有权就针对其本人构成不当的行为提起诉讼,但不能简单成为甲对乙构成故意侵权的替代受益人。所以,对于非预期损害的受害人而言,其主张救济的现实归责基础,应在于探寻行为人对于后续损害的发生是否具有过失。因为,过失侵权法的使命即在于对非预期损害的救济规范。

过失通常包含双层构造,即可合理预见性与可合理避免性。判定行为对于损害是否具有过失,通常须拟制合理人处于行为人行为时的情境,在可合理预见损害的基础上,若对于损害可合理避免,则为有过失;相反,若对于损害不可合理预见或不可合理避免,则谓之无过失。[102]但在故意侵权语境下,因侵权乃因故意而发动,侵害行为通常无价值,无需为行为自由或经济功用的考量而有对损害可避免性的关注,[103]且损害之间若属自然正常的联系,则故意侵害人完全可以通过放弃无价值的侵害行为而合理避免后续损害,所以,对于后续损害的过失判定,可以简单基于行为人行为时对于损害可合理预见的判断为已足。而行为人对于损害的可预见性其实也就解决了所谓法律原因的归责要求。[104]如此,对于故意侵权引发的非预期后续损害,行为人是否负责将

---

[102] 关于合理人型构,及过失的构造与适用,具体可参见郑永宽:《论侵权过失判定标准的构造与适用》,载《法律科学》2013 年第 2 期。

[103] 兰德斯与波斯纳曾采用经济分析的方法来解释侵权故意,他们认为,在侵权故意中,PH(P 代表损害发生的可能性;H 代表所遭受的损害)是高的,因为被告试图引起损害;而 C(C 代表预防或避免事故的成本)甚至是负值,因为被告还必须耗费资源去引发损害。See W. M. Landes and R. A. Posner, The Economic Structure of Tort Law, 1987, p. 153. Aaron M. Johnson 认为,过失行为可能是对社会有益的风险行为,但故意的风险则不难消除,因为它们不是意外事故。See Aaron M. Johnson, Wide Scope of Liability for Intentional Tortfeasors: A Doctrinal Rationale Applied to Alien Tort Statute Defendants, 27 *Review of Litigation*, 2008, pp. 724 – 725. 故意侵权行为发生与否,完全操之在己。因此,从纯粹技术意义上说,故意侵权的可避免性、可预防性是很高的。参见叶名怡:《侵权法上故意与过失的区分及其意义》,载《法律科学》2010 年第 4 期。

[104] 笔者在《论责任范围限定中的侵权过失与因果关系》文中,尝试去论证并最终得出如此结论:在过失侵权中,通过行为对损害的过失判断归责并限责,从而,限责作业可以由过失取代法律原因来完成。

取决于行为人对于此等损害的可预见性。[105] 例如,在前述提及的“王华进、周丽强故意伤害刑事附带民事诉讼案”中,无力清偿“高额”赌债的农民叶尤自杀,是王华进等人对叶尤实施精神恫吓及肉体伤害等故意侵权行为时可能预见到的,故据此可认定侵权人须对于非意图的被害人自杀后果负责。

上述对于非预期损害通过可预见性限责的方法,可能有人质疑,如此限责与过失侵权的限责基本无异,不能体现对于故意侵害人的强烈谴责。对于此质疑,回应几点如下:(1)对于后续损害的过失构成,笔者主张仅以可合理预见性为充足,可合理避免性基于可要求行为人放弃无价值的故意侵害行为而恒常满足,故,此过失构成及救济的实现仅基于损害间的恒常联系即可。(2)可预见性判断基于事态发展的自然正常联系,相当于德国法的相当性判断。在客观过失的合理人标准之下,这种判断经由裁判者事后的推断,只要损害系属行为自然且可能的结果,通常会得出可预见的结论,故最终适用的结果将趋近于严格责任,[106]也与美国《侵权法重述(第三次):有形损害与精神损害责任》§ 33(c)适用的结果趋同。例如,Prosser 在“Transferred Intent”文中曾假设如此情形:被告朝 A 射击,意图伤害或杀死 A,但没有射中 A,子弹穿过一片树林并射中了 B。被告不知道 B 的存在,也不能合理地认为被告应该知道 B 的存在,所以,Prosser 认为对于 B 的受害,被告既无故意也无过失,伤害只是纯粹的意外事件。[107] 但笔者更认同 Vincent R. Johnson 对此设例分析的批驳:任何人射击均可能错失目标,并给任何处于其子弹射程范围内的人带来可预见的伤害风险;行为人无权寄望

---

[105] Salmond and Heuston 认为,即使是针对故意侵权行为的责任也应限于可预见的结果。See Heuston RFV and Buckley RA, Salmond and Heuston on the Law of Torts (21st ed.), Sweet & Maxwell, 1996, p. 511.

[106] 过失的标准基本上就是客观的。过失责任名义上是过错责任,但被告实际上承担的是严格责任。See Tony Honoré, “The Morality of Tort Law——Questions and Answers”, in David G. Owen (Editor), *Philosophical Foundations of Tort Law*, Clarendon Press Oxford, 1995, p. 89.

[107] William L. Prosser, Transferred Intent, 45 *Tex. L. Rev.*, 1967, p. 650. 借此设例,Prosser 试图说明,转移故意理论在有些情形中似乎是必要的。

于没有人进入其子弹可能的射程范围内,尤其是他清楚他并不确定是否有人在那片树林中。[108] 所以,在诸如此类的案例中,行为人对于损害的可预见性往往是存在的。也因此,不可预见的损害多因巧合或其他不可预见的介入因素造成。而必须承认的是,过失可预见性限责终究承载了人际互动中合理行为规范的价值担当,因此,若越过该可预见性的限度而要求行为人对于不可预见的损害亦承担责任,将使责任完全等同于客观结果责任。即使最初的损害乃因行为人故意而引发,如此过于宽泛的责任要求也明显与行为人的过错不成比例。所以,当损害无法合理归咎于故意侵权人或介入因素的风险制造者,最终有些损害可能得由受害人自己承受。过失侵权如此,故意侵权情形亦然,这是社会生存无法回避的代价,我们有时宿命式地称其为“命运”,尽管法律一直努力在缩小可称之为“命运”的范围。(3)至于故意的可谴责性,如前文所述,应主要体现于可能需承担的刑事或行政责任、法律明确规定的对于特定种类损害的救济构成以及对于精神损害赔偿或惩罚性赔偿的责任承担等方面。此外,若考虑该道德恶性及其程度并试图使其与责任范围相对应,将面临前述《侵权法重述(第三次):有形损害与精神损害责任》§33(b)提及的难以操作与预测等适用难题。相形之下,尽管可预见性也充满弹性,但其更多基于社会常识与共通的生活经验,整体而言更可能得到较一致把握。[109]

五、结论

尽管国内法规范、实践与学理研究甚少涉及故意侵权的责任范围,但这不影响该问题研究的现实意义。国内少有的涉及该问题的文献多仅简单传述“故意使损害总具有相当性”等类似的断言,但如此几乎不施限制的归责主张对于故意侵权人并不必然公平合理。尽管故意侵权

---

[108] Vincent R. Johnson, Transferred Intent in American Tort Law, 87 *Marq. L. Rev.*, 2004, pp. 914 – 916.

[109] 事实上,在可合理预见性的具体裁断过程中,弹性的存在本身也无法排除裁判者有意或无意地考量故意的道德恶性,并实际影响可预见性与否的结论。

人乃基于故意而发动侵权,但故意仅指向于其预期的特定损害,行为人对于其余非预期的损害,严格地说均不构成故意侵权,而属于专门规范非预期损害的过失侵权范畴。而通常见解主张为体现故意较强烈的道德可谴责性,应使行为人承担比相同情形下过失侵权人更宽泛的责任。但事实上,对于道德恶性的威慑惩罚应更多交由刑法、行政法或民法中的惩罚性赔偿、精神损害赔偿等特别制度来担当,而不是道德鼓吹或情绪宣泄式地宽泛要求应扩张故意侵权人的责任,否则,可能使得行为人实际承担的责任范围与其具体情形中的过错严重不成比例。若为纠正这种至少是直觉上的比例失调,而更为技术性地要求使责任范围与道德可谴责性的程度相应称,就此,难以把握的是,道德恶性的程度将通过何种有效机制联系于特定的非预期损害,从而合理地决定行为人须对于该等损害负责。所以,笔者认为,侵权故意乃指向于特定损害的具体故意,具有相对性,行为人的恶意寓于此预期的非法损害的发生。对于如此预期的损害,无论自外在客观标准看如何不可能发生,归责的相当性无需另行探讨,故意侵权人均需负责。而对于引发的其他非预期损害,行为人并无侵害的意图或确知,故实质上属于过失侵权的规范范畴,应探寻行为人对于此等损害是否构成过失以归责,但因为最初故意侵害行为的无价值性,故在对其他损害可合理预见的基础上,可以通过要求行为人自始放弃无价值的故意侵害行为来避免可能的后续损害,所以,行为人对于其他非预期损害的过失构成,仅需以具有可预见性为已足。如此,基本取消了所谓故意侵权责任范围问题的统一性,将其化解为故意与过失两层面的责任规制问题,是一种寻求逻辑自洽性与价值合理性的努力。

最后,不得不承认的是,在责任范围限制上,尽管欧美学者们一直在不断尝试发展能够包含一切有关限责问题的可操作性公式,[110]但迄今为止,任何试图确立正式规则系统以解决侵权责任限制问题的努力,都未能取得充分的成功。因此,面对侵权实践的复杂性,无法否认可能

[110] [德]克雷斯蒂安·冯·巴尔:《欧洲比较侵权行为法》(下卷),焦美华译,张新宝校,法律出版社 2001 年版,第 526 页。

存在一些依本文主张的限责路径不能提供妥当结论的特殊情境存在，所以，“应肯认例外的存在并做好适用例外的总结与规则化或类型化作业”。[111]

（郑永宽，法学博士，厦门大学法学院副教授。）

[111] 郑永宽：《论责任范围限定中的侵权过失与因果关系》，载《法律科学》2016年第2期。在“The Tie That Binds：Liability of Intentional Tort-Feasors for Extended Consequences”一文中，作者主张采用直接结果理论与可预见性标准相结合来解决故意侵权的责任范围问题，以取代“故意侵权人须对于其实际上引发的所有损害负责”的通常断言。作者的结论与笔者本文中主张的限责路径部分相同。在该文中，作者坦承，依实践中的公共政策考量，可能有些直接损害不要求行为人承担责任，而有些不可预见的损害却要求行为人承担责任。See Generally Note，The Tie That Binds：Liability of Intentional Tort-Feasors for Extended Consequences，*Stan. L. Rev.*，Vol. 14，No. 2，1962.

未成年人保护

未成年人的监护人承担监护责任归责基础

——兼对我国未成年人监护责任检讨

郑立军

目　　次

一、问题的提出

作为一项古老的法律制度，监护制度滥觞于罗马法。① 在早期的罗马法中，未成年人对自己的侵权行为要独自承担责任。晚期罗马法

---

① 监护制度的历史清楚地反映了从一种观念向另一种观念发展的进程——特权转变为义务，最初的监护更多地考虑监护人的利益，而现代的监护制度更多的是为了被监护人的利益和社会利益而创造。监护制度最初的规则是，最亲近的男性宗亲属是监护人，为父权的延续，在受监护人死亡的情形下，最亲近的宗亲属将有权继承他的遗产，该宗亲属关心这些财产的保存情况。参见［英］巴里·尼古拉斯：《罗马法概论》（第2版），黄风译，法律出版社2004年版，第96页。

认为低于责任年龄的未成年人的行为不应对其侵权行为承担责任。随着社会发展和法律进步,人们认为若对未成年人致人损害的行为免责,就会以牺牲受害人应受保护的利益为代价,有违社会的公平正义。因受个人主义罗马法影响,修正此原则,以家长为监护人,一般认为,对监护人课以比通常的侵权行为更为严格的责任。与在家庭成员实施侵权行为的情况下对家主课以绝对责任的日耳曼法的规定等不同,此监护责任的根据,已非因其为家族团体支配,而是因其监督义务的违反。监护人的责任是以监护人懈怠自己的监护义务为前提的,基于其有过失而负责任,这种规定承继了以过错责任主义为原则的近代责任法原则,对由家主对家庭成员的加害行为承担绝对责任的日耳曼法在近代法中进行了适当的修正。对于监护人,使其承担义务违反的责任,促使监护人注意,以减少或避免能力有缺陷的未成年人的加害行为,从而保护被害人。[②] 虽然未成年人与其监护人都是独立法律人格主体,但是,监护责任的依据为监护人应当对未成年人的社会生活履行保护与监督义务,如未尽到该义务,应当承担监护责任,以保护受害人的利益,符合一般法理。

我国关于监护人对未成年人的侵权行为承担的监护责任,分别规定在 1986 年《中华人民共和国民法通则》[③](以下简称《民法通则》)、1988 年最高人民法院《关于贯彻执行〈中华人民共和国民法通则〉若干

---

② 史尚宽:《债法总论》,中国政法大学出版社 2000 年版,第 181 ~ 182 页。[日]吉村良一:《日本侵权行为法》(第 4 版),张挺译,中国人民大学出版社 2013 年版,第 140 ~ 141 页。

③ 《民法通则》第 133 条规定:“无民事行为能力人、限制民事行为能力人造成他人损害的,由监护人承担民事责任。监护人尽了监护责任的,可以适当减轻他的民事责任。”“有财产的无民事行为能力人、限制民事行为能力人造成他人损害的,从本人财产中支付赔偿费用。不足部分,由监护人适当赔偿,但单位担任监护人的除外。”《民通意见》第 148 条规定:“教唆、帮助他人实施侵权行为的人,为共同侵权人,应当承担连带民事责任。”“教唆、帮助无民事行为能力人实施侵权行为的人,为侵权人,应当承担民事责任。”“教唆、帮助限制民事行为能力人实施侵权行为的人,为共同侵权人,应当承担主要民事责任。”

问题的意见》[4](以下简称《民通意见》)和 2009 年《中华人民共和国侵权责任法》[5](以下简称《侵权责任法》)当中。有关未成年人监护人承担监护责任,因有无教唆或帮助外力干预情形下归责基础有所不同,可以归纳为两种情形,即"二元归责":第一种是在有教唆与帮助等外力干预的情形下,监护人承担的是过错责任;第二种是在没有帮助与教唆等外力干预情形,监护人承担的是无过错责任。同时,在责任承担具体方式上,因未成年人有无财产而赔偿责任有所不同,未成年人有财产,由监护人承担不足部分的补充责任。

我国有关未成年人监护责任立法立场是出于保护受害人的利益,由未成年人的监护人承担损害结果责任,而不论未成年人有无识别能力,唯一的例外是《民法通则》所规定在教唆或帮助等外力干预下的无民事行为能力的未成年人侵权行为不须负责。可见,我国《侵权责任法》有关监护责任归责基础是不统一的。那么,监护人承担监护责任的归责基础有无前提,监护人对未成年人的侵权行为承担监护责任是否需要过错责任?

二、国外或地区有关未成年人监护人承担监护责任一般规定

过错是判断行为人是否构成侵权的重要标准。没有过错,行为人一般不承担损害的后果,即承担损害责任的前提在于行为人必须具有责任能力。责任能力是以行为人具有一定程度的精神或智力能力为前提。只有在确定行为人具有责任能力即过错能力之后,才需判断其行

---

④ 《民通意见》第 161 条第 1 款规定:"侵权行为发生时行为人不满十八周岁,在诉讼时已满十八周岁,并有经济能力的,应当承担民事责任;行为人没有经济能力的,应当由原监护人承担民事责任。"

⑤ 《侵权责任法》第 9 条第 2 款规定:"教唆、帮助无民事行为能力人、限制民事行为能力人实施侵权行为的,应当承担侵权责任;该无民事行为能力人、限制民事行为能力人的监护人未尽到监护责任的,应当承担相应的责任。"《侵权责任法》第 32 条规定:"无民事行为能力人、限制民事行为能力人造成他人损害的,由监护人承担侵权责任。监护人尽到监护责任的,可以减轻其侵权责任。""有财产的无民事行为能力人、限制民事行为能力人造成他人损害的,从本人财产中支付赔偿费用。不足部分,由监护人赔偿。"

为是否有过错,[⑥]进而确定其是否承担侵权责任的法律后果,没有这种责任能力无需承担侵权责任。国外或地区一般是以未成年人与监护人过错或责任能力为原则,以公平原则承担损害结果赔偿为例外,构建未成年人监护责任承担问题。

(一)监护责任承担的前提:未成年人责任能力的确定

监护人承担监护责任的前提,涉及未成年人的责任能力问题。有关未成年人责任能力,立法上主要有两种主义:责任能力否定主义和责任能力肯定主义。责任能力否定主义是指法律否认未成年人具有责任能力,直接规定监护人对未成年人给他人造成的损害承担监护责任。责任能力肯定主义是指法律规定未成年人具有责任能力,对于行为时有识别能力而造成他人损害自行承担侵权责任,监护人在其监护有过错情形下承担连带责任,否则监护人不承担责任;对于未成年人在行为时无识别能力致他人损害的,监护人根据监护时是否存在过错而决定是否承担责任。[⑦] 未成年人的责任能力肯定主义现为通说。

例如《德国民法典》第828条规定:"(1)未满7岁的人不对其所加给他人的损害负责任。(2)已满7岁但未满10岁的人,不对其在有关汽车、有轨交通工具或悬空缆车的事故中所加给他人的损害负责任。已满7岁但未满10岁的人故意引起侵害的,不适用前句的规定。(3)以未满18岁的人的责任未依第1款或第2款被排除为限,其实施加害行为时不具备对于识别责任为必要的判断力的,不对其所加给他人的损害负责任。"[⑧]《德国民法典》有关未成年人侵权责任的规定主要按照未成年人的年龄和"识别责任的判断力"来进行划分责任,这是因为未成年人可能不加限制地承担全部责任,不利于未成年人,应当有所限制。

---

⑥ [德]马克西米利安·福克斯:《侵权行为法》,齐晓琨译,法律出版社2006年版,第86~87页。

⑦ 梁慧星:《中国民法典草案建议稿附理由:侵权行为编·继承编》,法律出版社2004年版,第69页。

⑧ 《德国民法典》(第4版),陈卫佐译注,法律出版社2015年版,第318页。

《日本民法典》第712条规定:(未成年人的责任能力)"未成年人加害于他人时,如不具有足以识别其行为责任的知识和能力,不就其行为负赔偿责任。"根据《日本民法典》的上述条文规定来看,其主要以未成年人是否"具有足以识别其行为责任的知识和能力"判断其有无责任能力,作为其是否承担侵权责任的标准。原则上没有识别能力就没有责任能力。

总体而言,一般国家或地区的民法典采纳未成年人责任能力肯定主义,进而判定监护人是否承担监护责任。同时,要注意区分未成年人的责任能力和过错。责任能力是过错存在的前提,没有责任能力就没有过错。[⑨] 从法理角度,对一定的能力欠缺者建立相应的免责制度也是必要的。

(二)监护责任的归责基础:监护人违反监护义务

监护义务以一般人的能力为基准,内容大体分为两种:一种是在某种特定的状况下,防止具有损害发生危险的某种程度上的特定行为的具体义务,如对平常就有粗暴行为的出格的小孩不加注意,或者对危险的游戏不加制止等属于对具体监护义务的违反;另一种是对被监护人的整体生活上的概括义务,如以监护人对未成年人有关人身监护的义务的违反。可见,只要违反了具体的监护义务或概括性的监护义务,即成立监护责任。[⑩]

《德国民法典》第832条规定:"依法律规定有义务对因未成年或因精神上或肉体上的状态而需监督实施监督的人,有义务赔偿需监督者所不法加给第三人的损害。监督义务人已满足其监督义务的要求,或即使在适当实施监督的情形下也会发生损害的,不发生赔偿义务。……"[⑪]监护人如果证明其已经履行了对具备责任能力的未成年人监护义务的,或即使在适当实施监督的情形下也会发生损害的,对被

---

⑨　[德]马克西米利安·福克斯:《侵权行为法》,齐晓琨译,法律出版社2006年版,第94页。

⑩　[日]吉村良一:《日本侵权行为法》(第4版),张挺译,中国人民大学出版社2013年版,第143页。

⑪　《德国民法典》(第4版),陈卫佐译注,法律出版社2015年版,第319页。

监护的未成年人给他人造成的损害,不承担赔偿责任。

《法国民法典》第1384条第1款规定:"任何人不仅对其自己行为造成的损害负赔偿责任,而且对应由其负责之人的行为或由其照管之物造成的损害负赔偿责任。"该条第4款规定:"父与母,只要其行使对子女的照管权,即应对与其一起居住的未成年子女造成的损害,承担连带责任。"⑫父母作为监护人,应当对与其一起生活的未成年人子女所引起的损害承担连带责任。一旦未成年人致人受损,一般认为其父母作为监护人没有进行正确的监督,就违反了监护义,⑬承担监护责任。

《日本民法典》第714条规定:(监督人的责任)"(一)无能力人依前二条规定无其责任时,对其应于监督的法定义务人,就无能力人加于第三人的损害,负赔偿责任。但是,监督义务人未怠其义务时,不在此限。……"根据《日本民法典》的上述条文规定来看,出于对受害人的考虑,对于无责任能力的未成年人有监督义务的监护人,在其法定的监护义务范围内,除非其能够证明尽到了监护职责,否则对受害人承担赔偿责任。《日本民法典》第714条是将"懈怠监督义务"作为监护人归责根据,采纳了德国民法的规定。⑭

美国普通法规定,父母并不对其未成年子女给第三人造成的侵权行为承担法律责任,例外是,只有在父母监管不力时,才对他们自己的疏于监管承担法律责任。还有不可免责的情形是未成年子女的侵权行为符合"家庭目的原则",如未成年子女驾驶家里的车导致第三人受伤,第三人有权向其父母主张损害赔偿。⑮

---

⑫ 《法国民法典》(下册),罗结珍译,法律出版社2005年版,第1096~1097页。

⑬ 张民安:《现代法国侵权责任制度研究》(第2版),法律出版社2007年版,第214页。

⑭ [日]吉村良一:《日本侵权行为法》(第4版),张挺译,中国人民大学出版社2013年版,第140页。

⑮ 哈里·D.格劳斯等著:《美国家庭法精要》(第5版),陈苇等译,中国政法大学出版社2010年版,第116~117页。

值得注意的是,我国台湾地区"民法"第187条⑯与德国等其他国家规定有所不同:(1)如果未成年人无识别能力时,监护人单独负责任,无责任能力的未成年人只须有客观违法的要件,判断监护人的主观过错是以监护人对其监护义务的过错与损害发生之间有无因果关系而定。(2)如果未成年人有识别能力,具备侵权行为的主观及客观要件时,则监护人负连带责任,在这种意义上,为他人的行为负结果责任,否则不负责任。而德国、法国、日本等国民法不存在这种区别,只要被监护人具有客观的违法要件,除监护人能证明具有免责事由外,即满足怠于监护义务要求,就应当承担责任,其责任为对自己行为的责任,而非替代被监护人的侵权行为承担责任。⑰

关于尽到监护义务,在进行判断时,必须注意以下方面。由于监护人的监护义务涉及无能力人的全部社会方面,懈怠一般的监护义务,需在个案中对各个加害行为进行判断。例如,日本大审院1939年3月22日判决关于未尽到监护义务情形,在B的次子C用球拍打伤了未成年人A的事件中,法院以B对C使A负伤的当时将球拍带入与其他儿童游戏的场所应该进行适当的监视、相当的提醒,但不存在这种证据,从而认定了懈怠监护义务责任。但是,也有为认定监护人尽到监护义务的判例。例如,日本最高裁判所1968年2月9日判决关于尽到监护义务情形,在小学2年级男学生在游戏中用手制的弹弓致使别的孩子失明的事件中,法院认为亲权人发现孩子拿着弹弓外出,并加以制止,但由于孩子非常想带,家长与其约定禁止使用弹弓后允许外出的场合,即使没有将弹弓收回,也不存在注意义务的违反。⑱

学说上主张,只要证明监护人存在过失,且这与被监护人的加害行

---

⑯ 我国台湾地区"民法"第187条有类似规定:"无行为能力人或限制行为能力人,不法侵害他人之权利者,以行为时有识别能力为限,与其法定代理人连带负损害赔偿责任。行为时无识别能力者,由其法定代理人负损害赔偿责任。""前项情形,法定代理人如其监督并未疏懈,或纵加以相当之监督,而仍不免发生损害者,不负赔偿责任。""如不能依前二项规定受损害赔偿时,法院因被害人之声请,得斟酌行为人及其法定代理人与被害人之经济状况,令行为人或其法定代理人为全部或一部之损害赔偿。"

⑰ 史尚宽:《债法总论》,中国政法大学出版社2000年版,第183页。

⑱ 于敏:《日本侵权行为法》(第2版),法律出版社2006年版,第95~96页。

为有因果关系,即便不证明未成年人无责任能力,也可追究监护人责任。这种观点成为通说,也为判例采纳。监护义务的确认标准只需证明存在对监护义务的违反与未成年人的侵权行为之间存在相当因果关系。这里的监护义务本应指防止对特定的未成年人加害行为的监护义务的违反。但是实际上,许多判例中的问题并不在于对与该特定的加害行为有联系的监护义务的违反,而是像对子女反复不良行为坐视不管等对子女的一般的监护以及教育上的义务的违反。不过,除了平时就有许多问题的孩子之外的案件或者偶然发生的事故场合,也有判例否定了上述责任。例如,日本15岁的少年往旧陆军的废弃炮弹中投入明火并造成爆炸的案件中,判例否定了其父母的责任。[19]

(三)衡平责任或公平分担责任:基于监护人免于监护责任补充

监护责任是以监督上的过错与加害行为之间的因果关系为基础的责任,如果证明了即使没有懈怠监护义务损害也将发生时,能否免责,存在分歧。(1)从无论因果关系的存在与否均由监督者负担责任的立场出发,否定免责。(2)从以因果关系的存在为基础,如果已经证明不存在因果关系的情形,肯定免责。后者正逐渐成为通说。[20] 在监护人责任一般情形下,不具有过错的未成年人致人损害时,监护人已尽监护义务,按照过错责任原则,无须承担责任,损害由受害人自己承担,但此种法律后果如果有悖于公平正义原则,法院在分配责任时,针对案件的实际情况并运用自由裁量权适用公平原则,判由加害人对受害人予以适当补偿或赔偿,责令监护人承担适当的分担责任。故称之为公平分担责任或衡平责任。

《法国民法典》第1384条第2款规定,父亲或其死亡后母亲应当对与其住在一起的未成年人子女的加害行为承担责任,原为绝对责任,但后为1937年4月5日法律规定所修正,即《法国民法典》第1384条第7款规定:“如父、母与手艺人能证明其不能阻止引起责任的行为,前述

---

⑲ [日]吉村良一:《日本侵权行为法》(第4版),张挺译,中国人民大学出版社2013年版,第141~142页。

⑳ 远藤浩等:《民法(7)》(第4版),有斐阁1997年版,第164页。转引自于敏:《日本侵权行为法》(第2版),法律出版社2006年版,第96页。

责任免除之。”[21]父或母能证明其无法阻止该未成年人的侵权行为从而免除其所承担的监护责任。[22]

《日本民法典》第714条规定:(监督人的责任)“(一)无能力人依前二条规定无其责任时,对其应于监督的法定义务人,就无能力人加于第三人的损害,负赔偿责任。但是,监督义务人未怠其义务时,不在此限。……”监护人承担监护责任是无责任能力人给他人造成了损害,即无责任能力人必须符合除了责任能力之外的所有侵权行为的要件。如果无责任能力人行为不存在违法性就不产生监护责任。例如在未成年人捉迷藏中造成其他儿童受伤的案件中,有判例以缺乏违法性为由否定了其父母的责任。[23]

当未成年人致人损害不负民事责任且监护人已尽监护义务的情形下,监护人不承担监护责任,受害人也得不到赔偿。各国或地区为了衡平各方当事人之间的利益,作为加害人的未成年人的行为本无法律上的可非难性,但法院根据个案实情认为若不让其及其监护人承担一定赔偿或补偿,有违公平正义,因而基于监护人与未成年人的特殊法律关系,判由监护人承担一定的责任。例如,《德国民法典》第829条规定(由于公平原因的赔偿义务):“以不能从负有监督义务的第三人处获得损害赔偿为限,在第823条至第826条所称情形之一下因第827条、第828条而不对其所引起的损害负责的人,在根据当事人的状况、赔偿损害为公平原则所要求,且不剥夺其维持适当生计以及履行法定扶养义务所需金钱的限度内,仍须赔偿损害。”[24]如果受害人不能从无责任能力的未成年人或已经尽职而免责的监护人处获得赔偿,基于公平原因,可从免责的监护人处获得“不剥夺其维持适当生计以及履行法定扶养义务所需金钱的限度内”的赔偿,也即学者所说的衡平或公平的赔偿或补偿责任。我国台湾地区“民法”第187条规定:“如不能依前

---

[21] 《法国民法典》(下册),罗结珍译,法律出版社2005年版,第1096~1097页。

[22] 史尚宽:《债法总论》,中国政法大学出版社2000年版,第182页。

[23] [日]吉村良一:《日本侵权行为法》(第4版),张挺译,中国人民大学出版社2013年版,第141页。

[24] 《德国民法典》(第4版),陈卫佐译注,法律出版社2015年版,第318页。

二项规定受损害赔偿时，法院因被害人之声请，得斟酌行为人及其法定代理人与被害人之经济状况，令行为人或其法定代理人为全部或一部之损害赔偿。”可见，侵权行为责任的成立，须以识别能力为必要，无识别能力即无责任能力；行为时无识别能力者，由其法定代理人负损害赔偿责任，而法定代理人举证免责时，则行为人负衡平责任。㉕

三、我国未成年人监护人承担监护责任检讨

单纯地认定未成年人特别是名义上无财产的未成年人的赔偿责任，可能导致受害人的权利得不到救济，因而让具有过错的未尽监护责任的监护人承担其监护下的未成年人的侵权责任，是符合法理的。㉖一般国家或地区法律都规定了未成年人的侵权责任由其监护人承担，但在设计具体的监护制度时不尽相同，主要表现在对未成年人有无侵权责任能力的立场与监护人是否尽到监护义务而承担监护责任的归责原则方面。但是，我国现行法律中的监护责任的归责基础主要是基于未成年人造成的损害结果承担责任。

（一）结果责任不符合现代侵权法理念

有学者认为，未成年人的父母监护责任实际上就是考察监护人承担侵权责任时的归责原则。㉗ 侵权责任法中的责任能力制度主要是为了使不具备足够社会经验、智力水平或者控制能力的人免于承担自己不能认识到的不利后果。法律为了保护对于自己行为可能造成的社会消极意义不具备足够的理解能力以及对自己的行为不具备自主的决定能力未成年人，一般都会规定这些主体不具备承担责任的能力或资格，实施了致害行为，不需要承担侵权责任。这在各国或地区的民法典中大多有相应的规定。但是，我国缺乏相类似的规定，以至于学说解释上

㉕ 王泽鉴：《侵权行为法（1）》，中国政法大学出版社 2002 年版，第 275～277 页。

㉖ 杨立新：《侵权责任法原理与案例教程》（第 3 版），中国人民大学出版社 2013 年版，第 212 页。

㉗ 魏振瀛：《民法》（第 4 版），北京大学出版社、高等教育出版社 2010 年版，第 718～719 页。

只能以行为能力甚至所谓的财产能力等途径来代替行使责任能力的功能。[28]

在各国或地区的侵权法中,对于监护人责任的确定都是依据未成年人的责任能力而确定,而我国《民法通则》《侵权责任法》立法没有采纳未成年人责任能力肯定说,采纳的是未成年人责任能力否认主义,直接确定其监护人责任的承担,并受未成年人有无财产的影响。即使监护人没有过错且能够证明自己已经尽到监护职责,法律上也不能免除其监护责任,而只能依法适当减轻责任。责任能力肯定主义,有利于对有过错的被监护人的教育及对侵权行为的抑制,也符合当今多数国家民法典的通例。我国应采责任能力肯定主义,未成年人因过错致人损害,父母教育等监护不力,父母应负连带责任。[29] 未成年人在无辨别能力时造成他人损害,父母应承担过错责任。

在古罗马法侵权责任中,识别能力的有无是过错的前提,为现代民法所继承。例如《德国民法典》第828条规定未成年人实施侵权行为时具有识别能力才承担责任,进而依法根据监护人的过错程度来认定监护人的监护责任。我国台湾地区"民法"、《日本民法典》均有此类似规定。监护人对未成年人具有监护职责,监护人违反对未成年人的监督管理义务是监护人承担监护责任的基础,两者之间具有因果关系。从《侵权责任法》相应的规定上看,未成年人的侵权责任与其识别能力无关,监护人承担的监护责任类似于结果责任。此种规定不符逻辑,影响到监护人对于监护义务的履行,不利于未成年人的成长。我国关于未成年人监护人所承担的结果责任不符合现代侵权法的一般侵权理念。

(二)"二元分担责任"不符合现代侵权法有关监护责任的归责原则

通过对各国或地区未成年人监护责任的比较,监护责任在于监护

---

[28] 于敏、李昊等:《中国民法典侵权行为编规则》,社会科学文献出版社2012年版,第172~173页。

[29] 梁慧星:《中国民法典草案建议稿附理由:侵权行为编·继承编》,法律出版社2004年版,第69页。

人对未成年人没有尽到履行监督与管教等义务，对损害的发生存在过错，监护人应当承担监护责任。

根据我国《民法通则》第133条以及《侵权责任法》第32条与第9条的规定，我国监护责任分为二元归责，即分为有无外力干预两种情形，在有外力干预情形，监护人承担的是过错责任，在无外力干预情形下，被监护人侵权行为的后果由其监护人来承担，即在未成年人侵权行为中，行为主体（被监护人）与责任主体（监护人）相分离，监护人承担责任的归责原则是无过错责任，监护人尽到了监护责任，可以减轻其责任。[30] 在责任具体承担方式上，如被监护人有自己财产，则由其财产来支付，不足部分，由监护人赔偿，即未成年人有财产是自己责任，无财产或不足时监护人承担的是替代或补充责任。国外以及我国台湾地区“民法”均以未成年人有无责任能力来划分监护责任，而不是财产或损害结果作为标准。由于我国没有区分未成年人的侵权责任能力，在监护人的监护责任和未成年人的侵权责任问题上前后不一致。《侵权责任法》第32条第1款规定未成年人在实施侵权行为时由其监护人直接承担替代责任，而从《侵权责任法》第32条第2款规定来看，监护人对未成年人侵权责任承担的却是补充责任。这种规定在对同一事实的认定不具有一致性，理论上存在矛盾。我国立法上对于未成年人的责任能力有无在有外力干预与无外力干预情形规定不一致，监护责任的承担主要是结果责任，尽到监护责任只是责任减轻，也与传统监护责任不一致，不符合现代侵权法关于未成年人监护责任归责原则的法理。

虽然在我国立法上没有规定未成年人责任能力的有无而确立监护人的监护责任，但是在司法实践中，也有法院在认定具备未成年人是否具备责任能力时的监护人因违反法定的监护义务而承担责任。例如“赵某某诉卢某A等健康权纠纷案”[（2013）浦少民初字第348号]中，两位未成年原被告均为限制民事行为能力人，法院认为，未成年人造成他人损害的，由监护人承担侵权责任，并根据原、被告两位未成年人的过错程度及案件的实际情况，认定未成年人有责任能力，有过错，监护

[30] 魏振瀛：《民法》（第4版），北京大学出版社、高等教育出版社2010年版，第719页。

人应承担监护责任,判定被告及其监护人对原告的损害承担 30% 责任。“梅某某诉黄某某等健康权纠纷案”[(2013)浦少民初字第 510 号]中,法院认为,原告受伤系被告(两位未成年原被告均为无民事行为能力人)主动实施加害举动所致。事发时原告在小区公共活动设施上正常玩耍,原告家属也在旁陪同看护,对此突发情况难以预见并有效阻止,认定原告自身对损害发生并无过错。虽然被告本人对侵害行为的危害后果缺乏认识,但其陪同人员应予以充分注意,并善尽看护责任,及时提醒、制止。因被告未能及时发现并制止其危险举动,应对原告损伤承担赔偿责任。法院认定两位未成年人均无责任能力,因监护人未尽到监护责任,判决被告及其监护人承担赔偿责任。

(三)应当为监护责任设置例外:公平分担责任

一般认为,当未成年人没有侵权责任能力时,由其监护人直接承担替代责任;当未成年人具有侵权责任能力时,其监护人承担连带责任或补充责任。未成年人侵权行为责任的成立,须以识别能力为必要,无识别能力即无责任能力;行为时无识别能力者,由其监护人负损害赔偿责任,而监护人举证免责时,则行为人负衡平责任公平分担。[31] 各国或地区一般在监护人承担监护责任采取三分法,即在监护人违反监护义务的前提下,未成年人有识别能力,未成年人及其父母承担连带责任;未成年人无识别能力,监护人独自承担责任;未成年人与监护人均无过错,无责任,法院可依法判令监护人承担衡平责任。

我国从 1986 年《民法通则》到 2009 年《侵权责任法》在未成年人侵权责任这一问题上,一般不考虑未成年人的责任能力或过错,直接规定监护人对未成年人造成的损害结果承担监护责任。我国关于未成年人监护人归责原则存在问题,即未成年人或者监护人没有过错仍需承担责任,甚至在未成年人民事责任能力欠缺的情况下,要求其监护人承担监护责任,有违公平原则,也违背了未成年人合法权益受保护原则。正如德国法学学者耶林所说,“导致损害赔偿义务的不是损害,而是过错。这是一个简单的原理,就像‘让物体燃烧的不是光,而是空气中的

[31] 王泽鉴:《侵权行为法(1)》,中国政法大学出版社 2002 年版,第 275 ~ 277 页。

氧气'这个化学原理一样简单"。[32] 我国采纳的监护责任实质上是监护人对未成年人实施行为所造成的损害结果,承担侵权责任,没有采纳过错归责,不符侵权责任法的一般归责原理,而且也没有规定衡平责任。

过错责任原则表明未成年人及其监护人只有在过错情况下才承担责任,否则,无需承担责任。对于未成年人来说,自己对自己的错误行为负责,没有错误的行为无需承担责任,也有利于未成年人的成长。以过错责任原则作为监护人承担未成年人监护责任归责原则,未成年人致人损害,未成年人及其监护人主观上不具有过错,一般不予赔偿。如果不可归责于双方,同时,从实现社会的公平角度出发,也应当兼顾受害人的合法权益,通过公平原则给予受害人一定的补偿,监护人在此情形下应承担相应的监护责任。此时,法院依据自由裁量权可按公平原则责令未成年人及其监护人予以适当补偿。

四、结语

责任能力制度的设立是与过错责任原则相呼应的,目的在于避免不适当地责令意志欠缺的人承担责任,这种制度范围只适用于过错责任领域。过错责任以行为人的过错有否作为对其行为进行评价的前提,行为人具备对其行为具有识别能力时,方可认定其过错的有无,以保护不具有责任能力的人,符合"自己对自己行为负责""自己对自己的过错负责"的法理。[33] 通过对各国或地区民法典经验的总结和借鉴,检讨并就我国有关未成年人侵权责任与监护责任归责原则的规定提出了建议,一定程度上是对大陆法系传统的回归。在监护人责任承担方式方面,我国应当抛弃以财产为重心的视角,除了对受害人的利益保护之外,还考虑到了对未成年人的自由选择和发展的保障。[34]

---

[32] [德]鲁道夫·冯·耶林:《罗马私法中的过错要素》,柯伟才译,中国法制出版社2009年版,第76页。

[33] Luigi Corsaro, La responsabilità civile (Ⅰ): diritto civile, in Enciclopedia Giuridica (XV), 1994. 转引自于敏、李昊等:《中国民法典侵权行为编规则》,社会科学文献出版社2012年版,第173页。

[34] 于敏、李昊等:《中国民法典侵权行为编规则》,社会科学文献出版社2012年版,第171页。

未成年人侵权归责原则争议是因为对未成年人责任能力所采取不同学说的结果。我国采用何种归责原则,应考虑未成年人这一群体的特殊情形。笔者认为,我国未来《民法典》关于未成年人侵权责任的规定,有必要采未成年人侵权责任能力肯定主义,可以更好地均衡双方利益;同时,应当规定未成年人的监护人在自己违反监护义务的范围内对他人承担赔偿责任,在没有违反监护义务的前提下,应当免责,例外情形方才依法承担衡平责任。

(郑立军,法学博士,硕士生导师,上海对外经贸大学
WTO 学院副教授,上海高校智库上海对外经贸大学
国际经贸治理研究中心研究员。)

少年家事法院(庭)的法理基础与制度建构*

方　俊

目　次

一、问题的提出

为应对社会变迁、经济发展给家庭带来的巨大冲击,法律必须认真对待社会基本单元——家庭,尤其是其中的弱势群体。在实体法上,我国《婚姻法》《继承法》《未成年人保护法》等法律规定了“捍卫家庭”“呵护儿童”的偏导性规范。但这些特别关怀需要完备的司法程序予以实现。专门法院(庭)是司法现代化的重要载体,也是司法现代化的必然产物。实践中,我国法院遵循“少年司法——家事司法双轨运作”的改革进路推进少年法庭与家事法庭的设立,但改革实效不佳。

(一)我国少年法庭的现状省思

1.法源缺失

少年司法组织法是规定少年司法的指导原则、机构设置、人员配

* 基金项目:本文获齐树洁教授主持的2015年福建省社会科学规划重点项目“福建法院创建‘家事法庭’的探索与实践研究”的资助(项目编号:FJ2015A012)。

备、资源管理、受案范围等事项的专门法律。域外国家或者地区大多制定了少年司法组织法。例如,2012 年我国台湾地区“少年及家事法院组织法”在组织架构、人员配置及职务分工等方面对少年及家事法院作出了细致规定。相较之,大陆地区少年司法组织法的立法工作尚显滞后。作为未成年人权益保护的核心法律,《未成年人保护法》与《预防未成年人犯罪法》既未明文规范少年法庭的法律地位、特殊性质,更未对制度架构、资源配置作出细致规定。《刑法》《刑事诉讼法》《人民法院组织法》等法律亦尚未对少年法庭的法律地位与制度设置作出明确规定。[①] 法源缺失滞缓了少年司法专门化的实质推进。我国少年法庭的设置与运作具有重要的符号化功能,在一定程度上陷入增强国际社会对中国未成年人人权保障的支持和回应最高人民法院的改革指令的囹圄中,因为少年法庭的组建与运作在社会认可度与国际影响力日趋提升的背景下成为改善法院形象的重要指标。[②] 在与福建省厦门市 H 区法院少年家事法庭 L 法官的访谈中,其表示“少年司法专门化与地区经济水平、司法资源配置与政治绩效紧密相关,这从一开始即决定独立编制少年法庭之建设停留于响应最高法院指示的层面”。

2. 司法疲态

(1)机构设置的无序

司法资源与政治绩效的脆弱平衡制约着我国少年法庭的实质建构。各地法院大多根据审判力量的强弱、政治绩效的大小而非未成年人最佳利益来决定少年司法机构的组构模式,导致我国少年司法专门化无法实质地推进。当前,独立编制的少年法庭在我国尚未出现普遍设立的景象,少年法院更是遥望无期。如图 1 所示,2014 年我国独立建制的少年法庭数量较少,难以达致保护珍贵而脆弱的未成年人之愿景。可以说,未成年人最佳利益保障的程序装置对于众多涉案未成年而言是无法接近的司法奢侈品。

---

① 万鄂湘主编:《综合审判改革的路径与成效》,人民法院出版社 2013 年版,第 44 页。

② 姚建龙:《评最高人民法院少年综合庭试点改革》,载《法学》2007 年第 12 期。

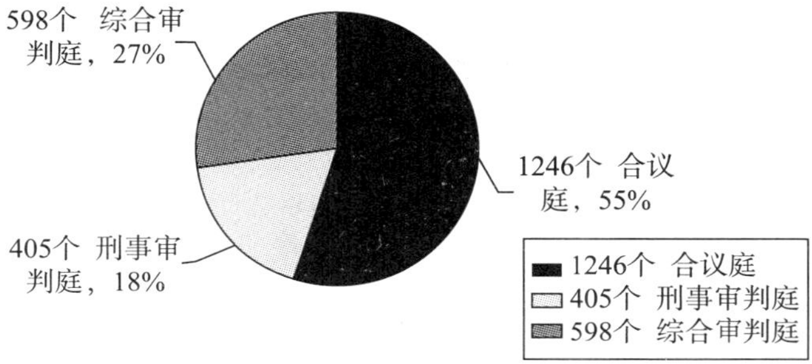

图 1　2014 年我国少年司法机构的概况

(2)受案扩大的困境

1984 年至今,我国少年司法机构走过发展而曲折的道路。囿于少年司法的重“刑”轻“民”导向,少年法庭的发展因案源不足而时常陷入生存困境。2007 年,最高人民法院推动少年综合庭的试点改革,意图通过受案扩大解决少年司法的生存难题。但这一改革带来的案多人少的问题不但受到了“难以保持原有少年审判的特点和优势”的指责,而且由于不能逻辑划分未成年人民事案件受案范围与普通民事案件受案范围的界限,也让未成年人民事司法存在的合理性受到质疑,实务中导致未成年人民事审判工作的开展存在被忽略和架空的危险。③

(3)审判力量的流失

少年司法机构的尴尬定位使少年司法人员难以安心工作,面临业务随时转型的风险。例如,法院可能将独立建制的少年法庭撤变为并于刑庭的少年刑事合议庭。受限于法官绩效考评机制,少年法庭法官大多需要分流其他业务庭的审判工作,甚至本末倒置地主要从事“副业”。此外,各地法院倾向将年轻法官投入少年法庭,但他们囿于经验不足而面临棘手的少审工作、受到较低职业尊重而遭受较大内心落差,难以形成安心于少年司法的职业惯习。一旦有业务庭流动机会,他们多选择逃离少年法庭。全国人大常委会副委员长万鄂湘指出,少年法

③　何燕:《论少年家事法庭的建构——一种中国式路径的思考》,载《烟台大学学报》(哲学社会科学版)2014 年第 3 期。

庭的编制不足、人员不稳、专业化水平不高等问题普遍存在。[④]

“少年刑事合议庭→少年刑事审判庭→少年综合庭→少年法院”是我国少年司法改革的柏拉图式图景。但构建少年法院面临案源数量偏少、司法资源分配不公、资源配置比不佳等无法克服的障碍。基于少年司法机构的立法、司法现状,笔者认为创设少年法院在当前国情下难以成行。但未成年人权益保护不能因为程序机制不佳而落空,因为未成年人是需要法庭突出保护的珍贵而脆弱的群体。[⑤]

(二)我国家事法庭的现状省思

1. 法源缺失

一般而言,《婚姻法》《继承法》《收养法》等家事实体法应细致描绘妇女、儿童权益特殊保护的应然图景。但我国家事实体法立法技术的简略、权利内容的陈旧造成家庭福祉、未成年人最佳利益在司法实践未能获得有效维护。例如,家事司法调解在《婚姻法》中仅有一条,具体操作的程序规定明显缺失。[⑥] 可以说,家事实体法对家庭的关怀存在严重不足。在我国家事实体法滞后于及时调整家庭成员间权利义务关系的需求的情况下,经由精致程序作出的家事裁判能形成对某种社会价值的肯定,通过司法反向推动家事立法的进步。但遗憾的是,我国民事程序法重视对财产纠纷的程序立法,而忽视了家事纠纷的程序规制。[⑦]《民事诉讼法》《人民法院组织法》均未规定家事诉讼法程序、家事法院(庭)的机构设置等家事程序事项。家事实体法的滞后、家事程序法的缺失是困扰我国家事司法专门化的棘手问题,导致家事法院

---

④ 万鄂湘主编:《综合审判改革的路径与成效》,人民法院出版社2013年版,第56页。

⑤ Bobbe J. Bridge, Solving the Family Court Puzzle: Integrating Research Policy and Practice: Opening Remarks to the 42nd Annual Conference of the Association of Family and Conciliation Courts, Family Court Review, 2006, Vol. 44, Issue. 2.

⑥ 冯源:《论我国家事案件中司法调解的适用——以台湾地区“家事事件法”司法调解之改革为借鉴》,载梁慧星:《民商法论丛》(第58卷),法律出版社2015年版,第374页。

⑦ 肖建国:《回应型司法下的程序选择与程序分类——民事诉讼程序建构与立法的理论反思》,载《中国人民大学学报》2012年第4期。

(庭)难以系统推进。

2. 改革局限

20 世纪 90 年代,各地法院纷纷开展探索式实践,大胆试点家事法庭(审判庭)。历经 20 多年的探索,家事法庭在我国已呈燎原之势。截至 2016 年 3 月,至少已有福建省厦门市海沧区人民法院(以下简称“海沧法院”)、三明市两级法院、泉州市鲤城区人民法院、福鼎市人民法院、江苏省徐州市贾汪区人民法院、广东省 15 家法院、湖北省武汉市硚口区人民法院、河南省宁陵县人民法院、安徽省青阳县人民法院、马鞍山市雨山区人民法院、天津市红桥区人民法院、山东省平阴县人民法院、广西省贵港市港北区、西藏自治区拉萨市城关区人民法院等法院创设家事法庭(审判庭)。2016 年,最高人民法院将在全国选择 100 个左右基层法院或者中级法院开展家事审判专业化改革试点,探索设立家事审判法庭。[⑧] 这一“自上而下”的统一举措将家事审判改革推向高潮。

然而,试点勃兴下的改革局限值得深思。首先,改革动力的可能扭曲。制度变迁背后本身必然承载着技术化之外的政治考量。当前,试点法院积极探索家事法庭离不开政治绩效的考量。这容易导致家事审判专业化改革的稳定性缺失。在与海沧法院少年家事法庭 G 法官的访谈中,其担忧地说“我院在审判庭、调解室、亲子陪护室等法庭设施以及改革宣传上投入诸多资源,后续的制度创新的资源还需要院里予以大力支持。但我院资源又是有限的,我们现在也担忧未来的发展”。其次,改革措施的可能失范。当前,我国家事司法改革起步比较晚,在现行法律框架下实质推进存在一定难度,需要打破既有束缚以整合资源与优化制度。在这一改革逻辑下,试点法院自主开展家事审判改革,必然导致制度创新在一定程度上背离现行立法的危险。最后,小作坊式改革的可能局限。纵观当前我国家事审判改革,由于制度上的不完备和单线化进程模式,造成目前现有试验性做法都散见于各地,并未形

⑧ 《家事审判改革为相关立法提供实践依据——专访最高人民法院审判委员会专职委员杜万华》,载《人民法院报》2016 年 3 月 1 日第 1 版。

成主流趋势,未有统一的操作流程或更具体的操作指引。[⑨] 小作坊式改革势必导致家事审判经验磨合与制度移植的困难。在肯定家事法庭的试点成效的同时,我们仍应反思:这一改革能在多大程度上促进家庭福祉、保障未成年人最佳利益。

“家事审判合议庭→家事法庭→家事法院”是我国家事司法改革的理想进路。但构建家事法院面临司法资源有限、少年司法的学者和法官的抵制、司法理念严重滞后等阻碍。基于家事司法机构的立法、司法现状,笔者认为广泛构建独立建制的家事法庭抑或家事法院在当前国情下难以成行。但家庭福祉、未成年人最佳权益不能受到漠视,因为“家”既是传统中国秩序架构的基本单位,亦是一种基本价值。[⑩]

综上所述,省思少年法庭、家事法庭的改革现状,我们需要追问:理论与审判改革朝着组构独立建制的少年法庭、家事法庭的方向前进,但是实践效果却不尽如人意,是目标设计错了,还是具体施行偷工减料所致?

二、司法新动态:少年家事法庭的探索性实践

在我国,构建独立编制的少年法院(庭)、家事法院(庭)在短时间无法全面施行,且现有的少年法庭、家事法庭疲态应对少年案件与家事案件。司法实践中,法官和法院在审理相关案件中的单一化和机械化,让身处其中的人们感到一种例行公事的刻板和生硬,而丧失家事纠纷解决与未成年人权益保护应具备的温情和精致。此外,未成年人不法行为多是家庭纷争的溢出效应,并反向冲击婚姻家庭的稳定。但割裂的司法制度对此未能予以充分关注。涉少刑事案件与家事案件分别由少年法庭与家事法庭分案处理而互不联系是我国的司法惯习。家庭福祉、未成年人最佳利益因程序滞后而无法实现。这一窘迫情况不能也不应长久持续。从实用主义的视角来看,旧的法律手段如果已不能够

⑨　齐树洁、邹郁卓:《我国家事诉讼特别程序的构建》,载《厦门大学学报》(哲学社会科学版)2014 年第 2 期。

⑩　张龑:《论我国法律体系中的家与个体自由原则》,载《中外法学》2013 年第 4 期。

解决当前的社会课题,就应该摸索新的方法。[11] 整合少年司法与家事司法,创设少年家事法院(庭)是我国司法改革可能的突围方案。近年来,实务界悖反传统的改革路径,试点少年家事法庭,并轨审理少年案件与家事案件。江苏省徐州市两级法院、盐城市阜宁县人民法院、海沧法院、福建省三明市两级法院等相继设立了少年家事法庭(综合性家事法庭)。这一探索性试验形成一体两翼的审判布局,孵化了少年家事司法的新形态。笔者于2016年1月在福建省部分法院进行田野调查,故本节主要立基于福建法院创建"少年家事法庭"活动对这一新动态进行解读。

(一)少年家事法庭试点的概况

1988年以来,福建法院积极推进少年法庭试点,大胆创新少年审判机制,形成了福建特色少年司法的发展模式。截至2016年1月,福建省已有5个中级法院和49个基层法院设立了独立建制的少年审判综合庭,10个基层法院设有独立建制的少年刑事审判庭,15个基层法院组成少年刑事案件合议庭,基层法院少年法庭设置率达79.57%。近300名有爱心、有经验、有能力、有兴趣的"四有"法官和专业人才从事少年审判工作,为未成年人健康成长提供了初步的司法保障。但笔者在调研中发现,福建法院少年法庭因案源不足而面临着日益严峻的生存危机,且审判机制创新乏力。根据福建省高级人民法院研究室的数据统计,福建基层法院涉少刑事案件年均受案量在10~100件区间波动,涉少行政案件受案量几乎没有,涉少民事案件虽逐年上升但受案量仍较小。这一情势阻碍了少年法庭在资源配置、机构建构、人员培养、机制创新等方面的发展。

受启于全球少年司法的发展趋势与国内少年司法的探索经验,福建法院努力摸索少年司法改革的新方向,即充分整合现有司法资源,将少年案件和家事案件交由同一机构审理,走少年审判与家事审判融合的"大家审"发展之路。从2012年5月开始,福建法院积极开展少年审判与家事审判融合的改革创新,与政府机构、社会机构或民间团体合

---

[11] [美]R.诺内特、P.塞尔兹尼克:《转变中的法律与社会:迈向回应型法》,张志铭译,中国政法大学出版社2004年版,代译序。

作,在制度层面调整现有的审判组构,试图发展出最妥适的“少年司法—家事司法”融合模式。在初步探索与合作中,福建法院已发展出三种模式:(1)综合性家事法庭模式。海沧法院于 2014 年 3 月正式成立综合性家事法庭,审理包括婚姻家庭、继承、未成年人监护权等在内的家事纠纷,以及未成年人犯罪案件。这一模式侧重于家事纠纷的审理,并未涉及未成年人的行政、民事(涉少家事案件除外)、减刑、假释案件。(2)少年与家事审判庭模式。2015 年年初,三明市两级法院均组建了少年与家事审判庭,审理未成年人刑事、民事、行政、减刑、假释案件与涉及未成年以外的婚姻家庭、继承纠纷案件。这一模式最大特点在于受案范围广,全方位地保护未成年人最佳利益。(3)少年庭模式。基于现有的审判组构,福建多数法院在少年庭的基础上审理涉及未成年人权益的家事纠纷。例如,福州市两级法院设置少年法庭,专门审理未成年人的刑事、民事案件(包括涉少家事案件)。这一模式以未成年人刑事案件为主。

笔者认为,综合性家事法庭模式与少年与家事审判庭模式本质并无差别,彰显了“大家审”的新趋势。少年审判与家事审判的整合亟需一个更有能力的司法机构——集司法专业化与社会化于一体,独立建制的少年家事法庭无疑是二者融合的重要载体。福建法院少年家事法庭的探索正在经历从基层试点向全省铺开的过程。

(二)少年家事法庭试点的成效

从实践运作的情况来看,福建法院少年家事法庭的探索初见成效,主要体现在以下几方面:

1. 有效缓解少年法庭因案源不足导致的生存危机。有限、科学地扩大受案范围使少年法庭案件受理数量和审判质效均获得提升。例如,三明市两级法院 2014 年开始将家事案件纳入少年法庭审理后,分流案件逐年减少,案件类型趋于集中。数据显示:2013 年少年法庭审结各类案件 2331 件,其中分流案件 974 件,占审结总数的 41.8%,2015 年少年与家事审判庭审结各类案件 2794 件,其中分流案件 716 件,占审结总数的 25.4%。

2. 专门化的审判机构和人员队伍得以稳定构建。随着少年案件与家事案件受案量的逐年增加,海沧法院、三明市两级法院等法院均为少年家事法庭配备至少“3 名审判人员 +1 名书记员”的审判团队,便于进行专业审判和延伸服务。例如,三明市两级法院少年与家事审判庭共有法官 40 人,书记员 21 人。

3. 少年审判与家事审判创新机制的有机结合。未成年人犯罪预防和家事纠纷解决形成了“双赢”态势,既促进少年法庭的发展壮大,又实现家事审判专业化。⑫ 例如,宁德市福鼎市人民法院将圆桌审判、心理辅导等少年审判特色机制融入家事审判;海沧法院在未成年人刑事案件审理中,尝试召开亲属会议,对罪错少年及其父母等近亲属提供系统、专业的亲子教育。

(三)少年家事法庭试点的问题

在少年审判与家事审判融合的创新中,福建法院提出了一些亟待解决的现实问题,主要有以下几点:

1. 机构设置的名称不够统一。笔者调研发现,目前福建各地法院审理少年、家事案件的机构设置,有“少年与家事审判庭”“少年家事审判庭”“家事法庭”“家事审判庭”“家事少年审判中心”“综合性家事合议庭”等名称。不同的机构名称折射出基层自主试验的无序化,亟需予以必要的规范。

2. 受案范围划分不够科学。福建法院对少年审判与家事审判融合的受案问题存在较大争议,各地法院各自划定受案范围。三明市两级法院将涉少刑事、民事、行政案件和家事案件归口少年与家事审判庭审理。泉州市鲤城区人民法院则涉及妇女及未成年人合法权益的刑事、民事案件归口审理。海沧法院则将涉少刑事案件与家事案件归口审理。福州市两级法院采取“总体分离、部分融合”的模式,即按照传统分案做法,少年案件由少年庭审理,家事案件由民一庭审理,但在审判经验做法和机制建设方面注重联动交流。

3. 绩效考核制约两审融合的改革创新。由于少年家事法庭需要开展较多的机制创新和延伸服务,法官的工作量不能仅以案件数来计算。现行法官绩效考核体系存在较大的滞后性,不能科学地体现少年家事

⑫ 戚志华、王韧:《论“大少审”实践价值和功能定位——江苏省徐州市法院少年家事司法实证考察》,载《预防青少年犯罪研究》2015 年第 6 期。

审判工作特点,消磨了少年家事法官的创新动力,束缚了两审融合的机制革新。

4. 两审融合的机制创新有待进一步探索。统合审理少年案件与家事案件并非简单的"1+1=2",而是在新形势下的传承少年法庭和创新家事审判,在审判理念、经验积累、方式方法、业务培训等方面的全新拓展。这些需要在未来的改革创新中进一步加以探索和完善。

三、少年家事法院(庭)的法理分析

(一)少年家事法庭的意涵界定

一般而言,家事法院(庭)的审理对象限于家事案件。少年法院(庭)受案范围包括少年犯罪案件、少年虞犯案件、少年保护案件、未成年人之收养、认领、监护等亲属案件、危害少年权益之成年人刑事案件。[13] 事实上,少年法院的受案范围,最早以少年犯罪案件为主,后来扩展至少年非行案件,并进一步延伸至少年保护案件、亲属案件等其他案件。大量实证调研表明问题少年与婚姻家庭之间的密切关联,并形成双向互动的趋势。[14] 婚姻家庭的破裂抑或不和谐滋生了问题少年,少年罪错行为反向冲击婚姻家庭的稳定。因此,应当将问题家庭与问题少年当作一个整体来处理,在防止家庭崩溃的同时,使少年能重新做人,避免其犯罪行为再度发生。[15] 基于对二者受案范围的分析,并考察少年家事司法的发展趋势,笔者认为少年家事法庭是指专门审理家事案件和少年刑事案件等重大涉少权益案件的综合性审判机构。该机构具有受案限定、管辖专属、国家亲权、多元协作等法律特性。

学者们多认为少年法院与家事法院具有司法性质、行政性质与社会性质。[16] 少年家事法院(庭)统合少年司法与家事司法,具有司法性质、行政性质、社会性质当属无疑。但与此同时,有学者认为地方法院

---

[13] 朱胜群编:《少年事件处理法新论》,三民书局1954年版,第60~61页。

[14] See Murphy, Jane C. Revitalizing the Adversary System in Family Law, *U. Cin. L. Rev.*, 2010(78):891.

[15] 陈爱武:《家事法院制度研究》,北京大学出版社2010年版,第5页。

[16] 姚建龙:《少年法院研究》华东政法大学2003年硕士学位论文,第27~37页;陈爱武:《家事法院制度研究》,北京大学出版社2010年版,第33~41页。

司法创新基本上属于政治性和法外工作方法上的能动司法,有违反司法规律、浪费司法资源之虞。⑰ 少年家事法庭如何避免陷入此种改革危机中,在司法裁判、行政规管、社会服务如何把握好尺度值得深思。笔者认为,少年家事法庭的性质更为准确的表述是低司法性质、强行政性质、强社会性质。实践中,少年家事法庭可以通过 ADR 降低司法裁决之重压,利用司法社工化减轻行政规管、社会服务之重任。

不同于普通法院,少年家事法庭是基于家庭福祉、未成年人最佳利益的理念来设定制度功能,需要注重案件处理的质而非仅是量,关注结果而非仅是过程,重视规划未来而非仅是解决现状。因此,少年家事法庭具有独特的功能:司法实践中要妥善解决家庭纠纷、积极修复家庭关系、有效维护未成年人最佳利益、竭力提供社会服务。其中,未成年人最佳利益是少年家事法庭的功能归依,在少年案件与家事案件中保护这一珍贵而脆弱的群体。是故,少年家事法庭通过多元化功能认真、温情地对待家庭。

(二)少年家事法庭的法理基础

当前,少年家事法庭的试点绝不是我国实务界的一时兴趣,而是因为其有着深厚的法理基础。笔者将多维度来阐述少年家事法庭的理论理性。

1. 司法原理

一是程序经济原理。日本学者棚濑孝雄将“生产正义的成本”分为两个部分:国家负担的“审理成本”和当事人负担的“诉讼成本”。⑱程序经济需要从两个面向进行建构并取均衡点:国家以最少的程序成本实现社会的良好控制与当事人以最少的程序耗费获取最佳的程序效益的平衡。因此,实务界积极尝试建构符合程序经济的司法程序,少年家事法庭的试点即属一次有益探索。当今大多数国家在家事纠纷解决与未成年人保护的领域表现出了惊人的一致,即大致经历了或正在经

---

⑰ 张榕:《对地方法院司法创新之初步反思——以“能动司法”为叙事背景》,载《法学评论》2014 年第 4 期。

⑱ [日]棚濑孝雄:《纠纷的解决与审判制度》,王亚新译,中国政法大学出版社 1994 年版,第 283 ~ 296 页。

历一个不断扩充、修正乃至将家事案件、少年案件整合纳入专门的司法机构处理的过程。这涵摄少年审判与家事审判在重要原则和价值选择上的一致性,如对未成年人最佳利益原则的坚守、国家亲权理念的强化、对家庭福祉愿景的追求等。审判理念的自然亲和使少年司法与家事司法在程序规则上的趋同,如法官的职权介入、诉讼的对抗消解、母爱的特殊需求、多元主体的充分协作等。二者在程序规则与程序建构上的趋同能在较大程度上实现程序经济。

二是程序分类原理。程序分类是指根据案件的类型、繁简的不同设置多元分立的司法机制,如审判程序上有普通诉讼程序、家事程序、少年程序等之分,法庭设置上有家事法庭、少年法庭、环境法庭等之分。现行民事程序法的偏财产纠纷导向、少年司法的偏刑化导向导致家事诉讼程序规则、未成年人民事诉讼程序规则阙如,并且滞缓家事法庭、少年综合庭的建构。程序分类是当事人实体权益实现的技术前提。少年家事法庭统合家事案件与未成年人案件的处理,形塑少年家事司法,提供一站式的司法服务,高度契合了二者的特殊需求——人文关怀与特别保护。

三是前瞻型诉讼原理。传统的家事司法与少年司法属于回溯型程序,旨在划分权利义务、分配责任。前瞻型诉讼原理是指法院工作的重点并不在于对过去事实的评价或判断,抑或决定权利义务的归属,而在于评估什么才是对当事人及子女现在乃至未来最有利的安排,并以子女最佳利益、家庭的维系为解决此类争端的最终目标。[19] 这一新解纷范式持续渗透司法实践中,并要求纠纷处理方式和法官角色的双重改变。少年家事法庭的设施配置、工作群体等制度架构满足了前瞻型诉讼原理的要求。

2. 纠纷解决法理

第一,纠纷解决原理主张缓解诉讼的刚性,克服诉讼迟延和诉讼成本高昂,消除讼累。[20] 少年家事法庭集司法专业化与社会化于一体,是司法主动延伸审判职能,为当事人减轻诉讼负担的集中体现。同时,少

---

⑲ 邹郁卓:《我国家事纠纷解决机制研究——以闽赣两地基层法院为样本》,厦门大学2014年博士学位论文,第194页。

⑳ 齐树洁主编:《纠纷解决与和谐社会》,厦门大学出版社2010年版,第15页。

年家事法庭在"法官"构成、解纷方式和规范适用等方面,实际上与制度化的ADR并无明显的差异。这使少年家事法庭的司法过程渐次摒弃"以法律为导向和以裁判为焦点"的对抗理念,代之以"人间的温情"的协同理念,即"由对抗转向协同,由审判庭走入会议室"。ADR导向的少年家事法庭确立了纠纷集中解决的司法目的,以最大限度地预防未成年人再犯、减轻当事人的讼累。

第二,纠纷解决机制运作原理认为解纷机制在实际运作中,呈现出乡土性、地方性、非正式性等特征。[21] 少年家事法庭的"家事"元素、"少年"元素与"本土"元素在较大程度上契合了纠纷解决机制的运作原理。其中原因:一是少年家事法庭多设在基层法院。基层法院处于司法构造的末梢,与民众的日常生活互动密切,其运作时常会偏离正式司法的要求。例如,接脚夫案件、外嫁女案件等传统家庭纠纷与假离婚、外省籍未成年人权益保护等现代家庭问题即为明证。二是一个案件包含争端型纠纷与问题型纠纷。争端型纠纷多可以通过正式司法解决,但家事案件与少年案件更多是涉及不满、抱怨、偏激等心理偏差,难以通过正式司法予以解决。少年家事法庭的专业化足以解决家事案件与未成年人案件中的争端,而其司法社工资源则可以妥善治疗家事案件与未成年人犯罪的问题。

3. 犯罪预防原理

婚姻家庭是未成年人犯罪最深刻的影响因素。家庭结构的脆弱和婚姻的不稳定性往往伴随着未成年人的犯罪,但以往的家事司法与未成年人司法对于该领域并未给予足够的重视。因此,强化和优化婚姻纽带是理性应对未成年人犯罪的重要举措,可以大大降低未成年人犯罪率。[22] 2015年《涉案未成年人家庭监护状况调查报告》发现:涉案未成年人中至少有55.52%的人未受到监护人或照管人的管教;被调查对象的监护人或照管人中,保持婚姻关系的占59.09%,双方有固定工

---

[21] 齐树洁、熊云辉:《福建法院创建"无讼社区"活动的法理分析》,载《甘肃政法学院学报》2014年第1期。

[22] Wardle, Lynn D. Marriage and Religious Liberty: Comparative Law Problems and Conflict of Laws Solutions. *Journal of Law and Family Studies*, 2010(12): 315-364.

作的不足三成,仅占23.70%。[23] 因此,少年家事法庭统合审理少年案件与家事案件,理性把握家庭纷争与未成年人保护的紧密互动,意图通过家庭问题的妥适解决保障未成年人生活环境的有序和健康,最大程度地减少未成年人犯罪的危险场景。

(三)少年家事法庭的法理意义

少年家事法院(庭)具有四重法理意义:(1)法经济学意义——法律服务的供给激励。在法律经济学的视野中,法律被看作是一种由国家提供而得到社会普遍遵守的公共产品,法律活动也存在特定的法律供给和法律需求以及随不断变化的价格(法律成本),也有进行(权利、权力、义务、责任等)资源配置的市场平台,这种市场平台称之为法律市场(Legal Market)。[24] 因此,法院(供应者)有必要竭力提供让当事人(消费者)满意的裁判服务(司法产品)。长期以来,我国少年司法与家事司法双轨运作,面临资源配置不足的难题,无法供给充足、优质的家庭法律服务。少年家事司法整合审判资源,优化制度安排,能在最大程度上提供量多质优的家庭法律服务。(2)法政治学意义——家庭福祉的司法保护。"双向运动理论"认为现代社会是由双向运动支配的:市场的不断扩张和它所遭遇的反向运动。[25] 家庭成员之间的关爱、责任和义务的切实贯彻是"反向运动"的核心。改革开放30多年来,市场的过度扩张"正在改变我们日常生活中最熟悉和最带个人色彩的领域",[26]侵蚀、瓦解着我国社会的根基——家庭。基于市场(经济)逻辑,家庭在法律上被边缘化,尤其是程序法。例如,我国司法改革主要以财产案件的诉讼程序改革为重点,忽视了少年案件与家事案件的程序构建。知识产权法院的试点迅速施行而少年法院、家事法院的试点则停滞不前即为明证。少年家事法庭的探索逆势而行,意图通过程序建构

[23] 王昊魁:《家庭监护缺失与未成年人犯罪密切相关》,载《光明日报》2015年6月8日。

[24] 冯玉军:《略论法律市场》,载《烟台大学学报》(哲学社会科学版)2002年第4期。

[25] 参见[匈]卡尔·波拉尼:《大转型:我们时代的政治与经济起源》,冯钢等译,浙江人民出版社2007年版,第139页。

[26] [英]吉登斯:《现代性的后果》,田禾译,译林出版社2000年版,第4页。

认真对待家庭,形成法律与家庭的新互动——以家事福祉为本位。(3)法社会学意义——司法权威的优化生成。美国学者丹尼斯·朗认为权威具有两重含义,一是在权力的制度安排上具有“总体的完整性,以利于有效运作”;二是在权力的运行上具有“命令和服从关系”。[27] 司法权威包含公正与强制两个面向,并更多地表现一个社会学的命题。当下我国的司法权威因司法不公与司法无力,产生了塔西佗效应。根据最高人民法院的司法统计,涉未成年人及家事案件总量占基层法院收案比例的30%左右。然而,基数庞大、性质特殊的少年案件与家事案件遭受法院“麦当劳化”的处理,传导给当事人及社会“司法不公”“司法无力”的讯息。这对我国司法权威造成的损害是难以估量的。2015年河南省发生8件因家庭纠纷引起的民转刑命案、2016年审判离婚案件的马彩云法官遇害事件刺骨地反映了我国司法权威流失的现实。不得不说,家事司法制度的缺失使得法官、当事人成为了司法权威不足的牺牲品。在司法权威的生成上,我国法院亟需在司法技术层面不断努力以获得社会的普遍性认同,因为技术理性是司法权威的必要条件和最低评价标准。少年家事司法突破传统少年司法——家事司法的二元格局,依托少年家事法庭,准用温情、精致的司法程序处理少年案件与家事案件。这一司法技术助益于司法权威的优化与生成。(4)法哲学意义——制度创新的理性培育。改革核心是制度试验并实现制度变迁,司法改革同样如此。按照哈耶克的认知论框架,建构理性主义(constructivist rationalism)和进化理性主义(evolutionary rationalism)是制度创新的两种模式。借用这一框架分析我国少年司法与家事司法的发展轨迹,我们观察到:少年司法—家事司法的双轨运作是法律移植下的建构理性主义路径,容易陷入难以持续推进的藩篱。我国的司法改革应是一种以进化理性主义哲学为基础的渐进式改革。[28] 这一改革模式鼓励地方法院积极进行自主试验,从试错、竞争的

---

[27] 参见[美]丹尼斯·朗:《权力论》,陆震纶等译,中国社会科学出版社2001年版,第44页。

[28] 参见童海超:《当代中国地方法院竞争研究》,武汉大学2012年博士学位论文,第140页。

试点中析取有益经验,并通过多种途径在更多的地区推广施行。少年家事法庭是各地法院少年法庭、家事法庭竞争与融合的进化产物。遵循法治进程的"自然选择"规律,基层法院突破传统的二元发展格局自主试验少年家事法庭契合了我国的社会需求与基本国情,展现出强劲的生命力。

四、少年家事法院(庭)的理性建构

如果评估数据显示,小规模的试点至少在某些方面是有效的,就到了开始计划如何进行制度改革的时候了,[29]但改革终究不是一蹴而就的纸面化改造。我国建构少年家事法院(庭)需要在法源确立、资源充实、理念革新、资源充实与制度创新上作出诸多努力。少年家事法院(庭)的理性建构是一个较为宏大的命题,本部分仅限于关键环节作原则性阐述。

(一)法制完备的适时推进

法源基础欠缺是系统建构少年家事法院(庭)所面临的最大制约。在政治学话语中,合法性通常是指政治统治获得公众基于内心自愿的认同、支持与服从的特性,人们产生和坚持现存政治制度是社会的最适宜制度之信仰的能力。[30] 合法性是少年家事司法改革持续推进与稳定组构的基础。当前,推行这一新制度受到改革合法性、资源配置的制约而延缓了少年家事法庭的推广。因此,我国宜从速推动有关少年家事法院(庭)组构的立法工作,以赋予相关改革法律基础。参鉴《关于在北京、上海、广州设立知识产权法院的决定》《关于授权在部分地区开展刑事案件速裁程序试点工作的决定》的经验做法,全国人大常委会可以适时制定《关于授权在部分地区设立少年家事法院的决定》。此外,我国还需要完善《未成年人保护法》《预防未成年人保护法》,并适时制定《家事诉讼法》和《少年家事法院组织法》。立法的优势是拥有

---

[29] [美]吉姆·帕森斯等:《试点与改革:完善司法制度的实证研究方法》,郭志媛译,北京大学出版社 2006 年版,第 153 页。

[30] [美]西摩·马丁·李普塞特:《政治人——政治的社会基础》,张绍宗译,上海人民出版社 1997 年版,第 55 页。

丰富的权力资源,可以调动强大力量来推进司法改革,及时将司法改革的目标、原则、程序以及机构设置、机构权限等基本问题确定下来,提高司法改革的稳定性与权威性。[31]

(二)理念转型的持续渗透

1."大家审"的司法理念

司法的理念是支配司法运作的一套哲学、价值或者基本的观念,是司法体制的精神构造。[32] 理念扭转是建构少年家事法院(庭)的磐石。我国法院应当树立"大家审"的司法理念,以更好地适应新形势的要求。同时,建议各地法院因地制宜,在少年案件不足的地区实行少年与家事一体化的审判模式,先行组建少年家事法庭。

三明市中级人民法院在"大家审"的司法理念指引下,积极探索少年与家事一体化模式。该院分别于2006年3月、2012年10月出台专门文件规范全市少年审判综合庭的受案范围。2015年3月,在实践经验的累积基础上,三明市中级人民法院及12个基层法院的少年法庭均更名为少年与家事审判庭,全面推进少年家事司法。

2.未成年人最佳利益理念

目前,未成年人犯罪案件已基本由少年法庭审理,但传统的诉讼逻辑还未完全确立未成年人的独立主体地位,无法有效保障未成年人最佳利益。首先,未成年人享有广泛的民事权利,与此同时未成年人民事权益受侵害案件日渐增多。但囿于少年司法的偏刑化,未成年人的民事权利保护需求难以得到程序保障。其次,当前审理家事案件更多以夫妻为主体,未成年子女沦为裁判客体,导致未成年人合法权益缺乏保护。在少年司法与家事司法中,作为特殊的诉讼主体的未成年子女应当受到国家亲权的必要关注和特殊保护。因此,少年家事司法需要根植未成年人最佳利益理念。我国法院在推进少年审判与家事审判融合的改革中,应以"未成年人最佳利益理念"为指导,使少年案件与家事案件中未成年人的合法权利获得充分的程序保障。

综上所述,上述转型理念尚未充分渗透至我国法院,而挣脱传统观

---

[31] 傅达林:《宪政视野下的"大司法改革观"》,载《法学杂志》2006年第6期。

[32] 齐树洁主编:《民事司法改革研究》,厦门大学出版社2006年版,第47页。

念的桎梏并真正融入新的司法文化环境定然尚需时日。

(三)工作群体的多元协作

我国法院应当按照新一轮中央司法改革的精神,立足本地实际情况,不断推进少年家事法庭的机构设置和队伍建设,合理配置少年家事法官、系统组构司法社工库。遵循少年家事法院(庭)的改革路径,各地法院积极推进试点改革,扎实推进少年家事法庭的制度架构。

1.组建专业审判团队

我国法院可结合有关办案责任制工作的试点意见,实行审判团队制,在少年家事法院(庭)至少配置两个审判团队,分为少年审判团队与家事审判团队。两团队均实行"1+1+1"模式,即1名审判员+1名法官助理+1名书记员。司法实践中,少年家事法官的主导下少年案件与家事案件的审判,其他主体协同配合,促进家庭福祉、保障未成年人最佳利益。

不同于普通案件,未成年人刑事案件的被告人与家事案件的当事人的心理极为复杂,既要解决纠纷,又要对弱势群体进行特殊保护;既要维护自身利益,又要考虑案件裁判后的未成年人健康成长、家庭和谐稳定、社会利益保障等更深层次、更难处理的问题。此类案件复杂性、人身性、公益性决定法院必须配置专业化的审判人员,配备必要的司法社工。在配置少年家事审判人员时,考虑女性天性更为耐心、细致等特点,要求组成少年家事法官应以女性为主,尽可能安排具有婚姻家庭经验和人生阅历较为丰富的法官。此外,我国法院应当进一步细化并创造少年家事法官培训条件,为全面推行少年家事法庭提供坚实的基础。

2.促进部门联动

促进部门联动是践行少年家事司法的程序技术。少年审判与家事审判的融合非一朝一夕之功,也不是人民法院能够单独完成的任务,应当注重吸纳社会力量的参与,如发挥妇联、公会、社团、社区、义工等组织的作用,形成司法机关负责、各部门配合、社会各界广泛参与的少年家事司法工作格局。因此,各地法院需要搭建跨专业的辅助网络,引入司法局、妇联、公安、检察院及其他协助程序之专业人士,但目前基层司法实践中尚缺乏统一的操作规范。联合发文、制定实施意见仅仅是权宜之计,无法真正建立统一、高效的社会化解网络体系。海沧法院少年家事法庭工作情况报告中提及:“家事纠纷的化解需要借助社会的多方力量,其中包括政府部分也包括民间组织。仅靠法院自身的力量难以构建完善的少年家事审判社会化解网络。建议由政法委牵头建立少年家事纠纷的一体化解决机制,打破以往法院与单一主体单向合作的简单模式。”

3. 创新社会参与

与普通法院不同的是,为了保障未成年人最佳利益,少年家庭法院的组构需要更多的资源投入。单靠法院内部力量无法充实少年家事法院(庭)所需的资源,亟需从社会资源角度寻求突破司法资源匮乏的可能路径。截至 2014 年 6 月,我国依法登记的社会组织达 56.1 万个。数量庞大的社会团体是创新社会治理体系的重要力量,应当纳入少年家事法院(庭)的建构中来。因此,少年家事法院(庭)应当通过司法社工化来整合社会力量,为维护未成年人利益与化解家事纠纷创造良好的外部环境。例如,少年家事法院(庭)与专业心理健康组织共建心理介入协作机制,推动对未成年人思想感化与教育改造,以及家事纠纷的和谐解决。建立案件心理辅导介入机制,由具有国家心理咨询师资格的志愿者对当事人展开心理辅导,积极引导未成年人树立正确的人生观、价值观、世界观,修复、重建家事案件当事人的婚姻家庭关系,减少对当事人未成年子女的伤害,帮助未成年人健康成长,预防未成年人违法犯罪。心灵空间(厦门)咨询有限公司是海沧法院少年家事法庭的辅助机构。心理咨询师受司法机构的邀请对离婚纠纷当事人提供婚姻、家庭质量评估服务,引导其进行情感修复。因此,少年家事法院(庭)可以对具有专业知识的民间组织及人员尽早建立“司法社工库”,以借助其专才。

(四)受案范围的审慎探微

科学的受案范围是少年家事法院(庭)有效运作的案源基础。一方面,需要充足案源来扭转少年家事法院(庭)“弱势法院(庭)”(weak court)的改革惯性;另一方面,又必须对其进行合理界分,防止少年家事法院(庭)的特色因受案范围的不合理扩张而被冲淡。首先,少年家事法院(庭)在民事案件的受案范围包括所有的家事案件当属无疑,但对于其他涉少民事案件的纳入范围需要慎重考虑。2009 年《关于进一步规范试点未成年人案件综合审判庭受理民事案件范围的通知》中极具“全面保护”的色彩。但这模糊了司法与福利的分界,导致少年综合庭改革面临受案过大而司法无力的窘迫。笔者认为,参照域外成熟的立法例,少年家事法院(庭)不适宜将其他涉少民事案件纳入受案范围,此类案件可以通过未成年人的法定代理人实现其最佳利益保障。其次,少年家事法院(庭)对刑事案件的管辖应当限于年满 14 周岁不满 16 周岁的未成年人实施的《刑法》第 17 条规定的 8 种犯罪以及年满 16 周岁不满 18 周岁的未成年人实施的犯罪行为,暂不宜将少年非刑事件纳人其中。少年非刑事件仍然交由教育、公安等行政部门处理为宜。此外,受害人为未成年人的刑事案件需要纳入少年家事法院(庭)的受案范围,有效保障未成年被害人的合法权益。最后,对于少量的行政案件,当未成年人能够得到温情监护时,涉少行政案件一般都能够在监护人的代理下通过普通程序即获解决。

五、结语

社会变迁与经济发展使家庭正在发生越来越剧烈的嬗变,法律需要担当“促进家庭福祉”的重任。可以肯定的是,在问题家庭与问题少年日益增多的时代背景下,定做的正义显得尤为必要。定做的正义正如定做的衣服一样,只有在裁缝能够投入大量的时间并且充分尊重顾客的情况下,才可能合乎实际。[33] 少年家事法院(庭)是更具能力的司法机构,可以更好地承担“认真对待家庭”的责任。

当前,我国少年家事法庭的试点方兴未艾,由此改革正朝着理性的方向推进。但少年家事法院(庭)的组构是一场未竟的转型,亟需在不断的探索中反省试错并汲取经验,以期获得最优的结果。未来,笔者将继续对少年审判与家事审判融合的改革进行关注,努力开展实证层面的研究。

(方俊,法学硕士,人保财险厦门分公司工作人员。)

㉝ [美]劳伦斯·罗森:《法律与文化.一位法律人类学家的邀请》,彭艳崇译,法律出版社 2011 年版,第 37 页。

网络与虚拟财产

论未授权弹出式广告的法律规制

谭贵华

目　　次

一、问题的提出

弹出式广告，是一种以独立窗口形式自发地在互联网用户（以下简称"用户"）的电脑屏幕上出现的广告。其工作原理大体为，广告经营者即弹出式广告投放者利用技术手段，如互联网接入技术、恶意广告软件，在用户选择访问的目标网站打开前或之后，强行弹出与用户搜索的关键词、内容或输入的网址有紧密关系的广告页面。现实中的典型做法是，广告经营者将一款恶意广告软件隐蔽地嵌入到用户下载安装在电脑上的其他软件中。该软件被下载安装后，一个小的应用程序植入到用户的电脑，跟踪用户的互联网使用情况，并向广告经营者控制的远程广告服务器反馈这些信息。广告服务器将根据用户的网络浏览习惯、关键词搜索情况等向用户发送弹出式广告。通过这项技术，广告经营者向商品(服务)经营者出售广告服务器上的广告空间(advertising space)以及能够触发弹出式广告的搜索关键词;商品经营者即广告主则根据需要作相应购买。当用户在搜索引擎中输入一个特定的关键词时,广告服务器将被触发进而向其电脑屏幕发出弹出式广告。①

根据弹出式广告是否获得投放网站(目标网站)的许可或授权,②可分为两种类型:获得授权的弹出式广告和未经授权的弹出式广告。③本文仅就后者展开探讨。从我国的司法实践来看,投放网站的经营者针对未授权弹出式广告主要提出了两类指控,一是侵犯著作权,二是不正当竞争,其中又以后者居多。对于前者,法院未予支持。④ 至于后者,法院总体上依据《反不正当竞争法》第2条的原则性规定(以下简称"一般条款")予以认定为不正当竞争;⑤对于此种裁判路径,最高人民法院在2015年以指导案例的形式予以了认可。⑥

综观我国当前的司法裁判情况,值得进一步思考的是,其一,未授

---

① 关于弹出式广告的原理和典型做法,主要参考 Erich D. Schiefelbine, stopping a trojan horse: challenging pop-up advertisements and embedded software schemes on the internet through unfair competition laws, 19 *Santa Clara Computer & High Tech. L. J.* 499, 2003, pp. 501 -503.

② 投放网站即互联网用户本意访问的目标网站,因弹出式广告乃在此目标网站打开前或之后被投放出来,所以从广告投放的角度,该目标网站也称为投放网站。本文将根据语境分别使用这两个概念。

③ 参见叶明:《我国互联网弹出式广告的法律规制困境及其对策研究》,载李昌麒、岳彩申主编:《经济法论坛》(第13卷),法律出版社2014年版,第49~50页。

④ 参见百度公司诉很棒公司等不正当竞争和侵犯著作权案[北京市第一中级人民法院(2006)一中民初字第11337号民事判决书;北京市高级人民法院(2007)高民终字第967号民事裁定书]。

⑤ 参见百度公司诉奥商网络公司等不正当竞争纠纷案[青岛市中级人民法院(2009)青民三初字第110号民事判决书;山东省高级人民法院(2010)鲁民三终字第5-2号民事判决书];百度公司诉很棒公司等不正当竞争和侵犯著作权案[北京市第一中级人民法院(2006)一中民初字第11337号民事判决书;北京市高级人民法院(2007)高民终字第967号民事裁定书]。

⑥ 参见《指导案例45号:北京百度网讯科技有限公司诉青岛奥商网络技术有限公司等不正当竞争纠纷案》,载《最高人民法院关于发布第十批指导性案例的通知》(法〔2015〕85号)。

权弹出式广告何以不构成著作权侵权？其二，适用反不正当竞争法一般条款予以规制何以可行？其三，根据反不正当竞争法的司法理念，原则上应穷尽适用类型化条款，那么，能否以及可以依据何种类型化条款对未授权弹出式广告加以规制？

总的来看，我国相关案例判决书尽管对前述一些问题有所回应但在说理方面存在不同程度的不足。此外，虽然有的案件主审法官嗣后作出过案例评析，⑦但关键内容实际上与判决书大同小异。可以说，我国无论是理论界还是实务界对上述问题的回应都还较为欠缺。在互联网发源地美国，这方面的诉讼更早出现。相较而言，美国理论界与司法实务界就相关问题做了更为深入的阐释，其司法裁判亦展示了一些不一样的解决思路，极具启示意义。有鉴于此，本文拟围绕相关案例的解析，着重采用比较分析法，对前述三个问题加以回应，总体上提出，以著作权法规制未授权弹出式广告不可行；依据反不正当竞争法一般条款规制虽然可行，但实属次优选择；将未授权弹出式广告纳入反不正当竞争法市场混淆条款的规制范畴，不失为一种可供选择的路径。

二、著作权法规制的不可行性

在百度公司诉很棒公司等不正当竞争和侵犯著作权案中，百度公司认为被告投放的弹出式广告“强行改变百度搜索结果页面”从而侵犯了其所享著作权中的修改权和保护作品完整权。很棒公司则主张，弹出广告页面“是独立页面，该页面不依附于搜索引擎的搜索结果页面，也不是搜索结果页面的组成部分，用户可以手动关闭，否则页面会在停留 10 秒左右后自动消失”，因此并未侵犯原告的著作权。法院认为，很棒公司的行为虽然导致用户在百度网站搜索框中输入关键词进行搜索后，计算机屏幕右下角出现另一个 IE 浏览器窗口（该窗口在 30 秒钟内自动关闭），但其仅遮挡住了百度搜索结果页面右下角的部分广告，百度搜索结果页面并未消失，页面内容也未发生实质性改变。百度公司未提供充分证据证明很棒公司对其搜索结果页面进行了修改，

⑦ 战玉祝：《网络服务不正当竞争行为的认定》，载《人民司法》（案例）2011 年第 6 期。

故不能认定很棒公司的行为侵犯了其享有著作权中的修改权、保护作品完整权。

透过该案当事人主张及法院裁判,结合我国《著作权法》第 10 条第 1 款第 3、4 项的规定,[8]未授权的弹出式广告是否侵犯投放网站的著作权,关键在于认定弹出广告页面(窗口)是否"修改""歪曲"或"篡改",笼统来讲,即是否改变了投放网站页面。

表面上看,弹出广告页面部分遮挡或覆盖了投放网站页面,从而影响到投放网站的页面呈现形式,由此似乎可以认为弹出广告页面改变了投放网站页面。不过,根据弹出式广告的工作原理,弹出广告页面独立于投放网站页面,其或是在较短时间内自动消失或是可以被用户手动关闭。与此同时,投放网站页面并未真正消失,其内容也未发生实质性改变(仍是完整的),只是被弹出广告页面暂时遮住而已。从这个角度讲,不能说弹出广告页面改变了投放网站页面,侵犯了其经营者所享著作权中的修改权、保护作品完整权。

那么,弹出广告改变投放网站的页面呈现形式(外观)又是否构成侵犯著作权呢?答案应当是否定的。对于这一问题,美国两则有关弹出式广告的典型判例做了深刻阐释,笔者认为可提供有力回应。

在 1 - 800 Contacts, Inc. v. WhenU. Com and Vision Direct, Inc. 案[9]

---

⑧ 我国《著作权法》第 10 条第 1 款规定:"著作权包括下列人身权和财产权:……(三)修改权,即修改或者授权他人修改作品的权利;(四)保护作品完整权,即保护作品不受歪曲、篡改的权利……"

⑨ 原告通过其注册网站 http://www. 1800Contacts. com 推销隐型眼镜及相关产品,同时已经提出申请注册"1 - 800 CONTACTS"商标和标识(logo)。被告 WhenU. com 是一家软件公司,开发和营销了一款名为"SaveNow"的软件,该软件通常被捆绑在电脑用户免费下载的其他软件程序中。当安装了 SaveNow 软件的电脑用户上网时,该软件通过比较 URLs 网址、搜索关键词和网页内容等方式扫描和记录用户的上网习惯,并在用户输入某个 URL 网址或搜索关键词访问其目标网站时(通常在登录网站后几秒种内)向其发出一个弹出式广告。WhenU. com 的客户向其购买触发弹出式广告的商品或服务品类,原告的网址"1800Contacts. com"就包含在可以触发该软件发送弹出式广告的目录项中。被告 Vision 公司与原告具有竞争关系,其通过 http://www. visiondirect. com 网站推销隐型眼睛及相关产品。当电脑用户访问原告的网站时,被告 Vision 公司(广告主)的弹出式广告将出现在用户的电脑屏幕上。

和 U-Haul International, Inc. v. WhenU. com, Inc. 案[10]中,被告未经授权而向原告网站发送弹出式广告,就此,原告主张被告侵犯了其作为网站著作权人所专有的展示其网站的权利(display right,展示权)和基于其网站创作演绎作品的权利(derivative works right,演绎作品权)。[11] 针对原告的上述两项主张,法院均未予认可。

其一,关于未授权弹出式广告是否侵犯展示权。在 1 – 800 Contacts, Inc. v. WhenU. Com and Vision Direct, Inc. 案中,原告称其允许电脑用户"使用和展示"(use and display)其网站,但并未允许他们以任何方式改变(alter)网站或改变(change)网站的外观;被告的行为创造了一种将原告的著作权作品涵摄其中的新的屏显(screen display),亦即修改了其网站,从而侵犯了原告展示其著作权作品的专有权利。[12] 对此,法院认为,原告没有证据表明当电脑用户以其他浏览器窗口(包括被告的弹出式广告)掩盖其网站时,电脑用户超出了原告允许他们浏览其网站的授权,因此有关被告侵犯其展示权的主张并不成立。进言之,若电脑用户在使用原告网站时仅限于浏览其网站而无任何妨碍窗口或程序,那么这将使无以计数的电脑用户和软件开发者构成著作权侵权或共同侵权,因为原告网站所处的电脑系统(Windows)允许用户掩盖(obscure)、覆盖(cover)和改变(change)呈现原告网站的浏览器窗口的外观。[13] 在 U-Haul International, Inc. v. WhenU. com, Inc. 案中,法院亦指出,被告的弹出式广告软件并未以任何形式改变(alter)原告的网页,因为该软件所发送的弹出式广告窗口与原告的网页是相互独

[10] 此案与前一案件中的被告 WhenU. com 为同一家公司,两案的基本案情相同,当电脑用户访问原告的网站时,WhenU. com 开发运营的恶意广告软件(SaveNow 软件)向其发送原告竞争者的弹出式广告。

[11] See 1 – 800 Contacts, Inc. v. WhenU. Com and Vision Direct, Inc. , 309 F. Supp. 2d 467, 485 (S. D. N. Y. 2003); U-Haul International, Inc. v. WhenU. Com, Inc. , et al. , 279 F. Supp. 2d 723, 729 – 730 (E. D. Va. 2003).

[12] See 1 – 800 Contacts, Inc. v. WhenU. Com and Vision Direct, Inc. , 309 F. Supp. 2d 467, 479, 485 (S. D. N. Y. 2003).

[13] See 1 – 800 Contacts, Inc. v. WhenU. Com and Vision Direct, Inc. , 309 F. Supp. 2d 285 (S. D. N. Y. 2003).

立的;此外,被告 WhenU 公司并未通过其软件向用户显示原告的网站,进一步说,WhenU 公司仅在电脑上显示其自己的广告,而非原告享有著作权的物品。[14]

其二,关于未授权弹出式广告是否侵犯演绎作品权。在 1-800 Contacts,Inc. v. WhenU. Com and Vision Direct,Inc. 案中,原告认为,通过在用户浏览原告网站时向其发送弹出式广告,被告在原告享有著作权的屏显(网站)上增加(adding)了一则广告,从而创造(creating)了一项演绎作品,同时违背了著作权法的两项基本原则:一是超越授权;二是破坏了著作权人对其作品呈现方式的控制。不过,法院亦未予认可,其理由主要包括:(1)诚如前文所述理由,原告有关"超越授权"的主张并不成立。[15] (2)被告没有创造一项"演绎作品"。要认定原告的演绎作品权被侵犯,首先必须认定原告网站和被告的弹出式广告组成的屏显构成《著作权法》所界定的"演绎作品"。根据美国《著作权法》第 1 章第 1 条的规定,"演绎作品"的一个基本要件是"被足够持久或稳定"(sufficiently permanent or stable)地"以可感知的表现形式固定",而被告的弹出式广告只是在原告网站上暂时呈现,因此原告网站和被告的弹出式广告所组成的屏显并未"固定",从而不足以称之为美国《著作权法》所界定的"演绎作品"。[16] (3)被告的弹出式广告可能掩盖或覆盖了原告网站的一部分,但是并未改写(recast)、改变(transformed)或改编(adapted)[统称"改变"(change)]其网站,因为被告的网站仍是完整的(intact)。[17] 在 U-Haul International,Inc. v. WhenU. com,Inc. 案中,法院亦认为被告并未创作一项演绎作品。一方面,演绎作品本身是一项受著作权保护的独立作品,其必须以一定的有形(concrete)或持久

---

[14] See U-Haul International,INC. v. WhenU. Com,Inc. ,et al. ,279 F. Supp. 2d 723, 730(E. D. Va. 2003).

[15] See 1-800 Contacts,Inc. v. WhenU. Com and Vision Direct,Inc. ,309 F. Supp. 2d 467,486 (S. D. N. Y. 2003).

[16] See 1-800 Contacts,Inc. v. WhenU. Com and Vision Direct,Inc. ,309 F. Supp. 2d 486,487 (S. D. N. Y. 2003).

[17] See 1-800 Contacts,Inc. v. WhenU. Com and Vision Direct,Inc. ,309 F. Supp. 2d 487 (S. D. N. Y. 2003).

(permanent)形式吸收(incorporate)一项受保护的作品,而弹出式广告窗口独立于原告网站,且其与原告网站在用户电脑屏幕上同时显现只是暂时的并且不能被复制。[18] 另一方面,Windows 系统允许用户同时运行多个程序,使不同的窗口相互重叠。弹出式广告仅仅是用户电脑桌面上的另一个窗口,尽管该弹出式广告可能改变了用户的桌面,但这并不能表明侵犯了原告的著作权。[19]

总体观之,尽管我国与美国有关著作权的规定不尽相同,但是基本理念是一致的。无论是修改权、保护作品完整权还是展示权、演绎作品权,构成对这些权利的侵犯,均以"改变"著作权作品为前提。然而,根据弹出式广告的工作原理,同时结合电脑操作系统的运行机理,可以看到,弹出式广告并未"改变"投放网站。因此,无论从何种视角,均无法认定未经授权的弹出式广告侵犯投放网站的著作权。

三、反不正当竞争法一般条款规制的可行性与局限性

(一)指导案例 45 号:百度公司诉奥商网络公司等不正当竞争纠纷案

被告奥商网络公司、联通青岛公司等利用互联网接入网络服务,在原告百度公司网站的搜索结果页面强行弹出其投放的与关键词及内容有紧密关系的广告页面。就此,百度公司诉称,被告的行为破坏了其商业运作模式,损害了其商誉和经济效益,违背了诚实信用原则,构成不正当竞争。一审和二审法院均认定被告行为构成不正当竞争。

法院生效判决认为,对于没有在《反不正当竞争法》具体条文中规定但是当事人认为构成不正当竞争的行为,法院可以适用第 2 条原则性规定予以判断和规范。判断该行为构成不正当竞争,应当考虑以下三个方面:其一,行为实施者是反不正当竞争法意义上的经营者;其二,经营者从事商业活动时,没有遵循自愿、平等、公平、诚实信用原则,违

[18] 根据《美国著作权法》的规定,具有可复制性,是受著作权保护的作品的一个要件。

[19] See U-Haul International, INC. v. WhenU. Com, Inc., et al., 279 F. Supp. 2d 723, 731(E. D. Va. 2003).

反了公认的商业道德;其三,经营者的不正当竞争行为损害了正当经营者的合法权益。就此,法院认为:首先,经营者的确定并不要求原、被告属同一行业或服务类别,只要是从事商品经营或者营利性服务的市场主体,就可成为经营者。本案原被告均属于从事互联网业务的市场主体,属于反不正当竞争法意义上的经营者。而且,联通青岛公司实施的在百度搜索结果出现之前弹出广告的商业行为,与百度公司的付费搜索模式存在竞争关系。其次,被告的行为属于利用百度公司的市场知名度来为自己牟利的行为,其既未征得原告的同意,也违背了互联网接入服务用户的意志,违背了公认的商业道德。最后,被告的行为诱使本可能通过百度公司搜索结果检索相应信息的网络用户点击该广告页面,影响了百度公司按照自己的意志向网络用户提供服务,致使百度公司难以实现其预期商业目的,损害了百度公司的经济利益。此外,该行为还容易导致网络用户误以为弹出的广告页面系百度公司所为,会使网络用户对百度公司提供服务的评价降低,对百度公司的商业信誉产生不利影响,损害了百度公司的合法权益。

(二)可行性分析

结合国内外理论与司法界的认知,以反不正当竞争法一般条款所涵摄的不正当竞争行为的三个构成要件加以解析,依据一般条款对未授权弹出式广告加以判断和规范,是可行的。

1. 未授权弹出式广告是经营者实施的以竞争为目的商业行为

根据弹出式广告的工作原理和运营模式,弹出式广告本质上是广告经营者向广告主提供的用以推销商品、服务的一种营利性服务,无疑是一种商业行为。此外,弹出式广告的投放,无论从客观还是主观方面审视,都体现出以竞争为目的。

在客观方面,以竞争为目的体现为对竞争者构成妨碍或损害。[20]随着反不正当竞争法的立法目的发生拓展性变化,其调整的竞争关系如今不再限于同业竞争者之间的关系,所谓对竞争者构成妨碍或损害

⑳　参见赖源河编审:《公平贸易法新论》,中国政法大学出版社2002年版,第411页。

亦包括对非同业竞争者的竞争妨碍或损害。[21] 而未授权弹出式广告对同业或非同业竞争者的妨碍或损害至少包括以下三个方面：一是减少了获得授权或付费广告主的广告空间，因为该空间本应属于获得授权或付费广告主的广告而非未授权的广告；[22]二是投放网站的用户会不知不觉地被弹出广告带跑而导致其用户流失；[23]三是即便用户不被带跑，未授权弹出式广告亦破坏了投放网站经营者对其网站的控制力，使用户因不胜其扰的弹出式广告而对其预期访问的目标网站心生厌恶。

在主观方面，以竞争为目的体现为具有竞争意图，即促进自己或他人竞争之意图；在营业交易中足以促进自己或他人竞争之行为，一般推定具有竞争意图。[24] 显然，基于广告的属性，弹出式广告旨在有意识地争夺竞争者的潜在消费者，[25]促进广告经营者或广告主的竞争，无疑具有竞争意图。

2. 未授权弹出式广告违反诚实信用原则和公认的商业道德

对于该准则的评判，我国司法实践中乃以特定商业领域普遍认同和接受的经济人伦理标准为尺度。[26] 根据此标准，在商业竞争中，经营者应以自己的商品或服务的优质优价或是自己经营活动的业绩去展开竞争，[27]而不能以排除竞争、榨取他人成果或阻扰竞争者等不正当手段

---

[21] 参见孔祥俊：《反不正当竞争法的创新性适用》，中国法制出版社 2014 年版，第 115～116 页。

[22] See Michael A. Leon, unauthorized pop-up advertising and the copyright and unfair competition implications, 32 *Hofstra L. Rev.* 953, 2004, p. 970.

[23] See Michael A. Leon, unauthorized pop-up advertising and the copyright and unfair competition implications, 32 *Hofstra L. Rev.* 953, 2004, p. 976.

[24] 赖源河编审：《公平贸易法新论》，中国政法大学出版社 2002 年版，第 411 页。

[25] See Erich D. Schiefelbine, stopping a trojan horse: challenging pop-up advertisements and embedded software schemes on the internet through unfair competition laws, 19 *Santa Clara Computer & High Tech. L. J.* 499, May 2003, p. 528.

[26] 参见《最高人民法院关于充分发挥知识产权审判职能作用推动社会主义文化大发展大繁荣和促进经济自主协调发展若干问题的意见》（法发〔2011〕18 号）第 24 条。

[27] 参见郑友德、范长军：《反不正当竞争法一般条款具体化研究——兼论我国〈反不正当竞争法〉的完善》，载《法商研究》2005 年第 5 期。

获取竞争利益。[28] 在互联网广告领域,依据惯例,投放弹出广告需要向投放网站经营者付费或是获得授权。而未授权弹出式广告则属于典型的搭便车或者说榨取他人成果、攀附他人商誉以获取竞争利益的行为。因为面对一则未授权的弹出式广告,用户可能形成这样的印象,该广告与其访问的目标网站是合作关系,目标网站经营者将因此种未获准许的关系而受到伤害。[29] 诚如有学者指出的,当消费者访问目标网站时,一个弹出式广告的迅速出现,会使消费者认为该广告获得授权的可能性较大;一些消费者可能永远不会回到他们预期的网站,而这显然具有一种摧毁性的商业效果。[30] 总之,一个未授权的链接(弹出式广告)可能使消费者想到"一项在商业之间并不存在联系",进而触犯不正当竞争法。[31]

3.未授权弹出式广告损害其他经营者的合法权益

诚如前述,未授权弹出式广告易使互联网用户对投放网站经营者与该广告产生错误关联,影响用户对投放网站的评价,损害投放网站经营者的商誉;同时亦通过攀附投放网站的声誉吸引潜在消费者的注意,导致投放网站经营者客户流失,这尤其在投放网站经营者与弹出式广告经营者或广告主具有直接竞争关系时表现得最为突出。在美国,一般认为,放置叠加在他人网站上的弹出式广告旨在引诱初始观看者注意弹出式广告主的产品而不是下层网站展示的产品;这种程序恶意乃利用下层网站的声誉,以及在牺牲(损害)后者声誉的情况下获得成功,理应规制。[32]

---

[28] 参见赖源河编审:《公平贸易法新论》,中国政法大学出版社2002年版,第412页。

[29] See 1-800 Contacts, Inc. v. WhenU. Com and Vision Direct, Inc., 309 F. Supp. 2d 467, 479 (S. D. N. Y. 2003).

[30] See Michael A. Leon, unauthorized pop-up advertising and the copyright and unfair competition implications, 32 *Hofstra L. Rev.* 953, 2004, p. 979.

[31] See Michael A. Leon, unauthorized pop-up advertising and the copyright and unfair competition implications, 32 *Hofstra L. Rev.* 953, 2004, p. 981.

[32] See Erich D. Schiefelbine, stopping a trojan horse: challenging pop-up advertisements and embedded software schemes on the internet through unfair competition laws, 19 *Santa Clara Computer & High Tech. L. J.* 499, May 2003, p. 515.

（三）局限性审视

诚然，依据反不正当竞争法一般条款对未授权弹出式广告加以规制是可行的。但是，若考量一般条款的规制力和不正当竞争行为的规制理念，该路径亦具有局限性，实属次优选择。

一方面，一般条款仅提供私法规制力而欠缺公法规制力。在《反不正当竞争法》的类型化条款缺位时，受害方可依一般条款（第 2 条）和损害赔偿责任条款（第 20 条）提起不正当竞争侵权损害赔偿之诉，法院得据此予以裁判，这已在司法实践中获到充分肯定。但是，鉴于一般条款的原则性以及认定不正当竞争行为的复杂性，为避免弹性执法以肇诸多混乱，我国《反不正当竞争法》未赋予行政机关实施一般条款的权力，这在立法上表现为第四章"法律责任"部分没有设置相应的行政处罚或是处理条款。受制于行政处罚法定原则，行政执法机关不能对未被明确规定的不正当竞争行为加以处罚。[33] 进言之，依据一般条款规制未授权弹出式广告，只能对实施主体形成源自个体诉讼的民事赔偿约束，而不能提供行政规制层面的行政处罚约束。囿于篇幅，这里不深究民事赔偿约束是否已足够的问题。但是，至少与类型化条款多数情况下能够提供前述两种约束相较，一般条款提供的规制手段和力度无法与之等量齐观。

另一方面，即便未来我国《反不正当竞争法》赋予行政机关实施一般条款的权力，根据不正当竞争行为的规制理念，亦需要最大限度地压缩一般条款的效力空间。面对不断变化的经济社会，固然需要充分发挥《反不正当竞争法》一般条款的作用，"使该法能够及时延及新领域和规范新行为"。[34] 但前提是确实出现了"新行为"。对于"新"的评判，不能仅着眼于外观形式，而是需要结合类型化条款的旨意对行为的内在结构加以审视。进言之，面对一种花样翻新的所谓"新行为"，首先应尝试通过合目的性解释将其纳入现有类型化条款的规制范畴，以

---

[33] 参见周樨平：《反不正当竞争法一般条款行政实施研究——以裁量权的构建为中心》，载《现代法学》2015 年第 1 期，第 173 页。

[34] 孔祥俊：《反不正当竞争法的司法创新和发展——为〈反不正当竞争法〉施行 20 周年而作（上）》，载《知识产权》2013 年第 11 期，第 3 页。

期穷尽适用类型化条款。若确实无法通过解释的方法以适用类型化条款,一方面从权宜的角度可在司法实践中退求适用一般条款;但另一方面则是要在立法层面及时完善和丰富类型化条款以延及新行为。诚如有学者所言,就《反不正当竞争法》一般条款的实质功能,[35]其发展的理想状态应是在完善对类型化竞争行为和对竞争本质的理解后功成身退;在司法实践中更宜"以具体化知识代替指引性知识,以要件式规范代替写意性规范,以强预见性规范代替弱预见性规范"。[36]

四、反不正当竞争法类型化条款规制的一种可选路径:基于市场混淆条款的规制

(一)两种路径:增设类型化条款抑或充分利用现有类型化条款

承上所述,应当说依据类型化条款来规制未授权弹出式广告是最佳选择。问题的关键是,该以何种类型化条款来规制。有学者提出在《反不正当竞争法》中"增补对弹出式广告的列举"。[37] 笔者在与同人交流中,亦有观点主张将互联网不正当竞争行为确立为一种新的行为类型,而未授权弹出式广告可纳入其中的一种行为态样。这些主张归结起来实乃将未授权弹出式广告视为一种新行为,进而通过增设类型化条款加以规制。诚然,这些观点不失其建设意义。但与此同时,笔者认为,充分利用现有类型化条款,如基于市场混淆条款来规制未授权弹出式广告,不失为一种可供选择乃至是更优的路径。

一方面,类型化条款保护的客体应尽可能联结或投射至相对具体的权利范畴而非较为模糊的法益或利益,以最大程度地提高规制理据的确定性。市场混淆条款所保护的客体联结或投射至具体的商标权或

---

[35] 根据该学者的观点,一般条款的功能有二:一是实质功能,即作为法官补充判断竞争行为正当性的工具;二是形式功能,即确保不正当概念的周延性。参见蒋舸:《反不正当竞争法一般条款的形式功能与实质功能》,载《法商研究》2014年第6期,第140页。

[36] 参见蒋舸:《反不正当竞争法一般条款的形式功能与实质功能》,载《法商研究》2014年第6期,第146页。

[37] 叶明:《我国互联网弹出式广告的法律规制困境及其对策研究》,载李昌麒、岳彩申主编:《经济法论坛》(第13卷),法律出版社2014年版,第53页。

是相对具体的商业标识权,[38]以此条款认定和规范未授权弹出式广告,使其侵权属性得以清晰呈现,契合反不正当竞争法作为侵权责任法的特别法的性质。

另一方面,应审慎对待类型化条款的增补,凡能通过优化既有类型化条款或通过对其开放解释以延及所谓的新行为的,则不宜再行新的类型化,以最大程度地减少过度类型化导致规则竞合问题的产生。未授权弹出式广告的实质在于"搭便车",通过使用他人商业标识致于与其他市场主体及商品或服务混淆以标举自我,[39]尽管其借助了互联网技术,但本质上属于市场混淆行为,可以纳入市场混淆条款的规制范畴。

(二)基于市场混淆条款规制的两大理论障碍

综观我国现行《反不正当竞争法》的类型化条款,最有可能将未授权弹出式广告纳入调整范围的应是第 5 条,即通常所谓之市场混淆条款,核心意旨为经营者不得利用商业标识实施市场混淆行为。

根据我国当前理论与实务界的通行解释,此类行为有两个基本构成要件:一是对他人商业标识作相同或近似使用;二是导致市场混淆。

其中,第一个要件中的"使用",一般理解为用于商品、商品包装以及商品交易文书上,或者用于广告宣传、展览等商业活动中。抽象其共性,此处的"使用"须为可见意义上的使用,即用于可视载体上,公众能够做视觉上的比较。而未授权弹出式广告往往只利用他人商标、名称或域名来触发,而在最终呈现的广告页面上则不再使用与他人相同或近似的商业标识。因此,根据传统解释,确实很难认定未授权弹出式广告相同或近似地使用了他人的商业标识。

此外,第二个要件中的"市场混淆",一般理解为售中混淆,即相关公众在购买时对商品的来源产生误认。而未授权弹出式广告环境下,广告窗口及其链接的网站上往往不再使用与他人相同或近似的商业标识,售中混淆很难发生。

基于以上两点,站在现有法解释基础上,确实难以将未授权弹出式广告纳入市场混淆条款的规制范畴。

---

[38] 徐升权:《论"商业标识权"》,载《知识产权》2012 年第 9 期。

[39] 参见刘孔中:《公平交易法》,元照出版有限公司 2003 年版,第 211 页。

(三)基于市场混淆条款规制的理论障碍破解

在美国的司法裁判中,已有法院通过拓展界定商标“使用”的含义,以及引入初始兴趣混淆理论认定“混淆可能性”,进而将未授权弹出式广告纳入市场混淆不正当竞争行为范畴。尽管其中亦存不同认识,但这至少反映出将未授权弹出式广告纳入市场混淆条款的调整范围,在理论上是可以找到依据的。

1. 未授权弹出式广告符合“商业标识的使用”要件

竞争法意义上的商业标识是一个广义概念。我国正在修订的《反不正当竞争法》科学引入了“商业标识”这一概念,并与时俱进地对其作了拓展界定,除现行立法所列举的商业标识外,还将商标(不限于注册商标)、域名主体部分、网站名称、网页等纳入其中。[40] 现实中,未授权弹出式广告涉及使用的商业标识类型视个案而定,但主要集中于商标、域名或其主体部分、网址。从美国有关判例来看,争议的焦点并不在于“商业标识”而在于“使用”,即广告经营者利用投放网站的商业标识,如商标或是内含其商标的关键词、URL 网址触发弹出式广告的行为,是否构成商标法、反不正当竞争法意义上的“使用”。

例如,在 1 – 800 Contacts, Inc. v. WhenU. Com and Vision Direct, Inc 案中,原告主张被告在投放弹出式广告过程中使用了其持有的有效商标。被告则认为,其并未使用原告的商标,理由是,Windows 系统允许用户同时运行多个窗口,被告 WhenU. Com 的广告软件创设了与其他页面一并显示的新窗口,该窗口与包含原告网站的窗口同时可见,这并不属于商标法中的“使用”。[41] 法院最终认定,被告以两种方式使用了原告的商标。首先,通过使本案另一被告 Vision Direct 的广告在用户明确想寻找或访问原告的网站(原告的商标显现其上)时使显现,被告使用了在原告网站上呈现的原告商标。其次,被告 WhenU. Com 将

---

[40] 《反不正当竞争法(修订草案送审稿)》第 5 条第 2 款规定:“本法所称的商业标识,是指区分商品生产者或者经营者的标志,包括但不限于知名商品特有的名称、包装、装潢、商品形状、商标、企业和企业集团的名称及其简称、字号、域名主体部分、网站名称、网页、姓名、笔名、艺名、频道节目栏目的名称、标识等。”

[41] See 1 – 800 Contacts, Inc. v. WhenU. Com and Vision Direct, Inc. , 309 F. Supp. 2d 467, 488 (S. D. N. Y. 2003).

原告的 URL 置于其能够触发弹出式广告的目录项中,因而其"使用"了原告的商标为原告的竞争者做广告。[42]

而在 U-Haul International, Inc. v. WhenU. com, Inc. 案中,法院并不认可被告的弹出式广告"使用"了原告的商标,理由有四:其一,原告主张成立有赖于这样一个前提,即弹出式广告由原告的网站构成,然而弹出式广告的窗口不同且独立于原告的网站,而且 windows 系统允许用户同时开启多个窗口。其二,原告和被告的商标同时为一个消费者所见(二者既不相同也不近似)。其三,被告 WhenU 将原告的 URL 地址和"U-Haul"纳入其广告软件的目录并不构成商标法中的"使用",因为被告并未将其用于识别商品或服务来源,而只是利用其纯粹的机器连接功能(pure machine-linking function),同时并未以任何方式广告或宣传原告的网址或商标。其四,被告的弹出式广告程序并未妨碍原告网站的用户使用其网站,因为被告的广告软件没有影响原告的电脑服务器或系统,同时该软件是由用户安装的。[43]

从前述两个判例有关"使用"的认定来看,问题的关键在于如何界定"使用"的内涵;析言之,隐性使用他人商业标识是否构成商标法或反不正当竞争法意义上的"使用"。笔者对此持赞同态度。就"使用"的理解,应从市场混淆行为的实质着手。市场混淆行为的实质是榨取他人努力成果,攀附他人商誉,搭他人商誉的"便车"以推销自己的商品或服务。[44] 弹出式广告乃通过利用他人商业标识才得以触发,否则无法弹出;其目的也在于借助他人商誉获取竞争优势,否则没必要利用他人的商业标识来触发广告。是故,尽管弹出式广告对他人商业标识的利用并非可见,但确属榨取他人努力成果,攀附他人商誉的行为。当然,认定市场混淆行为还需满足另一个关键要件,即导致市场混淆。这

---

[42] See 1 – 800 Contacts, Inc. v. WhenU. Com and Vision Direct, Inc. , 309 F. Supp. 2d 489 (S. D. N. Y. 2003).

[43] See U-Haul International, Inc. v. WhenU. Com, Inc. , et al. , 279 F. Supp. 2d 723. 727 – 729(E. D. Va. 2003).

[44] 参见刘孔中:《公平交易法》,元照出版有限公司 2003 年版,第 220 页;刘继峰:《竞争法》,对外经济贸易大学出版社 2007 年版,第 109 页。

也被视为认定此类违法行为的核心标准。[45] 传统理论着眼可见使用，无外乎此种使用是现实中的典型做法，也确实容易导致市场混淆。然而，混淆要件同样意味着，即便隐性使用他人商业标识，只要导致市场混淆，同样应构成市场混淆行为。

2. 未授权弹出式广告符合“导致市场混淆”要件

此处“市场混淆”即通常简称之“混淆”，指使相关公众对商品经营者即对商品的来源产生误认，或者对商品经营者存在特定联系产生误认；[46]其既包括事实上的混淆，也包括混淆可能性。[47] 未授权弹出式广告在用户访问目标网站时自动弹出，容易导致用户误认该广告系目标网站经营所为或是广告经营者、广告主与目标网站经营者具有特定联系，如授权、许可或关联关系。在指导案例45号中，法院亦明确指出，“由于所弹出广告并非网络用户自主选择的结果，该行为还容易导致网络用户误以为弹出广告页面系百度公司所为”。[48]

诚然，指导案例45号对于“导致市场混淆”的阐释和认定较为简单，尤其是，弹出广告窗口与投放网站窗口使用不同商业标识时，用户在访问目标网站后或在实际购买时往往能够发现二者的不同，不致产生混淆或混淆的可能性很低，此种情境下，以传统的混淆理论来认定市场混淆显得牵强。面对这种情况，美国法院在审理此类案件中开创性地引入了初始兴趣混淆理论，并据以认定了未授权弹出式广告的混淆可能性，这极富启示意义。

初始兴趣混淆与传统混淆理论的关注点在根本上是一致的，即消费

---

[45] 参见刘继峰：《竞争法》，对外经济贸易大学出版社2007年版，第109页。

[46] 参见《反不正当竞争法(修订草案送审稿)》第5条第3款。该送审稿对“市场混淆”的界定基本上只是对现行司法规则的重述。例如，《反不正当竞争法》第5条第2项规定的“造成和他人的知名商品相混淆，使购买者误认为是该知名商品”实质上指的是“混淆”，最高人民法院《关于审理不正当竞争民事案件应用法律若干问题的揭示》(法释〔2007〕12号)第4条第1款将其解释为“足以使相关公众对商品的来源产生误认，包括误认为与知名商品的经营者具有许可使用、关联企业关系等特定联系”。

[47] 参见孔祥俊：《反不正当竞争法的创新性适用》，中国法制出版社20014年，第282页。

[48] 山东省青岛市中级人民法院(2009)青民三初字第110号民事判决书。

者是否发生混淆,二者不同之处在于,后者关注的是消费者在实际购买时是否发生混淆,而前者关注的是潜在的顾客在实际购买之前是否可能发生混淆。[49] 析言之,根据初始兴趣混淆理论,只要潜在的顾客在实际购买之前可能发生混淆,即便实际购买时不再混淆,亦认定存在混淆可能性。

在 1 – 800 Contacts, Inc. v. WhenU. Com and Vision Direct, Inc 案中,原告主张其遭受了被告的弹出式广告所致的初始兴趣混淆的伤害。被告 WhenU. Com 则认为如果消费者没有被误导到另一网站,则不存在初始兴趣混淆。法院指出,被告 WhenU. Com 明显误解了初始兴趣混淆理论,其如此阐释到:原告遭受的初始兴趣混淆的伤害并不在于网络用户不知不觉地被带跑而导致其原告网站用户流失,而是在于这样一种可能性,即被告 Vision(广告主)通过使用弹出式广告而在经营的初始阶段获得关键的信赖。[50] 进一步来说,被告的弹出式广告可能使消费者误以为被告与原告具有某种关系或是原告许可他们使用弹出式广告。即便客户很快意识到问题并纠正错误,弹出式广告也可能从一开始就转移了潜在客户的兴趣,客户可能转向购买原本并为其所知但由于弹出式广告的出现而使其知晓的商品。[51]

诚如美国第九巡回法院在 Brookfield Communications, Inc. , v. West Coast Entertainment Corporation 案中所指出的,当被告以一种旨在吸引潜在消费者关注的方式使用原告的商标时,初始兴趣混淆便发生了,即使并没有因为此种混淆而最终出现事实上的销售。当产生初始兴趣混淆时,就可以认定存在混淆可能性,即便消费者很快意识到产品来源的真实身份以及并未因为此种混淆而实际购买。[52]

总的来看,在美国,初始兴趣混淆理论已经被积极应用于未授权弹

---

[49] 参见邓宏光:《商标混淆理论之新发展:初始兴趣混淆》,载《知识产权》2007 年第 3 期,第 72 页。

[50] See 1 – 800 Contacts, Inc. v. WhenU. Com and Vision Direct, Inc. ,309 F. Supp. 2d 467,493 (S. D. N. Y. 2003).

[51] See 1 – 800 Contacts, Inc. v. WhenU. Com and Vision Direct, Inc. ,309 F. Supp. 2d 493,494 (S. D. N. Y. 2003).

[52] See Brookfield Communications, Inc. v. West Coast Entertainment Corporation 174 F. 3d 1036,1062(9th Cir. ,1999).

出式广告领域,并已经成为解决网络商标侵权纠纷的基础理论。[53] 我国学界对于在商标侵权认定中是否引入初始兴趣混淆理论展开了富有建设性的研讨,但尚未达成一致意见。[54] 诚然,国外经验需要审慎对待,但初始兴趣混淆理论至少提供了一种可供选择的认知路径。篇幅所限,笔者无法也无意在此就是否"应当"引入初始兴趣混淆理论这一宏大问题展开深入评判。不过,值得特别指出的是,初始理论混淆理论虽然不同于传统的混淆理论,但其仍以"消费者是否混淆"为关注点,其理论基础仍然建立在保护消费者利益、防止经营者商誉被不正当利用和维持市场公平竞争等传统混淆理论基础上。[55] 在这个层面上,以初始理论混淆理论解释"导致市场混淆"具有正当性和解释力。

五、结语

未授权弹出式广告无法认定为侵犯投放网站著作权的行为,依据著作权法予以规制不具有可行性。不过,它是一种发生在互联网领域的不正当竞争行为,适用反不正当竞争法对其加以规制,既必要亦正当。问题的关键在于,是依据一般条款来规制,还是基于类型化条款予以规制。当前我国司法实务界将未授权弹出式广告视为既有类型化条款无法延及的"新行为",并在审判中依据一般条款进行规制。站在现有法解释基础上,此路径值得肯定,但同时也是一种次优选择。最佳选择是依据类型化条款加以规制。本文认为,将未授权弹出式广告纳入市场混淆条款的规制范围,不失为一条可供选择的路径。美国司法实

---

[53] 参见邓宏光:《商标混淆理论之新发展:初始兴趣混淆》,载《知识产权》2007年第3期,第72页。

[54] 囿于篇幅,笔者不再展开。支持方的代表性论述,可参见邓宏光:《商标混淆理论之新发展:初始兴趣混淆》,载《知识产权》2007年第3期;徐聪颖:《论"初始兴趣混淆"的法律规制》,载《时代法学》2010年第3期;胡洪:《竞价排名的商标侵权分析——以初始利益混淆理论为视角》,载《网络法律评论》,北京大学出版社2012年版。反对方的代表性论述,可参见黄汇:《售前混淆之批判与售后混淆之证成——兼谈我国〈商标法〉的第三次修改》,载《电子知识产权》2008年第6期;刘敏:《论"初始兴趣混淆"原则在中国司法中的适用》,载《法律适用》2014年第4期。

[55] 参见邓宏光:《商标混淆理论之新发展:初始兴趣混淆》,载《知识产权》2007年第3期,第73页。

践中通过拓展界定商标“使用”的含义,以及引入初始兴趣混淆理论认定“混淆可能性”,进而将未授权弹出式广告纳入市场混淆不正当竞争范畴的裁判思路具有启示意义。

(谭贵华,法学博士,西南政法大学经济法学院讲师。)

虚拟财产民法保护路径之比较

——从萨维尼的法学方法出发

唐嘉佳

目　　次

体系化法学与法律历史社会学的邂逅,使汲取自生活世界里的民法素材,能够纳入到稳定且精巧的潘德克顿体系之中。民法典的编纂要求立法者在过去、现代与未来三重视界中逡巡。[①] 就某一具体制度的设计而言,在不同立法安排间进行比较和选择,审慎的思考不仅应停留在法律以内,还应延伸到法律之外,不仅是满足概念的规范及逻辑的自洽,更重要的在于适应社会发展的节奏并保证利益分配的均衡。这正是在探究我国未来的民法典中,网络虚拟财产宜采何种保护路径时,将贯穿整个研究工作的重要考量。

① 谢鸿飞:《中国民法典的生活世界、价值体系和立法表达》,载《清华法学》2014年第6期。

一、寻求虚拟财产的最优保护路径

(一)方法、范围及目的说明

过分纠缠于虚拟财产的文义解释只会徒增结论的不确定性。② 虚拟世界的法律规制,当然也包括财产法的制度设计,呈现出纷繁复杂的个体与公共利益之间的拉锯。因它牵扯着效率与公平、自治与管制、发展与秩序等诸多超越法理本身范畴的争议,也就意味着制度最优解的找寻对其他社会科学分支内容和方法的依赖。萨维尼倡导三足鼎立的法学方法,除规范—概念方法以外,还有历史—社会方法和自然法学—哲学方法。③ 此处不妨借鉴一二,以期解决围绕虚拟财产制度之立法选择的长期分歧。

从现有的国内外研究成果看,学者对网络虚拟财产的外延界定宽狭殊异。或是认为仅限于网络游戏中的财产,④或是认为须涵盖全部网络空间中的财产,⑤或是介乎两者之间,尚有存于电子邮箱、社交账号、电子商铺等其他"虚拟物"中的财产。⑥ 概念范畴的确定,反映出各学者对于自身研究覆盖范围的主动选择,也即拟定所设计的虚拟财产制度之适用范围。因此,本文采用广义上的虚拟财产概念,使新兴的虚拟世界涌现出的全部财产利益,都得到法律的正名,并尝试完成虚拟财产制度与传统民法框架间的调和,构建出完整的虚拟财产民法保护路径。进一步的,是否有按照"虚拟货币"与其他"虚拟物"展开类型化讨论之必要,姑且按下不表。但通过用户间共同协议运作、去中心化的

---

② Charles Blazer, "The Five Indicia of Virtual Property", 5 Pierce Law Review 137, 160(2007).

③ 参见谢鸿飞:《法律与历史——体系化法史学与法律历史社会学》,北京大学出版社 2012 年版,前言第 2 页。

④ 参见钱明星、张帆:《网络虚拟财产民法问题探析》,载《福建师范大学学报》(哲学社会科学版)2008 年第 5 期。

⑤ 参见杨立新、王中合:《论网络虚拟财产的物权属性及其基本规则》,载《国家检察官学院学报》2004 年第 6 期。

⑥ 参见刘婷:《互联网时代背景下关于离婚案件中网店分割的法律问题研究——以 C2C 交易模式下的淘宝网店为视角》,载《法律适用》2016 年第 1 期。

“虚拟货币”,如比特币,因后文所述的原因不纳入本篇虚拟财产的研究范畴。

大陆法系通用的财产概念,系由民事主体所有的具有金钱价值的各种权利的总体构成。⑦ 德国民法典中并无财产的定义或关于其法律后果的概括性规定,它们分散在该法典针对不同类型财产所作的具体规定中。⑧ 在财产权与人身权二分的传统民法体系下,债权、物权、继承权及特别民法中的知识产权是财产权的主要类型。限于文章的篇幅,网络虚拟财产中的知识产权保护暂不讨论,主要致力于解决知识产权以外的其他虚拟财产究竟宜作为物权(或准物权)抑或债权,或者某种新型财产权,甚至是兼有以上权利的整体来加以保护的问题。

(二)债权说与物权说之较量

所有以揭示虚拟财产之本质为终极目标的征途,注定会无功而返。追问虚拟财产是什么,是物权、债权还是其他权利,这种提问方式似乎颇值得商榷。网游角色和装备、电子邮箱、社交平台的账号,它们与传统民法中的有体物——动产和不动产,以及随后逐渐发展并取得法律承认的无体物——能为人力控制并具有价值的电、汽及各种自然力,无不兼有相似与相异的对立特征。通过强调相似属性来证成,或通过强调相异属性来证否,仅仅决定于研究者偏好的观察角度。从概念文义出发来解决问题遭遇的这一普遍困境,导致虚拟财产是否属于物权的激辩至今难有确切的定论。

构建网络虚拟财产制度面临的真正问题,是怎么建,怎样的制度才是合理的、可行的,乃至最优的;比起去发现事实的“真相”,它所需的工作更接近于进行价值的判断。现在,三种主要路径可供选择,分别形成了虚拟财产制度设计的不同学说。(1)债权说。⑨ 把虚拟财产看成网络服务提供者与用户间通过协议产生的,可以用金钱衡量的债权。

---

⑦ 参见[德]卡尔·拉伦茨:《德国民法通论》(上册),王晓晔等译,法律出版社2013年版,第410页。

⑧ 参见[德]迪特尔·梅迪库斯:《德国民法总论》,邵建东译,法律出版社2013年版,第889页。

⑨ 参见刘明:《网络虚拟财产权权利客体研究》,载《社会科学研究》2015年第2期。

(2)物权说。[10] 把虚拟财产看成网络服务提供者或用户享有的,以“虚拟物”为标的的物权。物权说还包括特别物权说和准物权说。(3)新型权利说。[11] 把虚拟财产看成既非物权,也非债权的,一种独立于传统民法体系以外的新财产权利类型。以上学说均或多或少地,要求对现行的法律规范作出调整,对现有的民法理论进行突破——债权说的部分支持者也提出突破权利相对性,承认第三人侵权责任的构想。这样的话,问题自然地演变为我们对是否突破及突破方式的选择,主要是法律变革带来的社会福利,是否足以抵消实施变革的成本。

比较虚拟财产的三种民法保护路径,赞同债权说与物权说的学者均不在少数,新型权利说相对显得势单力薄。之所以如此,是因为后者意味着传统民法体系的全面颠覆,立法和实践中都会产生过于高昂的变革成本;如果采用更加温和的方法即可实现程度合理的权利保护,它将无疑不是个聪明的选择。梅因先生提出“法律”和社会相协调的三种手段:拟制、衡平与立法;[12]它们出现的严格先后顺序,表达出自古代社会持续存在的对法律稳定性价值的追求。这位伟大的历史法学家在广义的维度上使用“拟制”的概念,表达法律的文字甚少被改变,但其应用已发生变化的事实。[13] 债权说与物权说的拥护者,进行的恰是这一种“润物于无声”的拟制。较之新型权利说,既无须与早已深入人心的潘德克顿体系决裂,亦可完成同样的法律进步要求。

因此,虚拟财产制度的构建,仍须归结到债权说与物权说的较量。尽管问题中盘根错节的法律关系,火星四溅的意识碰撞及无处不在的价值冲突,给最优路径的探索蒙上厚重的迷雾。萨维尼提出的基本法学方法,无疑会助益于我们从法律及其相邻的经济、社会、文化和哲学更开阔的领域去寻找客观且可信的答案。本文将于第二部分比较债权

---

[10] 参见林旭霞:《虚拟财产权性质论》,载《中国法学》2009年第1期。

[11] 参见申晨:《虚拟财产规则的路径重构》,载《法学家》2016年第1期。准确地说,作者并未明确界定虚拟财产的权利性质,且否认有作出界定的必要。文章从虚拟财产相关的法律关系出发,直接分析不同法律事实引起的具体法律后果;所讨论法律关系中表现出的权利形态,与传统民法中的物权和债权均有差异。

[12] 参见[英]亨利·梅因:《古代法》,沈景一译,商务印书馆1959年版,第15页。

[13] 同上书,第16页。

说与物权说在不同主体间形成的法律关系及其法律后果,并分析不同学说分别对现有立法与理论的突破程度,即侧重规范—概念方法。第三部分比较两种路径在特定的历史和社会环境中可能产生的区别影响,选取过去、现在和未来三个时间节点考虑问题,即侧重历史—社会方法。第四部分比较两种路径下利益分配的方式与结果是否符合自然法的公正要求,从而对前两章形成的初步结论进行检验和可能的必要校正,即侧重自然法学—哲学方法。第五部分拟在上述分析的基础上,于虚拟财产的两种民法保护路径中作出最优方案的选择。

二、从规范—概念视角出发之比较

采取债权说或是物权说,在虚拟财产的利害关系人之间会产生大相径庭的法律关系,包含其中的权利与义务因而表现出主体、标的、行使方式、救济途径等方面的差别。其中,无论采取何种理论,网络服务提供者与用户间的法律关系,比较用户相互间的法律关系,依然保有各自特定的形态,后者或出现不存在任何法律关系的情形。

(一)不同路径下的法律关系

简言之,把虚拟财产主要作为债权保护,网络服务提供者与各用户因网络服务合同的缔结产生债权法律关系,用户彼此则不产生法律关系。把虚拟财产主要作为物权或准物权保护,又须分两种情形讨论:(1)若网络服务提供者系所有权人,其与全部非所有权人均产生物权法律关系。通过缔结网络服务合同,网络服务提供者让渡给用户的究竟是物权或是债权,依合同内容确定。前者于用户间产生用益物权关系,后者不产生法律关系。(2)若用户系所有权人,其一样与全部非所有权人均产生物权法律关系。同样,网络服务合同也决定网络服务提供者与用户间继续产生的是否包括用益物权关系,前者于网络服务提供者与其他非所有人用户间产生物权关系,后者不产生法律关系。综上,债权说中的虚拟财产仅包括民事主体享有的具有财产利益的合同债权,物权说中的虚拟财产却不仅包括虚拟物的所有权和使用权,还包括具有财产利益的合同债权。

根据主张债权说的学者对虚拟财产的制度设计,网络服务提供者与用户间的法律关系,完全依赖网络服务合同中双方约定的权利义务进行调整。固然自由平等之协商为通世承认的合同订立基本准则,实践中这类合同皆由网络服务提供者以格式条款的方式先行拟定。合同内容的履行与违约行为的救济,双方得根据合同法规范及合同自身条款,直接向相对方提出请求,或通过法院提出给付之诉。用户相互之间不负有法律上的权利和义务,由于债权的相对性,因其他用户的原因导致合同债权损害的,受害人仅能向合同相对方提起违约之诉,但不能向第三人提出侵权之诉。然而,部分学者主张突破合同的相对性并承认债权的可侵害性,在此有限的情形下允许受害人直接向第三人主张权利。

阐释主张物权说的学者对虚拟财产的制度设计,要进行的工作相对更复杂些。一方面,就网络服务提供者与用户间的法律关系而言,承认虚拟财产中物权的存在,并不影响网络服务提供者与用户间订立之网络服务合同整体的生效;但合同中的部分条款,可能因与物权法定原则相抵触而部分无效。考虑物权说中利害关系人间的权利义务,总是要从物权法和合同法两个方向同时出发。结合多种因素的综合考量,“虚拟物”的所有权被归属于网络服务提供者与用户中的任意一方。通过缔约的方式,所有权的部分权能以用益物权或债权的方式让渡给对方,可能形成以下几种适法的权利状态:(1)网络服务提供者享有所有权,用户权利属于用益物权,双方依合同互负权利义务。(2)网络服务提供者享有所有权,用户权利属于债权,双方依合同互负权利义务。(3)与前两种情形正好相反,用户享有所有权,网络服务提供者权利属于用益物权或债权,同时双方依合同互负权利义务。多种类型法律关系的并存,完全符合法理的逻辑,各自的权利与义务内容相互独立。其中,须明确两个问题:(1)在所有权上设立用益物权或债权的,所有权对设立的权利应予尊重。(2)新设立的用益物权,受到其设立基础——债权行为的约束。因此,作为虚拟财产主体的物权人得行使对“虚拟物”排他性的直接支配,发生于网络服务提供者与用户之间的争议,物权法与合同法皆有作用的空间,也有发生请求权竞合的可能。另一方面,就与其他用户的法律关系而言,不管所有权人或是用益物权人,物权的绝对性使之得以对第三人的侵害实施自力救济或公力救济。但在一方仅通过网络服务合同享有债权的,与债权说中情形相似,如果坚守债权相对性的理论前提,则只能向合同相对方主张债权不能实现的救济,不得直接向第三人提出法律上的请求。

(二)不同路径下的法律后果

我国现行物权法中作为权利标的的"物",仅指由动产和不动产构成的有体物,虚拟物暂不属于物权法的保护范围。网络服务合同中的财产性债权,受到合同法的保护,但侵权责任法仍以绝对权为保护对象,不承认第三人对债权的侵权行为。所以,现行法规范构成的虚拟财产制度,只是以合同法规则简单地保护网络服务合同中的财产性债权,使其不受相对方违约行为的侵害,这也是传统债权说学者的立场。呼吁变通法律的物权说学者及新债权说学者(主张债权的可侵害性)坚持现有的制度不能适宜地保护权利主体的财产利益。

分别于债权说与物权说指导下构建之虚拟财产制度,在规范利害关系人间不断发生的大量法律事实的时候,下述法律后果上的差异普遍被学者所识别和关注。首先,债权仅能约束债务人,不具有对抗第三人的效力,当然新债权说的主张者并不这么认为,物权则属于具有对抗所有非物权人效果的排他性权利。在第三人行为导致虚拟财产受到损害的案件中,也就是说,债权说认为受害者只能对债务人提起违约之诉,但新债权说允许受害者直接对第三人提起侵权之诉,物权说则允许对第三人依据物权法或侵权责任法提起诉讼。[14] 其次,债权的范围由双方协商确定,物权范围通过法律直接确定。实践中可能出现以下两种情形:(1)债权范围的最终确定受到双方议价能力大小的影响,对长期处于弱势地位的消费者似乎不利。较之对"虚拟物"进行完全支配的所有权,或行使部分权能对物直接支配的用益物权,债权赋予权利人自由行为的空间通常相对狭小。比如,根据虚拟财产的债权说,虚拟财产的转让属于债权的转让。网络服务合同中一般规定有禁止转让的条

---

[14] 物权受到侵害时,权利人既可根据物权法的规定,行使物上请求权,亦可根据侵权法的规定,主张行为人侵害其绝对权的侵权责任。物权法与侵权责任法的规定是否重复,在民法典的制定中应如何衔接,目前学界仍有争议,此处不作讨论。

款,在该条款未因违反法律或公共利益而无效时,内容就应当受到尊重。即使虚拟物的交易未被契约明确禁止,当合同权利与义务形成不可分割的整体,债权转让的同时必然发生债务的承担,这种情况在网络服务合同形成的债权债务中并不鲜见,此时发生的转让仍以合同相对方的同意为必要条件。然而,不管是否受到法律认可,虚拟财产交易在今天的市场上早已如火如荼。⑮ 法律选择怎样的立场处理与之相关的争议,是需要尽快理清的问题。(2)如前,债权说中双方缔约空间更大,内容以不违反强制性法律和公共利益为限。但物权说赋予缔约一方主体法定的所有权,并允许所有权人让渡给另一方主体以用益物权。物权法定原则的不可动摇,实质上将给缔约自由带来限制,契约中的条款一旦与所有权或用益物权的内容有异,即面临失效的命运。尤其是,现有的网络服务合同中,网络服务提供者往往给自身保留大量权利,比如禁止虚拟财产的转让和继承,以及在用户出现特定行为时,对其虚拟财产的限制或剥夺。⑯ 如果法律赋予用户以"包罗万象"的所有权,类似约定内容几乎不可能取得法律上的正当性,那么对相关案件判决结果产生的影响可想而知。最后,债权的请求权特征与物权的支配权特征也会影响权利的实现方式。在对方出现违约行为时通过自力救济的方式行使权利是否是可能和适法的,在这一区别下产生讨论的空间。比如付费邮箱,出现用户未如期缴纳相关费用,网络服务提供者是否可

---

⑮ 数据显示,2013 年国内整个网络游戏交易市场的日均虚拟财产交易金额超出 5000 万元。参见中国电子商务研究中心:《(金融数据)2013 年网游日均虚拟财产交易额超 5000 万》,载中国电子商务研究中心:http://b2b.toocle.com/detail--6115052.html,最后访问日期:2016 年 6 月 24 日。

⑯ 如《腾讯服务协议》中规定:"未经腾讯许可,您不得赠与、借用、租用、转让或售卖 QQ 号码或者以其他方式许可非初始申请注册人使用 QQ 号码。"《微博服务使用协议》中规定:"上述必要措施包括但不限于……限制或禁止违规账号部分或全部功能,暂停、终止、注销用户使用微博服务的权利等。"《网易邮箱账号服务条款》中规定:"网易有权作出独立判断立即暂停或终止对用户提供部分或全部服务,包括锁定、注销、删除用户网易邮箱帐号等措施。"

以直接注销账号并删除邮件,还是只能依法向法院提出请求权。[17] 另外,救济途径的问题,是只能向债务人提出请求,还是也可向第三人提出请求,是只能向对方请求债务的履行,还是可通过自己的行为恢复权利的完满状态。在司法实践中,上述差异不容忽视地影响到被告、案由及请求权基础等系列诉讼条件的确定。

(三)不同路径下的法律突破

除传统债权说系对现行法律规范及民法理论的忠实表达,新债权说与物权说均在民事立法与学说的旧版图上作出了不同程度的突破。新债权说的学者主张将虚拟财产中债权的效力扩张,使权利人能够直接向侵害债权的第三人提出损害赔偿请求。物权说的学者则进一步发展与拓宽了物权标的——"物"的概念,在有体物与部分已获得法律承认的无体物以外,把"虚拟物"纳入物权法的保护范围。

"第三人侵害债权"理论,模糊了物权绝对性与债权相对性这一重要分别的边界,它是传统民法中泾渭分明的物债学说趋于融合的明显标志。我国在合同法制定过程中曾就该问题展开讨论,但最终的法律条文里未出现第三人侵害债权之民事责任的规定。[18] 在域外,法国学者多肯定该理论,而德国学者多持相反态度。[19] 债权以债权人得请求债务人为一定的行为为其内容。所谓第三人侵害债权,指因第三人原因使得债务人无法履行债务。未经公示的债权,第三人通常并不事先知晓其权利状态,要求其此时通过约束自身行为来尊重权利,逻辑上的正当性如何成立?反之,债权的公示可赋予特定债权以物权的对抗性,不动产预告登记即是如此。可见网络虚拟财产是否具有权利状态的公

---

[17] 加拿大联邦法院处理过一起涉及付费电子邮箱的类似纠纷,原告南希·卡特(Nancy Carter)未按时缴纳邮箱使用费,被告因特尔公司(Intel Corporation)遂终止其网络服务,但被告并未告知原告邮箱仍能正常接收邮件,导致原告不知且不能阅读一封重要电子邮件,从而错失工作机会。案件虽然于判决前已经解决,电子邮箱的性质与权属却引起国内外法学界的广泛关注。Jonathan J. Darrow & Gerald R. Ferrera,"Who Owns A Decedent's E-mails: Inheritable Probate Assets of Property of the Network?",10 *New York University Journal of Legislation and Public Policy* 281,295(2006/2007).

[18] 参见尹田:《物权法》,北京大学出版社2013年版,第13页。

[19] 同上注,第12页。

示性,是可否使其对抗第三人的关键因素。通过网络技术的控制,比如账号和密码技术,债权人拥有排他性的操作权限,已经形成明确的权利外观。所以,至少在虚拟财产制度构建的范畴内,“第三人侵害债权”理论完全可以获得法理上的正当性。

而“物”的概念,狭义上本以有体物为限;其外延扩张之范围与程度,在域内与域外的学说与立法中形貌各异。德国与日本民法典,均把法律上的物限于有体物范围以内,但法国和意大利民法典则承认无体物的概念。[20] 我国物权法态度与德、日一致,[21]然主流学说同意物权相关法律应有限地认可无体物,[22]并将这一立场变化反映在不日出台的民法典建议稿中。[23] 法律和理论上已经认可的无体物,多是声、光、电等自然力。它们固然已突破固、气、液的物质状态,但通说认为其具有经济价值且已能为人力所控制,遂一并纳入物权法的保护范围。同样,“虚拟物”的概念在法律上是否成立,遵循着相同的思路。它们由网络服务提供者服务器上的二进制数字代码控制,通过客户端的视听软件显示出形态和声音。它们不同于传统的有体物,由细微的分子或原子结构直接组成,也不同于所谓的无体物,宁可说主体对它们的感知正是由于所谓无体物作用的结果。“虚拟物”本身并没有客观实在性,[24]至少不是与有体物和无体物以相同的姿态出现于物理学家的研究视野中,但是对于法学家是否也必然如此?清晰界定客观物或“虚拟物”的权利归属,以期减少争议并发挥“物”的价值和效用,在法学领域的工作似乎没有形成本质的区别。仅仅在法理学的框架内判断,物权说主

---

[20] 参见梁慧星:《民法总论》,法律出版社 2007 年版,第 149 页。

[21] 我国《物权法》第 2 条第 2 款规定,本法所称物,包括动产和不动产。

[22] 梁慧星:《民法总论》,法律出版社 2007 年版,第 149 页。参见魏振瀛:《民法》,北京大学出版社、高等教育出版社 2013 年版,第 124 页。

[23] 中国社会科学院民法典立法研究课题组在最新研究成果“民法总则(建议稿)”第 118 条(物的定义)第 2 款中规定:“能够为人力控制并具有价值的特定空间、自然力视为物。人力控制之下的电,亦视为物。”参见中国法学网:《中国社会科学院民法典立法研究课题组发布“民法总则(建议稿)”》,载中国法学网:http://www.iolaw.org.cn/showNews.aspx?id=49193,最后访问日期:2016 年 6 月 25 日。

[24] 魏振瀛:《民法》,北京大学出版社、高等教育出版社 2013 年版,第 137 页。

张将物的概念扩及"虚拟物",没有逻辑上的明显障碍。梅迪库斯即提到标准软件(计算机程序)是否属于物在德国法上的争论。㉕

三、从历史—社会视角出发之比较

在前述的分析中,通过债权说(传统债权说和新债权说)与物权说构建的虚拟财产制度,表现出法律关系及相关法律后果的诸多差异;至于何种安排适用于特定的社会历史环境中,会向文明提供促进其更加蓬勃生长的力量,还须把法律调整的结果放在整个社会科学领域中加以全面比较。既然已证明设想的三种制度改革方案,在法学本身的范畴内均不被诘难;就是否改革及如何改革的选择,便可从历史—社会视角展开改革收益与成本的进一步分析。

(一)技术、文明与法律

顾准先生以敏锐的观察力,洞悉了欧洲中世纪马镫的应用与我国明末红夷大炮的引进,对历史行程曾发生迴然的影响,颠覆了技术革新总是推动历史进步的伪命题。㉖ 汤比因先生同样观察到技术前进而文明却静止不动甚或在衰落的现象,㉗且在其学术巨著《历史研究》中通过大量史实详细阐释。但是,只要纵观自工业革命始中西方整个近代史,当新技术蕴藏着的能量被充分挖掘以后,确乎也不负其"第一生产力"的美名。站在历史唯物主义的立场上,学界谨慎而深入地探讨如何构建出科学合理的上层建筑,从而释放技术的无限潜能。法学家们当然不得不忙碌起来,使"法律"去追赶或多或少走在前面的社会需要和社会意见;人民幸福的或大或小,恰恰取决于两者间缺口缩小的快慢程度。㉘ 尤其,身处当下的信息时代,计算机与互联网技术在经济、社会、文化与意识领域不断刷新着全球的物质和精神生活,包括法学家在内的社会科学工作者们面临着全新的挑战和促进发展的契机。因为,

---

㉕ [德]迪特尔·梅迪库斯:《德国民法总论》,邵建东译,法律出版社2013年版,第875页。

㉖ 参见顾准:《顾准文集》,贵州人民出版社1994年版,第303页。

㉗ 参见[英]阿诺尔德·汤比因:《历史研究(上)》,曹未风等译,上海人民出版社1966年版,第244页。

㉘ [英]亨利·梅因:《古代法》,沈景一译,商务印书馆1959年版,第15页。

不断地经历挑战与应战的往复循环，是每个充满活力的文明生长的必然道路。[29]

通过历史—社会方法来比较虚拟财产的两种民法保护路径，要求用历史的眼光注视所要观察的对象，在过去、现在和未来组成的连续时间轴上，厘清相关法律与社会的交互影响。要知道，在历史法学派“掌门人”萨维尼看来，其实法律并不存在，法律就是我们的生活；虚拟财产民法保护的最优路径，是已然扎实在历史和生活基础上的“活法”。[30]

（二）有关过去的追问

互联网的生命，在人类文明的历史上显得非常年轻。又仅当它随后发展到特定的阶段，网络游戏飓风开始席卷全球，以多人互动游戏模式的出现与家庭个人电脑的普及为前提，滋生了存在于网络世界里的经济利益，才使虚拟财产的概念进入研究者的视野。[31] 正如虚拟财产制度在稍早的大陆法典与英美判例中均难觅踪影，2004 年的“红月”案也是我国第一起有关虚拟财产的案件。[32] 同样，在其他社会科学的早期文献中，也无法获得探究虚拟财产相关问题的直接论据。

然而，虚拟财产本身作为财产概念的子集，它的性格内在地合乎人类智慧在财产问题上所作的思考。在西方经济学上，借助生产资源通过人类加工出来的“经济物品”，有别于“自由物品”；它们以有限数量满足人类的无限欲望时，产生了稀缺性问题。[33] 保护稀缺物中的经济利益，是促使财产法产生的根本原因。物的所有权以及对它的确认与保护总是财产制度中最先被留意的部分，自然法学家想象的产物——“社会契约”及因此形成的对他人财产权利彼此尊重的状态颇值怀疑，

---

[29] ［英］阿诺尔德・汤因比：《历史研究（上）》，曹未风等译，上海人民出版社 1966 年版，第 239 页。

[30] 参见谢鸿飞：《追寻历史的“活法”——法律的历史分析理论述评》，载《中国社会科学》2005 年第 4 期。

[31] F. Gregory Lastowka & Dan Hunter, “The Laws of the Virtual Worlds”, 92 *California Law Review* 1, 24 (2004).

[32] 参见北京市第二中级人民法院（2004）二中民终字第 02877 号。

[33] 参见尹伯成主编：《微观经济学简明教程》，格致出版社、上海人民出版社 2011 年版，第 4 页。

财产的不可侵性更可能是随着法律学之进步及大多数物件“归属”的确定逐渐渗入社会意识。[34] 其中“先占“制度的出现,盖出于这一背景下任何财产均应属于某一所有人的推定,[35]亦即尽可能去确定一切财产归属的原因。物的稀缺性同时使充分发挥所有“经济物品”的效用成为必要,使用价值与交换价值的区分实践,最终导致法律上所有权与用益物权的分离。通过回溯物权的早期史,它被寄望去发挥的制度价值,与现代立法者在物权法律中明确表达的观点一脉相承。[36]

法律天才云集的罗马人还创造出“债”的概念,优士丁尼在法学阶梯中将之定义为“应负担履行义务的法锁”,[37]契约和私犯分别是产生债的原因。[38] 古罗马关于合同之债的学说,最有趣的莫过于“合约”与“契约”的细微区分,“合约”只在附上“债”之后才演变为有效的“契约”。[39] 早期的物权法与债权法间隐约的关联,从法律概念“耐克逊”的含义变迁便可明确感知——先表示所有权的让与,后表示契约——最初的契约被视为物权让与的不完全形式。[40] 契约作为物权让与的变体而出生多少属于偶然,但制度得以长期且普遍的坚持,必定有其存在的理由和语境化的合理性。[41] 契约法的发达总是与文明社会经济生活中交易实践的频繁和自由市场的生机相同步;它保障交易秩序,通过保障交易以鼓励交易,它维护市场秩序,通过维护市场以发展市场。

萨维尼在法律关系的框架下,最终完成了物权与债权在法技术上的明确区分;支配权与请求权,对世权与对人权之别,分别构成传统民

---

[34] [英]亨利·梅因:《古代法》,沈景一译,商务印书馆1959年版,第145页。

[35] [英]亨利·梅因:《古代法》,沈景一译,商务印书馆1959年版,第146页。

[36] 我国《物权法》第1条规定立法目的是“……明确物的归属,发挥物的效用,保护权利人的物权。”

[37] 拉丁文原文表述为:“Obligatio est iuris vinculum, quo necessitate adstringimur alicuius solvendae rei.”

[38] [古罗马]盖尤斯:《法学阶梯》,黄风译,中国政法大学出版社1996年版,第226页。

[39] [英]亨利·梅因:《古代法》,沈景一译,商务印书馆1959年版,第182页。

[40] [英]亨利·梅因:《古代法》,沈景一译,商务印书馆1959年版,第182页。

[41] 参见朱苏力:《送法下乡——中国基层司法制度研究》,中国政法大学出版社2000年版,第90页。

法物权与债权制度的基石。[42] 但是当我们试图寻找一种新的财产在权利体系中的位置,它究竟属于请求权还是支配权,是对人权还是对世权,应是立法者选择的结果,而非选择的原因——我们意图使这种财产具有怎样的法律效果。更确切地说,取决于我们希望虚拟财产承担物权或是债权的制度功能。

(三)有关现实的回应

横亘在现实与虚拟世界之间的界限并不总是那么清晰,虚拟世界正以前所未有的增速吸引人们进入其中,投入虚拟世界的大量时间、精力、金钱与情感,使这个世界自然散发出"真实"的味道。[43] 虚拟世界里的活动,无论经济交易或法律纠纷,都以各自的方式投射到现实世界,提醒我们关注和研究这一领域的重要性。

从宏观经济学角度,互联网产业依靠其核心计算机网络行业及衍生出的若干相关行业,通过互联网进行生产、分配、交换和消费等不同环节的经济活动,[44]在国民经济中占据重要地位,也是国家贡献产值、增加税收及提供就业的重要经济支柱。社会主义市场经济的理论和实践,并不鼓励法律肆意扩张自己的疆土,以颠覆自身护卫而非君主的角色;尤其是私法特有的谦抑性,它始终的使命是于最必要的秩序基础上保证给予市场最充分的自由。

从微观经济学角度,传统的供需模型仍可用于指导互联网产业生产者(服务者)和消费者群体的行为。经济学学者把网络经济视为一种新的生产力,它是服务经济与信息经济的有机结合,代表着新的生产方式。[45] 尽管"理性经济人"的假定在解释互联网消费行为的过程中不能完全成立,但通过观察市场的现有表现,它有能力对主体的经济活动进行合理有效的调节。私法处理生产者与消费者间不可避免的纷争,它不会也不该试图进行双方利益的再分配,除非消费者处于严重不公

---

[42] 参见金可可:《私法体系中的债权物权区分说——萨维尼的理论贡献》,载《中国社会科学》2006 年第 2 期。

[43] F. Gregory Lastowka & Dan Hunter, supra note 31, at 8.

[44] 参见奚声慧:《网络游戏产业之经济学分析》,上海社会科学院经济研究所 2007 年博士学位论文。

[45] 同上。

的弱势地位。

在上述的理论前提下比较两种虚拟财产制度的不同法律后果,接近合理的结论变得不再十分困难。物权是静态的、相对稳定的权利,债权是动态的、相对灵活的权利。如果民法保护之目的在于明确虚拟财产之归属,以便更充分发挥财产经济效用,则虚拟财产应属物权;如果民法保护之目的在于保障契约内容之实现,以便更充分鼓励主体经济行为,则虚拟财产应属债权。二者相较,后者表现出说服力上的优势。一方面,寻找"虚拟物"法律上主人的工作似乎并不那么必要和迫切。尽管网络服务提供者与用户均有实施一定的操作,通过改变储存于服务器上的代码,从而支配"虚拟物"的技术可能性,但二者之间的权限分配,完全可以自由缔结的网络服务合同确定。而第三人并不能随意地对"虚拟物"进行支配,技术上的障碍尽管非不可逾越,但是有效地避免财产处于过于混乱而无序的状态。置言之,权利的归属状态在虚拟财产的语境中已然非常明朗,法律的任务,只是保证网络服务合同对权限的分割受到双方主体必要的尊重而已。另一方面,"公地悲剧"的困扰在虚拟财产中并不存在,"虚拟物"也不因欠缺明确的权利主体而呈现利用不足或利用过度的极端情形。不仅因为网络经济满足供给—需求模型,网络服务提供者完全可以通过市场表现调节"虚拟物"的生产,也因"虚拟物"只处于网络服务提供者及特定用户的支配下,事实上不能被过度"使用"。鉴于确保资源的合理配置与充分使用是物权法当然的使命,物权与虚拟财产的制度设计也就缺少强烈的逻辑关联。相反,民法对债权的保护,合同法中大量的任意性规范给市场留下广阔的自由空间,给网络经济产业的发展也创造出足够的舞台。以债权说为蓝本构建网络虚拟财产制度,是因为在虚拟财产的语境下,债权的制度价值更贴合于法律在这个场景中的使命。

把债权说适用于具体的法律情境之前,还有一个制度的细节需要甄别——是否突破债权的相对性,承认"第三人侵害债权"理论。网络游戏账号及设备的大量失窃是提出这一修正的主要动因,从实用主义角度,它恐怕会是一个出于好意却收效甚微的制度。即使承认债权的可侵害性,用户在虚拟世界中寻找侵权人的努力也无异大海捞针;即使能够得到网络服务提供者的协助,"虚拟物"的数据变化也不必然会暴露侵权人的网络身份,遑论其现实身份。即使最终确定侵权人——概率不大,包括诉讼时间、精力和各种费用在内的权利救济成本也非常高昂。虚拟财产的权利主体如果希望恢复之前的权利状态,总是要依靠网络服务提供者对数据进行修改;比起向第三人请求的诸多困难,直接向网络服务提供者发出请求非常经济和简便。既然如此,是否可在此情形下使网络服务提供者负担某种法定的义务?如前所述,在消费者处于明显的弱势地位时,法律施以援手是正当的。但考虑到网络服务提供者的时间与人力成本,这一法定的义务仅得适用于经济价值超过一定数额的虚拟财产。因侵权法以绝对权的损害为必要,它的法理基础并非公共场所管理人的安全保障义务,将之设定为网络服务合同一方的从合同义务相对合理。它在民法典中所处的具体位置,或者更宜写入特别民法或司法解释,此处暂不展开讨论。

(四)有关未来的展望

历史—社会方法的逻辑给传统的债权说提供更坚实的立论基础,相较之下,物权说与新债权说或是在适应特定的历史和社会土壤时表现出兼容性的弱势,或是因虚拟世界的自身属性滋生制度可行性方面的怀疑。至于传统的债权说,它当然也面对着不容忽视的质疑声;现在置于个案法律后果的比对中,剖析这些声音是否合理。

首先,关于普遍的"虚拟物"的"失窃"纠纷。赋予网络服务提供者法定的恢复义务被证明是最经济合理的救济方式。其次,关于网络服务合同格式条款效力的纠纷。生产者(服务者)与消费者在议价能力上的地位差异,现行法已经进行必要的关注和调整,这点突出地表现在合同法对格式条款效力的严格约束上。但技术与市场的良好发展内在地要求给生产商留下充分的自治空间,通过市场的竞争而非生硬的法律来限制它们不会肆意妄为。从普通用户的眼光出发,我们有理由抱怨网络服务提供者在虚拟世界里专制得像个国王;[46]但是法律的介入仍然是十分谨慎的,尤其不能在自身情感与利益的驱使下,试图对双方的财产利益进行再分配。如果通过物权说构建出的虚拟财产制度,物

[46] Joshua A. T. Fairfield, "The God Paradox", 89 *Boston University Law Review* 1017, 1022(2009).

权法定原则的巨大威力导致现行网络服务合同条款的大批失效,对市场和司法肯定都不是好消息。再次,关于虚拟财产的交易纠纷。债权说最饱受诟病的,莫过于无视虚拟财产惊人的交易市场,从法律上对“虚拟物”的转让秉持普通合同权利义务转移的保守态度。且搁置生产者重要的营业自治,限制部分“虚拟物”的让与包含着公共利益上的考虑。虚拟世界的现实化意味着现实法向虚拟空间的延伸,那么虚拟世界的主体是否也应保持一定程度的身份真实性,来确保法律面对的不是形影无踪的“虚拟人”？比如引人瞩目的淘宝网店,平台信誉的保障及消费者安全的维护赋予禁止转让的格式条款以存在正当性。出于维权成本的考虑,是否对用户间的交易行为进行干预由网络服务提供者自由选择;所以那些对公共利益与生产者利益利害冲突轻微的大量交易,仍然在事实上被允许存在。至于用户间因交易行为引发的纠纷,如果他们诉诸司法的话,现行的债权说框架也会根据自己的规则对双方权义作出调整。违反禁止转让条款的交易合同是否可能归于无效,暂且不论;但无论法律上是否承认类似交易,在现在与将来均不会使虚拟世界陷入经济与社会秩序的混乱。最后,关于权利的救济方式。即使赋予用户支配权而非请求权,技术上的障碍仍使他既不能反抗网络服务提供者的蛮横,也不能恢复第三人的侵害,至多顶着权利的虚名而已。

互联网技术更新不可避免地引起虚拟财产的外延扩张与形态变异,提出虚拟财产制度构建中是否应展开类型化讨论的议题。㊼ 尽管虚拟世界的模拟物与现实世界的有体物在形态和功能上多少相似,但债权与物权的制度功能,市场与法律的作用方式,私法在社会生活中扮演的角色,这些指导我们作出路径选择的历史和社会因素具有相当的稳定性。“虚拟物”的概念虽然是开放的,但虚拟财产的法律定性却可以不被干扰。无论体现于“虚拟货币”抑或其他“虚拟物”中的财产,皆可以债权形态统一地纳入民法保护。

㊼　参见温世扬:《民法总则中“权利客体”的立法考量——以特别“物”为重点》,载《法学》2016 年第 4 期。

四、从自然法学—哲学视角出发之比较

自然法学家在思考法律正当性的时候,从来不会无视道德的声音。尽管传统债权说已经通过某种类似功利主义的角度证立——它被认为是合于提高人类整体福利的。但不妨进一步检验它是否可能堕入"恶"法的范畴,引起社会意识强烈的不认同感,并与物权说的利益分配格局进行比较。另外,于此再次审视虚拟世界与现实世界之紧密关联,为虚拟财产制度本身构建的必要性提供佐证。

(一)确定利益分配的临界点

我国物权说的倡导者积极地在网络服务提供者与用户间寻找利益分配的平衡点,他们分成两派,分别为前者与后者投入的时间、精力、金钱、技术等综合成本据理力争,以此作为所有权归属的有力论据。[48] 该分析方法与美国法学界通过洛克劳动产权理论(Lockean labor-desert theory)分析虚拟财产归属问题多有相似,支持者认为用户的劳动使其"先占"地取得公共领域财产的私人权利,反对者则以网络服务提供者创造和运营虚拟世界的劳动提出抗辩。[49] 尽管债权说否认法律上承认"虚拟物"的必要性,但网络服务提供者与用户间的利益分配是否公平合理,仍不失是法律道德性的重要衡量标准。

债权说把进行网络服务提供者与用户间利益分配的任务,交给市场来完成。它在经济学上的意义前文已经论证,完全竞争的市场经济是实现帕累托最优唯一且最好的舞台,[50]即使修正"市场失灵"的状况,也由公法而非私法出面干预。从衡平的角度,诺奇克以生动地比喻表达过对诺克劳动产权理论的质疑:"如果我拥有一罐番茄汁并把它倒入大海,以致它的分子均匀地混合于整个大海之中,那么我是拥有了这

---

[48] 网络服务提供者所有权观点参见陈旭琴、戈壁泉:《论网络虚拟财产的法律属性》,载《浙江学刊》2004 年第 5 期,用户所有权观点参见林旭霞、张冬梅:《论网络游戏中虚拟财产权利的法律属性》,载《中国法学》2005 年第 2 期。

[49] Steven J. Horowitz, "Competing Lockean Claims to Virtual Property", 20 *Harvard Journal of Law & Technology* 443, 450 (2007).

[50] 尹伯成主编:《微观经济学简明教程》,格致出版社、上海人民出版社 2011 年版,第 220 页。

片大海,还是愚蠢地浪费了我的番茄汁?”[51]大陆物权理论中的添附制度,暗含着同样的观念,主体对于财产的投入比例构成利益分配标准。虚拟财产的经济价值,其实不仅来自特定的网络服务提供者或用户,更来自整个互联网本身的网络效应(network effects)及群体效应(generativity)。[52] 它看上去削弱了以公正之名要求法律上承认“虚拟物”并归属任一主体的呼声。而发生在网络服务提供者与用户间的经济活动,不管是经济上的理性人还是法律上的完全民事行为人假设,都默认主体决策和行为之能力与自由,以及因此形成的相对合理的利益分配均衡点。

(二)徜徉在虚拟与现实之间

世界的存在与虚无之迷,曾让多少哲学家流连忘返。尽管已投入大量的时间和创造,尽管已产生新的社会秩序,虚拟世界里的活动仍或被视作游戏与消遣,不值得去认真关注。[53] 但是,我们在虚拟世界里,经历真实的时光,进行真实的交流,度过真实的生命,也形成人与人之间真实的社会关联。电子商店与实体商店,电子书籍与纸质书籍,电子邮箱与普通邮箱,它们分明满足着相同的个体与社会需求,后者比前者更“真实”吗?即使是社交软件与网络游戏,它们确实只满足人类休闲、娱乐和社交的需求,但这些也恰恰是亚拉伯罕·马斯洛关于欲望或需要层次里更加高级的部分。虚拟世界是互联网信息技术的杰出产物,把我们的现实世界延伸向更宽广与丰富的空间。虚拟与现实的纠缠,使得建立起虚拟世界的法律规则,不仅出于虚拟世界的需要,也出于现实世界的需要。所以,既然财产是构成人格的基本要素和人格尊严的物质载体,[54]那么虚拟财产制度的构建,也将是国内外私法研究中的重要课题。

---

[51] 参见[美]罗伯特·诺奇克:《无政府、国家和乌托邦》,姚大志译,中国社会科学出版社 2008 年版,第 209 页。

[52] Michael A. Carrier & Greg Lastowka, “Against Cyberproperty”, 22 *Berkeley Technology Law Journal* 1485, 1501 (2007).

[53] F. Gregory Lastowka & Dan Hunter, supra note 31, at 7.

[54] 参见尹田:《民法思维之展开》,北京大学出版社 2014 年版,第 164 页。

五、虚拟财产的债权保护路径

寻找虚拟财产的最优民法保护路径,构建起完整的虚拟财产保护制度,传统债权说、新债权说与物权说均提出各自的观点。首先把关注从虚拟财产究竟属于物权或债权的争论漩涡里移出,明确我们真正要解决的是“价值选择”而非“事实判断”问题。问题本身的深度与广度,不允许依靠单纯的法律逻辑去搜索答案。而萨维尼的法学基本方法,给本文进行虚拟财产保护路径的选择提供了主导思路。在规范—概念分析中,债权说与物权说分别形成特定的法律关系,表现出殊异的法律后果。二者要求对现行立法和理论进行的不同突破,都没有受到法理逻辑的苛责。在历史—社会分析中,通过回溯债权与物权的发展史厘清了二者主要的制度价值,且发现虚拟财产作为债权,较之物权能与特定的经济与社会环境产生更融洽的交互作用。新债权说用意虽好,但欠缺事实上的可操作性;传统债权说不仅是现行法的选择,也是扎根于特定历史与社会土壤的合理选择。在自然法学—哲学分析中,尽管物权说指导的利益分配陷入争执不下的困境,债权说却依赖主体的能动性,得以实现一种微妙的动态平衡。既然虚拟与真实的界限正不断模糊然后消逝,现实世界的法律将自然地延伸到虚拟世界;本文设定的研究目标至此已经完成——虚拟财产应继续以传统债权制度为其民法保护路径。通过把已经出现和即将出现的形态各异之虚拟财产,统一地纳入现行合同法及债权理论的民法框架,从而完成了对现有规则的正名。

之所以将去中心化的虚拟货币排除在讨论范围以外,系基于其特殊的法律关系集合。历史社会作用及利益分配方式,无不影响最终的制度安排,使上述结论不再适用。首先,庞大的用户群体形成复杂的共同契约,较之网络服务提供者与用户间的双务合同,法律关系远错综复杂;此时仅靠债权体系能否充分保障主体财产利益,不无疑问。其次,这类虚拟货币履行的职能近于法币,是否认可其货币地位影响到一国经济与财政的宏观大局,超出市场自治理论的适用空间;国家通过公法明确态度前,私法不宜率先表态。另外,即使承认其货币地位,因虚拟货币之自由取得与流通,并不会面临虚拟财产问题中在网络服务提供者与用户间确定所有权归属时产生的利益分配困境。因此,包括比特币在内的、用户共同协议下运作的、去中心化的"虚拟货币",不能当然地适用本文的分析及结论。

文中尚有未尽其详的问题,在虚拟财产遭受第三人侵害的情形,如果财产超过一定经济价值,则赋予网络服务提供者法定的恢复义务必要而且合理。有关这一义务的立法安排和细节明确,且留待进一步研究。另外,有观点谈到"虚拟物"的接触性侵害,以及关联的非法复制问题,颇为有趣;[55]虽不在我国现行民法的保护疆域之内,但美国判例法上已多有承认,[56]不妨更深入地考察其制度合理性与可行性,以资借鉴。

(唐嘉佳,中国社会科学院研究生院法学系硕士研究生。)

---

[55] 参见王竹:《物权法视野下的虚拟财产二分法及其法律规则》,载《福建师范大学学报》(哲学社会科学版)2008年第5期。

[56] 其依据的法律原则是非法侵害电子财产(trespass to electronic chattels),非法侵害财产(trespass to chattels)原指侵夺他人动产的行为,后扩大到损害行为,现已包括损害权利人占有状态或占有利益之行为。同时,随着技术的发展,有关财产的概念也在动摇和改变。

立法与争鸣

物权：概念抑或类型？*

张志坡

目　　次

“权利是私法的核心概念，同时也是对法律生活多样性的最后抽象。”（安德烈亚斯·冯·图尔语）①而物权则是私法权利的中心，其引来无数学者为之下定义，并为此争论不已。其中，

松冈义正认为：“物权，是直接支配特定有体物的权利。”②

川名兼四郎认为：“物权，是存在于物之上的绝对权。”③

鸠山秀夫认为：“物权是对于一定的物，以直接享受一定的利益为内容的绝对权。”④

* 基金项目：中央高校基本科研业务费专项资金项目（63152008）。感谢邓建中、董学立、宋刚三位教授对本文提出的批评和宝贵建议。

① ［德］迪特尔·梅迪库斯：《德国民法总论》，邵建东译，法律出版社2000年版，第62页。

② ［日］松岡義正：《民法論·物権法》（上），清水書店1908年版，第3頁。

③ ［日］川名兼四郎：《物権法要論》，金刺芳流堂1915年版，第1頁。

④ ［日］鸠山秀夫：《物権法》，国文社1928年版，第6頁。

我妻荣认为:物权是“直接支配一定的物,并获得利益的排他性权利”。[⑤]

王去非认为:“物权,是直接管领特定有体物,并且可以对抗社会一般人之权利。”[⑥]

曹杰认为:“物权云者,以直接管领有体物而具有排他性为原则之财产权也。”[⑦]

王泽鉴认为:“物权,顾名思义,系指对物的权利,即将某物归于某特定主体,由其直接支配,享受其利益。”[⑧]

谢怀栻认为:“物权是直接支配物的权利,物也包括某些权利。”[⑨]

谢在全先生更是在其大著《民法物权论》中论列21位著名学者的物权概念加以研究,[⑩]各概念间尽管存在共识,但相异之处究属不少。梁慧星、[⑪]陈华彬、[⑫]王利明、[⑬]尹田、[⑭]刘保玉[⑮]诸位先生亦对物权概念进行过系统的梳理和研究,但是,物权概念如何界定我国学界终未形成共识。[⑯] 在德、日等国,物权为何属于学说讨论的范畴,而我国《物权

---

⑤ [日]我妻荣:《新订物权法》,有泉亨补订,罗丽译,中国法制出版社2008年版,第9页。

⑥ 王去非:《现代物权法论》,世界书局1933年版,第4页。

⑦ 曹杰:《中国民法物权论》,中国方正出版社2004年版,第7页。

⑧ 王泽鉴:《民法物权》,北京大学出版社2010年版,第1页。

⑨ 谢怀栻:《论民事权利体系》,载《法学研究》1996年第2期。

⑩ 谢在全:《民法物权论》(上),中国政法大学出版社1999年版,第13页,注释1。

⑪ 梁慧星主编:《中国物权法研究》,法律出版社1998年版,第19页。

⑫ 陈华彬:《论物权的性质》,载《政法论丛》2009年第1期。

⑬ 王利明:《物权概念的再探讨》,载《浙江社会科学》2002年第2期;王利明:《再论物权的概念》,载《社会科学研究》2006年第5期。

⑭ 尹田:《论物权的定义与本质》,载《中外法学》2002年第3期。

⑮ 刘保玉:《物权概念二要旨:对物支配与效力排他》,载《政治与法律》2005年第5期。

⑯ 在德国,权利归属理论已逐渐成为通说。Wieling, Sachenrecht, Aufl. 4, 2001, S. 5ff; Wilhelm, Sachenrecht, 2001, S. 18ff. 参见王泽鉴:《民法物权》,北京大学出版社2010年版,第31页,注释2。

法》第2条第3款却给出了物权概念的定义。[17] 这终止了学界的争论,但是,学界对物权概念争执的背后也许更值得关注。通过重思物权概念下定义的困惑,结合概念逻辑、物权体系深入检讨法定的物权概念,笔者更倾向于认为,实证法上的物权不是概念,而是类型。[18]

一、物权概念下定义的困惑

在法学方法论上,“概念”有特定的含义,即只有当列举——描绘其特征的——全部要素得以清晰界定者,始能称为严格意义的“概念”。此种定义的意义在于:“当而且仅当”概念的全部要素在特定客体上全部重现时,此客体始能被涵盖于此概念之下,质言之,可以归属到概念所描述的客体种类中。[19] 概念之外延和内涵的关系遵从“反向变动”法则,即概念的内涵越深,根据这一概念属性定义为属于这一类别的“事物”就越受限制。[20] 在诸多的物权定义中,强调要素最少且这一要素为学者所公认的物权概念是:“物权云者,直接支配物之权利

---

⑰ 学界起草的物权法草案建议稿也对物权概念做出了界定,见王利明主编:《中国民法典学者建议稿及立法理由·物权编》,法律出版社2005年版,第12页,第667条;梁慧星(课题组负责人):《中国民法典草案建议稿》,法律出版社2003年版,第45页,第222条。

⑱ 类型是与概念相并列的一种思维形式,德国法学家(如Karl Engisch、Arthur Kaufmann、Karl Larenz、D. Leenen)对此多有阐述。与抽象概念相比其典型特征是:(1)抽象概念之特征是僵硬不动,呆板固定的;反之,类型之特征则至少有一部分是具有层级性的。(2)抽象概念可以透过“穷尽地列举”其欲描述之对象特征的方式为之,具有可定义性;类型的特征是开放性,因此,类型无法像抽象概念一样加以定义,只能进行单纯的描述。(3)抽象概念是封闭的,只有具备该概念的所有特征,始有其适用;类型则是开放的,类型的某一个别特征是可以舍弃的,类型的判断采整体性之判断。(4)抽象概念的适用采取“非此即彼”的方式将某一事实涵摄于该抽象概念之下;类型则以或多或少是否具备的方式,将某一事实归类于该类型之下。参见吴从周:《论法学上“类型”思维》,载杨日然教授纪念论文集编辑委员会:《法理学论集》,月旦出版股份有限公司1997年版,第305~307页。

⑲ [德]卡尔·拉伦茨:《法学方法论》,陈爱娥译,商务印书馆2003年版,第95页。

⑳ [瑞士]丹尼尔·卡拉曼尼:《基于布尔代数的比较法导论》,蒋勤译,格致出版社、上海人民出版社2012年版,第54页。

也。"[21]这一概念外延最广,应该具有最大的包容性。如果这一概念都遭遇困境,那么,其他物权概念当然也难以避免。

"物权云者,直接支配物之权利也。"这一物权概念的界定,将物权客体限定于物——且实际上指向有体物,这种建立在有体物上的归属权,也被德国学者称为"有形物权"。[22] 而对比传统的物权法理论和各国民法典(包括我国《物权法》)中物权类型的规定,可以发现其不周延之处在于,担保物权中的权利抵押权、权利质权格外引人注目,在客体为物的物权概念体系中有如鹤立鸡群。这些权利的客体为权利,将此等权利纳入"物"权范畴,其妥当性值得怀疑。对于这些权利,谢在全先生认为"非真正之物权,乃系担保物权之特质,重在标的物交换价值之支配地位所使然,为与物权相类似之一种变态,使其可得准用物权之规定而已,仅可称为'准物权'"。[23] 曹杰先生亦认为,这些权利不得认为是"真正物权",不过受物权同一之待遇而已;就其用语观之,亦可断言为"非纯物权"。[24] 事实上,日本学者于100年前即已形成这一共识,[25]而我国大陆近些年亦有学者做此理解。[26] 对比物权概念下定义的方法,权利抵押权和权利质权好似称为"对'权'权""'权利'权"或者"权上权"更为妥当,尽管听起来很奇怪。总之,在物权的概念体系中,物权的客体为物,"不得不认此类权利为例外"。[27] 该等物权的客体是

---

[21] 李宜琛:《民法总则》,国立编译馆1977年版,第47页。早期相同的观点如,[日]鈴木喜三郎述:《物権法》,日本法律学校1903年版,第1頁。

[22] [德]M.沃尔夫:《物权法》,吴越、李大雪译,法律出版社2004年版,第4页。

[23] 谢在全:《民法物权论》(上),中国政法大学出版社1999年版,第16~17页;类似观点参见陈美零、李太正、陈连顺:《民法入门》,月旦出版社1998年版,第397页。

[24] 曹杰:《中国民法物权论》,中国方正出版社2004年版,第8页。相同观点,余棨昌:《民法要论·物权》,北平朝阳学院1931年版,第1页。

[25] [日]仁保亀松、石坂音四郎述:《民法物権·第1-6章》,京都法政専門学校1902年版,第8頁;[日]松岡義正:《民法論·物権法》(上),清水書店1908年版,第4頁;[日]富井政章:《民法原論·第2卷(物権)》(上),有斐閣1910年版,第13頁;[日]川名兼四郎:《物権法要論》,金刺芳流堂1915年版,第1頁。

[26] 寇志新:《民法总论》,中国政法大学出版社2000年版,第163页。

[27] [日]松本烝治:《注釋民法全書·第一卷人法人及物》(第一冊),三書樓1910年版,第55頁。

权利,对物权概念的纯洁性构成了挑战,有学者将此种现象称为“物权概念的有限性”。[28]

当代学者从正面肯认这种现象的存在。德国学者鲍尔、施蒂尔纳就指出,“物权法”这一用语并非完全准确,因为它还调整一些在权利上所成立之权利。[29] 我国更是有学者试图创新物权概念,以确保物权概念内涵和外延的一致性。例如,陈华彬先生曾如此界定物权,“物权乃以直接支配物或权利为目的的绝对权”。[30] 而孟勤国先生则认为更合理的物权定义应当是:“一定的权利主体直接支配一定财产利益并有排他效力的权利。”[31]这两个定义都将物权的客体扩张到权利或者财产利益上,这固然可以包括权利抵押权和权利质权,但似乎又远超过了二者的范围,如果不加限制,很容易产生“债权的所有权”或者“权利上的所有权”这种观念。高富平先生则走得更远,其认为应当建立广义的物权权利体系,广义的物权概念相当于英美法的“财产”概念。在英美法,property 一词包括所有对某种物、财产利益或权利的支配权。[32] 与学界的这种反思相呼应,我国《物权法》第 2 条第 3 款后段规定:“法律规定权利作为物权客体的,依照其规定。”[33]该规定的目的是将权利抵押权和权利质权涵盖进物权体系,但是,其又不受物权概念的拘囿,从而保证物权概念的科学性;不仅如此,物权设立于权利之上,在担保

---

[28] 孙宪忠:《中国物权法总论》,法律出版社 2003 年版,第 38 页。

[29] [德]鲍尔、施蒂尔纳:《德国物权法》(上),张双根译,法律出版社 2004 年版,第 12 页。

[30] 陈华彬:《物权法研究》,金桥文化出版有限公司 2001 年版,第 38 页。

[31] 孟勤国:《物权二元结构论》,人民法院出版社 2002 年版,第 80 页。

[32] 高富平:《物权法原论》(中),中国法制出版社 2001 年版,第 341 页。

[33] 学界起草的物权法草案建议稿也对此予以规定。在王利明主持的中国民法典学者建议稿第 667 条第 2 款规定:“除法律、行政法规另有规定以外,无体物准用本法关于物权的规定。”其以罗马法上的“无体物”涵盖权利,笔者认为,这种做法容易产生误解,不如直接采用“权利”明确,见王利明主编:《中国民法典学者建议稿及立法理由 · 物权编》,法律出版社 2005 年版,第 12 ~ 13 页。梁慧星主持的中国民法典草案建议稿第 222 条第 2 款规定:“依照法律的特别规定,权利也可以作为物权的标的。”梁慧星(课题组负责人):《中国民法典草案建议稿》,法律出版社 2003 年版,第 45 页。笔者认为,《物权法》大体采纳了这一做法,相比前者,还是较为妥适的。

物权中也只是例外而已。但从笔者下文的分析来看,事实上并非如此。

二、物权内涵与外延的矛盾

《物权法》第2条第2款明确规定:"本法所称物权,是指权利人依法对特定的物享有直接支配和排他的权利,包括所有权、用益物权和担保物权。"这一概念从内涵和外延两个方面对物权概念作出了界定,从内涵上看,其不仅强调对"物"的"直接支配",而且强调"排他"的要素,且二者之间是连言式的构成,这意味着这两个要素缺一不可,只有同时具备"对特定的物享有直接支配"和"排他"的特征,方足构成物权。从外延上看,物权包括三种类型,其不仅包括所有权、用益物权,而且包括担保物权。理论上看,概念的内涵和外延应保持高度统一,而《物权法》中物权概念的外延远超出了其内涵。

(一)担保物权不是"物"权

物权的法定概念其要素明显多于"物权云者,直接支配物之权利也",[34]这意味着其同样面临着来自权利抵押权和权利质权的挑战。如果说,物权法中只有权利抵押权和权利质权设定于权利上,通过《物权法》第2条第2款后段将其作为物权的例外也尚可容忍。但是,权利抵押权和权利质权的客体为权利只是冰山之一角,实际上,所有担保物权的客体均为权利,[35]只是学者们没有注意或者不想注意而已。这一被忽视的现象主要是因为人们习惯于把物与物的所有权等同起来,就像我们在进行买卖时,我们经常表述为转让某物,而实际上转让的乃是某物的所有权,这种习以为常的思维惯性导致这一被忽略的事实延续至今而很少有人发现,[36]即使发现了也未曾引起足够的重视,两大法系都是如此。美国经济学家麦克劳德指出,大多数人在说到或听到财产的

---

[34] 李宜琛:《民法总则》,国立编译馆1977年版,第47页。

[35] 笔者最早提出这种观点是在2006年,参见张志坡:《物权概念的挑战及思考》,载齐延平主编:《山东大学法律评论》(第3辑),山东大学出版社2006年版,第21页。

[36] 董学立先生在新近的研究中,亦敏锐地指出:"不动产""动产"抵押的表述是习以为常但又是不精确的表述。物本身并不具有价值,只有物本身所表现的利益加之法律的保护即"财产权利",才具有交换价值因而才可以作为担保物权的客体。见董学立:《物权法研究》,中国政法大学出版社2010年版,第111页脚注1。

时候,想到某种物质的东西。但财产这个名词的真正和原来的意义不是指物质的东西,而是指使用和处理一件东西的绝对权利。财产的真正意义是完全指一种权利、利益或所有权。[37] 麦克劳德的描述恰如其分地反映了这种状况。我国《物权法》第170、173、174条就担保物权作出的一般规定中使用了"担保财产"的概念,我们仅透过《物权法》第180条可以抵押的财产就可以发现这种混乱。在该项财产清单中,既包括建筑物、生产设备、原材料、半成品、产品等物,又包括建设用地使用权、土地承包经营权。这是难以理解的,因为被纳入抵押财产的应是同一层次、同一性质的东西,在此,建设用地使用权、土地承包经营权尽管其附着于土地上,其代表的物上利益可能是X%,而非物上所有权的100%,因此,我们以权利称之,这样对应的抵押财产是清晰的;相应地,我们也可以100%的物上所有权来抵押,我们实践中经常那么做,但是,《物权法》第180条中却缺少物上所有权的规定,与此相关,出现的是建筑物、生产设备、原材料、半成品、产品等物的具体形式,此时,我们便可明白,此时立法者真正指向的应是建筑物、生产设备、原材料、半成品、产品等物的所有权。只是长期的思维定示使人们认为在抵押所有权时就是在抵押物本身,但实际上这只是一种错觉而已。当我们言及物的所有权时,物作为所有权的载体同样被指涉在内,如此理解,便是妥当的,也是符合逻辑和立法目的的。由此可见,即便是物上(不动产或者动产)抵押权,其客体亦是权利,而非有体"物"。财产应被理解为"是组成各人或者公私法人资产的权利",[38]不属于任何人的物并不是财产,也无法用于担保。由此可见,担保物权均非"物"权,称其为担保"物"权其妥当性值得怀疑。

就留置权而言,其成立以动产之合法占有为前提,这使得其看上去好似设定于物上,但是,实际上其存在依赖于物上的财产权,《物权法》第230条第1款将留置财产指向"债务人的动产",其实质是要求留置物上承载着债务人的所有权。即便这一规定过窄,解释适用留置权的

---

[37] 参见[美]康芒斯:《制度经济学》(下),商务印书馆1962年版,第19页。

[38] [日]坪谷善四郎:《日本民法註釈 第2巻 財産編 物権の部》,博文館1891年版,第8頁。

善意取得,这同样需要动产属于第三人所有。无所有权或者其他权利附着的动产,根本无法成立留置权。即便留置权已经成立,当留置权人之外的其他人在留置物上的所有权利归于消灭时,如债务人放弃对留置物的所有权,此时,留置权人依然对该特定的留置物具有支配权,但是,由于债务人在留置物上的所有权消灭,留置权因无物上的他人权利可继续附着而失去担保的意义,留置权自身也因此而消灭。由此可见,留置权设立于权利之上,而非单纯的动产本身。这一视角的观察同样适用于不动产抵押权和动产质权:无权利附着的不动产无法成立不动产抵押权,无所有权附着的动产无法成立动产质权,即物的存在不足以支持担保物权的成立,而物上权利的存在才是担保物权的起源。这一切表明,物上担保物权尽管与物密切相关,但是其发生和存续的基础是物上权利,而非物本身。

(二)多种法定物权无排他性

物权是排他性的权利,这基本是学界共识。[39] 尽管有少数学者指出,物权具有排他性只具有原则性的意义。例如,曹杰先生认为"物权云者,以直接管领有体物而具有排他性为原则之财产权也"。[40] 但是,其例外也相对较少,通常学者想到的就是"于一所有权之上同时成立数地役权"。[41] 唯需要注意的是,通行地役权和汲水地役权之间的并存并非排他性的例外,因为二者的权利内容不同,二者可以兼容。[42] 至于在同一土地上设立两个以上通行地役权或者两个以上以不作为为内容的地役权,这些并存的物权虽然内容相同,但是由于该等权利并不以持

---

[39] 在物权概念中,明确"排他"要素的学者主要有:拉伦茨、布兰尼奥、利伯特、我妻荣、北川善太郎、田山辉明、山本进一、林良平、田中整尔、下村正明、张企泰、张龙文、吴明轩、孙致中、施启扬、史尚宽、郑玉波、梁宇贤、潘维和、朱钰洋、黄栋培、陈华彬、钱明星、温世扬、徐涤宇、李开国、刘心稳、陈信勇、张礼洪、尹飞、唐烈英、梁清华、徐晓光。具体可参见前述学者独著或参编的民法和物权法著作,在此不再一一详列。此外,在物权概念之外,论及物权具排他效力的尚有王泽鉴、崔建远等学者。

[40] 曹杰:《中国民法物权论》,中国方正出版社2004年版,第7页。笔者在对一百余本著作的统计中,只发现两位学者持此种观点,一位是曹杰,另一位是倪江表。参见倪江表:《民法物权论》,正中书局1954年版,第15页。

[41] 曹杰:《中国民法物权论》,中国方正出版社2004年版,第9页。

[42] 王泽鉴:《民法物权》,北京大学出版社2010年版,第48页。

续占有为前提,因此,这些地役权可以并存,构成排他性的例外。就汲水地役权而言,在用水充足的情况下,两个以上的汲水地役权无实质冲突,排他性的特征隐而不显;在用水紧张的情况下,则发生汲水地役权之间的先后问题,此时则凸显出汲水地役权的排他性。至于不动产抵押权相互之间,由于先后设定的抵押权有所谓顺位的差异,其指向的交换价值并不相同,因此,这不属于同一内容的抵押权同时并存,[43]相反,次序本身即是物权排他性的表现。[44] 但是,依照《物权法》第199条的规定,抵押权已登记的,且顺序相同的,按照债权比例清偿,这意味着,指向相同交换价值的两个抵押权可以并存,[45]这真正构成了物权排他性的例外。但即便如此,物权的排他性对于绝大多数物权且在绝大多数情况下都是成立的、妥当的,物权的排他性仍具有原则的地位,忽略个别的例外也不至于大谬。

但在《物权法》的框架下,将排他性作为物权的必要要素则存在严重问题:作为具体物权种类的上位概念,其内含的排他性应适用于所有的物权,而具体的物权是否具有排他性,除了事物本身性质之外,尚取决于相关的规范构造及其体系效应。在德国或者我国台湾地区,除了如上的例外,其物权均具有排他性,这与其采取物权形式主义的物权变动模式有关。我国《物权法》兼采取债权形式主义和债权意思主义物权变动模式:土地承包经营权人将土地承包经营权互换、转让过程中,未经登记的,不得对抗善意第三人;地役权未经登记的,不得对抗善意第三人;浮动抵押权与此类似。这些权利即便已经设立并生效,但如果未经登记,那么,即便这些权利名为物权,但却无法排斥与其内容相同的物权发生,换言之,这些物权并无排他性。就此,有学者认为不具有

---

[43] 谢在全:《民法物权论》(上),中国政法大学出版社1999年版,第15页。不过,王泽鉴先生似认为这构成排他性的例外:“在担保物权,因系以物的交换价值为内容,在同一不动产上得设定数个抵押权”,“在同一动产上亦得设定多数动产抵押权”。参见王泽鉴:《民法物权》(第1册),中国政法大学出版社2001年版,第61页。

[44] 梁慧星、陈华彬:《物权法》,法律出版社2007年版,第56页。

[45] 民国早期的法学家余戟门先生敏锐的捕捉到了这一现象。参见曹杰:《中国民法物权论》,中国方正出版社2004年版,第9页。民国民法第874条与《物权法》第199条,关于此点的规定相同。

排他性的物权几乎与债权等同。[46] 我国学者甚至认为:"一个不具有对抗效力的地役权,和因地役权合同所生的债权并无实质差别。在当事人之间就相互的不动产利用达成协议而没有办理登记的情况下,实际上是创设了以一方的不作为或者容忍义务为标的的债权债务关系。"[47] 如此认定未登记的物权效力则有些言过其实。因为所谓对抗是于彼此利害相反时才发生之事项,处于这种关系之人,只限于就主张登记欠缺有正当利益之第三人,对于并无这种利益之第三人,无登记亦可对抗。其标准是"对于就该不动产处于有效交易关系之第三人来说,无登记就不得对抗;但对其他第三人来说无登记亦可对抗"。[48] 不仅如此,所谓"对抗"和"没有效力"是不同的。从通常意义上理解,即使当事人不能主张其效力,也应当肯定第三人有承认该效力的自由。[49]

这诸多不具有排他性的物权却栖居于法律要求"排他"的物权中,法定的物权概念之不足便甚为显然。立法者在对土地承包经营权、地役权等权利作出意思主义模式的设计时,固然有诸多考虑,如农村的实际情况、方便群众、降低成本等,[50]但是,由于并未注意到物权法制度设计的体系效应,以至于在物权概念体系内部发生了严重冲突。可惜的是,有学者在研究物权概念要旨并论及物权变动时,尽管注意到了这一问题,但是,其建议的内容几乎与《物权法》的规定保持了一致。[51] 实际上,债权形式主义与债权意思主义两种物权变动模式的并存塑造了两种差异极大的物权,试图以典型的物权认识为物权下定义,并以此定义涵盖多样化的物权,只能遭遇失败。归根究底,这种失败在于试图以概

---

[46] [日]林信雄:《財産法概論》,巌松堂1939年版,第116頁。

[47] 李永军、肖思婷:《我国〈物权法〉登记对抗与登记生效模式并存思考》,载《北方法学》2010年第3期。

[48] 日本晚近判例的态度。参见[日]我妻荣:《日本物权法》,有泉亨修订,五南图书出版公司1999年版,第142~143页。

[49] [日]滝沢聿代:《物権変動の理論》,有斐阁1987年版,第29頁。

[50] 王胜明主编:《中华人民共和国物权法解读》,中国法制出版社2007年版,第341页。

[51] 刘保玉:《物权概念二要旨:对物支配与效力排他》,载《政治与法律》2005年第5期。

念方式去把握其无法把握的类型,与概念构造强调逻辑和演绎不同,类型强调评价因素的作用。

三、“物权”并非演绎的产物

(一)历史演进的视角

既有的研究成果表明,人类社会之有真正的物权观念,大抵肇始于古罗马法时代。但是,限于当时的人们对于物权关系的认识程度,以及受抽象思维水平的限制,在罗马法的全部法律文献中,始终未见“物权”一词。[52] 不过,在罗马法中存在被后世称为物权的具体权利,如所有权、使用权、通行权、引水权、加高役权或者观望役权等权利是存在的,这些权利受到对物之诉的保护。[53] 大约在11世纪至13世纪,欧洲前期注释法学派代表 *Irnerius* 和 *Azo Portius* 等人在解释罗马法时,提出了“物权”(*jus in re*)的概念,建立了初步的物权学说。[54] 日本学者的研究成果支持这一结论,认为是前期注释法学派把罗马法的诉权体系替换为权利体系后获得的。[55] 在法典上使用“物权”,可以追溯到18世纪,《马克西米连——巴伐利亚民法典》和《普鲁士普通邦法》采用了与罗马法完全不同的模式,并提出和使用了“物权”(*Sachenrecht*)一词,[56] 但是在这两部法典中并未界定物权的含义。在德国民法典、瑞士民法典、日本民法典以及我国民国民法典中同样未对物权概念作出界定,而各国规定的物权类型及其内容则存在较大的差异。这也许暗示着,在物权立法时着重界定具体的物权类型和内容,或许是更明智的做法,至于“物权”为何可以留给学界讨论。

---

[52] [日]原田庆吉:《日本民法典的历史的素描》,创文社1954年版,第91页。转引自陈华彬:《物权法》,法律出版社2004年版,第1页。

[53] 盖尤斯认为“对物的诉讼是我们据以主张某个有形物是我们的或者主张我们享有某种权利(如使用权、用益物权、通行权、引水权、加高役权或者观望役权)的诉讼。”见[古罗马]盖尤斯:《法学阶梯》,黄风译,中国政法大学出版社1996年版,第288页。

[54] 参见陈华彬:《物权法原理》,国家行政学院出版社1998年版,第2页。

[55] [日]佐贺彻哉:《关于物权与债权的区别的考察》,载《法学论丛》第98卷第5号。见陈华彬:《物权法》,法律出版社2004年版,第2页,脚注5。

[56] 孙宪忠:《德国当代物权法》,法律出版社1997年版,第39页。

(二)概念原型的视角

概念是对同类事物本质属性的反映,是人们对事物的高度抽象。然而,人们总是在有限的经验中认识事物,在这一过程中,典型的事物具有重要意义,甚至典型事物直接造就了概念。就物权而言,浮现在学者或者立法者脑海中的首先是所有权,而所有权具有物权的一切特征,而这足以误导物权概念的形成。尽管对于非典型事物仍然会作为涵盖对象加以考察,但是,这种不自觉的以典型代替一般的思维依然广泛的存在。当学者将物权界定为"对物的支配权"时,考虑到的主要就是物权中的典型者,所有权、用益物权,甚至我们误认为以物为客体的担保"物"权;当立法者将物权界定为一种"排他"的权利时,其考虑到的乃是出于惯性思维而认可的所有权、建设用地使用权等物权,学界广泛倡导的债权形式主义物权变动模式下的思考(此时物权具有排他性)也可能对此有所影响。[57] 事实上,如前所述,从客体上看,《物权法》上的物权存在两种类型:一种是以"物"为客体的物权——所有权、用益物权,二者无法脱离物之实体而存在,其中所有权就是针对有体物自身而设立的,而用益物权对物的占有使用更是其目的使然;另一种是以"权利"为客体的物权——担保物权,担保要求具有可交换的财产价值,是否为物并不重要,但是,无他人权利附着的物无法充当担保的角色,因此,担保物权只能建立于权利之上。从排他性上来看,《物权法》上的物权同样存在两种类型:有排他性的物权(采债权形式主义物权变动模式的物权)和无排他性的物权(采债权意思主义物权变动模式的物权,在其未登记前)。在此,《物权法》中物权的法定定义之不足便一目了然,物权的法定定义只涵盖了物权的典型情形,其无法涵盖原型外的亚型。

实际上,尽管"物上最重要的权利就是所有权。通过对所有权的分析可以最佳地揭示物权的法律特征"。[58] 但是,所有权只是物权的一种子类型,所有权与其他物权之间既有共性,又有个性,而共性与个性

---

[57] 王轶:《物权变动论》,中国人民大学出版社2001年版,第48~75页。

[58] [德]曼弗雷德·沃尔夫:《物权法》,吴越、李大雪译,法律出版社2004年版,第4页。

之交错显现出的则是家族相似性,以所有权揭示的物权特征能否毫无差别地适用于其他物权值得怀疑。以所有权为原型的固化思维应为错误的物权概念和似是而非的物权理论负责。以物权概念把握物权共性的同时,绝不应忽略具体物权之间的个性;而当物权类型之间存在实质性差异时,以类型而非概念的方式把握物权就具有更多的妥当性。

四、"物权"的妥当定位应是类型

(一)物权概念与物权特征

概念是事物本质属性的反映,其应揭示事物的本质特征。那么,物权的本质特征是什么呢?当我们讲债权物权化又是何意呢?总体来看,物权的本质特征是借助于与债权的比较而得以凸显的。在德国民法学中,物权、债权区分说包含了四方面的内容:支配权与请求权的区分、绝对权与相对权的区分、物权行为与债权行为的区分和客体的区分,从而得出科学的物权和债权概念。其中,物权性的特征为绝对权、支配权与客体有体物,而债权性的特征为相对权、请求权与客体行为,具备物权性的特征即可构成物权。[59] 一般来看,具备绝对权、支配权与客体有体物三项要素的权利均被规定为物权,此时,物权概念反映了物权的本质,并与其外延保持了一致。然而,必须承认,以物权性特征和债权性特征区分物权和债权并未周延的概括法律上的财产权,充其量其只是概括了典型的物权和典型的债权,除了支配权 + 绝对权的连言式合成和请求权 + 相对权的连言式合成分别构成典型物权和典型债权外,尚存在支配权 + 相对权的连言式合成和请求权 + 绝对权的连言式合成的权利,从而就出现了"债权物权化"这类中间类型的权利。[60] 在概念体系中,此种中间类型的权利在物权与债权的概念之外,被认为是一种"异类"或"变态";而物权、债权要素的混合性特征以及诸种特征

---

[59] Von Claus-Wilhelm Canaris, Die Verdinglichung Obligatorscher Rechte, Festschrift fr Werner Flume zum 70, Geburtstag, B. I, Verlag Dr. Otto Schmidt KG · Koln, 1978, SS. 373 – 375. 见金可可:《债权物权区分说的构成要素》,载《法学研究》2005 年第 1 期。

[60] 金可可先生通过类型学还原主张"相对的支配权"和"绝对的请求权"的权利存在,其典型者,前者如租赁权,后者如预告登记。参见金可可:《债权物权区分说的构成要素》,载《法学研究》2005 年第 1 期。

的增加、强化或消失则意味着物权和债权之间的界限并非一目了然,而是存在模糊的过渡区域,这种"流动过渡"在暗示物权和债权只是典型的类型,而非严格意义上的概念。[61] 而即便按照物权性特征严格构建的物权概念,其同样将权利从客体中排除出去,不仅如此,事实上,各国法律上规定的物权并非逻辑建构的产物,而是价值判断、传统认识乃至习惯作用的结果。因此,意图在实证法上以概念来把握物权的多种类型便极有可能失败,我国《物权法》的物权法定定义即遭逢此种境遇。

(二)确定物权的考量因素

一般而言,以概念特征判断事物之归属乃理所当然之理。一项权利是否是物权,是否同样如此判断,从逻辑上并无可疑之处。然而,依循逻辑法则对《物权法》中的具体物权类型进行测试,客体和排他性的双重测试最后只剩下所有权和建设用地使用权,可以名正言顺的归入物权的行列。之所以会发生这种现象,除了前文论及《物权法》上的具体物权实际上构成多种类型且差异较大,而这未为立法者所发现或已发现但未引起足够的重视而较为武断的下定义有关,此外,法定化的物权固然遵循一定的逻辑律,但其还涉及传统认知、政策考量和实质性的价值判断,因此,意图以逻辑律为基础的概念掌握物权便难免捉襟见肘。下面先以租赁权和土地承包经营权为例加以分析,后则重申权利质权乃至担保物权的非"物"权性。

租赁权是请求权,即租赁权人有请求出租人交付租赁物的权利,其对物的使用和支配属于债务履行的反射效果,[62]但是,经登记的租赁权仍然具有对抗第三人的效力,"买卖不破租赁"为其典型的法律表现,这对于长期租赁和商业租赁尤其具有意义。此外,经登记的租赁权具

---

[61] Larenz 曾指出:"一类型相较于其他可比较的类型,并非界限固定的;相反的,它仿佛是流动的(flüβig):经由不同的强调重点的移动及特征的变化,它便转向另一类型"。Larenz, Typologisches Rechtsdenkens, in: ARSP 34(1940/1941), SS. 20 – 21. 参见吴从周:《论法学中的"类型"思维》,载杨日然教授纪念论文集编辑委员会:《法理学论集》,月旦出版股份有限公司1997年版,第315页。

[62] 有学者指出,借用人对物的使用和支配属于债务履行的间接实现(见[德]曼弗雷德·沃尔夫:《物权法》,吴越、李大雪译,法律出版社2002年版,第5页)或者反射效果(见[日]舟桥諄一:《物權法》,有斐閣1960年版,第7頁)。

有优先于在后物权的效力,并伴随有优先购买权,其效力实已渐次接近物权。而在石田文次郎看来,以使用收益为内容的租赁权已构成对物的直接支配权,其具有排他性的特点。[63] 其经过登记还可以排除在其上产生与其内容不相容的建设用地使用权或者租赁权,此时,租赁权作为对物的直接支配权并具有排他性,和建设用地使用权的物权性几无区别。关于租赁权的性质,罗马法以租赁权为债权,日耳曼法以租赁权为物权;日本旧民法曾规定租赁权为物权,[64]新民法则仿罗马法做法规定租赁权为债权。可见,在立法上,租赁权是物权抑或是债权,传统做法和学说继受在此起着重要的作用,具有一定的偶然性。法国学者马洛里和埃勒斯指出,事实上,人们将其中一种(用益权)视为物权而将另一种(租赁权)视为对人权,并不是基于物的性质,也非基于纯粹的技术上的原因,而是基于经济和社会的变化取决于政治因素。[65] 我妻荣则认为,"将某种权利作为物权还是作为债权,由于在某种程度上是根据立法政策来决定,故而无论作为物权或者债权,并不妨碍作为例外处理"。[66] 由此可见,一项权利被归入物权或者债权,与物权概念的逻辑并无必然联系。

土地承包经营权的性质为何,曾存在极大的争论。土地承包经营权因合同而生,被认为属于合同债权也具有一定的合理性;而《物权法》将其确认为物权,笔者认为这里存在实质性的价值判断。学术界的呼吁固然是一方面,实践中,部分土地承包经营权人的合法权益受到集体的严重侵犯而无从有效的救济,这要求法律必须强化土地承包经营权人的法律地位,只有确认土地承包经营权为物权,农村的家庭联产承包责任制才有生命力。因此,土地承包经营权的物权界定不是逻辑推理产生的,而是蕴含着价值的实质判断,这是实现公平正义、保护弱者的要求。

---

[63] [日]石田文次郎:《債権各論講義》,弘文堂1938年版,第91~92頁。

[64] 何勤华、方乐华、李秀清、管建强:《日本法律发达史》,上海人民出版社1999年版,第135页。

[65] 转引自尹田:《法国物权法》,法律出版社1998年版,第43页。

[66] [日]我妻荣:《日本物权法》,有泉亨修订,李宜芬校订,五南图书出版公司1999年版,第15页。

权利质权被规定入德国民法典物权编,笔者认为这是出于便宜的考量。[67] 在保障债权的方法中,除了物上担保外,债权同样可以供作担保客体。债权担保融债权本体与支配权能于一身,此时,支配的对象便是债权。这种类似于所有权处分的构造,使债权担保成了物权和债权之间的骑墙者,[68]债权担保作为处分行为需要在民法典中寻求其位置。"债权担保与质权、抵押权相近,而又不似抵押权以登记加以公示,就此而论,以规定为质权较为妥当。"[69]将其构造成债权质权并与物上质权相并列,尽管会造成物权体系上的不和谐,但这似乎又是在不打破抵押权和质权的前提下债权担保的最佳安身之处。债权质权实介于物权与债权中间的位置。事实上,民法有着更大的理想,其规定了"权利质权",这不仅包括了债权质权,而且还将股权、票据权利、知识产权等权利担保一并纳入。但这也在提醒我们,担保物权绝非单纯的物权那么简单,而是可能横跨物权、债权、股权、票据权利、知识产权等领域。之所以如此,是因为不仅设定权利质权处分的是权利,而且设定物上质权、物上抵押权时也是如此,其处分的并非物本身,而是物上的所有权,尽管学理上乃至法典中采用了不动产抵押权和动产质权的用语,"人们不应因为这些不准确的用语而产生误解,处分是对所有权说的"。[70]论述至此,我们可以重申前文的观点,担保物权均设立于权利之上,担

---

[67] 董学立先生认为,由于权利上的权利在性质上的绝对权属性,使将其视为物权成为在法律制度设计和体系安排中的首选,将权利"视为物"。见董学立:《物权法研究》,中国政法大学出版社2010年版,第9页。

[68] 有学者从不同的视角观察债权质的骑墙性格。唐勇认为,债权质权因其客体特殊而具有双重面相,具体而言:一方面,从客体和效力角度,其系以债权而不是以物为客体,以至于先天具有债权的"性格";另一方面,从物权法定主义角度,经由所谓实定法,得"生成"担保物权之一种,又具有了物权的"脾性",由此,形成其物债二分体系下"骑墙者"的表征。见唐勇:《债权质权:物债二分体系下的"骑墙者"》,载《中外法学》2013年第6期。不过,最终其得出的结论是:现行物权法规定债权质权,充其量是类型化了一个有名债权。与此种观点不同,笔者认为:债权质权与物上担保权一起共同构成了"物"权和债权的中间法域。

[69] [日]平野裕之:《担保物權法》,信山社2009年版,第240頁。

[70] [德]卡尔·拉伦茨:《德国民法通论》(上),王晓晔、邵建东、程建英、徐国建、谢怀栻译,法律出版社2003年版,第378页。

保物权并非“物”权。

(三)物权概念与类型思维

物权概念的构造,其实质是类型概念化。黄茂荣先生指出,各种物权虽亦具有法上之结构类型的特征,由立法者增益其特征而构成,但基于物权法定主义对于物权种类及物权内容法定之规定,使物权之类型具有“概念”之意义,亦即其类型特征不像各种之债的特征,可以任由当事人以约定加以取舍。[71] 笔者承认,在物权法定的框架下,一项权利是否为“物权”具有非此即彼的特征,[72]这使其更像概念;但是,如上所述,“物权法定”下的物权并未严格遵守物权特征的逻辑加以构造和设计,这意味着物权的认定不是一种“物权”特征的涵摄,而是一种具体物权类型的比对。只要设定之权利符合具体物权类型之内容,即构成“物权”,至于其是否符合物权的概念则并不重要,这实质上否定了作为具体物权类型之上的物权概念。相反,此时存在的只是具体的物权类型,或者说,存在的只是作为类型的物权。物权各具体类型之间充其量只具有家族相似性,因此,以想象之典型物权或者原型设计物权的概念,其与实际之具体物权的特征相比可能是失之毫厘,差之千里(如排他性的有无)。

即便我们认可物权为概念,其也并非科学意义上的分类概念(Klassenbegriff),[73]其不仅受物权法定原则的影响,还与物权变动模式直接相关,物权是一系列子物权的上位概念,而诸多子物权之间却存在较大的差异,物权之间呈现出一种“家族相似性”,而非“相同性”,更非

---

[71] 黄茂荣:《法学方法与现代民法》,中国政法大学出版社 2001 年版,第 501 ~ 502 页。

[72] 在抽象概念的思考中没有“或多或少”,只有“非此即彼”可言。见[德]卡尔·拉伦茨:《法学方法论》,陈爱娥译,商务印书馆 2003 年版,第 331 页。

[73] Hempel / Oppenheim 提出两种不同逻辑形式(logische Form)的概念形成:一种是传统逻辑所广泛运用的分类性概念(klassifikatorische Begriffe)或称分类概念(Klassenbegriffe);另一种则是层级性概念(abstufbare Begriffe)或称次序性概念(Ordnungsbegriffe)、类型概念。Hempel/Oppenheim, Der Typusbegriff im Lichte der neuen Logik, Wissenschaftstheoretische Untersuchungen zur Konstitutionsforschung und Psychologie, Leiden 1936. S. 1. 参见吴从周:《论法学上“类型”思维》,载杨日然教授纪念论文集编辑委员会:《法理学论集》,月旦出版股份有限公司 1997 年版,第 309 页。

"同一性";如果再考虑到生活实际和物权实践,则物权更是显现出类型(typusbegriff)的特征。这一事实决定了,我们虽然可以抽象出(自认为已妥当定义的)物权概念,但是却无法适用于所有的物权类型。

以类型来理解物权,而非以概念去界定它,具有重要的理论意义。在类型的视野下,只要能够较为准确地把握所有权、用益物权和担保物权三大类即可,不受物权概念界定和纷争的烦扰;在类型的视野下,具体物权之间特征的差异性、物权一般效力的例外情形都在情理之中;在类型的视野下,类型的流动性要求物权法定做宽松但谨慎的适用,物权性权利将更容易受到物权效力的保护,物权法定之僵硬性便得以弥补;在类型的视野下,物权的权利体系将重新建构,物权、债权的二元财产权体系也将被重新认识,[74]物权债权化、债权物权化,只是物权、债权各典型要素的重组,在物权、债权之间出现过渡的中间状态正是类型之流动性的反映。[75] 总之,物权是概念化了的类型,正视其类型属性,修正其概念属性,这不仅恢复了物权的本来面貌,而且也为我们认识物权、理解物权、应用物权法提供了更好的视角。

(张志坡,法学博士,南开大学法学院讲师,南开大学人权研究中心兼职研究员。)

[74] 我妻荣正确地指出,物权本质乃典型物权的本质,且只有在这种限度内,物权才与债权对立。参见[日]我妻荣:《新订物权法》,有泉亨补订,罗丽译,中国法制出版社 2008 年版,第 17 页。

[75] 类型的"要素具有可变性,借着若干要素的全然消退、新的要素的加入或居于重要地位,一种类型可以交错地过渡到另一种类型,而类型间的过渡又是'流动的'。"见[德]卡尔·拉伦茨:《法学方法论》,陈爱娥译,商务印书馆 2003 年版,第 345 页。

论著作权限制的开放型立法模式

——兼评《著作权法修订草案(送审稿)》第43条

杜志浩

目　　次

一、问题的提出

自人类进入互联网时代以来,著作权法经历了空前的制度革新。面对数字化及网络化对自身权益的冲击,著作权人特别是版权产业的投资者迅速反应,几乎主导了20世纪末以来各国的著作权立法进程。通过引入"信息网络传播权"这一新型权利、将临时复制纳入复制权范围等一系列立法举措,著作权保护的"触角"已充分延伸于数字环境中,而为技术措施提供的法律保护更使著作权法转而成为权利人进行"圈地运动"的工具。毫无疑问,与历次著作权法对新技术的回应一样,权利扩张仍旧是互联网时代著作权法的主题。然而,权利人对作品的垄断仅仅是著作权利益格局的一端,另一端则是同样需要进入立法者视野的使用者利益及公共利益。相比于产业投资者而言,使用者难以集团化的特点使得他们对立法进程的影响相当有限。著作权法的利益天平由此向著作权人过度倾斜,这在一定程度上引发了著作权的“正当性危机”。

为了让著作权获得制度上的正当性,必须使著作权人、使用者和公共利益重新达致平衡,这就需要诉诸著作权利益平衡的主要机制——著作权限制。①在互联网时代,技术发展日新月异,作品的新型使用方式层出不穷,某种新的使用方式是否应当为著作权限制所豁免,时常成为著作权法所面临的难题。在著作权限制制度采开放型立法模式的国家,如美国,能够以“合理使用”制度较为灵活的处理这一问题;而在德国、中国等大陆法系国家,著作权限制仅限于成文法的封闭式列举,这种僵化的立法已经很难应付互联网时代复杂的利益博弈。因此,增加著作权限制的弹性和开放性,逐渐成为大陆法系学者的共识,这在中国著作权法的第三次修订中也得到了体现。《著作权法修订草案(送审稿)》(以下简称“送审稿”)即在第 43 条引入了著作权限制的一般条款。著作权限制制度由“封闭”走向“开放”似成定局,但“送审稿”第 43 条是否提供了开放型立法的最优方案则不无疑问。要对“送审稿”第 43 条作出正确评价,首先,需要对封闭型和开放型两种著作权限制制度的优劣进行比较,以论证中国立法的应然选择。其次,国际公约确定的“三步检验法”构成约束各国著作权限制制度的立法准则,讨论著作权限制的立法模式就必须回溯至“三步检验法”的功能与解释。最后,本文将以上述研究为依据,拟定中国著作权限制一般条款的具体构造方案,并为该一般条款的适用提供相应的方法论建议。

二、搜索引擎的相关案例:中、德、美三国的比较

就著作权限制制度而言,美国的“合理使用”(fair use)和德国、中国等成文法系国家的封闭式著作权限制是两种截然不同的立法例。由

① 本文无意陷入“限制”与“例外”的概念之争,所称的“著作权限制”指的是包括自由使用和非自愿许可在内的著作权内容上的限制。

于“功能”是一切比较法的出发点和基础,[②]因此,分析各自制度优劣的最佳途径是寻访它们面临同一困境时所采纳的解决方案,而相仿案例在不同国家的司法路径即成为最为妥适的比较法资源。近年来,以搜索引擎服务为基础的数字图书馆、缩略图等新技术在中、德、美三国均引发了权利人的侵权诉讼。搜索引擎是互联网信息生产与交流的重要工具,与其相伴而生的各种作品使用方式或关乎特定的公共政策目标,或牵动无数使用者的利益。以谷歌的数字图书馆计划为例,它极大地节省了用户图书搜索的信息成本,对文化消费与科学研究至关重要;而制作缩略图则是实现图片搜索功能的必需手段。然而上述两种服务无一例外都侵入了传统著作权的范围。如何平衡各方利益,就成为各国法院在处理类似案例时所共同面对的难题。

(一)中国

在“闻晓阳诉阿里巴巴案”中,原告起诉被告经营的雅虎网站制作缩略图的行为侵犯了其复制权和信息网络传播权。被告则辩称“该公司提供的网络服务是搜索引擎服务,即利用蜘蛛程序从互联网上自动搜索到含有照片信息的网页……并自动生成一个缩略图,收录到照片索引数据库中,当用户输入搜索指令后,系统自动……并将缩略图显示于结果页面中……上述缩略图是由程序自动生成的,并临时存储在该公司的服务器上,目的仅仅是显示搜索结果,并非复制,也不能传播”。一审法院并未判令阿里巴巴侵权,其理由是“产生缩略图的目的不在于复制、编辑照片,而在于向用户提供搜索……图片搜索所形成的涉案缩略图仅仅是搜索结果的一种表现方式,并未改变其是搜索引擎搜索技术的本质”;[③]二审法院维持了原判,同时指出“在搜索照片过程中所形成的涉案照片的缩略图,是为实现照片搜索的特定目的,方便网络用户选择搜索结果的具体方式,不是对涉案照片的复制,闻晓阳目前证据也不能证明阿里巴巴公司网站上存储有缩略图库”。[④]从本案的判决来看,一、二审法院对搜索引擎制作缩略图的行为形成了一个基本的价值

② [德]克茨等著:《比较法总论》,潘汉典等译,法律出版社2004年版,第63页。

③ 参见北京朝阳区人民法院民事判决书(2008)朝民初字第13556号。

④ 参见北京第二中级人民法院民事判决书(2009)二中民终字第00010号。

判断,即这种行为是搜索引擎技术所必需,而对权利人利益的影响则相当有限,故不宜被评价为侵权。然而,法院的裁判显然并非一个法教义学的说理过程。判断某一作品的使用行为是否侵权,首先应当对可能涉及的各种著作权的构成要件依次进行检索。本案中,被告也承认缩略图临时存储在自己的服务器上,显然搜索引擎提供缩略图的行为完全可以落入复制权、发行权和信息网络传播权的控制范围,一、二审法院直接省略了这一至关重要的步骤,径自得出缩略图"并非复制"这样错误的结论。⑤本案审理法院既已完成否定侵权的判断,似无需进入侵权分析的第二步,即以著作权限制的相关条款为依据,确定法定豁免的可能性。不过,法院强调缩略图的制作是为实现照片搜索之特定目的,这又非常类似于美国"合理使用"中第一个要素的分析。可以看到,本案中"法官寻法"(Rechtsfindung)的过程全无章法,裁判的说服力也就大打折扣。

在2011年的"王莘诉谷歌、谷翔"一案中,原告起诉被告"数字图书馆"服务对原告图书作品的扫描和网络传播的行为构成侵权。与上述缩略图案不同,本案中的一审法院在侵权认定的过程中即遵循了两个步骤,首先认定被告的行为构成著作权法意义上的信息网络传播及复制,其次则又分别分析信息网络传播和复制行为是否构成"合理使用"。对此,一审法院指出:"在特定情况下,如果他人未经著作权人许可而实施的著作权所控制的行为并未与作品的正常利用相冲突,也没有不合理地损害著作权人的合法利益,则通常可以认定此种使用行为构成对著作权的合理使用,不属于侵犯著作权的行为。"⑥这一表述基本上照搬了国际公约所确定的"三步检验法"。值得注意的是,法院在判决中并没有对《著作权法》第22条"合理使用"的具体情形进行分析,而是跳出成文法以"三步检验法"作为判断某一作品使用行为是否

⑤　参见王迁:《搜索引擎提供"快照"服务的著作权侵权问题研究》,载《东方法学》2010年第3期。

⑥　北京第一中级人民法院民事判决书(2011)民初字第1321号。

合法的原则。[7]不过,在具体分析被告的行为是否符合“三步检验法”的第二、三步时,法院基本上借用了美国“合理使用”的要素分析法。例如,考察使用行为的目的,是构成实质性的使用还是转化性使用;是否构成对全文的复制,即使用原作品部分的数量与质量及其与原作整体的关系;是否对原告作品的市场销售产生替代等。如果说以国际公约确定的“三步检验法”为裁判依据或还有迹可循,直接援引域外法特别是判例法国家的制度则可谓司法实务的“大胆创新”,其背后所隐含的是对封闭型立法模式的无奈与忧虑。

事实上,借用美国“合理使用”要素分析法的做法已经在中国的司法实践中积累了一定的经验。在可以适用成文法具体的限制条款时,“合理使用”的四要素常被作为进一步完善裁判说理的工具;而在著作权限制的构成要件过于僵化,或者如上述案例那样根本没有相应的著作权限制条款时,法院则会借用“合理使用”四要素完成个案下的法官造法,以弥补现行法的“法律漏洞”。[8]

(二)德国

在深受法教义学及其方法论影响的德国,法院对类似案例的处理呈现出完全不同的图景。在“谷歌缩略图案”(Vorschaubilder)中,原告个人网站上的美术作品被谷歌制成缩略图并提供预览,原告起诉该行为侵犯其著作权。该案经由爱尔福特地方法院、上诉法院和联邦最高法院三审,最终由联邦最高法院于 2010 年 4 月作出终审判决,认定谷歌公司不侵权。[9]在判决中,联邦最高法院严格检索了既有的各项著作财产权和著作权限制的条款,根据既往判决和学说所形成的相关条款的解释标准,依次判断缩略图服务是否侵入著作权范围以及能否为著作权限制所豁免。例如,作为判断侵权的第一步,在确定缩略图的制作

---

⑦ 我国《著作权法实施条例》(2013)第 21 条虽规定了一个与“三步检验法”表述近似的一般条款,但该一般条款的限定条件是“依照著作权法的相关规定”,而目前著作权法规定的著作权限制是封闭式的列举,因此该一般条款实际只是“限制之限制”,而非创设新型著作权限制的依据。

⑧ 对“合理使用”要素分析法在中国司法实践中的具体适用,参见张陈果:《解读“三步检验法”与“合理使用”》,载《环球法律评论》2016 年第 5 期。

⑨ Vgl. BGHZ 185,291 – Vorschaubilder.

是否构成复制时,联邦最高法院指出,尽管缩略图在大小、分辨率上不同于原图,但缩略图保留了"原作品的整体印象与作品特性",故而侵犯了作者的复制权;[⑩]此外,由于谷歌本身能够控制使公众可以获取缩略图的行为,因此也侵犯了作者的信息网络传播权。在判断侵权的第二步,联邦最高法院则竭力寻找可能适用的著作权限制条款,以论证被告对自己使用行为构成著作权限制的抗辩。由于每次缩略图制作和呈现的过程都是由搜索引擎按照特定算法抓取相应的搜索结果并临时存储于服务器上,因此法院首先考虑这一行为是否符合《德国著作权法》第 44a 条关于"临时复制"的著作权限制。[⑪]不过,姑且不论缩略图服务是否满足"临时复制"之要件,即便如此,这一著作权限制也仅仅是对复制行为而言,信息网络传播的行为仍然无法被豁免。对此,联邦最高法院还强调不能将第 44a 条类推适用于信息网络传播权,理由在于著作权限制是立法者进行精确利益衡量的结果,这一利益衡量原则上是不能被突破的。[⑫]这里,法院遵循了德国法学的通说,即对著作权限制条款应当作严格解释。[⑬]另一个被重点分析的著作权限制则是第 51 条第 1 款规定的"引用权"。在《德国著作权法》第二轮改革(zweiter Korb)中,立法者在第 51 条增设了一个合理引用的一般条款,只要作品的使用行为"在其范围内因特定目的而具有合理理由"即可构成"合理引用"。合理引用不再限于旧法几个构成要件相对僵化的具体情形。然而,这一弹性较大的一般条款仍然不能将缩略图服务合法化,因为从当时的立法理由来看,为合理引用设定一般条款只是为了进一步扩大

---

⑩ 这一对"复制行为"的解释标准主要形成于以下三个既往判决:BGH, *GRUR* 1988,533,535 – Vorentwurf Ⅱ; *GRUR* 1965,45,47 – Stadtplan; *GRUR* 1980,853,854 – Architektenwechsel。

⑪ 该条规定,短暂或伴随性的、作为技术程序的完整及主要部分的、无独立经济意义的且唯一目标是使作品或其他保护客体能满足下列需要之一的临时性复制是允许的,(1)通过中间人于网络中在第三人之间传播;(2)被合法使用。

⑫ Vgl. *GRUR* 2002,605 – Verhüllter Reichstag.

⑬ 德国法学普遍认为,著作权人的权利是原则,而权利的限制是例外,这种"原则与例外的关系"的必然结果即是应当对著作权限制条款作严格解释,不得扩张解释和类推适用,See Heimo Schack, *Urheber-und Urhebervertragsrecht*, Mohr Siebeck, 2015, S. 270。

“对他人作品进行思想评论的自由”,因此对法条中的“特定目的”只能做限缩解释,即通常所理解的引用目的——对他人作品的评头论足。[14]据此,缩略图服务虽有在技术上便利使用者获取他人作品之合理目的,但这并不能解释为第51条所称的“引用目的”。

法教义学分析的结论是,既有的著作权限制对于搜索引擎的缩略图服务而言均是“文不对题”。事实上,有学者也指出,即使裁判者有面对德国通说“揭竿而起”的勇气,也难以突破另一个关键“瓶颈”,即欧盟法的相关指令。欧盟《信息社会版权指令》对著作权限制采用的是穷尽式的列举,其中并无明确豁免搜索引擎缩略图服务的相关限制,而很难说指令的制定者在立法之初没有预见到搜索引擎的问题。因此,对本国法著作权限制条款扩大解释或类推适用,均有违反上位法之嫌。在这种困境之下,联邦最高法院最终“另辟蹊径”,借助民法理论中的“推断的同意”(konkludente Einwilligung)判令谷歌搜索引擎不侵权。联邦最高法院的主要理由是:“原告将其网站的内容置于可由被告的搜索引擎所获取的状态中,而未有采取避免搜索引擎抓取和展示其作品的技术措施,这一行为对被告而言可视作客观上同意了其对作品的使用行为。”[15]此处原告之同意并未赋予被告任何权利(包括对著作权人的债权及以对任意第三人的物权),但在侵权法上构成阻却违法性之事由。在2012年判决的同一被告的相似案例即“缩略图二号案”(Vorschaubilder - Ⅱ)中,与上述案例不同的是,被制作成缩略图的原作品是未经著作权人的许可而置于互联网上的,本案中联邦最高法院进一步完善了“推断的同意”之机理,指出在这一情况下这种推断的同意仍得成立,前提是著作权人自己或已经许可其他人上传了图片。[16]换言之,权利人向A作出同意的意思表示后,搜索引擎就可以使用B非法上传的作品。至此,德国司法通过求诸民法理论的创造性尝试,似乎解决了搜索引擎缩略图的豁免难题。然而,且不说这一“选择

[14] Vgl. Begr. RegE, BT-Dr 16/1828, S. 25.

[15] BGH, *GRUR* 2010, 628, 632 - Vorschaubilder.

[16] BGH, GRUR 2012, 602 - Vorschaubilder Ⅱ.

性退出”(option-out)的机制在实证上是否苛以权利人过高的注意义务,[17]作为法教义学分析之果的“推断的同意”仍然无法免于法教义学本身的责难:既然第三人是未经权利人同意而上传图片作品的,其当然没有对作品的处置权限(Dispositionsbefugnis),则其他人基于此的后续作品使用行为都未能取得权利人的同意。对特定人作出的同意之意思表示,不能当然的及于第三人。显然,在这种情况下推断权利人的“同意”有违民法的基本原理。[18]

事实上,对于仅由无权第三人将图片上传于互联网的这一情形,搜索引擎的作品使用行为也应当是合理的。搜索引擎对缩略图的制作完全是一个自动抓取的过程,根本无法识别某一作品是否由有权人提供,要求其担负这一审查义务对搜索引擎服务的提供者而言意味着难以估量之成本。由此可知,“推断的同意”仅是德国最高法院面对封闭型著作权限制条款的应急之策,它不仅未能彻底豁免搜索引擎的缩略图服务,也成为法教义学禁锢下的“古怪产物”。

(三)美国

在美国的相关案例中,法院论证的重点在于搜索引擎的服务是否构成《美国版权法》第 107 条所规定的合理使用。该条规定,合理使用的判断主要参考如下要素:第一,使用的目的与性质;第二,被使用作品的性质;第三,作品被使用部分的数量、质量及其与原作整体的关系;第四,使用行为对作品市场价值的影响。

在新近发生的“The Authors Guild v. Google”一案中,[19]纽约南区地方法院于 2013 年 11 月作出一审判决,认定谷歌将图书作品全文扫描而在公众搜索图书时呈现作品“片段”(Snippets)的行为(“谷歌图书馆计划”)属于合理使用;2015 年 10 月,美国第二巡回法院维持了原判。在阐明图书搜索对学者、图书馆、阅读障碍人群和公众的重要性

---

⑰ 参见张陈果:《解读“三步检验法”与“合理使用”》,载《环球法律评论》2016 年第 5 期。

⑱ Vgl. Ansgar Ohly, Zwölf Thesen zur Einwilligung im Internet, *GRUR*, 2012, S. 988.

⑲ 对一、二审判决的具体介绍分别参见:Manuel Kleinemenke, Google Books und Fair Use, *GRUR Int.*, 2014, S. 892; *GRUR Int.*, 2016, S. 56。

后，一审法院对这一行为是否符合“合理使用”四个要素依次进行了分析。对于第一个要素“使用作品的目的”，一审法院指出无论谷歌公司是否有商业目的，其并非直接售卖作品的全文或片段，而是提供全文检索的服务，这构成对作品的“转换性使用”，而并未取代对作品全文的阅读；并且，谷歌还同时指示图书的馆藏信息、提供相似图书的建议等，足以表明其对作品的使用行为完全是服务于一个全新的目的。法院接着指出，第二个要素“被使用作品的性质”的分析同样有利于被告，因为谷歌所数字化的图书中，大部分都是非虚构的学术作品，依据美国著作权法的通常理解，这类作品的保护需要相对较低，而且被扫描的作品都是已发表作品，比未发表作品也更易被认定为合理使用。在考察第三个要素“被使用部分的数量和质量”时，法院指出这一要素对被告稍显不利，因为被告全文复制了作品，在“数量”上自然谈不上合理使用，不过此时也需注意被告复制行为的目的——被告所呈现给用户的只是作品片段，全文复制不过是为了实现搜索之功能。第四个要素“使用行为对作品市场价值的影响”则明显利于被告，法院强调被告呈现给用户的作品片段不可能代替完整的作品，某些图书的信息恰恰只有通过图书搜索才能为潜在的购买者所知晓，因此图书搜索服务一定程度上反倒是有利于实体图书市场。最后，综合考虑四个要素，法院认为图书搜索服务对公共利益大有益处，同时还开拓了作者和出版人的市场，因此应被认定为合理使用。

在上述案例中，法院因循了既往判决所形成的“合理使用”制度的适用规则：其一，合理使用的判断仅对个案有拘束力；其二，尽管合理使用的四个要素是非穷尽的列举，但法官通常也只是对这四个要素依次进行分析，最终综合权衡每个要素，得出是否构成合理使用的结论。“合理使用”虽是成文法确定的规则，但其仍是彻头彻尾的判例法产物。这不仅因为该法条本身就来自于判例的归纳和总结，也在于其赋予了司法极大的裁量空间——由于“合理使用”的四要素并非累积式适用，某一行为即使不满足其中一个或若干要素的分析，也完全可以在法官综合衡量时被认定为合理使用。正因为这一制度的灵活性，美国法院在面对搜索引擎的相关案例时，可以充分利用自由裁量的权威，作出符合其价值判断的裁决。

(四)比较与分析

对上述三个国家搜索引擎的相关案例进行横向比较可知,在处理同一问题时,美国开放式的"合理使用"与中、德封闭式的著作权限制相比有明显的制度优势。

一方面,美国法的开放系统克服了立法的滞后性,面对新的疑难问题,法官可以充分利用"合理使用"的弹性空间,实现个案的利益平衡。相反,中国法和德国法对著作权限制的穷尽列举,易使裁判者陷入"无法可依"的困境。在法教义学发展成熟的德国,法院最终不得不在著作权限制之外寻求豁免依据,其借助民法一般理论的做法虽用心良苦,却未尽人意;而在缺乏法教义学训练的中国司法实践中,其裁判过程或流于简单说理,或径自在本国法的体系之外寻求依据,这就使判决的说服力大打折扣。

另一方面,开放的著作权限制虽有灵活性,但其在确定性或预见性上的不足也常为人诟病,而大陆法系的封闭清单在确定性上似有天热优势。然而,从三个国家对搜索引擎案例不同的处理路径来看,这一结论并不可靠。显然,大陆法系国家的法院并不满足于既有著作权限制规范下的利益格局,德国和中国的法院都作出了突破性的尝试,而无论是前者实际偏离法教义学的"推断的同意",还是后者直接诉诸域外法的"法外创新",都已消解了封闭式立法的确定性优势。与此相反,美国的"合理使用"根植于判例法传统,以遵循先例为基础,通过累积和归纳既往判决,使四个要素的分析不断具体化,反倒显现了一定的确定性与稳定性。[20]

由此可见,开放型的立法模式可以兼具灵活性与确定性之特点,相较而言是更为适宜的选择,尤其在互联网时代,权利垄断与使用自由间的角力常处流变之中,唯有弹性的著作权限制规范,才能维持各方利益之平衡。不过,回归到本文的"中国问题",尚不能就此得出确定结论。在比较法的研究中,从工具主义的角度分析某一域外制度的益处只是第一步,除此之外,还需溯源该制度在他国得以生成的历史原因和价值基础,以此观照将其因应本土情势进行制度再造的可能性。美国开放

⑳ Vgl. Manuel Kleinemenke, *Fair Use*, Nomos, 2013, S. 367 f.

式的“合理使用”制度与其“版权体系”功利主义的立场一脉相承。美国版权法从诞生之初即以“激励理论”为主线，权利设置的目的仅在于补救作品生产过程中的“市场失灵”，最终目的乃为促进科学文化之发展。在这一立场下，作者的权利并非整部版权法的核心，以维系公共利益为目的的著作权限制得到偏重，为之设置开放的立法模式也因而顺理成章。与之形成鲜明对比的是以德国法为代表的“作者权体系”，其著作权法深受洛克“劳动财产观”等自然权利理论之影响，因而格外重视对作者权利的保护，具体表现即是，著作权不适用法定主义（numerus clausus），著作权限制则局限于封闭的具体情形。中国的著作权法是否应当移植开放的规范模式，需要进一步考察该制度的“美国法基因”与中国本土环境的相异性，这一点即是下文重点讨论的内容。

三、著作权限制的开放：中国著作权法的应然选择

通过上文对两种模式下搜索引擎相关案例的比较，可以得出一个初步结论：中国的著作权限制应当由封闭走向开放，这一立法论事实上首先是服务于法教义学的立场。法教义学的目的在于通过“建构统一的知识体系和思考框架，并设定分析案件的典范论证步骤，为法规范的适用提供统一的、标准的概念和结构”。[21]在著作权限制缺乏弹性空间时，法官为论证自身的价值判断不得不“法外创新”，各种标准适用上的混乱也在所难免。只有在立法上确立著作权限制之开放性，并辅以类似合理使用一般条款这样“可理解、可检验、可稳定预期的标准”，[22]才能维护裁判的统一，确保相同事实相同对待。不过，对具体制度的分析不能停留于狭义法学，法律“活”的一面在于“执行”。本文认为，自带美国法特有文化基因的开放型立法模式能够成为中国法的应然选择，主要还有以下两个动因：

其一，开放型立法模式符合中国著作权立法的功利主义立场。考察中国著作权法的制度史可知，尽管在科学文化上领先于西方国家，古

[21] 张翔：《形式法治与法教义学》，载《法学研究》2012 年第 6 期。

[22] 参见许德风：《法教义学的应用》，载《中外法学》2013 年第 5 期。

代中国却并未产生现代意义的著作权,著作权制度起初只是伴随列强"坚船利炮"而来的舶来品。中华人民共和国《著作权法》的起草同样是美国等国家施压的结果,连同其后的两次修订也主要是为了回应国际条约的要求,国外压力成为中国著作权法既往立法的主要外因;而在国内却没有私权观念的推动力量,党和国家的经济文化政策成为立法的主要内因。由此,"功利主义"成为中国著作权法的主轴,这在一方面表现为在立法上倚重对域外法的继受或移植,英美法系、大陆法系中"有用"的制度皆为我所用;另一方面则是对经济、文化等公共利益的强调。仅从《著作权法》富有本国立法特色的第一条即能管窥立法者的这一倾向,而立法中的某些具体规定,如法人作品、特殊职务作品等无不表露着功利主义的痕迹。㉓正是从这样一种功利主义的立场出发,有学者主张中国的知识产权法应坚持权利法定之原则。㉔显然,法定主义所追求的权利配置之"封闭性"与本文主张的权利限制之"开放性"实属功利主义话语的正反两面。一个开放的著作权限制模式,即为使用者的利益与公共利益预留了更多的权衡空间,这与中国著作权法功利主义的立法精神是融贯一致的。

其二,开放型立法模式符合中国本土的法律文化。"文化不仅决定着法律制度的价值取向和精神气质,法律的运行也受到文化价值和精神的指引",㉕与中国本土文化习惯的相容性,同样也是著作权法的具体制度得以有效运行的前提。由于中国传统文化深受儒家思想的影响,学术研究对著作权法的文化解释也常以儒家文化为典型。例如,不少学者通过引证《论语》"述而不作,信而好古"这句话来强调儒家的"复古主义",进而指明儒家思想与现代版权观念是背道而驰的。尽管这种对经典著述"寻章摘句"的文化解释论略显牵强,但是传统文化对用典、因袭的偏重却是不争事实。作为古代诗词作品创作的重要手法,

---

㉓　这种功利主义思想在著作权法第三次修订的过程中仍有一定体现,例如,在中国社科院负责起草的"专家建议稿"中,起草者即认为某一条款"在学理上可能有这样或那样的不妥,但只要对现实的司法和行政实务没有产生消极的影响,可以不作修订",参见李明德主编:《〈著作权法〉专家建议稿说明》,法律出版社2012年版,第15页。

㉔　参见崔国斌:《知识产权法官造法批判》,载《中国法学》2006年第1期。

㉕　高鸿均:《法律文化的语义、语境及其中国问题》,载《中国法学》2007年第4期。

"点化"不仅未被视为"抄袭",还常常得到文论的肯定评价。例如,张炎在《词源》中即称赞周邦彦"善融化诗句,如自己出",《对床夜语》亦称李商隐"融化斡旋,如自己出,精粗顿异也"。而在书法、绘画领域,"临摹"至今仍是技艺学习的主要方法。在强调"传承"的文化传统下,作者很难对作品产生私权观念,他们只是希冀从文化延续的"古今共同体"中获取身份认同。不过,有学者指出,这一点"绝不是中国的特色,而是传统社会集体主义文化的共性"。㉖在西方国家的传统社会中,作者也一度被认为只是"上帝与世俗之间的传声筒",倚重对经典的沿袭确系古代社会的共有特征。然而不可忽视的事实是,欧陆国家文艺复兴和启蒙运动这样的"文化断层"在中国并未发生,与此相反,在漫长的封建时期,中国社会基本维持着集权的政治体制,"重集体、轻个体"的文化观念由此获秉了足够的历史纵深。㉗及至共和国建立,共产主义上升为官方意识形态,集体主义观不仅未见消弭,反而持续作为主流价值影响当今的公共政策与社会生活。在这一背景下,"社会公众所期待的立法基调依然是推崇知识信息共享,推崇模仿以促进竞争"。㉘著作权限制制度是在个体利益与集体利益之间进行取舍的关键阀门,而开放的立法模式更易于回应后者的诉求,自然也能够相容于中国的文化习惯与法律传统。

四、立法限制:国际公约中的"三步检验法"

在《伯尔尼公约》1967 年的修订中,"三步检验法"成为各成员国为复制权设定限制和例外时所必须参照的准则。公约第 9 条第 2 款规定,本同盟成员国法律得允许在某些特殊情况下(第一步)复制上述作品,只要这种复制不损害作品的正常使用(第二步)也不致不合理的侵害作者的正当利益(第三步)。TRIPs 协定吸收了"三步检验法",并将

㉖ 李琛:《关于"中国古代因何无版权"研究的几点反思》,载《法学家》2010 年第 1 期。

㉗ 参见邓建鹏:《宋代的版权问题——兼评郑成思与安守廉之争》,载《环球法律评论》2005 年第 1 期。

㉘ 崔国斌:《知识产权法官造法批判》,载《中国法学》2006 年第 1 期。

其扩大适用于复制权之外的其他著作财产权；而WCT和WPPT两个公约不仅规定“三步检验法”适用于公约规定的各种著作财产权及邻接权，还允许成员国以“三步检验法”为标准将著作权限制扩大于数字环境。至此，“三步检验法”已经成为国际公约为著作权限制所确定的“帝王条款”，此后的《北京条约》(2012)、《马拉喀什条约》(2013)也均将其引入条文。作为“著作权限制的限制”(Schranken-Schranken)，“三步检验法”本身是约束各成员国立法者的准则，立法者在创设新的著作权限制时必须以之为依据。[29]中国是上述国际公约的成员国，因此，讨论中国著作权限制的立法模式也必须以对“三步检验法”的正确理解为前提。

作为国际公约确定的条文，“三步检验法”起初带有一定的妥协色彩——为了尽可能地统摄不同成员国国内法已有的著作权限制规范，“三步检验法”的条文使用了较为弹性的表达，这也就意味着解释上的不确定性。目前来看，由于“三步检验法”的权威立法解释付之阙如，对该条文适用的解释也成为国际学界一个极富争议的问题。然而，这并不意味着各成员国的立法者可以任意解释国际条约的条文。为了尽可能地避免国际争端，中国的立法者在改变著作权限制的立法模式时，应谨慎对待“三步检验法”的解释。此时，相关国际公约的立法资料、WTO版权专家组的报告以及国际学说的通行理解，都可以作为解释时的依据；而在解释的方法上，则应当参照《维也纳条约法公约》的相关规则——虽然该公约是否能直接用于解释“三步检验法”是存疑的，[30]但其所规定的解释规则终究是对国际法习惯的反映与总结，理应在国

---

[29] 相应地，“三步检验法”也是各国司法适用既有的著作权限制条款时所应参照的解释规则。对于“三步检验法”的这一功能，有的国家如中国在立法中予以明确(《著作权实施条例》第21条)；有的国家如德国，“三步检验法”则被公认为法律解释的依据。

[30] 《维也纳条约法公约》晚于《伯尔尼公约》的修订时间；而WCT与WPPT虽在形式上属于《维也纳条约法公约》的适用对象，但作为这两个版权公约的主要推动者和签订者的美国却并未加入《维也纳条约法公约》。

际公约的解释中予以考虑。[31]《维也纳条约法公约》第31条第1款规定"条约应依其用语按其上下文并参照条约之目的及宗旨所具有之通常意义,善意解释之",第32条(b)项则规定"所获结果显属荒谬或不合理时,为确定其意义起见,得使用解释之补充资料,包括条约之准备工作及缔约之情况在内"。由此观之,基于上下文的"体系解释"、以立法资料为线索的"历史解释"和探寻立法宗旨的"目的解释"应是解释国际公约的主要方法。下文即从上述角度出发,讨论"三步检验法"的内涵,以期为中国开放型立法模式的具体构造提供参考。

需要讨论的第一个问题,是三个步骤之间的逻辑关系。通说认为,"三步检验法"中的三个条件应当是累积适用的,任何著作权的限制必须依次通过这三步的检验。《伯尔尼公约》1967年修订的斯德哥尔摩会议的记录即明确了第二步和第三步的递进(cumulative)关系:如果著作权限制与正常利用相冲突,则必然不能被允许;如果不与正常利用冲突,则应进一步考虑是否不合理的损害了作者的合法利益。[32]从条文的表述看,第二、三步是对第一步这一中心用语的限定,因此三个步骤是层层递进的。WTO版权专家组的报告也认同了这一观点。[33]在著名的《慕尼黑宣言》中,欧洲版权法的学者们则认为累积适用是一种僵化的做法,因而应该对三个步骤进行综合权衡,即使不符合其中的某一步,也不妨碍某种著作权限制最终通过整体的检验。[34]不过,《慕尼黑宣言》仅为学者的建议,依据"历史解释"之思路,"会议记录"等立法理由显然是国际条约解释时所应优先参酌的对象。因此,中国著作权法的立

---

[31] 目前,国内文献对"三步检验法"的解释多是对国际学说的汇总陈述,而忽略了解释规则的重要性,参见如下文献:张曼:《论TRIPs协议中"三步检验法"存废之争和解决途径》,载《暨南学报》2016年第11期,以及同作者:《TRIPs协议第13条"三步检验法"对著作权限制制度的影响》,载《现代法学》2012年第5期;张陈果:《解读"三步检验法"与"合理使用"》,载《环球法律评论》2016年第5期等。

[32] See Records of the Intellectual Property Conference of Stockholm 1967, p. 884.

[33] See WTO-Panel Report, WT/DS160/R, June 15, 2000, § 6.97.

[34] 《慕尼黑宣言》全称为"对著作权法三步检验法适当解释之宣言",是慕尼黑马普所牵头的欧洲数十名学者所共同倡议的"三步检验法"的解释规则,参见 *GRUR Int.*, 2008, S. 822。

法者应当从“累积适用”的角度理解“三步检验法”各步骤的内部关系。

对于第一步,即何谓“某些特殊情况”,应当将“某些”(certain)和“特殊”(special)分别予以解释。[35]对“certain”一词,有观点主张应将其解释为“特定”,而著作权限制要满足“特定”的条件,其构成要件必须“精确、清楚地确定”。[36]不过,如果采纳这一解释,美国法仅对著作权限制作概括规定的“合理使用”制度就无法通过第一步的检验,这有违各版权公约协调大陆法系与英美法系的初衷。因此,对“某些”一词宜宽泛解释。对此,有学者建议将“某些”解释为“可预见的情形”,是较为妥当的方案。[37]由于美国的“合理使用”在判例的累积中已形成了具体的适用标准,在一定程度上也满足了“可预见性”的要求。至于“special”一词的解释,WTO版权专家组的报告认为这是要求著作权限制必须在一个“狭窄”的范围内,此时可以在“质”和“量”两个角度分析对著作权人的影响,不过报告又强调“质”上的要求虽然有用但并不重要,即使著作权限制在“质”上不符合“特定的公共政策目的”也可能通过第一步的检验,显然,报告实际认为“量”的要求是确定“特殊情形”的关键;[38]另一种解释则将“特殊”理解为“符合特定的目的”,这里的特定目的包括保护基本权利、服务于公共利益等。[39]以上解释各自代表了定量分析和定性分析两种不同的进路,对此,本文

---

[35] 有学者在解释第一步时,错误的将两个有着不同内涵的词语混同起来,将之并称为“特定的情况”,这与条文的本意不符,参见张曼:《论TRIPs协议中“三步检验法”存废之争和解决途径》,载《暨南学报》2016年第11期。

[36] See WTO-Panel Report, WT/DS160/R, June 15, 2000, § 6. 108.

[37] Vgl. Manuel Kleinemenke, *Fair Use*, Nomos, 2013, S. 456;国内文献参见张陈果:《解读“三步检验法”与“合理使用”》,载《环球法律评论》2016年第5期。

[38] See WTO-Panel Report, WT/DS160/R, June 15, 2000, § 6. 109, 111 – 112;有人认为WTO专家组的报告是主张“必须同时符合质和量的要求”,显是对报告原文“an exception or limitation should be narrow in quantitative as well as a qualitative sense”望文生义的误解,参见张曼:《论TRIPs协议中“三步检验法”存废之争和解决途径》,载《暨南学报》2016年第11期。

[39] See Ricketson, *The Berne Convention for the Protection of Literary and Artistic Works 1886 – 1986*, Queen Mary College, 1987, p. 482; Paul Goldstein, *International Copyright*, Oxford University Press, 2010, p. 295.

认为,由于“三步检验法”的第二步和第三步也会分别考虑量和质上的正当性,从“体系解释”的角度说,为了不虚置第二、三步的检验,在第一步可以适用比上述两种方案都更为宽松的标准,对于数量和质量的要求,著作权限制只要满足其一即可以通过第一步“特殊情形”的检验。[40]

第二步要求著作权限制“不损害作品的正常使用”,解释的重点是何谓“正常”之使用。在互联网时代,新技术不断催生作品的新使用方式,对“正常使用”的解释尤为重要。如果某种新使用方式动辄落入作者“正常使用”的范围内,则将无法被著作权限制制度所豁免,著作权限制就会过于偏重作者之利益。因此,对“正常”一词应严格解释。有学者以斯德哥尔摩会议记录和会议主席 Ulmer 的报告为依据,认为如果对作品的使用“与传统的作品使用方式产生了直接竞争”,就损害了作品的正常使用。[41]这一“历史解释”在互联网时代显然不能成立,因为新使用方式频繁产生,已经很难界定什么是“传统”的使用方式。[42]与此不同,WTO 版权专家组的报告则采用了“规范解释”的进路,其解释主要是基于“normal”一词的两个语义:一是“通常、一般”;二是“符合某种类型或标准”。第一个语义强调“正常”的经验意义,因此报告指出“正常使用”是指“作者依理性可期待的对作品通常的使用情形”;第二语义则是一种动态的理解,因而“正常的使用”不仅包括现有的也包括未来潜在的可能给权利人带来经济利益的使用方式。[43]据此,若对作品的使用与作者通常利用作品获利的行为在经济上形成竞争,以至于剥夺作者可获得的“显著”或“有形”的经济利益,则该使用行为即属于“正常使用”的范围。[44]可见,WTO 版权专家组的报告主要考虑的是经济因素,而对于报告所解释的 TRIPs 协定,其立法宗旨本来也是服务于

---

[40] 有的学者称之为“第三条道路”,参见朱理:《著作权的边界》,北京大学出版社 2011 年版,第 119 页。

[41] Vgl. Joachim Bornkamm, Der Dreistufentest als urheberrechtliche Schrankenbestimmung, in: *FS Erdmann*, Heymann, 2002, S. 29.

[42] Vgl. Mauel Kleinemenke, *Fair Use*, Nomos, 2013, S. 463.

[43] See WTO-Panel Report, WT/DS160/R, June 15, 2000, § 6.180.

[44] See WTO-Panel Report, WT/DS160/R, June 15, 2000, § 6.183.

经济目的,因此这一解释进路不能当然地及于其他公约。此外,如果按照这一解释,那么新型的著作权限制几乎不再可能,因为每一种新的使用方式都可能与作者现有的使用行为构成经济上的竞争。特别是在数字环境中,权利人可以使用技术措施来控制任何对作品的使用行为以从中获利,如此一来,"为科学研究的目的对作品的私人使用"也将落入"正常使用"之范围,这一结果显然会影响著作权法的利益平衡。[45]"三步检验法"的第二步实际是考察某一使用行为是否"应当"被归入作者的控制范围,此时除了关注使用行为对作者的经济意义外,也应考虑该使用行为所可能服务的公共政策目标。[46]为了不使第三步的"利益衡量"失去意义,某种使用行为在"未与作品的通常利用形成经济上的竞争"和"服务于公共政策目标"两者之间满足其一,即可以通过第二步的检验。

对第三步"没有不合理的损害权利人[47]的正当利益"而言,焦点在于对"正当利益"以及"合理"一词的解释。对于前者,WTO版权专家组的报告首先从法律实证主义的角度进行解释,认为"正当利益"是法律所规定的权利人专有权的经济价值,此时"正当利益"也就是"合法利益";[48]报告又指出,也可以从法律规范主义的角度解释"正当利益",权利人所享有的符合文化、经济或社会标准的利益均在此列,而不仅仅限于法律利益。[49]对于究竟应选择何种解释进路,学界对此尚有争议。本文认为,既然公约条文舍"权利"而取"利益",那么对"正当利益"的理解就不应该限于专有权控制之利益。权利人利益的对立面是使用者利益,而使用者并无法定权利,其利益偶与公共政策目标相勾连,范围自是无法估计,若将权利人的利益仅限于著作权法之规定,未免有失偏

---

[45] See Jane C. Ginsburg, Toward Supranational Copyright Law, *RIDA*, 2001, pp. 3, 49; Huaiwen He, Seeking a Balanced Interpretation of the Three-Step Test, *IIC*, 2009, p. 274; 朱理著:《著作权的边界》,北京大学出版社2011年版,第127页。

[46] See Jane C. Ginsburg, Toward Supranational Copyright Law, *RIDA*, 2001, pp. 3, 51.

[47] 《伯尔尼公约》、WCT和WPPT使用的称谓是"作者",而TRIPs协定则使用的是"权利人"一词,故此处使用后一外延更广的概念。

[48] See WTO-Panel Report, WT/DS160/R, June 15, 2000, § 6. 227.

[49] See WTO-Panel Report, WT/DS160/R, June 15, 2000, § 6. 224.

颇。对于“不合理损害”的判断,由于其所关涉的是权利人利益与使用者利益的衡量,因此,“比例原则”被多数学者推崇为最妥适的解释工具:[50]首先,对著作权的限制需能够实现特定之目的(相适性);其次,在实现特定目的的各种手段中,对著作权的限制需是对权利人的利益损害最小的(必要性);最后,这一损害与其所实现的利益相比又必须是成比例的(均衡性)。由于比例原则使衡量过程合理化以及衡量内容具体化,因此可以将“不合理损害”的判断限制在一个可操作的范围。如果某一使用行为造成了“不合理的损害”,也应当允许使用者通过公平的补偿予以补救。[51]对于“公平补偿”的限度,则取决于相关著作权限制的正当性。例如,就某些目的在于应对市场失灵的著作权限制而言(如私人复制的例外),权利人收取许可费原本就难以实现,此时的“补偿”就可以低于市场价格。

中国立法者应如何处理国内法著作权限制条款与“三步检验法”的关系,上文的解释即提供了可供参考的方案。具体而言,著作权限制需依次通过“三步检验法”每一步的检验。尽管各步骤的检验标准有一定的交叉和重叠,但基本呈现出一个“由宽到严”的递进关系,由此“三步检验法”恰如一个漏斗,只将经受了最严格标准考量的著作权限制过滤出来。本文所主张的“三步检验法”的解释规则如下图所示:

---

[50] Vgl. Martin Senftleben, Grundprobleme des urheberrechtlichen Dreistufentests, *GRUR Int.* ,2004,S. 211;国内也有学者支持适用“比例原则”,参见张陈果:《解读“三步检验法”与“合理使用”》,载《环球法律评论》2016 年第 5 期;朱理:《著作权的边界》,北京大学出版社 2011 年版,第 141 页。“比例原则”本身来源于公法理论,对于私法领域适用“比例原则”的一般性研究,则参见郑晓剑:《比例原则在民法上的适用与展开》,载《中国法学》2016 年第 2 期;纪海龙:《比例原则在私法中的普适性及其例证》,载《政法论坛》2016 年第 3 期。

[51] 这一点符合条约立法者的意图,例如,斯德哥尔摩会议记录即表明缔约国已就此达成一致,see Records of the Intellectual Property Conference of Stockholm 1967, p. 1145。

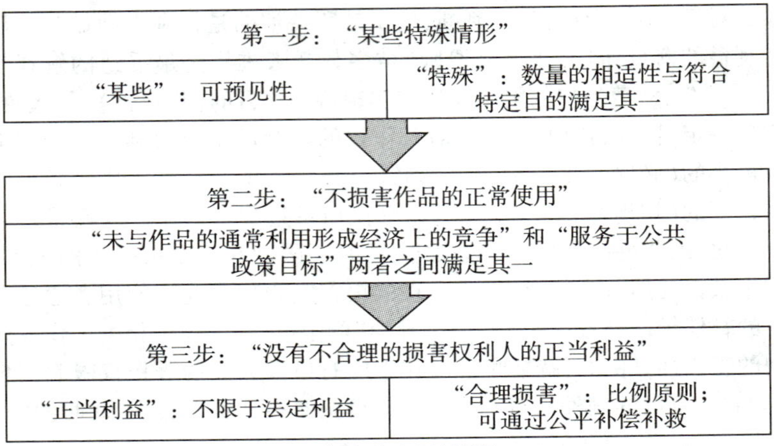

"三步检验法"的解释

五、著作权限制一般条款的具体构造

要"软化"既往封闭而僵化的著作权限制规范,可以有如下多种路径:第一种是在立法时尽量使用"不确定概念",扩大具体著作权限制条款的解释空间;第二种是在具体的著作权限制条款内设定构成要件的一般条款,如上文提及的《德国著作权法》第 51 条;第三种则是引入著作权限制的一般条款,授权法官据此创设新的使用例外。前两者并不能彻底保障著作权限制的开放性,充其量只是"小解决方案",因此下文对开放型立法模式的讨论将仅围绕第三种路径展开,即应当如何具体构造著作权限制的一般条款。从上文的分析可知,"三步检验法"并未禁止立法者引入著作权限制的一般条款,但一般条款的具体适用标准、要素或条件又必须与"三步检验法"一致。一种理所当然的方案是直接照搬国际公约的"三步检验法"作为一般条款,由此将这一立法准则转变为司法准则,如《欧洲版权法草案》;[52]另一种方案则是向既有

[52] 该草案在列举具体的著作权限制后,又规定"其他与第 5.1 条至第 5.4 条第 1 款规定的情形类似的使用也是允许的,只要其没有影响作品的正常使用,也没有不合理的损害作者或权利人的正当利益,同时第三人的正当利益也要予以考虑",这一兜底条款后一部分的术语几乎与 TRIPs 协定第 13 条一致。

的开放性立法例学习，即借鉴美国“合理使用”制度的“四要素”，如中国台湾地区的“著作权法”即循此模式。[53]

本文认为，第一种方案更值得肯定。尽管“合理使用”是目前立法例中最典型的著作权限制一般条款，但相比于“三步检验法”而言仍有如下缺陷：

其一，确定性更为不足。一般条款以灵活性为价值依归，对确定性虽不得不牺牲，却不能罔顾。与“三步检验法”的累积适用不同，“合理使用”的要素分析是一种“权重分析”，法官对每个要素赋予的权重不同，最终的结论也会迥异，某一使用行为即使未满足其中某一要素的具体检验，也可能在综合考量时被认定为合理使用，立法者由此赋予了法官极大的裁量空间。[54]尽管“合理使用”的确定性可以通过遵循先例、归纳判例得到补足，但这需以判例法的体系为基础，移植至成文法传统的国家后能否被稳定适用还取决于特定的司法环境。“三步检验法”不仅是递进的，也是重叠的，著作权限制必须依次通过所有标准的检验，这一适用逻辑使其在确定性方面获得了“先天”的优势。

其二，法律后果更为僵化。如被认定为“合理使用”，则使用者既无需作者之许可，也不必向其支付补偿，这是一种“全有或全无”(alles oder nichts)的法律后果。[55]因此，在美国法的“合理使用”制度下，利益衡量的方式虽灵活，却可能带来较为僵化的结果：当某一使用行为理应被正当化，而同时又对作者的利益损害过大时，法官并不能通过判令使用者支付适当报酬，以尽量达致利益之均衡。上文提到，“三步检验

---

[53] 该“法”第65条规定：“著作之合理使用，不构成著作财产权之侵害。著作之利用是否合于第四十四条至第六十三条规定或其他合理使用之情形，应审酌一切情状，尤应注意下列事项，以为判断之基准：……(即四个要素)。”

[54] 朱理：《著作权的边界》，北京大学出版社2011年版，第230页及以下。朱理法官指出，要素分析法的不确定性还在于美国“合理使用”制度对四要素是非穷尽的列举。不过，需要指出的是，美国司法实践中在四要素之外以其他原因认定合理使用的案例是极少的，因此这一点也就无关紧要，参见Manuel Kleinemenke, Google Books und Fair Use, *GRUR Int.*, 2014, S. 894。

[55] 参见Mauel Kleinemenke, *Fair Use*, Nomos, 2013, S. 367 f.；张陈果：《解读“三步检验法”与“合理使用”》，载《环球法律评论》2016年第5期。

法”第三步的“不合理损害”可以通过支付公平补偿来补救,而“合理使用”制度无疑过度限缩了此处“合理损害”的可能情形。

从中国著作权法第三次修订草案的“送审稿”来看,起草者所选择的似乎也是第一种方案,即以“三步检验法”作为著作权限制的一般条款。“送审稿”第 43 条规定:

在下列情况下使用作品,可以不经著作权人许可,不向其支付报酬,但应当指明作者姓名或者名称、作品名称、作品出处,并且不得侵犯著作权人依照本法享有的其他权利:

(一)为个人学习、研究,复制他人已经发表的作品的片段;

(二)……

(十三)其他情形

以前款规定的方式使用作品,不得影响作品的正常使用,也不得不合理地损害著作权人的合法利益。

通过在第 13 项设置“其他情形”的兜底条款,“送审稿”打破了旧法封闭式的著作权限制规范,而第 2 款明显借鉴于“三步检验法”,“不得影响作品的正常使用,也不得不合理地损害著作权人的合法利益”既是第 1 ~ 12 项具体情形的“限制之限制”,也成为授权并指导法官创设新著作权限制的一般条款。不过,仔细审视“送审稿”第 43 条之规定,可以发现如下两个问题:[56]

一方面,“三步检验法”被削减为“两步检验法”,第一步“某些特殊情形”不见其踪。这似乎是因袭了《著作权法实施条例》第 21 条的表述,当初的立法者是否有意为之已无从得知。对于“三步检验法”的第一步有无其独立存在的意义,学界确实也存有争议。反对者认为,斯德哥尔摩会议记录仅重点讨论了第二、三步,而既有文献也大多聚焦于后两步,因此第一步是无关紧要的。[57]反对者的理由显然过于牵强,从条

---

[56] 已有学者注意到这两个问题,称“送审稿”第 43 条是谓“对三步检验法与合理使用的双重误读”,参见张陈果:《解读“三步检验法”与“合理使用”》,载《环球法律评论》2016 年第 5 期。

[57] See Records of the Intellectual Property Conference of Stockholm 1967, p. 1145; vgl. Dietrich Reimer, Eugen Ulmer, Die Reform der materiellrechtlichen Bestimmungen der Berner Übereinkunft, *GRUR Int.*, 1967, S. 444.

约文本的表述来看,第二、三步均是第一步的限定,“某些特殊情形”作为“三步检验法”的中心用语一直被保留于各个国际公约的相关条文中,认为第一步没有意义显然不符合立法者的意图。[58]上文“三步检验法”的解释已经表明,第一步虽然是最宽松的标准,但不等于没有标准。对于封闭式列举著作权限制的立法例,著作权限制局限于有着明确构成要件的具体情形,第一步已就此得以满足;对于著作权限制的概括性条款,则应当在条文中对第一步作出回应,以避免无必要的国际法纠纷。就“某些”一词而言,可以通过制定一般条款具体化的适用标准满足“可预见性”之要求;而“特殊”一词则应予以明示,以表明立法者承认著作权限制需限于“一个狭窄的范围”。因此,“送审稿”第 43 条之“其他情形”或可修改为“其他特殊情形”。

另一方面,“送审稿”第43 条第2 款本质上仅是自由使用的一般条款,而非所有著作权限制的一般条款。所谓自由使用,即“可以不经著作权人许可,不向其支付报酬”之情形,是大陆法系著作权法中对权利人最苛刻之限制;另一种相对缓和的限制即“法定许可”,作者虽无许可之自由,其获酬权却未被褫夺;最为缓和的著作权限制类型则是“强制许可”,作者的许可权并未丧失,只是在特定条件下负有强制缔约之义务。中国著作权法以大陆法系为范,规定了自由使用和法定许可两种著作权限制,只不过学说上常将“自由使用”误称为“合理使用”(fair use)。事实上,“合理使用”是美国法著作权限制一般条款的代名词,大陆法系封闭立法模式下并无真正的“合理使用”。[59]由此造成的第一个误会,是将“合理使用”作为囊括两大法系著作权限制制度的“总概念”;第二个误会,则是将上述错误理解的“合理使用”等同于中国著作权限制制度的全貌。[60]“合理使用”之所以常常讹作“著作权限制”的同

---

[58] 朱理:《著作权的边界》,北京大学出版社 2011 年版,第 109 页。

[59] 王迁:《知识产权法教程》,中国人民大学出版社 2013 年版,第 220 页;李琛:《论著作权法修订中“合理使用”的立法技术》,载《知识产权》2013 年第 1 期。

[60] 对著作权限制的研究,包括有关两大法系著作权限制的比较研究,大多以“合理使用制度研究”而非“著作权限制研究”为题,例如吴汉东:《著作权合理使用制度研究》,中国人民大学出版社 2013 年版;于玉:《著作权合理使用制度研究——应对数字网络环境挑战》,知识产权出版社 2012 年版等。这一点是令人诧异的。

义词,与中国著作权法对“法定许可”的忽视有关。中国著作权法规定的法定许可情形在数量上本身就比其他大陆法系国家少得多,而由于集体管理的配套机制长年缺位,使仅有的法定许可也是“备而不用”。或许根源于这一历史误会的影响,“送审稿”第43条将著作权限制的一般条款仅仅规定于自由使用的情形,这使一般条款之下的衡量结果陷入“全有或全无”,重蹈了美国合理使用制度之覆辙,而“三步检验法”中的“不合理损害”也无法通过使用者的公平补偿得以匡正。

综上所述,本文认为,在中国著作权限制开放型立法模式的具体构造中,应完整转述国际公约中的“三步检验法”,将其设置为全部著作权限制而非仅仅作为自由使用的一般条款。此外,对现行封闭式立法所列举的著作权限制也不能弃如敝屣,而应在具体情形之后将“三步检验法”设置为兜底性的一般条款。这样做的理由在于:既有著作权限制的条款不仅是立法者精确利益衡量后的产物,也已经历了司法实践的反复检验。保留原有著作权限制之具体条款,不仅可以节约司法成本,也能从一定程度上补救一般条款在确定性方面的天然缺陷。据此,本文建议中国未来的著作权法在“著作权限制”一节采如下结构:

第××条　在下列情况下使用作品,可以不经著作权人许可,不向其支付报酬……

第××条　在下列情况下使用作品,可以不经著作权人许可,但应当支付报酬……

第××条　在其他特殊情形,可以不经著作权人许可使用作品,但不得影响作品的正常使用,也不得不合理地损害著作权人的合法(或正当)利益。

六、结语

面对互联网时代复杂而频仍的利益博弈,中国的著作权限制制度亟需从封闭转向开放,引入著作权限制的一般条款应为最适宜的选择。不过,这仅是解决问题的第一步,如何在一般条款的灵活性与裁判结果的确定性之间寻求平衡,则是立法和司法所需共同面对的任务。本文主张将“三步检验法”作为著作权限制兜底性的一般条款,就此可从以下两个方面着手,补强该一般条款适用过程中的确定性:

一方面,可以通过颁行"实施条例"或司法解释的方式,明确"三步检验法"的具体解释细则。对此,上文基于国际条约的解释可资参考。当然,一般条款本身为司法的"试错"行为提供了空间,其具体化的过程主要仍是依赖于裁判的经验。中国虽然不是判例法国家,但可以借由指导性案例的制度契机,通过整合既有的裁判资源,自上而下地归纳出著作权限制的新类型,以松绑司法者面对类似案例时的论证负担。

另一方面,司法者应当本着法教义学的方法论自觉,谨慎对待一般条款的适用。在判断作品的使用例外时,应首先检索已有的著作权限制情形。只有在穷尽各种法律解释方法之后,作品的使用行为仍然不能为既有的著作权限制条款所豁免时,才能以"三步检验法"为框架进行法律续造。换言之,法官寻法的工作应避免脱离既有的规则而"向一般条款逃逸"。

(杜志浩,德国哥廷根大学法学院博士研究生。)

买卖型担保之担保特性再思考

——与崔建远教授商榷

张　伟

目　　次

崔建远教授在《政治与法律》2015 年第 12 期发表了《"担保"辨——基于担保泛化弊端严重的思考》(以下简称《"担保"辨》)。该文将担保的特性归纳为从属性、补充性和保障债权切实实现性,意图通过类型化的方案,厘清现行法上担保规范的适用范围,以期达到消弭担保泛化的目的。《"担保"辨》的意义无疑是深远的。但是,该文第三章关于"近年来交易实践中出现的以商品房买卖合同创设的法律构造不具备担保特性,因此不属于非典型担保"①的论断存在可商榷之处。根据崔建远教授的观点,在包括"嘉美公司案"和"朱俊芳案"在内的类似

① 参见崔建远:《"担保"辨——基于担保泛化弊端严重的思考》,载《政治与法律》2015 年第 12 期。

交易实践中,[②]由于一般均缺乏明确约定,故商品房买卖合同之于民间借贷合同不具备从属性与补充性。最致命的是,崔建远教授进一步指出,在此类交易实践中,对于民间借贷合同而言,商品房买卖合同难以具有保障债权切实实现性,其至多起到民事责任那样的一般担保作用。[③] 这从根本上否认了以此类商品房买卖合同构建非典型担保的可能性。基于上述认定,《担保"辨"》得出了此类商品房买卖合同不能构建非典型担保的结论。然而,此类商品房买卖合同之于民间借贷合同的法律性质究竟如何?从审判实践的角度看,包括最高人民法院在内,为何判定此类商品房买卖合同能够创设非典型担保的判决不乏其例?再从交易实践的角度看,如果此类商品房买卖合同之于民间借贷合同委实没有任何担保作用,纯粹只是交易结构中多此一举的徒劳,那么精明的商人和专业的放贷者为何会频繁将之作为一种保障交易安全的工具?在达成商品房买卖合同时,鉴于商品房买卖合同的订立确实意图以担保民间借贷合同的履行为目的,故本文暂将此类商品房买卖合同所欲创设的法律构造称为"买卖

② "广西嘉美房地产开发有限公司与杨伟鹏商品买卖合同纠纷申请案",(2013)民提字第135号,载《民事审判指导与参考》2014年总第58辑;"朱俊芳与山西嘉和泰房地产开发有限公司商品房买卖合同纠纷案",(2011)民提字第344号,载《最高人民法院公报》2014年第12期。

③ "民事责任那样的一般担保作用"是指债的一般担保,即债务人必须以其全部财产作为履行债务的总担保。与其相对的是债的特别担保,即通常所言的担保,亦即《担保法》和《物权法》所规定的担保,在现代民法上包括人的担保、物的担保和金钱担保。参见崔建远:《"担保"辨——基于担保泛化弊端严重的思考》,载《政治与法律》2015年第12期。高圣平教授持相同观点,将债的担保分为债的一般担保与债的特别担保。一般担保是指对债附以法律上的强制,以债务人的全部财产承担债务履行责任,即民事责任;特别担保是指责任财产范围的扩大化或特定化,在现代法上包括人的担保、物的担保和金钱担保。参见高圣平:《担保法论》,法律出版社2009年版,第2页。本文赞同崔建远教授和高圣平教授的分类,下文在不作特别说明时,所使用的担保一词将特指"特别担保"。

型担保”。[④] 买卖型担保究竟是名不符实,还是属于具备担保特性的非典型担保,这不仅是纯粹的性质之争,更是相关理论与规则能否与买卖型担保相契合的前提。故本文将对之予以深入探究,以期为买卖型担保的研究抛砖引玉。

一、买卖型担保的法律构造蕴含从属性

《担保“辨”》指出,在嘉美公司案中,由于当事人没有明确约定商品房买卖合同属于民间借贷合同的从合同,因此该商品房买卖合同所构建的买卖型担保不具有从属性。[⑤]《担保“辨”》的上述结论并不周延。基于对意思自治的尊重,在有明确约定的情况下,固然可以创设从属性。但是,当没有明确约定时,从属性并不必然缺失。买卖型担保的从属性可以源自其本身的法律构造。

根据传统担保理论,担保的目的在于保障所担保债务的履行、保护交易安全和债权人的利益。一般而言,只有坚持担保的从属性,担保的债权保全功能才能得以贯彻,买卖型担保也是如此。基于目的上的从属性,担保以主合同的成立而存在,以主合同的转移而转移,以主合同的消灭而消灭,离开主合同担保便不具有独立存在的价值。正因为担保的从属性立基于担保的债权保全功能,即以保障债权实现为目的,故当担保的功能不再具有单一性,其媒介融资功能与满足投资功能越来

---

④ “买卖型担保”并非由本文首次提出,其在学术论著中已被多次使用。当然,由于学者对以此类商品房买卖合同所创设的法律构造认识不一,所采用的称谓也多有不同。为了避免发生歧义与误解,当涉及其他学者的观点或者司法判决时,本文将以尊重原文称谓为原则,不以买卖型担保来统一指代。需要说明的是,交易实践中以商品房买卖合同担保民间借贷合同是买卖型担保最为典型的类型,故本文将只围绕该种类型展开论证。参见高治:《担保型买卖合同纠纷的的法理辨析与裁判对策》,载《人民司法》2014 年第 23 期;参见金丽娟、张肖华:《买卖型担保的法律辨析与司法对策》,载《商事审判指导》2014 年第 2 期(总第 38 辑),人民法院出版社 2015 年版,第 56 ~ 65 页;参见庄加园:《“买卖型担保”与流押条款的效力——〈民间借贷规定〉第 24 条的解读》,载《清华法学》2016 年第 3 期。

⑤ 崔建远:《“担保”辨——基于担保泛化弊端严重的思考》,载《政治与法律》2015 年第 12 期。

越受到重视时，担保的从属性日渐遭受挑战，从属性缓和理论也应运而生。[⑥] 仅就债权保全功能而言，典型担保的制度设计足以为债权实现提供充分的保障。从很大程度上讲，买卖型担保在商事交易中的普遍适用，便是对传统典型担保媒介融资功能的一种补强。因此，如果着眼于从属性缓和理论，即便买卖型担保不具备完全的从属性，也不应当由此直接否认其非典型担保的特性。《担保"辨"》通过对国内外担保从属性缓和制度和独立性制度的列举，得出了"担保的从属性更多的是立法政策使然，法律完全可以根据实际生活的需要而漠视从属性，承认独立性的担保类型"[⑦]的结论。尽管通过立法可以强行剥离担保的从属性，但是基于我国仍然严守担保从属性的现状，故无论是典型担保或是非典型担保，当以具备从属性为原则，买卖型担保也概莫能外。

通说认为，担保的从属性体现在三方面，即成立上的从属性、处分上的从属性和消灭上的从属性。[⑧] 倘若买卖型担保内含从属性的品质，那么其就应当同时具备上述三方面的从属性。

成立上的从属性是指担保权的存在以主债权的存在为前提，具体表现为二者同时产生，或者主债权成立在先，担保权嗣后成立。现行法上的最高额保证与最高额抵押能为未来债权设定担保，在严格意义上，二者已经突破了传统理论上关于担保成立上的从属性的要求。也有学者指出，虽然立法对最高额保证与最高额抵押的确立预示着担保成立上的从属性已趋于缓和，但是成立上的从属性并未遭到摒弃，因为在担保实现时，主债权必须确定存在。[⑨] 在当前买卖型担保交易实践中，商品房买卖合同总是晚于或者同时于民间借贷合同成立生效。再者，买卖型担保不存在为将来债权设定担保的现象，并不需要从属性缓和理论来补足其成立上的从属性。因此，买卖型担保应当具备成立上的从属性。

---

⑥ 参见马俊驹、陈本寒：《物权法》，复旦大学出版社2014年第2版，第257页。

⑦ 崔建远：《"担保"辨——基于担保泛化弊端严重的思考》，载《政治与法律》2015年第12期。

⑧ 参见高圣平：《担保法论》，法律出版社2009年版，第44页；参见郭明瑞、房绍坤：《担保法》（第3版），中国政法大学出版社2015年版，第7页。

⑨ 参见梅夏英、高圣平：《物权法教程》，中国人民大学出版社2010年第2版，第284页。

消灭上的从属性是指担保权随主债权的消灭而消灭,主债权消灭时,担保权将失去存在的意义。在《物权法》的立法过程中,关于是否坚持消灭上的从属性曾存在争议。最终,《物权法》明确规定消灭上的从属性仅可以法定排除,不能约定排除,未与《担保法》第5条的内容相一致。《担保法》第5条虽然规定约定可排除担保消灭上的从属性,但这也仅限于"国际贸易中通行的见索即付、见单即付的保证合同"。[⑩] 排除担保在消灭上的从属性,即意味着在主合同无效的情况下,担保人也要承担责任。这不但对担保人不公平,而且可能导致欺诈和权利滥用,还可能损害其他债权人的利益。整体而言,担保在消灭上的从属性仍被现有立法所坚持。在当前买卖型担保交易实践中,商品房买卖合同的履行以民间借贷合同未按照约定履行为前提。学界关于商品房买卖合同具体法律构造的分析多种多样,但无论是附解除条件说,还是附生效条件说抑或是互为预约抵销说等,商品房买卖合同的履行都是以民间借贷合同有效且未按照约定履行为前置条件。如果民间借贷合同的效力被法律所否定,则商品房买卖合同的订立也将失去意义,其如何具体履行就更无从谈起。因此,基于买卖型担保的法律构造,其实质上具备了消灭上的从属性。

处分上的从属性是指担保权随主债权的变动而变动,担保权未移转时,主债权不得单独移转。承认担保的满足投资功能,意味着与传统意义上担保处分上的从属性的背离,也代表着对担保独立性的承认。在我妻荣先生看来,抵押权移转的难易程度是决定抵押权满足投资功能强弱的最重要因素。德国法中极具流通性的土地债务和抵押证券化当属著例,我妻荣先生甚至将之誉为最先进的制度,堪称各国模范。[⑪] 然而,谢在全先生针对性地指出,"从属性之弱化应以不得有害担保物权系在作为债权担保之法律性质为最低限度,否则将失其担保物权之性质,进入具有独立性之物权领域,例如德国法上之土地债务矣"。[⑫] 在我国既有法秩序下,担保权的流通性并未得到承认,故买卖型担保也须满足处分上的从属性。由于在当前买卖型担保交易实践中,当事人

---

⑩ 胡康生主编:《中华人民共和国物权法释义》,法律出版社2007年版,第371页。

⑪ 参见[日]我妻荣:《债权在近代法中优越地位》,王书江、张雷译,中国大百科全书出版社1999年版,第52~53页。

⑫ 谢在全:《民法物权论》(中册),中国政法大学出版社2011年版,第621页。

一般不会直接约定商品房买卖合同关系在处分上的从属性,那么其到底是否具备处分上的从属性?首先必须明确的是,交易实践以商品房买卖合同为依托来创设一个隶属于民间借贷合同之从法律构造的意图是确实存在的。因此,将民间借贷合同的债权人通过商品房买卖合同而获得的保障性权利视为从权利应无甚障碍。根据《合同法》第 81 条的规定,从权利具有附随性,应当随着主债权的转让而转让,专属于债权人自身的从权利除外。韩世远教授详细指出,“所谓从权利,指担保(物的担保、人的担保及金钱担保)及其他从属权利(利息债权、违约金请求权、损害赔偿请求权)而言,此等从权利的转移,属于当然,毋庸特别约定”。[13] 故依据《合同法》第 81 条应当可以证成商品房买卖合同之于民间借贷合同在处分上的从属性。再者,在买卖型担保的法律构造中,商品房买卖合同的履行都是以民间借贷合同有效且未按照约定履行为前置条件,即使商品房买卖合同中请求转移所有权的债权单独转让,但由于一经脱离民间借贷合同,商品房买卖合同的履行就将处于未决状态,这实际上相当于杜绝了单独转让的可能性。综上所述,买卖型担保的法律构造赋予了其处分上的从属性。

二、买卖型担保的补充性不能独立创设

担保的补充性与担保的从属性和保障债权切实实现性密切相关,补充性实际上是保障债权切实实现性在从属性上的表达。担保的补充性不能独立创设,其须以从属性与保障债权切实实现性齐备为要件,买卖型担保也是如此。

从属性即意味着同时存在两种以上法律关系,也只有同时存在两种以上法律关系时,补充性才有机会得以彰显。以抵销制度为例,尽管其具有显著的保障债权切实实现性,但是囿于其仅是债权效力的表现形式,并不是债权之外的另一法律关系的体现,因此抵销不具有补充性,亦不属于担保之列。再者,即使同时存在两种以上法律关系,并且一种法律关系也确实对另一种法律关系具有保障债权切实实现性,补充性也不一定能得到确立。因为当两种法律关系不具有从属性,即不

---

[13] 韩世远:《合同法总论》(第 3 版),法律出版社 2011 年版,第 472 页。

存在主从关系,仅是一类平行的法律构造时,补充性将被否定。以连带债务为例,由于各个债务处于同一层次,并无主次之分,因此其不具备补充性,亦不能被划入担保的范围。由此可以确认,惟有具备担保的从属性时,才有继续讨论担保的补充性的空间。

上文已经证成了买卖型担保的从属性,那么是否代表着买卖型担保的补充性也可以得到肯认?根据担保补充性的另一层含义,何以构成主债权的补充,只有在从法律关系对主法律关系具有保障债权切实实现性时,方可实现担保意义上的补充。是以,如欲使担保具备补充性,则保障债权切实实现性也必须同时具备。这也意味着,在证成买卖型担保的保障债权切实实现性之前,买卖型担保的补充性是无法予以确立的。基于补充性与保障债权切实实现性之间的紧密联系,也有学者更为直接地指出,“担保的设定,使特定的债权人或得从第三人的财产受偿,或得从特定的财产价值中优先于其他债权人受偿,债的效力得到了进一步增强。因此,担保在债务人不履行债务时使债权人的利益得到了保障,从而使债的效力得到了补充”。[14] 持此观点的学者将补充性与保障债权切实实现性进行了融合,主张仅以补充性来诠释这两种特性。然而,仅用补充性来统摄补充性和保障债权切实实现性的主张并不妥当,因为如此容易忽略保障债权切实实现性的关键性作用,故《担保“辨”》将补充性与保障债权切实实现性予以区分的见解应当得到坚持。

需要进一步探讨的是,《担保“辨”》关于补充性的判断标准存在观点上的反复。在对朱俊芳案的分析中,《担保“辨”》支持了太原市中级人民法院的观点,认为虽然商品房买卖合同仅是作为一起普通的债权债务关系存在,并不具备保障债权切实实现性,但是“此处商品房买卖合同符合担保关于补充性的特性要求”。[15] 然而,在对嘉美公司案的分析中,面对通过案件事实所展现的近乎相同的法律关系,《担保“辨”》以“涉案合同缺乏商品房买卖合同对民间借贷合同起着补充作用的约

---

[14] 郭明瑞、房绍坤:《担保法》(第3版),中国政法大学出版社2015年版,第7页。

[15] 崔建远:《“担保”辨——基于担保泛化弊端严重的思考》,载《政治与法律》2015年第12期。

定”[16]为理由，否定了补充性的特性，进而驳斥了最高人民法院对非典型担保的认定。根据《担保“辨”》的论证逻辑，是不是只要当事人进行了明确的约定，即使缺失保障债权切实实现性，担保的补充性依然能够证成？答案应当是否定的。通过对《担保“辨”》论证过程的剖析，该文的结论应当源自太原市中级人民法院关于“该合同仅是商品房买卖合同的补充”的认定，因为《担保“辨”》就是基于此才作出了该商品房买卖合同具备补充性的判断。但是，该判断与《担保“辨”》所给出的“补充性是指保障主债切实实现的法律关系补充被担保的主债关系”[17]这一定义相矛盾。再者，该判断也与崔建远教授对担保补充性一以贯之的观点相背离。在论述担保物权的补充性时，崔建远教授曾指出，“这些补充的担保物权关系的存在，使债权人就担保物享有了优先权，从而大大增加了促使债务人适当履行其债务的压力，极大地增强了保障债权得以实现的可能性……且补充性非担保物权所独有，保证关系、定金关系、某些保证关系也具备”。[18] 由此可见，试图通过约定来一劳永逸地创设担保的补充性并不可行，买卖型担保补充性的确立，仍须以其满足保障债权切实实现性的要求方可。

三、买卖型担保的保障债权切实实现性的争点回溯

（一）买卖型担保的保障债权切实实现性的认定乱象

在买卖型担保是否为非典型担保的论争中，[19]毫无疑问，保障债权

---

[16] 崔建远：《“担保”辨——基于担保化弊端严重的思考》，载《政治与法律》2015 年第 12 期。

[17] 崔建远：《“担保”辨——基于担保化弊端严重的思考》，载《政治与法律》2015 年第 12 期。

[18] 崔建远：《物权：规范与学说——以中国物权法的解释论为中心》（下册），清华大学出版社 2011 年版，第 739 页。

[19] 在判定是否为非典型担保时，有些学者甚至仅以是否具备保障债切切实实现性作为标准。只要符合保障债权切实实现性的要求，便认定为非典型担保。例如，谢在全先生就将不具有从属性和补充性的抵销认定为了非典型担保。参见谢在全：《民法物权论》（中册），中国政法大学出版社 2011 年版，第 616 页。对于担保而言，保障债权切实实现性确实是最为重要的特征，但是从属性和补充性也应当是不可忽视的特征，故本文坚持《担保“辨”》所提出的从属性、补充性和保障债权切实实现性须同时具备的理论。

切实实现性的存在与否乃是问题的焦点所在。然而,对于买卖型担保是否具备保障债权切实实现性,目前司法机关与理论界均难以走出争论不休的困境。

在嘉美公司案中,最高人民法院认为,已办理备案登记的商品房买卖合同足以创设非典型担保。尽管限于当事人的诉讼请求,判决书没有对该非典型担保的性质展开进一步的界定,但是承认该非典型担保存在保障债权切实实现性当是确凿无疑的。在之后刊发的案件评析中,再审法官梁曙明审判长对该非典型担保的性质展开了更为深入的解析,坚定地认为该案中的非典型担保当为让与担保这一权利转移型担保。[20] 在朱俊芳案中,虽然最高人民法院没有具体阐明存在何种形式的担保,但是对于存在担保这一事实并未予以否认,判决书说理部分也多次提及了商品房买卖合同对民间借贷合同的担保作用,这实质上相当于承认了此种担保的保障债权切实实现性。但是,无论是嘉美公司案还朱俊芳案,各审法院之间对于当事人所意欲创设的非典型担保是否存在保障债权切实实现性的判断多有矛盾,在其他同类型案件的审判中往往也是如此。

最高人民法院部分法官对此类商品房买卖合同所欲构建的买卖型担保的保障债权切实实现性的肯定并未达到"一锤定音"的效果。理论界的观点就存在明显的对立。杨立新教授与董学立教授虽然对所构建的非典型担保的法律性质的看法有所不同,但是两位学者对于其属于担保以及其具备保障债权切实实现性的观点是一致的。[21] 不过,也有部分学者否定了买卖型担保的保障债权切实实现性,其中当以崔建远教授、陆青副教授和庄加园副教授的观点为典型,且其否定路径近乎相同,均是先通过否认买卖型担保符合让与担保的法律构造,进而得出

---

[20] 参见梁曙明、刘牧晗:《借贷关系中签订房屋买卖合同并备案登记属于让与担保》,载《人民司法》2014 年第 16 期。

[21] 参见杨立新:《后让与担保:一个正在形成的习惯法担保物权》,载《中国法学》2013 年第 3 期;参见董学立:《也论"后让于担保"——与杨立新教授商榷》,载《中国法学》2014 年第 3 期。

其不具有保障债权切实实现性的结论。[22]

(二)买卖型担保不因让与担保而获得保障债权切实实现性

结合上述学术争鸣,再通过对既有判例与学说的分析可知,无论是肯定买卖型担保具有保障债权切实实现性的观点,还是否定买卖型担保具有保障债权切实实现性的主张,在其论证过程中,大致均会涉及让与担保这一概念。在探究买卖型担保是否具备保障债权切实实现性的制度机理之前,确有必要先厘清买卖型担保与让与担保之间的关系。

《担保"辨"》明确指出,嘉美公司案中被称为非典型担保的法律构造不是德国法上的让与担保。[23] 众所周知,德国法并不承认不动产让与担保,因而该非典型担保不是德国法上的让与担保本就没有疑义。结合《担保"辨"》的后续论述,其对此予以强调的目的,应当是为了突出让与担保须转移所有权的特性。动产让与担保之所以能具备保障债权切实实现性,乃是基于动产所有权通过占有改定制度完成移转后所带来的物权效果。[24] 德国法上的让与担保制度在日本和我国台湾地区获得了进一步的发展,担保标的物不再限于动产,不动产以及权利均可作为让与担保的标的。然让与担保制度的演进并没有改变该制度的内核,即让与担保之所以具有保障债权切实实现性,根本原因仍是立基于所有权移转所形成的一系列物权效果。对此,日本和我国台湾地区的

[22] 参见陆青:《以房抵债协议的法理分析——〈最高人民法院公报〉载"朱俊芳案"评释》,载《法学研究》2015 年第 3 期;庄加园:《"买卖型担保"与流押条款的效力——〈民间借贷规定〉第 24 条的解读》,载《清华法学》2016 年第 3 期;崔建远:《"担保"辨——基于担保泛化弊端严重的思考》,载《政治与法律》2015 年第 12 期。

[23] 参见崔建远:《"担保"辨——基于担保泛化弊端严重的思考》,载《政治与法律》2015 年第 12 期。

[24] 担保性所有权让与制度是对动产质权制度的违背,在习惯法上获得了承认。代替设定质权,债务人为了担保债权人对他享有的债权,而将属于他的动产之所有权转让与债权人。所有权转让总是通过物权合意以及对占有改定的合意(第 930 条)而进行的。这样一来,债务人可以在保留直接占用与用益的情况下,将完全所有权移转给债权人。参见[德]鲍尔·施蒂尔纳:《德国物权法》(下册),申卫星、王洪亮译,法律出版社 2006 年版,第 599 ~ 600 页。

判例与学说也均予以了肯认。[25] 买卖型担保中的商品房买卖合同在订立时不发生商品房所有权的移转,其不符合让与担保须通过移转所有权来获取保障债权切实实现性的核心特征,据此当可得出买卖型担保非让与担保这一结论。

需要注意的是,在对嘉美公司案的评述中,尽管梁曙明审判长明知案件中的商品房所有权未发生移转,但是其基于该商品房买卖合同已经备案登记,从而可以获得保障债权切实实现性的预设,坚持将由该商品房买卖合同所创设的非典型担保认定为让与担保。[26] 梁曙明审判长没有将所有权移转作为让与担保必备的核心特征,其观点似可以解读为,在商品房买卖合同已经订立的前提下,无论所有权是否发生变动,只要担保权人对所有权处于实际上的控制状态,那么就能够认定为让与担保。然而,对所有权实际上的控制这一特征并不独属于让与担保,如此认定将会混淆让与担保与其上位概念权利转移型担保之间的关系,造成概念上的混乱。权利转移型担保便是以此为特征予以命名,其具体是指在以所有权为中心的权利上,通过移转或者不移转的形式来避免和物权法定主义抵触,从而达到担保债权的效果。[27] 举例来讲,作为公认的权利转移型担保之一的所有权保留便是通过赋予出卖人交付但不移转所有权的法律效力来实现其担保作用。[28] 若是基于出卖人对所有权实际上的控制,强行将所有权保留视作让与担保的一种类型,这

---

[25] 参见[日]我妻荣:《新订担保物权法》,申政武、封涛、郑芙蓉译,中国法制出版社2008年版,第539页; 参见[日]近江幸治:《担保物权法》,祝娅、王卫军、房兆融译,法律出版社2000年版,第251页;参见谢在全:《民法物权论》(下册),中国政法大学出版社2011年版,第1100页;参见史尚宽:《物权法论》,中国政法大学出版社2000年版,第423页。

[26] 参见梁曙明、刘牧晗:《借贷关系中签订房屋买卖合同并备案登记属于让与担保》,载《人民司法》2014年第16期。

[27] 参见[日]松冈久合:《日本非典型担保法的最新的动向》,郑芙蓉译,载渠涛主编:《中日民商法研究》(第八卷),法律出版社2009年版,第59页。

[28] 参见孙鹏、王勤劳、范雪飞:《担保物权法原理》,中国人民大学出版社2009年版,第22页;参见高圣平:《担保法论》,法律出版社2009年版,第3页;刘家宽:《权利转移型担保法理构造之研究——以所有权之担保作用观察》,我国台湾地区台北大学2004年硕士学位论文,第165页。

显然不合理,也与现有的理论相冲突。

(三)买卖型担保难以援用人的担保与金钱担保的保障债权切实实现性

保障债权切实实现性是根据整个担保制度的特征所做出的概括性归纳,究其本质当为责任财产的扩大化或者特定化,其具体的债权保障机制一般通过人的担保、物的担保和金钱担保这三种担保类型来分别予以展现。学界对买卖型担保的保障债权切实实现性的讨论,主要聚焦于物的担保这一分析路径,基本上没有关注是否可以通过人的担保或者金钱担保的分析路径来证成买卖型担保的保障债权切实实现性。不可否认,相较于作为债权最佳担保制度的物的担保,人的担保与金钱担保的担保作用偏弱。人的担保因仍系以个人信用为担保,所负责任与债务人并无不同,故债务不能完全履行之危险依旧存在;金钱担保在保障双方当事人的债权实现方面存在厚此薄彼的现象,并且在市场主体资金都相对紧缺的常态下,其被运用的机会相对较少,在高额债权的担保场合尤为如此。[29] 尽管人的担保与金钱担保难以媲美物的担保,但是为了充分解析买卖型担保的法律构造,在论证买卖型担保是否属于物的担保之前,实则有必要探究买卖型担保是否具备人的担保与金钱担保的担保机理,如此也有助于回应关于买卖型担保的一些误解。

就人的担保而言,保证是其典型形态,具体表现为责任财产的扩大化。《担保"辨"》虽然对买卖型担保是否符合人的担保的规格要求予以了提及,但是其在认识上存在以偏概全的一面。在《担保"辨"》看来,既然在朱俊芳案与嘉美公司案中借款人和出卖人均为同一主体,那么该类型的买卖型担保就不存在扩大责任财产的特性,当然也就不属于人的担保。[30]《担保"辨"》基于上述案件的归纳是不完全的。如同典型担保抵押和质押,抵押人和质押人一般同时会是债务人,但是基于

[29] 参见崔建远:《物权:规范与学说——以中国物权法的解释论为中心》(下册),清华大学出版社 2011 年版,第 739 ~ 740 页。

[30] 参见崔建远:《"担保"辨——基于担保泛化弊端严重的思考》,载《政治与法律》2015 年第 12 期。

抵押和质押的制度设计,它们并不会排除第三人作为抵押人和质押人的可能性。同理,根据买卖型担保的法律构造,其对签订商品房买卖合同的当事人并没有特别的限制,第三人完全可以成为商品房买卖合同的主体,故买卖型担保可以具备扩大责任财产的法律效果。然而,需要正视的是,在交易实践中第三人成为商品房买卖合同主体的现象鲜为罕见,且该种责任财产的扩大也仅是及于特定的商品房而不是第三人的全部责任财产。因此,以责任财产的扩大来证成买卖型担保的保障债权切实实现性虽然勉强可行,但是不具有现实意义,因为基于此种情形的偶然性,其难以合理解释买卖型担保在交易实践中普遍被适用的原因。

就金钱担保而言,定金是其典型形态,具体表现为通过金钱的得丧规则来保障债权的切实实现。诚如《担保"辨"》所言,买卖型担保中的商品房买卖合同并未使出借人取得特定数额的金钱,其不符合金钱担保的规格要求。[31] 杨立新教授对此持不同见解,其认为,当商品房买卖合同约定的房价持续上涨时,商品房买卖合同对借贷合同起着不言而喻的担保作用,因为借款人为了避免承担不利的法律后果,会更为积极地履行合同义务以偿还债务。[32] 从使当事人产生心理压力,进而积极履行债务的角度分析,这与金钱担保的作用机理甚为相似。[33] 那么可否认为买卖型担保具有金钱担保的特性?答案应当是否定的。担保意义上的保障债权切实实现性在设立时就必须是确定的。如果仅是在结果意义上可能因为价格的涨幅而对当事人形成了心理上的督促作用,就不应当成为判断存在保障债权切实实现性的依据。否则将使对担保的判断变得飘忽不定,"秋后才能算账"的不稳定性也将使欲设立担保

[31] 崔建远:《"担保"辨——基于担保泛化弊端严重的思考》,载《政治与法律》2015年第12期。

[32] 参见杨立新:《后让与担保:一个正在形成的习惯法担保物权》,载《中国法学》2013年第3期。

[33] 参见张伟:《买卖合同担保民间借贷合同的解释论——以法释〔2015〕18号第24条为中心》,载《法学评论》2016年第2期。

的当事人望而却步。[34] 但是,因价格波动而蕴藏的促进债务履行的作用也不应当被忽略。以价格的涨跌来作为决定当事人之间最终利益分配的因素,这与对赌协议的原理相类似。尽管最高人民法院在审查对赌协议的效力时态度还相对保守,其在"对赌协议第一案"中便否定了该对赌协议的效力,[35]但是从最高人民法院适用的法律依据来看,该无效法律评价的射程是有限的,基本仅在对赌方属于《公司法》第 20 条的规制主体时方为无效。再者,最高人民法院此种认定的合理性也是存疑的,其否认对赌协议效力的观点就遭到了学界的质疑。[36] 因此,如果从类似对赌协议的角度来考察,基于商事主体逐利的本性,承认当事人之间价格波动条款的效力,无疑会使买卖型担保获得更为广泛的适用。当然,这并不能成为论证买卖型担保具有保障债权切实实现性的理由。

如果说价格波动条款因具有秋后算账的事后性而不符合保障债权切实实现性的标准,那么事先折价条款是否能满足相应的规格要求?事先折价条款是指当事人在签订商品房买卖合同时,对该商品房的价格予以一定的折让,以使债权人获得更为充分的保障,同时也能促使债务人更为积极地履行债务,以免遭受额外的损失。举例来讲,如果该商品房市值 130 万元,而借款数额仅为 100 万元,那么一般就会约定当发生债务不履行的情况时,该商品房将直接以 100 万元的价格予以折抵。在浙江省高院审理的"宣建辉案"中,[37]当事人就对 70% 的折价率作出了明确约定,颇具典型性。

---

[34] 参见崔建远:《"担保"辨——基于担保泛化弊端严重的思考》,载《政治与法律》2015 年第 12 期。

[35] 《苏州工业园区海富投资有限公司与甘肃世恒有色资源再利用有限公司、香港迪亚有限公司、陆波增资纠纷案》,(2012)民提字第 11 号,载《最高人民法院公报》2014 年第 8 期。

[36] 参见潘林:《"对赌协议第一案"的法律经济学分析》,载《法制与社会发展》2014 年第 4 期;参见唐英:《甘肃"对赌协议案"判决之评析——以法律方法的运用为视角》,载《法学论坛》2015 年第 1 期;赵昭:《对赌协议的合法性出路》,载《学术界》2015 年第 2 期;参见俞秋玮、夏青:《对赌协议效力之争及其评价》,载《法律适用》2015 年第6 期。

[37] 《宣建辉等诉建德雅居房地产开发有限公司房屋买卖合同纠纷案》,(2015)浙民提字第 69 号,浙江省高级人民法院民事判决书。

在买卖型担保交易实践中普遍被适用的事先折价条款具有完全的确定性,且在交易实践中折价的力度也比较强,一般均会约定 7 折乃至更低的折价率。如果暂且假定事先折价条款无任何效力上的负面评价,那么其能否使买卖型担保具有类似金钱担保的保障债权切实实现性？基于以下两方面的考量,事先折价条款仍难以满足保障债权切实实现性的标准。一方面,金钱担保的担保作用不仅是事先确定的,而且在担保设立时,担保权人要确定地取得该笔金钱的所有权。事先折价条款的折价率虽然也是事先确定的,但是其并未超越一般责任财产的范畴,故即使其具备一定的促使债务人履行债务的功能,也难以满足担保的规格要求。另一方面,事先折价条款是否能够履行,实际上涉及买卖型担保应当采用何种实现方式的问题。如果当事人之间的意思自治不受认可,买卖型担保以清算作为担保的实现原则,那么无论是价格波动条款还是事先折价条款,将都只是镜中花、水中月罢了。

援用人的担保与金钱担保的担保机理来证成买卖型担保的保障债权切实实现性并不可行。这也意味着,如果买卖型担保具备保障债权切实实现性,那么其应当属于物的担保这一类型。㊳ 在《担保"辨"》看来,既然买卖型担保有别于让与担保,又因为物权法定主义而无法成立

㊳　物的担保有广义与狭义之分。狭义上物的担保仅指担保物权,广义上物的担保包含了担保物权和所有权保留、让与担保等非典型担保。担保物权和非典型担保之所以能被广义上物的担保涵盖,乃是因为这两者具有共性,都是在债务人或第三人所提供的特定财产上设定的担保。《担保"辨"》对物的担保与所有权保留、让与担保进行了区分论述,显然是采用了狭义上物的担保的概念。本文将担保的类型划分为了人的担保、金钱担保和物的担保三种类型,故采用了广义上物的担保的概念。无论是采用狭义上还是广义上物的担保的概念,实质上并不影响论证的展开。但是为了明晰概念之间的关系,避免不必要的误解,特此予以说明。参见崔建远:《物权:规范与学说——以中国物权法的解释论为中心》(下册),清华大学出版社 2011 年版,第 741 页;参见高圣平:《担保法论》,法律出版社 2009 年版,第 3 页;参见崔建远:《"担保"辨——基于担保泛化弊端严重的思考》,载《政治与法律》2015 年第 12 期。

法定担保物权，[39]所以其不具有物的担保的保障债权切实实现性。[40]《担保"辨"》的结论存在武断之嫌。买卖型担保不符合让与担保和法定担保物权的法律构造，这并不能否决其归属于物的担保的可能性。买卖型担保仍有可能满足物的担保的保障债权切实实现性，从而具备担保借贷合同的功能，成立除让与担保之外的其他类型的非典型担保。[41] 基于物的担保的共性，非典型担保和担保物权均是通过责任财产的特定化来发挥其保障债权切实实现性。该特定化不管是以定限物权还是以所有权等方式来达成，在法律效果上都可对特定责任财产设置强制执行排除效力和破产保护效力，使该特定责任财产不再因为债的平等性而被公平受偿，从而赋予被担保债权以优先受偿权。[42] 也就

[39] 我国立法所确立的是严格意义上的物权法定主义，并没有为通过习惯法来创设担保物权预留空间。在《物权法》的立法过程中，就删除了草案关于"法律未作规定的，符合物权性质的权利，视为物权"的规定。全国人大法律委员会认为，这一规定的本意是随着实践的发展为物权的种类留下一定空间，但实际上哪些权利"符合物权法的性质"还是需要通过立法解释予以明确。参见胡康生主编：《中华人民共和国物权法释义》，法律出版社2007年版，第31页。另外，买卖型担保不符合现行法上担保物权的法律构造已是学界的共识。唯董学立教授对此持不同看法，其将此类法律构造认定为成立抵押权，一个秘密的抵押权，是指当事人之间有设定抵押权的合同，但未经办理关于此抵押权设立合同的登记，其实质就是一个"未经登记"的未来物上的抵押权。董学立教授虽然将之认定为抵押权，但是该不动产抵押权未经登记也可设立的观点，实际上已超出了现行法关于不动产抵押权登记设立的规定。参见董学立：《也论"后让于担保"——与杨立新教授商榷》，载《中国法学》2014年第3期。

[40] 参见崔建远：《"担保"辨——基于担保泛化弊端严重的思考》，载《政治与法律》2015年第12期。

[41] 如同在谢在全先生看来，非典型担保是指其内在具有或兼具担保债权之功能，社会交易上将之运用于债权担保的制度。这与英美法上判断是否为担保交易相类似。英美法通常重在交易行为是否具有担保功能，凡当事人间以担保为目的，而将财产之占有与所有权分离，且逾合理之期间者，均认系担保交易。参见谢在全：《民法物权论》(中册)，中国政法大学出版社2011年版，第615页。

[42] 崔建远教授以责任财产有无强制执行障碍来阐释物的担保发挥担保功效的机理，这一从执行或者说担保实现的角度对担保物权所作的解读是深刻的。由于完整的优先受偿权必然包含破产保护效力和强制执行排除效力，故本文将两者予以并列，并以之作为检验买卖型担保是否具有保障债权切实实现性的标准。参见崔建远：《"担保"辨——基于担保泛化弊端严重的思考》，载《政治与法律》2015年第12期。

是说,如果买卖型担保能够为商品房买卖合同中的债权请求权附加强制执行排除效力和破产保护效力,使出借人获得优先性保障,那么就应当认定其具有保障债权切实实现性。

四、买卖型担保以预告登记获得保障债权切实实现性

《担保"辨"》对买卖型担保所作的概括并不完整,[43]因为其没有论及买卖型担保中登记这一要素。[44] 例如,在嘉美公司案中,登记就是一项必须予以重视的案件事实。梁曙明审判长基于预告登记与备案登记效力相等同的前提性预设,证成了商品房买卖合同对借贷合同的担保作用。[45] 尽管其逻辑前提的正确性仍需要进一步探究,但是如果像《担保"辨"》一般,在不考虑登记所能引发的法律效果的情况下,径直质疑嘉美公司案判决的正确性,[46]那么其结论将难以令人信服。在大量既有判例所展现的买卖型担保交易实践中,登记具体表现为预告登记和备案登记两种形态。在预告登记的作用下,买卖型担保当具备保障债权切实实现性。

(一)《担保"辨"》对预告登记强制执行排除效力和破产保护效力的否认

预告登记横跨债权法和物权法两大领域,其本身所具有的双重特性使其法律性质众说纷纭。关于预告登记的现象与效力,德国法上至

---

[43] 当事人双方成立了借贷合同关系,同时或其后又签订商品买卖合同,借款人作为出卖人,出借人作为买受人,约定借款人不依约还本付息时,出借人有权请求借款人移转商品房的所有权。参见崔建远:《"担保"辨——基于担保泛化弊端严重的思考》,载《政治与法律》2015年第12期。

[44] 目前,已有部分学者明确将登记作为买卖型担保的构成要素,尽管他们对登记性质的认识还不统一,对登记发挥作用的机制也未有深入的论证。参见杨立新:《后让与担保:一个正在形成的习惯法担保物权》,载《中国法学》2013年第3期;参见梁曙明、刘牧晗:《借贷关系中签订房屋买卖合同并备案登记属于让与担保》,载《人民司法》2014年第16期。

[45] 参见梁曙明、刘牧晗:《借贷关系中签订房屋买卖合同并备案登记属于让与担保》,载《人民司法》2014年第16期。

[46] 参见崔建远:《"担保"辨——基于担保泛化弊端严重的思考》,载《政治与法律》2015年第12期。

今没有概念能对之予以全面界定。[47] 我国台湾地区对于预告登记究竟是属于物权还是债权保全手段也一直争论不休。王泽鉴先生亦承认在现行法上对预告登记进行定性甚为困难。[48]

作为舶来品的预告登记,国内对其性质的界定亦是莫衷一是。尹田教授的总结应当是恰当的,其认为虽然理论上对预告登记的性质看法不一,但是这些观点均认同预告登记能使有关债权获得某些物权效力,而差异仅在于所能达到的物权效力程度。[49] 由此可知,预告登记赋予相关债权的物权效力程度将决定买卖型担保是否具备保障债权切实实现性,而该物权效力程度又取决于对预告登记本身效力强弱的判断。

《担保"辨"》虽然在第二章肯定了预告登记的保全效力,但是其关于预告登记不能使登记债权具有直接实现效力的观点,[50]相当于排除了买卖型担保中预告登记可以使出借人优先受偿的可能性。[51] 综观崔建远教授的学术观点,其对预告登记的效力判断持相对保守的态度。在其看来,既然《物权法》第20条未明确规定预告登记具有顺位效力,而《物权法》第14条却明定不动产物权的变动以记载于不动产登记簿的时间为准,那么这就是说我国《物权法》不承认预告登记的顺位效力。[52] 然而,尽管我国采取了冻结不动产登记簿的绝对无效立法模式,但是从立法目的的角度分析,无论是为了保障将来实现物权还是发挥

---

[47] 参见[德]鲍尔·施蒂尔纳:《德国物权法》(下册),申卫星、王洪亮译,法律出版社2006年版,第444页。

[48] 参见王泽鉴:《民法物权》,北京大学出版社2010年第2版,第92页。

[49] 参见尹田:《物权法》,北京大学出版社2013年版,第179页。

[50] 参见崔建远:《"担保"辨——基于担保泛化弊端严重的思考》,载《政治与法律》2015年第12期。

[51] 需要指出的是,有学者仅认同预告登记具有保全效力,否认预告登记具有完全效力,即拒绝承认预告登记具有强制执行排除效力和破产保护效力,然而该学者却又单单以预告登记的保全效力来证成买卖型担保的保障债权切实实现性,其论证显然存在无法自圆其说的缺陷。参见刘生亮:《权利转移型担保及司法对策》,载王利明主编:《判解研究》2015年第2辑(总第72辑),人民法院出版社2016年版,第46页。

[52] 参见崔建远:《物权:规范与学说——以中国物权法的解释论为中心》(上册),清华大学出版社2011年版,第194~195页。

物的效用,[53]承认预告登记的顺位效力都尤为必要。[54]

按图索骥,若是基于崔建远教授的论证逻辑,仅以文义解释的方法来阐释预告登记的法律效力,则预告登记不具有破产保护效力和强制执行排除效力。[55] 倘若依据上述推论,则《担保"辨"》没有论及买卖型担保中登记这一要素也就变得理所应当。因为崔建远教授基于对预告登记效力的预判,既然其早已认定预告登记不能使出借人获得优先受偿的保障,那么自然也就不会再对之进行无谓的探讨。然而,崔建远教授对预告登记的效力判断应当是有失偏颇的。现行法上的预告登记制度应当具有"完全效力",[56]即具备强制执行排除效力和破产保护效力。

---

[53] 德国法之所以采取相对无效而不是绝对无效的立法模式,很大程度上是为了缓和预告登记对发挥不动产经济价值的限制。因此,在绝对无效立法模式贬损效率价值的情况下,承认预告登记顺位效力是必要的,也是有益的。参见王瀚培、任自力:《预告登记"买卖不破租赁"之矛盾及化解》,载《兰州学刊》2014 年第 5 期;何嘉:《论不动产预告登记的破产保护效力》,载《浙江学刊》2014 年第 5 期

[54] 我国部分学者对顺位效力的认识存在偏差。只有当同一不动产上存在数个内容不相冲突的不动产变动且登记的情况时,预告登记的顺位效力才有发挥作用的空间。假如在预告登记后,出现数个内容冲突的不动产变动且完成登记的场合,则是预告登记保全效力发生作用的范畴。参见杜万华主编:《最高人民法院物权法司法解释(一)理解与适用》,人民法院出版社 2016 年版,第 154 页;参见王荣珍:《不动产预告登记制度研究》,人民出版社 2015 年版,第 193 页。

[55] 尹田教授也以法无明文规定而拒绝承认预告登记能使相关债权获得优先受偿效力。其认为,我国对预告登记的增强效力未作规定。理论上讲,预告登记应当仅具有限制不动产权利人的处分权的效力,但不能使债权人对该不动产享有优先权,更不能使债权人具有与该不动产之物权人的相同地位(否则,预告登记与本登记便无任何区别)。故在破产程序中,以预告登记的"增强效力"赋予相关债权人以财产所有人的同等地位,没有合理依据,对债权人明显保护过度,不宜采用。参见尹田:《物权法》,北京大学出版社 2013 年版,第 181 页。

[56] 国内对预告登记"完全效力"的称谓并不一致,尹田教授将之称为"增强效力",而最高人民法院民一庭就没有使用相关称谓来对这一效力进行概括。本文采用德国法上完全效力的表述,并且将完全效力的具体表现形式界定为强制执行排除效力和破产保护效力。参见[德]鲍尔·施蒂尔纳:《德国物权法》(下册),申卫星、王洪亮译,法律出版社 2006 年版,第 437 页;参见尹田:《物权法》,北京大学出版社 2013 年版,第 180 页;参见杜万华主编:《最高人民法院物权法司法解释(一)理解与适用》,人民法院出版社 2016 年版,第 155 页;参见王荣珍:《不动产预告登记制度研究》,人民出版社 2015 年版,第 201 页。

(二)预告登记之强制执行排除效力和破产保护效力的证成

德国法是明确赞成预告登记具有强制执行排除效力和破产保护效力的典型立法例,[57]其主要规定于《德国民法典》第883条第2款、《德国破产法令》第24条和《德国强制拍卖及强制管理法》第48条。[58] 与之相反,预告登记的强制执行排除效力没有获得我国台湾地区"土地法"[59]的承认。此种立法选择应当是失败的,因为附有国家强制力的司法文书将能轻易排除预告登记所预设的法律效果。[60] 王泽鉴教授批评该规定减损了预告登记制度的功能,于立法政策上并不妥当。[61]

在《物权法》的立法过程中,立法者将预告登记的作用聚焦于防止

---

[57] 之所以用破产保护效力来概括性地指称预告登记在破产程序中的效力,是因为预告登记所保障的债权请求权不同于取回权和别除权,也不属于共益债务,只是为了保持债权请求权的继续履行,其行使结果根据预告登记的物权种类有所不同,并根据其各自效力发挥着抵御破产风险的功能。参见庄加园:《预告登记的破产保护效力》,载《南京大学学报》2014年第6期。

[58] 《德国民法典》第883条第2款:"在预告登记后就土地或权利所为的处分,在它会妨害或侵害请求权的限度内,不生效力。即使处分系以强制执行或假扣押方式或支付不能程序中的管理人为之,亦同。"参见陈卫佐译注:《德国民法典》,法律出版社2015年版,第334页。《德国破产法令》第24条:"如某项请求权系要在破产债务人的不动产、经登记的船舶或造船厂上或在为破产债务人而登记的权利上设定、消灭权利,或要求变更此类权利之内容与顺位的,且为了保障这种请求权,业已在不动产登记簿或船舶登记机关进行了预告登记的,则该债权人有权要求破产管理人满足其请求权。即使破产债务人对该债权人尚负有其他未清偿或未完全清偿的义务,亦同。"《德国强制拍卖即强制管理法》第48条:"附条件的权利应被视为未附条件之权利;由异议登记或预告登记所保障的权利,应被视为已登记之权利。"参见金可可:《预告登记之性质——从德国法的有关规定说起》,载《法学》2007年第7期。

[59] 我国台湾地区"土地法"第79条之1第3款:"预告登记,对于因征收、法院判决或强制执行而为新登记,无排除之效力。"参见保成法学苑编:《攻略民商法》(第17版),新保成出版事业有限公司2014年版,第5~451页。

[60] 参见常鹏翱:《物权程序的构建与效应》,中国人民大学出版社2005年版,第339页。

[61] 参见王泽鉴:《民法物权》(第2版),北京大学出版社2010年版,第91页。

一房数卖,[62]并未虑及预告登记的强制执行排除效力和破产保护效力。[63] 因此,如同上文崔建远教授和尹田教授的否定,若是仅从文义解释,甚至历史解释的角度来论证,则委实难以确立预告登记的强制执行排除效力和破产保护效力。[64] 然而,拘泥于法条所用的文字容易曲解法律的真意,况如今所言之历史解释,也不再徘徊于立法者在立法当时的主观意思,转而以探求法律于今日所应有之合理意思为目标。[65] 对此,耶林教授关于"目的乃系一切法律的创造者"的观点具有指引意义,[66]即解释法律时,首先必须明确该法律所欲实现的目的,乃至将目的作为解释法律之最高准则,如此才能正确地解读法律。"《物权法》规定预告登记的目的就在于保障债权人'将来实现物权',如果不承认预告登记可以对抗强制执行程序和破产程序,该立法目的就无法实现。"[67]实际上,多数观点都认为应当贯彻预告登记这一由《物权法》所明定的立法目的,使预告登记的效力能够阻止一切潜在的妨害行为。如若预告登记仅能防止一房数卖,当面对强制执行程序和破产程序时只能束手无策的话,则预告登记保障债权人将来实现物权的立法目的无疑会大打折扣。事实上,从我国采取冻结不动产登记簿这一绝对无效的立法模式来看,既然立法者都已不惜牺牲效率价值来赋予债权人以绝对保护,那么承认预告登记的强制执行排除效力和破产保护效力

---

[62] 事与愿违的是,由于网签机制的普遍推行以及网签能在交易之初强制切入的特性,致使预告登记防止一房数卖的功能极度式微,常鹏翱教授甚至认为实践中已没有适用预告登记来防止一房数卖的必要。张双根教授的否定更为彻底,其认为,虽然物权法继受预告登记的主要目是规制商品房预售环节一房数卖的现象,但是由于存在交易客体缺失这一难以克服的缺陷,预告登记的无法发挥立法者所预设的功能。参见常鹏翱:《预告登记制度的死亡与再生》,载《法学家》2016年第3期;张双根:《商品房预售中预告登记制度之质疑》,载《清华法学》2014年第2期。

[63] 参见胡康生主编:《中华人民共和国物权法释义》,法律出版社2007年版,第61~62页。

[64] 参见庄加园:《预告登记的破产保护效力》,载《南京大学学报》2014年第6期。

[65] 参见梁慧星:《民法解释学》,法律出版社2009年版,第217、222页。

[66] 参见杨仁寿:《法学方法论》,中国政法大学出版社2013年版,第172页。

[67] 程啸:《不动产登记法研究》,法律出版社2011年版,第549页。

也就变得顺理成章。[68]

需要澄清的是，尽管未明确规定预告登记的强制执行排除效力和破产保护效力，但是不能因此认定《物权法》存在法律漏洞。[69] 因为《物权法》第 20 条第 1 款第 2 句并未对处分人作出限定，按照上述目的解释的结论，预告登记应当可以阻却任意主体对登记不动产所为的任意处分行为。[70] 这就意味着，纵然该处分行为是由破产管理人或者法院作出，只要预告登记权利人不同意，就不能发生物权效力。[71] 显然，通过扩张解释《物权法》第 20 条的条文文义，便足以涵盖预告登记的强制执行排除效力和破产保护效力。以目的性扩张解释来越俎代庖反而不恰当，因为此时对文义范围的扩张解释仍属于文义的射程之内，并不存在所谓的法律漏洞。[72] 依据司法解释不能对法律构成实质修改的原

---

[68] 参见庄加园：《预告登记在强制执行程序中的效力》，载《当代法学》2016 年第 4 期。

[69] 庄加园副教授认为，《物权法》未明文规定预告登记的强制执行排除效力属于法律漏洞，需要通过目的性扩张解释予以漏洞填补。参见庄加园：《预告登记在强制执行程序中的效力》，载《当代法学》2016 年第 4 期。

[70] 虽然从文义上解读，《物权法》第 20 条所限制的应当仅是私法意义上的处分，并不指向由法院或者破产管理人从公法意义上对相关财产所作的处分，但是从目的解释的角度分析，只有打破已预告登记债权仍需要遵循普通债权平等受偿的樊篱，才能实现预告登记保障将来现实债权的立法目的。因此，本文反对关于预告登记的完全效力应当属于预告登记的实然效力，不同的最终价值目标选择，将导致对完全效力的不同确认程度的观点。如同预告登记的保全效力和顺位效力，完全效力也应当属于立法者为达到立法效果而赋予预告登记的应然效力。参见庄加园：《预告登记的破产保护效力》，载《南京大学学报》2014 年第 6 期；参见何嘉：《论不动产预告登记的破产保护效力》，载《浙江学刊》2014 年第 5 期。

[71] 参见程啸：《不动产登记法研究》，法律出版社 2011 年版，第 549 页。

[72] 扩张解释与目的性扩张解释不同，二者区别在于：第一，扩张解释为狭义法律解释方法之一；目的性扩张为法律漏洞补充方法之一。第二，扩张解释虽亦有目的上的衡量，但其着重在将法条文义与立法真意相比较，而文义失之过狭，无法表示立法真意；目的性扩张乃从法律目的出发，符合于规范意旨之某种事实类型，未为法条文义所涵盖。第三，扩张解释虽扩张文义范围，但仍在法条可能文义之范围内，亦即日本学者碧海纯一所谓法律文义“射程”之内，而目的性扩张则已完全超出法条文义之可能。参见梁慧星：《民法解释学》，法律出版社 2009 年版，第 224～225 页。

则,[73]2015年5月生效的最高人民法院《异议复议规定》第30条便是通过扩张解释《物权法》第20条的条文文义,[74]以司法解释的形式明确了预告登记的强制执行排除效力。不得不说,尽管《异议复议规定》第30条的内容难言尽善尽美,但是其对于预告登记强制执行排除效力的肯定,不仅有助于平息学理上各执一词的争论,而且能为摇摆不定的司法实务提供清晰的指引。当然,预告登记的强制执行排除效力并不能排斥和消弭已预告登记债权之上的一切强制措施,当人民法院的查封、扣押等强制措施不影响预告登记权利人权利的实现时,该强制措施应当是允许的。[75] 换言之,按照《异议复议规定》第30条所提起的异议能否获得支持,需要根据异议内容来区分对待。[76]

遗憾的是,现行立法仍未有关于预告登记破产保护效力的明确规定。当然,基于上文的结论,《企业破产法》第18条第1款将不再是预告登记具有破产保护效力的障碍,通过目的性限缩解释来排除破产管理人的任意选择权,预告登记可以挣脱平等受偿的破产理念。[77] 亦如预告登记的强制执行排除效力,预告登记的破产保护效力也并非绝对。关于已预告登记的所有权转移请求权优先于建设工程款优先受偿权,且不论房款支付比例的结论,其应当只能适用于该请求权主体为消费

---

[73] 参见王成:《最高法院司法解释效力研究》,载《中外法学》2016年第1期。

[74] 《关于人民法院办理执行异议和复议案件若干问题的规定》第30条规定:"金钱债权执行中,对被查封的办理了受让物权预告登记的不动产,受让人提出停止处分异议的,人民法院应予支持;符合物权登记条件,受让人提出排除执行异议的,应予以支持。"

[75] 关于对已经作出预告登记的不动产能否采取查封、扣押等强制措施的问题,《不动产登记暂行条例》、《土地登记办法》和《房屋登记办法》均无明确规定。但是,最高人民法院、国土资源部、建设部《关于依法规范人民法院执行和国土资源房地产管理部门协助执行若干问题的通知》第15条第3项规定,被执行人购买的办理了商品房预售合同登记备案手续或者商品房预告登记的房屋,人民法院也可以进行预查封。从该规定来看,对于已经作出预告登记的房屋,人民法院也可以进行查封。参见杜万华主编:《最高人民法院〈物权法司法解释(一)理解与适用〉》,人民法院出版社2016年版,第151页。

[76] 如果受让人请求阻止人民法院的查封,则应看是否符合预告登记物权的登记条件。如果是,则其应确定无疑地取得物权,应当解除查封。否则,则不应解除查封。参见刘贵祥、范向阳:《〈关于人民法院办理执行异议和复议案件若干问题的规定〉的理解与适用》,载《人民司法》2015年第11期。

[77] 参见庄加园:《预告登记的破产保护效力》,载《南京大学学报》2014年第6期。

者时。综合考虑建设工程价款优先权的目的和预告登记的功能以及消费者的权益保护等因素,在开发商进入破产程序后,已支付全款的预告登记权利人有权要求破产管理人履行移转所有权的义务,而建设工程承包人对预告登记权利人支付的购房款应具有优先权。[78] 不过,在买卖型担保中,即使出借人有强烈获得所有权的真实意愿,也难言其能属于消费者的范畴,故此时仍应建设工程款优先受偿权优先于买卖型担保中已预告登记的所有权移转请求权。

(三)备案登记不具有预告登记的私法效力

通过上文的论证可知,买卖型担保因预告登记获得保障债权切实实现当无疑义。此外,在以商品房买卖合同担保民间借贷合同的交易实践中,仅进行备案登记未予以预告登记的现象也较为普遍。因此,有必要厘清备案登记的效力,以明确备案登记不足以使买卖型担保具备保障债权切实实现性。

我国现有民事立法没有规定备案登记,关于备案登记的规定散见于与商品房登记相关的行政性法律规范之中。学界对备案登记的认识并不深入,甚至存在断章取义的现象。例如,有观点就认为备案登记只适用于商品房预售活动。[79] 根据2015年9月28日由住建部下发的《房屋交易与产权管理工作导则》可知,备案登记的适用范围包括商品房预售、商品房现售和存量房转售。将网签与备案登记相混淆的学者多是不明就里,实则网签与备案登记是两个环节,备案登记紧随网签之后发生。关于预告登记和备案登记的讨论由来已久,早在《物权法》出台之前就已有之。由于彼时尚未有法律对预告登记作出明文规定,故其争论的重点还在于当时施行的备案登记是否就是域外法上的预告登记。[80] 随着《物权法》和《房屋登记办法》的出台,当立法对预告登记与

---

[78] 参见杜万华主编:《最高人民法院〈物权法司法解释(一)理解与适用〉》,人民法院出版社2016年版,第159页。

[79] 参见程啸:《不动产登记法研究》,法律出版社2011年版,第525页。

[80] 参见杨立新、宋志红:《预告登记的效力、性质和范围探索》,载《法学杂志》2006年第4期;参见房绍坤、吕杰:《创设预告登记制度的几个问题》,载《法学家》2003年第4期;参见符启林主编:《商品房预售法律制度研究》,中国政法大学出版社2002年版,第81页。

备案登记进行了明确区分时,[81]预告登记就是备案登记的争论也随之终结。然而,就备案登记能否具有预告登记之私法效力的命题仍一直未曾厘清。

在上文中,梁曙明审判长就是基于预告登记与备案登记效力相等同的前提性预设,才证成了商品房买卖合同对民间借贷合同的担保作用。将预告登记与备案登记效力相等同的观点并非孤例,安徽省高级人民法院和北京市高级人民法院甚至曾通过出台指导意见对之予以了确认。[82] 但是,赋予备案登记以预告登记之私法效力着实有欠妥当,因为备案登记并不属于是民事规范的范畴。商品房备案登记是房产管理部门为了维护房地产市场秩序而采取的行政管理措施,性质上属于可诉的行政行为。商品房备案登记即非预告登记,更非所有权转移登记,办理了备案登记的买受人不能因此优先于没有办理备案登记的买受人。[83] 在潘海燕案中,最高人民法院辛正郁审判长就明确排除了备案登记的私法效力,"商品房预售合同登记备案是行政管理机关以商品房预售合同为对象进行的登记,与物权法中的不动产预告登记存在本

---

[81] 《房屋登记办法》第70条第1款第3项规定,申请预购商品房预告登记,应当提交已登记备案的商品房预售合同。该规定意味着,依据《物权法》而来的"预购商品房预告登记"与原有的强制性的"商品房预售合同备案",仍并行不悖,前者并不取代后者。参见张双根:《商品房预售中预告登记制度之质疑》,载《清华法学》2014年第2期。

[82] 安徽省高级人民法院《关于审理房屋买卖合同纠纷案件适用法律问题的指导意见》第3条第1款规定:"出卖人就同一房屋分别与数个买受人签订买卖合同,在合同均为有效且买受人均主张出卖人履行合同转移房屋所有权的情况下,一般应按照以下顺序确定买受人的权利保护顺位:(1)已经办理房屋所有权移转登记的;(2)已经办理房屋所有权移转预告登记或合同备案手续的;(3)已经合法占有房屋的;(4)合同实际履行在先的;(5)均未履行,合同成立在先的。"北京市高级人民法院《关于审理房屋买卖合同纠纷案件适用法律若干问题的指导意见(试行)》第13条第1款规定:"出卖人就同一房屋分别签订数份买卖合同,在合同均为有效的前提下,买受人均要求继续履行合同的,原则上应按照以下顺序确定履行合同的买受人:(1)已经办理房屋所有权移转登记的;(2)均未办理房屋所有权移转登记,已经实际合法占有房屋的;(3)均未办理房屋所有权移转登记,又未合法占有房屋,应综合考虑各买受人实际付款额的多少及先后,是否办理了网签、合同成立的先后等因素,公平合理的予以确定。"

[83] 参见程啸、尹飞、常鹏翱:《不动产登记暂行条例及其实施细则的理解与适用》,法律出版社2016年版,第483页。

质区别，不能产生登记请求权的物权效力，故商品房预售合同登记备案并不能对抗人民法院的查封行为”。[84]

五、余论

买卖型担保的法律构造可以具备从属性、补充性和保障债权切实实现性，其属于未被现行法所规定的非典型担保。当买卖型担保属于非典型担保时，其是否须如《“担保”辨》所言，应当严守《物权法》和《担保法》关于担保的有关规定？[85] 本文对之持保留意见。众所周知，让与担保和所有权保留等非典型担保之所以具有旺盛的生命力，主要乃是因为典型担保不能完全满足交易实践的需求。因此，如果机械、僵化地援用规制典型担保的规则来调整非典型担保，那么相当于重新将非典型担保装回了典型担保的制度牢笼，这很可能会极大程度地制约非典型担保对典型担保的补充价值。具体而言，《“担保”辨》坚持认为，如果买卖型担保属于非典型担保，那么就应当受到物权法定原则与禁止流质原则的调整。[86] 暂且不论物权法定原则与禁止流质原则并非比较法上的金科玉律，仅基于买卖型担保之债的制度选择，[87]已使其具备了解开物权法定原则和禁止流质原则之禁锢的可能性。路漫漫其修远。即使现行法关于担保的规定不再掣肘买卖型担保的发展，然而，无论是买卖型担保的设立规则还是买卖型担保的实现规则，抑或是买卖型担保与《民间借贷司法解释》第 24 条的协调，都亟待理论的完善与实践的锤炼。

（张伟，西南政法大学民商法学院 2014 级民商法专业博士研究生。）

---

[84] 《潘海燕、新疆建设兵团联众投资有限公司等案外人执行异议之诉案》，（2014）民申字第 1341 号，最高人民法院民事裁定书。

[85] 参见崔建远：《“担保”辨——基于担保泛化弊端严重的思考》，载《政治与法律》2015 年第 12 期。

[86] 同上。

[87] 谢在全先生认为，积极活用其他法律制度，俾获得与物权相同或相当之法律利益。信托让与担保便是以信托契约及标的物之所有权移转制度，实现担保债权之目的。参见谢在全：《民法物权论》（上册），中国政法大学出版社 2011 年版，第 38 页。

医疗损害责任纠纷裁判依据之“裁判”

——兼论民法典编纂中的体系化思维问题

侯国跃

目　　次

外行人常常认为法律适用的重点就是一个以三段论为核心的形式逻辑的思考过程,即以法律规范为大前提,以事实为小前提,以确定规范性法律后果适用于这一事实为结论。然而,形式逻辑对于法律思维的重要性不可过高估计。对于法官来说,发现及准确地界定或明确法律适用的各项前提,即一方面是应适用的法律规范以及另一方面是需要对其作出裁判的事实,是更为困难的任务……因此,法律上的决定实际是一个寻找、界定并最终确定前提的思维过程与形式逻辑的思维过程共同作用的结果。[①] 法律规范的庞大体系及其不同的位阶表明法律适用是多么复杂。法律适用者必须找到所有适用于当时出现的法律问题的法律规范。除此之外,他必须确定适用于特定法律问题的不同法律规范的位阶关系。如果相同位阶的法律规范所要求的事实构成都可适用于待定事实,但同时产生相互冲突的法律后果,那就出现了特殊的适用问题……在法学方法论中,将两条客观的法律规则间的冲突称为“冲突性漏洞”。要解决该冲突有两个规则:新法优于旧法;特别法优于一般法。但是,这两条规则并不能解决所有问题。[②]

大陆法系长期奉行法典崇拜,法律适用一向被视为法官的专有之责和基本之功。但在我国,部分法官存在一种看法,似乎认为裁判文书中的法律适用问题不如判决理由重要,操作起来难度也不大,这一问题在一定程度上被忽略或被掩盖了。[③] 具体到医疗损害责任,在我国既有的规范医疗损害责任的法律及司法解释尚未被明确废止的情况下,《侵权责任法》的实施可能会引发医疗侵权案件中的法律规范冲突。“中国无法源顺序的明确规则”,[④]因而,如何解决《侵权责任法》实施引起的医疗损害责任的法律规范冲突,应当是当前司法实务必须完成的课题。但据笔者观察,诸如“只要结果正确,法律条文援引是否恰当并不重要”“只要结果相同,援引哪个法条作为裁判依据都可以”“只要法律或司法解释没有明文被废止,就可以作为裁判依据”之类的论调在实务中较为普遍。鉴于法律方法的任务之一就是指导法院和其他法律适用者从有效的法中去获得法(Rechtsgewinnung),[⑤]笔者试图从我国司法裁判出发,通过检讨医疗损害责任纠纷判决中的裁判依据,尝试对医疗损害责任案件的法律适用问题进行梳理。

---

① [德]齐佩利乌斯:《法学方法论》,金振豹译,法律出版社2009年版,第125页。

② [德]伯恩·魏德士:《法理学》,丁小春、吴越译,法律出版社2003年版,第124页。

③ 参见何良彬、钟宏:《论裁判文书中法律适用的公开》,载《法律适用》2006年第3期。

④ 参见郑永流:《法律方法阶梯》,北京大学出版社2008年版,第50页。

⑤ [德]伯恩·魏德士:《法理学》,丁小春、吴越译,法律出版社2003年版,第295页。

一、研究医疗损害责任纠纷裁判依据的缘起

(一)研究的必要性

1. 法学研究的对象应当包括裁判文书,而裁判依据是裁判文书的灵魂

法学是文本学。[⑥] 法学研究主要是文本研究。文本,包括各级法院的判决书。[⑦] 裁判文书是审判结果和判决既判力的最终体现。[⑧] 研究裁判文书,当然必须重视研究裁判依据。因为,司法中的法律论证仅仅是法律问题的探讨,换言之,是法律适用中"法"的确定问题;[⑨]法律解释的直接目的是阐释文本的准确含义,确定契合个案的大前提,确定个案的裁判依据。[⑩]

2. 裁判依据对于法治具有重要意义

法谚有云:"正义是从裁判中发声的。" 由于个案裁判兼具解决特定纠纷与指明行为标准的双重功能,而每个人都存在成为类似案件当事人的可能,所以当今的社会公众越来越多地关注案件裁判。[⑪]

在法律适用时一直须将规范加工筛选适用至具体的案件之中。[⑫] 在法治不断深入的今天,我们已不能凭感觉进行司法。我们必须承认法律的正确适用是一门专业技术,而且是一门必须认真对待、加以研究、不断提升智慧含量的技术。[⑬] "法律的正确适用"当然包括法律作为裁判依据被正确地援引。"你给我事实,我给你法律"的古老法谚

---

⑥　[德]伯恩·魏德士:《法理学》,丁小春、吴越译,法律出版社2003年版,第140页。

⑦　梁慧星:《法学学位论文写作方法》,法律出版社2006年版,第37页。

⑧　裁判文书是指人民法院在刑事、民事、行政诉讼中,代表国家行使审判权,就案件实体和程序问题依法制作的具有法律效力的诉讼文书。参见童兆洪:《裁判文书改革与司法公正的实现》,载《法律适用》2001年第12期。

⑨　王利明:《法律解释学导论:以民法为视角》,法律出版社2009年版,第628页。

⑩　王利明:《法律解释学导论:以民法为视角》,法律出版社2009年版,第35页。

⑪　陈景辉:《裁判可接受性概念之反省》,载《法学研究》2009年第4期。

⑫　参见[德]考夫曼:《法律哲学》,刘幸一译,法律出版社2010年版,第112页。

⑬　参见张卫平:《搭建实体与程序内部联系的桥梁——〈要件事实引论〉序》,载许可:《民事审判方法:要件事实引论》,法律出版社2009年版。

也说明法官审查并正确援引裁判依据是非常重要的。更何况,"判决形成司法活动的习惯或传统,正如惯例是日常行为活动的习惯一样"。[14]

3. 现实中多数法官与律师却不关注裁判依据

裁判依据,是既决定诉讼当事人利益也关涉司法正当性的一个重大问题。根据法的安定性要求,法官必须从文本出发,忠实于法律文义和立法意图,对法律文本保持必要的尊重和敬畏,不能完全撇开文本而随意地按照个人想法来理解、适用法律。对于类似案件应当作出类似的裁判,以使人们可以对社会生活形成稳定的预期。[15] 判决书作为法官决策最为严肃的载体,无论是在形式上还是在内容上都有着严格的要求,是法官决策客观化、外在化的载体。[16] 为此,"裁判文书必须解释为什么引用这一条而不是那一条法律的理由"。[17] 而且,还应当区分判决书的说理部分与主文部分法律依据的不同。[18] 就此,有人指出:"一般来讲,任何法律规范都可以分为行为模式和处理结果两个部分。而且只有当本案事实与法律规范所确定的行为模式完全一致或主要方面一致时法官才能将该法律规范的处理后果适用于案件裁判之中。因此,法官在确定法律条文的适用和引用时,不仅要考虑条文内容与案件当事人争议法律关系的对应程度,还要考虑这种对应是不是一种正合关系。如果是一种反合,则不宜在判决主文之间直接公开适用,而应放在判决的综合说理部分予以阐明。"[19]

但是,目前在我国的司法实践中,绝大多数法官、律师都不关注裁

---

⑭ [美]罗斯科·庞德:《法理学》(第3卷),廖德宇译,法律出版社2007年版,第289页。

⑮ 王利明:《法律解释学导论:以民法为视角》,法律出版社2009年版,第64页。

⑯ 钱卫清:《法官决策论:影响司法过程的力量》,北京大学出版社2008年版,第70页。

⑰ 王利明:《法律解释学导论:以民法为视角》,法律出版社2009年版,第630页。

⑱ 民事案件的判决书包括首部、事实、理由、主文、尾部五个部分。其中的核心部分是"主文"。主文就是一个案件的审理结果,是书写在"判决如下"的一条一条的内容。

⑲ 何良彬、钟宏:《论裁判文书中法律适用的公开》,载《法律适用》2006年第3期。

判文书的规范及质量,特别不关注裁判依据的妥当性。譬如,在本文研究的 27 个案例(见后)中,没有任何一个案件中法律适用问题曾成为当事人争议焦点,没有任何一个案件中二审法院对一审法院的裁判依据予以审查和纠正。多数法官及律师不关注裁判依据的理由很直白,“不问依据只问结果”。殊不知,没有程序正义,哪来实体正义;裁判依据错误,怎能成就正确科学的裁判?根据法官裁判的形式逻辑(三段论)所蕴含的逻辑规律,大前提正确,小前提正确,所得出的判决就必然正确;相反,大前提、小前提只要一个错误,所得出的推论即判决就必然错误。[20]

4. 法学研究与法学教育鲜有关注裁判依据

对于法治国家中的法律适用的方法问题,人们进行的系统的思考尚不成熟。[21] 在德国尚且如此,遑论当下之我国。对于法律、司法解释的效力,理论界多从时间效力、空间效力、主体效力等方面予以研究,很少见到专注于区分一部法律的法条类型及其效力,更少见到研究不同法条在裁判文书中援引方法的区别。笔者于 2014 年 10 月 5 日以“裁判依据”为关键词在 CNKI 上进行查询 2010 年以后的各类论文,仅获得 17 篇,而且基本上并不真正属于研究法院裁判文书之裁判依据。个中缘由,难以猜度,但估计仅认其为技术问题而缺乏研究价值者不在少数。

理论研究(特别是部门法研究)的不重视,必然导致法学教育对此领域的忽略。在德国,“法学教育应该为从事法律职业做准备”。[22] 现今,“法学方法论(juristische Methodenlehre)仍然在联邦德国法律系的课程表中固定占有一席之地”。[23] 因此,我国目前法学研究与法学教育“拒不”面向法律实践的倾向着实值得深刻检讨。

---

[20] 梁慧星:《裁判的方法》,法律出版社 2003 年版,第 8 页。

[21] [德]伯恩·魏德士:《法理学》,丁小春、吴越译,法律出版社 2003 年版,第 290 页。

[22] [德]迪特尔·梅迪库斯:《请求权基础》,陈卫左等译,法律出版社 2012 年版,第 1 页。

[23] [德]伯恩·魏德士:《法理学》,丁小春、吴越译,法律出版社 2003 年版,第 290 页。

(二)研究的文本:全国法院2014年9月裁判的医疗损害责任纠纷民事判决书

1. 涉及“医疗”的民事案件案由

查最高人民法院《民事案件案由规定》(法发〔2011〕42号),与“医疗”有关的案由有三个方面:(1)在“合同纠纷”之下,设“服务合同纠纷”三级案由,包含“医疗服务合同纠纷”四级案由;(2)在“劳动争议”之下,设“社会保险纠纷”三级案由,包含“医疗保险待遇纠纷”四级案由;(3)在“侵权责任纠纷”之下,设“医疗损害责任纠纷”三级案由,包括“侵害患者知情同意权责任纠纷”和“医疗产品责任纠纷”两个四级案由。本次研究不涉及“医疗保险待遇纠纷”和“医疗服务合同纠纷”。

2. 医疗损害责任纠纷裁判文书的查询结果

笔者在中国裁判文书网(http://www.court.gov.cn/zgcpwsw/)的“高级检索”栏目,以“医疗”为关键词,进行检索,检索结果如下表1:

表1　医疗损害责任纠纷裁判文书查询结果

检索内容	裁判案件数量(单位:件)
医疗损害赔偿纠纷民事判决书	(0件)
医疗损害责任纠纷民事判决书	(27件)
医疗产品责任纠纷民事判决书	(0件)
侵害患者知情同意权责任纠纷民事判决书	(0件)

裁判时间段:从2014年9月1日到2014年9月30日

以“医疗损害责任纠纷”为案由,以“从2014年9月1日到2014年9月30日”为裁判时间,查询“民事判决书”之结果为27,查询“民事裁定书”之结果为26。[24] 为进一步明确案件类型,笔者进而以“医疗产品责任纠纷”以及“侵害患者知情同意权责任纠纷”为案由,以“从2014年9月1日到2014年9月30日”为裁判时间,查询“民事判决

---

[24] 据统计,全国法院受理医疗损害一、二审案件2007年1.1万件,2008年1.38万件,2009年1.61万件。参见张柳青、单国军:《医疗损害责任纠纷裁判精要与案例解读》,法律出版社2012年版,第4页。

书",查询结果均为 0。笔者以上述 27 份医疗损害责任纠纷民事判决书为研究对象。有意思的是,笔者发现,洛阳市中级法院(2014)洛民终字第 466 号、马鞍山市中级法院(2014)马民二终字第 00145 号、沈阳市中级法院(2014)沈中民一终字第 321 号、洛阳市中级法院(2014)洛民终字第 1466 号判决书所记载的案由实际上为"医疗损害赔偿纠纷"。[25]

二、全国法院 2014 年 9 月裁判的 27 份医疗损害责任纠纷民事判决书之裁判依据及特点

(一)27 份判决书主文援引的裁判依据

1. 菏泽市中级法院(2014)菏少民终字第 44 号

一审法院:《侵权责任法》第 16、54 条,《民事诉讼法》第 134 条。

二审法院:《民事诉讼法》第 170 条第 1 款第 1 项。

2. 汕尾市中级法院(2014)汕尾中法民一终字第 78 号

一审法院:最高人民法院《关于审理人身损害赔偿案件适用法律若干问题的解释》第 17、18 条,最高人民法院《关于确定民事侵权精神损害赔偿责任若干问题的解释》第 8 条。

二审法院:《民事诉讼法》第 170 条第 1 款第 1 项。

3. 义乌市法院(2014)金义民初字第 1157 号

一审法院:《侵权责任法》第 54 条。

4. 合肥市中级法院(2014)合民一终字第 02104 号

一审法院:《侵权责任法》第 16、54 条,最高人民法院《关于审理人身损害赔偿案件适用法律若干问题的解释》第 17 条第 1、3 款、第 18、19、20、22、27、29 条,最高人民法院《关于确定民事侵权精神损害赔偿责任若干问题的解释》第 8 条第 2 款、第 10 条第 1 款,《民事诉讼法》第 64 条之。

---

[25] 在 2008 年最高人民法院《民事案件案由规定》中规定了医疗损害赔偿纠纷与医疗服务合同纠纷。2011 年修订的《民事案件案由规定》将"医疗损害赔偿纠纷"改为"医疗损害责任纠纷"。实务中,有人认为医疗损害赔偿纠纷与医疗损害责任贯彻纠纷实质上是同一类案件,加之司法实践的惯性思维之作用,所以还有法院使用医疗损害赔偿纠纷。

二审法院:《侵权责任法》第16、54、517条,最高人民法院《关于审理人身损害赔偿案件适用法律若干问题的解释》第17条第1、3款,第18、19、20、22、27、29条,最高人民法院《关于确定民事侵权精神损害赔偿责任若干问题的解释》第8条第2款、第10条第1款,《民事诉讼法》第170条第1款第2项,最高人民法院《关于民事诉讼证据的若干规定》第二条。

5. 武汉市青山区法院(2014)鄂青山民一初字第00495号

一审法院:《侵权责任法》第6条第1款,第16、18、22、54条;最高人民法院《关于审理人身损害赔偿案件适用法律若干问题的解释》第17条第1、3款,第18条第1款,第19条第1款,第21条第1、2款,第22、23条第1款,第217、219条;最高人民法院《关于确定民事侵权精神损害赔偿责任若干问题的解释》第8条第2款、第10条第1款;《民事诉讼法》第142条。

6. 武汉市青山区法院(2014)鄂青山民一初字第00489号

一审法院:《侵权责任法》第6条第1款,第16、18、22、54条;最高人民法院《关于审理人身损害赔偿案件适用法律若干问题的解释》第17条第1、3款,第18条第1款,第19条第1款,第20条,第21条第1、2款,第22条,第23条第1款,第217、218、219条;最高人民法院《关于适用〈侵权责任法〉若干问题的通知》第4条;最高人民法院《关于确定民事侵权精神损害赔偿责任若干问题的解释》第8条第2款、第10条第1款;《民事诉讼法》第142条。

7. 宁波市海曙区法院(2014)甬海民初字第1004号

一审法院:《侵权责任法》第16、54条;最高人民法院《关于审理人身损害赔偿案件适用法律若干问题的解释》第17条第1、2款,第18条第1款,第19、20条,第21条第1、2款,第22条,第23条第1款,第24、25条;最高人民法院《关于确定民事侵权精神损害赔偿责任若干问题的解释》第8条第2款;第10条。

8. 宁波市海曙区法院(2014)甬海民初字第1068号

一审法院:《侵权责任法》第16、54条;最高人民法院《关于审理人身损害赔偿案件适用法律若干问题的解释》第17条第1、3款,第18条第1款,第19、21、22、23、27、29条,最高人民法院《关于确定民事侵权精神损害赔偿责任若干问题的解释》第8条第2款、第10条。

9. 昆明市中级法院(2014)昆民三终字第329号

一审法院:《侵权责任法》第6条第1款、第54条,《民事诉讼法》第64、144条。

二审法院:《民事诉讼法》第170条第1款第1项、第118条第1款。

10. 南京市中级法院(2014)宁民终字第3164号

一审法院:《权责任法》第16、517条,最高人民法院《关于审理人身损害赔偿案件适用法律若干问题的解释》第17、18条,《民事诉讼法》第64条之规定,作出判决。

二审法院:《民事诉讼法》第170条第1款第2项。

11. 合肥市中级法院(2014)合民一终字第02119号

一审法院:《侵权责任法》第6、54条,最高人民法院《关于民事诉讼证据的若干规定》第2条。

二审法院:《侵权责任法》第54条,最高人民法院《关于审理人身损害赔偿案件适用法律若干问题的解释》第22、27、29条,最高人民法院《关于确定民事侵权精神损害赔偿责任若干问题的解释》第10条第1款,《民事诉讼法》第170条第1款第2项。

12. 洛阳市中级法院(2014)洛民终字第466号

一审法院:《侵权责任法》第55、518条第2项,第61条,最高人民法院《关于审理人身损害赔偿案件适用法律若干问题的解释》第18、19、20、22条,最高人民法院《关于确定民事侵权精神损害赔偿责任若干问题的解释》第10条,《民事诉讼法》第64条第1款。

二审法院:《民事诉讼法》第170条第1款第1项。

13. 天津市第二中级法院(2014)二中民四终字第565号

一审法院:《侵权责任法》第16、54条,《民事诉讼法》第64条第1款,最高人民法院《关于审理人身损害赔偿案件适用法律若干问题的解释》第18条,第19条第1款,第21条第1、2款,第22条,第23条第1款,第25条第1款。

二审法院:《民事诉讼法》第170条第1款第1项。

14. 马鞍山市中级法院(2014)马民二终字第00145号

一审法院:《民法通则》第136、137、140条,《侵权责任法》第16、22、54条,《民事诉讼法》第142条,最高人民法院《关于民事诉讼证据的若干规定》第26、217条。

二审法院:《民事诉讼法》第170条第1款第2项、第175条。

15. 上海市第二中级法院(2014)沪二中民一(民)终字第1298号

一审法院:裁判依据不明确。

二审法院:《民事诉讼法》第170条第1款第1项。

16. 枞阳县法院(2014)枞民一初字第00526号

一审法院:《民法通则》第106条第2款,《侵权责任法》第16、22、54条。

17. 沈阳市中级法院(2014)沈中民一终字第321号

一审法院:最高人民法院《关于民事诉讼证据的若干规定》第2、4条,《民法通则》第119、131条,最高人民法院《关于审理人身损害赔偿案件适用法律若干问题的解释》第17、18、19、21、23、27、29条,最高人民法院《关于确定民事侵权精神损害赔偿责任若干问题的解释》第8条第2款。

二审法院:《民事诉讼法》第170条第1款第1项。

18. 沈阳市中级法院(2014)沈中少民终字第00102号

一审法院:《医疗事故处理条例》第50、51、52条。

二审法院:《民事诉讼法》第1款第1项。

19. 焦作市山阳区法院(2013)山民二初字第00056号

一审法院:《侵权责任法》第54、16、22条,最高人民法院《关于审理人身损害赔偿案件适用法律若干问题的解释》第17条第1、2款。

20. 慈溪市法院(2014)甬慈民初字第986号

一审法院:《侵权责任法》第16、22、54条,最高人民法院《关于审理人身损害赔偿案件适用法律若干问题的解释》第17条第1、3款,第18条第1款,第19条第1款,第20、21、22、27、29条,最高人民法院《关于确定民事侵权精神损害赔偿责任若干问题的解释》第8条第2款、第10条第1款。

21. 洛阳市中级法院(2014)洛民终字第1466号

一审法院:《侵权责任法》第2条,第6条第1款,第15条第6项、第16、22、24、54、57条,最高人民法院《关于确定民事侵权精神损害赔偿责任若干问题的解释》第1、10、11条及有关规定。

二审法院:《民事诉讼法》第170条第1款第1项。

22. 金华市中级法院(2014)浙金民终字第1049号

一审法院:《侵权责任法》第16、54条,《合同法》第99条,最高人民法院《关于审理人身损害赔偿案件适用法律若干问题的解释》第17条第1款,第18条第1款,第19、21、23、24条,最高人民法院《关于确定民事侵权精神损害赔偿责任若干问题的解释》第8条第2款、第10条,最高人民法院《关于民事诉讼证据的若干规定》第2条。

二审法院:《民事诉讼法》第170条第1款第1项。

23. 合肥市中级法院(2014)合民一终字第00668号

一审法院(合肥市庐阳区法院〔2011〕庐民一初字第00515号):《民法通则》第106条第2款、第119条,最高人民法院《关于审理人身损害赔偿案件适用法律若干问题的解释》第17、18、19、20、21、20、23、24、25、28条,最高人民法院《关于确定民事侵权精神损害赔偿责任若干问题的解释》第8条第2款、第10条,最高人民法院《关于民事诉讼证据的若干规定》第2条。

二审法院:《民事诉讼法》第170条第1款第2项。

24. 广州市中级法院(2014)穗中法民一终字第4239号

一审法院:最高人民法院《关于民事诉讼证据的若干规定》第2条。

二审法院:《民事诉讼法》第170条第1款第1项。

25. 广州市中级法院(2014)穗中法民一终字第4429号

一审法院(广州市花都区法院〔2011〕穗花法民一初字第2526号):《民法通则》第106条第2款、第119条,最高人民法院《关于民事诉讼证据的若干规定》第4条第8项,最高人民法院《关于审理人身损害赔偿案件适用法律若干问题的解释》第17、18、19、27、29条,最高人民法院《关于确定民事侵权精神损害赔偿责任若干问题的解释》第8、10条。

二审判决:《民事诉讼法》第170条第1款第1项。

26. 新乡市中级法院(2014)新中民一终字第751号

一审法院:裁判依据不明。

二审法院:《民事诉讼法》第170条第1款第1项。

27. 利川市法院(2014)鄂利川民初字第01884号

一审法院:《侵权责任法》第6条,第15条第1款第6项,第16、22、26、54条,最高人民法院《关于审理人身损害赔偿案件适用法律若干问题的解释》第17、19、20、21、23、27、29条,最高人民法院《关于确立民事侵权精神损害赔偿责任若干问题的解释》第10条,参照《湖北省2014年度道路交通事故损害赔偿标准》。

(二)上述27份民事判决书之裁判依据的特点

综观上述27份民事判决书,在裁判依据方面,呈现出以下特点:

1. 当事人未就裁判依据发生争议。当事人在诉讼中争议的问题,可能是证据采信、事实认定、意思表示理解问题,也可能是法律依据及其解释问题。但是,从前述裁判文书的内容来看,没有任何一个案件的当事人就法律适用问题发生争议,或者说,裁判依据从未成为案件的争议焦点。

2. 一审法院裁判依据普遍比较随意。法谚有云,“法无解释,不得适用”。法律解释不仅仅是一个找法活动,也是一个准确适用法律的过程。[26] 适用法律并不仅仅只是推导出结论,而是还要构建使法律变得更为精确的价值判断。[27] 但是,据笔者对前述27个案件裁判依据的统计,除了两个案件中一审法院的裁判依据不明外,其他25个案件中一审法院在裁判主文部分援引的法律依据及其出现的次数如表2:

[26] 王利明:《法律解释学导论:以民法为视角》,法律出版社2009年版,第62页。

[27] [德]迪特尔·施瓦布:《民法导论》,郑冲译,法律出版社2006年版,第15页。

表2 一审法院裁判文书援引法律依据及出现次数

法律依据名称	法律条款	主文引用次数
《侵权责任法》	第2条	1
	第6条	5
	第15条	2
	第16条	13
	第18条	2
	第22条	8
	第24条	1
	第26条	1
	第54条	17
	第55条	1
	第57条	2
	第58条	1
	第61条	1
《民法通则》	第106条	3
	第119条	3
	第131条	1
	第136条	1
	第137条	1
	第140条	1
《合同法》	第99条	1
《医疗事故处理条例》	第50条	1
	第51条	1
	第52条	1

续表

法律依据名称	法律条款	主文引用次数
《关于审理人身损害赔偿案件适用法律若干问题的解释》	第 17 条	14
	第 18 条	15
	第 19 条	13
	第 20 条	6
	第 21 条	10
	第 22 条	9
	第 23 条	9
	第 24 条	3
	第 25 条	3
	第 27 条	8
	第 28 条	3
	第 29 条	7
《关于确定民事侵权精神损害赔偿责任若干问题的解释》	第 1 条	1
	第 8 条	11
	第 10 条	12
	第 11 条	1
《关于适用〈侵权责任法〉若干问题的通知》	第 4 条	1
《民事诉讼法》	第 134 条	1
	第 64 条	5
	第 142 条	3
	第 144 条	1

续表

法律依据名称	法律条款	主文引用次数
《关于民事诉讼证据的若干规定》	第 2 条	5
	第 4 条	2
	第 26 条	1
	第 27 条	1

此外,利川市人民法院(2014)鄂利川民初字第 01884 号民事判决书还在裁判依据方面还“参照”了《湖北省 2014 年度道路交通事故损害赔偿标准》。

由此可见,一审法院援引裁判依据时,非常不严肃,不仅表现在对新旧法的关系处理不严谨,而且表现在对程序法没有足够的关注。

3. 二审法院对一审法院的裁判依据均未评述和纠正。二审法院须对一审法院适用法律问题进行评述,并对其认为不妥当的法律适用进行纠正。笔者认为,二审法院对一审法院适用法律问题进行审查应当并不受当事人上诉意见的限制。但是,在上述 27 个案件中,二审法院对于一审法院适用法律是否正确基本都没有进行评判和纠正。究其原因,可能是因为当事人就法律依据没有发生争议,法院也就遵循“不告不理”的原则而未予注意。可见,法律适用问题是否以当事人发生争议作为法院审查的前提,值得法律职业共同体进一步研究。

4. 二审法院基本都仅援引程序法规范作为裁判依据。除沈阳市中级人民法院(2014)沈中少民终字第 00102 号民事判决书的裁判依据为“《中华人民共和国民事诉讼法》第一款第(一)项”表述不明外,其他二审判决书的裁判依据情况统计如表 3:

表3 其他二审判决书裁判依据情况统计

法律依据名称	引用的条款	出现次数
《民事诉讼法》	第170条	17
	第175条	1
	第178条	1
《侵权责任法》	第16条	1
	第54条	2
	第57条	1
《关于审理人身损害赔偿案件适用法律若干问题的解释》	第17条	1
	第18条	1
	第19条	1
	第20条	1
	第22条	2
	第27条	2
	第29条	2
《关于确定民事侵权精神损害赔偿责任若干问题的解释》	第8条	1
	第10条	2
《关于民事诉讼证据的若干规定》	第2条	1

5.法院在裁判依据的表述方面不够规范。第一,就法条的援引是应当具体到条、款、项,还是仅需注明条文序号即可,各法院的做法并不统一。第二,就法律条文中的项,到底应如何表述并不统一。比如有的表述为“第一项”,有的表述为“第(一)项”。再如,洛阳市中级法院在(2014)洛民终字第1466号案件中不恰当地把“第十五条第一款第(六)项”略减为“第十五条第(六)项”。第三,就最高人民法院的司法解释之名称,是否要加“最高人民法院”以及如加是放在书名号之内还是书名号之外,有不同的用法。第四,在法律条文的顺序方面,鲜有法院予以考究。在上述27份民事判决书中,从所载明的一审和二审法院

的裁判依据来看,仅有焦作市山阳区法院(2013)山民二初字第00056号民事书是先援引《侵权责任法》第54条,再援引该法第16、22条,其他法院如果同时援引一部法律中的多个条文,都是按照"从小到大"升序排列。第五,在裁判依据部分,还存在笔误或其他错误。比如,沈阳市中级法院(2014)沈中少民终字第00102号民事判决书的主文部分是这样表述裁判依据的——"依照《中华人民共和国民事诉讼法》第第一款第(一)项之规定"。又比如,在合肥市中级法院(2014)合民一终字第00668号民事判决书在记载一审法院的裁判依据时出现了这样的情况——"《最高人民法院关于审理人身损害赔偿案件适用法律若干问题的解释》……第二十条、第二十一条、第二十条、第二十三条……"其中第二个"第二十条"应为"第二十二条"的笔误。

三、医疗损害责任案件应如何援引《侵权责任法》

(一)无需援引《侵权责任法》第六条第一款作为医疗损害责任纠纷的裁判依据

如前27个案件中,至少有五个案件的审理法院在判决医疗机构承担侵权责任时,援引《侵权责任法》第6条第1款作为裁判依据。笔者认为,此举不妥。

在请求权发生竞合时,梅迪库斯认为,一项请求权越是特别,就必须越早审查。此种特别性乃是基于以下情况而发生:该规范自己或以之为基础的法律制度可能影响其他请求权规范。通过及早审查顺位在先的规范,将避免在顺位在后的规范的范围内这一审查不得不提前进行,或避免在此范围内使体系发生连锁现象。[28] 就《侵权责任法》在不同部分规定的请求权规范而言,第6条第1款是过错侵权责任的一般规定(一般条款),第54条是在医疗损害责任中对第6条第1款的具体化。前者是一般规定,后者是具体规定。根据具体规定优先适用的原则,在医疗损害责任纠纷中,如果法院要判决医疗机构承担过错责任,则援引第54条及其以下的规则即可,无需援引第6条第1款。正如梁

---

[28] [德]迪特尔·梅迪库斯:《请求权基础》,陈卫左等译,法律出版社2012年版,第13页。

慧星教授所言，“人民法院审理医疗损害责任案件，不应适用第 6 条第 1 款过错责任原则关于过错举证的一般规则，被告是否存在过错，应由法庭根据上述条文（笔者注：《侵权责任法》第五十五条、第五十七条、第五十八条、第六十条）规定标准予以认定”。[29]

（二）《侵权责任法》第 54、55、57、59、60、62 条可以独立作为医疗损害责任的裁判依据

1.《侵权责任法》第 54、55、57、59、62 条系医疗损害责任成立的裁判依据

在法院判决医疗机构承担医疗损害责任时，可以援引第 54、55、57、59、62 条作为裁判依据。第 54 条是医疗损害责任的一般规定；第 55、57、59、62 条是具体规定，主要使命是把第 54 条中的“医疗过错”及其赔偿责任具体化。《侵权责任法》在总结人民法院裁判实践经验的基础上，参考借鉴发达国家和地区关于“过错客观化”的判例学说，专设若干法律条文明确规定判断过错的客观标准，以方便法庭正确判断过错，避免将举证责任和举证不能的后果简单化地归属于任何一方所可能造成的不公正。[30] 根据《侵权责任法》的规定，医疗过错客观化主要体现为三个方面：违反知情同意义务（第 55 条）、未尽到与当时的医疗水平相应的诊疗义务（第 57 条）、泄露患者隐私或者未经患者同意公开其病历资料（第 52 条）。[31] 同时，第 54、55、57、59、62 条又构成是对第 6 条第 1 款的具体化。

在立法上，就是这样步步推进，将过错责任的规范体系予以构建；在司法上，则需层层剥离，找到最具体的规定作为裁判依据。正如拉伦茨所言，法律中的诸多法条，其彼此并非只是单纯并列，而是以多种方式相互指涉，只有透过它们的彼此交织及相互合作才能产生一个规整。法秩序并非法条的总合，毋宁是由许多规整所构成。……法学最重要

[29] 梁慧星：《医疗损害责任》，载 http://www.iolaw.org.cn/showArticle.aspx? id = 2702，最后访问日期：2016 年 10 月 1 日。

[30] 同上。

[31] 关于第 59 条规定的医疗产品责任及输血感染致害责任，笔者已另行撰文阐释，参见侯国跃：《输血感染损害责任的归责原则和求偿机制》，载《社会科学》2014 年第 2 期。

的任务之一,正是要清楚指出彼等由此而生的意义关联。由法学的眼光来看,个别的法条,即使是完全法条,都是一个更广泛的规整之组成部分。[32]"只有认清了各种规定之间的交错关系,认清了总则中的法律规定与一编或若干编分则中的法律规定之间的交错关系,才能完整地认识到法律是如何调整某个过程或生活关系的。"[33]

2.《侵权责任法》第 60 条可以作为医疗损害责任成立或不成立的裁判依据

《侵权责任法》第 60 条第 1 款规定了医疗损害责任的特殊抗辩事由,在满足本条款规定的情况下,法院可以支持医疗机构的抗辩,判决其不承担侵权责任。同理,法院也可能会援引《侵权责任法》第 26 条和第 27 条作为裁判依据,以受害人过错为由,判决减轻或免除医疗机构的赔偿责任。

《侵权责任法》第 60 条第 2 款规定:"前款第一项情形中,医疗机构及其医务人员也有过错的,应当承担相应的赔偿责任。"该款规定其实是对第 54 条的具体化,可以独立作为医疗损害责任成立的裁判依据。

(三)《侵权责任法》第 58 条不能独立作为医疗损害责任的裁判依据

根据《侵权责任法》第 58 条的规定,在三种法定情形下,"推定"医疗机构有过错。[34] 该三种情形,一言以蔽之,"违反法律规定"。这是"医疗过错客观化"的又一表现(违法即过错)。法院据此判决医疗机构承担侵权责任,其裁判依据是《侵权责任法》第 54 条。换言之,第 58 条是认定医疗机构过错的依据,第 54 条是裁判医疗机构承担责任的依

---

[32] [德]卡尔·拉伦茨:《法学方法论》,陈爱娥译,商务印书馆 2003 年版,第 144 页。

[33] [德]卡尔·拉伦茨:《德国民法通论》(上册),王晓晔等译,法律出版社 2003 年版,第 41 页。

[34] 需要说明的是,此处所谓推定,应为"不可驳回的法律推定"(unwiderlegbare Vermuyung),属于规定某种法律后果的立法技术手段。这种推定,与"可以驳回的推定"(widerlegbare Vermuyung)不同,后者是分配陈述责任与证明责任的立法技术工具。关于两种推定的不同,可参见[德] 伯恩·魏德士:《法理学》,丁小春、吴越译,法律出版社 2003 年版,第 67 页。

据;前者在裁判说理部分援引,后者在裁判主文部分援引。从法律规范内容上考虑,《侵权责任法》第58条为辅助规范(不完全法条),而第54条才是权利分配规范(完全法条)。[35] 在司法实践中,法官需注意识别辅助规范与权利分配规范并明了其间的逻辑关系。通常来说,一系列的辅助规范可以使待审查的请求权规范的特征更加具体化。[36]

(四)《侵权责任法》第15条在医疗损害责任中的适用

法院根据《侵权责任法》第54、55、57、59条判决医疗机构承担侵权责任,责任方式只有"赔偿损失"一种。由于上述条文中均已出现"赔偿"二字,因此,上述条文本身即构成裁判依据。此时,法院无须再援引《侵权责任法》第15条即可裁判。从这个意义上说,笔者并不赞同洛阳市中级法院[(2014)洛民终字第1466号]以及利川市法院[(2014)鄂利川民初字第01884号]在判决主文援引《侵权责任法》第15条第1款第6项的做法。

《侵权责任法》第62条规定:"医疗机构及其医务人员应当对患者的隐私保密。泄露患者隐私或者未经患者同意公开其病历资料,造成患者损害的,应当承担侵权责任。"据此,如果医疗机构"泄露患者隐私或者未经患者同意公开其病历资料",医疗机构承担的侵权责任可能并不限于赔偿损失,还可能有停止侵害、赔礼道歉等责任方式,那么,第62条将可能与第15条共同作为法院的裁判依据。

---

[35] 每个法秩序都包含一些——要求受其规整之人,应依其规定而为行为的——规则。假使这些规则同时也是裁判规范,则有权就争端的解决为裁判者亦须依此为判断。大部分的法规则都同时是国民的行为规范及法院或机关的判断规范。此即完全法条。不完全法条大致有三种。有些不完全法条用来详细规定完全法条的构成要件、构成要件要素或法效果;有些则将特定案件类型排除于另一法条的适用范围之外,借此限制起初适用范围界定过宽的法条;再有一些法条,它们或就构成要件,或就法效果到底部分,指示参照另一法条。……不完全法条,只有与其他法条相结合,才能开展共创设法效果的力量。参见[德]卡尔·拉伦茨:《法学方法论》,陈爱娥译,商务印书馆2003年版,第132~138页。

[36] [德]汉斯·布洛克斯、沃尔夫·迪特里希·瓦尔克:《德国民法总论》(第33版),张艳译,中国人民大学出版社2012年版,第498页。

(五)《侵权责任法》的其他条款,在医疗损害责任纠纷中可能成为法院裁判的说理依据,但不能成为裁判依据

在医疗损害责任纠纷案件中,法院可能在"本院认为"部分,援引第 2 条(保护对象)、第 3 条和第 18 条(求偿主体、适格原告)、第 16 条(人身损害赔偿项目)、第 22 条(精神损害赔偿)等条款,但这些条款都不是医疗机构承担医疗损害责任的裁判依据。

(六)小结

根据以上分析意见,《侵权责任法》在过错责任领域,建立了这样的一条逻辑层级:第一层级,在总则中,以第 6 条第 1 款规定一般过错责任。第二层级,在分则第七章中,以第 54 条规定医疗损害责任,对总则第 6 条第 1 款进行具体化。第三层级,在分则第七章中,以第 55 条、第 57 条、第 60 条第 2 款、第 62 条规定各种情形下的医疗损害责任,对第 54 条进行具体化。第四层级,在分则第七章,以第 58 条规定过错的认定,仅对第 54 条中的过错进行具体化,即在第 58 条规定的情况出现时,法官可以援引第 54 条的规定判决医疗机构承担侵权责任。第五层级,以第 63 条规定医疗机构不得违反诊疗规范"实施不必要的检查",对第 54 条以及第 58 条第 1 项中的"过错"再次进行具体化,即医疗机构"实施不必要检查"的,可以根据第 58 条认定医疗机构有过错,进而根据第 54 条判定医疗机构承担赔偿责任。

以上逻辑层级,如下图示:

法律解释过程不仅仅是一个找法的过程,法律解释又要围绕案件事实而展开,法律解释就是在法律与事实之间交互阐释而追求裁判规范的过程。[37] 在查阅法典时,要按从后向前(von hinten nach vorn)的顺序进行,因为后面的特殊规定排除前面的一般规定的适用。换言之,只有在后面无法找到特殊规定的情况下,才能适用前面的一般规定。[38]据此,在侵权案件中,法官对《侵权责任法》的检索路径为"自后向前"。如果在第七章中能找到裁判依据,则无须检索第一至三章;如果在第

[37] 袁春湘:《法律解释的解释》,载《法律适用》2008 年第 8 期。

[38] [德]迪特尔 · 梅迪库斯:《请求权基础》,陈卫左等译,法律出版社 2012 年版,第 34 页。

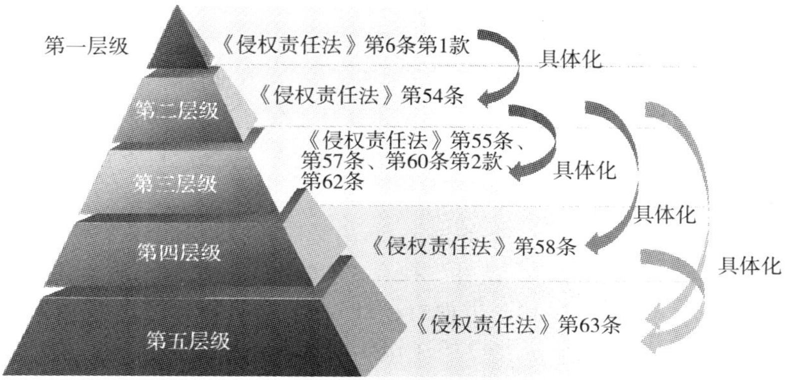

法条之间关系图

62、59、57、55 条能找到裁判依据，也无须考虑第 54 条。这是我国民事立法沿袭德国民法“提取公因式”立法技术、“总则—分则”法典结构的必然结果。

四、其他法律法规原则上不再作为医疗损害责任案件的裁判依据

（一）《民法通则》的补充适用及其有限性

解决案件，法官遇到的首要问题，就是能否发现相关的“法律”作为解决案件的依据。识别法律，最为要紧的是在法律体系的“帝国”中能够将不同的案件适当地加以分类，或者说要对规范作不同的“类型”区分，以便于将手头案件顺利地归入其中的某一种，或者划归某一法律部门；其次，要对不同位阶的法律进行识别，确保“上位法优先适用于下位法”。另外，对于一般法与特别法亦应进行必要的区分以便于妥当地适用。尤其当法官在一个案件可能面临两个或两个以上的不同位阶、而内容不一致或相互矛盾与冲突的法律规范时，作识别性的选择，更是一项非常职业化的适用性技术。[39] 医疗损害责任案件的法律识别，必然无法回避《侵权责任法》与《民法通则》的关系。

众所周知，《侵权责任法》是全国人民代表大会常务委员会制定

[39] 刘治斌：《法律方法论》，山东人民出版社 2007 年版，第 176～177 页。

的,而《民法通则》是全国人民代表大会制定的。那么,在侵权案件中,应当如何对待《侵权责任法》与《民法通则》的关系?第一种意见是,《民法通则》构成《侵权责任法》第 5 条所指的“其他法律”,应当优先适用;第二种意见则相反,认为《侵权责任法》作为新法、特别法,应当优先适用;第三种意见则认为,《民法通则》是上位法,《侵权责任法》是下位法,前者优先适用。[40]

根据《立法法》第 83 条的规定,新法与旧法、特别法与普通法的构成,须以同一机关制定为条件。换言之,新颁布的法律未必是相对于“旧法”的“新法”。从这个方面看,要回答上述问题及评判前述观点,必须首先分析《侵权责任法》的法律位阶。笔者主张,应当将《侵权责任法》性质回归为民事基本法,尽管它是由全国人民代表大会常务委员会制定的。[41] 实际上,在《侵权责任法》的审议报告中,立法机关是明确将《侵权责任法》定性为中国特色社会主义法律体系中的“支架性法律”和“促进社会和谐稳定的民事基本法律”的。[42] 此外,《侵权责任法》颁布后,全国人民代表大会常务委员会法制工作委员会副主任王胜明主编的“法律释义”类读物也指出:“我国规范侵权责任的法律有两个层次:第一个层次是侵权责任法。侵权责任法作为民法的重要组成部分,从基本法的角度对侵权责任作出规定。……第二个层次是相关法律。”[43]可见,立法机关并未否认《侵权责任法》是民事基本法。作为民事基本法的《侵权责任法》,相对于同位阶的《民法通则》而言,是特别法,也是新法。既然如此,那么根据《立法法》第 83 条的规定,在

[40] 这种意见的依据是最高人民法院《关于裁判文书引用法律、法规等规范性法律文件的规定》(法释〔2009〕14 号)第 2 条的规定——“同时引用两部以上法律的,应当先引用基本法律,后引用其他法律”。

[41] 侯国跃:《侵权责任法律规范的冲突与协调》,载《甘肃政法学院学报》2013 年第 3 期。

[42] 全国人民代表大会法律委员会《关于〈中华人民共和国侵权责任法(草案)〉主要问题的汇报》(2008 年 12 月 22 日十一届全国人大常委会六次会议)指出:“侵权责任法是保护民事主体合法权益,明确侵权责任,预防并制裁侵权行为,促进社会和谐稳定的民事基本法律”;“侵权责任法是中国特色社会主义法律体系中的支架性法律”。

[43] 王胜明:《中华人民共和国侵权责任法释义》,法律出版社 2010 年版,第 36 页。

处理侵权案件时,《侵权责任法》就成为直接法律依据,《民法通则》仅具有补充适用的地位。

对此,裁判法官必须抛弃“法未被废止即可适用”的陈见,因为,依据新法优于旧法的法律适用规则,“即便旧法没有被明确地废止,也无法再适用”。[44] 按照新法废止旧法的立法理论和历史解释的逻辑规则,《侵权责任法》一经颁布生效,《民法通则》关于侵权责任的规定即被取代,这些侵权责任规范就全部作废。《侵权责任法》第5条规定应当适用的“对侵权责任另有规定”的“其他法律”,不包括《民法通则》关于侵权责任的规定。但是,对于《侵权责任法》没有作出规定,而《民法通则》存在相关规定的条款,譬如《民法通则》关于诉讼时效的规定,在审理侵权责任案件时即应当予以适用。[45]

对于“过渡时期”的法律适用,最高人民法院《关于适用〈中华人民共和国侵权责任法〉若干问题的通知》(法发〔2010〕23号)第1条和第2条已有明文规定,即:“侵权责任法施行后发生的侵权行为引起的民事纠纷案件,适用侵权责任法的规定;侵权责任法施行前发生的侵权行为引起的民事纠纷案件,适用当时的法律规定;侵权行为发生在侵权责任法施行前,但损害后果出现在侵权责任法施行后的民事纠纷案件,适用侵权责任法的规定。”

总之,未被明确废止的法律也未必可以被法官适用。《民法通则》虽未被废止,但其中关于民事责任的规定(第六章)已全部作废,不宜继续适用于侵权纠纷或合同纠纷。据此,笔者并不赞同前述案件中一些法院援引《民法通则》第106、119、131条的规定作为裁判依据。

(二)《医疗事故处理条例》不应继续适用于医疗损害责任纠纷

过去由于《医疗事故处理条例》与《民法通则》的位阶及效力界定不清,导致司法机关“过度适用”前者,并带来诸多争议问题。譬如,如果受害人选择“医疗事故人身损害赔偿纠纷”作为案由提出请求,案件需按照《民法通则》并参照《医疗事故处理条例》进行审理,受害人所得

[44] 王利明:《侵权责任法研究》(上卷),中国人民大学出版社2010年版,第152页。

[45] 梁慧星:《侵权责任法相关规定的理解与适用(下)》,载《人民法院报》2011年9月27日。

的赔偿金会少一些,但其对被告的过错及因果关系的举证责任则轻得多;相反,如果受害人选择普通“人身损害赔偿纠纷”作为案由提取赔偿请求,案件则需要按照《民法通则》和相关司法解释进行审理,受害人可能有得到较多赔偿金的机会,但要承担较重的举证责任。[46]

《侵权责任法》实施后,根据该法第54条之规定,医疗损害责任属于过错责任,即“有过错即有责任,无过错即无责任”。医疗损害责任之成立,不以构成医疗事故为前提条件,当然也就无须进行所谓“医疗事故技术鉴定”。2010年7月1日《侵权责任法》实施之后,法院审理医疗损害责任案件,应当适用《侵权责任法》第七章关于医疗损害责任的规定,而不再适用《医疗事故处理条例》。[47] 但是,从前述沈阳市中级法院(2014)沈中少民终字第00102号民事判决书可知,该案一审法院沈阳市和平区人民法院在(2014)沈和少民初字第00062号民事判决书中仍然援引《医疗事故处理条例》第50、51、52条作出判决;二审法院维持原判时未对一审法院适用法律问题进行任何评判及纠正。笔者猜测,这一案件在过去、现在及未来恐怕并不是“全国唯一”,因此,有必要探讨一下《医疗事故处理条例》的效力及适用问题。

最高人民法院2003年1月6日《关于参照〈医疗事故处理条例〉审理医疗纠纷民事案件的通知》(法〔2003〕20号)规定:“《医疗事故处理条例》施行后发生的医疗事故引起的医疗赔偿纠纷诉到法院的,参照《医疗事故处理条例》的规定办理;因医疗事故以外的原因引起的其他医疗赔偿纠纷,适用《民法通则》的规定。”在过去的司法实践中,由于《医疗事故处理条例》与《民法通则》、最高人民法院《关于审理人身损害赔偿案件适用法律若干问题的解释》在赔偿项目和标准等方面存在冲突,故在处理医疗损害责任纠纷案件时应如何适用法律,成为长期争论不休的问题,各地法院的做法也不完全一致;但总体上看,法院倾向

---

[46] 张新宝:《医疗人身损害赔偿案件评论——以大陆法为准绳》,载王文杰主编:《法学方法论》(月旦民商法研究丛书4),清华大学出版社2004年版,第205页。

[47] 梁慧星:《医疗损害责任》,载 http://www.iolaw.org.cn/showArticle.aspx?id=2702,最后访问日期:2016年10月1日。

于在医疗侵权案件中适用《医疗事故处理条例》。[48]

为此,笔者曾撰文指出,在《侵权责任法》生效后,法院在处理医疗侵权纠纷时,不宜再援引《医疗事故处理条例》作为裁判依据。理由是:根据《立法法》第8、56条之规定,行政法规的“管辖范围”本来就不应包括侵权损害赔偿制度;根据《立法法》第79条的规定,《医疗事故处理条例》作为下位法,不得违反包括《侵权责任法》在内的上位法的原则和规则。[49]

张新宝教授认为,需要对目前的状况进行反思,对规定具体侵权责任的行政法规进行清理,修改或废除相关的内容。[50] 笔者赞同此种主张的理由是,医疗损害责任为侵权责任之一种,属于“民事基本制度”,按照现行《立法法》的规定,只应由全国人大及其常委会制定的法律予以规定。[51] 不过,即便目前《医疗事故处理条例》的相关内容仍然没有被废止,但法院在处理医疗损害责任纠纷时,亦不应当继续

---

[48] 例如,由时任最高人民法院民二庭审判长的吴庆宝法官等主编的《民事裁判标准规范》一书指出:“由于《医疗事故处理条例》是专门处理医疗事故的行政法规,体现了国家对医疗事故处理及其损害赔偿的特殊立法政策,因此,人民法院处理医疗事故引起的人身损害赔偿纠纷时应当以《医疗事故处理条例》为依据。但是,对不构成医疗事故的其他医疗侵权纠纷应当按照《民法通则》第106条和第119条规定处理。……这里体现的适用法律的‘二元论’,不是法律适用依据不统一,而是法律、法规在适用范围上分工配合的体现。”参见吴庆宝、俞宏雷、姚旭斌:《民事裁判标准规范》,人民法院出版社2008年版,第212页。又如,重庆市第一中级人民法院明确规定:“以治疗疾病为目的的医疗损害赔偿案件,既包括医疗事故赔偿,也包括医疗过错赔偿,均应参照《医疗事故处理条例》规定的赔偿范围和标准进行审判。因医疗事故以外的原因主要是指知情同意权纠纷、医疗美容、整形、变性、肢体脏器处置、医疗产品质量、服务质量纠纷等,则应当适用《民法通则》进行审判。对不构成医疗事故,但存在医疗过错的,应根据查明的医疗行为的性质,按前款所述原则处理。构成医疗事故,如果当事人坚持按医疗损害赔偿纠纷起诉的,仍应按照《医疗事故处理条例》的规定确定侵权人的赔偿责任。”参见重庆市第一中级人民法院2008年第3期《法院审判参阅》第52条的规定。

[49] 侯国跃:《输血感染损害责任的归责原则和求偿机制》,载《社会科学》2014年第2期。

[50] 张新宝:《行政法规不宜规定具体侵权责任》,载《法学家》2007年第5期。

[51] 梁慧星:《医疗损害责任》,载 http://www.iolaw.org.cn/showArticle.aspx?id=2702,最后访问日期:2016年10月1日。

再援引这一行政法规裁判案件。《最高人民法院关于裁判文书引用法律、法规等规范性法律文件的规定》(法释〔2009〕14号)第4条规定:“民事裁判文书应当引用法律、法律解释或者司法解释。对于应当适用的行政法规、地方性法规或者自治条例和单行条例,可以直接引用。”可见,对于行政法规,法院应当选择性地适用,可得直接适用的仅为“适当的行政法规”。显然,《侵权责任法》生效后,《医疗事故处理条例》不再是处理医疗侵权民事案件的“适当的行政法规”,因而不得适用。

《最高人民法院关于适用〈中华人民共和国侵权责任法〉若干问题的通知》(法发〔2010〕23号)第3条规定:“人民法院适用侵权责任法审理民事纠纷案件,根据当事人的申请或者依职权决定进行医疗损害鉴定的,按照《全国人民代表大会常务委员会关于司法鉴定管理问题的决定》《人民法院对外委托司法鉴定管理规定》及国家有关部门的规定组织鉴定。”由此可见,最高人民法院已明确,在医疗损害责任案件中,关于医疗损害的司法鉴定,不再适用《医疗事故处理条例》第三章“医疗事故的技术鉴定”。

总而言之,《医疗事故处理条例》虽未废止,但其第五章已然失效。[52] 在医疗损害责任纠纷案件中,法院不仅不能援引《医疗事故处理条例》作为裁判依据,也不得援引该《条例》作为医疗损害鉴定的依据。对此问题,笔者注意到,北京市高级人民法院《关于审理医疗损害赔偿纠纷案件若干问题的指导意见(试行)》第35条规定:“确定医疗损害赔偿,应统一适用《侵权责任法》及相关司法解释关于赔偿范围和标准的各项规定。”

---

[52] 有人认为,《侵权责任法》的颁布实施,只是作为民事法律概念的医疗事故不再存在,但作为行政管理概念的医疗事故继续存在,而且医疗事故处理法律制度作为行政机关对医疗机构、医务人员医政管理的重要法律制度必须继续存续,仅依据《执业医师法》《医疗机构管理条例》《护士条例》等法规,还不能完全覆盖各种医务人员诊疗行为中违法行为的行政责任。参见王松:《医疗损害赔偿案件的法律适用》,载《法律适用》2016年第1期。

五、过去的司法解释在医疗损害责任案件中的甄别适用

在我国，关于司法解释的正当性及效力等问题一直存在争议，但不可否认，司法解释的确发挥着难以低估的积极作用。卡多佐认为，司法过程的最高境界并不是发现法律，而是创造法律；所有的怀疑和担心、希望和畏惧都是心灵努力的组成部分，是死亡的折磨和诞生的煎熬的组成部分。在这里面，一些曾经为自己时代服务过的原则死亡了，而一些新的原则诞生了。[53]

在《侵权责任法》实施前，最高人民法院出台、迄今没有被明确废止的侵权责任领域的司法解释主要有：《关于审理人身损害赔偿案件适用法律若干问题的解释》（法释〔2003〕20 号）、《关于审理铁路运输人身损害赔偿纠纷案件适用法律若干问题的解释》（法释〔2010〕5 号）、《关于确定民事侵权精神损害赔偿责任若干问题的解释》（法释〔2001〕7 号）、《关于贯彻执行〈中华人民共和国民法通则〉若干问题的意见（试行）》（以下简称《民通意见》）、《关于审理名誉权案件若干问题的解答》、《关于审理名誉权案件若干问题的解释》等。如何处理《侵权责任法》与这些司法解释的关系？[54]

（一）一般原则

笔者认为，法院在选择法条时应当坚持的基本原则是“法律文本优于司法解释”，尽管目前一些法院的做法刚好相反。因此，凡是《侵权责任法》有规定的，应当适用其规定，而不再适用过去的司法解释。但是，对于《侵权责任法》没有规定的问题，能否适用司法解释的规定呢？由于前述司法解释都是最高人民法院对《民法通则》等法律所作的解释意见，而由于在《侵权责任法》没有规定时可以适用《民法通则》的规定，故在《侵权责任法》和《民法通则》都没有规定时，可以适用《民

---

[53] ［美］卡多佐：《司法过程的性质》，苏力译，商务印书馆 1998 年版，第 105 页。

[54] 根据本文的主题，这里不探讨在《侵权责任法》实施后最高人民法院出台的司法解释，比如《关于审理道路交通事故损害赔偿案件适用法律若干问题的解释》（法释〔2012〕19 号）、《关于审理侵害信息网络传播权民事纠纷案件适用法律若干问题的规定法释》（〔2012〕20 号）、《关于审理利用信息网络侵害人身权益民事纠纷案件适用法律若干问题的规定》（法释〔2014〕11 号）。

法通则》司法解释的规定,但与《侵权责任法》冲突的应当除外。最高人民法院也秉持此等立场。最高人民法院奚晓明副院长曾指出,侵权责任法实施后,之前与该法内容存在冲突的司法解释,不应再继续适用;对于侵权责任法未明确规定且司法解释与侵权责任法的立法原则相一致的内容,可以作为对侵权责任法的有益补充,继续适用。[55]

综上所述,未被明确废止的司法解释,也未必可以被法院适用。对于过去关于侵权案件的司法解释,我们应当这样甄别其效力:与《侵权责任法》制度相左的内容不能适用,与《侵权责任法》制度相同的内容不必适用,未与《侵权责任法》冲突的漏洞补充型条款仍可适用。

(二)《关于审理人身损害赔偿案件适用法律若干问题的解释》在医疗损害责任纠纷案件中的适用

在前述27个医疗损害责任纠纷案件中,多数法院适用《关于审理人身损害赔偿案件适用法律若干问题的解释》第17、18、19条,部分法院适用第20、21、22、23、24、25、27、28、29条。

笔者认为,《关于审理人身损害赔偿案件适用法律若干问题的解释》第19、20、21、22、23、24、25、27、28、29条是关于医疗费、误工损失、护理费、交通费、住院伙食补助费、营养费、残疾赔偿金、残疾辅助器具费、死亡赔偿金等赔偿项目的计算方法或确定标准,可以作为对《侵权责任法》第16条的细化规定及补充规定,因此可以继续在医疗损害责任纠纷中作为裁判依据适用。其中,住院伙食补助费、营养费虽在《侵权责任法》中未予明确,但司法实践仍可将其纳入第16条“为治疗和康复支出的合理费用”之中。因为,“本条所列举的一般赔偿项目范围内的赔偿项目仅是几种典型的费用支出,实践中并不限于这些赔偿项目,只要是因为治疗和康复所支出的所有合理费用,都可以纳入一般赔偿的范围,如营养费、住院费等费用”。[56]

但是,《关于审理人身损害赔偿案件适用法律若干问题的解释》第17条则不能作为医疗损害责任纠纷的裁判依据。因为,该司法解释第17条的规定已被《侵权责任法》第16条规定所“覆盖”。至于《关于审

---

[55] 参见奚晓明2011年6月23日在全国民事审判工作会议上的讲话。

[56] 王胜明:《中华人民共和国侵权责任法释义》,法律出版社2010年版,第84页。

理人身损害赔偿案件适用法律若干问题的解释》第 18 条的规定，其内容旨在为精神损害抚慰金的确定标准提供指引，并规定精神损害抚慰金请求权不得让与或者继承，在将来的医疗损害责任纠纷案件中还可以作为裁判依据予以适用。

(三)《关于确定民事侵权精神损害赔偿责任若干问题的解释》在医疗损害责任纠纷案件中的适用

在前述 27 个医疗损害责任纠纷案件中，不少法院在裁判依据部分援引《关于确定民事侵权精神损害赔偿责任若干问题的解释》第 8、10 条，也有法院适用了该司法解释第 1、11 条。

笔者认为，《关于确定民事侵权精神损害赔偿责任若干问题的解释》第 8 条已被《侵权责任法》第 15、22 条完全“覆盖”，因而，不能继续作为医疗损害责任纠纷的裁判依据。同理，由于该司法解释第 1 条规定的精神损害赔偿制度之保护对象已经完全包含于《侵权责任法》第 22 条中的“人身权益”，因此该条也没有必要在侵权案件中被援引。类似地，该司法解释第 11 条之规定，也不能继续作为医疗损害责任纠纷案件的裁判依据——法院援引《侵权责任法》第 26、27 条的规定即可。但该司法解释第 10 条则不同，其内容是确定精神损害抚慰金的数额的参考因素，可以适用于个案之中以弥补《侵权责任法》之不足。

六、余论：民法典编纂中的体系化思维问题

本文的研究旨在面向实践，检讨医疗损害责任纠纷的裁判依据，虽也涉及法律本体规则，但主要任务是研究法律适用规则。为此，笔者选取了裁判文书、法律文本以及解释学论著作为研究文本。作为主要研究对象的裁判文书仅是全国法院 2014 年 9 月作出的民事判决书，虽不具有完整的代表性，但毕竟还是可以在一定程度上反映司法实践之概况。在研究方法上，本文主要是依靠文本研究与逻辑演绎，其必然以立法者理性、立法文本科学作为基本的逻辑前提，而这一前提是否可靠，本文并未着墨阐释，或者说，本文仅是从司法实践的角度，本着“恶法亦法”的态度予以展开的。

立法文本科学这一前提得以成立，有赖于民事立法的科学化、体系化。就目前正在编纂的民法典而言，坚持体系化思维是最重要、最基本

的要求。因为,一国法制应自成有机整体,而非多数法律的机械叠加;因为,一部法律应内部逻辑自圆,而非复数条文的简单组合。前者,即法律的外部体系问题;后者,系法律的内在逻辑问题。

前述裁判文书中,很多案件法律适用错误,有司法方面的问题,也有立法方面的原因。在民法典编纂过程中坚持体系化思维首先应注意在立法文件中明示民法典与其他法律的效力关系。立法者不应自娱自乐,而应考虑为法律解释与适用提供方便。新法与旧法、特别法与普通法的适用原则是清楚的,但在实践中却容易出现误解。一部新颁行的法律未必都是过去已有法律的“新法”,何为“特别法”“普通法”就更难以说清楚了。[57] 因此,要在立法时关注与现行法的关系问题。为此,在民法典颁布时,不宜简单地重复过去“其他法律另有特别规定的依照其规定”的法律冲突解决模式。这种模式其实基本上无法解决问题,因为实务中对何为“其他法律”以及“另有规定”常有争议。笔者的建议是,立法者应在民法典最后制作一份附录性质的文件,明确规定本法颁布后,过去哪些法律、司法解释中的哪些规定已被废止或不能继续适用。相较于过去司法机关各自自行判断和解释而言,立法者完成这一工作更具有正当性和权威性。

(侯国跃,民商法学博士,博士生导师,西南政法大学民商法学院教授。)

---

[57] 比如,在过往的法律适用中常见法律间关系的争议:《电力法》是否为《民法通则》的特别法;《物权法》第三章是否为《侵权责任法》的特别法;《侵权责任法》是否为《物权法》的新法;《侵权责任法》第5条中的其他法律是否包括《民法通则》;等等。

利息在损害赔偿范围中的位置

——典型性法律思维的一考察

尹春海

目　　次

一、问题的提起

尽管合同行为、侵权行为、无因管理、不当得利均是债的发生原因,不过由于其法律性质存在根本不同从而发生了四种典型之债类型化的契机。抛开无因管理和不当得利这两种权重较轻的债权类型不论,合同之债与侵权之债的共同性其实不在少数。在如火如荼地进行的民法典编纂工作中,就有学者建议制定债的通则,[①]债法通则实际上最大的作用仍在于将合同之债与侵权之债提纲挈领。然而,起到提纲挈领作用的并非只有民法总则及债法通则中关于权利性质的正面规定,从损害赔偿的角度来看,典型之债(特别是考虑到侵权之债对所有绝对权乃至部分相对权的法益保护范围)同样具有民法公因式的作用。我国传统民法教义学在谈及合同之债的损害赔偿与侵权之债的损害赔偿时往往将二者分论,似乎二者有着天壤之别。暂不论构成要件上是否具有统一可能性,单从赔偿范围来看,二者便具有高度的重合性。翻检外国民法规范或理论会惊奇地发现,无论是大陆法系还是英美法系,许多国家都将合同损害赔偿和侵权损害赔偿作为一个整体来讨论,[②]二者的个性问题远不如共性问题论及的多。英美法素以救济型法律体系著称于世倒自不待言,向以逻辑严整著称的大陆法系也存在这种倾向,这便对于我们惯常的思维方式提出了一些值得思考的问题。

下面让我们来看一个案例。实际上,本文的写作缘起也正是由于对该案的一些思考。有趣的是,该案的立案案由是业主共有权纠纷,让人乍看之下想起共有关系类的案件。但实际上,原审法院是作为物权侵害(在法性上应确定为侵权之诉)案件来审理的。这已经反映出立案庭法官对该案法律关系的思虑与疑惑。我们姑且援用案件的立案案由来描述案件情况,后文笔者将给出该案法律关系的私见。

原告甲(二审上诉人)与被告(二审被上诉人)乙公司业主共有权纠纷案 原告自1997年搬入所购住房内,房屋面积120平方米。该套住房所在楼栋与毗邻左右的房屋楼栋(合计三栋)总建筑面积8000平方米。后被告乙公司与案外人丙公司就前述三栋楼的楼顶签订了《广告牌用房(地)租赁合同》,合同期限为2004年5月1日至2014年4月31日。被告共向案外人收取租金400,000元。原告甲以享有三栋楼的楼顶共有权为由起诉乙公司,请求按面积分割被告自2000年起至

① 如王泽鉴:《迎接中国民法典的编纂》,载《中国法律评论》2015年第4期。应该说,这种观点代表了民法学者中的主流观念。

② 同旨参见叶金强:《论侵权损害赔偿范围的确定》,载《中外法学》2012年第1期。

2014 年间出租该三栋楼楼顶的租金及利息。被告则认为,《物权法》是 2007 年 10 月开始实施的,如果分割租金,应该自 2007 年 10 月 1 日以后进行分割。

一审法院认为,业主对建筑物内专有部分以外的共有部分享有共有和共同管理的权利。涉案的三栋楼屋顶属于该三栋楼范围内业主共有,被告将楼顶出租给他人并收取租金的行为侵害了原告的合法权益,被告自 2004 年 5 月 1 日起至 2014 年 4 月 31 日止连续出租涉诉楼顶,该行为具有连续性。对原告要求按面积分割比例请求租金的要求,法院予以支持。关于原告主张利息一节,因原告未证明被告收取的案外人租金产生利息,故对该请求不予支持。甲不服关于利息部分的判决,上诉至二审法院,请求乙公司支付租金利息。

这一案件虽然争议标的不大,二审庭审过程中事实查明和法庭辩论也未突现激烈交锋,应该说双方对法院查明基本事实的态度均为认可,分歧仅集中在法律适用上,但本案值得研究的地方却不少。本案在审理中观点争议体现在利息给付请求权的性质上,具体表现在:(1)如果采用最高人民法院《关于审理买卖合同纠纷案件适用法律问题的解释》(法释〔2012〕8 号,以下简称《买卖合同司法解释》)第 24 条③的规定,准用逾期付款损失规范,那么甲与乙公司之间并不存在买卖关系,这种准用是否有规范或理论依据?(2)如果按《合同法》分则第十三章关于"借款合同"的规定处理,那么随之而来的问题在于:首先,当事人双方不具有消费借贷的法律行为,这种准用是否合适?其次,如准用《合同法》第 204、205 条,④最高人民法院《关于贯彻执行〈中华人民共

---

③ 《买卖合同司法解释》第 24 条第 4 款规定:"买卖合同没有约定逾期付款违约金或者该违约金的计算方法,出卖人以买受人违约为由主张赔偿逾期付款损失的,人民法院可以中国人民银行同期同类人民币贷款基准利率为基础,参照逾期罚息利率标准计算。"

④ 《合同法》第 204 条规定:"办理贷款业务的金融机构贷款的利率,应当按照中国人民银行规定的贷款利率的上下限确定。"第 205 条规定:"借款人应当按照约定的期限支付利息。对支付利息的期限没有约定 或者约定不明确,依照本法第六十一条的规定仍不能确定,借款期间不满一年的,应当在返还借款时一并支付;借款期间一年以上的,应当在每届满一年时支付,剩余期间不满一年的,应当在返还借款时一并支付。"

和国民法总则〉若干问题的意见(试行)》(法发〔1988〕6号,以下简称《民通意见》)第124条[⑤]关于商业主体间借贷的规定,无异于将双方拟制为以营利为目的的商事行为法律关系,如此拟制是否妥当?如果认为《民通意见》包摄了自然人借贷的情形,显然与《合同法》的相关规定相左。按照新法优于旧法、高位阶法优于低位阶法的原则,便不能适用《民通意见》第124条的规定。如果准用《合同法》第211条[⑥]关于自然人消费借贷的规定,尽管未付的租金从性质上看更接近这种借贷,但此处并无利息适用的可能性,是否会对甲造成实体上的不公?如准用《民通意见》第123条,[⑦]《合同法》第207条[⑧]关于逾期利息的规定,由于双方不存在借款合同,所逾的"期限"又从何时算起?(3)如果按《物权法》第70条[⑨]以及《侵权责任法》第3、19条[⑩]这一正一反两个法律的规定认定侵害物权,法律关系的紊乱之处在于:如果说针对甲的共有物建筑部分的物权实施了直接侵害,那么其主体也只能是案外人丙公司(未与共有权人甲缔结地役权合同而擅自在屋顶搭建广告牌)。假使要将乙公司牵扯进来,也至少需要甲与丙公司将要或已经缔约的行为,乙公司对此实施了侵害,这样借助第三人积极侵害债权的理论才有认定乙公司侵权之虞。笔者也看到,持这种观点者的苦衷在于它能最顺

---

⑤ 《民通意见》第124条规定:"借款双方因利率发生争议,如果约定不明,又不能证明的,可以比照银行同类贷款利率计息。"

⑥ 《合同法》第211条1款规定:"自然人之间的借款合同对支付利息没有约定或者约定不明确的,视为不支付利息。"

⑦ 《民通意见》第123条规定:"公民之间的无息借款,有约定偿还期限而借款人不按期偿还,或者未约定偿还期限但经出借人催告后,借款人仍不偿还的,出借人要求借款人偿付逾期利息,应当予以准许。"

⑧ 《合同法》第207条规定:"借款人未按照约定的期限返还借款的,应当按照约定或者国家有关规定支付逾期利息。"

⑨ 《物权法》第70条规定:"业主对建筑物内的住宅、经营性用房等专有部分享有所有权,对专有部分以外的共有部分享有共有和共同管理的权利。"第71条规定:"业主对其建筑物专有部分享有占有、使用、收益和处分的权利。业主行使权利不得危及建筑物的安全,不得损害其他业主的合法权益。"

⑩ 《侵权责任法》第3条规定:"被侵权人有权请求侵权人承担侵权责任。"第19条规定:"侵害他人财产的,财产损失按照损失发生时的市场价格或者其他方式计算。"

畅地确定损害赔偿的范围，实际上一审法院在判决理由中所明言的“被告将楼顶出租给他人收取租金的行为侵害了原告的合法权益……”正是从侵害物权的角度上论证了赔付损失的正当性。只不过初衷（从实体结果来看）虽然不差，但定性却值得商榷，而损失中的利息部分也未见得考虑周详。(4)若认定利息属于甲的损失，那么给付时间范围及计付基准如何确定也颇有争论。

虽然就本案所关心的问题来看，最直接的体现是利息支付的可否，但更进一步的问题在于损害赔偿的范围，更深层的问题在于这种赔偿究竟是哪种典型之债包摄的范围，从最根本的层面上看，它诘问的是损害赔偿在四种典型之债中的共通性问题。

民事审判中，法官往往会运用三段论的方法分析案件的法律性质。三段论虽然是大陆法系惯常的思维方法，但在司法实务中，特别是遇到复杂案件时，大小前提的确定都存在问题。在这种情况下，三段论思维有时便成为口号被弃之不顾，各种经验主义的、全价值主义的判断便蜂拥而出。尽管从实体结果上看未必不符合自然公正的原则，但其一来缺乏检证性（也就是其科学性成为问题），二来缺乏普适性（判断成为全人格的判断），三来缺乏稳定性（经验依法官个体、合议庭、审判庭乃至法院不同而不同），四来缺乏权威性（经验主义的产物被另外的经验判断改判的概率远远超过概念或类型思维），这不得不促使我们对民事审判的认知思维作必要的检讨与梳理，梳理更为科学的、能有效对话（包括说服当事人、同行及社会大众）的、反映立法目的的思考方式。本文所提出的典型性思维及分型理论便是针对这一问题的尝试。

二、典型性思维与法性决定

（一）认知结构与典型思维

大陆法系法思维的最大特点，即是法律概念、法律类型的思维。罗马法尽管是近代法学的素材之源，但它的决疑论（Kasuistik）性格注定不能适应近代化分业趋势的需要。类推技术的发展是法律思维近代化的决定性契机,[11]也标志着大陆法系思维模式的成型。而事物的性质分析、概念与类型思维正是我们利用有限的、固定的规范解决无限的、生动的具体个案的工具。

类型学滥觞于柏拉图形上哲学中的本质主义和理念(ιδεα; idea)论。按照马克思关于事物本性(Natur der Sache)理论的观点,事物的发展(运动)方向是由主要矛盾所决定的,而事物的本性则是由矛盾的主要方面决定的。这一清醒的论断要求我们面对疑难案件时,首先要学会运用典型性思维,把案件的性质按照大脑中法学知识的构图进行分区。第一步要解决案件的处理(运动)方向,也就是说要解决案件的定性问题。第二步则是要解决案件法律关系属性的个别化问题,也就是说要将法律要件进行分解,依照各要件所显露出来的事物的典型性来类比该规范目的的法条,从而解决各法律关系的法适用问题。第一步更多地牵涉法律关系的性质决定问题,第二步则更多需要考虑法律要件分解的方法与界限问题。二者有一个共同的方法论,那就是大陆法传统的典型化(类型化)思维。类比(l'analogia)是分析过程中最重要的方法之一,它是法律家根据鲜活的生活经验,通过观察本质上的相似点来处理事物,在事物既相似又不同的时候避免不公正(ingiustizia)、偶然性(casualità)、不可预见性(imprevedibilità)和违法性(arbitrio),使其实现规范标准化(contesto normative formalizzato)的工具。[12] 尽管案件的解决有时需要多步分析与整合,[13]但贯彻本文中心的这一法律方法论却是一以贯之的。英美普通法上,虽然没有法教义学上的形式完整性,但是有关于论证(argument)的方法,如类比性的(analogical)、假设性的(hypothetical)、推论性的(consequential)议论等。而它的典型性讨论却从判例中得出:具有典型性(typicality)的案

---

[11] 这一法律技术是由评注法学派(后注释学派)发展起来的。Corpus iuris 中所欠缺的,仅仅是表现出决疑论萌芽状态的法领域最后都经由评注法学派而走向近代法学。碧海純一等著,『法学史』,東京大学出版会 1976 年版,106 頁参照。

[12] Cfr. Angelo Falzea, *Ricerche di teoria generale del diritto e di dogmatica giuridica*, Milano: Giuffrè, 1999, p. 354s.

[13] 当然这种分解、整合的过程可能在案件审理中合并成一步完成,但本文在论述时为厘清这些步骤需要分开论述。

件说明了判断者已将其视为示范性的、稳定性的分析模型,是过去的已决的类型;具有非典型性(a-typicality)的案件表明其涉及的具体问题存在争议,尚需要分析梳理;而面向未来型(modeling for the future)则表明了判断者所作出的决定如何影响未来,成为今后案件的判断模型。⑭ 虽然"型"的侧重点不同,但典型性思维却是大陆法系与英美法系共同的方法论。为了弄清典型性思维在案件分析中的必要性及方法,此处先就认知心理学的基本知识做一介绍。

认知心理学起源于20世纪中叶的信息加工理论,它主要研究人的认知过程及其手段,如知识的加工、存储、提取和记忆力的改变。它将人的认知过程看成是一个信息加工过程,这是包括对象信息输入、信息贮存、加工筛选、信息处理到信息提出的一套系统。这样,认知的过程被分为一系列阶段。那么类型在其中起到什么作用呢?

我们通常能够认识到"杯子"这种物品的特性,不管是什么形状的杯子,即便是照片或绘画中也能分辨出"杯子"的特质,是因为我们头脑中有界定"杯子"的"盛放液体的容器"这样的属性,我们将这样的情报称之为"定义性特征"。人类对于类别的核心认知能力,即是从这样的定义性特征中了解的。因此,类型研究的背景,便是从大量的正面事例和反面事例中抽象出定义性特征的过程。但是,仅有定义性特征有时并不能很好地界分事物的属性,因为分类判断往往并非是或否的全称判断,这就需要导入"家族相似性"的判断基准。也就是说,类型是由若干的特征构成,即使不具备定义性特征的全部特质,仍有可能归入该类。具有的相关特征越多,典型性就越高,反之则典型性越低。

人类在处理信息情报时必须有事先经过训练而保存在头脑中的知识框架(schema,又称为图式,用于表示我们对于外部世界的已经内化了的知识单元)作为情报加工中心,而类型正是图式的核心内容。图式通过相互关联形成知识的集合,我们称其为"概念地图"或"认知地图"。那么人类认知地图为什么以类型作为最基本的工具呢?从根本

⑭ See Maksymilian Del Mar, *Exemplarity and Narrativity in the Common Law Tradition*, 25 *Law and Literature* 391, No. 3, 2013.

上来看,是为了减轻情报处理的负担。[15] 例如,对于司法案件来说,人们习惯性地以刑事、民事、行政这样的类别来界定其性质,如果是民事案件,又会继续以人身法、财产法等子类型进行框定,最终确定案件的性质和应适用的法律。我们平时所说的寻法的过程,不过是在各种大小框架下决定案件的类型和以此将法律关系类型配对给制定法规范的过程。这一过程既需要在鲜活的案例事实中抽象出法律关系的本质要素,又需要法官头脑中存在若干既定的 schema 前见。这些前见便是帮助我们辨认法律关系性质,对其不断试错摸索的性质决定工具。

由上述人类认知结构可以看出,无论是潜意识还是出于自觉行为,典型性思维在案件处理过程中均必须登场。在事实认定[16]过程结束后,这一思维运动的第一站便是性质决定与类型化(归类)。

(二)性质决定与类型化

按照法国法律大辞典的经典定义,所谓“性质决定”也称“法性决定”(qualification),是指将对象纳入既存的法的类型规范中(d'où résulte, par rattachemant, le régime juridique qui lui est applicable),依据是“对象中能呈现的某种本质的要素”(en reconaissant en lui les caractéristiques de la catégorie de rattachement)。[17] 这是个顺应大陆法思维的特征性概念。笔者查阅了英美法上颇具权威的布莱克法律词典,qualify(动词形式)和 qualification(名词形式)不仅具有“获得某种地位或职位的本质上或法律上的必要资格或性质”(the possession of qualities or properties inherently or legally necessary to make one eligible for a position

---

[15] 以上,佐伯胖 = 佐々木正人編『アクティブ・マインド——人間は動きのなかで考える』,東京大学出版会2013年版,第6章「人間にとってのカテゴリー」(村山功執筆)参照。

[16] “事实认定”是指“对当事人间某项争议事实的存在与否以证据加以确定”。其讨论对象主要包括以下四方面:(1)认定对象的事实是什么(认定对象论);(2)怎样依据证据认定事实,怎样从间接事实推认要件事实(主要事实);(3)什么情况下就能说可以认定该事实了;(4)事实认定是什么性质的工作(认定本质论)。其中,(2)、(3)属于狭义的事实认定,是证据法、证明责任规则的作用范围;(1)、(4)则涉及适用法律问题。後藤勇,「民事裁判における事実認定」,司法研修所論集83号,1990年,2頁参照。

[17] Voir *Vocabulaire juridique*, P. U. F., 3e ed., 1992, p. 655.

or office)的含义,还有“术语或语言的修改或限制”(a modification or limitation of terms or language)之意。[18] 虽然“资格”不同于性质认定,但依然以某些特质的拥有为前提。可见二者具有某种程度上的相通性。

罗马法上并不存在典型合同与非典型合同的分类。法国民法典的起草者虽然考虑了若干典型合同的情形,但为了贯彻彻底的意思自治原理,明确规定了无论有名合同还是无名合同,均可适用关于合同的全部规定。[19]《拿破仑民法典》的这一规定后来为旧《意大利民法典》所吸收,规定于1865年《意大利民法典》第1103条。[20] 法性确定最早由合同法学理论引入,性质决定虽然导源于当事人的意思,但它是法官用来约束当事人意思的工具,意思又试图对此突破,二者就处于这样的紧张关系中。[21] 包含法的拘束力的合意与欠缺法拘束力的合意的界限往往作为一种“法性决定”问题,当事人和法官各自将会对其起到某种作用。和德国风“两个以上意思表示构成法律行为”不同的是,法国风的合同定义是“具有法的拘束力的约定”,法国法上的engagement d'honneur(法官合同)更强调法官对合同性质的决定,更具重要的启示意义。[22]

从合同的性质出发,法的性质延伸运用于民法的各个领域。法性概念实际上的功效在于通过法官对合同进行解释,将处于完全意思自治下的合同进行微调,处理当事人约定未尽事宜,将当事人约定的性质适正化,使合同经历国家政策、公序良俗的规整。也就是说,个人意思虽然可以对性质决定进行变更,但是有其界限。当事人追求的目的虽然多种多样,但当事人只能在有限的选择中选择。法官也是如此。[23]

---

[18] See *Black's law dictionary*, Thomson Reuters, 10th ed., 2014, p. 1436.

[19] 法国民法典1107条:契约不问有名契约或无名契约,均适用本章所定一般的规定。某些契约的特别规定包含于有关各该契约的各章中;至有关商事交易的特别规定则包含于商事法规中。

[20] Cfr. Rodolfo Sacco, *Il contratto*, tomo II, UTET, 2004, p. 440.

[21] Voir François Terre, *L'influence de la volenté individuelle sur les qualifications*, th. LGDJ, 1957, n° 16, p. 17; n° 8, p. 7; n° 14, p. 14.

[22] Voir Bruno Oppetit, *L'engagement d'honneur*, Dalloz, D. 1979, Chron., p. 107.

[23] Voir François Terre, *L'influence de la volenté individuelle sur les qualifications*, th. LGDJ, 1957, n° 621, p. 493.

我国法律规范群中也有对性质确定的明文规定。最高人民法院《关于民事诉讼证据的若干规定》第35条第1款规定:“诉讼过程中,当事人主张的法律性质或者民事行为的效力与人民法院根据案件事实作出的认定不一致的,不受本规定第三十四条规定的限制,人民法院应当告知当事人可以变更诉讼请求。”对于经过释明且拒不变更履行买卖合同的请求,人民法院应当裁定驳回起诉。这正是法院依据对象的本质要素进行性质决定的例证。性质决定是法的语法(les qualifications sont la grammaire du droit)。也就是说,正如没有正确的语言就不能表达思想一样,没有正确的性质决定就不能达成目的。

法国著名民法学家盖斯坦认为,逻辑上,分类要先于性质决定,性质决定过程是阶段性的;类别虽然主要由立法决定,但司法也起到部分作用。性质决定是为了适用特定的制度、规定群(régime),如果在处理结果上无差异,就没有必要进行性质决定。[24] 实际上,该教授自己也指出了这是逻辑上的想定过程,在司法过程中,究竟是性质决定先行还是类型化先行很难予以区分,二者往往交互渗透,同时启动。

(三)事物的性质与规范分析

对于许多案件而言,前述的性质决定与类型化适用法律方法就已经足够了。但是,除了罗马法,特别是东罗马时期的立法活动外,制定法,特别是大规模的法律成文化活动不过是近代的产物。这是因为从古代法学的视点来看,法律无法囊括一切纷争,成文法作为唯一或主要法源的适法方法是无法实现的。那么在成文法大规模运用前古代法上如何寻法呢?实际上同今天一样,都离不开典型化思维的支撑。这种典型化思维的表征就是发现“事物的性质”,按照最符合事物性质的目的作出裁判。但随着中世纪分析哲学运动的开展,成文法的地位悄悄发生了变化。托马斯·阿奎那与邓斯·司各特、奥卡姆的哲学史断裂在于后二者放弃了res(事物)的概念,从后两者的分析范式开始,法律成为了立法者所经营的产品。也就是说,法律被从事物的本性中剥离

---

[24] Voir J. Ghestin, *Traité de droit civil*, *les obligations*, *led effets du contrat*, avec le concours de M. Billiau, 1992, n° 58, pp. 63–64.

出去，从此法律失去了目的适应的多样性，成为了统一的普适性的东西。[25] 随着启蒙运动以降理性主义的扩大化，经由缜密逻辑推衍而形成的成文法逐渐成为了主要甚至唯一的法源。特别是在实证法学眼中，如果存在实证法，那么就不可能在法律之外试图作出有意义的对法概念的分析。[26] 但是，成文法的有限性在今天已经是一个公认的命题，在成文法不足以包摄个案的规范适用可能性时，法官到底还是会自觉或不自觉地分析事物的性质。正如考夫曼对实证主义批判的源动力中朦胧地蕴含应从法的外部寻找决定法性的动机那样，在具体裁判无明文规范的情况下，应依靠法性寻找近似（立法）目的的规范乃至交易习惯。在古典民法中我们称这种法源为"条理"。尽管现在我们很少明言采用这种法源，但是这种思维却一直在使用。例如，《民事诉讼法》修订前不存在恶意诉讼的概念，但经过分析诉讼的性质（如故意侵犯第三人的合法权益）和比对民事实体法上的诚信原则，即便在《民事诉讼法》修订以前法官仍然可以用驳回诉讼请求的方式达到相似的目的。

通过前面论述，笔者认为典型性法律思维的分析可以分为以下步骤：(1)性质决定，决定案件到底是什么法律关系；(2)依该法律关系适用法律；(3)该当法律关系无明确法律规范指引时，进行法律要件分解，并将分解的要件类推适用最近规范目的的法条或交易习惯（法源）。也就是说，当成文法在具体裁判规则缺失的情况下，要抓住法律关系要件的"典型性"即矛盾的主要方面，依据典型信息分别适法，也就是要进行二次性质决定。以上三个步骤大体对应于法学界熟知的三段论方法的寻法（小前提）→适法（结论）环节。所不同的是，典型性思维对事实认定（大前提确定）环节不同于全部事实的听取，而是依要件类型来认定事实，并且对小前提的研磨也精于三段论中的单纯适用论。

法国学者蒙秋尔斯基教授指出，法的三段论方法并不能自动作为推导逻辑工具，而应作为法适用的表现形式来把握。法适用就是发现三段论方法各项（前提）的过程。蒙氏指出，人类思考在面对复杂对象

---

[25] Voir M. Bastit, *Naissance de la loi moderne*, th. PUF, 1990, pp. 303 – 304, 362.

[26] See Christoph Kletzer, *Kelsen, Sander, and the Gegenstandproblem of Legal Science*, 12 *German Law Journal* 787, Vol. 2, 2011.

时,往往从暧昧的第一印象(première vue générale)出发。确认第一印象当否的过程,也就是从最初的综合出发,经过分析达到新的综合的过程,这就是法的混同心性(syncrétisme juridique)理论。[27] 他把法适用的过程归结为:思考(印象)→综合 1→分析→综合 2。试用“可能规范”(règle possible)的操作过程即属“综合 1”。可能规范是从全法秩序中搜寻出来的,检索过程本身对法的分类就是有益的。而且这一检索过程同时还伴有怎样处理请求(法效果)最为妥当的考虑。搜寻到可能规范的下一步就是对规范的适用可能性进行检证。检证的结果,如果可以适用,蒙秋尔斯基教授就称其为“适用规范”(règle applicable),和“综合 2”相对应。可能规范究竟是否是最后的适用规范要依靠分析,需要将(可能)规范的要件和个别事件进行比较。这种比较,更进一步而言,将分为规范的分析与事实的分析。一方面将要件还原成法概念,探究事实迷雾中是否包含必要的要素事实,这种抽出的要素事实蒙秋尔斯基教授称其为“权利的生成要素”(éléments générateus des droits subjectifs)。随着可能规范权利生成要素的探明,对其要素所对应事实存否的检证过程就被称为“分析”。[28] 也就是说,作为三段论技法中的小前提(寻法)实际上是需要与事实进行比对并不断试错与改动的,因此,三段论也往往并非是一蹴而就的线性考察法,需要反复修正。而试错过程的核心就是案件的法性决定。美裔英国法学家古德哈特教授在其 20 世纪 30 年代发表的著名论文《案件判决理由的决定》中便已指出,英美法的遵循先例原则并非是对判例的单纯分析—类比—适用,更多的时候并非是把给定条件下的案例拿来“适用”(applying it),即决定先例与本案是否类似,而是一个再描述(re-describing)的过程。这个过程是法官根据现实的案件对先例进行再解释(re-interpret)、再建构(re-construct)的过程,充满了试探和创新的判断过程。[29] 由此再度证

[27] Voir H. Motulsky, *Principes d'une réalisation méthodique du droit privé. La théorie des éléments générateurs des droits subjectifs*, réimpression 1991, n°s 51 – 53, pp. 50 – 52.

[28] Voir H. Motulsky, *Principes d'une réalisation méthodique du droit privé. La théorie des éléments générateurs des droits subjectifs*, réimpression 1991, n°s 54 – 67, pp. 52 – 66.

[29] See Arthur Goodhart, *Determining the Ratio Decidendi of a Case*, 40 *The Yale Law Journal* 173s, No. 2, 1930.

明了尽管两大法系的法源论存在重大不同,但方法论却具有本质上的共通性。这就如同到医院去就医,先由导诊台或挂号处进行初次性质决定,告知患者应挂哪个科室的号。在问诊的时候,医生会就患者的病情综合把握是否是本科室主治的病情。这便是性质决定的试错过程。经过排查发现并非本科室的诊疗范围,会建议患者挂相应其他科室的号,这便是二次性质决定过程。有些病情只需要一次性质决定便可施治,而有些则需要不断地进行再性质决定从而获得更加精确的诊疗。这一过程同法官适法有相当的共通性。

三、性质决定的基本工具

按照前述的典型性思维分析方法,案件的第一步处理环节是对其性质进行确定。这除了需要依靠当事人的诉讼请求,所提交的证据及庭审陈述来捕捉案件的基本事实要素以外,还需要既存在法官头脑中的 schema 作为性质决定的分拣器。知识框架 schema 的中心内容,即是起到性质决定标尺作用的案件类型,它具体地表现在受案范围、案由、实定法和法教义理论四个中枢概念上。以笔者的经验来看,四者在总体上是顺次递进的分拣工具,当然也不排除同时、交错思考的可能性。

(一)受案范围

人民法院受理案件的范围主要由三大诉讼法规定,它也是案件分型的最初框架。它的机能主要在于分拣出法院能否对起诉予以受理。尽管看上去是最大类的法性决定(属于诉讼法规定的案件或不属于诉讼法规定的纠纷及其他事件),框架范围与其他性质决定工具相比甚为广泛,但也并非不会产生问题。这里的问题点主要包括:(1)受案范围的边界判断。例如,世纪之交著名的齐玉玲案是否属于法院的受案范围就曾引起极大争论,即便最高人民法院当时的批复肯认了宪法权利的可诉性,2008 年最高人民法院又发布公告,废止了就齐玉玲案件作出的《关于以侵犯姓名权的手段侵犯宪法保护的公民受教育的基本权利是否应承担民事责任的批复》(法释〔2001〕25 号)。这表明了边境事例(borderline cases)在司法进程中的发展性和变数。立案登记制的施行通过程序措施使受案范围呈现扩大趋势,但从根本上看,案件是否能成为法院审理的对象仍要委诸以三大诉讼法为主体的可诉性规定。(2)诉讼的识别理论(Individualisierungstheorie)对诉讼标的的确定具有模糊性。按照诉的识别理论,只要诉状记载达到能够使该权利关系与其他权利关系相区别的程度即可,无需综合起诉的事实理由及预备性主张。[30] 这样,单纯的权利名称便能使诉讼标的特定化。然而,即便具有特定的法律名称,其发生原因的不同实际上也构成不同的诉。因此在判断诉的个数时应注意诉所依托的理由事实。此外,当事人诉状所载明的请求(权利类型)未必是最终裁判的判断类型,仍需要结合下面提及的性质决定工具进行再度性质决定,并为了诉讼方便法官应及时行使释明权。(3)二重诉讼的判断问题。这是一个诉讼法上需要斟酌的难题。具体的判断规则已经超出本文讨论的范围,但是它涉及案件能否受理或受理后是否进行实体裁判的问题,也需要在立案前仔细考量。

(二)案由

法学界及司法界对案由的定义五花八门,主要有下列几种:(1)《法学词典》的解释是:"每一特定诉讼案件的原由。在刑事案件中,指被告人被被控所犯的罪名(如盗窃、杀人);在民事案件中指原告人起诉中所提出的诉讼请求(如离婚、损害赔偿、返还财产)。"[31] (2)《中华实用法学大辞典》中的定义:"案由:在民事案件中指原告人起诉中所提出的诉讼请求(如离婚、继承、收养、损害赔偿、返还财物等)。"[32](3)《中国司法大辞典》中的定义:"案由:案件性质、内容的简要概括。"[33](4)《中华法学大辞典·诉讼法学卷》中的定义:"案由:具体诉讼案件的性质、内容的概括提要。"[34](5)《最新常用法律大词典》中的定义:"案由:案件的由来或内容提要。"[35]

以上诸种定义大约可以分为四类:一指诉讼请求;二指案件由来;三指案件内容;四指案件性质。所谓概念,是对事物本质属性的抽象与

---

[30] [日]新堂幸司:《新民事诉讼法》,林剑锋译,法律出版社2008年版,第158页。

[31] 《法学词典》编辑委员会编:《法学词典》,上海辞书出版社1984年版,第792页。

[32] 栗劲等编:《中华实用法学大辞典》,吉林大学出版社1988年版,第1568页。

[33] 江平主编:《中国司法大辞典》,吉林大学出版社1991年版,第574页。

[34] 陈光中主编:《中华法学大辞典·诉讼法学卷》,中国检察出版社1995年版,第6页。

[35] 夏团主编:《最新常用法律大词典》,中国检察出版社2000年版,第858页。

描述。我们下面对这四种类型的定义逐一分析,看它们是否属于对对象本质的描述。因为案由是法院对案件属性的确定,当事人囿于诉讼能力的限制无法分清案由或根本不知案由为何物时,法院就其受理的案件仍要确定案由。这意味着案由并非取决于当事人的诉讼请求,起诉侵权的案件案由可能是违约,诉讼请求说显然与案由的本质有较大距离。而案件由来说在四者中最为荒谬,是完全按照“案由”拆字的结果。案件的由来一般是指案件发生的过程,集中体现在判决书“经审理查明”的事实认定中。以民事案件案由为例,这种案件由来说同最高人民法院确定的4级共843个案由㊱是风马牛不相及的事物。案件内容说虽然包含了案由应有的成分,但却失之在宽。案件内容包括了案件事实、适用的法律、论证过程及裁判结果等各个方面的组成,将案由定义为案件内容无异于把案由等同于案件本身,完全起不到案由应有的分拣器作用,也是不可取的。

从最高人民法院确定的具体案由来看,案由只可能指向案件的性质,如果说的更精确一些,就是案件法律关系的性质。最高人民法院在《关于印发修改后的〈民事案件案由规定〉的通知》中指出,民事案件案由是民事案件名称的重要组成部分,反映案件所涉及的民事法律关系的性质,是将诉讼争议所包含的法律关系进行的概括,是人民法院进行民事案件管理的重要手段。㊲ 应该说,最高人民法院的这种表述准确把握了民事案由的本质属性。案由正是由于把握了法律关系性质的这一命门,才起到分拣案件的作用。立案庭依据案由的规定分流案件,将案件移送不同的审判庭。审判庭在审理案件过程中,也会以立案案由为第一次标尺进行法性决定的试错,绝大多数情况下立案的案由就是案件适用法律的认知框架,只有经过事实认定及性质分析过程发现立案案由不准确时才会适用别种案件性质的法律,这时立案案由也已经完成其目的而无需变动。正是从这个意义上讲,案由是审理案件的第

㊱ 依据最高人民法院2011年2月18日发布的最高人民法院《关于修改〈民事案件案由规定〉的决定》(法〔2011〕41号)统计。

㊲ 最高人民法院民事案件案由规定课题组编著:《最高人民法院民事案件案由规定理解与适用》(修订版),人民法院出版社2011年版,第11页。

一次的性质决定工具。[38]

(三)实定法

实定法的重要性往往在请求权检索过程中显在出来,但这不意味着只有考虑当事人的诉讼请求可否支持的最后环节才考虑实定法的作用。司法界盛行着已故法官邹碧华推出的"要件审判九步法"。从邹法官的著述[39]可以看出,"九步法"深受日本司法研修所推行的要件事实论的影响。尽管从案件审理流程来看,表面上事实认定发生在适用法律以前,审判流程是由事实认定+适用法律两大核心环节构成,但事实认定和寻法过程往往是相互交错的。立案庭把案件按案由分类移送业务庭以后,案由并非完全地完成其历史使命。如前所述,案由到了审判庭以后,依然肩负着初期寻法的先期性质决定作用。法官往往依据案由所确定的法律关系性质来审查是否满足该请求权基础的"要件事实"。[40] 于是,看似流程回转,在此又回到了事实认定,实际上这并非是完全的事实评价,而是以适法为目的的事实检索。也就是说,实定法上的考察不同于全体(叙述性)事实的了解,首先映入眼帘的是(待)证明(事实)的问题。证明所牵涉的问题在于:(1)法律要件事实的确定;(2)分阶段对证明责任进行分配。[41] 要件事实论在此便发挥了作用。

---

[38] 如果从法学院的案例分析思维来看,案由确定阶段往往是忽略的。既然不涉及立案庭与审判庭的案件移送问题,也就省去了案由分拣的麻烦,第三、第四环节的性质决定工具,特别是法教义学思维将起到更为重要的作用。

[39] 邹法官曾在其著作中明确写道,在其研究"九步法"的过程中,对其影响最大的专著有三本:其一便是许可的《民事审判方法》。许可副教授的这本博士学位论文是我国引进日本要件事实论的奠基性著作之一。

[40] 按照许可副教授对要件事实概念的清理,所谓"要件事实"是指,与发生某一法律效果所必须的法律要件(Tatbestand)之构成要素(Tatbestandsmerkmale)相对应的具体事实。参见许可:《民事审判方法——要件事实引论》,法律出版社2009年版,第40页。要件事实不同于我们通常所讲的"案件事实"之处就在于它的典型性,即对某一性质的法律关系要件的对应性。因此,"事实"也是需要受性质决定分配的。这样既有助于法官排除多种性质的事实一同认定造成的"事实混乱",也有助于减轻信息处理负担。庭审中,法官在总结争议焦点以后令当事人围绕争议焦点发言,就是要件事实思维方法在起作用。否则当事人讲述过多而不予提示,不仅无助于其请求权可否得到支持的司法判断,反而轻则使案件庭审久拖不决,重则使事实审理陷入无头绪状态。

[41] Rép. proc. civ., v° Preuve, par F. Ferrand, 2006, Dalloz, n° 79, p. 28.

反观邹碧华法官的“九步法”(固定权利请求—确定权利请求基础规范—确定抗辩权基础规范—基础规范构成要件分析—诉讼主张检索—争点整理—要件实事证明—事实认定—要件归入并作出裁判[42])会发现,九个环节实际上就是前述以要件事实作为审判基本元素而连接起来的较为精确的分析方法。

要件事实既然是审判的基本元素,那么“要件”是如何确定的就非常重要。鉴于合同在债法中的领头地位,本文仍以合同为例加以说明。从目前学说来看,合同要件事实确定方法主要有两种:(1)法律上关于各种法律行为的规定(概念)作为要件事实。例如,《合同法》130条关于买卖合同的要件事实:“出卖人转移标的物的所有权于买受人,买受人支付价款”。这种看法在司法实务界目前是通行的做法。(2)否定成文法作为要件事实。这又可以分为两种:一是全面合意说。合同的要件事实不仅由标的物与价款组成,还包括当事人就合同内容形成的所有合意。[43] 二是个别合意说。各个请求的要件事实是各个请求形成前提的个别合意。如请求交付标的物时依靠标的物交付的合意内容,请求交付价金时依靠价金交付的合意内容作为要件事实。[44] 正像佩尔凌杰力教授所指出的,类型与合同合意的结构、合同的原因,与该合同的功能在范围上是不一致的。在具体个案的性质决定中,要把法律行为本身和法律行为的原因,即合同所实现的功能分别整理出来。[45] 也就是说,在考虑合同的分型时就需要综合考虑法律效果、合同语文与合同理由。甚至在某些情况下,经济—社会的一般客观性因素要优先于债务本身或交易习惯而被考虑。

按前述“九步法”的操作方法,要件确定居于三段论中“大前提”的位置,一方面应固定权利请求,另一方面应到成文法规范中去寻找和提

---

[42] 邹碧华:《要件审判九步法》,法律出版社2010年版,第26~28页。

[43] 並木茂,「民事訴訟における主張と証明の法理」,判例タイムズ645号,1987年,11頁参照。

[44] 三井哲夫,『要件事実の再構成』,信山出版社1976年版,40~44頁参照。

[45] Cfr. Pietro Perlingieri, *In tema di tipicità e atipicità nei contratti*, in id., a cura di, *Il diritto dei contratti tra persona e mercato*, Edizioni Scientifiche Italiane, 2003, p. 391 e s.

取。[46] 从效果上看,“九步法”是采取了结合说。由于要件事实实际上是该类主张得以被法院支持的事实元素的集合,那么必然应符合该类主张所应满足的法律要件。这种要件一来同具体的当事人、主张的个性关系甚微(因为当事人的主张必须经过法院的法性决定过程,如果性质与法官认定不符会被释明,拒不变更诉请或被裁定驳回起诉或被判决驳回诉讼请求),二来必须以成文法规定的要素作为前提。甚至在必要时,除了实定法(giuristi positivisti)外,还应结合对法史的直觉与观察(constatazioni ed intuizioni di storici del diritto)、法律哲学(filosofi del diritto)及法庭陈述(espressione il dialogo tra le corti)来分析典型性。[47] 笔者认为宜采用成文法规范说作为基本的性质决定要件,也就是继案由之后法院认定案件性质并为请求权分类的第二基本工具,并附加地考察成文法的立法目的所要实现的历史的、现实的、法政策的价值。

值得注意的是,实定法的性质分拣工具要分两步来完成:首先要确定案件审理的程序法规范要件并以此判断请求权在程序上能否得到支持。如果请求在程序规范上便不符合起诉(受理)的条件,那么就不用进入实体法规范的分拣程序。如对于管辖权异议的主张所要检索的便是程序法规范。在请求符合程序法规范要件后进入实体法检索阶段,成文法乃至最高人民法院发布的指导性案例均可以提供要件的构成要素分析。

(四)法教义学

案件的性质决定往往由先前的三个认知工具便足以完成。但是,仍然不能排除这样一些情况,使性质确定需要法教义学(传统的法解释学)的介入:如案件的法律关系是新型的或是复合型的,需要进行性质再决定或分解法律要件,依次进行性质决定。首先,司法实务中往往容易出现一些新类型的案件,但究竟是否能突破古典民法体系的包摄系统而出现所谓全新的法律关系,笔者持保留意见。古典民法体系的

---

[46] 邹碧华:《要件审判九步法》,法律出版社2010年版,第33~34页。

[47] Cfr. Enrico Del Prato, *Requisiti del diritto*, *Il codice civile : commentario*, c. c. Schlesinger- Busnelli, Giuffrè, 2013, p. 36s.

稳定性来自于概念的完足性、类型的充沛性及演绎法的动态性。所谓新类型的案件往往在性质上与既存的类型是相同或相似的，只要借助法教义学的分析手段便可以明确法律关系性质、确定所适用的法律。其次，对于复合的法律关系结成新类型案件的，应结合构成情况加以对处。实际上，新种的法律关系或合成的法律关系除了德国古典民法就已承认的较为罕见的非典型之债外，在民事审判中往往集中于合同领域。因为物权原则上是法定的，继承关系是死因法律关系也无法改变，最具变动可能性的是债法。债法中的侵权法由于不存在意思表示，其构成要件要看是否符合法律规定，无因管理和不当得利都是特定化的债权债务类型，也就只有合同之债是出于当事人意思自治从而使新种合同层出不穷。当然，此时所谓的"新种合同"是基于典型合同与非典型合同的划分，特别是指合同法分则所未能包含的无名合同。这里便以具有高度代表性的合同之债为例加以说明。

法国民法学家普拉尼奥把合同分成三类：(1)有关劳务(travail)的合同；(2)有关物(chose)的合同；(3)有关权利(droit)的合同。他否认无名合同(contrats innommés)的存在，主张分类的完结性。这就是法国法上的"契约综合分类"思想。[48] 类似地，奥贝尔斯塔克教授认为，以前的合同法观念要么把新奇的具体合同硬归入既存的类型，要么认定它是"独自的合同"(contrat sui generis)，这是类型整备不完善的原因。他认为，应区分合同目的与债务目的，从后者寻求分类基准。给付只能分为"给""为"和"不为"，这才是分类的基准。债务与合同的关系是：一个合同有其固有目的，那就是主债务的目的，围绕它构成了合同。[49] 根据这一基准，奥氏在对合同作出如下分类(具体见图1)：

奥氏认为，以上分类穷尽了合同可能出现的类型。[50] 在此基础上就可以分析"各种合同的一般规律"(réglementation générale des

---

[48] Voir M. Planiol, *Classification synthétique des contrats*, *Revue critique*, 1904, p. 470 et s.

[49] Voir Jean-Francis Overstake, *Essai de classification des contrats spéciaux*, th. Bordeaux, LGDJ, 1969, pp. 12, 31.

[50] Voir Jean-Francis Overstake, *Essai de classification des contrats spéciaux*, th. Bordeaux, LGDJ, 1969, p. 128.

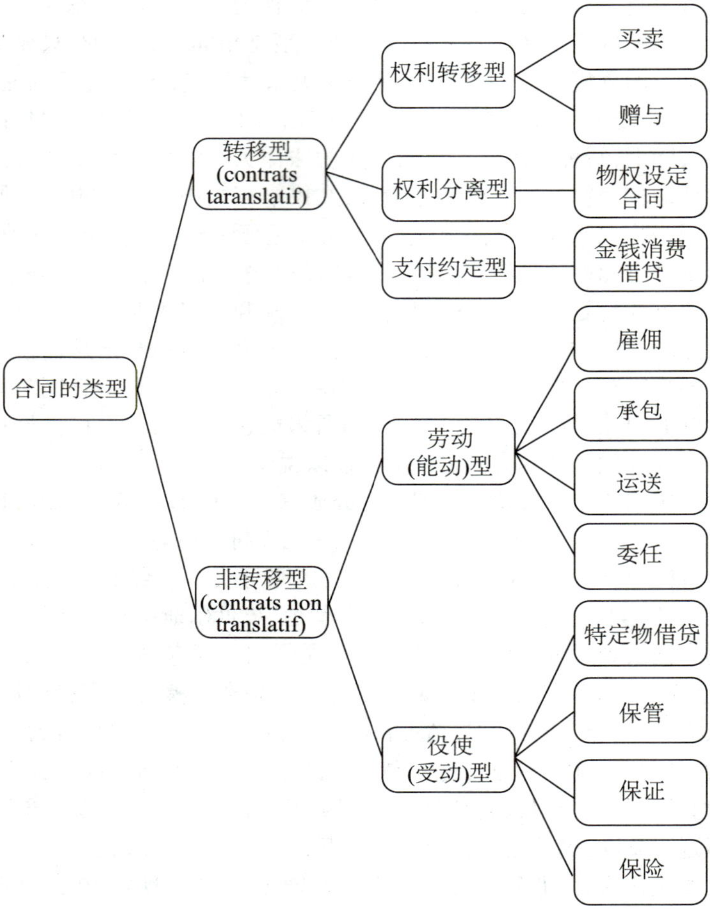

图 1　奥贝尔斯塔克的合同分类

contrats spéciaux)了。即使再出现新种类的合同,也不必再借由合同的一般理论,只需要借助前述具体性更强的"各种合同的一般规律"便可以实现归类了。

如果我们在以上古典法国法理论中看到了合同的法性分类的雏形,那么当代法国法的合同分类法更是直接言明了合同法性确定在分类中的决定性意义。法国当代民法学家贝尔克曼提出了这样的合同分类法:(1)从目的、原因出发到要素构造的考虑;(2)从性质决定出发到适用规范的考虑;(3)从分类出发到分析方法的考虑。[51] 贝尔克曼所谓的"要素",包括当事人属性、对象的物的性质(动产、不动产、无体物)、对象的法的性质(人格权、物权、知产、债权)、不作为还是作为。在作为的场合下,以物为对象的行为是纯粹行为还是有关权利的发生、转移或消灭。另外还要考虑是交换型合同(contrats de type échagiste)还是协作型合同(contrats de type synergique)。总之,目的与要素关联,原因与结构关联。[52] 因为合同要依据目的与原因进行分类,就难以分成买卖、借贷、赠予等定型化的类型。只要明确了分类所需的要素和结构,就能对具体的合同进行分析。这样看来,贝尔克曼教授的观点和北川善太郎教授的"不分有名合同、无名合同,均以类型化思维进行个别分析"的论述具有异曲同工之妙。[53]

笔者认为,上述论述展现了法思维的性质决定与类型化思考的本质,从方法论上看是非常可取的。但是,这种否弃有名合同的完全个别化的类型化思考有分析过度之嫌。笔者想要指出的是,我国《合同法》分则所规定的有名合同(第9~23章的内容)是司法实务中最具操作

---

[51] Voir B. Bergmans, *Essai de systématisation nouvelle des contrats de droit privé : Contribution à une théorie générale des contrats*, RRJ. 1990, p. 429.

[52] Voir B. Bergmans, *Essai de systématisation nouvelle des contrats de droit privé : Contribution à une théorie générale des contrats*, RRJ. 1990, p. 450. 所谓"原因",是指"当事人间法律行为的意义"(intérêt de l'acte juridique pour son auteur),在对法律行为进行适法性(lecéité)评价时,它是指同一类型的法律行为中存在的不同的、具体的、个人的动机(moblie)。在确定法律行为存在(existence)时,它是指同一法律行为中的共通的行为所固有的法效果(effet de droit inhérent à l'acte)。Voir *Vocabulaire juridique*, 3e ed., 1992, p. 120. 原因是一个兴隆于罗马法时代,在现代大陆法系已经式微的概念。但是,从德国法的无因性、法国法的causa概念中我们仍然可以见到这一古典民法概念的影子。在分析法性的过程中,特别是在当代法国、意大利民法里,合同的具体原因观(il concetto di causa concreta del contratto)是对合同进行再解释时值得赞扬的尝试(i lodevoli tentativi di reinterpretare),具有浓厚的知识框架意义。Cfr. Giovanni B. Ferri, *Riflessioni sul diritto private europeo*, in *Europa e diritto private*, 2011, Fascicolo I, p. 1s.

[53] 北川善太郎,『民法講要Ⅳ·債権各論』,東京:有斐閣1993年版,29~31頁参照。

性的合同类型化工具。分则所规定的这15种典型合同具有行动示范功能、减轻情报处理负担功能、分析规准功能和新种合同创造功能。法官适法时它们具有重要的目的、结构参考价值。典型合同在法律适用上的重要意义在于,能直接适用典型合同规范时可以直接适用,不在典型法律范畴(degli schemi legali tipizzati)内时依照具体个案(caso concreto)的适合性来决定法律解释的问题。[54] 否认典型合同(主要是指合同法分则所规定的有名合同,也包括根据学说整理形成的新型有名合同)的作用是完全没有必要的。只有有名合同的体系化知识在法官的头脑中高度整备完成,才能更有效地分析无名合同的基本结构。对于合同领域的典型性分析,应分两步进行:首先需要使用典型合同这一schema。典型合同的第一作用是分拣,分拣出是否是法律所规定的特殊合同类型。如果不属于法定的类型,就需要运用非典型合同的思维工具。非典型合同的主要作用在于在法律框架内(nello schema legale)将法律行为塑造成型,因此非典型合同呈现出必然的弹性(una certa elasticità)。[55]

对于复杂的非典型合同案件,应区分是复合型的合同还是全新的无名合同。复合型的合同,应分清复合的结构,分别适用各有名合同规定。[56] 对于全新无名合同,应就性质类比有名合同确定法律适用方法。正如波顿夫人所指出的,无名合同的作用在于使法律行为合同化、有效化和个别化。对典型的无名合同应适用类推(向新的有名合同的升格),对非典型无名合同应进行扩张解释(被既存的有名合同吸收)。[57]

---

[54] Cfr. Antonino Cataudella, *I contratti. Parte generale*, 4ª ed., Giappichelli, 2014, p. 216s.

[55] Cfr. Enrico Del Prato, *Contratti misti: variazioni sul tema*, in id., a cura di, *Studi in onore di A. Cataudella*, vol. I, Edizioni Scientifiche Italiane, 2013, p. 627s.

[56] 早在20世纪之初,三潴信三博士就对该问题有了专门的思考。他把混合合同分成:(1)构成要素不分主从型。(2)构成要素区分主从型。(3)复数合同结合型。(4)一方反对给付混合型。三潴信三,「混成契約ノ彙類及ヒ解釈」,法学協会雑誌31卷4号76頁参照。三潴主张"结合主义"的分析方式,先对合同性质进行确定,再将各个构成的目的适用规范相结合,分别适用符合其性质的规范。

[57] Voir D. Grillet-Ponton, *Essai sur le contrat innommé*, thèse Lyon Ⅲ, 1982, n°s 340–341, pp. 383–385.

这正是借助有名合同来思考复合合同、新种合同的典型化思维的最佳诠释。笔者通过新种合同的思考所要说明的问题是，法教义学对实现性质决定起到最后的、补充的作用，因为它的精确的、琢磨的性格使得复杂案件、新型案件的性质决定变得可行。（具体见表1）

表1 性质决定的基本工具及其特点

分析工具	特　　点
受案范围	立案前的，原初的，全是或全否型的
案由	立案时的，第一次的，粗型的，试错型的
实定法	审理时的，第二次的，分析的，效果型的
法教义学	判决前的，最终的，演绎的，结果志向的

四、类型强制与典型性思维

（一）类型强制的功能

当我们采用上述性质决定工具通盘考虑案件的性质并决定适用的法律规范时，应特别注意的一点在于任意性规范与强制性规范的区别。以上性质决定的工具，多数都是按照法律关系的框架来分型的。从西欧传来并为我国继受的法学分析模型来看，民法、刑法领域盘踞着法教义学的绝大部分力量。以本文所关注的民事审判为例，在民法领域的全体范围内，存在若干大类的分型，这是以罗马法为起点，经由中世纪法学、近代潘德克吞法学反复整理形成的论题（topica）。如一起民事纠纷案件，我们会首先自然地做财产纠纷—非财产纠纷的归类。如果是财产纠纷，再考虑是物权纠纷还是债权纠纷。如果是后者，要继续考察四种典型之债抑或其他。如此按照民法通念的 topica 依次分型，分型的标准和依据便是上文论及的性质决定工具。笔者所要强调的是，无论是法律规定，还是法学通说，在分型的权威依据中，某些规范原则是强制性的，而另外一些则是任意性的。在区分这二者的时候，同样要考察规范或通说的本质属性，对规范目的本质进行考察甄别。

在这里需特别说明的是，合同法上规定的有名合同（benannte Verträge）的属性问题。有名合同是典型合同（typische Verträge）中的最核心内容。除了有名合同外,一些无名的,经由判例、学说整理不断发展定型化的合同类型也属于典型合同,如让与担保合同、电视节目出演合同、广告播放合同、分时度假合同。后者往往是由混合合同(gemischte Verträge)构成的混合典型合同(gemischte typische Verträge),在条件成熟时可以经由立法活动向有名合同升格。现行有效的意大利民法典中,已经把"有名合同—无名合同"(contratti nominati-innominati)的分类改成"属于—不属于特别规范规定的类型合同"(contratti appartenenti-non appartenenti ai tipi che hanno una disciplina particolare),[58]而特别规范正是指意民第4编第3章所规定的各类型合同(dei singoli contratti)。大陆法系主要国家的民法典都会根据本国国情规定常用的一些合同为有名合同,如法国民法典第3编6~15章规定的11种典型合同,德国民法典第2编第8章规定的27种典型债务关系(包括了合同以外的债务关系),瑞士债务法第2编规定的18种典型之债,日本民法典第3编第2章规定的13种典型合同,等等。那么究竟这些典型合同的规定是强制性的还是任意性的,这对于我们适用法律具有十分重要的甄别意义。

在民法原理上,私的自治是近代法最上位的三原则之一。由私的自治发展出了合同自由(Vertragsfreiheit)的原则。一般认为合同自由包括缔约自由与合同内容自由两大方面的内容。因此,合同应充分体现当事人意思自治,只要不损害公共利益或第三人的正当权利。但此时发生的一个问题在于,公共的利益究竟应作出什么样的解释。弗卢梅教授就曾指出,合同的典型性是法律所规定的典型性,是为了规整交易秩序而将熟化的合同类型法定化的成果。虽然合同自由是基本原则,但它主要指缔约自由及内容自由,并不指向类型自由,即使在债务法上也存在类型限制(Typenlimitierung)。因为债法上的类型不同于物权法,主要指一般的合同类型的外形(Erscheinungsform),所以不能承认包括性的类型自由(Typenfreiheit)。该教授进而认为,多数合同给付都牵扯到财货的法律归属变更,也就牵扯到物权法的内容。这样,限制

---

[58] Cfr. Rodolfo Sacco, *Il contratto*, tomo II, UTET, 2004, p. 440.

物权种类的 numerus clausus[59] 就同时限制了债法上的合同自由。而且,在合同法领域,两当事人连法律行为的类型也可以选择,类型限制就显得比家庭法、继承法甚至物权法上的 Typenlimitierung 还要必要。也就是说,即使债法上不承认类型固定,也仍然要对类型加以限制。

在民法中,某些领域是法律规定的类型强制领域。如物权对一切人(*erga omnes*)都具有效果,一切人均需尊重权利人的物权。这就需要物权以法定的方式公示出来,既然法律要公示这些物权,就不可能让物权的种类和内容变得无尽无休。因此物权法定(我国《物权法》第 5 条)就是类型强制的规定。当事人所设立、变更的物权只能是法律规定范围内的物权,物权行为的解释也应严格遵照各类型物权的规定,不能开放性的类比解释。

(二)典型性思维的功能

合同自由与类型强制各有其功能目的。我们考察法律规定的类型时需要思考的问题是,理解该项法律的立法目的,探求该项法律的本性,从而判断该法律究竟是任意性规范还是强制性规范。因为合同法上的法律行为仅在两当事人间(inter partes)具有法律效果,第三人既不知道,也无须知道该法律关系的内容,只要不侵害第三人的利益,不违反法律及公共秩序,就应当尊重权利人的决定。至于合同类型强制说的理由,即法律为了引导、规整社会秩序,使当事人在发生纠纷时有定型化的解决途径,在实质上仍然具有古代法的严格形式主义的影子,如同罗马法上的程式诉讼、英国法的令状制度一般,具有超越当事人意愿的"国家关照"(替当事人拟定各种合同的原型并加以固定化)性格。意大利当代著名罗马法学家、法解释学家贝蒂教授就曾一针见血地指

---

[59] numerus clausus 通常被译为物权法定,实际上这一拉丁短语的原意是"封闭的数"(closed number, geschlossene Anzhal, numero chiuso)。由于它在物权法和债权法中均有存在的余地,不妨将其译为"类型固定"。鲍尔等所著的《物权法》更进一步区别了"类型强制"(Typenzwang)与"类型固定"(Typenfixierung)。沃尔夫对此补充道,"numerus clausus 是对法律固定(Fixierung)的可能的物权类型(Sachenrechstypen)加以补充的工具。"Vgl. Jürgen F. Baur, Rolf Stürner, *Sachenrecht*, 17. Aufl., 1999, C. H. Beck, § 12, S. 7; auch Manfred Wolf, Marina Wellenhofer, *Sachenrecht*, 24. Aufl., 2008, C. H. Beck, Rdnr. 4.

出,罗马法上的分类是以诉的特征(carattere nominato delle azioni)进行的分型,是表面的、形式的分类,而我们当代的类型化思维则相反,应依照经济价值(valutazioni economiche)或社会认知上的道德(etiche della coscienza sociale,即社会典型性 tipicità sociale)所要求的稳定需求(esigenze costanti)、标准价值(normali)及分类的典型性(classificabili per tipi)为基准。[60] 保护型思维适合于农本社会与职能身份制社会的经济运行模式,在当下社会已远不如在私的自治原理下保障合同自由所实现的社会功能更为紧要。因此在合同领域,应将法律规定的有名合同及其适用条款解释为任意性规定。即便当事人缔结的是借贷合同,法律关系的性质是消费借贷,也需要针对具体的诉甄别选用法律。并非借贷合同就不能适用其他有名合同的法律规定,因为借贷合同的规定本身就非强制性规范,它具有的仅仅是分型和引导作用,在当事人意思表示有欠缺的地方可以考虑依照其他典型合同的法律规定加以补充。

综上来看,典型性思维是类型思维;类型强制则是典型的概念型思维。前者是开放的、动态的,后者是封闭的、机械的。

五、本案的法性决定过程

我们仍然回到本文开篇的案例,以该案来说明典型性思维在案件思考中的具体运用。该案第一个疑难点已如前述,即是债的性质问题。这是解决能否赔偿、在多大范围内赔偿的先决问题,也是案件最初的性质决定过程。尽管从最具体的问题上看,利息请求能否得到支持涉及利息的法性决定问题,但本案中债的性质决定是利息的前提决定。

(一)案由的性质决定

本案的性质决定过程中,第一步是确认究竟为物权纠纷抑或债权纠纷的性质决定。如果就甲对案外人丙公司的法律关系来看,案外人未经甲许可并支付对价而使用其共有的屋顶,此时可视为侵害物权。尽管请求权具体仍落在侵权法范围内,但从我国法院的立案案由来看定性为物权纠纷仍不为错:虽然此时案件法律关系的性质是债的请求

---

[60] Cfr. Emilio Betti, *Diritto metodo ermeneutica*, Giuffrè, 1991, p. 344.

权，但最高人民法院对于案由确定的官方立法理由认为，物权保护纠纷主要是侵害物权产生的纠纷，从性质上看包括物上请求权纠纷和债权请求权纠纷两类。但由于如何区分物权请求权和债权请求权争论过大，《最高人民法院民事案件案由规定》没有按照请求权的性质区分物权请求权和债权请求权，而是统一规定为物权保护纠纷案由。《最高人民法院民事案件案由规定》也没有一般侵权的规定，各种权利侵害散见于该权利类别下。[61] 鉴于典型侵权案由都由该权利类型规定，侵害物之收益权的案件立为物权保护纠纷案件就理所应当了。本案立案庭所确定的案由为业主共有权纠纷，是一个四级案由，包含在建筑物区分所有权纠纷的三级案由项下。只不过，案由虽然在初甄别案件时起到筛选器的作用，但在具体审判时，随着证据的增加和心证的不断形成，立案案由的粗筛选应让位给在审理过程中依认定的事实而形成的更为准确的案件性质决定。

（二）实定法的性质决定

本案之所以标的不大却值得研究，正是源于直接的制定法规范的缺如。也就是说，针对甲能否起诉乙公司的收益权，成文法没有直接的规范依据，直接按照实定法进行要件设定并为请求权归类是没有现成依据的。这就需要借助分析法学的工具，对案件法律关系进行性质决定乃至要件分解和再决定。但是，即便是运用法教义学的方法进行性质分析或要件分解，实定法规范仍然是必不可少的、具有权威性的工具。

（三）法教义学的性质决定

既然甲的诉讼请求难以找到直接的请求权规范基础，那么就需要依托法教义学为案件进行性质决定，从而确定最终所适用的法律（构成）。本案中，甲并未诉案外人丙公司，而是直接以乙公司为相对人提起诉讼的。这二者之间并没有因物的占有、使用、收益、处分而发生法律关系。有人认为乙公司因为收取了甲的应得收益就应认定侵害了甲对物的利益，这种朴素的认识事实上混淆了天然孳息的物权性与法定

---

[61] 最高人民法院民事案件案由规定课题组编著：《最高人民法院民事案件案由规定理解与适用》（修订版），人民法院出版社 2011 年版，第 88～89 页。

孳息的债权性,把租金当作(天然)孳息从而认定侵害了甲的物权。后文还将稍微详细地接触这一问题。本案中甲与乙公司对屋顶的收益来源于地役权设定合同,这种收益既非自然的更非法定的,只能是通过合同约定形成的(合同自由),也就不是每个屋顶所有权(共有权)人都能享有的,只有在甲与案外人签订地役合同的基础上方能享有。认为乙公司侵害了甲的(物权性)收益的观点显然未能把握物权的本质要素。如果本案中的收益均包摄在物权项下,那么消费借贷,甚至买卖合同中获得的物的使用、处分权均要以物权关系来解决,这样物权与债权的区分便不再必要。因此从大类上看,本案仍属于债权法律关系。

在债的分类和归入过程中,第一层级的分类固然当属典型之债(合同、侵权、无因管理、不当得利)和非典型之债(如作为单方债务负担的悬赏广告、离婚财产分配时对经济困难一方的补偿等),但由于绝大多数债属于典型之债,非典型之债又未能得到系统规整,不具有概念地图的规准作用,我们通常是做倒叙的考量,即分析债权纠纷案件是否属于四种典型债权的一种,如果均不属于才考虑非典型之债,而后者的发生概率是较低的。

首先,从合同的本性来看,合意(意思表示的合致)是合同的必要内容。本案中甲与乙公司从未有过意思表示行为,二者之间不存在合同,也就无法将案件性质确定为合同法律关系。

其次,从侵权行为的性质来看,乙公司需要对甲的绝对权实施侵害才可能认定为侵权法律关系。如前所述,乙公司未对甲的物权直接侵害,也未对甲的人格权益进行侵害,同样难以将本案性质归入侵权责任法调整的领域。

再次,由于甲对乙公司的利益不存在管理行为,定性为无因管理显然不通。

最后,乙公司从案外人处所获得的收益是否构成对甲的不当得利,如果同样不构成不当得利,那么就只能考虑非典型合同了。所谓不当得利,是指没有合法根据,或事后丧失了合法根据而获得的利益,他人因此而受到损失。不当得利制度在我国实定法上表现为《民法通则》第92条:没有合法根据,取得不当利益,造成他人损失的,应当将取得的不当利益返还受损失的人。该条成文法规定虽然可以作为要件实事的提取和分类要素,但由于规定较为原则,在司法实务中对不当得利制度的构成理解分歧很大。

从《民法通则》第92条文义分析,不当得利的性质决定要素主要有三点:一是没有约定或法定原因(合法根据);二是存在损益变动;三是前两者具有因果关系。但从条文本身来看,实际上不当得利只有两个主体:一个是没有合法根据取得利益者;另一个是由此遭受损害者,损益变动是在这二者之间发生的。对于三方当事人之间能否直接成立不当得利就成了很大的问题。依笔者在实务部门的工作经验来看,多数法官倾向于不承认三方当事人间的不当得利,最多认为可能构成多个不当得利。这种认识其实是对前述第92条的误读,也在相当程度上为不当得利的性质认定人为地设定了枷锁。后文将通过法教义学的进路来说明这一问题。

六、不当得利制度的本性

即使在民法教义学上,不当得利制度的功能也发生了很大的变化。德国古典民法上不当得利制度之所以比在我国学界、司法界重要程度大得多,是因为德国制定法和学说上均承认和支持独立的物权行为。在债权行为无效的情况下,无因的物权行为使物权已经发生转移,要靠不当得利这样的制度来解决合同无效的返还请求权问题。由物权行为的无因性开始发展起来的古典不当得利制度的初衷,就是解决财产形式上正当转移,实质上却发生不公这种情况,是超越实定法的用以实现更高位阶的自然法的制度原理。也就是说,针对实定法及其理论不能妥善解决的纠纷,不当得利返还请求权起到"补充性"理论的作用。当基于表见的法律行为产生财物转移,法律行为撤销或无效后,不当得利起到了矫正正义的作用。我国不当得利法制度实际上解决的仅是基于事实行为而产生财货转移,而这种转移无法定原因依托的情形,实现的是分配的正义。德国法上的不当得利制度之所以显得较为"庞大",也正是它融合了矫正法、归属法这两大功能。在过去,这两大功能均统摄于统一的衡平法理念下,但是,从德国民法学者凯梅雷尔(Ernst von. Caemmerer)提出类型论以来,当代不当得利法的发展趋势在于,不再坚持以抽象的公平正义作为不当得利制度的构成要件,而是将不当得利与其他债法制度本质区别的“利益不当性”(典型性)为根据,依据各种不同类型的要素将不当得利制度类型化,采用了规范要素说来分析不当得利制度。[62] 特别是针对三方当事人而言,理论上较为成熟的类型有以下几种:

1. 骗金清偿。所谓骗金清偿,是指骗取金钱者为了清偿债务而将金钱交付给第三人,被骗取人不是对骗取人,而是对受领金钱的第三人提起的返还金钱之诉。实际上,在物权取得法中,善意取得的前提要件之一便是无权处分人的委托占有(善意占有),在无权处分人偷盗、抢劫取得财物并处分的场合,由于不具备委托占有的前提要素,善意取得便不成立,物的原所有人得向现占有人主张物上返还责任。这和骗金清偿的制度初衷是相若的。如果观察这种不当得利类型的本质,会发现被骗取人无论是基于侵权行为,还是基于不当得利甚至是合同法上的撤销权均有权对骗取人提起诉讼,所以这二者之间的损害赔偿根本不是问题。问题恰恰在于骗取人无资力时无法实现被骗取人的债权,那么被骗取人和第三人究竟谁的保护更为紧要的问题。如果单看二者的债权,似乎谁也不具有优先性(债权的平等性),但对受骗取人的保护还有一层更深刻的社会控制(social control)要素,那就是保护交易秩序,维持交易的正常化。这样,本类型的不当得利就表现为债权的对外效力问题。尽管保护力度强弱不同,债权人的代位权(《合同法》第73条)、债权人撤销权(废罢诉权,《合同法》第74条)与此具有本质上的相通性。

2. 转化物诉权。转化物诉权又称转入财产取回诉权,是罗马共和末叶为保护与无权利能力的家子及奴隶交易的相对人而创设的诉权之一。历史上,家子和奴隶没有权利能力,他们获得的财产均属于家父。由于前二者不具有诉讼能力,具有诉讼能力的家父又仅能就家子与奴隶的行为成为债权人,无法成为债务人。为了保护交易相对人,当家子或奴隶以某种方式把与相对人交易所得转化为主人或家父财产中时,不论主人或家父是否知晓或同意该交易,第三人都可就上述交易产生

[62] 内田貴,『民法Ⅱ——債権各論』(第2版),東京:東京大学出版会2007年版,529~530頁参照。

的债务对后者提起诉讼，这种诉讼就称为转化物诉讼。在罗马法时代，权利的概念体系尚未发展起来，罗马人以*actio*（诉权）作为思考案件的schema。从大类上看，诉权分为对物诉讼（*actio in rem*）和对人诉讼（*acito in personam*）两大类。对人诉权只允许向特定人提起，对其他人则不可以提出。对物诉权则以物为纽带，得以向与物有关的任何人提出。不过，即使法律关系的内容为债权关系，需要对第三人提起诉讼的情形也为数不少，这时尽管内容是债权性的、对人的（*actio in personam*），但诉的性质却是对物的（*acito in rem*），这样就便于向第三人提起了。例如，债权人代位诉权（action oblique）、废罢诉权（action paulienne）以及转化物诉权（*actio de in rem verso*）均属之。在本来的转化物诉讼中，受害人甲与利得者丙之间插入了一个中间人乙，甲不能直接对丙提起诉讼，但由于利得从甲经由乙转给丙，就利得的现所有人丙提起的取回诉讼便构成了这一对物诉权。日本法上经由最高裁判所的判例承认了加工承揽人可就承揽物绕过定作人而直接追索物的所有人的情形。[63] 由于涉及三方当事人的关系，在我国的审判实践中，很多法官并不认可这是一种不当得利法律关系。考察能否支持利得返还请求权时往往考虑两两当事人的关系。如果两两当事人之间均构成典型的双方不当得利类型，才会考虑判决支持利得返还请求权。尽管目前外国的学说及判例均直接承认三方当事人之间的不当得利，实际上在转化物诉讼的原型整理时也需要考虑两两当事人的关系。考虑到合同关系的双务性和有偿无偿的基准，一般在乙丙之间为无偿的法律关系时才支持转化物之诉的请求。而且在传统的民法理论中，还有用间接代理、代清偿请求权的代位行使来解释这一诉权的。[64]

3. 对无偿受让人的直接请求。标的物基于无效的买卖合同从甲转

---

[63] 最判昭45・7・16民集24卷7号909页（推土机案件）。该案的基本案情如下：甲与案外人丙签订了修理推土机的合同。该推土机为乙所有，由乙出借给丙。修理完后时间不长，丙便破产，甲对丙的修理金债权陷入回收困难。乙在丙破产后，受领了返还的推土机。甲以乙所有的推土机因为其修理而得以增值为由请求乙负返还责任。最高裁认定了利得与损失间的直接因果关系，支持了不当得利返还请求权。

[64] 加藤雅信，「類型化による一般不当利得法の構造」，法学協会雑誌92卷8号930頁以下参照。

移到乙,或者乙把从甲处借来的物当成自己的物赠与丙,如果承认甲可以直接对丙提起不当得利返还请求权,就属于对无偿受让人的直接请求。学说上对此向来也有积极说与消极说的争论。积极说认为,可以承认此时甲、丙之间存在因果关系从而承认二者之间的不当得利。消极说则认为,丙承担不当得利返还责任需以乙的利得消灭为前提。单纯赠与的场合不过是乙对物的浪费,与利得的消灭性质不同,此时甲、丙之间不能构成不当得利关系。[65] 实际上,这是转化物诉权的一个特别情形。

4. 第三人清偿。在债务人以外的第三人清偿债务的情况下,如果第三人未得到债权人的许可,则不发生债务承担的效果,债务人的代位清偿并不成立(《合同法》第84条)。在这种情况下,如果从交易经济的角度出发,免除了债务人的债务,那么第三人便可以对债务人主张不当得利返还请求权。此时第三人与债权人存在清偿给付关系,债权人与债务人存在债务免除关系,而债务人与第三人却不存在补偿关系。

5. 向第三人清偿。这是指债务人没有向和他具有债权债务关系的债权人清偿,而是向第三人进行清偿。也就是说,虽然债务不存在,却以清偿为目的为一定之给付。民法学说上也把这种清偿称为非债清偿(*condictio indebiti*)。债务人清偿债权人,这是社会通念上至为平常之事,为何会向不具备受偿资格的第三人清偿呢?这里面包含了这样几种情形:向债权的准占有人的清偿。所谓债权的准占有人,是指虽然不是真正的债权人,但按照社会一般的交易观念足以使债务人认为其是债权人,而以自己的名义事实上行使债权的人,[66]主要包括盗取银行存折及印章而请求支付者,拾得他人电影票而观影者,伪造债权证书而请求给付者等。我国成文法上没有对债权准占有人清偿效力的规定,按照大陆法系其他国家的多数立法例,[67]如果债务人善意(最新修订的日民加上了"且无过失"),是可以发生债的消灭效果的。这时,债权人的

---

[65] 藤岡康弘他,『民法Ⅳ——債権各論』(第3版補訂),東京:有斐閣2009年版,421頁参照。

[66] 参见史尚宽:《债法总论》,中国政法大学出版社2000年版,第772页。

[67] 如《法国民法典》第1240条、《德国民法典》第370条、《日本民法典》第478条。

利益便成为实际上的损失,第三人获得的收益就是无法定原因的利益,债权人得请求第三人为利益的返还。基础关系(原因关系)债权消灭。在债务人与第三人存在委托支付协议的场合,如果第三人根据支付协议向债权人支付,而债务人和债权人之间的基础法律关系无效或被撤销,此时第三人便清偿了非债权人。由于第三人履行了支付委托协议,所以此时在合同债权人与债务人之间形成不当得利。这在票据法上是常出现的情形。

上文之所以要言不烦地阐明了三方当事人之间不当得利的典型情形,是为了本案在不当得利制度中试错时提供 schema 原型。只有类型论构成的本质要素成为法官认识案件的前见,才能就具体个案判断究竟案件性质是否属于该当法律关系,并为案件最终适用法律提供前提。按照前文分析各类型的典型特征,本案的性质也就明晰起来了。那就是,本案中,丙公司对乙公司的清偿(租金)行为正是因为乙公司具有收取租金的外观,乙公司是租金债权的准占有人。由于丙公司善意地清偿了该笔租金,可以认定发生了清偿的法律效果。此时乙公司作为一部分债权(的占有)人,一部分债权的准占有人,应将准占有的债权份额作为不当得利返还给真正的债权人甲。因此,本案在性质上是不当得利案件纠纷,应适用不当得利的相关法律。

七、利息的法性及其请求权依据

当我们分析过本案的性质以后,案件就可以根据其性质进入法律适用阶段了。也就是说,本案要依据《民法通则》第 92 条以及《民通意见》第 131 条确定不当得利的请求权范围。按照后者的规定,返还的不当利益,应当包括原物和原物所生的孳息。针对本案而言,就是确定作为案件争议焦点之一的利息赔偿请求权的依据问题。申言之,所应确定的问题在于:(1)从狭义的性质决定上看,利息是否属于孳息问题;(2)从广义的性质决定上看,利息是否属于债权的损害赔偿请求权范围的问题。

对于问题一而言,我们需要借助“孳息”这一概念的 schema(认知框架)。“孳息”在我国实定法上没有规范性定义,这也反映了《民法通则》立法时期立法技术的局限。按照传统民法教义学的体系安排,孳息应放在民法总则的权利客体中阐述。[68] 因为我国《民法通则》中未将这一概念纳入,《物权法》不规定权利客体,但是孳息的归属又不得不加以安排,这才出现了我国民法体系中的一个漏洞,即未规定孳息的定义(须知孳息的定义对于哪些物甚至权利可以归为孳息的认定仍是必要的)就将孳息分为天然的和法定的,并安排了两种孳息的归属方式(《物权法》必须规定物的取得)。而在这一点上,不仅中国民法的母胎德、日民法典定义齐备,[69]拉丁法族各国的民法典也大多具备。[70] 也就是说,我国的制定法上,除了《民通意见》第 39 条(被宣告死亡的人出现时对取得其财产人得主张原物、孳息等)、第 131 条(不当得利者返还原物、孳息)外,法律上对孳息的规定只有《物权法》第 116 条:天然孳息,由所有权人取得;既有所有权人又有用益物权人的,由用益物权人取得。当事人另有约定的,按照约定。法定孳息,当事人有约定的,按照约定取得;没有约定或者约定不明确的,按照交易习惯取得。这样看来,不仅出于对孳息的概念和本性的认定,即便是单纯适用《物权法》第 116 条的需要,我们也仍然要回归法教义学中去寻找。

按照民法学通说,所谓孳息,通常是指由原物所产生的周期性收益。这是一个典型的属概念加种差式的定义。属概念“收益”(Nutzungen)是一个上位概念,除了孳息(Früchte)以外还包括使用利

---

[68] 这一点法国法系、日本旧民法与潘德克吞体例不同,并未在总则中设定孳息通则,而是将其规定在用益权的章节下。参见《法国民法典》第 582 ~ 584 条,日本旧民法财产编 50 ~ 63 条。当然,孳息应规定在权利客体而非物权编的另一个重要理由还在于,如后文所述,孳息牵涉到多数法律关系(天然孳息、法定孳息的性质不同),应在物权与债权的公共因子部分规定方为妥当。富井政章,『民法原論第一卷総論〔增訂合冊〕』,東京:有斐閣 1922 年版,357 頁参照。

[69] 《德国民法典》第 99 条规定,(1)物的孳息,是指物的出产物以及依物的使用方法所取得的其他收获物。(2)权利的孳息,是指依权利的使用方法而取得的收入,特别是指有土地取得构成部分的权利时所取得的组成部分。(3)物或权利因法律关系而取得的收益也属于孳息。《日本民法典》第 88 条规定,(1)依物的用法所收取的出产物为天然孳息。(2)作为物的使用对价而收取的金钱或其他物为法定孳息。

[70] 如《法国民法典》第 582 ~ 584 条,《意大利民法典》第 820 条,《阿根廷民法典》第 2424 条。

益(Gebrauchsvorteile)[71],而种差“原物所产生的”“周期性地”则是我们认知孳息本质属性的图式。也就是说,第一,孳息是原物所出产的物,不能把原物分割了以后以本质性地减损原物的方式产生;第二,孳息必须周而复始地产生,射幸的利得无法成为孳息。按照通说,我国《物权法》上所称的天然孳息(*fructus naturales*),是依据物的自然性能或者物的变化规律而取得的收益。法定孳息(*fructus civiles*),又称民事孳息,是指由法律规定产生了从属关系,物主因出让所属物一定期限内的使用权而得到的收益。但是,天然孳息与法定孳息在性质上存在本质的差异,将二者均称为孳息并不合适。[72] 只不过由于《物权法》将其统归第116条“孳息”项下,我们在界分诉讼标的物的时候,它的作用在于可以帮助我们实现信息分拣,只是我们要清楚二者的性质不同,法律构成并不相同。认识到这一点非常必要,这也就是即便利息属于《物权法》规定的孳息,我们仍然不能把本案的利息请求权归入物权请求权(此外还因为甲对产出孳息的原物——金钱债权就不具有物上请求权,也就是非给付型不当得利的债务性),把本案的法性确定为物权法律关系的重要依据。

若从上述关于法定孳息的性质规定来看,利息由于产生于特定的法律关系而非是原物的自然性质,如果属于孳息也必定是法定孳息。那么利息究竟是孳息还是使用利益抑或是损失赔偿,就要反过来分析利息的性质。利息,是货币所有者因为发出货币资金而从借款者手中获得的报酬;从另一方面看,它是借贷者使用货币资金必须支付的代价。从现代西方经济学的角度看,把资金出借给他人会造成所有权人的损失,利息的支付是为了补偿这部分损失。从法律构成的角度来看,利息是金钱的所有权人由于出借资金而取得的收益。这种收益的法性特征在于:产生收益的原物是“金钱”这种一般等价物 = 种类物。这要

---

[71] 它包括物的使用利益,如承租人使用租赁物的利益,还包括权利的使用利益,如行使股份表决权。

[72] 李飞博士从产生机理(依物的自然产出 vs. 依法律关系而产出)、收取机理(依物权法规定取得 vs. 依债权法规定取得)、取得方式(原始取得 vs. 传来取得)、权利机理(绝对权 vs. 相对权)四个方面分析了二者的性质不同,参见李飞:《孳息概念研究》,载梁慧星主编:《民商法论丛》(第46卷),法律出版社2010年版,第371~373页。

求我们思考这种原物的性质。关于金钱请求权的性质,理论界素有物权说、债权说及中间说的分歧。由于一般情况下金钱可以因现实的直接占有而取得,所以从逻辑上看,不能承认金钱的物上返还请求权。[73]因此,民法理论发展到今天,对金钱予以物权保护的态度越来越谨慎。《最高人民法院关于审理民事案件适用诉讼时效制度若干问题的规定》规定,一方面,金钱所代表的财产并非是物本身所体现出来的,金钱实质上是观念上的价值;另一方面,金钱的物权性的承认与否应委诸货币法来解释,需要符合"货币行政上的要求"。[74] 即便认定了金钱价值返还请求权的优先效力或追及效力,也非基于金钱的有体性,而是源于交易的特定性。[75] 要分析金钱的性质既非三言两语可以解决的问题,也非本文所应完成的任务。即便是金钱≠有体物的前提成立,作为观念价值的金钱(包括电子货币等)在近代=古典市民社会结束后已经越来越不能用特定物教说的构成来解释。也就是说,金钱的特定性问题需依金钱的性质进行再解释。如果金钱是物,那么利息至少应当是该物的收益(至于是否是孳息,再看是否具有孳息所要求的本质特征)。如果金钱是价值上的请求权(权利),那么利息就是权利的收益。按照我国民法理论界的通说和实务界的通行做法,产生孳息的原物包括权利。[76] 这样无论对金钱作何等定性,其产生的收益均可能构成孳息。利息是由于出借(赁借贷)关系而形成的。以前我国民法学界有一种观点认为,储户将金钱存在银行,原有的金钱所有权无论如何不能变成对银行的债权,这种观点在利息的这种性质作用下便显得站不住脚。如果认为储户仅仅将金钱保管在银行而自己仍保留了金钱的所有权,那么应该支付保管行为对价的应是储户,为何银行要支付利息呢?答案就在于金钱所有人与银行之间并非保管关系,而是使用借贷关系。利息正是使用借贷金钱所产生的收益。这时储户的金钱已经根据消费

---

[73] 川島武宜,『民法総則』,東京:有斐閣1965年版,150頁参照。

[74] 久保田隆,「金銭とは何か—マネー固有の法に関する貨幣論」,『金融法務事情』1702号11頁参照。

[75] 神田秀樹,「国際取引に関する法的諸問題」,『金融』547号5頁参照。

[76] 参见陈华彬:《民法总论》,中国法制出版社2011年版,第351页。

借贷合同转移占有(货币的流通属性→金钱占有 = 所有),储户自然仅剩余债权的请求权。如果银行破产,存款自然不能适用取回权(当然这不妨碍因为市场秩序管制因素承认储户的债权请求权具有优先效力)。认识到利息的这种属性有利于判断利息请求权的债权属性,也有利于树立对我国《民法通则》第 92 条的正确理解。最高人民法院在《关于审理民事案件适用诉讼时效制度若干问题的规定》第 1 条第 1 项中明确规定了存款本金和利息的债权请求权性质,是非常清醒的法性决定。

当然,前述分析仅仅证明了利息是一种收益,利息请求权是债法上的请求权,还不能说明利息属于孳息。那么我们再来看孳息所应具备的本质属性。如前所述,孳息的本质特征在于周期性地以不减损原物的方式产生。民法典中若存在对法定孳息的例举,也多直接规定租金或利息。[77] 而且比照租金来看,利息更具有稳定的周期性产生、不减损本金的特性,因此应认定利息的孳息属性。这也是判例和通说所持的立场。[78] 这样一来,本文所分析案例中的利息请求权问题,就成了《民法通则》第 92 条的孳息请求权问题。

八、从债的效果看利息在损害赔偿中的位置

如果说上述分析是确定了利息请求权处于不当得利的孳息返还请求这一位置而应适用《民法通则》第 92 条的话,我们不妨看一看债法各项法律关于返还请求权及损害赔偿请求权范围的规定,通过实定法上具有相似性质的目的规范反向证成利息的这种性质决定。(具体见表 2)

---

[77] 如《法国民法典》第 584 条规定,法定果实为房屋的租金、到期原本的利息、分期支付的定期金。

[78] 即便是坚持产出孳息的原物为有体物的日本法学界,判例和通说也持这种观点。少数说认为利息并非物的收益而是原本债权的收益,严格说来不能视为民法上的法定孳息,但由于此时与原物是物还是权利之区别并无影响,所以在分配上仍应类推适用法定孳息的规定。林良平編集,『注釈民法 · Ⅱ §§33~89』,東京:有斐閣 1974 年版,422 頁参照(田中整爾執筆)。而对于实定法上没有界定法定孳息概念,学界通说又承认权利可以作为法定孳息原物的我国法来说,将利息定性为孳息便更顺理成章了。

表 2　四种典型之债的请求权性质及其赔偿范围

规范名称	规范内容	请求权名称	请求权性质	赔付原因	赔付范围
《民法通则》第 61 条第 1 款	民事行为被确认为无效或者被撤销后,当事人因该行为取得的财产,应当返还给受损失的一方。有过错的一方应当赔偿对方因此所受的损失,对方都有过错的,应当各自承担相应的责任。	返还请求权、损害赔偿请求权	返还请求权 = 物上请求权(通说)⑲ 损害赔偿请求权 = 缔约过失责任请求权(通说)⑳	法律行为无效或被撤销	损失
《合同法》第 58 条	合同无效或者被撤销后,因该合同取得的财产,应当予以返还;不能返还或者没有必要返还的,应当折价补偿。有过错的一方应当赔偿对方因此所受到的损失,双方都有过错的,应当各自承担相应的责任。				
《民法通则》第 111 条	当事人一方不履行合同义务或者履行合同义务不符合约定条件的,另一方有权要求履行或者采取补救措施,并有权要求赔偿损失。	继续履行请求权、瑕疵修补请求权、损害赔偿请求权	(合同之)债权请求权㉑	违约	直接损失 + 应得利益 - 可预见性限制(《合同法》第 113 条)
《合同法》第 107 条	当事人一方不履行合同义务或者履行合同义务不符合约定的,应当承担继续履行、采取补救措施或者赔偿损失等违约责任。				

⑲ 少数说认为是不当得利返还请求权,即债的请求权。

⑳ 少数说认为是侵害物权的损害请求权,又分为物上请求权说,侵权责任说(债的请求权说)两种。

㉑ 其中,违约损害赔偿请求权因为保持了合同债权的同一性,仍视为合同责任。

续表

规范名称	规范内容	请求权名称	请求权性质	赔付原因	赔付范围
《民法通则》第92条	没有合法根据，取得不当利益，造成他人损失的，应当将取得的不当利益返还受损失的人。	返还请求权	（不当得利之）债权请求权	不当得利	原物＋孳息；其他利益收缴（《民通意见》第131条）
《民法通则》第93条	没有法定的或者约定的义务，为避免他人利益受损失进行管理或者服务的，有权要求受益人偿付由此而支付的必要费用。	出费请求权	（无因管理之）债权请求权	无因管理	必要费用，包括在管理或者服务活动中直接支出的费用，以及在该活动中受到的实际损失（《民通意见》第132条）
《侵权责任法》第19条	侵害他人财产的，财产损失按照损失发生时的市场价格或者其他方式计算。	损害赔偿请求权	（侵权之）债权请求权	侵害财产权	直接损失＋间接损失（《民法通则》第117条第3款）

我们发现，在四种典型之债中，合同之债与侵权之债具有很多公共因子。尽管前合同责任的损害赔偿范围未在实定法中明确规定，但依学说通说应包括直接及间接损失。侵权法的损害赔偿范围虽然也没有明确规定，但既然合同法的违约责任（无过错责任）都能包含间接损失，侵权行为的主观可罚性往往更大（过错责任），侵权法所实现的主要功能——树立答责意识（Verantwortungsbewußtein）更没有理由拒绝间接责任。问题无非是采用什么标准（是相当因果关系还是可预见性标准）来限制责任过大化罢了。而作为以上两种古典债权补完形式的不当得利法，从其初衷来看不过是为了在典型性有遗漏的地方衡平当事人的利益，从解释论上看准用合同之债和侵权之债的规定也并无不

可。这样,未来的统一损害赔偿法实际上具有理论上的、现实中的可能性,在民法典制定过程中需对此深入研究。

既然不当得利的赔偿范围可以准用违约及侵权责任的赔偿范围,那么利息究竟在损害赔偿中占据什么样的位置呢?按照前文的分析,利息应属于《民通意见》第131条所规定的孳息。而利息请求权由于本质上是债权请求权,就只能归入应收而未收的应得利益中。此时的不当得利是非给付型不当得利,按照《物权法》第116条法定孳息的归属调整方法,当事人之间既无约定,也无交易习惯。若准用天然孳息的规定使利息随原物流转,在金钱交付前反应归承租人。这样处理的话,利益受损的一方就无法取得利息。但是,如果运用本文所倡导的法性分析和近似目的规范适用法就会发现,这一结论绝非妥当。下面将合同法中关于孳息及利息的规定做一性质整理,读者便会明白此时利息归属的性质了。(具体见表3)

表3 我国《合同法》中利息的法性

规范名称	规范内容	原物的性质	孳息(利息)归属
《合同法》第163条	标的物在交付之前产生的孳息,归出卖人所有,交付之后产生的孳息,归买受人所有。	买卖合同标的物[82]	交付前:出卖人;交付后:买受人
《合同法》第207条	借款人未按照约定的期限返还借款的,应当按照约定或者国家有关规定支付逾期利息。	应付借款	出借人
《合同法》第211条	自然人之间的借款合同对支付利息没有约定或者约定不明确的,视为不支付利息。 自然人之间的借款合同约定支付利息的,借款的利率不得违反国家有关限制借款利率的规定。	约定借款	无约定或约定不明:借款人

[82] 解释论上既可能产生天然孳息,也可能产生法定孳息。

续表

规范名称	规范内容	原物的性质	孳息（利息）归属
《最高人民法院关于审理买卖合同纠纷案件适用法律问题的解释》第24条	买卖合同对付款期限作出的变更，不影响当事人关于逾期付款违约金的约定，但该违约金的起算点应当随之变更。 买卖合同约定逾期付款违约金，买受人以出卖人接受价款时未主张逾期付款违约金为由拒绝支付该违约金的，人民法院不予支持。 买卖合同约定逾期付款违约金，但对账单、还款协议等未涉及逾期付款责任，出卖人根据对账单、还款协议等主张欠款时请求买受人依约支付逾期付款违约金的，人民法院应予支持，但对账单、还款协议等明确载有本金及逾期付款利息数额或者已经变更买卖合同中关于本金、利息等约定内容的除外。 买卖合同没有约定逾期付款违约金或者该违约金的计算方法，出卖人以买受人违约为由主张赔偿逾期付款损失的，人民法院可以中国人民银行同期同类人民币贷款基准利率为基础，参照逾期罚息利率标准计算。	应付款（准违约金）	出借人
《最高人民法院关于审理民间借贷案件适用法律若干问题的规定》第25条	借贷双方没有约定利息，出借人主张支付借期内利息的，人民法院不予支持。 自然人之间借贷对利息约定不明，出借人主张支付利息的，人民法院不予支持。除自然人之间借贷的外，借贷双方对借贷利息约定不明，出借人主张利息的，人民法院应当结合民间借贷合同的内容，并根据当地或者当事人的交易方式、交易习惯、市场利率等因素确定利息。	约定借款	无约定或约定不明：自然人时为借款人；非自然人时出借人

续表

规范名称	规范内容	原物的性质	孳息(利息)归属
《最高人民法院关于审理民间借贷案件适用法律若干问题的规定》第29条	借贷双方对逾期利率有约定的,从其约定,但以不超过年利率 24% 为限。 未约定逾期利率或者约定不明的,人民法院可以区分不同情况处理:(一)既未约定借期内的利率,也未约定逾期利率,出借人主张借款人自逾期还款之日起按照年利率 6% 支付资金占用期间利息的,人民法院应予支持;(二)约定了借期内的利率但未约定逾期利率,出借人主张借款人自逾期还款之日起按照借期内的利率支付资金占用期间利息的,人民法院应予支持。	约定借款;应付款	出借人
《最高人民法院关于审理民间借贷案件适用法律若干问题的规定》第30条	出借人与借款人既约定了逾期利率,又约定了违约金或者其他费用,出借人可以选择主张逾期利息、违约金或者其他费用,也可以一并主张,但总计超过年利率 24% 的部分,人民法院不予支持。	应付借款	出借人

最先进入我们视野的是《合同法》第 163 条的规定。如果从比较法的角度来考察,第 163 条的规定只规定了交付前后孳息归属的“一半”。由于《合同法》制定的年代立法理由书尚未盛行,笔者只能根据推想认为,这种模式实际上既是特定物教说在立法体例上的表现,也说明了立法者企图采用总则—分则的形式简化条文数量,将金钱债权更多地准用了总则的规定。分则部分除了以金钱债权为标的的消费借贷(上表中除了第 113 条以外的规范)外,金钱债权部分作为物或劳务的买卖对价被看成了是各种合同类型中的公共因子。也就是说,金钱债权并非各种合同之债的特性内容,在法性决定及适用法律时仅考虑《合同法》总则即可。这样一来便容易遮蔽第 163 条的立法目的,使人

以为该条规定的仅是特定物孳息的转移时期问题。可是,如果翻检比较法上的立法例会发现,这条规范往往紧随着一条关于买卖标的对价——金钱债权的孳息转移问题。它们的真正立法目的在于:衡平当事人之间的权利关系,即物转移交付以前原物的孳息固然归出卖人,但相应的价金的孳息——利息在金钱交付以前也归属买受人,二者对孳息的掌握是平衡的。尽管后者看似理所当然,但在发生纠纷的场合,这种理所当然便不再那么理所当然,而是具有了高度的分析工具价值。

让我们再来看一看比较法上的立法例(具体见表4):

表4 孳息转移情况的比较法考察

法典名称	条文序号	规范内容	孳息的性质	孳息的归属
德国民法典(1896年)[83]	第446条	(1)买卖标的物一经交付,物的意外灭失或者意外毁损的风险即移转于买受人。自交付之时起,物的收益[84]归属于买受人,物的负担由买受人承担。[85] (2)……	特定物孳息	特定物交付前出卖人,交付后买受人
	第452条	价金未经允许延期支付的,买受人应自承受买卖标的物的收益之时起,对应支付的价金支付利息。	特定物孳息的对价	特定物交付前买受人,交付后出卖人
	第288条	(1)在延迟期间,必须支付金钱债务的利息。延迟年利率为基准利率上调5%。[86] ……	金钱债权利息	延迟前买受人,延迟后出卖人

[83] 本表之所以采用了修订前的旧德民,是因为旧《德国民法典》第452条是分析价金利息法性的重要条文,而该条在现行德民中已经删除。

[84] 本句原文为 Von der Übergabe an gebühren dem Käufer die Nutzungen und trägt er die Lasten der Sache。德国民法上,收益(Nutzungen)是一个包含了物的孳息(Früchte einer Sache)、权利孳息(Früchte eines Rechts)、物及权利的使用利益的上位概念。

[85] 现行《德国民法典》第446条在本项后加了一句:Der Übergabe steht es gleich, wenn der Käufer im Verzug der Annahme ist(买受人受领延迟的,视同已交付),并将本条第2项规定在第452条中。

[86] 现行《德国民法典》第288条在此基础上增加了非消费者合同情况下,出卖人可将对价请求权的利息上涨到基准利率加8%。

续表

法典名称	条文序号	规范内容	孳息的性质	孳息的归属
法国民法典	第1614条	……自买卖之日起,标的物所产生的一切果实,均归买受人享有。	特定物孳息	合同成立前出卖人,成立后买受人
	第1153条	关于支付一定金额的债务,基于迟延所的损害赔偿,除有关交易和保证的特别规定外,仅得判令支付法定利息。 前项损害赔偿的成立,无须债权人证明其曾受损害。 第一项的利息仅自催告清偿之日起算,但法律规定依法当然进行计算利息的情形,不在此限。	金钱债权利息	延迟前买受人,延迟后出卖人
	第1652条	买受人于下列三种情形,应支付买卖价金的利息,直至价金的原本清偿之时为止: 买卖当时有此项约定者;出卖及交付的标的物产生果实或其他收益者;买受人受支付价金的催告者。在最后一种情形,利息仅自催告之日起算。	特定物孳息的对价+金钱债权利息	有约定从约定,无约定时特定物交付前买受人,交付后出卖人或催告前买受人,催告后出卖人

续表

法典名称	条文序号	规范内容	孳息的性质	孳息的归属
意大利民法典	第1477条	……除当事人有不同意思外，物应当与从物、添附物及买卖之日起的孳息一同交付。	特定物孳息	买卖前出卖人，买卖后买受人
	第1499条	除另有约定外，当已出售并交付给买受人的物产生孳息或其他收益时，即使价金未界清偿期，亦发生金钱利息。	特定物孳息的对价	特定物交付前买受人，交付后出卖人
	第1224条	在金钱之债中，即使以前无利息，债权人也不能证明遭受到损失，但是自延迟之日起也应支付法定利息。……	金钱债权利息	延迟前买受人，延迟后出卖人
瑞士债法典	第185条	除当事人另有约定或有特殊情况外，合同成立时合同标的物的风险转移至买受人。…… 付停止条件的合同，自条件成就时标的物的风险与收益转移至买受人。	特定物孳息	合同成立前出卖人，成立后买受人
	第213条	买受人在确定的期限届满时未履行合同的，依照习惯买受人应当支付价款的利息或者交还从标的物上取得的孳息或其他收益，对此出卖人无需进行通知。	特定物孳息的对价+金钱债权利息	特定物孳息在金钱债权履行期届满前出卖人，届满后买受人；利息相反

续表

法典名称	条文序号	规范内容	孳息的性质	孳息的归属
日本民法典	第 575 条	未交付的买卖标的物产生孳息时,孳息亦归属于出卖人。买受人自交付日起,负支付价金利息的义务。但是,就支付价金定有期限者,于期限届至前,无须支付利息。	特定物孳息的对价 + 金钱债权利息	特定物交付前孳息归出卖人,交付后买受人;利息相反
欧洲合同法原则	第 9:508 条	1. 在延迟付款的情况下,受损害的一方当事人有权要求得到该笔款项自应当支付之日起在其付款地按合同规定的货币所适用的商业银行向信誉卓著的借款人发放短期贷款的平均利率的利息。2. 受损害的一方当事人还有权要求得到根据本节规定可以获得的其他损失的损害赔偿。	金钱债权利息	延迟前买受人,延迟后出卖人
国际商事合同通则	第 7.4.9 条	1. 债务人在清偿期后未支付金钱时,不问其不付款是否免责,债权人有权就其款额请求自清偿期届满之日至支付时的利息。……	金钱债权利息	延迟前买受人,延迟后出卖人

上述大陆法系主要国家民法典虽然就特定物孳息及价金孳息的规定并不相同(主要由于物权的转移时期各国立法不同),但均有成文法规整这一点是相通的。如果我们仔细考察上述规范文本会发现,它们主要规范的孳息无外乎两种:一种是特定物孳息的转移问题;另一种是金钱债权孳息的转移问题。前者既可以是天然孳息,也可以是法定孳息;后者主要是法定孳息(权利孳息)。这二者的关系在于:如果特定物不从出卖人处转移,特定物的孳息便不转移,孳息的对价(体现为期

限利息）便也用不着从买受人处转移。这一点上表中瑞士债法典、日本民法典中的规定最为直观。

早在日本旧民法立法当时，立法委员会的土方宁委员曾在立法质询会谘问民法典的起草人穗积陈重，如果利用特定物应对其（使用）负担返还赔偿责任的话，在银行存款产生了利息，其利息是否也必须返还？穗积博士对此回答道，正是因为利用了特定物才取得了该物所产生的利益，所以应返还这种利益，而利息与此是相当的。[87] 另一位立法委员箕作麟祥针对旧民法财产取得编第76条（现行日本民法典575条，上表2）谘问道，既然本条旨趣在于规定孳息及利息的抵销，那么不出产孳息的物在买卖时是否就不适用了？对此，梅谦次郎博士认为，以房屋买卖为例，出卖人即使出售了房屋，只要还不影响他使用，出卖人住在房屋中虽说不直接出产孳息，但如果他租住其他人家势必要支付房租。而且，如果要把自己的住房租给其他人也能从承租人那里取得收益。所以从这种意义上看仍然会产生与利息的抵销问题。也就是说，是孳息或与孳息相同性质的利益与价金的利息进行抵销。即使不出产孳息也会产生与其同视的利益。如果认为出卖人自己使用买卖标的物时不产生孳息从而无需支付买受人（孳息），而把房子租给别人收取租金就要支付给买受人的话，这就未免不公平。因此这种区别是没有必要的（用本文的研究思路来说，就是不具备法性上的区别），应该不问是否可以产生孳息，孳息与利息可以抵销，无形的利益与利息也可以为抵销。这也就是利息具有法定损害赔偿效果的原因。

因此，《合同法》第163条规定的不单单是特定物孳息的归属问题，因为单纯的孳息归属本质上是一个物权法上的取得问题。此处规定的是买卖双方当事人就特定物、价金的权利转移的衡平问题。只不过我国的《合同法》似乎认为，价金产生的利息问题是所有典型合同不履行的共性问题，仅在总则部分规定了债务不履行、延迟履行的责任，解释上应该是包含了各种典型之债价金转移时发生的孳息（利息）处理问题。也就是说，本条要配合《合同法》总则使用，除非另有约定，特

[87] 法務大臣官房司法法制調查部監修，『日本近代立法資料叢書5』，東京：商事法務研究会1983年版，163頁以下参照。

定物交付后,反对给付(金钱债权)也应及时履行以便平衡当事人利益。发生履行延迟时,如果出卖人延迟,基于前述衡平原则买受人不必转移价金利息;如果买受人延迟,出卖人已经履行,那么买受人需支付延迟利息。特定物孳息也好,利息也罢,实际上仍然遵循了《物权法》第116条天然孳息归属于善意占有人的基本规则(设定用益物权时由于用益物权在先,定限物权此时被用益物权限制)。此时的利息实际上既包括了特定物的使用对价[88](注意并非是特定物的对价),也同时具有损害赔偿金的性质。至此,第六节开头所提到的问题二也便有了答案。

我们再将目光返回本案的不当得利返还义务中。既已陷于不当得利,就不存在当事人的合意问题。同时,这里的利息请求权如能得到支持,也必将是法定利息。前文已述,既然本案中甲的请求权基于不当得利之诉,按照《民法通则》关于不当得利的规定,是可以请求作为孳息的利息的。接下来的问题在于,此时的利息究竟以何种利率计算呢?因为已经排除了约定利息,剩下就要看能否适用法定利息的性质和立法目的了。

从表3《合同法》关于利息的规定可以看出,尽管在买卖、借贷等各种典型合同中均可能存在利息问题,但这些利息无外乎两大类:一类是当事人通过合意约定的利息,如买卖行为中约定特定物或金钱孳息的取得,借贷合同中约定利息及利率,另一类则是法定利息,法定利息多存在于履行延迟或不履行的场合,如延期付款、不付款、到期不偿还借款等,既体现了法的否定性评价,也是对守约方期限利息的补偿。也正是从这一点上看,法定利息在多数情况下均被学说视为一种损害金。[89]这样,表2中利息的延期违约金法性也就明朗起来。从法性上看,法定利息以履行期为界,是对履行延迟后出现的应付款使用收益的规整。

在这一点上,最高人民法院的观点表现出性质决定分析的不够深入。最高人民法院在《关于审理民间借贷案件适用法律若干问题的规

[88] 也就是特定物孳息的对价,它的直接表现形式是金钱的“使用利益”。

[89] 日本民法(債権関係)の改正に関する検討事項(14),民法(債権関係)部会資料19-2頁11参照。

定》官方释义书中所持态度是逾期还款与逾期付款的本质不同，理由在于逾期付款基础法律关系指向款项支付，并非资金利息；逾期还款是指借款人未按约定期限返还借款的行为，其基础法律关系为借款合同。在借贷法律关系中，资金的时间价值是合同履行的重要内容，利息是资金的时间价格。故而将利息认定为孳息与双方对资金利息的支付本意不符。[90] 申言之，这一观点所要表达的便是，买卖合同的特性在于特定物买卖，金钱支付是任何有偿合同的共性部分。而在借款合同中，由于资金使用本身就是该合同的特别目的，所以从性质决定上看是与其他作为特定物（特种目的）对价的资金使用不同的。实际上，这种观点已经不自觉地运用了性质分析方法和典型性思维，只不过由于选错了性质分拣工具而使得分析层次尚不深入。那就是，该观点仅将标的属性作为分拣工具，却未看到延期利息的性质本质地取决于履行情况而非标的特性。易言之，买卖合同与借贷合同的本质属性确实通过标的物属性来区分，而且从到底是支付物的对价还是物的使用对价的角度看，这两种典型合同还分别是“交换功能”合同以及“支配功能”合同的典型代表，[91]但典型合同的最大功能仍在于前述的行动示范、减轻情报处理负担、分析规准和新种合同创造四大功能，目的是方便当事人解决纠纷和法院适法，绝不能削足适履，让典型合同划分铜墙铁壁，是买卖合同项下的法律行为绝无适用其他典型合同的可能。否则典型合同便成为了框定当事人意思自治，乃至社会交易创新的枷锁了。正是在这种前提下观察各种典型合同才会发现，无论是买卖合同还是借款合同，也无论是特定物还是金钱债权均会产生孳息问题。特定物的孳息是物的使用收益问题，金钱债权的孳息是利息问题，为了达到二者的平衡才需

---

[90] 参见最高人民法院民事审判第一庭编著：《最高人民法院民间借贷司法解释理解与适用》，人民法院出版社 2015 年版，第 509 页。

[91] 石田文次郎曾指出，综观各种典型合同将能整理出两大合同类型，即“交换型”与“支配型”。“交换功能”的合同多为一时的合同，“支配功能”的合同多为继续性合同。两者的区别体现在：合同法总则中多以前者为原则设计，对后者考虑不足。交换功能的合同 = 个人主义的 = 商法化的 = 形式合理性 = 诉讼解决纠纷，支配功能的合同 = 团体主义的 = 特别法化的 = 具体妥当性 = 仲裁解决纠纷。石田文次郎，「債権契約の二大型」，同・『契約の基礎理論』，東京：有斐閣 2001 年オンデマンド版所収。

要规定交付(或应当交付)在划分孳息归属时的分拣作用。如果特定物不交付或延迟交付就不需要赔付买受人延期收货的损失了吗?买受人延期收货自然导致延期使用甚或延期转卖(合同法上的可预见性利益),延期收货的使用利益是什么?笔者认为至少应该包括物的孳息。例如,在房屋租赁合同中,出租人延期交房,承租人不得不另行租房,而另行租房产生的费用本质上就是房屋使用权的对价。这在金钱债权的场合仍是同样的道理。因此延期利息的性质分拣工具正是合同履行期,应付款而未付时,无论是付款(买卖合同)还是还款(借贷合同),延期利息均是法定孳息,是应收款方未能按时收款的法定的金钱用益价值判断,体现在法律对当事人延迟这一行为所作出的否定性评价。当然,双方延迟时可能产生孳息利益的抵销问题,表现在双方当事人均就其过错负担责任,这和延迟利息的法性决定问题并不相关。

因而法定利息请求权在本质上仍然是使用金钱的对价。只不过在延迟的情况下,由于金钱使用者应付金钱而未付(包括买卖合同中买方违约不支付价款、借贷合同中借款人逾期不还借款等),从立法政策上考量若仅判决银行同期存款或贷款利率,无异于鼓励违约方以较小的成本换取等同于银行贷款般的金钱使用收益,因此在利率判定上宜以中国人民银行同期同类贷款基准利率作为基础并稍作上浮,这也是最高人民法院《买卖合同司法解释》所采取的态度。[92] 按照《中国人民银行关于人民币贷款利率有关问题的通知》(银发〔2003〕251号)第3条,逾期贷款(借款人未按合同约定日期还款的借款)罚息利率由现行按日万分之二点一计收利息,改为在借款合同载明的贷款利率水平上加收30%~50%;借款人未按合同约定用途使用借款的罚息利率,由

---

[92] 参见最高人民法院民事审判第二庭编著:《最高人民法院关于买卖合同司法解释理解与适用》,人民法院出版社2012年版,第394~397页。值得一提的是,最高法院在官方出版的《民间借贷司法解释理解与适用》中对逾期利息的性质及利率基准反倒有些模糊。该书主张逾期利息应分情形不同对待,当然也包含了采用罚息的这种处理方法。参见最高人民法院民事审判第一庭编著:《最高人民法院民间借贷司法解释理解与适用》,人民法院出版社2015年版,第518页以下。鉴于消费借贷合同的典型性就在于金钱的用益,这种处理更多体现了当事人在法定范围内(年利率的24%)得自由行使诉讼处分权的理念。

现行按日万分之五计收利息,改为在借款合同载明的贷款利率水平上加收50% ~100%,也明确了逾期还款的罚息属性和利率标准。从上述分析来看,逾期利息不仅具有损害赔偿的性质,同时也兼具法定违约金的性质。只不过我国《合同法》取消了法定违约金制度,不能再适用违约金条款罢了。明确逾期利息的这一属性,能够使法官在审理延迟履行的损害赔偿范围时做到心中有数。

当明晰了利息的上述属性后,留给我们的问题就迎刃而解了。首先,因为丙公司的租金采年付法,那么利息基准应比照签订合同时,在各年应付款到期后分别计息。如2004年的利息,在该年度租金应交付时起计息,余下的以此类推。其次,利率可比照前述逾期利率,按照罚息利率来处理。这样,甲的利息请求权便可以较为妥善地处理了。

至此,我们分析了利息特别是法定利息在损害赔偿中的性质及定位。而通过前述分析也反向证明了损害赔偿尽管在合同之债、侵权之债、不当得利之债中表现形态各异,但其本质属性却存在诸多共通之处。这样的共通性需要中国民法典制定过程中高度的民法学养积累及创造性智慧来挖掘和整理。

九、案例的检讨

前文从理论上梳理了不当得利利息的本性及适用法律规则,下面通过具体的裁判例来分析说明这种典型思维的分析方法,判断各判决理由的有效性及有限性,通过比较基准不一的判项来总结出更符合立法目的的判断标准。由于不当得利制度中利息赔偿的问题涉及庞大的案例群,本文在有限的篇幅内难以一窥全貌。经过多方式检索与阅读整理,笔者从天同诉讼圈主办的“无讼阅读”APP上梳理出10个近年来审结的、具有典型分析意义的案例,通过具体个案来说明利息在不当得利,乃至整个债法、损害赔偿法中的位置。

1. 缪学雄与上海福斌投资有限公司不当得利纠纷案

一审:上海市普陀区人民法院 (2013)普民二(商)初字第S1038号

法院经审理认为,缪学雄从福斌公司处取得不当得利,由此造成福斌公司的损失也应予赔偿。其中50万元部分,缪学雄另案起诉虞翠玲、赵福洪返还 50 万元款项并支付相应利息,该案经一、二审,生效民事判决要求虞翠玲、赵福洪返还 47 万元,并自 2012 年 4 月 1 日起按中国人民银行同期贷款利率计息。法院认为,自该案判决生效后,福斌公司代为偿还的借款本金即为不当得利,判决支付的利息应为该笔不当得利的孳息,故缪学雄赔偿福斌公司的利息损失,应以 47 万元为本金,按照中国人民银行同期贷款利率,自 2012 年 4 月 1 日起计算。剩余 3 万元,赵洪福已于 2010 年 4 月 22 日支付给缪学雄,亦应为不当得利,但应自支付之日计算利息损失;108,211 元的部分,(2010)沪二中民四(商)初字第 112 号民事判决也已生效,本案福斌公司应返还本案缪学雄借款本金 1,559,435.62 元,同时支付自 2009 年 1 月 1 日起,按中国人民银行同期贷款利率四倍计的逾期利息。108,211 元系不当得利,未计入(2010)沪二中民四(商)初字第 112 号中借款关系中,导致福斌公司被判决支付 108,211 元的利息,故缪学雄应按照(2010)沪二中民四(商)初字第 112 号判决确定的利息标准赔偿福斌公司损失。

二审:上海市第二中级人民法院　(2015)沪二中民四(商)终字第 S343 号

法院经审理认为,《中华人民共和国民法通则》第九十二条明确规定:没有合法根据,取得不当利益,造成他人损失的,应当将取得的不当利益返还给受损失的人。本案中,关于 50 万元款项,福斌公司与缪学雄已经于 2008 年 3 月 25 日就该部分款项进行了对账,且缪学雄为此制作了对账单予以明确,写明:“……小余 50 万 2.5……”等字样。因此,即使在形式上,也明显可以看出缪学雄收取该部分款项的性质属于福斌公司与缪学雄之间往来款项的还款。对缪学雄而言,收取该部分款项属于有合法根据的情形;就福斌公司而言,并未造成其损失。因此,本案争议所涉的该 50 万元款项的性质并不属于不当得利。有关 42.25 万元款项,根据以上法院所查明的事实,明确属于福斌公司代案外人钱甲向缪学雄归还的民间借贷项下的款项。同样,依照以上法律的规定,缪学雄收取该部分款项有合法根据,而福斌公司并未因此而造成损失,故该部分所争议款项的性质也不属于不当得利。综上,法院认为,缪学雄的上诉请求有相应的事实和法律依据,法院对此应予支持。原审法院在查明本案事实的情况下,未能正确适用法律对本案争议的两笔款项的性质作出正确的认定,法院对此予以改判。

判决结果:撤销一审判决;驳回上海福斌投资有限公司的全部诉讼请求。

2. 广西贵意达物流有限公司与黄炳吉不当得利纠纷

审理:都安瑶族自治县人民法院 (2015)都民初字第290号

法院经审理认为,本案的原、被告双方争议的焦点为:被告从原告处取得70万元有无合法依据;本案是否属于不当得利;被告从原告处取得70万元是否属于被告所称的委托支付的款项。首先,关于被告黄炳吉从原告处取得70万元有无合法依据问题。根据《中华人民共和国民法通则》第92条规定:"没有合法根据,取得不当利益,造成他人损失的,应当将取得的不当利益返还受损失的人。"本案中,原告分两次将700,000元钱汇入被告帐户,其行为已经构成了民事上的给付。原告之所以给付被告700,000元,目的是为了促使原告与柳州三江县瀑布群旅游开发有限公司能就该工程项目建设达成最终合意,而被告在受领原告给付700,000元工程手续费的同时已明确了如原告不能正常进场施工,被告将退回该款的约定,这一约定属于原、被告双方平等、自愿的真实意思表示,并没有违反法律的强制性规定,应该认定原、被告之间的这一约定合法、有效。原、被告之间的约定已明确了如果原告能够取得工程项目建设施工,被告取得原告的700,000元工程手续费有合法依据,反之,则无合法依据的事实。后来原告与第三方未能就该工程项目建设达成最终合意,原告最终未能顺利取得工程项目建设施工,被告因此取得的利益已明显没有法律的规定或合同的约定依据。其次,关于本案是否属于不当得利问题。不当得利,分为给付不当得利和非给付不当得利。给付不当得利,指的是因欠缺给付目的而发生的不当得利,这种欠缺给付目的既可以是自始欠缺给付目的,也可以是给付目的不达。如上所述,本案原告为了促成将来能与第三方就工程项目建设最终达成合意,取得工程项目建设施工这一目的而给付被告700,000元工程手续费,但事后因各种障碍,原告给付的目的最后未能按照给付意图得以实现,原告的给付目的不达,故本案具有不当得利的法律特征,应属给付目的不达的不当得利。原告在本案诉讼过程中,选择以不当得利的法律关系主张被告返还其预付的700,000元工程手续费,依法有据。

判决结果:一、被告黄炳吉于本案判决生效之日起十日内返还原告广西贵意达物流有限公司人民币 700,000 元及利息(利息的计算:以 700,000 元为本金,从 2015 年 1 月 31 日起算至实际付清本息时止,按中国人民银行同期同类贷款利率分段计付);二、驳回原告广西贵意达物流有限公司的其他诉讼请求。案件受理费 10,950 元,由被告黄炳吉负担。

3. 余禹华与刘永勇不当得利纠纷

审理:舟山市普陀区人民法院 (2014)舟普六民初字第 108 号

法院经审理认为,《最高人民法院关于民事诉讼证据的若干规定》第二条规定:当事人对自己提出的诉讼请求所依据的事实或者反驳对方诉讼请求所依据的事实有责任提供证据加以证明。没有证据或者证据不足以证明当事人的事实主张的,由负有举证责任的当事人承担不利后果。本案中,根据浙江省杭州市中级人民法院终审判决认定,原告于 2009 年 8 月 28 日向案外人吕江指定的案外人俞乔账户汇入 27 万元,俞乔账户于同日和次日分两笔转出合计 27 万元至被告账户,被告也确认收到了该款项,即案涉 27 万元的来去脉络清晰——由原告给付、被告实际受领。另外,吕江也证实该款项系原告因意向承接施工工程而给付的履约保证金,亦未否认原告后来因故未实际承接工程之事实,被告在本案中也未对该事实提出异议。因此,尽管原告给付 27 万元事出有因,但事后因未实际承接工程,原告给付履约保证金的法律依据业已不存,即通过起诉吕江和俞乔的方式,原告已初步完成了不当得利四要件的举证责任。此后,被告应就其案涉款项性质不明以及吕江支付被告 27 万元可能系基于二者间存在其他法律关等抗辩主张提交反驳证据,但被告并未在举证期限和法庭另行指定的补充举证期限内提交证据,即被告未就其获得利益(27 万元)有法定或约定的根据履行举证责任,其应承担不利的法律后果。根据民事诉讼的证据优势性规则和高度盖然性的证明标准,法院确认本案符合不当得利的构成要件,被告取得 27 万元款项构成不当得利,并对原告要求返还该款项的诉讼请求予以支持。关于利息问题。返还的不当利益应当包括原物和原物所生的孳息,金钱的法定孳息为利息。原告未提供证据证明其于本案诉讼前曾要求被告返还不当得利,或者证明被告此前已知或应当知道其所获利益无法律根据,故27万元的利息应自本案起诉时按银行同期同类贷款利率开始计算,原告主张自2009年10月1日开始计算缺乏依据,法院不予支持。

判决结果:被告刘永勇于本判决生效之日起五日内支付原告余禹华不当得利款27万元,并支付该款自2014年8月26日起至本判决确定的履行日止按照中国人民银行发布的同期同档次贷款基准利率计算的利息。如果未按本判决指定的期间履行给付义务,应当按照《中华人民共和国民事诉讼法》第二百五十三条之规定,加倍支付迟延履行期间的债务利息。

4. 林华汉与陈金燕、朱要国等不当得利纠纷

审理:海南省第一中级人民法院(2014)海南一中民一终字第173号

法院经审理认为,林华汉是在同陈金燕恋爱过程中陆续将23.86万元分15次汇入陈金燕的银行账户,以及按陈金燕的指示将1万元汇入被告朱要国账户的。从时间上看,林华汉的汇款发生在二人经介绍相亲至建立婚约期间,当时林华汉同陈金燕之间并无其他债权债务关系,事后陈金燕也没有证据证明林华汉每次的汇款行为均具有明确的赠与意思,故陈金燕主张该24.86万元汇款全部系其接受的赠与理由不能成立,法院不予支持。林华汉基于同陈金燕之间的恋爱关系,将巨额存款汇入陈金燕指定的账户,应认定具有缔结婚姻的目的,现陈金燕与林华汉结束了恋爱关系,未能缔结婚姻,陈金燕继续享有该全部24.86万元利益,将导致林华汉在缔结婚姻目的不能实现的同时遭受巨大的财产损失,显然不具正当性,亦缺乏法律上的依据。但考虑恋爱中男女双方相互赠与一定数量的财产亦符合常理,而林华汉的汇款次数又较多,且每次汇款的金额从0.25万元至8万元不等,因此,若将其中数额较小的汇款全都按不当得利由陈金燕返还亦不妥当。同时,原审法院认为二人在交往期间所产生的共同消费、开支应酌情予以扣除亦有一定的合理性。故综合全案,法院认为,陈金燕所得24.86万元利益,总体符合不当得利的特征,但部分金额较小的汇款亦存在一定的赠与因素,鉴于双方当事人不能逐一就每笔汇款的目的、过程、用途等举证加以证明,因此只能酌情确定陈金燕可不予返还的金额。原审酌情扣除6万元考虑了双方当事人共同消费和支出的因素,但未考虑案中部分金额较小的汇款所具有的赠与因素,在认定事实及判决理由上有所欠缺,但就实体而言,判决由陈金燕返还林华汉18.86万元并无不妥,故法院予以维持。关于林华汉所提利息问题,因不当得利应返还的孳息只能是不当得利人实际所获得的孳息,而陈金燕是否因不当得利获得了利息以及获得了多少利息,林华汉并未提供证据证明,故其提出陈金燕应按照银行贷款利息的四倍向其支付24.86万元不当得利款从一审起诉之日直至履行完毕之日的利息缺乏事实根据和法律依据,法院不予支持。至于林华汉提出的被告朱要国应当返还不当得利的问题,原审法院所作分析及驳回林华汉的该项诉讼请求的理由是正确的,法院予以确认。

判决结果:一、限被告陈金燕于本判决生效之日起十日内向原告林华汉返还不当得利款人民币18.86万元;二、驳回原告林华汉其他的诉讼请求。(二审维持原判)

5.徐小勤,冯元与四川慧通建设有限公司不当得利纠纷

一审:重庆市九龙坡区人民法院　(2013)九法民初字第08628号

法院经审理认为,对于四川慧通公司支付给徐小勤的15万元,结合一审法院对本案争议焦点一的认定,该15万元的支付,既无法定的根据又无约定的根据,因此该15万元应属不当得利。对于四川慧通公司所主张的利息问题,根据《最高人民法院关于贯彻执行〈中华人民共和国民法通则〉若干问题的意见》第131条的规定:“返还的不当利益,应当包括原物和原物所生的孳息。”四川慧通公司所主张的利息属法定孳息,应予返还,其利息计算的具体时间应从其知道或应当知道该15万元系不当得利之日起开始计算,亦即2011年6月27日。对四川慧通公司要求冯元与徐小勤返还四川慧通公司15万元及利息的诉讼请求,因该15万元属不当得利,且未超过诉讼时效,应予返还。而徐小勤在获得该15万元时,其与冯元系夫妻关系,且冯元或徐小勤未举示相关证据证明其实行的是夫妻财产约定制。故该15万元的不当得利之债,应按夫妻共同债务处理。

判决结果:冯元与徐小勤于本判决生效之日起十日内共同返还四

川慧通建设有限公司150,000元及利息(利息以150,000元为本金,自2011年6月27日起按照中国人民银行公布的商业银行同期同档次贷款基准利率为标准计算至借款付清之日止)。本案一审案件受理费1650元,由冯元、徐小勤共同承担。如果冯元、徐小勤未按本判决指定的期间履行给付金钱义务,应当依照《中华人民共和国民事诉讼法》第二百五十三条之规定,加倍支付迟延履行期间的债务利息。

二审:重庆市第五中级人民法院 (2015)渝五中法民终字第00007号

法院经审理认为,结合四川慧通公司与中铁九局诉讼的生效判决可以认定,四川慧通公司支付与徐小勤的15万元,无合法根据,属于不当得利。对于冯元与徐小勤是否系夫妻关系的问题,四川慧通公司称冯元在其他案件诉讼中陈述其与徐小勤系夫妻关系,但四川慧通公司未能举示证据,而身份关系不能自认,因此一审认定冯元与徐小勤系夫妻关系,冯元应当就15万元不当得利之债承担共同偿还责任,系认定事实错误,二审法院应予纠正。

判决结果:一、撤销重庆市九龙坡区人民法院(2013)九法民初字第08628号民事判决。二、徐小勤于本判决生效后十日内返还四川慧通建设有限公司150,000元及利息(利息以150,000元为本金,自2011年6月27日起按照中国人民银行公布的商业银行同期同档次贷款基准利率标准计算至款项付清之日为止)。三、驳回四川慧通建设有限公司对冯元的诉讼请求。四、驳回四川慧通建设有限公司的其他诉讼请求。如果徐小勤未按本判决指定的期间履行给付金钱义务,应当依照《中华人民共和国民事诉讼法》第二百五十三条之规定,加倍支付迟延履行期间的债务利息。

6. 绍兴县小娟塑料制品有限公司与赵幼泉不当得利纠纷

审理:绍兴县人民法院 (2010)绍商初字第849号

法院经审理认为,不当得利指无法律依据,使他人受损而自己取得利益的行为。其构成要件有三:(1)取得不当利益;(2)造成他人损失;(3)得利人取得利益没有合法根据。由于当事人对自己提出的诉讼请求所依据的事实有责任提供证据证明,所以对不当得利的构成要件,以不当得利为由诉请的原告也负初步的证明责任。现原告已举证证明被告取得了利益,原告产生了损失,但在“得利人没有合法根据”这一不当得利的关键构成上仅有陈述,没有举证。对此,还应细分不当得利的类型,予以评判。不当得利分为给付之不当得利和非给付之不当得利。本案原告将三份支票主动背书给被告,事后以不当得利主张权利,是为给付之不当得利。给付之不当得利中无法律上的原因即为欠缺给付原因,又分为自始欠缺法律原因和嗣后欠缺给付原因。本案中,根据原告所做的陈述,原告所主张的是"存在认识错误,导致错误背书,被告收受钱款自始无根据"情况下的不当得利,即主张的是自始欠缺法律原因的给付之不当得利。对此类型的不当得利,"得利人没有合法根据"这一事实于原告而言完全是消极事实,其确实难以举证。故依据消极事实的举证责任分配规则,不宜将"得利人没有合法根据"这一事实的举证责任完全分配给原告,被告也应对其取得利益的合法根据作出初步举证或合理说明。现被告没有提出任何证据证明其拥有取得利益的合法根据,而且,被告举出的原告利用其帐户避税、套现的理由,生活中并不常见,被告还在法院调查取证前对其取得了全部诉争利益这一事实多次虚假陈述,其所做的理由说明的诚信度也令人生疑。再者,被告声称三张支票上的部分款项已经现金归还给原告,被告实际已经认可收受的该部分款项不应为被告所有,也即认可了该部分款项的不当利益的性质。而该不当利益的返还,举证责任显然由控制财产发生变动的主体,也即被告来承担。被告没有提出证据证明该部分不当利益已归还,即因承担举证不能的不利后果。至于被告声称尚未归还的11,316元,其所声称的合法依据有二:一是周阿林的还款,二是业务费。对被告声称的第一项合法依据,法院不能采信。因为周阿林与本案原告系两个主体,即便周阿林对被告负有债务,被告也不因此可以取得原告的利益。原告虽声称当时错误背书,是因其误以为周阿林对被告负有债务,但原告的该声称同时包含了其财务人员擅权处理的意思表示,不能据此断定原告成为了周阿林债务的承担人。尤其是,被告对周阿林已另行提起了诉讼,并且在该案中主张原、被告之间的关系、被告与周阿林之间的关系是不同法律关系,该主张也获得了法院的支持,被告就不应在本案中再试图混为一谈。难点在于,被告所声称的第二项合法依据。被告2004年至2008年期间在原告处做业务,业务费确实可能存在,是否可以认定该1316元其有合法根据取得? 对此,法院认为,金额为12,592元的支票是一整体,被告主张其中的1316元系其业务费又没有举证证明,且原、被告在(2009)绍商初字第1813号一案的审理中已一致确认被告的业务费已经结清,如果被告认为本案支票的款项中有1316元系已经结清的业务费中的部分,应对双方2004年至2008年所有业务费的收支进行清算,而该清算实系与本案性质有异的纠纷。故也不宜在本案中确认12,592元的支票中有1316元系业务费的事实。综上,根据本案情况评价不当得利,对是否有"合法根据"的关注,重点不应是"给付是否缺乏法律上的原因",而应是"取得是否缺乏法律上的原因",应由被告对取得原因举证并合理说明。现被告未能举证并合理说明,应承担不利后果。故对原告要求返还不当得利的请求,法院予以支持。至于诉讼时效,其起算点应是"知道或应当知道权利被侵害时",故被告所做的应以2005年利益转移时间为诉讼时效起算点的主张,也不符合法律规定,不应采信。最后,对原告的利息请求,因返还的不当利益的范围包括原物及原物所生的孳息,是以亦应支持。

判决结果:被告赵幼泉应归还原告绍兴县小娟塑料制品有限公司不当得利款人民币39,692元并支付该款自2005年6月1日起至本判决确定履行之日止依照中国人民银行同期贷款利率计算的利息。限在本判决生效后十日内履行完毕。如果被告未按本判决指定的期间履行给付上述金钱义务,应当依照《中华人民共和国民事诉讼法》第二百二十九条之规定,加倍支付迟延履行期间的债务利息。

7. 李卓礼与周耀强不当得利纠纷

审理:江门市新会区人民法院(2015)江新法双民初字第10号

法院经审理认为,不当得利,是指没有合法根据,取得不当利益,造成他人损失的法律事实。本案中被告没有法定或者约定的事由,收取了原告的212,000元,其本人受益但原告利益受损,双方已形成不当得利之债,依照《中华人民共和国民法通则》第九十二条"没有合法根据,取得不当利益,造成他人损失的,应当将取得的不当利益返还受损失的人"的规定,原告诉请被告返还不当得利款项212,000元的主张符合法律规定,依法予以支持。依照《最高人民法院关于贯彻执行〈中华人民共和国民法通则〉若干问题的意见(试行)》第131条规定:"返还的不当利益,应当包括原物和原物所生的孳息。利用不当得利所取得的其他利益扣除劳务管理费用后,应当予以收缴”的规定,原告要求被告从起诉之日起即2014年11月21日支付因不当得利获得的利息,于法有据,应予支持,但利息应按中国人民银行同期同类活期存款利率计付。原告诉请按贷款利率计付利息的标准不当,法院予以调整。

判决结果:被告周耀强应于本判决发生法律效力之日起十日内返还不当得利款项212,000元及支付利息(利息以212,000元为基数,按中国人民银行同期活期存款利率从2014年11月21日起计至本判决规定清偿日止)给原告李卓礼。若被告周耀强未按本判决指定的期间履行给付金钱义务,应当依照《中华人民共和国民事诉讼法》第二百五十三条之规定,加倍支付迟延履行期间的债务利息。

8. 张军、陈蓉与张豪不当得利纠纷

一审:攀枝花市东区人民法院　(2015)攀东民初字第457号

法院经审理认为,没有合法根据,取得不当利益,造成他人损失的,应当将取得的不当利益返还给受损失的人。依据张豪提交的2010年2月10日陈蓉给其出具的收条、转款凭据、(2010)攀西民初字第4050号民事判决书、(2012)攀民终字第288号民事判决书、2015年3月16日西区法院出具的(2012)攀民终字第288号民事判决执行情况说明,能够证实陈蓉与张豪之间的不当得利关系成立,依法应予保护。依据张军、陈蓉提交的2013年8月15日张军转款700,000元给张豪的银行卡凭据,证实张军、陈蓉在2013年8月15日已将不当得利款700,000元返还给了张豪。故对张豪要求张军、陈蓉返还不当得利款700,000元的诉请,不予支持。对张豪要求张军、陈蓉赔偿经济损失525,406元,并按金融机构同期贷款利率2倍给付自2012年12月13日起至2014年12月13日止的利息损失306,351元,合计831,757元的诉请。依据张军、陈蓉因不当得利导致陈氦全诉张豪案一审产生诉讼费18,300元,保全费5000元,合计23,300元,张豪承担11,650元;二审产生诉讼费18,300元,张豪承担9150元。依法核定其诉讼损失为17,080元。依据《最高人民法院审理借贷案件的若干意见》第6条:民间借贷的利率可以适当高于银行的利率……但最高不得超过银行同类贷款利率的四倍(包含利率本数)。超出此限度的,超出部分的利息不予保护的规定。比照2012年7月6日起金融机构人民币一年至三年(含三年)年贷款基准利率6.15%,法院依法确认自2010年8月31日起至返还款项之日止的年利息按6.15%的四倍计取较公平合理。依据张豪2010年2月10日转款700,000元给陈蓉,张军2013年8月15日返还张豪700,000元,陈氦全诉张豪案一、二审逾期还款违约金计取利率、方法的事实,核定逾期还款利息损失为602,700元(700,000元6.15%12个月42个月4倍),以上两项损失合计为619,780元。张军、陈蓉所提出的两人是夫妻的意见,予以采信;所提出的2010年2月10日转款700,000元致陈蓉卡账户,2013年8月15日,张军已转款700,000元给张豪,双方就借款事宜已经了结,不存在还要返还700,000元给张豪的意见,予以采信;所提出的不存在赔偿损失,法庭应当驳回张豪不合理的诉请的意见,与查明的事实不符,不予采信。

判决结果:一、张军、陈蓉于本判决生效后十日内连带赔偿张豪经济损失619,780元;二、驳回张豪的其余诉讼请求。

二审:

法院经审理认为,关于本案的法律适用问题:本案现有证据不能证明被上诉人张豪与上诉人张军、陈蓉之间存在法定的或约定的债权债务关系,因此,上诉人张军、陈蓉取得700,000元没有合法根据,其行为符合《中华人民共和国民法通则》第九十二条和最高人民法院《关于贯彻执行〈中华人民共和国民法通则〉若干问题的意见(试行)》第131条关于不当得利之情形,原审法院认定本案性质为不当得利并无不当,但原审法院适用《中华人民共和国民法通则》第九十三条关于无因管理之规定作为判决的法律依据,确为不妥,法院予以更正。故上诉人张军、陈蓉提出的不应适用《中华人民共和国民法通则》第九十三条关于无因管理之规定的主张成立,法院予以支持。同时,上诉人张军、陈蓉提出本案双方之间不是借贷关系,不应适用最高人民法院《审理借贷案件的若干问题意见》的主张成立,法院予以支持。关于本案的孳息计算问题。孳息是指由原物所产生的额外收益。根据民法,孳息分为天然孳息和法定孳息。天然孳息,指依物的本性天然而生长,不需要人力作用就能获得的孳息,如天然牧草等;法定孳息,指物因某种法律关系所产生的收益,如租金、利息等。对于不当得利的孳息部分,无论是天然孳息还是法定孳息均应返还所有权人。上诉人张军、陈蓉与被上诉人张豪之间系不当得利法律关系,原审法院按民间借贷同期银行贷款利率的四倍计算不当得利款700,000元的孳息不当,法院予以变更。上诉人张军、陈蓉主张700,000元孳息应当按银行同期存款利率计算的主张符合法律规定,法院予以支持。上诉人张军、陈蓉于2010年2月10日至2013年8月15日期间占用张豪700,000元款项,占用时间共计1281天(2010年325天、2011年365天、2012年365天、2013年226天),按同期银行整存整取存款利率计算利息为88,441.64元(700,000元×3.60%÷365天×1281天)。关于上诉人张军、陈蓉是否承担损失赔偿责任问题。根据最高人民法院《关于贯彻执行〈中华人民共和国民法通则〉若干问题的意见(试行)》第131条"返还的不当得利,应当包括原物和原物所生的孳息。利用不当得利所取得的其他利益,扣除劳务管理费用后,应当予以收缴"之规定,不当得利制度的功能,不在于弥补损失,而是在于使受益人返还其没有法律上的原因所取得的利益,法律并没有规定返还不当得利时应当赔偿损失。因此,上诉人张军、陈蓉提出不应当承担损失赔偿责任的主张符合法律规定,法院予以支持。

判决结果:一、维持四川省攀枝花市东区人民法院(2015)攀东民初字第457号民事判决的第二项,即"二、驳回张豪的其他诉讼请求"。二、变更四川省攀枝花市东区人民法院(2015)攀东民初字第457号民事判决第一项"一、张军、陈蓉于本判决生效后十日内连带赔偿张豪经济损失619,780元"为"张军、陈蓉于本判决生效后十日内连带返还张豪原物700,000元所生的孳息88,441.64元"。如未按本判决指定的期间履行给付金钱义务,应当按照《中华人民共和国民事诉讼法》第二百五十三条之规定,加倍支付迟延履行期间的债务利息。

9. 叶家信与欧其伦不当得利纠纷

一审:合浦县人民法院　(2015)合民一初字第516号

法院经审理认为,不当得利是指没有合法根据,取得不当利益,造成他人损失的情形。根据不当得利制度相关法律规定,叶家信应对欧其伦取得利益、叶家信因欧其伦取得利益而受到损失以及欧其伦取得利益无法律上的原因等要件事实承担举证责任,同时承担举证不能的后果。本案中,叶家信主张其于2014年3月9日通过电话操作转账将24,707元货款误转入欧其伦的账户。欧其伦予以否认,抗辩称该24,707元是叶家信欠其的大米款,自汇款给其后,双方还一直有生意往来,且2014年3月9日将货款打入欧其伦的账户后,叶家信于2015年5月才起诉,是不符合常理的。本案中,叶家信、欧其伦于2014年期间长期保持生意往来。2014年3月9日,叶家信将24,707元转入欧其伦的账户后,双方仍有生意往来,欧其伦辩解其收到的24,707元是叶家信欠其的货款有一定的合法根据,法院对欧其伦的辩解予以采信;叶家信提交的对账单没有收款人的名字,只有欠款人叶家信和送货人的签名,在本案中没有其他证据证实,法院对其陈述不予采信;另外,欧其伦辩解双方交易时,只要叶家信将货款支付完毕,其就会把发货单据(欠条)销毁。根据交易习惯,这种情况也属正常。叶家信与欧其伦双方间的生意往来系口头合同,欧其伦作为个体经营者,要求其保留并提供长达一年多的发货凭证显然超出欧其伦的举证能力。如果要求欧其伦完全说明收款的合理性,否则就应退回款项,不利于交易和经济秩序的稳定。因此,叶家信未取得充分的证据证明欧其伦取得24,707元没有法律上的原因,故叶家信的诉讼请求,该院不予支持。

判决结果:驳回原告叶家信的诉讼请求。本案受理费455元,因适用简易程序减半收取227.5元,由叶家信负担。

二审:北海市中级人民法院(2015)北民一终字第404号

法院经审理认为,依据《中华人民共和国民法通则》第九十二条关于“没有合法根据,取得不当利益,造成他人损失的,应当将取得的不当利益返还受损失的人”之规定,不当得利的构成要件应为:(1)取得不当利益;(2)造成他人损失;(3)得利人取得利益没有合法根据。关于不当得利的三个构成要件,前两个属积极事实,应由主张该事实的上诉人负举证责任,而第三个构成要件即“得利人取得利益无合法依据”属消极事实,应由否认该消极事实存在的被上诉人举证证明其取得利益有合法根据,同时承担举证不能的后果。一审法院对上述不当得利的构成要件,认为均应由主张不当得利的上诉人负证明责任,确属对举证责任分配不当。本案属不当得利纠纷,上诉人叶家信已举证证明其将涉案的24,707元货款转入被上诉人欧其伦的账户,欧其伦亦承认收到了该笔款项,上诉人已完成其举证责任。被上诉人欧其伦虽称上述款项系上诉人叶家信欠其的货款,但未能提交证据予以证实,且被上诉人作为批发大米的个体工商户抗辩其从事批发经营没有相应的账本记录并已将金额为2万多元的发货单据(欠条)销毁也是不符合日常生活经验的,被上诉人未能提供任何有效证据证实其得利有合法依据。而上诉人叶家信提供其本人和送货司机的记账本以及贾某、钟某的证人证言等证据证实了上诉人欠了贾某24,707元购买大米的货款,同时也证明在同一时期上诉人与被上诉人之间不存在有24,707元买卖大米的交易。上诉人叶家信因疏忽大意将本应汇入贾某账户的24,707元货款汇入被上诉人欧其伦的账户,很明显是有一定的过失,但这种过失,不足以构成被上诉人合法占有该款项的合法依据。根据《中华人民共和国民法通则》第92条的规定,被上诉人欧其伦取得该款项没有合法依据,属于不当得利,故其应将该不当得利款项返还给上诉人叶家信。另外,根据《最高人民法院关于贯彻〈中华人民共和国民法通则〉若干问题的意见(试行)》第131条关于"返还的不当利益,应当包括原物和原物所生的孳息"的规定,返还不当得利,应返还原物和原物所生的孳息即不当得利款项的利息,因此上诉人叶家信请求被上诉人欧其伦返还涉案的24,707元及利息合法有据,法院予以支持,但该利息应按照中国人民银行同期活期存款利率计算。

判决结果:一、撤销合浦县人民法院(2015)合民一初字第516号民事判决;二、被上诉人欧其伦应返还不当得利24,707元及利息(利息以24,707元为本金,从2014年3月9日起按照中国人民银行同期活期存款利率计算至本判决确认的还款之日止)给上诉人叶家信。

10. 中国远东国际招标公司、中南航空港建设公司与中国远东国际招标公司、中国远东国际招标公司湖南分公司等招标投标买卖合同纠纷、不当得利纠纷(申请再审)

审理:最高人民法院　(2015)民申字第1354号

法院经审查认为,(一)关于本案案由问题。空港建设公司一审起诉以远东招标公司、远东招标湖南公司未退还其投标保证金构成违约,请求判令予以退还。该案系招投标后因代理招标方未按约定返还中标人投标保证金产生的纠纷,属于招投标合同纠纷。不当得利系指受益人无法律依据取得利益的行为。本案招标方取得招标保证金系依据案涉《怀化芷江机场飞行区扩建土石方工程招标文件》,其取得招标保证金有合法依据。但《怀化芷江机场飞行区扩建土石方工程招标文件》附录三同时规定:招标人与中标人签订合同后5个工作日内,向未中标的投标人和中标人退还投标保证金。故远东招标湖南公司超过该规定期间继续占有该保证金已无法律依据,但该行为亦属于上述招投标法律关系中违反合同约定时间还款的违约行为,此种情况属于违约责任与侵权责任竞合的情形。根据《中华人民共和国合同法》第一百二十二条规定,选择诉因系空港建设公司的权利,人民法院不应主动干预。一审法院在审理中未向空港建设公司释明并经其同意主动变更案件性质,程序存在瑕疵。因空港建设公司未就一审判决上诉,二审中也未对此提出异议,表明其认可一审以不当得利性质判决,且一审判决的结果没有超出空港建设公司要求返还保证金及利息的诉请范围。诉因变更后对远东招标湖南公司实体权利亦未产生不利影响。远东招标公司一审未出庭,也未就一审判决提出上诉,故其试图以权利人行使权利中的瑕疵质疑该权利的合法性的方式免除其民事责任的理由不能成立,法院不予支持。(二)关于适用法律的问题。远东招标湖南公司系远东招标公司的分支机构,不具有独立承担民事责任的能力。一、二审法院根据《中华人民共和国公司法》第十四条关于“公司可以设立分公司。设立分公司,应当向公司登记机关申请登记,领取营业执照。分公司不具有法人资格,其民事责任由公司承担”的规定,由具有法人资格的远东招标公司承担本案民事责任符合法律规定,应当予以维持。涉案保证金由远东招标湖南公司收取,因其财务人员利用职务之便挪用该款给他人造成损失,属于该公司对其工作人员管理不善造成,与该保证金所有人无关。依据《中华人民共和国民法通则》第四十三条及法院《关于贯彻执行〈中华人民共和国民法通则〉若干问题的意见(试行)》第58条的规定精神,企业法人对其工作人员利用职务之便挪用该款给他人造成的损失依法应承担民事责任。远东招标公司应向空港建设公司承担返还赔偿责任。远东招标湖南公司逾期占有涉案保证金没有法律依据,该款被占有期间的利息属于法定孳息。如期收回涉案保证金并取得利息是该保证金所有人的基本权利和利益追求,也是违约或侵权责任人的基本义务。不以违约方或侵权责任人如何使用该款以及是否实际取得利息作为判断标准。空港建设公司要求涉案保证金利息合理合法。一、二审参照《最高人民法院关于人民法院审理借贷案件的若干意见》第九条规定之精神,判决远东招标公司按中国人民银行同类贷款利率向空港建设公司支付相应利息并无不当,法院予以维持。

裁定结果:驳回中国远东国际招标公司的再审申请。

上述案例反映了法官对于不当得利这一制度的法性存在诸多认识分歧,从而在适用法律上出现了多样化的结果。在前述不当得利纠纷案件中,对于利息的支付请求存在肯否两种态度,这是最大的分歧所在。就绝大多数案例而言,法官倾向于认定如果不当得利中的利得是金钱债权,那么利息就是其孳息。如案例 1 一审判决理由部分明确指出的,判决支付的利息应为该笔不当得利的孳息。尽管判决结果被二审法院所改判,但理由在于对是否构成不当得利本身的认定。在这一点上,案例 3、5、6、7、8、9、10 均明确地持类似的观点。在上述案例中,只有案例 4 既认定符合不当得利制度的构成要件,又没有支持金钱债权的利息。案例 4 与其他案例的不同之处在于,其他案件均以流转型合同作为不当得利构成的先期条件,而案例 4 是一个跨身份法与财产法两界的案件,案件的法律性质是附条件的赠予。因为条件不成就(未缔结婚姻)导致赠予合同不生效,女方取得的财产便成为了不当得利。只是该案的特殊情况在于,法官考虑了现实生活中为维持恋爱关系和共同生活男方所支出的费用不宜全部返还,才形成了一个酌定不当得利数额的判决。恐怕也正是考虑到这一因素,利息也予以一并驳回。但是,在判决理由书中,法院未支持利息的依据在于"因不当得利应返还的孳息只能是不当得利人实际所获得的孳息,而陈金燕是否因不当得利获得了利息以及获得了多少利息,林华汉并未提供证据证明"。这就难免对利息的本性做出误读。诚然,即便是金钱的所有人也不一定把金钱存到银行,也就未必产生利息。但法定孳息的立法本意在于赔偿金钱所有权人的用益权,并非一定要持有人存在银行产生利息才可以返还。如果持孳息只能是不当得利人实际所获孳息的理解,资金持有人只能是手持资金最为"划算",但凡存在银行就会产生利息,就要予以返还;如果用作他途,还有可能收获远远超过利息的孳息。对资金打理越精心,损失就越多,返还就越多,这并非立法目的所应鼓励的。从规范价值衡量来看,法律不能管不当得利人用资金干什么,只能关心合法所有权人由此产生的用益损失问题。资金所有人不掌控资金时必然不能证明其资金能够产生收益、产生多少收益。尽管利息损失不一定是所有人的全部损失,但这毕竟是最常发生的,也因此才为法律所定型化的损失。案例10中,最高人民法院在裁定理由部分所指出的"不以违约方或侵权责任人如何使用该款以及是否实际取得利息作为判断标准",正是一针见血地指出了利息在不当得利法上的本性。

由此产生的一个重要关联问题,便是对不当得利制度本质的认识。案例8的判决理由部分指出,"不当得利制度的功能,不在于弥补损失,而是在于使受益人返还其没有法律上的原因所取得的利益,法律并没有规定返还不当得利时应当赔偿损失"。姑且抛开法教义学中不当得利的位置不谈,即便我们只看《民法通则》的规定,便可知不当得利制度的立法初衷不仅仅在于返还利得,孳息本身就是所有人的一种损失。因为孳息是一种直接的损失,同时是常态化的产出要素,实定法径行规定了孳息损失的赔付。如果持不当得利仅仅是利得的损益复归变动,那么连孳息的返还也无法解释。因此,一方面承认不当得利应返还利息,另一方面却禁止损害赔偿的理由本身就存在龃龉:这是对利息的本性(损害赔偿性)认知不足的结果。如果我们在债法中眺望不当得利所处的位置,会发现它实际上是介于合同与侵权行为中间的一种债务形态。合同的瑕疵履行都有赔偿损失适用的余地,损失尚可以包括间接损失(以可预见性原则为限),在许多场合下,主观可罚性更强的不当得利的利得者(特别为恶意占有时,如拾得他人财物拒不归还)反而不适用赔偿损失的规定,民法将置答责意识于何地?将置自己责任原则于何地?因为背信行为不存在成本(最多就是返还责任,而返还的财物原本也非其合法财产),意思自治的底线也会由此被突破。因此,在各种典型之债的基础上打造共通的损害赔偿规则,既有实定法的立法例和前提条件,也有法教义学上的要求,同时更是实践中统一司法尺度的良策。

在这些案例中,还有一个问题司法尺度极不统一,也足以引起我们的思考,那就是计息的期间问题。案例3、7判决认为,利息计算的起点应自诉讼时开始计算。其中案例7由于诉讼标的即是从起诉时起的利息,在其范围内判决法理及规范依据均充分。但案例3不同,判决起诉时起开始计息的理由在于"原告未提供证据证明其于本案诉讼前曾要求被告返还不当得利,或者证明被告此前已知或应当知道其所获利益无法律根据"。这与多数案例的判决结果是不同的。如前所述,利息本身具有损害赔偿(等值于使用利益)的特性,自利得归属得利者后便由得利者控制使用,何来需要通知方能支持返还的道理?民法上的意思通知与观念通知均有明文规定,让一个非法占有他人财产的人只能从被通知返还时起才承担孳息返还责任,不仅没有实定法上的依据,也同我国的《物权法》中孳息归属的精神相违。在孳息的计息起点上,多数判决的做法更为妥当。至于计息终点,笔者认为如果实际给付期日较判决确定日期靠前,计算到实际给付日即可;如判决确定的给付期间仍未给付,那么计算到判决确定给付的期间即可。超过此期间,程序法上自有法定利息的计算方式,这并不属于法官自由裁量的范围。

上述案例判决利息返还的情形中,最后一个裁判标准多样化的地方即是利率的选择。在案例2、3、5、6中法院采用了贷款利率,案例7、9中法院采用了活期存款利率,案例8中法院采用了定期存款利率。特别值得注意的是,案例8还是一个纯粹判断利息支付标准的案件。因为并不存在法律或司法解释的直接规定,所以利率的选择仍是一个民法解释的问题。这仍然需要结合利息的法性来判断。由于利息本身具有损害赔偿的性质,以利息(孳息)承担返还责任实际上不过是确定直接损失的一种最具操作性的方法。如果看到利息的这种特性,按存款利率来判决,无论是活期还是定期存款利率均属不当。因为所有权人尽管拥有资金时会享有定期或活期利益的产出,但他失去了该笔资金。若仍想利用等额的资金,会发生消费借贷的法律关系,也就是需贷款获得同等资金。这也是以一般理性人的角度所能考虑的确定的可预见损失。此时,哪怕得利者与银行缔结的是活期或定期存款合同,仅有活期或定期利息收益,也仍需返还(实际上是赔付)贷款利息。利得只是认定损失的一个参照系,不是损失本身。在有确定性的判断所有权人损失的方法时,应优先考虑该方法。我们从案例8中也可以看出,对70

万元这样一大笔款项占用长达1281天,支付的仅仅是该笔款项的定期利息,就一般人的生活观念来看也属不妥。因此,利息至少应以同期同类贷款利率计,可以在此基础上适用逾期贷款利率,即以中国人民银行同期同类贷款基准利率,综合所有权人损失、不当得利者的过错程度等因素上浮30%~50%。这也同本文前述的最高人民法院在买卖合同司法解释中所采纳的态度基本是一致的。这样,法官可以结合当事人诉讼处分权与利率判断的标准,更加圆润周到地处理不当得利的利息计算问题。

十、结语

虽然本案仅分析了民法中利息请求权这样一个微小的问题,但笔者想以此说明的是民事审判中典型性思维的重要作用。它可以使法官在没有明确法律规定的情况下,最大限度地精确性定位相同或相似立法目的的规范,从而在适用法律上提升统一性及解释的可信度。这一思维不仅仅是潘德克吞形成期立法者所追求的概念化、定型化模型的现代扬弃,也同样应成为司法者在审判实务过程中精确摸索法律的利器。同时,即便是利息请求权这样一个小小的引子,也足以通过归类法让人看到损害赔偿在债法中的共性,使人注目这一公共因子在民法典中应处的位置。这说明了分型思维无论在立法还是司法中均是先进而有效的方法论。从笔者所处的司法实务位置来看,今后的课题更在于细化典型性思维各个分析工具的具体作用,完成重要案件类型乃至请求权类型的审查点设计,规范法律适用的尺度,从而做到最大限度地"接近正义"。

(尹春海,天津市第一中级人民法院员额法官。)

非洲法

非洲并购

——机遇、挑战与风险*

[英]斯蒂芬·布拉班特、盖文·戴维、盖文·威廉　著
朱伟东、贺玉彬　译

目　　次

在非洲发现机遇并不是什么新鲜事。从探险家、商人和殖民者第一次踏足非洲大陆起,然后经过独立和冷战时期直到今天,非洲人和外国人都意识到了非洲大陆充满着财富,有很大的发展潜力。不过,为了充分利用这种机遇,对非洲商事交易提供咨询的律师需要注意到交易中可能出现的特殊困难及危险。

本文着眼于投资格局的最新变化以及如何识别这种变化,对在非洲开展并购活动时存在的特殊挑战和风险进行评估,并提出解决方案。

---

* 本文首次发表在2013年9月的PLC Magazine上。

一、非洲——机遇之地

除了几个国家以外，最近五十年其他发展中地区很少有能与非洲54个国家的经济增长率相比的国家。由于冲突、饥荒、疾病、政治动荡、政府领导不力、腐败以及官僚主义所带来的阻碍，外商投资在非洲面临很多不利条件甚至敌意。

不过，非洲也正在推进可持续变革。许多因素正在不断融合，吸引了投资者的注意，使他们发现了非洲的投资潜力，特别是该地区所进行的改革的范围、规模和速度。

（一）改善投资环境

投资环境的稳步改善不能取决于任何单一因素，但和平这一因素可能是最重要的。冲突和商务贸易不能和谐共处。根据安永会计师事务所的统计，1960年至1989年期间，只有一个非洲国家（毛里求斯）的政权进行了和平更迭。从那以后，已经有30多个国家实现了和平转型。

随着和平的到来，越来越多的非洲国家第一次尝到了真正民主的滋味，与此同时提高了政府机构的透明度，实施了问责制改革，精简了一些繁杂的政府机构，强化了机构管理职能。

审慎的宏观经济政策也为投资提供了良好的基础，越来越多的人们从通货膨胀引起的贫困中解放出来。实施私有化方案，降低企业税，减少贸易壁垒，改革法律体制，通过落实这些措施来完善这一构想。

（二）多元化

非洲经济多元化正在不断地推动着经济增长，吸引着潜在投资者来非洲大陆进行并购。

1. 行业领域。非洲丰富的矿产和石油资源一直吸引着国际石油和天然气公司以及矿业集团。最近几年持续走高的商品价格导致对非洲丰富的自然资源的需求回升。例如，根据安永会计事务所的统计，采矿业的交易值自2007年以来同比增长了8%。石油和天然气的交易值也大幅增加,从 2011 年的 77 亿美元增长至 2012 年的 117 亿美元。

农业也是外商在非洲投资的一个重要领域。但总体来说,自然资源和农业只占了非洲国内生产总值的 33% 左右,十多年来这个数字一直稳定保持在这个范围内。也许最令人震惊的是,非洲经济产值主要来自于服务业(占 56%),还有制造业也大约占了 13%。因此,虽然非洲经济发展得益于原材料需求的激增,但认为非洲大陆只需要自然资源的投资的这一观念需要进行重新审视。

电力和基础设施建设项目也是非洲重要的投资领域,对外国投资者而言这是一次机遇,对许多非洲国家而言也是其持续发展不可缺少的一部分。根据安永会计师事务所的统计,2012 年非洲有 800 个基础设施项目正在建设当中,投资总额高达 7000 亿美元。基础设施建设的投资利益日益增加,英联邦商业委员会的最新数据表明,非洲所有行业的基础设施建设项目的投资回报率平均在 15% 到 20% 之间。

但是经济活动领域真正的转变是最近在金融服务领域和电信行业以及消费品行业都出现了大型企业。麦肯锡公司预测,2008 年到 2020 年期间,撒哈拉以南非洲地区消费品市场交易额将激增超过 4000 亿美元。

这种消费者驱动的市场的发展,会随着中产阶级的扩大持续发展下去,预计未来在这些行业里将会向外商开放投资新领域,反过来也能导致大量合资项目和并购交易的发生。

2. 贸易伙伴。路透社的数据表明,1992 年至 2002 年期间,外国投资者占了非洲并购交易值的一半,大致分布是美国(占 18%)、英国(占 17%)、法国(占 15%)。2003 年至 2013 年期间,英国(占 18%)和法国(占 16%)保持住了它们的优势,美国(占 7%)下降到了第四位,中国(占 13%)成为收购非洲资产的第三大国。

资本流动的多元化和再定位也可从标准银行取得的研究结果中

反映出来,研究结果表明金砖四国(巴西、俄罗斯、印度和中国)与非洲的贸易总额从2000年的279亿美元(占11%)上升至2012年的3400亿美元(占29%),并且还会进一步增多,估计到2015年会达到5000亿美元。

3. 经济主体。经济多元化的第三种形式体现在经济复兴中的人口资源。在非洲历史上,除了提供劳动力外,人力资源对经济的发展并没有起多大作用。在整个非洲大陆,无论是否是政策有意为之,还是因政治暴动或是更为随意的垂滴效应的结果(trickle-down effects),非洲开始出现一批新的财富创造者,他们成为非洲本土企业家。

目前资本分配是并购活动的主要驱动力,尤其是国有部门先前通过私有化然后作为本土买家收购资产。这些新的私营业主开始逐渐探索筹资交易和资产处置,为外国投资者获得有潜在利益的投资项目提供了机会。

(三)人口与增长

世界银行预测,非洲人口现在是10亿,到2035年将会上升至15亿人。预测人口持续增长(仅比中国和印度少)的关键在于其迅速增加的年轻人口。麦肯锡公司预计称,到2040年,非洲将拥有比世界任何地方都多的劳动适龄人口,到2020年,其国内生产总值将会上升至26,000亿美元,消费者支出将会上升至1400亿美元。安永会计师事务所预测,撒哈拉以南非洲地区国内生产总值的增长率从2012年至2022年之间平均为5%,一些国家平均可以达到7%。

年轻人群并不是建立信心的唯一因素。据非洲发展银行称(对约31,300万的人口或者是34%的非洲大陆人口进行统计),在过去的30年里,中产阶级的规模扩大了两倍。2013年,世界银行将22个撒哈拉以南的非洲国家认定为中等收入国家(每年人均国民收入为1024美元至12,475美元之间),其他13个国家有望在2015年加入中等收入国家的行列。这些增长数据可以放在这样一个背景下考虑:2/3的非洲人口约6.5亿非洲人现在都拥有移动电话。这一事实证明了非洲的经济增长。

(四)外商投资

非洲的外商投资正在兴起。《牛津经济学》杂志最近的调查表明,外商投资额将从 2011 年的 800 亿美元增长到 2015 年的 1500 亿美元。

但从并购角度而言,这一趋势可从 20 年来并购交易的数量和交易的金额上反映出来。路透社的调查显示,1992 年至 2002 年期间,外国投资者在非洲收购的资产总价值约为 370 亿美元(共 1611 个并购交易)。2002 年至 2012 年期间,交易价值上升为 2040 亿美元(共有 3006 个并购交易)。

2013 年上半年,撒哈拉以南非洲的并购活动的交易价值达到了 158 亿美元,与 2012 年同期相比增长了 86%。根据路透社的统计,这是自 2010 年以来,该地区并购交易的最佳发展时期,其中能源和电力行业最为活跃,其次是原料和医疗保健行业。

(五)私募股权

根据市场数据提供商 Preqin 的研究表明,现在位于非洲的私募公司已超过 120 家,其中大约有 100 家公司位于撒哈拉以南的非洲地区(主要是南非)。根据新兴市场私募协会(EMPEA)的统计来看,就投入的资本数量而言,在 2002 年至 2012 年期间,私募股本基金在撒哈拉以南非洲国家的投资额约为 153 亿美元。

虽然非洲的私募基金面临许多特殊挑战,如影响利润汇回和资本"撤离"的复杂情况,但对于许多基金经理和他们的投资人而言,非洲的投资市场近年来变得更加活跃。

新兴市场私募协会的最新调查表明,目前撒哈拉以南非洲地区对普通合伙人投资(相对于有限合伙人而言)最具吸引力,54% 的普通合伙人正准备开始或扩大在撒哈拉以南的非洲地区的投资。考虑到几乎有 60% 的有限合伙人正期望能从撒哈拉以南非洲地区的投资中获得 16% 或更多的收益,这种情况也就不会让人感到惊讶了。

二、在非洲投资面临的挑战

早期的非洲到访者用“黑暗大陆”来形容他们对这片未知大陆的恐惧。虽然现在外国人对非洲大陆有了更多的了解，但外国投资者现在现在仍面临着一系列的挑战。有的挑战是实际存在的，而有些只是人们臆想的。①

（一）法律和语言的多样化

虽然非洲通常被认为是一个整体，但 54 个非洲国家都有不同的法律制度，同时还有 2000 多种本土语言以及阿拉伯语、英语、法语、葡萄牙语和西班牙语。对于那些需要实行跨境、地区性投资的外国投资者来说，要想取得客观的回报，这种法律和语言的多样化是一个巨大的

---

① 实用技巧：总结

从业者在非洲进行并购交易活动，应谨遵以下几点：

（1）必须承认和任何外国一样，每个非洲国家的法律制度也有些细微差别，所以在交易的初期阶段需要一个有经验的当地律师参与其中并进行全面指导。

（2）必须考虑到说英语或法语的交易双方，他们的母语不一定是英语或法语，他们对此非常小心谨慎以防任何可能出现的理解上的偏差。

（3）应当考虑前期与政府当局的合作，确保对相关机构的地位、角色以及利益有充分的了解。确保在规定的时间内获得必要的政府同意或批准。

（4）要充分的意识到潜在的合规问题，以及反贿赂反腐败问题，要有一个明确的策略来降低这种风险。

（5）明确本地成分规则以及该规则在并购交易的初期过程中对交易结构带来的潜在影响，并考虑是否需要寻求当地合作伙伴来减轻该规则造成的影响。

（6）应调查任何潜在的政治风险，并制定策略来降低风险。

（7）应分析所有适用的监管制度，包括企业并购监管制度、外汇管制以及环境和社会问题，以便有足够的时间来应对有关交易结构的限制措施带来的影响。

（8）为了本地担保要求，应进行调查和市场实践。

（9）要考虑外国的纠纷解决方式，同时要考虑任何有关的双边投资条约，不要低估执行力的重要性，并且要引起重视，尤其是任何相关的当地法律带来的影响。

（10）要做好应对由于通信信号和计算机设备不好而导致的延迟带来的实际困难的准备。

（11）要确保短期旅行所要求的签证和疫苗接种问题都得到了解决，同时要认真考虑这种情况下的运输安排。

障碍。

非洲的法律体系主要是大陆法系(源于法国、意大利、葡萄牙和西班牙的法律体系),或者普通法系(源于英国的法律体系),还有些国家适用的还有伊斯兰法和部族法或习惯法。由于法院不一致的解释、先例的缺乏以及不可靠的公共登记所造成的法律稳定性的缺失,是影响许多当地法律体系的一个重要特征。非洲当地的市场实践与国际上的实践也有明显不同。

虽然投资者对于交易文件会选择适用英国法和法国法,但当地法律仍是非洲并购交易活动中不可缺少的一部分。当地法律中的某些因素,比如税法、劳工法、公司法和破产法,对于这些法律的适用是不可避免的。这些因素的结合会使法律环境变得陌生而复杂,在投资的初期阶段,投资者最好寻求当地律师的合理建议。

非洲各国政府也逐渐意识到国家法律的多样性不利于外商投资的发展,这些年来也在逐步加强法律的区域协调化工作。一些超国家机构如非洲商法协调组织(OHADA)以及东南非共同市场(COMESA)制定了有关外商投资的统一规则,以逐渐消除国家差异导致的不利影响。

虽然商业交易中几乎只使用英语或法语,但是对于有的谈判者而言,这两种语言并不是他们的母语,这可能导致双方在谈判并购交易活动时存在沟通障碍。细致、耐心和毅力是达成共识的关键。

(二)政府

早点与政府和政府部门打交道对确保交易按时完成非常重要。如果不寻求政府部门的批准,甚至在职权不明的情况下,有关当局可能因此会感到被慢待。所以,早点考虑如何与政府部门交涉很重要。投资者还应到考虑参与其中的有关当局的职责(如中央政府或监管机构),同时要了解各部委、部长和监管机构会如何行为。

世界上任何地方都是如此。在和政府部门和官员打交道时,在非洲的外国投资者应了解合规风险，并采取策略减少这种风险。[②]

---

② 贿赂和腐败风险的防范管理：

透明国际通过六个步骤大致描述了决策和风险控制框架，企业应当采取作为反贿赂计划一部分的框架：

(1)启动程序。反腐败尽职调查应当随着风险感知程度来调整审查程度，对所有投资采用以风险为基础的方式。

投资者应当对审查目标进行（委托他人进行）初步审查，以此评估其潜在的风险。这个确定范围的程序也应当明确在哪个时期进行扩大审查。透明国际建议是三年至五年，但没有硬性规定，可以根据程序的发展来确定审查的时期。

(2)初步筛选。这个阶段将涉及审查并购目标国的反腐败政策，识别任何潜在风险，并与这些目标国的管理团队讨论如何应对这些问题。外国投资者希望了解以前和现在的腐败程度。潜在的投资者也应当明白贿赂被发现后可能产生的影响。

(3)详细分析。这个阶段可能要对数据库的文件进行详细的审查，以及对目标国进行考察。可能涉及下列内容：

第一，对个人的背景调查，可以利用商业情报公司。

第二，对特别容易引起贿赂的领域（如销售和采购领域）的人员进行访谈。

第三，对审计或监测报告的审查应当涉及有关反贿赂反腐败的法律、法规和政策。

第四，一份详细的财务审查报告应当对任何可疑的条款、不太明确的资产或负债进行鉴别，同时应明确该目标的账目和记录情况。

投资者应当考虑受其委托的专业顾问的意见，以及意见是如何提出来的，因为有些意见可能需要由法律专业人士提出。在此阶段，投资者应当考虑可能获得的合同保护形式。这可能包括保证书这种形式，它可以涵盖许多问题，比如反贿赂或反腐败法律的遵守问题、待定调查或历史调查的缺失问题以及账目和记录的准确性问题。外国投资者可要求被并购方承诺采取反贿赂反腐败的政策以及实施这种培训，也可要求被并购方承诺进行相互合作（特别是在监管调查时）。如果买方在取得资产和公司后，其资产和公司遭遇强制执行，可以通过收取调查费用和罚款（此外）这种赔偿方式获得保护。

(4)决定。根据上述的详细分析，再决定是否继续进行交易。主管人员在评估腐败风险时应审查尽职调查报告，同时要考虑合同文件降低风险的程度。一旦贿赂被发现或者有涉嫌贿赂，必须告知或征求执法机构的同意（比如，英国的严重欺诈办公室和严重有组织犯罪署）。

(5)收购后的尽职调查。如果一定限度范围内的尽职调查能在事前完成，事后就可以着手进一步的尽职调查，采取上述同样的方法。

(6)收购后的整合和监测。投资者应当评估收购后还有什么补救工作需要完成。这个程序可能包括：审查整个合规项目（如果有的话），参与公司对可疑条款的审核（明确有问题的交易对手），任命合规人员，进行实地考察，以及定期进行内部审计和贿赂合规性的监测。当评估一项在非洲的潜在投资时，反腐败尽职调查作为更为广泛的尽职调查的核心部分是至关重要的。鉴于制裁的严重性以及非洲发生腐败风险的可能性较高，公司和他们的管理团队应在适当的时候寻求专家的意见。

(三)本地成分

对于不熟悉非洲的外国投资者,他们在非洲还会面临一个他们可能不曾在其他地方遇到的挑战,即当地成分或本土化要求。这些要求(其中最著名的也许是南非《黑人经济复兴法》中的相关规则)是多种多样的,但它们的目的是在外商独资或合资经营企业中有一定程度上的本土成分,并确保外国投资活动会给当地带来好处。

当地成分规则一般在股权比例、雇工人数以及材料服务提供方面为外国投资设定了一定的门槛和数量。在某些情况下,投资者投资特定国家或行业时,拥有一个本地合作伙伴是非常必要的(或者说是实用的)。

寻求具有合适资历和经验的合作伙伴和人员,以及具有足够高标准的原料和服务提供商对投资者来说是一项挑战。本地成分要求也可能影响并购的交易结构,并购交易活动很可能是通过设立合资企业或进行分阶段投资而不是直接购买100%的股权的方式进行的。

(四)现实困难

在非洲实施交易的实际困难是不容忽视的。虽然我们通过互联网举行电话会议或传送冗长的文件,但不能认为这种方式是完全可以实现的。

交通往来同样给交易执行造成了不便。非洲的交通不能通过简单地查阅地图就来设想路线图。直达航班很少,还经常有航班延期或被取消以及航空费成本高这些问题都给航空出行带来了困扰。短期旅行也需办理签证,同时还要求接种疫苗,这也会给航程带来影响。

三、在非洲投资的风险管理

除了具有挑战性的执行环境,非洲的并购交易还受到一些风险的影响,它们对并购的价值和可行性构成了威胁。但是如果通过尽职调查而对风险做出了正确的识别、了解和评估,可以保护其不受潜在风险的影响。

(一)政治风险

随着冲突的减少,政府管理能力的提高以及审慎的经济政策,非洲的政治风险正在慢慢减少。但是投资者仍然要注意这些,包括由于政府变更带来的风险(法律的变化以及重新谈判合同的可能性)。③

(二)监管与合规风险

在所有的并购交易活动中,对于律师而言至关重要的一点是,他们必须深入了解任何可以适用的监管制度,确保在规定的时间内完成必要的审批。并购监管制度、外汇管制问题以及环境和社会问题,都是非洲的外商投资者需要考虑的重要问题。

1. 并购监管。非洲的并购监管制度被规定在国内法和超国家的地区性规则中。并购监管制度有不同的适用范围和程序。

东南非共同市场(COMESA)制定了一项新的并购监管制度,于2013年1月14日开始生效,所有在东南非共同市场成员国进行的并购交易活动必须考虑该规则。这些成员国包括:布隆迪、科摩罗、刚果民主共和国(金)、吉布提、埃及、厄立特里亚、埃塞俄比亚、肯尼亚、利比亚、马拉维、马达加斯加、卢旺达、毛里求斯、塞舌尔、斯威士兰、苏丹、乌

③ 降低政治风险投资者可以通过以下方式降低潜在的政治风险:(1)进行彻底的尽职调查(法律、财务和声誉)。(2)了解政治格局和公众意见。(3)协商合同保护(例如,情势变更条款和不可抗力条款)。(4)签订双边投资协议进行保护。(5)说服政府和其他利益相关者以防不利变化。(6)投保政治风险。

干达、赞比亚和津巴布韦。④

2. 外汇管制。外汇管制可能会对并购的交易结构和时机、未来融资的投入以及利润的分配和汇回带来影响。为了获得充足的时间来消除由于交易结构的限制造成的这些影响,从业者应咨询当地有经验的

---

④ 东南非共同市场的企业并购监管制度

东南非共同市场制定了新的企业并购监管制度,于2013年1月14日开始生效,提出了一些在其成员国内进行并购交易活动时应注意的潜在的重大问题。

(1)较低的管辖门槛。根据东南非共同市场竞争规则(CCR),任何一项并购交易的收购方或收购对象(或者双方)在两个或两个以上的成员国都有经营活动的,该项交易必须通知东南非共同市场竞争委员会(CCC)(位于马拉维的利隆圭市)。

通知义务适用于东南非共同市场成员国内或其他地方的任何当事方,无论其营业额和资产规模的大小。这意味着东南非共同市场的制度有潜在的广泛适用。例如,它可适用于目标方在成员国内并不活跃但收购方在两个东南非共同市场成员国内有经营活动的交易,或适用于外国公司收购在东南非共同市场地区有经营活动的目标方的交易。

(2)登记费用高。如果交易需要向东南非共同市场竞争委员会申报,必须在双方作出并购决定的30天内通知委员会,并按双方在东南非共同市场合并后的营业额或资产的5%缴纳登记费,以较高者为准,上限为50万美元。因此如果一个交易合并后的营业额达到1亿美元的话,最高需交纳50万美元的登记费。

(3)重大制裁措施。如果须申报的交易未能进行申报可能面临缴纳高额罚款的风险,需缴纳并购交易主体的"一方或双方"在东南非共同市场过去一年的总营业额的10%。此外,该并购交易在东南非共同市场不具有法律效力。

(4)审查期长。东南非共同市场竞争委员会在收到完整通知之日起的120天内,应进行并购审查(但该审查被认为不可中止)。如果东南非共同市场竞争委员会需要更多的时间审查,则须向监事会申请延期。

(5)一站式服务。根据东南非共同市场竞争规则,东南非共同市场竞争委员会对东南非共同市场的并购审查有优先管辖权。然而一些成员国,尤其是肯尼亚,已经对国内竞争法是否仍然适用与应向东南非共同市场竞争委员会申报的并购交易提出了质疑。东南非共同市场竞争规则还规定了成员国可以申请东南非共同市场竞争委员会将并购交易交给成员国,由它们根据国内竞争法来考虑如何处理。

新的东南非共同市场并购制度自实施以来一直受到利益相关者的监督,有些规定尚不明确。东南非共同市场竞争委员会于2013年4月拟定了并购评估指南征求意见稿。最终指导意见公布后,以及东南非共同市场竞争委员会在将来所采取的决定(目前,已有三项并购交易向该委员会申报,该委员会已发布了其中两项交易的批准书),将对该委员会的并购监管制度对于该地区并购交易活动的适用提供更为详细的指导。

律师以确保货币的跨界流通。

3. 反贿赂和腐败。在非洲地区的并购交易活动中,贿赂和腐败问题尤为突出。长久以来一些政府官员利用其巨大影响力来掌控重大的外商投资活动,由于政府机构管理较弱、透明度不高,以及不法行为难以得到起诉等原因导致了贿赂和腐败这一重大问题的出现。

尽管近年来有所改善,但许多非洲国家仍普遍存在这一做法。透明国际清廉指数(国际领先的衡量政府部门腐败的方式)中,撒哈拉以南的非洲国家有90%的国家得分低于50分(0分意味着这个国家"高度腐败",100代表"没有腐败")。

通常容易产生腐败风险的情况包括如下:

(1)利用第三方获取许可证和执照。

(2)涉及当地供应商和员工的选择问题。

(3)慈善和政治付款的合法性问题。

(4)通融费的需求问题。

从历史上来看,这些问题在并购项目中并不像目前这么突出。不过,在英国制定了2010年《反贿赂法》以及美国根据1977年颁布的《反海外腐败法》加强执法活动后,使人们意识到需要对并购进行适当的事前和事后交易规划。因此谨慎的投资者希望在非洲进行投资时能有一个明确的政策来管理与贿赂和腐败相关的风险。

4. 环保规定。根据投资的性质,环境也可能成为一个重要的因素。虽然许多非洲国家确实存在环境法,但是并没有投资者想象的那么严苛。然而投资者为了名声性利益应当自愿申请更高(国际)的标准,只有采取这样的姿态才能在谈判中获得潜在的积极影响。

5. 就业和劳资关系。投资者还需考虑劳资关系中任何可能出现的问题。尤其是与工会谈判的时候,这可能还需当地律师的参与。

除此之外,根据行业要求,还可能有其他需要解决的就业问题,譬如:

(1)未成年工人的就业问题。

(2)与员工的诉讼问题(可能会涉及很高金额)。

(3)对于具有双重劳动关系的员工(如国际雇员的借调)所能获得的有限信息以及因他们在两个国家工作可能产生的劳动权利问题。

(三)融资风险

在许多非洲国家采取安全有效的措施具有一定的难度,这给并购交易融资带来了挑战(参见"本地担保要求")。[⑤] 要求这么全面的担保方案在法律上通常是不可能的,因此与国际融资的市场实践相比,评估什么方式更为安全这一点是非常重要的。

在一些地方,统一商法的趋势日益增强,比如非洲统一商法组织(OHADA),已经开始协助建立市场规范,解决本地担保问题。目前OHADA的成员国有如下17个国家:贝宁、布基纳法索、喀麦隆、乍得、中非共和国、科摩罗、刚果共和国、科特迪瓦、赤道几内亚、加蓬、几内亚、几内亚比绍、马里、尼日尔、塞内加尔、多哥和刚果民主共和国。

有关担保利益的OHADA统一法(简称统一法)虽然在1997年4月已经完成,但于2011年5月16日修订后才正式生效。OHADA成员国于2011年5月16日后都开始适用该部法律来解决担保问题,只有刚果民主共和国是从2012年9月开始实施该法(参见"OHADA:采取

---

⑤ 在非洲当地采取有效的担保,对于在非洲进行的并购交易可以具有几方面的意义,例如:

(1)并购融资的提供者可能会要求对目标方的当地财产(如许可证、合同权利、当地银行账户、设备或不动产)提供担保;

(2)目标方可能有现存的被担保的融资,需要保留到并购交易完成后,而在并购交易完成前必须对此类担保进行审查或重组;

(3)目标方可能拥有其主要债务人提供的担保利益,这对于并购交易来说也非常重要。

有效的安全措施”)。⑥

⑥ OHADA:采取有效的担保

非洲统一商法组织(OHADA)修订后的《担保统一法》在2011年5月16日开始生效,其中包括了以下六个基本原则:

(1)它涵盖了所有与担保相关的问题,只有《担保统一法》中规定的担保利益才是有效的(只有极少的例外)。

(2)它引进了新的担保利益类型,包括:

a.通过担保方式进行的、对银行或信贷机构有利的应收账款转让;

b.对银行账户的质押(或转让一笔金钱作为现金担保);

c.对证券账户的质押(主要是上市股票)。

(3)它引进了担保代理人的概念,代表债权人团体行事,只有银行和信贷机构才有资格担任。

(4)担保能否针对第三人执行取决于担保是否进行了公示(而不是只是转让担保财产或对担保财产的占有)

(5)为了设立担保利益的优先权,担保利益需要在指定的公共登记机构进行登记(而不只是在税务部门进行登记)。

(6)担保利益的执行方式有以下几种:

a.担保资产的公开出售。

b.法院监督的程序,也称为司法拍卖程序。

c.大多数情况下,私下分配担保财产。

到目前为止,《担保统一法》的所有规定并非都在所有成员国内得到完全实施。由于成员国国内立法和市场做法可能与《担保统一法》的规定有所不同,对于下列事项最好征询当地律师的意见:

(1)是否允许并购目标方对其资产提供担保?在非洲许多国家,一般禁止目标方或其子公司为收购其股份提供财政援助。因此,目标方为其资产提供担保以支持并购融资的行为可能被认为是非法的。

(2)除此之外,是否还需要获得其他机构的同意?根据将被担保的资产的性质,有的国家可能会要求获得相关政府部门的同意。针对相关财产的担保形式,有关的市场实践是什么?在不同国家,由于对外资的限制不同,担保贷款市场的成熟程度不同,当地律师提出的有关担保类型的建议可能有所不同。

(3)所指定的公共登记部门能否确保担保的实现?一般来说是的,但是由于相关人员没有得到充分的培训,登记系统也没有发挥其最大作用,这会造成担保的延迟问题和实际困难,或者登记部门尚未建立,可能需要采取其他临时的担保登记方式。

(4)需要在当然所在地区进行登记吗?

(5)是否应支付印花税以及它是否受到限制?为了确保某些国家的法院能够采纳该担保文件作为证据,有必要在担保文件上盖印。应支付的印花税的额度一般参考担保利益的金额确定,在有些情况下,有的国家可能会对印花税的额度有所限制。

(6)需要在税务机关进行登记吗?尽管《担保统一法》的第五项原则对此有所规定,但仍需到税务机关办理税务手续和登记。

(四)争议

对于任何并购活动而言,投资者从一开始在非洲投资时就应当考虑可能产生潜在的争议,意识到这一点是很重要的。预防(通常)胜于治疗,所以双方要履行程序和流程以确保双方遵守合同和当地法律。

外国投资者不应低估因法律的严格适用和实施所伴随的风险,这种情况在非洲是很常见的。律师应确保任何法律都能得到严格遵守。

非洲的司法制度的质量充满变数,因此,外国投资者应考虑在非洲国家之外解决争议,特别是通过国际仲裁的方式。虽然目前在非洲进行仲裁(例如,对于在北部非洲发生的交易可选择在埃及仲裁,而在其他地方发生的交易可选择在新近成立的毛里求斯仲裁中心进行仲裁)越来越普遍,但外国投资者往往更愿意将争议提交给更为成熟的争议解决中心,比如伦敦或者巴黎的仲裁机构。

律师应从始至终都应考虑到仲裁裁决执行的重要性,非洲当地法律对于仲裁裁决的执行规定有很大不同,非洲法院采用的方式可能无助于裁决的执行。如果需要针对位于非洲国家的财产提起执行诉讼,通过仲裁而不是通过在外国法院提起诉讼是一种更好的选择。

有32个非洲国家加入的《纽约公约》要求成员国法院承认仲裁协议和仲裁裁决的效力,⑦除非法院认为仲裁协议无效或者无法执行。其他公约如OHADA公约和利得雅公约也为投资者的仲裁裁决的执行提供了解决途径。

对于投资者的保护,双边投资条约或许也是一种有效的方式,但是律师在进行交易的早期阶段就应把它考虑在内,确保它是一个可行的选择。

(作者斯蒂芬·布拉班特、盖文·戴维、盖文·威廉为斯密斯斐尔律师事务所非洲事务组的合伙人及成员;
译者朱伟东,中国社科院西亚非洲研究所研究员;
译者贺玉彬,湘潭大学法学院硕士研究生。)

⑦ 截至2015年10月,已有35个非洲国家加入了《纽约公约》。——译者注

体育法

英国体育仲裁制度探析

郭树理　曹黎明

目　　次

一、英国体育纠纷解决中心的成立与发展

（一）英国体育纠纷解决中心的设立背景

许多现代体育项目起源于英国，或者在英国获得了实质性的发展，包括足球、网球、橄榄球、高尔夫、拳击、赛艇和板球等。在 19 世纪末维多利亚时期，英国制定和编纂了许多现代体育规则。前国际奥委会主席贾可·罗格曾在 2012 年伦敦奥运会开幕式上致辞，称“（英国）这个伟大且热爱体育的国家已经获得了广泛的认可，被认为是现代体育的发源地。正是在这里，体育精神和公平竞赛的概念首次变成了明确的

规则和法规。也正是在这里,体育成为了一门教育课程”。① 世界上最受欢迎的运动之一——现代足球,也起源于英国。除了是多项现代体育项目的最初发源地,英国作为一个体育大国,在世界竞技体育的表现也相当活跃。20世纪30年代以前,英国代表团在奥运会奖牌榜中一直列在前10位。后来成绩有所下滑,但几乎保持在前15名以内。② 英国的体育发展具有历史悠久、日久弥新的特点。体育对于英国人民而言,几乎是与衣食同等重要的生活必需品。

与大多数国家一样,在英国,司法手段(诉讼)作为普通诉讼的最终解决途径,往往也是体育纠纷的最终解决途径,尽管英国并不存在一个专门的体育司法机关(体育法院或体育法庭)。③ 然而,以司法途径作为解决体育纠纷的方法,存在许多弊端,比如耗时长、缺乏针对性与专业性、费用高、具有不确定性等。在体育界,如果解决一项纠纷花费的时间长,很可能会对纠纷中的运动员参加即将举办的体育赛事造成很大影响。由于现代竞技体育的发展,运动员的运动生命往往很短暂,很多体育项目运动员的黄金竞技状态一般只有短短的几年时间。④ 因此,体育界需要寻求一种高效、迅速、专业的体育纠纷解决方式。而发生于1994年的戴安·莫达尔(Diane Modahl)诉英国田径联合会(British Athletic Federation, BAF)一案,⑤则极大地推动了英国建立体育纠纷解决专门机构的进程。

---

① 2012伦敦奥运会开幕式雅克·罗格致辞,载 http://www.olympic.org/Documents/Games_London_2012/London_2012_Opening_ceremony_Speech_Jacques_Rogge.pdf。

② 英国体育情况介绍,载 http://2008.qq.com/a/20080328/000229.htm。

③ 郭树理:《体育纠纷的多元化救济机制探讨——比较法与国际法的视野》,法律出版社2004年版,第124页。

④ 叶才勇、周青山:《体育纠纷调解界解决及我国体育调解制度之构建》,载《体育学刊》2009年第7期。

⑤ 1994年,运动员戴安·莫达尔在英联邦运动会的药物检测中被检测到睾丸激素超标,被BAF认定为使用违禁药品,并处以停赛四年的处罚。随后戴安·莫达尔选择了向法院提起诉讼。尽管在1996年,国际业余田径联合会(IAAF)查明她的血液样本检测的过程存在失误,撤销了对她的指控,但此前的诉讼产生的高昂费用已使得她和BAF均遭受了严重的经济损失。

1994 年,运动员戴安·莫达尔参加了在加拿大举办的英联邦运动会。由于她在药物检测中被检测到血液中的睾丸激素(testosterone)含量为正常值的42倍,随后被BAF的一个纪律小组认定为使用违禁药品,并处以停赛四年的处罚。1996年,国际业余田径联合会(International Amateur Athletic Federation,IAAF)作出判定,认为在对她的血液样本进行检测的过程中存在失误,因而撤销了BAF对她所有的指控,并允许她重新参加国际比赛。尽管指控最终被撤销,但此前,戴安·莫达尔为了使自己受到的指控能够在法院赢得诉讼,不得不先后出售自己的两套房屋,损失惨重。而BAF为了应诉,支付了高昂的诉讼费用,濒临破产。

戴安·莫达尔诉BAF一案最终落得两败俱伤的结局。为了避免重蹈戴安·莫达尔诉BAF一案的覆辙,建立一种能够专业、快速、高效地解决机制育纠纷的替代性机制的需求更显迫切。

(二)英国体育纠纷解决中心的基本概况

1. 成立

英国体育纠纷解决中心[Sports Resolutions(UK),SR]是英国体育界具有特定性、独立性的纠纷解决机构,其前身是英国体育争议解决小组(Sports Dispute Resolution Panel,SDRP)。2001年1月1日,由英联邦运动会的法律顾问查尔斯·伍德豪斯(Charles Woodhouse)倡导,在模仿国际体育仲裁院模式的基础上建立起一个纠纷解决机构,即SDRP,总部设在伦敦。SDRP的发起成员组织包括英国九个具有代表性的体育综合团体——英国运动员委员会(British Athletes Commission)、英国奥林匹克协会(British Olympic Association)、英国残奥会协会(British Paralympic Association)、欧洲赞助商协会(European Sponsorship Association)、北爱尔兰体育联合会(Northern Ireland Sports Forum)、职业运动员联合会(Professional Players Federation)、体育休闲运动中央理事会(Sport & Recreation Alliance)、苏格兰体育联合会(Scottish Sports Association)和威尔士体育联合会(Welsh Sports Association)。SDRP受到英国体育部的资金资助,并在中央体育娱乐理事会(现名为体育娱乐联盟)提供的位于维多利亚的办事处开展工作。2008年3月,英国体育争议解决小组(SDRP)正式更名为英国体育纠纷解决中心(SR)。

SR拥有自己的专家仲裁员和调解员,“体育友好”仲裁规则[⑥]和调解程序,以及一个专注于体育领域事务的董事会和秘书处。SR解决体育纠纷的方式主要是调解和仲裁。至今,SR已受到各种体育运动的认可,每年有超过30种体育活动接受SR的服务。

2. 组成结构

(1)董事会

SR设有董事会,负责SR的日常运作。由SR的九个发起成员组织分别向SR董事会提名任命一名董事。这九名董事将共同任命一名外部人士担任主席,任命四名外部人士担任非执行委员,这些成员将和一名执行委员和两名成员组织提名的委员,共同组成一个管理委员会。管理委员会不参与具体的案件,只负责制定本组织的策略重点,为秘书处雇请员工,以及选任仲裁庭和调解庭的成员。

(2)专家小组

SR拥有一个120人规模的体育专家仲裁员小组和调解员小组。小组成员按照公开的选拔标准进行选任,任期为三年。被选任为小组成员的人员需要签订一份行为准则。SR专家小组致力于组成一个能达到以下要求的健全的专家小组,以达到以下目标:第一,小组成员具备与SR短期、中期、长期内提供的体育服务相匹配的经验;第二,小组的组成具有公平性与多样性;第三,能够支持SR的任务,目的和策略。为了实现以上目标,SR于2009年新增了儿童保护法、家庭法、教育法,以及经济和会计等领域的专家作为成员,并扩大了自身在苏格兰的影响力。为了提高成员的质量,以及使成员具备相应的技巧与经验,能够适应受理案件的要求,近年来专家小组的成员数量也略有缩减。

SR仲裁员小组的仲裁员主要分为首席仲裁员、商业仲裁员、专家仲裁员和外界仲裁员。首席仲裁员一般由对体育有兴趣,并有过主持仲裁庭经验的高级律师担任。首席仲裁员需要有能力参与涉及反兴奋剂、青少年运动员的保护、纪律处罚和监管、运动员参赛资格、运动员选

---

⑥　英国体育纠纷解决中心仲裁规则已由笔者翻译,详情见附录一。

拔等纠纷,或者能够作为仲裁庭的一员,对涉及体育赛事的参与、商业活动和资金筹集等纠纷做出裁决。商业仲裁员需要具备能够单独或与其他成员组成仲裁庭,参与商业仲裁的经验和能力。要成为商业仲裁员,则必须具有国家认证机构认可的专业资格,比如特许仲裁员协会(Chartered Institute of Arbitrators)的认证资格,还要对体育具有职业兴趣,并作为独任仲裁员完成了至少十起仲裁案件。当仲裁的案件需要特定的相关技能知识时,专家仲裁员将作为仲裁庭成员之一,以自身具备的专业技能知识帮助处理案件。要成为专家仲裁员,必须通过特定领域的国家专业资格认证,如会计、反兴奋剂(包括但不限于化学、医药学、生理学等学科的相关能力资格)、儿童保护(包括社会工作、儿童运动员的参赛资格)或资金筹集等领域的资格认证,并对体育具有职业兴趣。外界仲裁员需要具备能够作为仲裁庭成员,参与涉及纪律处罚、监管、运动员选拔纠纷的仲裁听证会,或对涉及体育参与资格、商业活动、资金筹集等纠纷的仲裁以及商业仲裁做出裁决的相应能力。要成为外界仲裁员,需要证明自己正在担任或曾经担任过一个或多个体育组织的管理者、运动员、教练、官员、赞助者、顾问,或具备其他类似的能力资格。

SR 通过鉴定和选任具备调解所需的相关经验能力的个人组成调解员小组,小组成员能够在纠纷双方当事人均同意将调解作为最合适的纠纷解决方式,将纠纷提交至 SR 解决的情况下,担任案件的调解员。调解员需要具备有效纠纷解决中心(Centre for Effective Dispute Resolution,CEDR)或其他国家调解认证机构颁发的专业认证资格,并对体育有职业兴趣,以及担任过十起调解案件的独任调解员。

(3)全国反兴奋剂小组

2008 年,经过激烈的竞标程序,SR 获得英国体育部下设的英国国家反兴奋剂组织(National Anti-Doping Organisation,UK Anti-doping)的授权,以及来自英国政府的文化媒体和体育部的资金支持,依据英国反兴奋剂政策,成立了一个专门处理国内反兴奋剂案件的组织——全国反兴奋剂小组(National Anti-Doping Panel,NADP)。NADP 完全独立于 UK Anti-doping。[7] NADP 由 20 名成员组成,包括主持仲裁庭的 12 名法律成员,以及 8 名专家成员。法律成员负责主持 NADP 仲裁庭,一般由高级律师或法律顾问担任,具备主持仲裁庭、作出书面裁决以及处理体育界反兴奋剂问题的经验和能力。专家成员具有体育违禁药品、科学、管理和高水平体育赛事方面相关的知识背景,能够作为仲裁庭的成员参与仲裁。NADP 由 SR 进行管理和运作,其裁决机构的主席由 SR 任命,其他法律和专家成员由 SR 董事会和 NADP 主席共同决定。

(4)全国儿童运动员保护小组

2013 年,在英国全国防止虐待儿童协会(National Society for the Prevention of Cruelty to Children,NSPCC)的支持下,SR 成立了全国儿童运动员保护小组(National Safeguarding Panel,NSP),为青少年运动员的保护提供专门的体育调查和裁决服务。NSP 由独立的专家组成,成员具备法律、治安保护、社会工作、运动员保护、违规者管理、体育管理等领域的背景知识。NSP 的主席由一名经验丰富的高级法院法官担任,他同时还是一名专攻儿童保护问题的资深高级律师。所有成员均为公开聘任,由 SR 按照严格的标准,通过面试程序后选拔出最佳人选。选拔成员的过程得到 NSPCC 体育方面的儿童保护组织以及 NSP 主席的支持。

3. 运行模式

尽管 SR 是一个专门解决体育纠纷的机构,但其独特的运行管理模式保障了其独立性,使 SR 既服务于体育,又不会受体育界个别利益集团的控制和干涉。SR 的九个发起成员组织分别代表了九种群体的利益,包括业余运动员、专业运动员、赞助商的利益,以及六种体育管理组织的利益,包括英格兰、苏格兰、威尔士和北爱尔兰,以及奥林匹克运动会和残奥会的相关体育管理组织的利益。此外,SR 的资金来源模式也是其保持独立性的重要原因。SR 运行的资金来源于三种渠道:一是体育公会提供的重要资金支持;二是 SR 与体育组织签订服务水平协

---

[7] UK Anti-doping 只负责对涉嫌使用兴奋剂的个人进行调查、指控以及向 NADP 提起控诉。

议所获得的资金；三是协助处理特定案件获得的收入。SR 是一个非盈利组织，扣除组织正常运作所需的费用外，它所获得的额外收入将被投入用于未来的体育服务当中。

4. 服务内容

SR 提供的服务主要有仲裁、调解、法律咨询服务（分为收费的与公益的），下设的 NSP 和 NADP 提供的相关服务，以及为体育组织的内部纠纷解决与纪律处罚机构指定人选，由指定的人员根据该体育组织的专门规范进行活动。

（1）仲裁

SR 的仲裁程序，是指依据纠纷双方当事人签订的仲裁协议，或根据相关体育组织的规章中的仲裁条款，将纠纷提交到仲裁机构，由独任仲裁员或组成合议仲裁庭，作出对双方当事人具有约束力的裁决。仲裁意味着，当事人选择了通过一种私人的纠纷解决方式，代替向法院提起诉讼的方式来解决纠纷。目前，SR 已经通过仲裁的方式解决过以下类型的纠纷，包括针对纪律处罚的上诉、针对运动员选拔的上诉、商业和合同问题、歧视索赔、针对资金资助的上诉、球队升降级问题，以及运动员资格问题等纠纷。

在仲裁程序中，SR 将作为仲裁庭的秘书处，以及当事人和仲裁庭之间通讯的媒介，并依照 SR 仲裁规则和仲裁协议，对仲裁的过程提供指导和帮助。此外，SR 将对程序进行合理安排，从而使仲裁程序所花费的时间和费用最小化。

采用传统诉讼方式解决体育纠纷，具有费用高、耗时长、公开性和不确定性的特点。而 SR 通过提供一种独立、可负担、快捷、保密的服务，对传统诉讼方式解决纠纷所存在的问题做了进一步的改善，建立起一种能够保护体育的自主性，使国家法院的诉讼只在最例外的情况下介入的体育纠纷解决机制。仲裁作为体育界的一种纠纷解决方式，体现出诸多优点，最明显的是其保密性、灵活性、专业性、确定性以及费用低。

仲裁听证会一般以非公开的方式进行，与案件没有直接联系的人员将不得出席听证会，这样可以将媒体的关注隔绝在外。仲裁裁决通常不予以公开宣布，除非经当事人同意。这就使得仲裁过程具有良好的保密性。

SR的仲裁程序具有灵活性,既可以按照仲裁庭认为适合的方式进行,也可以按照当事人约定的,且仲裁庭认为可行的方式进行。此外,SR的仲裁程序还允许当事人参与选择仲裁庭成员的程序。在仲裁程序下,有时候还可以加快程序的进度,使纠纷能够在体育界的某些具体期限到来前得到解决。比如,一个涉及运动员选拔纠纷或俱乐部参赛资格纠纷的仲裁程序,可以通过加快其进程,从而使纠纷在一个运动赛季或四大锦标赛开始前得到解决。

"体育机构提供的仲裁员名单上的仲裁员一般都是纠纷所涉及领域内的专家,具有较强的专业知识与技能,这一点优势在体育仲裁中表现尤为突出,体育纠纷往往具有较强的技术性与专业性(如兴奋剂案件),普通法院的法官一般不具备这方面的专业知识背景,而仲裁则正好相反。"⑧

因为在仲裁中,作出裁决的是体育方面的专家,他们能够理解纠纷发生的相关体育背景。因而,体育仲裁以其专业性,增加了体育各界人士解决纠纷的信心。

对体育界来说,仲裁这种纠纷解决方式最大的好处在于其具有确定性。向法院提起诉讼的纠纷解决方式具有多层次的上诉制度,而仲裁与之不同。仲裁裁决具有终局性,且对当事人具有约束力,从而使当事人在仲裁程序中的上诉权受到了限制。当事人对仲裁裁决是否有上诉的权利,取决于双方在仲裁过程中对此问题达成的相关协议,以及仲裁过程中适用的规则是否有相关的上诉条款。

仲裁的费用问题往往是许多业余体育组织最关心的问题。SR旨在让所有层次的体育团体都能够负担得起仲裁服务的费用。这一目的将通过以下两种途径实现:一是SR专家组成员的善意使他们同意配合SR将费用尽最大限度减少,在所有体育团体可承担的费用范围内提供服务。二是SR秘书处通过积极地处理案件,以及对仲裁员的时间进行高效率的利用,从而控制案件费用,为纠纷的解决提供支持与帮

⑧　郭树理:《体育纠纷的多元化救济机制探讨——比较法与国际法的视野》,法律出版社2004年版,第141页。

助。仲裁的费用通常由双方当事人共同承担，当事人可以就费用承担的方式另行达成协议。仲裁费用包括聘请仲裁员的费用、SR 相关程序的手续费、租赁听证会场地的费用以及录音服务的费用，不包括向仲裁庭请求法律咨询和代理服务的费用。由于在不同的个案中，仲裁员的人数、听证会的时长，以及仲裁员在听证会前需要事先阅览的文件数目都不同，导致不同案件进行仲裁所需要的费用也不同。在一个由独任仲裁庭审理的为期一天的仲裁中，双方当事人需要各自承担 1000 ~ 3000 英镑不等的费用。如果案件不需要举行口头听证会，则费用会有所降低。当事人需自行承担聘请代理人出庭所产生的相关费用。听证会的延长会产生额外的费用。然而，由于仲裁程序具有快捷性，以及对纠纷的关注点更为集中，这些费用往往会因此得到抵消，使解决纠纷所需的费用和时间在整体上都有所减少。

(2) 调解

在一份欧盟指令中，调解被定义为是“一个结构化的程序，无论其如何被命名或简称，都是指争议中的两个或两个以上当事人在自愿的基础上，通过调解人的帮助，针对他们之间的争端自行商议，并制定出解决协议。这个程序可以由当事人自行启动，或由法院提出建议、命令，或依据成员国的相关法律启动”。[⑨] 简言之，调解是由完全中立、不偏袒任何一方当事人的第三人，帮助当事人就纠纷事宜的解决达成合意的一种程序。调解不同于诉讼和仲裁的一个地方在于，调解员没有权利对纠纷作出对双方当事人均有约束力的决定，也没有权利对任何一方当事人的行为从主观上判断其对错。因此，调解不会产生对双方当事人具有约束力的裁决。这一特点使当事人在调解员以自身的技能和经验提供的帮助下，能够自行解决纠纷。

然而，在体育界的许多纠纷中，其争议问题的性质会在一定程度上导致调解出现摇摆不定的局面。例如，在涉及兴奋剂、运动员选拔、俱乐部参赛资格，或较为严重的纪律处罚等问题的纠纷中，在某些关键问

---

⑨ *DIRECTIVE* 2008/52/*EC OF THE EUROPEAN PARLIAMENT AND OF THE COUNCIL of* 21 *May* 2008 *on certain aspects of mediation in civil and commercial matters*, Official Journal of the European Union 136/3, 2008.

题上,当事人很难轻易做出妥协让步。比如,运动员是否服用了违禁药品、俱乐部是否具有参赛资格,这些问题并不存在模棱两可的答案。而且,体育本身具有的竞争性,使得调解的原则对体育界的部分人而言难以理解。他们认为,既然一个人有机会能够大获全胜,为什么要选择妥协于他人?但实际上,调解所具有的保密性、程序简易性、高效、费用低等优点,对于解决体育纠纷是极其有利的。此外,调解具有一个仲裁和诉讼都无可比拟的优点,就是能够在促进解决纠纷的同时,维护纠纷双方当事人的关系。因为调解是一种非对抗性程序,能够促进双方当事人对纠纷问题进行沟通,从而使双方当事人的关系不会因纠纷遭到破坏。

SR 有一套标准的调解程序,根据实际情况需要可以对其做出修改。这使得 SR 的调解程序具有灵活性。调解的过程是予以保密的,并不会影响与该纠纷相关的、正在进行的程序或讨论。所有当事人需要签订一份调解协议,[10]协议中有相关的条款,要求当事人保证在调解庭外对调解的相关事宜不予讨论。同样,调解员也要签订一份 SR 制定的相关保密协议,该协议一般不对当事人披露,除非调解员同意。在调解的私人环节中,当事人可以随意发表自己的观点,而不用担心自己的言辞会在未来成为对方与自己对抗的工具。同时,当事人发表的观点不会被公开,除非当事人同意。

从 SR 以往的经验来看,就某些特定的体育纠纷而言,调解是一种高效率的纠纷解决方式。这些特定的体育纠纷包括,发生在体育组织和赞助商之间,或赞助商和运动员之间的合同关系纠纷,运动员和俱乐部关于肖像权问题的纠纷,少年运动员的家长和俱乐部之间关于参赛机会的纠纷,体育组织和运动员之间关于训练计划与支持性服务的纠纷,或是体育组织就某些体育事项是否具有管理权等问题的纠纷。对于这些问题,调解往往能够迅速、专业、保密地解决问题。调解旨在得出双方当事人都满意的结果,一旦这一目的没有实现,也不会影响当事人继续通过诉讼或仲裁等其他方式解决纠纷。

在调解程序中,SR 主要发挥以下作用:第一,获得当事人的信任,

---

⑩ SR 提供的调解协议模板已由笔者翻译,详情见本文附录三。

增强他们的信心;第二,选择具备相应资质,能够应对案件情况的调解员;第三,尽可能将调解的费用降到最低;第四,确保当事人签订了调解协议,对调解达成了合意。在调解的最后,如果当事人就纠纷问题得出了一致同意的解决方案,他们将在调解员的帮助下,拟定一份具有法律效力的纠纷解决合同。合同将于签订后对双方当事人产生约束力。此外,当事人可以选择通过发表联合声明的方式公开解决方案,这样不仅解决了纠纷,维护了当事人之间的关系,还能避免类似纠纷的再次发生。即便在个别案件中,调解程序没有使纠纷得到解决,并不意味着这次调解彻底地失败了。实际上,在调解的过程中,双方当事人对纠纷和对方的观点都有了更深入的了解,这对往后继续促进纠纷的进一步解决有很大的帮助。

(3)法律咨询服务

SR 为体育界提供法律咨询服务。法律咨询服务的形式是,由独立的一名或多名仲裁员,应当事人的请求,对法律、规章、规则作出不具有约束力的解释。需要接受法律咨询服务的当事人,要按照 SR 提供的标准格式书写一份请求书并提交至 SR,内容应当包括当事人的姓名,与需要咨询的事项相关的文件复印件,以及对该事项的性质和背景的简要描述,并说明需要咨询的原因。当事人必须遵守 SR 相关规则,并签订一份包含了咨询的相关费用的规定的协议。

提出咨询请求的当事人可以决定仲裁员的人选和人数。如果当事人对这一事项没有做出相关决定,将由 SR 执行董事代为决定,并将决定的内容通知当事人。

被选任的仲裁员(们)对当事人应当提供哪些文件或信息这一事项,以及作出的答复意见的格式、内容、篇幅具有绝对裁量权。仲裁员在发表答复意见前,可以与当事人或与案件有关的其他个人或组织进行协商。咨询过程中产生的相关费用,经 SR 审核后,当事人需要在仲裁员发表答复意见前全额付清。仲裁员作出的答复意见不构成任何具有约束力的仲裁裁决,同时对体育界任何纠纷不具有法律效力。

SR 的公益法律咨询和代理服务拥有一批在体育方面经验丰富的律师,他们愿意为财力有限的个人,在参与 SR 或国家单项体育联合会(National Governing Bodies,NGB 或 NGBs)内部裁决小组解决纠纷的程序时,提供法律援助服务。这一批律师中有许多成员来自SR组织的2012年伦敦奥运会公益法律咨询和代理服务小组。SR可以为需要服务的个人提供律师名单,并应当事人的请求,在当事人与律师之间建立联系。但是,即使SR协助了当事人联系律师,SR对该律师作出的任何法律意见,以及为了协助当事人和律师联系所做的相关安排不承担任何责任。

(4)全国反兴奋剂小组

NADP是英国国内所有涉及反兴奋剂案件的第一审听证机构,以及所有牵涉国家运动员案件的上诉机构。涉及世界级运动员的上诉案件可以继续上诉至国际体育仲裁院进行最终裁决。成立NADP的主要目的在于,提高仲裁庭处理反兴奋剂案件所作出的裁决的质量和效力,并减少各体育组织在为处理兴奋剂案件建立内部仲裁庭的情况下,所产生的内部利益冲突和费用负担。NADP拥有一套自己的程序规则,并起草了一套全国反兴奋剂规则。NADP鼓励体育组织采用其起草的全国反兴奋剂规则,使其成为与世界反兴奋剂条例对应的国内规则,从而赋予NADP对国内兴奋剂案件的管辖权。在NADP和UK Anti-doping的关系上,NADP完全独立于UK Anti-doping。UK Anti-doping只负责对涉嫌使用兴奋剂的个人进行调查、指控以及向NADP提起控诉。

NADP的主席有权决定处理反兴奋剂案件的仲裁庭组成方式。当事人可以向NADP秘书处提交书面文件,申请延缓执行某项临时禁赛决定,但需要在文件中写明具体的理由。至于是否同意该申请,由NADP主席负责决定。在非紧急情况下,主席还可以专门就这一事项另行组成仲裁庭,由该仲裁庭作出决定,这样可以加强仲裁庭裁决的持续性,并确保NADP的程序规则与世界反兴奋剂条例在目的和宗旨上保持一致。

(5)全国儿童运动员保护小组

NSP主要提供以下三种服务,为NGB处理运动员保护方面的投诉提供专业的帮助。NSP提供的服务包括:第一,对NGB内部关于运动员保护的投诉进行独立的调查和审查;第二,代替NGB内部的纪律或上诉仲裁庭,组成独立的仲裁庭,对该机构内部发生的关于儿童参与体育活动的纠纷进行专业、独立的仲裁;第三,对是否允许某些个人与儿童或弱势的成人一起工作作出专家风险评估。

NSP在帮助解决NGB内部纠纷的过程中,将组成仲裁庭,并通过一定的程序对案件进行处理以及作出裁决。NSP负责安排和控制仲裁程序的全过程。仲裁的过程将受到具备相关经验和法律资质的NSP主席的监督。NGB作为申请人或上诉案件中的被上诉人,将全程参与案件的进行。NGB将涉及运动员保护方面的纠纷提交到NSP进行仲裁,不仅可以通过NSP专业、独立的仲裁庭,使问题能够高效、公平、专业地得到解决,并且在NSP的活动受专人监督的情况下,可以有效降低体育组织在纠纷的解决过程中出现错误的可能性,以及面临法律诉讼程序和组织名誉受损的可能性。

SR作为一个非营利组织,旨在为体育界提供高质量的服务,同时把费用控制在可负担的范围内。NSP提供调查服务的基本费用是固定的,费用将根据涉案的NGB的营业额和完成调查所需要的大概天数制定。规模小(“规模小”的一般标准是营业额低于50万英镑)的组织提起的投诉调查费用为150英镑一天,规模大(“规模大”的一般标准是营业额高于5000万英镑)的组织最高的费用可达450英镑一天。NSP的仲裁费用会提前根据NGB的支付能力予以确定,以确保NGB能够负担得起。仲裁的费用包括独立的秘书处提供行政支持的费用,具有法律资格的NSP主席提供监督的费用,从案件的受理到纠纷的解决这一过程中作出相关安排和指示所产生的费用,组成一个由具备法律资质的首席仲裁员领导的独立专家仲裁庭的费用,向当事人和证人提供指导和支持的费用,安排听证会的举行,以及为制作详细的书面裁决做准备的费用。NGB如果对费用有疑问,应当在向NSP提交纠纷前向NSP秘书处提出。

(6)为体育组织的内部裁决机构选任成员

SR提供的服务中,有一项是代表国内体育组织,依据该组织的规则,为该组织的内部纠纷解决与纪律处罚机构、上诉小组、审查小组选任独立的人员进行相关活动。毫无疑问,体育组织接受这种服务有许多优点,比如,在涉及非法赌博、比赛舞弊、少年运动员保护等复杂、难以解决的违纪案件中,涉案的个人一旦被证明所受的指控属实,该个人将会面临严厉的惩罚。

(三)英国体育纠纷解决中心所受理的案件

1. 管辖权来源

与其他纠纷解决机构一样,当事人通过规定的方式将纠纷提交至SR后,SR即获得该纠纷的管辖权。赋予SR管辖权的法律方式有三种:第一,体育行会的章程中规定了允许将纠纷提交至SR的条款。[11] SR被载入了超过100个体育行会的规则章程中,如英国足球总会、草地网球协会、英国奥林匹克协会、英国马术联合会。这些组织大部分都将SR作为纠纷的最终上诉机构或仲裁机构。通过这种方式赋予SR管辖权的情况多见于纪律处罚、青少年运动员保护、运动员选拔、反兴奋剂、俱乐部或运动员的资格认定规则等领域。除了体育行会的章程外,跨体育界的政策和规则的适用也能赋予SR管辖权。比如英国国家反兴奋剂政策和原则,当中就载有接受NADP仲裁的规定,这一政策和原则几乎被应该所有体育管理机构采用,SR因而获得了这些体育管理机构的兴奋剂案件的管辖权。第二,纠纷涉及的合同包含了将纠纷提交至SR的条款。体育界的众多商业合同和协议,如管理部门和运动员之间的参赛协议,赞助商和体育管理组织、俱乐部或赞助商和运动员之间的赞助协议,以及培训学校和运动员之间的协议,一般会将SR作为指定的纠纷解决机构。第三,纠纷双方当事人通过书面同意的方式将纠纷提交至SR进行仲裁或调解。当SR对纠纷没有管辖权时,一方当事人可能会请求SR帮助解决纠纷。在这种情况下,纠纷双方当事人必须签订仲裁协议或调解协议,以书面的方式对于将纠纷提交SR解决这一问题达成合意。SR有相应的示范条款文本,供体育组织或其他组织、个人在制定规章、规则、合同时作为参考。

NSP要获得涉及运动员保护的案件的管辖权,需要涉案个人和NGB双方的同意。如果NGB或其他组织的章程中,有相关条款规定了NSP对纠纷具有管辖权,那么这些NGB或其他组织就能够向NSP

---

[11] SR提供具体条款文本供体育行会参考,文本内容已由笔者翻译,详情见本文附录四。该条款文本同样适用于第二种情况,即当事人在合同中订立将纠纷提交SR的相关条款。

提出仲裁请求。此外,如果个人需要对 NGB 作出的决定提出上诉,只要 NGB 的章程允许 NSP 对此类上诉拥有管辖权,那么该个人就能够向 NSP 提起上诉。如果 NGB 或其他体育组织的章程中没有相关规定,NGB 可以通过提交书面仲裁申请的方式,向 NSP 提请仲裁。当 NSP 的秘书处对于 NSP 对该纠纷是否具有管辖权这一问题存在质疑时,可以要求 NGB 和涉案的个人对 NSP 的管辖权作出书面同意。通常,作出书面同意的方式是双方当事人签订一份仲裁协议,确定 NSP 对双方的纠纷具有管辖权。NGB 可以通过调整本组织的规则,将 NSP 提供的示范条款文本[12]的部分或全部,纳入本组织的规则当中,那么 NSP 就能够自动取得该 NGB 的相关纠纷案件的管辖权。

NGB 可以在其规则中作出相关规定,选择性地将案件提交到 NSP 进行仲裁。NGB 也可以选择只将特定的案件提交到 NSP,在这种情况下,NGB 需要在每一次向 NSP 提交纠纷时,与另一方当事人签订特定的仲裁协议。协议中应当明确表达双方当事人同意通过协议,将纠纷直接提交至 NSP,否则,当事人将可能不同意将纠纷提交到 NSP 进行裁决。

2. 处理案件情况

自 2000 年以来,SR 已帮助解决了超过 1000 起体育纠纷。这些纠纷涉及面广泛,包括兴奋剂、选拔、合同、歧视、运动员参赛资格、球队升降级和赛场秩序维护等方面。2000 年,SDRP 受理了第一起案件。这一起案件的纠纷发生在某 NGB 和赞助商之间,关于涉嫌侵犯某体育组织的知识产权,涉及四方当事人的商业纠纷。2007 年,SDRP 解决了一起发生在 400 米短跑运动员克莉丝汀 · 奥古鲁格(Christine Ohuruogu)和英国奥林匹克协会之间的纠纷。在这一案件中,英国奥林匹克协会根据英国奥林匹克协会反兴奋剂条例,对克莉丝汀 · 奥古鲁格开出了终生禁赛的禁令。在这一纠纷得到解决后,克莉丝汀 · 奥古鲁格得以重回赛场,并获得 2007 年的世界冠军和 2008 年奥运会的冠军。2012 年伦敦奥运会期间,SR 与伦敦奥组委(London Organizing Committee of

---

⑫ NSP 提供具体条款文本供 NGB 参考,该文本已由笔者翻译,详情见本文附录五。

the Olympic and Paralympic Games, LOCOG)、英国律师协会(Law Society)、律师公会(Bar Council)以及英国体育和法律协会(British Association for Sport and Law)联合,为参加2012伦敦奥运会和残奥会的运动员、球队和官员提供无偿法律咨询服务和代理服务。此外,SR还帮助解决了19起发生在伦敦奥运会和残奥会期间关于运动员选拔的纠纷,当中包括亚伦·库克(Aaron Cook)和英国跆拳道队的纠纷,以及英国艺术体操组和英国体操队之间的纠纷。2014年,SR设立的NADP对英国的第一个生物护照案做出裁决,案件当事人为自行车选手乔纳森·蒂尔南·洛克(Jonathan Tiernan Lock)和UK Anti-doping。

表1 SR参与的案件与近年工作情况⑬

年份	咨询案件数	受理的案件数	NADP承办案件数	仲裁案件数	NSP承办案件数	指定仲裁庭承办案件数	调解案件数	其他案件数
2008~2009	162	65	4	16	–	38	4	3
2009~2010	159	75	23	34	–	12	6	0
2010~2011	137	77	23	43	–	6	5	0
2011~2012	121	75	21	31	–	15	8	0
2012~2013	209	113	16	41	2	42	9	5
2013~2014	222	115	13	33	16	20	8	25

从表1来看,SR受理的案件、咨询案件、NADP指定仲裁庭承办案件以及其他案件的数量,在2012年以后都有明显的增长。仲裁案件的数量在2008年以后出现了明显的增加,并在往后几年维持在一定的数量等级上。调解的案件数相对较少,在2011年以后也有了小幅度增加。其他案件数则在2013年至2014年间有大幅增长,从5个增加到了25个。

⑬ 数据来源:https://www.sportresolutions.co.uk/resources/statistics。

表 2 SR 参与的重要案件⑭

日期	当事人	纠纷性质	管辖
2006年	世界职业台球与斯诺克协会(World Professional Billiards & Snooker Association)诉昆腾·哈恩(Quinten Hahn)	关于假球指控的纪律听证会	世界职业台球与斯诺克协会纪律处罚规则
2007年	克莉丝汀·奥古鲁格(Christine Ohuruogu)诉英国奥林匹克协会(British Olympic Association)	根据英国奥林匹克协会反兴奋剂细则提出的上诉	英国奥林匹克协会反兴奋剂细则——上诉程序
2007年	罗伯特·利斯特(Robert Lister)和威廉·诺克(William Nocker)诉皇家游艇协会(The Royal Yachting Association)	对皇家游艇协会纪律小组的决定提出的上诉	根据 SR 仲裁规则进行的仲裁
2007年	保密 奥林匹克运动员,奥林匹克教练和某 NGB	涉及一项奥林匹克运动内的一名运动员和教练之间的关系的纠纷	根据 SR 调解程序进行的调解
2008年	马尔文·安德烈(Marvin Andrews)等诉特立尼达和多巴哥足球协会(Trinidad and Tobago Football Association)	2006 年世界杯期间关于收入共享协议的纠纷	根据 SR 仲裁规则进行的仲裁(普通程序)
2008年	保密 奥林匹克运动员,奥林匹克教练和某 NGB	涉及一项奥林匹克运动内的一名运动员和教练之间的关系的纠纷	根据 SR 调解程序进行的调解

⑭ 数据更新于 2012 年 7 月,数据来源:https://www.sportresolutions.co.uk/uploads/related-documents/Sport_Resolutions_-_List_of_Significant_Cases.pdf。

续表

日期	当事人	纠纷性质	管辖
2008年	保密 一名教练和某NGB	涉及一名教练被指控向一名年轻运动员实施不当行为初审的纪律听证会	根据该NGB关于儿童保护规则的初审纪律听证会
2009年	UK Anti-doping诉卡勒姆·普瑞斯特里(Callum Priestly)	关于违反反兴奋剂条例的指控初审的纪律听证会	英国田径联合会反兴奋剂规则
2009年	杰玛·普拉姆利(Gemma Plumly)诉英国马术协会(British Showiumping Association)	针对英国马术协会负责人的一项决定提起的上诉	根据SR上诉仲裁规则进行的仲裁
2009年	保密 北爱尔兰、苏格兰、威尔士、英格兰的某国内体育单项联合会NGB和英国国内NGB	一项奥林匹克运动内关于管理结构的纠纷	根据SR调解程序进行的调解
2010年	卡尔·约翰逊(Karl Johnson)等诉英国雪橇协会(British Bobsleigh Association)	针对未被选拔参加2010年冬季奥林匹克运动会的上诉	根据2010温哥华冬季奥运会选拔规则进行的上诉
2010年	世界专业台球和斯诺克协会(World Professional Billiards & Snooker Association)诉约翰·希金斯和帕特·穆尼(John Higgins and Pat Mooney)	关于假球指控的纪律听证会	世界职业台球与斯诺克协会纪律处罚规则
2010年	保密 医疗队与某NGB	关于有效支持运动员参加奥运会表演项目而引发的纠纷	根据SR调解程序进行的调解
2011年	UK Anti-doping诉贝尼斯·威尔逊(Benice Wilson)	关于违反反兴奋剂规则的指控初审的纪律听证会与上诉	英国田径联合会反兴奋剂规则

续表

日期	当事人	纠纷性质	管辖
2011年	UK Anti-doping 诉马克·托马斯(Mark Thomas)	关于违反反兴奋剂规则的指控初审的纪律听证会与上诉	英国田径联合会反兴奋剂规则
2011年	英国足球总会(The Football Association)诉路易斯·苏亚雷斯(Louis Suarez)	关于种族歧视的指控的初审纪律听证会	英国足球总会纪律处罚规则
2011年	体育公会(Sports Councils)诉西蒙·吉布斯(Simon Gibbs)	针对体育公会对违反兴奋剂规则的运动员个人撤回资金资助的上诉	体育公会独立的上诉程序
2011年	UK Anti-doping 诉马丁·格里森(Martin Gleeson)	关于违反兴奋剂规则的指控初审的纪律听证会与上诉	英式橄榄球联盟的反兴奋剂规则
2012年	亚伦·库克(Aaron Cook)诉英国跆拳道协会(British Taekwondo Association)	针对落选2012年伦敦奥林匹克运动会的决定的上诉	根据SR上诉仲裁规则进行的仲裁
2012年	托妮亚·库奇(Tonia Couch)诉英国游泳队(British Swimming)	针对落选2012年伦敦奥林匹克运动员10米跳台个人赛的决定的上诉	根据2012奥林匹克英国游泳队选拔规则进行的上诉
2012年	大卫·罗伯茨(David Roberts)诉英国游泳队(British Swimming)	针对落选2012年伦敦残奥会的决定的上诉	根据2012残奥会英国游泳队选拔规则进行的上诉
2012年	保密 一位专业选手和他所在的俱乐部	由内部纪律程序引起的雇佣纠纷	根据SR调解程序进行的调解

二、英国体育纠纷解决中心的纠纷解决程序与规则

(一)仲裁程序

SR的仲裁程序分为普通仲裁程序和上诉仲裁程序。SR仲裁规则为仲裁员的选任提供了一种比较灵活的方式。当事人可以共同决定仲裁庭的组成方式,是独任仲裁员还是合议仲裁庭。如果他们选择合议仲裁庭,则可以从SR提供的具备资格的仲裁员名单中,分别指定一名仲裁员,再由指定好的仲裁员共同确定首席仲裁员的人选。当事人还可以请求SR代表他们选任仲裁员。

1. 普通仲裁程序

要启动SR的仲裁程序,首先需要双方当事人都同意将纠纷提交到SR。当事人之间达成合意的方式有三种:体育行会的章程中有规定了要将纠纷提交SR进行仲裁的条款,或双方当事人签订的合同中包含了仲裁条款,或当事人签订了专门的仲裁协议。SR有标准的仲裁协议,供当事人制定仲裁协议时参考和借鉴。[15] 仲裁协议中通常需要包含以下内容:纠纷的性质、当事人的姓名、仲裁费用的分摊方式或其他事项,比如仲裁庭的组成人数。当事人根据以上方式对仲裁达成合意后,意味着当事人赋予SR管辖权,同意以仲裁的方式解决其纠纷。

原告或申请人应当向SR提交一份仲裁声明书,阐明纠纷的性质、救济请求、仲裁各方当事人的姓名地址,并附上能够赋予SR管辖权的书面文件的复印件,即仲裁协议或载有仲裁条款的章程、合同的复印件。在这一阶段,SR可以要求申请人提交保证金,该保证金将不予以退还。被要求缴纳保证金的申请人,需要在规定的时间内缴清。仲裁庭的组成方式和人数,将会在与当事人协商后确定。双方当事人可以自行协商听证会举行的时间和地点。如果双方当事人对以上程序问题协商不成,仲裁庭将协助予以解决,必要的话,仲裁庭将召开电话指示会议,帮助当事人对以上事项予以协商并确定。最后,SR会以书面的形式对仲裁程序的相关指示予以最终确认。

---

[15] SR为当事人提供仲裁协议的模板供参考,该协议文本已由笔者翻译,详情见本文附录二。

双方当事人应在仲裁员指定的时间内或SR仲裁规则规定的时间内，提交书面陈述和证据。随后，SR将安排举行听证会，双方当事人向仲裁庭提交证据，并交叉询问证人。听证会的地点一般在SR的仲裁和调解中心，或者在双方当事人协商确定的地方。SR将派出代表出席仲裁听证会，以示支持，并对听证会的过程进行录音。听证会结束后，仲裁员（们）将退庭，并在规定的时间内，以书面的形式作出对双方当事人具有约束力的终局裁决。一般情况下，仲裁裁决将在听证会结束后的三周内作出，并以电子邮件的形式送交双方当事人。如果情况紧急，比如仲裁的裁决将关系到当事人是否能够参加一场即将举办的体育赛事，那么当事人可以申请仲裁庭在听证会结束后当场作出口头裁决。但申请口头裁决需要当事人以书面的方式提出，并阐明理由。仲裁裁决一般不予以公开，除非经双方当事人同意。

2. 上诉仲裁程序

如果当事人要对体育组织、体育主管部门、俱乐部、体育联盟等组织做出的决定提起上诉，应当选择上诉仲裁程序。只有符合以下两项条件时，当事人（以下统称为“申请人”）才能够向SR提起上诉仲裁请求。一是根据涉案体育组织的规章或纠纷双方订立的仲裁协议，SR对纠纷有管辖权。二是申请人已用尽体育组织的内部救济，纠纷仍然没有得到解决——如果双方当事人同意，对用尽内部救济的前提可以不作要求。满足以上条件后，申请人需要在规定的上诉时限内，提交一份上诉声明至SR。上诉时限届满后10天内，申请人还要向SR提交一份正式的上诉申请书，如果申请人逾期没有提交，将被视为撤回上诉申请。上诉申请书和上诉声明书的内容要按照SR仲裁规则的要求制定。被上诉的体育组织（以下统称为“被申请人”）要在规定的时间内，按照SR仲裁规则的要求提交答辩状。即使“被申请人”不提交答辩状，也不会影响仲裁程序的进行。当事人应当严格按照SR仲裁规则规定的时间提交相关文本，否则SR将不予接收，除非仲裁庭同意或另有指示。

（1）NADP仲裁程序

英国国内反兴奋剂案件的当事人有权利向NADP提出申请，请求NADP的仲裁庭对案件进行审理。当事人正式提出申请后，UK Anti-doping 将联合 NADP 秘书处,就当事人提请的仲裁事项作出书面回复。确认受理案件后,NADP 主席将任命三名仲裁员组成仲裁庭。仲裁庭的组成人员通常包括一名高级律师或资深律师,以及两名在体育科学或体育医药学方面具有专业背景知识的仲裁员。被选任的仲裁员需要签署一份书面的独立声明。如果任意一方当事人对仲裁庭的公正性有异议,可以向 NADP 主席或 SR 提交一份书面文件提出异议。该异议是否成立,将由 NADP 主席予以决定。仲裁庭组成后,仲裁庭的首席仲裁员将发出书面指示,进行电话会议,并确定听证会举行的时间、地点以及其他相关日程。如果案件需要进行口头听证会,听证会将被安排于 NADP 受理案件之日起 40 天内举行,除非另有其他规定。UK Anti-doping 或运动员需要将各自准备在听证会上使用的证据,提前交到 NADP 的秘书处。双方当事人将会收到对方提交的证据的复印件。

对于应当提交何种证据,NADP 对此没有作出具体规定。因此,只要是当事人认为与案件有关的证据,都可以提交,包括相关证人或专家的陈述。提供证据的证人或专家可能会被要求出席听证会并接受质询。如果证人需要出席听证会,SR 将提前告知当事人。

听证会一般在 SR 仲裁和调解中心举行。如有必要,当事人可以申请在国内的其他地方举行听证会,但必须说明理由。该案仲裁庭的首席仲裁员将决定是否通过该申请。听证会将以非公开的方式进行,当事人可以携带家人、朋友或案件代理人参加。此外,出席听证会的可能还有来自运动员本国或国际单项体育联合会的员工,还有协助仲裁庭和当事人的 NADP 秘书处的员工。听证会开始后,首席仲裁员将就仲裁的相关程序予以说明。随后,由双方当事人分别做开庭陈述,然后轮流发言,并交叉询问证人。最后,双方当事人对案件各自做结案陈词。听证会全程将被录音,以便 SR 应当事人的要求,将案件的进行过程制作成书面文件。在仲裁庭要求证人出庭前,证人应该在其所属的该方当事人的休息室等候。证人出庭作证完毕后,在双方当事人同意的情况下,可以不予离场,继续参与仲裁听证会。

听证会结束后,仲裁庭不会当场作出口头裁决。仲裁庭将于听证会结束后的 15 个工作日内,将裁决以书面的形式送交双方当事人。裁决通常以电子邮件的方式传达，裁决文书的复印件将分别送交至涉案的运动员、UK Anti-doping、涉案的体育项目的国内单项体育联合会和国际单项体育联合会，以及世界反兴奋剂机构。

以上收到裁决文书复印件的所有个人和组织，如果对仲裁裁决有异议，均有权在裁决文书发出后的 21 天内，向 NADP 提起上诉。初审裁决中会告知当事人上诉时限，当事人应当在该时限内提出上诉，如果当事人是国家级运动员，应向 NADP 秘书处提交上诉文书，如果当事人是国际运动员，则需要向位于瑞士的国际体育仲裁院（CAS）提出上诉。一旦以上任意主体对裁决提起上诉，在得出上诉受理结果前，该裁决结果将不予公布。如果经过查实，涉案运动员确实违反了反兴奋剂规则，并且没有提出上诉，那么该裁决将会公布于 NADP（或 UK Anti-doping）的官方网站上。如果运动员没有违反兴奋剂规则，裁决将不予公布，除非该运动员同意。

NADP 上诉庭有权根据反兴奋剂规则，对初审仲裁庭作出的裁决中的相关纪律处罚、处分予以增加、减少或撤销。

在费用方面，运动员或体育组织将涉及兴奋剂的案件提交到 NADP 是免费的。但当事人需要自行承担其在案件审理过程中，向 NADP 寻求代理应诉等方面的帮助所产生的费用。NADP 不会为任何一方当事人提供法律意见，但会建议涉案运动员在听证会举行前通过其他途径进行相关咨询。有些运动员会选择自行出席听证会，或选择自己的教练或其他亲信的人作为代表出席。运动员还可以从 NADP 秘书处提供的专业免费代理律师的名单中选择一名律师，获得免费或费用较低的法律服务。

（2）NSP 仲裁程序

在相关当事人向 NSP 秘书处提请仲裁后，接待的员工将根据实际情况，对 NSP 对该案是否有管辖权作出初步的评估。如果秘书处确认 NSP 对该案有管辖权，则会将相关当事人提交的仲裁请求书递交到 NSP。如果 NSP 对该案没有管辖权，秘书处将指示当事人起草一份仲裁协议。仲裁请求书由 NGB 或欲提起上诉的相关当事人作出，并应包含以下内容：第一，双方当事人的具体联系方式；第二，对于被指控事项的书面回复或声明，或提起的上诉所针对的书面决定的复印件；第三，对听证会举行的地点等事项提出的实际要求,或其他特别措施和请求;第四,能够证明仲裁请求书已抄送给对方当事人的书面文件。NSP受理案件后,NSP现任主席、皇家律师史蒂芬·贝拉米(Stephen Bellamy),将负责任命该案件的仲裁庭成员,成员包括一名有相关经验的法律成员,以及两名专业成员。NSP主席作为NSP的负责人,将监督实施NSP的法律功能。一旦一个案件被提交至NSP进行仲裁,则与案件相关的所有问题的处理将交由NSP负责。NSP会向案件当事人发出指示,告知当事人具体程序的进行以及程序的时限等规定。双方当事人需要在听证会举行前上交一份案件总结和证据,并将各自希望出席听证会的证人的信息提前告知NSP。随后,NSP将安排听证会的具体事项,并根据案件的实际情况,决定是否需要采取任何"特别措施"。在听证会上,双方当事人将就案件各自作出陈述,并交叉询问证人,最后对案件进行总结陈词。最后,仲裁庭将作出书面裁决,并说明裁决作出的具体理由。

为了方便当事人,尤其是考虑到与案件相关的儿童或其他年轻人,仲裁听证会将在位于伦敦市中心的SR仲裁和调解中心举行。中心配备有隔音的休息室,一间听证会会议室和举行视频会议所需的设备。SR仲裁和调解中心的场地提供了良好的保密性和隐私性,非常适合举行内容较为敏感、需要将当事人和证人分开进行的听证会。如果当事人另有要求,或依涉案儿童的需要,有必要选择另一个场所的,NSP将在国内另选一个合适的场所举行听证会。

(二)调解程序

要启动调解程序,双方当事人需要签订一份调解协议,同意以调解的方式代替诉讼或仲裁作为纠纷解决方式。双方当事人可以从SR提供的调解员名单中共同选择一名,作为本案的调解员,也可以委托SR进行选任。如果当事人对调解员的选择无法达成一致,则由SR代为选任。随后,调解员会向双方当事人递交一份关于纠纷的书面文件,里面记载了纠纷的内容和希望通过调解得到的结果,以及结果实现与否将产生的影响。双方当事人应根据文件记载的内容,为调解做相应的准备。在预调解或正式调解进行时,调解员将通过分别会见或共同会见的方式,与双方当事人探讨各自的观点。调解员会进行测试思想程序,对当事人可能存在先入为主的一些观点提出质疑。比如说,调解员可能会问当事人:"为什么你觉得自己被训练队忽略了?你有没有尝试从另一种角度看待所发生的事情?"

调解这一程序建立在双方当事人完全自愿的基础上。在根据解决方案缔结具有法律效力的协议前,当事人可以随时退出调解程序。调解一般为期一天,视情况需要可能会于当天提早开始或延续至晚上。调解程序的进行场所由双方当事人共同决定。SR 仲裁和调解中心有专门为调解设置的场地,包括四个独立的私人分会议室和一个大的总会议室。

调解的费用取决于纠纷问题的价值和双方当事人的财务状况。通常,一个调解案件的费用在 1000 英镑到 6000 英镑不等,由双方当事人平均分摊,除非当事人之间对费用的分摊方式另有约定。当事人应各自承担自身产生的费用,包括律师费。

(三)NSP 调查程序

通常,一个标准的 NSP 调查程序包括以下步骤:第一,任命一名独立的调查员/审查员;第二,对案件是否存在利益冲突进行审查;第三,对案件的相关文件进行审查;第四,对 NGB 收集到的所有证据和其他信息进行审查;第五,与被指控/投诉的当事人面谈;第六,与投诉人和证人面谈;第七,制作证人陈述,并要求证人签名确认;第八,制定调查报告,内容包括调查员的调查结果以及建议。启动 NSP 调查程序,NGB 首先要向 SR 提出调查请求。SR 在收到相关的调查请求后,将委任 NSP 的其中一名具有治安保护或法律背景的成员,作为调查的主要负责人。SR 要求 NSP 调查小组的成员要在运动员保护方面的调查有丰富的经验,并对体育感兴趣。所有成员都有专业赔偿保险。过程中,调查员将仔细阅读与本案相关的背景文件,如投诉信、事故报告、NGB 搜集到的证据,以及相关的 NGB 政策、规则、程序。随后,调查员将在 SR 的支持下,起草一份时间表,开展具体的询问调查工作。在对每位证人进行询问并记录后,调查员将要求证人在记录文件上面签字确认。最后,调查员将根据调查获得的信息制作一份最终版本的报告,并在报告中提出建议,报告连同所有证据将被送至该 NGB。

一般而言,一个调查案件的预期完成时间为四天,一天用于做前期准备工作,两天用于对相关证人进行调查访问以及准备制作证人陈述书,最后一天用于书写报告。涉及人数较多、复杂的调查案件可能需要花费更多的时间。

三、案件评析

(一)普通非上诉仲裁案件——12名NGB成员对该NGB一项参赛年龄政策不满所产生的纠纷⑯

某NGB推行了一项新政策,根据该政策,成员在70岁以后不得参加比赛。NGB声称这一项政策是根据体育事故的相关数据制定的,是出于对运动员的健康和安全的考虑。部分受到该政策影响的运动员对这一政策提出了质疑,他们认为,制定这一政策的依据,即出于对运动员健康和安全的考虑这一"正当理由"不成立,且该政策违反了2010平等法(2010 Equality Act)中的关于禁止年龄歧视的规定。NGB就该纠纷向SR请求予以帮助解决。在SR的协助下,双方当事人——NGB以及相关的12名NGB成员签订了一份仲裁协议,对纠纷涉及的具体问题、仲裁员的权力等事项进行了约定,并同意根据SR仲裁规则解决本纠纷。

在本次纠纷中,当事人更关注解决纠纷所需要花费的费用和时间。SR任命了一位熟悉相关体育知识的高级律师作为本案的独任仲裁员,并通过电话会议,对当事人指定相关专家、交换证人陈述和基本论据文书等程序制定了一份时间表。其后,SR将听证会安排在一天内完成,通过听证会时间的压缩,从而减少了仲裁庭的费用以及双方当事人各自的律师费。双方当事人提出了各自的科学专家,专家们在听证会上做出了口头证据,并接受了对方当事人的交叉质证。仲裁员对双方当事人提交的书面文件进行了仔细考虑,并对口头证据进行了超过九个小时的审理。听证会的最后,仲裁员承诺将于10天内作出书面裁决。本案中,仲裁员认为,将运动员的参赛年龄限制在70岁以内这一决定缺乏考虑,因为没有确凿的证据可以证明,对运动员实施参赛年龄限制

⑯ 载 https://www.sportresolutions.co.uk/resources/case-studies/arbitration-case-study-1。

可以保障运动员的安全并降低受伤风险。最后,仲裁员裁定,撤销NGB推行该政策的决定,并要求NGB重新制定保护运动员安全的相关参赛年龄政策。

本次仲裁的总费用为3500英镑,由双方当事人平摊。双方当事人只需要各自支付不到2000英镑的仲裁费用。本案通过仲裁,在16周内得出了对双方当事人具有约束力的终局性裁决,避免了纠纷继续扩大可能引起的损失。12名NGB成员被赋予了向独立的仲裁庭提出请求的机会,不管结果如何,都体现出了该NGB对他们的诉求予以重视的态度。而NGB同意将纠纷通过独立的仲裁予以解决,更体现出其公平、公开、透明的行为准则,同时也避免了诉讼产生的高昂的费用和过长的耗时,导致体育运动本身的公正性遭到破坏。

(二)兴奋剂上诉仲裁案件——UK Anti-doping诉小克雷格·温莎(Craig Windsor JNR)[17]

一名专业拳击手被指控违反了反兴奋剂规则(使用和持有违禁药品),具体为《世界反兴奋剂条例》(WADA Code)第2.2条[18]和第2.6条。[19] UK Anti-doping根据该运动员在社交网站脸书上发送给另一名运动员的消息,对该名运动员提出了控诉。脸书(Facebook)的对话记录显示,涉案运动员在对话中描述了自己曾经服用的违禁药品,以及该药品对他的身体和表现带来的功效。根据英国拳击运动管理委员会的反兴奋剂规则,此案应提交至NADP作出裁决。

涉案运动员最初否认了他受到的所有指控,并指出,在他的药物测试中没有阳性结果的情况下,不能对他提出兴奋剂指控。然而,他最终在听证会上还是对指控予以供认。仲裁庭考虑对他只处以一定时期的

---

[17] 来源:Sport Resolutions Annual Report 2013 - 2014,https://www.sportresolutions.co.uk/uploads/annual-reports/Annual_Report_13 - 14_V11_web_spreads.pdf。

[18] 《世界反兴奋剂条例》第2.2条的内容为:运动员使用或企图使用某种禁用物质或禁用方法。https://wada-main-prod.s3.amazonaws.com/resources/files/wada - 2015 - code-chinese_0.pdf。

[19] 《世界反兴奋剂条例》第2.6条的内容为:持有某种禁用物质或禁用方法。https://wada-main-prod.s3.amazonaws.com/resources/files/wada - 2015 - code-chinese_0.pdf。

禁赛处罚。UK Anti-Doping 提出,本案中有加重情节,应当对其处以不少于标准时期两年的剥夺参赛资格的处罚。该运动员认为,自己确实存在加重情节的情形:(1)本案中涉及多种违禁药品,并且当事人在一个重要的体育运动时期使用了违禁药品;(2)该运动员对服用违禁药品一事早有预谋;(3)该运动员在听证会当天才承认了违反兴奋剂规则的事实。随后,仲裁庭对于 UK Anti-doping 提出的加重情节表示同意,对该运动员处以三年零九个月的禁赛期处罚。

本案表明,要对一名运动员提起违反兴奋剂规则的指控,并不一定需要依据药物测试的结果,可以根据运动员对指控的供认以及社交媒体上的对话所提供的事实依据。

(三)儿童保护上诉仲裁案件——某教练诉 NGB[20]

某教练 X 被认定为可能对儿童和年轻人在体育上可能施加不利影响,在这一基础上,其所在 NGB 的儿童保护委员会决定对教练 X 的教练执照进行限制,禁止他担任 18 岁以下的运动员的教练。该教练对此决定提出了上诉。依据 NGB 的儿童保护政策的上诉程序,本上诉应提交至 SR。在独立的上诉仲裁庭进行审理后,仲裁庭驳回了当事人的上诉,维持 NGB 作出的执照限制的决定。

警方调查到,教练 X 从一个含有裸体女孩图片的不良网站得到了一张 DVD。儿童保护委员会据此作出了上述限制教练执照的决定。随后,在对教练 X 家进行的一次搜索中,发现了该教练的电脑上存有 18 张关于儿童的不雅图片,其中包括两张程度更为严重的儿童性侵害类型的图片。这些图片中,其中一张的性质符合 COPINE scale[21] 的四类,一张则属于五类。教练 X 否认这些儿童裸体图片是他个人主动获得的。他解释说,图片一定是这些裸体网站自动弹出来的。最终,他承认了自己经常访问该不良网站。上诉仲裁庭裁定,一旦发现个人持有这样的物品,物品并非自己主动获取的举证责任即转移给该个人。他

---

⑳ 来源:Sport Resolutions Annual Report 2013 - 2014,https://www.sportresolutions.co.uk/uploads/annual-reports/Annual_Report_13 - 14_V11_web_spreads.pdf。

㉑ COPINE scale:一种对儿童性虐待的图片的严重程度进行评价的等级系统,创立于爱尔兰,应用于英国国内。

们认为,教练 X 没有举出足够的证据,来证明图片是网站自动弹出的,因此,应当驳回其上诉。上诉仲裁庭维持了儿童保护委员会作出的限制教练 X 的教练执照的决定,将教练执教的运动员年龄限制在 18 岁以上。

本案例突出体现了一点,就是 NGB 应当在必要的情况下,从警方进行的刑事调查中获得相关的信息,作为内部纪律处分程序的证据。在这种情况下,当事人通常不会受到刑事指控,案件将交由 NGB 根据相关案件事实,按照其体育法规对当事人作出相应的处理。

(四)普通上诉仲裁案件

1. 纪律处罚上诉仲裁案件㉒——一起发生在 NGB 和两名运动员之间关于严重违纪行为的纠纷

两名运动员在受到 NGB 对自己的违纪行为作出的纪律处罚后,对 NGB 的程序和纪律处罚的内容产生了质疑,随后与 NGB 发生了纠纷。为了更高效地解决纠纷,避免将纠纷提交诉讼而使纠纷的解决具有不确定性,双方当事人同意将纠纷提交 SR 仲裁。

SR 纠纷解决负责人从 SR 仲裁员小组名单中选取了五名仲裁员,并将这五名仲裁员的名单和资料交给当事人。双方当事人从五名仲裁员中共同选取了一位具备丰富的体育经验的商业仲裁员。随后,SR 起草了一份仲裁协议,并安排了一次电话会议,在电话会议中,SR 对纠纷的管辖权予以最后确认,并对仲裁文书的交换和仲裁听证会的举行等事项拟定了时间表。SR 对仲裁员作出的一系列指示进行了书面确认,并监督各项程序按时进行。SR 为当事人提供中立的程序指导,促进当事人之间的交流,从而使得仲裁的费用明显降低。之后,SR 安排并参与了仲裁听证会,对仲裁庭及时地作出公正的书面裁决给予了协助。最后,仲裁庭作出裁决,维持 NGB 对运动员作出的纪律处罚的决定。

本次仲裁一共花费 3400 英镑,由三方当事人各自承担 1133 英镑。若将本纠纷交由其他商业仲裁机构解决,费用可能高达 10,000 英镑。自 SR 介入纠纷起至作出最终裁决时,本案纠纷的解决一共耗费了 16

㉒ 载 https://www.sportresolutions.co.uk/uploads/related-documents/Website_-_arbitration_case_study_3.pdf。

周。SR的仲裁程序在本案中为NGB和运动员节约了大概30,000英镑的律师费,以及节省了大量的时间。双方当事人对仲裁程序的公正性没有提出异议。本案被上诉人的代理人更是对程序的高效、快速、费用低有所称赞。

在本案的裁决书中,仲裁员对NGB的原始程序提出了批评,并表示,运动员同意将纠纷提交仲裁程序解决,从而避免了诉讼将产生的高额诉讼费,NGB对此应当感到庆幸。本案的运动员能够成功对仲裁裁决提起上诉的可能性非常小。

2. 参赛资格上诉仲裁案件㉓——一起奥林匹克运动员和NGB之间关于运动员选拔的纠纷

一位排名第一的运动员没有被其所在的NGB提名参加伦敦2012奥运会,对此,他决定提出上诉。根据相关规则,能够获得参加奥运会提名的名额只有一个。NGB表示,另一名运动员在奥运会上获取奖项的可能性比上诉人更大,因为他对该体育项目比上诉人付出了更多的努力,并且其运动战略技巧更适应最新形式的得分体制。NGB还指出,世界排名系统并不能够准确反映一名运动员获得奖项的可能性。而上诉人则表示,他对该体育项目付出了同样的努力,且NGB的选拔程序存在偏倚,选拔委员会在考虑他的提名资格的时候没有将其他相关信息也纳入参考范围。

根据该NGB关于2012伦敦奥运会的选拔政策,SR对所有涉及运动员选拔纠纷的上诉有管辖权。SR在收到NGB提交的可能会有运动员提出上诉的通知后,对可能提出上诉的运动员提供了相关的指导,包括指示运动员按照要求提交上诉声明书和附带的相关文件,以及确认SR管辖权的文件。SR直接与运动员的代理人取得了联系,确保运动员将按照SR上诉仲裁规则所规定的方式提交上诉声明书。SR任命了三名仲裁员组成本案的仲裁庭,他们分别是一名具备丰富经验的高级律师,作为仲裁庭的首席仲裁员,一名与该项奥林匹克运动相关的裁判员,以及一名参与了另一项高水平的奥林匹克运动赛事的律师。双

㉓ 载https://www.sportresolutions.co.uk/uploads/related-documents/Website_-_arbitration_case_study_2.pdf。

方当事人均有权对仲裁庭的公正性提出异议。SR 组织了一次电话会议,由首席仲裁员对仲裁各项程序的时间与当事人进行协商并最终确认,随后将确定的时间表制成了书面指示文件。在 SR 的帮助下,双方当事人交换了各自的书面请求,证据文书和基本论据文书。在提起上诉后的一周内,为期一天的听证会在 SR 仲裁中心召开。载有裁决理由的书面裁决书在听证会结束后的两天内,被送交至双方当事人。

本案的仲裁费用包括仲裁庭成员的交通费和借用 SR 仲裁中心的费用,总共 3800 英镑,由 NGB 承担。双方当事人各自承担相关的律师费。此次上诉,在英国奥林匹克委员会 2012 伦敦的最终选拔截止前得出了裁决。本案中,仲裁庭认定选拔委员会的确存在偏袒,并在作出选拔决定的过程中参照了错误的事实因素。仲裁庭对 NGB 选拔委员会作出了明确指示,要求他们遵守相应的选拔程序。

本案中,该运动员将纠纷提交到 SR 仲裁的优点在于,SR 组成的独立的仲裁庭,与纠纷中的运动员选拔的过程以及作出的决定无任何利害关系,因而能够公正地审视运动员的诉求,作出正义的裁决。本次仲裁中,NGB 的运动员选拔程序得到了单独的审查,NGB 得以根据仲裁庭明确的指示,对程序的不当之处作出纠正,从而降低了再次遭到质疑和批评的风险。此外,仲裁还使得此次纠纷以快捷、私人和费用合理的方式得到了解决。

(五)调解案件㉔

某运动队的运动员和教练之间发生了纠纷,这一纠纷严重影响了该运动队在国内、国际赛事的表现,且纠纷愈演愈烈,呈现出可能诉诸正式诉讼的趋势。尽管运动队的领队(Performance Director)为了解决这一起纠纷投入了大量的时间和精力,但他的介入不仅没有解决纠纷,反而激化了纠纷主体之间的矛盾。

SR 主席委任了一名调解员,并在三方当事人,即运动员、教练和运动队领队之间建立了联系,以争取获得当事人将纠纷提交 SR 进行调解的合意。SR 对调解程序作出了解释,从而获得了当事人的信心。当

㉔ 载 https://www. sportresolutions. co. uk/uploads/related-documents/Website_ - _mediation_case_study. pdf。

事人同意将纠纷提交SR进行调解后,拟定并签署了一份调解协议。调解员与当事人通过电话联系,告知其相关的程序,并就纠纷的主要问题进行确定。随后,SR安排了一个中立的场所,在那里举行为期一整天的调解程序,包括一系列共同会议或单独会议。

本次调解的费用一共是1200英镑,由当事人所在的NGB支付。如果将本案交由其他商业组织进行同样的调解程序,费用最高可达5000英镑。从SR介入纠纷起,至达成纠纷的解决方案之时为止,整个过程为时16周。三方当事人就纠纷签订了一份具有约束力的纠纷解决协议,协议包括一份联合声明,当事人在联合声明中表示,纠纷已经得到解决,未来将依据本协议,就调解中协商一致的具体事项另行制定其他具体的实施协议。

在SR的帮助下,这一纠纷的解决不仅节约了运动队领队的宝贵时间,维护了运动员和教练之间的关系,还避免了将纠纷提交诉讼对参与诉讼的运动员、教练和NGB可能造成的更大的影响,以及产生的高昂的诉讼费用。

(六)审查案件[25]

两名NGB员工由于存在严重的不端行为,在举行纪律听证会后,NGB决定与他们终止合同关系。随后,两名员工向体育公会和NGB董事会提出申诉。体育公会分别审查了两个重要问题:一是NGB的管理是否符合NGB的纪律体系;二是得出终止两名员工的合同关系决定的纪律程序是否存在问题。体育公会在报告中对NGB提出了严重的批评,NGB的资金支持因而受到威胁。NGB并不认同体育公会的报告,并委托SR对其纪律体系和两名员工的纪律案件进行独立的审查。SR同意了与NGB协力进行审查。审查报告要求要在三周内作出,以便其结论能够在NGB的年会上公开,与体育公会的报告进行对比。一名专攻劳工法的高级律师被任命为本案的审查负责人。在审查过程的两周里,审查负责人需要暂停其他工作,专心进行案件的审查工作。NGB提供了本案所有的背景信息,包括NGB的纪律政策、纪律决定和

---

[25] 载https://www.sportresolutions.co.uk/uploads/related-documents/Website_-_review_case_study.pdf。

体育公会的报告。审查负责人对以上内容进行了审查,拟定了一份需要会见的人员名单,并列出了一份文件清单,要求对它们进一步审查。SR 为会见名单中的人员安排了相关会议,大部分是通过电话或视频会议的方式进行。一切审查工作完成后,NGB 收到了一份附有具体建议的最终的书面审查报告。NGB 仅在委托 SR 审查后的三周内就得到了一份由 SR 作出的、能够向 NGB 年会呈递的综合报告。本次审查的费用为 10,000 英镑。

在 SR 的帮助下,NGB 得以凭借自己独立的审查报告,在 NGB 的年会上与体育公会报告中的的部分错误进行抗衡,以及用以反驳体育公会对其提出的批评。此外,通过本次审查,NGB 了解到自身在某些方面的确存在失误,并能够根据审查结果,对纪律体系和程序作出相应的改进。

(七)调查案件㉖

某 NGB 接到了三名青少年运动员的父母提出的投诉,称一名教练长期忽略他们的孩子,并给予他们不合理的待遇,比如,拒绝对他们予以认可,拒绝为他们提供平等的机会和服务,以及通过要求他们参加额外训练的方式羞辱他们。该教练对以上投诉予以否认,并与投诉他的父母们产生了分歧。NGB 请求 SR 对该投诉进行调查。在 NSP 的支持下,SR 对本案涉及的投诉进行了调查。

SR 先与 NGB 就调查的主体和范围进行了协商,并予以确定。此次调查由 NSP 的成员之一,一位刚刚退休的警察负责。NGB 提供了与本次调查有关的信息,包括投诉信、涉案运动员家长们提供的证据,还有相关的规则、政策文件的复印件。SR 联系了 NGB 和调查员,制定出一份需要接受询问调查的人员名单。名单确定后,NGB 与相关人员取得了联系,请求他们协助调查,并就将他们的联系方式提供给 SR 一事征得其同意。随即,SR 安排在两个周末内完成了所有的调查询问工作。调查员一共询问了 14 人,包括 5 名青少年运动员以及他们的父母、国家教练、NGB 员工和教练。询问大部分以会面的方式进行,部分

㉖ 载 https://www.sportresolutions.co.uk/uploads/related-documents/Website_-_investigation_case_study.pdf。

采取电话的形式。所有询问的内容被制作成书面文件,作为正式的证人陈述,证人可以对其书面陈述作出修正。所有调查工作结束后,调查员提供了一份总结报告和建议,以及所有证人陈述的相关证据和其他经过了审查的文件。

本次调查的费用由该NGB承担。费用包括了调查员的交通费和工费,以及SR提供行政支持的费用,一共900英镑。此次调查在三周内即得出了结论,总结报告和相关证据于两周后即交给了NGB。调查员表示,如果经调查证明相关情况属实,那么该教练需要对其受到的指控作出回应,因为这些被指控的儿童保护问题将构成恐吓和通过隔离实施情感虐待的行为。调查员建议,应当将这一案件交由独立的仲裁庭举行听证会,让这些青少年运动员能够表达自己的诉求,也让该名教练有机会对他受到的指控予以回应。

此次调查,使NGB可以更加深入地了解关于青少年运动员保护这一老大难的问题。儿童提出诉求的权利和其他权益得到了重视,而不再被成年人的问题所埋没。NGB以开放、透明的方式,将本案交给一个独立的机构进行调查,改变了儿童运动员的家长们对NGB不信任的观念,从而认可NGB的做法。本案的国家教练也因此能够充分了解自己受到的指控,并作出相应的回应。本次调查所获得的证据和证人陈述适用于随后举行的听证会,为听证会的调查取证节约了许多时间。

四、基本评价

近年来,仲裁已经成为备受欢迎的处理体育纠纷的解决方式。与SR相似的国内体育纠纷解决机构,最近几年在全世界广泛建立,如加拿大体育纠纷解决中心、新西兰体育仲裁庭、爱尔兰公正体育组织(Just Sport Ireland)、美国体育仲裁组织。毫无疑问,仲裁正凭借其无可比拟的优势,逐渐成为体育纠纷的主要解决方式,这一发展趋势使得国内体育仲裁机构的建立与发展也成为各国国内体育发展的重点之一。

按照查尔斯·伍德豪斯的构想,成立SDRP(SR的前身)是要使其成为一个配备专门的仲裁和调解小组,为英国专门处理国内体育纠纷的非盈利公司。尽管SDRP为了实现这一目标作出了巨大的努力,但得到的成果却不尽如人意,SDRP 并没有完全得到体育界的信任,成为体育界各个体育组织提交纠纷的首要选择。然而,2007 年,随着 SDRP 作出了一系列改变,情况也从那时起开始有所转变。这一年当中,SDRP 除了更名为 SR,并成功赢得成立 NADP 的竞标,还着手调整了组织的策略,加大了 SR 在体育界的曝光率和知名度,以及扩大服务受众的范围。随后,接受 SR 服务的体育组织的数量有了明显的增长。SR 除了为体育界提供一种比采取司法诉讼程序更加快捷、高效、费用低的纠纷解决方式外,其专门的专家小组还能够为体育组织解决相对而言更加棘手的问题,比如纪律惩罚的上诉或合同纠纷,让体育组织能够将解决纠纷等问题的负担交由 SR 分担,从而投入更多精力到其体育运动的发展中。另外,在儿童运动员保护、兴奋剂等一些特定的领域中,体育组织在解决这些领域中的问题时,能够获取的内部资源是有限的。在这种情况下,将这些问题交由 SR 在这些领域的专家小组解决无疑更为合适。因此,凭借着众多优势,在 2007 年以后,SR 在英国体育界的地位逐步提高,成为英国国内主要的体育纠纷解决机构。

SR 之所以能获得体育界的信任,成为英国国内众多体育组织指定的纠纷解决机构,在英国体育界占据越来越重要的地位,其独立性起到了至关重要的作用。SR 的独立性主要建立于以下基础:第一,机构组成方式。SR 董事会由九个成员组织提名的董事,各个成员组织提名的董事再加上这九名董事进而再提名的其他委员组成。九个成员组织提名的董事分别代表了各个不同群体的利益,因而由他们选出来的其他成员在一定程度上具有公正性,基本上不存在偏袒某个董事或其利益集团的可能性,这就使董事会在决策问题的时候能够表现出公正性和公平性,是出于使整个体育界受益的全面考虑,而不是仅仅维护某个组织或团体的利益。第二,运作资金来源。SR 的运行资金来源于三种途径,分别是体育工会的资助、向体育组织提供服务的收入以及处理案件获得的收入。资金的来源是人们考量一个机构的独立性的重要依据,因为一旦一个机构运行的经费依赖于单一的机构拨款资助,在经济上失去独立性,则提供资助的机构很可能将对受其资助的机构的决策产生控制力和影响力,使裁判的公正性、独立性失去保障。尽管 SR 独特的运行模式保持了其独立性,但这一问题仍然是 SR 面临的一大挑战,

SR仍然需要增加本身的收入来源,使收入来源多样化,以在今后继续保持其独立性和完整性。

SR要求其仲裁员和调解员专家小组的成员们要具备与体育、法律等相关知识背景、认证资格,以及职业兴趣。SR的仲裁员分为商业仲裁员、专业仲裁员和外界仲裁员,他们分别具备相关的专业仲裁背景、专业技能知识背景以及体育背景。这种组成人员设置使得将纠纷提交至SR这一解决方式具有其他纠纷解决方式不可比拟的优势。一方面,商业仲裁员熟悉仲裁等相关的法律知识,能够保障案件仲裁程序的顺利进行。另一方面,在体育仲裁的特定性和专业性这一背景下,专业仲裁员和外界仲裁员的设置能够弥补商业仲裁员在体育专业方面的背景知识的缺失,由于具备了丰富的体育方面的经验,他们在处理案件过程中,会比行外人员对案件情况了解得更加透彻,并且一般情况下,不会因为不了解体育术语或体育规则等问题,需要查找相关资料而耗费额外的时间。因此,SR仲裁员小组的组成方式可以满足体育仲裁案件对法律和体育两方面的专业需求,使案件的解决既具备快捷性,同时又保障了其专业性。同样,SR的调解员小组除了需要具备调解方面的专业资质,还要对体育具有职业兴趣,这样,调解员在熟悉体育界相关规则等背景的前提下,就能够中立地、快捷地引导当事人针对纠纷产生解决方案。

在理论上,要通过非诉讼方式真正、合理、有效地解决纠纷,需要当事人的共同合意作为基础。如果缺乏当事人的共同合意,纠纷的顺利解决就无法实现。体育仲裁只有在运动员、国际单项体育协会与其他方同意仲裁并受其结果约束时才会存在。[27] 因此,SR仲裁规则将当事人的共同合意,作为当事人提交纠纷至SR解决的重要前提,要求作为一方当事人的体育组织章程或双方当事人的合同中有相应的仲裁条款,或双方当事人之间有独立的仲裁协议。但值得注意的是,SR仲裁规则还规定了,在当事人用尽了内部救济还没有解决问题的情况下,可以将纠纷提交SR,而不必具备前面的三项前提。SR仲裁规则在管辖

---

[27] 郭树理主编:《国际体育仲裁的理论与实践》,武汉大学出版社2009年版,第115页。

权方面作出这样的规定，不仅能够保证当事人对仲裁事项达成合意，最大限度地保证仲裁裁决的效力和执行，还能在当事人之间没有管辖条款，但一方当事人已经用尽体育组织内部救济的情况下，赋予当事人向 SR 寻求救济的权利。

诉讼这一纠纷解决方式之所以耗时长，其中一个原因在于其程序的复杂性，以及缺乏灵活性。而仲裁因为程序更加灵活，因而花费的时间会比诉讼要少，从而具有快捷性。英国体育仲裁制度也具有灵活性的特点。这一特点首先体现在文件通讯方式的灵活性。对于仲裁相关文件的送交方式，英国体育仲裁制度规定得比较灵活。SR 仲裁规则第 4.3 条规定，仲裁程序的通信可以通过一等邮件、传真或电子邮件的方式进行送交。司法诉讼程序对于文书的送达具有严格的规定。诉讼文书送达的不规范可能会导致一个案件被上诉从而使其判决被撤销或不予执行。仲裁文书通讯的灵活性是仲裁与诉讼相比的一大优势，能够有效提高程序的进行效率，使纠纷得到高效的解决。其次，在仲裁过程中，可能会出现仲裁员因为受到质疑被撤出仲裁庭，或者因为其他原因而不能继续参与仲裁，需要委任新的仲裁员加入仲裁庭的情况。在新的仲裁员委任完成前，此时仲裁庭只有两名成员。在这种情况下，在取得双方当事人的同意后，两名仲裁员可以继续进行仲裁程序。因此，即使出现了仲裁庭的某一成员缺席的情况，这一规定也能够保证仲裁程序不会因为中止而使仲裁所需的时间增加、效率降低，也充分保证了仲裁程序的连续性和高效性。然而，当出现独任仲裁员因为辞任、死亡等原因无法参加仲裁时，仲裁程序是否当然中止，仲裁员先前作出的相关决定的效力是否由新选任的仲裁员作出决定，SR 仲裁规则并没有明确规定。

无论是上诉仲裁程序还是普通仲裁程序，双方当事人提交相关文件都受到时效限制，当事人须在规定的时间内提交相关的文件，此外，一般情况下不允许补充提交。这一规定与司法诉讼中的举证证期限有相通之处，通过严格要求当事人按照规定提交文件，能够避免当事人通过拖延文件的提交，使仲裁程序的进行也受到相应的拖延，从而影响仲裁的效率。

SR 仲裁规则第 3.4 条规定，在普通仲裁程序中，被申请人能够对申请人提起反请求。这一规定与民事诉讼中的反诉有着异曲同工之处。根据反诉制度的相关理论,可以推断出反请求这一规定的价值所在。根据仲裁的一般理论,仲裁双方当事人的地位是平等的,他们的合法利益应当受到平等的保护。因此,在仲裁程序中,也应当赋予双方当事人以平等的对抗手段与机会,这样,不仅可以使双方当事人在充分了解对方的请求与事实、理由的前提下进行充分的辩论,以维护自己的合法权益,而且可以使仲裁庭全面地了解当事人之间的争议以及各自的观点与事实、理由。[28] 既然申请人被赋予了提起获得相关索赔或救济的请求,被申请人应当被赋予对应的权利,使其具有能力与申请人抗衡,也可以防止出现"恶人先告状"的情况。此外,允许被申请人在答辩状中提出反请求,仲裁庭会将申请人的救济请求与被申请人的反请求进行合并审查,这样能够简化仲裁程序,节省分开审查的人力、物力和时间,提高解决纠纷的效率。

根据SR仲裁规则第12.4条的规定,当事人一旦将纠纷提交到SR进行仲裁,将被视为放弃上诉权、审查权等其他与司法诉讼相关的权利。仲裁与诉讼之间是或裁或审的关系,当事人只能选择其一。[29] 双方一旦约定通过仲裁解决纠纷,则纠纷一旦发生,任何一方要去法院诉讼的话,按照各国立法以及《纽约公约》,法院不能再进行实体管辖。[30] 仲裁裁决具有终局性,当事人不能向法院就仲裁裁决提起上诉,只能申请司法审查。但是,英国的传统观念认为,法院的司法管辖权力是不容剥夺的,因此,以往的传统规定是,当事人如果不服仲裁裁决,可以向法院上诉。这一规定破坏了仲裁裁决的终局性和效力,使英国的仲裁制度并不是那么"受欢迎"。英国1950年仲裁法被作为法院对仲裁过度干预的典型,英国1979年仲裁法废除了1950年仲裁法中的特别案件陈述程序以及法院以裁决表面的事实和法律错误为由撤销裁决的权利,并且规定当事人之间可以通过"排除协议"(exclusion agreement)排

[28] 常英主编:《仲裁法学》,中国政法大学出版社2013年版,第162页。

[29] 张柏峰主编:《中国当代审判制度概述》,人民法院出版社2002年版,第417页。

[30] 黄亚英:《论商事仲裁的十大特点和优势》,载《暨南学报》(哲学社会科学版)2013年第4期,第44~52页。

除法院对仲裁实体问题的审查。[31] SR 仲裁规则彻底地排除了当事人的上诉权、审查权等就仲裁裁决向法院提起救济的权利，进一步加强了仲裁裁决的效力，保证体育仲裁裁决真正具有终局性，也避免了裁决的执行受到当事人的恶意延误。

英国体育仲裁制度在一定程度上体现出了尊重当事人的意愿，主要表现为，在某些程序问题上，当事人可以通过双方协商一致予以决定。根据 SR 规则，双方当事人就仲裁事项签订的仲裁协议中可以就仲裁费用的分摊、仲裁地、时间、自主权、机密性、仲裁庭的组成方式以及仲裁员的资格等问题，在协商一致后进行约定。此外，SR 仲裁规则适用的英国 1996 年仲裁法当中的非强制性规则，双方当事人也可以通过协商一致对其予以更改。

作为一个体育大国，英国拥有相对较完善的体育仲裁制度，并在发展的过程中不断改进。比如，SR 专门将儿童运动员保护和反兴奋剂领域的纠纷解决服务单独划分出来，使体育仲裁更加具体化、精细化。而对仲裁规则的不定期修改，也使仲裁规则能够针对不同时期的体育发展状况而作出相应的调整。本文中，笔者重点对英国的体育纠纷解决机构——体育纠纷解决中心的组成结构、服务内容、相关程序与规则进行了介绍，并对近年来该中心参与的部分重要案件进行了简要的评析。笔者希望通过对英国体育仲裁制度的介绍，从中得到借鉴与参考，能够对我国体育仲裁制度的继续完善有所启示，争取在未来取得更好的发展。

附录一

体育纠纷解决中心仲裁规则[32]

1. 前言

1.1　以下规则（经过体育纠纷解决中心多次修订）适用于：根据

---

[31] 张旗坤：《国际商品贸易协会仲裁制度研究》，人民法院出版社 2008 年版，第 93 页。

[32] 本规则最后修订于 2008 年 3 月。规则原文参见 https://www.sportresolutions.co.uk/uploads/related-documents/sport-resolutions-arbitration-rules-2008.pdf。

本规则制定的,或由体育纠纷解决中心[33](Sport Resolutions(UK),SR)作出的所有仲裁、听证会或决议中的书面协议,书面报告或参考。SR对提交至The Sports Dispute Resolution Panel Limited(SDRP)的案件有管辖权。当事人将纠纷提交至SR,即视为同意按照本规则进行仲裁。

1.2　SR依照本规则进行仲裁,将发挥以下作用:

(a)建立或帮助建立一个有权力运用本规则解决体育纠纷的仲裁庭;以及

(b)协助相关程序的平稳运作。

1.3　仲裁庭的职责在于解决以下纠纷:

(a)当事人请求采取上诉仲裁程序解决的纠纷;或

(b)当事人请求采取普通仲裁程序解决的纠纷。

1.4　当不能确定适用上诉仲裁程序还是普通仲裁程序时,由SR的执行主席对该问题作出决定。该决定不得被质疑或被认为不符合规范。

2. 上诉仲裁程序

2.1　当事人("申请人")可以就体育组织、体育主管部门、俱乐部、体育联盟或其他组织作出的关于纪律处罚、兴奋剂、选拔或其他决定提起上诉,但前提是,作出决定的体育组织规章或特定的仲裁协议中有相关条款,规定该组织接受SR或SR规则的管辖;或双方当事人均同意将纠纷提交至SR;或申请人用尽了该组织的内部救济程序仍未解决纠纷。

2.2　上诉声明

上诉人应当向SR提交一份上诉声明,同时将复印件送交被申请人。声明(统称为"上诉声明")应包含或附有以下内容:

(a)双方当事人的名字、地址以及其他相关信息,当事人未满十八岁的,需另行附加一份通知予以说明(已知出生年月的情况下要写明);

(b)上诉所针对的决定文书的具体内容,或决定文书的复印件;

---

[33] 商业名称为:体育纠纷解决小组有限公司。

(c)申请人提出的救济或补偿的上诉请求;

(d)若当事人要申请延缓执行其提出的上诉所针对的决定,应提交一份缓决申请书,并说明具体理由;

(e)能够证明被上诉人接受SR管辖的规章文件的复印件,或双方同意接受SR仲裁的书面协议的复印件;

(f)任何由SR设定的不可退还的保证金。

2.3 上诉时效限制

如果体育组织或相关仲裁协议中规定了上诉的时限,依照该规定。没有规定的,申请人应当在体育组织作出决定后的21天内向SR提起上诉。

2.4 上诉申请

在2.3条规定的上诉期限届满后10天内,申请人应当向SR提交上诉申请书,并将复印件送交被申请人。若申请人没有按规定提交,SR将认定为撤回上诉申请。上诉申请书应包含或附有以下内容(统称为"上诉申请"):

(a)提起上诉事由所依据的事实和法律的陈述;

(b)上诉所依据的法律文本文件复印件;

(c)双方当事人对于仲裁的相关程序事项达成的协议或对有关程序问题的提议,包括但不限于以下事项:仲裁费用的分摊,仲裁地,对时间、自主权、机密性、仲裁员的人数和资格或其他问题的变更。

2.5 答辩

被申请人应当在收到上诉声明之日起14天内,向SR提交答辩状,同时将答辩状复印件送交申请人。答辩状应包含或附有以下内容(统称为"答辩状"):

(a)对上诉申请书中的全部或部分予以同意或拒绝,并提供相关事实和法律阐明理由,以及所依据的法律;

(b)被申请人作出决定所依据的相关文件,除非申请人已提交同样的文件;

(c)关于上诉程序的任何提议。

2.6 进一步提交文件

在提交上诉申请书或答辩状的规定期限过后,当事人不得再次提交书面文件,除非仲裁庭同意或仲裁庭直接指示。

2.7　若被申请人未能在规定的时间内提交答辩状,仲裁庭可继续进行仲裁程序并作出裁决。

2.8　裁决的通讯

通常情况下,仲裁庭应当在自 SR 对上诉声明作出回复之日起 2 个月内,将书面裁决以及理由送交双方当事人,并尽早将复印件送交 SR,除非当事人另有约定。

3. 普通仲裁程序

3.1　如果申请人希望提起普通仲裁,应当向 SR 提交普通仲裁的书面声明,同时将复印件送交被申请人。该书面声明(统称为“声明”)应包含或附有以下内容:

(a)双方当事人的名字、地址以及其他相关信息,当事人未满十八岁的,需另行附加一份通知予以说明(已知出生年月的情况下要写明);

(b)载有仲裁条款的合同文件,或当事人约定将纠纷提交 SR,依照本规则的程序解决的特定书面协议的复印件;

(c)对纠纷的性质和背景的说明,申请人针对被申请人提出的的仲裁请求和救济或赔偿请求的详细说明;

(d)由 SR 设定的不予退还的保证金。

3.2　仲裁程序启动的时间为 SR 对书面声明作出回复之日(仲裁程序启动日期)。

3.3　诉状

申请人应当于仲裁程序启动日期起 21 天内向 SR 提交一份诉状,同时抄送给答辩方。如申请人未能按时提交,将被视为撤回仲裁申请。诉状应当包含或附有以下内容(统称为“诉状”):

(a)对纠纷相关的事实陈述,以及申请人提起仲裁所依据的法律;

(b)申请人提出上诉所依据的文件的复印件;

(c)双方对程序问题达成一致的事项,或对有关程序的提议,包括但不限于以下事项:仲裁费用的分摊,仲裁地,对时间、自主权、机密性、仲裁员的人数和资格或其他问题的变更。

3.4　答辩状

被申请人应在收到诉状之日起 21 天内,向 SR 提交答辩状,同时

将复印件送交申请人。答辩状应包含或附有以下内容(统称为"答辩状"):

(a)对诉状中的部分或全部请求予以同意或拒绝,并提供具体事实和依据的法律;

(b)被申请人可以提起反请求,并就反请求的相关事实和法律依据,以及反请求的具体索赔和救济要求进行说明("反请求");

(c)被申请人作出答辩所依据的相关文件复印件,除非申请人已提交同样的文件;

(d)关于仲裁程序的任何提议。

3.5 书面请求的进一步提交

申请人应于收到反请求书之日起21天内,向SR提交针对反请求的答辩状,并将复印件送交被申请人。除仲裁庭另有指示外,双方当事人在提交上诉书、答辩状、反请求书和反请求答辩状后不得再次提交任何书面文件。

3.6 如果在规定的时间内,被申请人没有提交答辩状或反请求书,或者申请人没有针对反请求书提交相应的答辩状,仲裁庭可以继续进行仲裁程序并作出裁决。

3.7 裁决的通讯

除非当事人另有约定,通常情况下,仲裁庭应当在SR对声明作出回复之日起4个月内,将书面裁决以及理由送交双方当事人,并尽早将复印件送交SR。

4. 通讯

4.1 双方当事人和仲裁庭对程序问题的通讯应当通过SR进行(除了本规则要求双方当事人之间直接送交的文件)。在SR执行主席的指示下,仲裁庭和当事人之间可以直接进行通讯,所有相关文件须在通讯的同时向SR提交复印件。

4.2 一方当事人与SR或仲裁庭通讯时,应视具体情况同时将相关资料的复印件送交SR、仲裁庭以及另一方当事人。

4.3 所有通讯应当通过一等邮件、传真或电子邮件的方式送至上诉声明或声明中记载的当事人的地址,或当事人向SR、仲裁庭以及其他当事人提供的地址。

5. 调解

5.1　SR执行主席在仲裁庭组成前后均可以鼓励当事人通过调解的方式解决纠纷。

6. 仲裁庭的组成

6.1　所有向SR提交的纠纷,均由执行主席指定的独任仲裁庭或合议仲裁庭作出裁决。当事人可以按照本规则第6.2或6.3条的规定,各自提名一位仲裁员。当事人可以通过协商一致的方式决定仲裁庭的组成人数,否则由SDRP执行主席通过对案件予以综合考虑并与当事人充分讨论,再对仲裁庭的组成人数作出决定。

6.2　当事人约定采取独任仲裁庭的方式,并希望以提名的方式确定仲裁员的,由SR执行主席提供备选的仲裁员(们)的名单供选择。双方当事人应从名单中共同选择一名仲裁员,组成一个有效的仲裁庭。如果双方未能达成一致,则由SR执行主席指定仲裁员。

6.3　若当事人同意采取合议仲裁庭的方式,并希望各自提名一名仲裁员,应相应告知SR执行主席。每一方当事人可以从SR执行主席提供的备选名单内各自指定一名仲裁员。

6.4　如果任何一方当事人依照本规则未能指定仲裁员,则该方当事人的仲裁员的任命由SR执行主席完成。如果双方当事人均指定同一个人作为仲裁员,该选择有效,并由执行主席选择第二名仲裁员。代表当事人的仲裁员或当事人选定的仲裁员应从执行主席提供的备选仲裁员名单内选择一名仲裁员担任首席仲裁员。如仲裁员未能就首席仲裁员的选任达成协议,或者双方当事人特别提出要求,则由SR执行主席从SR的首席仲裁员名册中选择本案首席仲裁员。

6.5　SR应当将独任仲裁员,或合议仲裁庭的仲裁员以及担任首席仲裁员的人选告知双方当事人。

6.6　如果一方当事人对仲裁员的公正性或独立性存在正当理由的怀疑,或其他实质性异议时,当事人可以对仲裁员的选任提出质疑。提出质疑的一方当事人应在SR执行主席发出仲裁员任命通知后的7天内,向SR的仲裁庭的任命和审查委员会(任命和审查委员会)主席提交一份书面文件,说明提出异议的理由,同时将文件复印件送交仲裁庭和SR。任命和审查委员会主席应当根据SR的程序性规则对受到质疑的仲裁员的任命作出决定,除非该仲裁员被撤出仲裁庭或对方当事人对提出的质疑表示同意。任命和审查委员会主席对这一问题作出的决定具有终局性。

6.7 当出现仲裁庭成员死亡、书面提出辞任、被开除、拒绝参与仲裁事项、被任命和审查委员会主席认为没有能力或不适合担任仲裁员等任一情况时,SR 执行主席应按照 SR 任命或开除仲裁员的相关程序,重新委任一名仲裁员替代原仲裁员(如有需要可委任其为首席仲裁员),并通知各方当事人和仲裁庭的其余仲裁员。在第三名仲裁员委任完成前仍缺席的情况下,经双方当事人同意,其余两名仲裁员可以继续进行仲裁程序。

6.8 如果仲裁庭的大多数成员,认定某一仲裁员在被给予了合理的机会作出遵守本仲裁规则与应当适用的法律的决定和/或裁决,但仍拒绝或未能按照本仲裁规则与应当适用的法律作出决定和/或裁决,那么,仲裁庭其他仲裁员(们——如果是非独任仲裁庭的话)可以撤销前述仲裁员的资格,其余仲裁员在前述仲裁员缺席的情况下,可以继续进行仲裁程序。

6.9 SR 执行主席或任命和审查委员会主席依照本规则作出委任或撤销仲裁员的决定时,须遵照 SR 关于委任、撤销仲裁员的程序,并对相关纠纷问题的性质、实际情况、当事人所在地和其他因素加以充分考虑。所有仲裁员在参与仲裁的过程中须具备符合条件的资格和能力,并保持独立性、公正性,不偏袒任意一方当事人。

6.10 仲裁员被替换后,由任命和审查委员会主席决定原仲裁员的服务费用的数额。其余仲裁员(们)和替补的仲裁员(们)(如果仲裁庭无法决定新的仲裁员,则由任命和审查委员会主席根据 SR 关于任免仲裁员的程序选任新的仲裁员)应对先前仲裁庭作出的决定以及仲裁程序的效力作出裁决。

7. 仲裁庭的管辖权

7.1 仲裁庭可自行决定其管辖权问题,包括仲裁庭的组成是否恰当,当事人提交的争议问题,对仲裁条款或仲裁协议的有效性的争议等问题。为了实现这一目的,作为英国体育机构程序、合同或规则的一部分的仲裁条款,应当被视为独立于程序、合同或规则的单独部分。即使仲裁庭认定合同或规则无效,或程序无法执行,也不影响仲裁条款的效力。

8. 程序的进行

8.1 仲裁庭可以按其认为适合的仲裁程序进行仲裁,也可以按照当事人约定的,同时仲裁庭认为切实可行的仲裁程序进行仲裁。仲裁庭的程序应当符合本规则及其他适用的法律。在经当事人同意的情况下,仲裁庭可以加快仲裁程序的进行,并应向当事人作出适当的指示。仲裁庭针对程序问题作出的决定都应当时刻履行其义务,包括做到公平公正、为双方当事人表达各自的情况以及就对方当事人作出回应提供合理的机会、避免产生不必要的延误和费用,为纠纷提供一个公平和有效的解决途径。

9. 听证

9.1 当事人可以通过协商一致确定仲裁听证会的日期、时间和地点,仲裁庭应当服从,并将以上信息的内容尽最大限度直接或通过 SR 间接地告知双方当事人。

9.2 请求进行口头审理的任何一方当事人均有权请求进行仲裁听证会。当事人没有提出该请求时,仲裁庭应尽可能地在不举行听证会的情况下根据书面证据作出裁决。

9.3 仲裁听证会的过程不予公开,除非当事人同意或仲裁庭另有指示。

10. 证人

10.1 双方当事人必须将请求传召的证人身份信息,在仲裁庭规定的时间内尽快通知法庭和其他各方当事人。法庭可以要求当事人对证人作证的具体内容,以及该内容与案件争议焦点之间的关系予以披露。仲裁庭有权决定证人能否参加听证会或在听证会上作证。

10.2 仲裁庭可以在仲裁程序的任何阶段向证人提问,并有权控制当事人对证人的提问。

11. 专家证人

11.1 在告知双方当事人以后,仲裁庭可委任一名或多名独立、公正的专家,针对案件的具体事宜向仲裁庭作出报告。仲裁庭可要求当事人配合专家,提供所需的相关信息或获得信息的途径,以及为专家对本案的相关文件、物品或财产进行检验提供便利。

11.2 除非当事人另有约定，仲裁庭可指示一名专家证人在听证会前以书面报告的形式，或/和在听证会上以口头报告的形式作证，还可以要求专家证人参加听证会，接受仲裁庭或当事人的质询。

11.3 仲裁庭指定专家的费用与花销纳入仲裁的费用。

11.4 双方当事人必须在切实可行的范围内以及仲裁庭规定的时间内，将请求传召的专家证人的身份信息尽快通知法庭和其他各方当事人。法庭可以要求当事人对专家证人作证的具体内容和该内容与案件争议焦点之间的关系予以披露。仲裁庭有权决定该专家证人能否参加听证会或在听证会上作证。

11.5 仲裁庭可以在仲裁程序的任何阶段向专家证人提问，并可以控制当事人对专家证人的提问。

12. 仲裁庭的裁决与权力

12.1 仲裁庭的裁决应当以书面形式作出，载明作出裁决所依据的理由和日期，书面裁决须由仲裁员签字。

12.2 在采用合议仲裁庭进行仲裁的情况下，需要仲裁庭决定的问题应采取多数服从少数的原则。如果仲裁庭依照此方式未能就相关问题作出决定，则由首席仲裁员作出最终决定。

12.3 独任仲裁员或仲裁庭的首席仲裁员应将作出的决定或/和裁决送交 SR，由 SR 安排将决定或裁决文书复印件送交双方当事人。

12.4 仲裁庭作出的所有决定或/和裁决具有终局性，并对双方当事人和其他相关人员具有约束力。一旦当事人按照本规则将纠纷提交仲裁，将被视为同意放弃其上诉权和审查权，向任何法院或司法机关提起诉讼的权利以及其他相关法定权利。以上权利的放弃不可撤回。

12.5 依据 1996 年仲裁法，仲裁庭有以下权力：

对程序中需要作出决定的事项作出声明；

要求当事人支付部分或全部损害赔偿金，包含利息；

要求一方当事人从事或不得从事某行为；

要求履行合同的特定内容（涉及地产的除外）；

责令整改，搁置或取消一份契约。

12.6 此外，仲裁庭拥有以下权力：

(a)允许当事人修改其提交的书面文件或/和提交进一步的证据;

(b)延长或缩短本规则或仲裁协议中规定的时间限制;

(c)进行调查、询问;

(d)要求任何一方当事人将财产交由其控制,以供检查;

(e)要求一方当事人制作仲裁庭认为与案件有关联的文件复印件,并提交至仲裁庭和对方当事人,以供检查;

(f)对证据的适用、关联性或/和重要性作出决定;

(g)在当事人不遵守仲裁庭的指示时,仲裁庭有权驳回当事人的请求,或在一方或多方当事人缺席的情况下继续进行仲裁;

(h)使程序按照各方当事人书面协议中的相关约定进行;

(i)应当事人的申请,经过第三人的书面同意,将第三人加入仲裁程序;

(j)仲裁庭在服从本案最终的决定和/或裁决的情况下,有权作出临时的救济性决定,包括保障费用、保证金或其他费用的临时性命令,或要求一方当事人从事或不得从事一项行为,和/或在上诉程序中中止/延缓以上决定的执行。在上诉声明或声明(视实际情况而定)妥善提交或被接收前,仲裁庭不得作出任何临时性命令或临时性裁决。

13. 费用

13.1 仲裁的费用的数额(SR、仲裁庭和其指定的专家证人产生的费用)由SR执行主席根据SR当时有效的仲裁规则决定。双方当事人应当对SR的仲裁费用承担相等的份额,除非双方当事人另有约定,或仲裁庭另有指示,或其他适用的法规另有规定。

13.2　各方当事人应承担各自的律师费和其他费用,除非当事人另有约定,或法庭另有指示,或其他适用的法规另有规定。法庭有权要求一方当事人承担另一方当事人产生的部分或全部律师费或其他费用,除非当事人另有约定,或其他适用的法规另有规定。

14. 保密

14.1　根据本规则第9.3条,仲裁程序应当保密。所有当事人或其他仲裁参与者为仲裁程序制作的文件和其他资料,当事人、SR和仲裁庭承担保密工作——除非出于法律的义务,要追求、保护一项法律权利,或根据善意的法律程序要执行或质疑一项裁决,要求进行披露,或以上文件可能已经被公众知悉(除此以外的情况将违反本条规定)。

14.2 尽管本规则第14.1条对仲裁程序的保密性作出了规定,但SR可以公开仲裁庭在上诉仲裁程序中根据本规则作出的的裁决或决定以及相应的理由,除非当事人在仲裁庭作出裁决或决定前就明确要求予以保密。SR可以对依照本规则进行的仲裁案件,发布其基本的、不具有识别性的相关信息。

15. 法律适用

15.1 仲裁的场所一般设在伦敦,除非仲裁庭另有决定。仲裁庭可以自主决定听证会的举行场所。

15.2 根据本规则进行的仲裁,程序问题应当遵守1996年仲裁法,包括1996年仲裁法的所有规定(除了本规则以明确的方式排除的,或作出修改的,或当事人另有协议的非强制性规定),除非仲裁庭另有决定。

15.3 根据本规则进行的仲裁,实体问题应根据英格兰和威尔士的法律规定作出决定,除非当事人另有书面约定,或仲裁庭另有指示。

16. 一般规定

16.1 对于没有遵守本规则的规定或要求的行为,如果当事人没有及时提出异议而是继续参与仲裁,则视该当事人已放弃其提出异议的权利。

附录二

仲裁协议框架[34]

当事人

1. 申请人(指定的仲裁员:)

[其他申请人]

[统称为“申请人”]

2. 被申请人(指定的仲裁员:)

[其他被申请人]

[统称为“被申请人”],

---

[34] 原文参见 https://www.sportresolutions.co.uk/uploads/related-documents/DRAFT_Arbitration_AGREEMENT.pdf。

(以上 1 和 2 统称为“当事人”)

3. Sport Resolutions(UK)(体育纠纷仲裁解决中心,简称 SR)(商业名称:体育纠纷解决小组有限公司,地址:1 Salisbury Square,London EC4Y 8AE)

当事人均同意将纠纷提交至 SR 进行仲裁。

仲裁程序应当按照以下条款进行:

1. 经当事人同意,仲裁应当由 SR 选任的独任仲裁员,即[仲裁员名字],[或者三名由 SR 选任或双方当事人各自选择一名仲裁员组成的合议仲裁庭]进行审理。

2. 仲裁员(或仲裁庭)对本案中的纠纷[此处应对当事人同意通过仲裁得出裁决的争议问题作简短描述]有管辖权。

3. 本纠纷仅交由仲裁员(或仲裁庭)作出裁决。

4. 仲裁应当适用 SR 仲裁规则和 1996 年仲裁法,本协议另有特别规定的条款除外。

5. 仲裁员(或仲裁庭)作出的判决[或者裁决,视案件情况而定]具有终局性,并对当事人具有约束力。经当事人同意,1996 年仲裁法第 69 节赋予的相关上诉权将被排除。

6. [仲裁员(或仲裁庭)作出的判决[或者裁决,视案件情况而定](以及作出判决/裁决的依据)应当予以公开,尽管听证会的过程应当予以保密。本条款经当事人同意可予以删除]

7. 费用

各方当事人自行承担自己产生的费用。并且,仲裁员(或仲裁庭)没有作出明确的裁决的情况下,双方当事人应当对仲裁员(或仲裁庭)和 SR 的费用承担同等的份额。当事人应当在收到发票后的 7 天内向 SRs 交齐所有费用。在所有费用被缴清前,SR 将暂不向当事人宣布判决/裁决结果。

签字:

当事人 A 或其代理人:

当事人 B 或其代理人:

SR 代表人:

日期:

附录三

调解协议㉟

日期

当事人

1		当事人 A
2		当事人 B
3		当事人 C
4		调解员
5	体育纠纷解决中心(Sport Resolutions(UK),SR) 商业名称:体育纠纷解决小组有限公司 地址:1 Salisbury Square,London EC4Y 8AE	SR

目的

本次调解旨在解决[在此处描述双方达成一致的调解的"目的"]

调解的参与

1. 当事人将通过本次调解进一步推动目的的实现。本协议可以对SR调解程序作出修改。修改后的调解程序规则将成为纳入本协议,成为本协议的一部分。本次调解程序的执行应按照修改后的调解程序规则进行。

调解员

2. 本案调解员为[调解员的名字]。

代理人

3. 参与本次调解的各方当事人的代理人分别是:

当事人 A:

当事人 B:

当事人 C:

(统称为"代理人")

当事人如果需要变更代理人,须在变更后立即通知其他当事人、

㉟ 原文参见 https://www.sportresolutions.co.uk/uploads/related-documents/Mediation_Agreement.doc。

SR以及调解员。

每一位代理人签署本协议后,即被视为其所代理的当事人以及该当事人的其他代理人同意本协议的规定。

其他参与人

4. 除了代理人以外,以下人员将代表各方当事人参与调解过程:

当事人A:[姓名]

当事人B:[姓名]

当事人C:[姓名]

如果当事人需要对以上内容作出变更,须在变更后立即通知其他当事人,SR和调解员。

地点和时间

5. 正式调解将于[日期、时间和场所]举行。

保密

6. 所有签署了本协议的代理人将被视为代表当事人以及当事人在本案中的其他代表,同意遵守调解程序规定中的保密条款(第1.1和11节规定)。

法律和管辖权

7. 本协议的解释与生效应当符合英国法律的规定。英格兰和威尔士的法院对本调解引起的或与本调解有关的纠纷、索赔或异议,拥有专属管辖权。

签字

(当事人A或其代表)

(当事人B或其代表)

(当事人C或其代表)

(调解员)

附录四

体育纠纷解决中心标准上诉和仲裁条款[36]

上诉(针对的决定包括但不限于纪律处罚、运动员选拔、参赛资格程序等)

上诉应当于[天数]天内向体育纠纷解决中心(Sport Resolutions (UK)[37],SR)根据SR仲裁规则任命的[仲裁员/仲裁庭]提出。依据本条款将纠纷提交至SR,即视为适用1996年仲裁法和SR的上诉仲裁规则。[仲裁员/仲裁庭]作出的裁决具有终局性,并对所有与案件相关的当事人具有约束力。

仲裁

示例条款一:一般仲裁条款

依据本条款,当事人将纠纷提交至SR,即视为同意由SR根据1996年仲裁法和SR的上诉仲裁规则,作出具有终局性和约束力的裁决。

示例条款二:特定合同/协议仲裁条款

由本[协议/合同]产生的或与本[协议/合同]有关的纠纷,包括关于该[协议/合同]的订立、效力或终止的问题,应当提交到SR,根据1996年仲裁法和SRs(UK)仲裁规则进行仲裁。仲裁的裁决具有终局性和约束力。

调解

依据本条款,双方当事人同意将[与本协议/合同有关的]纠纷应当提交到SR,通过SR的调解程序予以解决。

联合调解/仲裁

依据本条款,双方当事人同意将[与本协议/合同有关的]纠纷应当提交到SR,通过SR的调解程序予以解决。

如果纠纷在调解开始后[天数]天内或者当事人书面约定的时间

---

[36] SPORT RESOLUTIONS (UK) – SAMPLE STANDARD REFERRAL CLAUSES,原文参见https://www.sportresolutions.co.uk/uploads/related-documents/D_6_-_Standard_Referral_Clauses.pdf。

[37] 商业名称:体育纠纷解决小组有限公司,公司编号:No.3351039。

内没有得到解决,该纠纷应当提交到 SR,根据 1996 年仲裁法和 SR 仲裁规则进行仲裁。仲裁的裁决具有终局性和约束力。

注意

1. 斜体字部分的内容可以由当事人进行选择,或根据案件具体情况进行修改或删除。

2. 对仲裁/调解过程中的实质性问题作出的任何限制,应当在标准条款中予以明确规定。如果没有明确表达,将视为当事人同意将纠纷的仲裁/调解程序按照标准条款进行。

3. SR 对仲裁规则和调解程序有具体的程序性步骤指导。具体参见 SR 的官方网站 www. sportresolutions. co. uk。

董事会批准日期	
审查人员	
重新审查和批准日期	

附录五

全国儿童运动员保护小组[38]管辖条款

自动赋予 NSP 管辖权的标准条款文本的具体内容如下:

根据本款规定,NSP 规则将被纳入本规则中,适用于本规则产生的纠纷。适用本规则时产生的以下纠纷事项,应当提交到 NSP,或由 SR(商业名称:体育争端解决小组公司 – 公司名称号 3351039)转交到 NSP,由 NSP 按照其最新修订的规则对纠纷作出裁决。本条款所指的事项包括:

(i)个人受到从事了直接或间接侵害儿童的福利或安全,或将儿童的福利或安全置于险境的行为的指控;

(ii)个人因为受到从事直接或间接侵害儿童的福利或安全,或将儿童的福利或安全置于险境指控,从而被临时禁赛,对于该临时禁赛的决定提出的异议或申请解除的请求;

---

[38] 全国儿童运动员保护小组,即 National Safeguarding Panel,NSP。

体育组织按照本规则,对受到直接或间接侵害儿童的福利或安全,或将儿童的福利或安全置于险境的的指控的个人而作出的决定,该个人对决定或对相关事实提起的上诉。

(郭树理,苏州大学王健法学院教授;
曹黎明,武汉大学法学院博士研究生。)

域外法

半个世纪的缠绵和了断：医生信息告知标准在英国的演变（1957—2015）

赵西巨

目　　次

序语

医生在执业中存有两大义务：诊疗义务与告知义务（信息披露义务）。在信息披露标准问题上，现在各国的法律基本上在两类标准中做选择：一是医师标准或称“以医生为取向”的标准或医疗行业标准

(the physician-oriented/professional standard)。它以医疗行业的常规或做法作为某条医疗信息是否需要披露的参照。美国的早期司法①可归入此类。人们常将其与“父权主义”和传统医患关系挂钩。“以医生为取向”的标准实质上反映的是传统的或典型的医疗过失法的规则。医生的信息告知领域与医疗过失法的传统领域(诊疗领域)一样都被置于统一的过失判定标准之下,即合理医生标准。②二是患者标准或称“以患者为取向”的标准(the patient-oriented standard)。在信息披露上它以患者的需求和信息的“实质性”为导向,又常称为“实质性标准”(the materiality test)。③在该标准之下,信息告知领域的异样特质得到凸显,患者的自我决定权有明显的表白,医疗判断和医疗专家证言在过失判定中的重要性得以降低。美国的 Canterbury 案④开辟该标准的先河并在其他法域引起共鸣。“以患者为取向”的标准在美国呈扩充趋势,⑤而且得到了加拿大、⑥澳大利亚、⑦新西兰⑧和爱尔兰⑨的司法或立

① *Natanson v. Kline*, 350 P. 2d 1093, 1106 (Kan. 1960); *Aiken v. Clary*, 396 S. W. 2d 668, 674 (Mo. 1965); *Woolley v. Henderson*, 418 A. 2d 1123, 1131 (Me. 1980).

② 比如,在美国 *Natanson v. Kline*, 350 P. 2d 1093 (1960)一案中,医方在乳房切除术后对 Natanson 夫人实施了在堪萨斯州 Wichita 尚新的钴放射,放射导致患者皮肤、肌肉和肋骨坏死,Natanson 夫人深受其苦。患者诉称医方未将放射治疗的可能后果告知她,医方承认其未向患者告知其他疗法的风险和可选性。在此案中,堪萨斯州最高法院 Schroeder 法官认为,“医师的披露义务限于一位合理医师在相同或相似情境下意欲披露的程度”,而合理医师的此种披露应基于“患者最佳治疗利益”。

③ *Canterbury v. Spence*, 464 F. 2d 772, 786 (1972); *Cobbs v. Grant*, 502 P. 2d 1, 10 (1972); *Woolley v. Henderson*, 418 A. 2d 1123, 1129 (Me. 1980).

④ *Canterbury v. Spence*, 464 F. 2d 772 (1972).

⑤ Annotation, Modern Status of Views As to General Measure of Physician's Duty to Inform Patient of Risks of Proposed Treatment, 88 A. L. R 3d 1008, § § 3, 6 – 7 (1979 and Supp. 1995).

⑥ *Reibl v. Hughes* [1980] 2 SCR 880, (1980) 114 D. L. R. (3d) 1 (S. C. C.).

⑦ *Rogers v. Whitaker* (1992) 175 C. L. R. 479 (HCA).

⑧ Health and Disability Commissioner (Code of Health and Disability Services Consumers' Rights) Regulation 1996, Schedule, Right 6.

⑨ *Geoghegan v. Harris* [2000] 3 IR 536, 549, per Kearns J.; *Fitzpatrick v. White* [2008] 3 IR 551, 563 – 564, at [33], [35] per Kearns J..

法肯定。

在信息披露标准的选择上,英国表现出了一意孤行、优柔寡断的一面。如果要归类的话,英国 1957 年的 Bolam 案所建立的医疗过失测试标准属于以医生为导向的判定标准。它在英国一体化地统治着诊疗领域和信息告知领域半个多世纪。其中,对于该标准在信息告知领域的一体化适用,英国法学理论界和司法界的异议声此起彼伏。但是,基于判例法的遵循先例规则,由英国最高司法机构所首肯的 Bolam 标准的权威性一直未能撼动,直至英国最高司法机构 2015 年再次触及这一话题。英国最高司法机构把握住了这一时机,对英国医生的信息披露标准做了最终了断。本文将向读者呈现英国司法的这一段漫长的、曲折的发展史。

一、英国的 Bolam 案:混沌世界里的一体化标准

在英联邦国家的医疗过失法中,1957 年审结的英国的 Bolam 案[⑩]是一个十分经典的案子。它巨大的影响力不仅表现在地域上,即它超越了英国本土,被推广到了整个英联邦国家,[⑪]而且表现在适用行业上,即它走出了医疗行业,被适用到了其他需要专门技能和知识的专业领域。[⑫]

(一)案情与判决

Bolam 案是一个诊疗和信息告知混合型案子,它涉及一位精神病患者和二种医疗行业做法的优劣权衡和选择。在该案中,原告患者接受的是治疗精神病的电抽搐治疗(E. C. T.)。关于该种疗法的实施,当时医疗界存在两种做法:(1)“未加控制的”电抽搐治疗,即没有事先施以弛缓药物,也没有施以任何形式的手工控制。该种做法的支持者认为,弛缓药物的使用可带来致命的风险,在实施治疗过程中对患者的

---

⑩ *Bolam v. Friern Hospital Management Committee* [1957] 2 All ER 118,[1957] 1 WLR 582. 关于此案的具体评介,参见赵西巨:《医事法研究》,法律出版社 2008 年版,第 249 ~254 页。

⑪ *Chin Keow v. Government of Malaysia* [1967] 1 WLR 813 (PC).

⑫ *Gold v. Haringey HA* [1987] 2 All ER 888,894 (CA).

限制越少,骨折的风险就越小,“未加控制的”电抽搐疗法所内含的骨折风险是微小的。(2)有所控制的电抽搐治疗,即在实施电抽搐治疗时,应当使用弛缓药物和麻醉药物,如果不使用弛缓药物,某种形式的手工控制应是必要的。该种做法的持有者认为,弛缓药物可预防肌肉对电流刺激的反应从而减少骨折的风险。

本案中被告医生实际采取的是第一种做法,结果是,患者在治疗中因剧烈的抽搐运动导致了其骨盆骨折。诉讼由此产生。

在本案中,关于被告医生过失的认定实际上涉及两个方面:一是诊疗领域,即被告医生在实施治疗时未采用弛缓药物和手工控制的做法是否属于过失行为;二是信息告知领域,即被告医生未告知患者治疗中所存在的骨折风险的行为是否属于过失行为。对此,法官均做了否定性回答。被告医生所获得的在诊疗领域和信息告知领域均不须承担民事侵权责任的有利诉讼结果得益于法官所建立的 Bolam 标准以及该标准对医疗行业不同做法的极大尊重。Bolam 标准来源于该案法官的这样一段话:“如果[一位医生]按照一个做法行事,而该种做法被熟知那种特定技能的一群负责任的医疗人员(a responsible body of medical men)接受为适当,他就不应负过失责任。”[13]而且此种过失判定不受业界不同意见的影响,即“如果一个人按照这种做法行事,不能仅因为存在一种相反的意见就认定[医生]有过失”。[14]很显然,在医疗执业人员过失判定方面,它建立的是一个以医疗行业为导向的标准。

需要格外注意的是,在本案中,这种以医疗行业为导向的过失判定标准超越了诊疗领域,被一体性地适用到了信息告知领域。在案中被告医生是否应在风险告知义务方面承担责任的问题上,法官考察的同样是被告未告知患者治疗中所存在风险的做法是否低于“一群能胜任的、合理的医疗人员”认为适当的行为标准(a standard of practice recognised as proper by a competent reasonable body of opinion)。[15]这是一种以医疗行业做法为判断标准的思维方式。诊疗领域与信息告知领

---

⑬ *Bolam v. Friern Hospital Management Committee* [1957] 2 All ER 118,122.

⑭ *Bolam v. Friern Hospital Management Committee* [1957] 2 All ER 118,122.

⑮ *Bolam v. Friern Hospital Management Committee* [1957] 2 All ER 118,122.

域被一体化地适用了同一个过失判断标准。

案中,关于风险警示,存在两种医疗专家意见。原告所依赖的是一位著名精神病医生的证言。该医生的做法是他通常会向患者警示在不使用弛缓药物时身体剧烈抽搐运动所导致的骨折风险。但是,被告方提供了另一种专家证言,即被告医生的做法(不主动警示风险而是等待患者提问)并未违反医疗行业行为标准。他们担心的是过多的风险言辞会导致患者对医疗干预措施产生"恐惧"从而拒绝接受治疗,这会使他们丧失拥有一个在医生看来唯一的、有益的治疗"希望"或机会。[16]因此,在他们看来,风险警示并无帮助。对此,法官的观点是,如果一位医生面对一位精神病患者坚定地认为该患者唯一的治疗希望是接受电抽搐治疗,如果他没有向患者强调该治疗所涉及的在他看来微小的危险,那么该医生不应受到责难。[17]而且,在本案中,关于被告是否违反风险警示义务的追究受到了另一个问题的纠缠,并被其淹没。该问题是,如果风险得以警示,它对患者的医疗决定会产生多大影响,患者是否会因此而拒绝接受治疗。此实为因果关系的判断问题。通过对原告所依赖医疗专家的追问,法官向陪审团成员释放的信息是,如果风险警示不会实质性地改变患者对治疗的态度,该种风险警示并无多大真实价值。[18]因此,如若风险得以警示患者是否会拒绝治疗这一问题被工具性地运用在了两种场景当中。一方面,在为被告医生信息告知的消极行为辩护时,如若风险得以警示患者会拒绝有益治疗成了医生选择沉默的托辞。另一方面,在考察积极主动的风险告知做法的价值时,即使风险得以警示也不会导致患者拒绝接受治疗成了否定这一做法实质价值的理由。

(二)评价:医疗行业做法、法官判断与信息告知

后来者对Bolam标准的评价不一。持否定评价的学者认为,Bolam

---

⑯ *Bolam v. Friern Hospital Management Committee* [1957] 2 All ER 118,124.

⑰ *Bolam v. Friern Hospital Management Committee* [1957] 2 All ER 118,124.

⑱ *Bolam v. Friern Hospital Management Committee* [1957] 2 All ER 118,123.

标准“对英国医事法的发展具有腐蚀性影响”。[19]有些人则认为,Bolam案没有那么重要,压根就不应在权威的判例集中得以出版。[20]但是,持肯定评价的法律人士则认为,至少在诊疗领域,Bolam标准被认为是“已经经受住了时间的考验”,[21]并且“具有很强的清晰性”。[22]

问题之一是,在判定医疗过失时,医疗行业做法和法官判断谁最终说了算。Bolam标准彰显了对医疗行业做法的尊重。但是,这种尊重有时会被推向极端,走向绝对化。比如,英国Scarman法官曾将Bolam原则描述成了这样一个规则:“如果一位医生遵循了当时一种负责的医学观点认为适当的做法,不应判定他存在过失,哪怕其他医生遵循另一种不同的做法。简单地讲,注意义务是法律所赋予的,但是注意标准则是一个医学判断问题。”[23]不管推出者的初衷如何,Bolam标准实际上制造了这样一个格局:医学观点称雄,法官的判断受到极大的限制,法官的判断要归顺于医学判断。在行外人员与行内人士争夺话语权的进程中,行内人士基于其专业优势占据了上风。当面临两个或多个医学观点时,法官实际上是被剥夺了最终的自由裁量权。法官对某一种观点的“偏好”不是认定过失的充分根据。[24]只要某一医学观点属于一群负责任的医疗人员所支持的观点,法官不能也没有必要根据其“偏好”做出再评估。[25]很显然,来自医学界同行的判断代替了法院的判断。[26]

---

⑲ John Keown “Burying *Bolam*: Informed Consent Down Under” (1994) 53 *Cambridge Law Journal* 16,16 – 19.

⑳ *Anasson v. Koziol* unreported, ACTSC, BC9606317, 20 December 1996, Miles CJ, at [20].

㉑ *Shaw v. Doctor Diarmuid De Burca* [2008] NIQB 151, at [25]; *Haughey v. Newry & Mourne Health & Social Care Trust* [2009] NIQB 53, at [53].

㉒ Analysis, Kenyon Mason and Douglas Brodie “*Bolam*, *Bolam* - Wherefore Art Thou *Bolam*?” (2005) 9 *Edinburgh L. Rev*. 298,299.

㉓ *Sidaway v. Governors of the Bethlem Royal Hospital* [1985] AC 871,881 (HL).

㉔ *Maynard v. West Midlands RHA* [1985] 1 All ER 635,639, per Lord Scarman.

㉕ *Sidaway v. Bethlehem Royal Hospital Governors* [1985] 1 All ER 643,659

㉖ Margaret Brazier and José Miola “Bye-bye Bolam: A Medical Litigation Revolution?” (2000) 8 *Medial Law Review* 85,89.

为此,自 Bolam 标准出台以来,英联邦各国司法对它的改造、纠偏不断。这体现在对可以获得法院认可的医学观点附加了不同程度的限制。这种限制既可以是质量上的限制,也可以是数量上的限制。为了过滤出怪异的医学观点,澳大利亚一些州的民事责任立法还对某一可接受的医疗做法加进了一些数量和质量上的限制,认为此种做法应得到“同领域一群可观数目的(a significant number)、尊敬的同行从业人员的广泛认可”。[27]英国的 Bolitho 案[28]是对 Bolam 标准进行质量控制的代表。Bolitho 案不是一个信息告知案件,而是一个诊疗案件。它来自于当时英国最高司法机构——英国上议院(House of Lords)。[29]案中,一位两岁的男孩因呼吸困难而住院,后因呼吸系统衰竭而出现虚脱,并导致心搏停止和脑部损害。案中争议的一个关键问题是,在男孩出现呼吸问题后是否应安排预防性的插管来提供呼吸通道以避免心搏停止和其他损害。但是,在此问题上,医学上的意见并不统一。被告所提供

---

[27] *Civil Liability Act* 2003 (Qld), s 22(1) (2) (3) (4).

[28] *Bolitho v. City and Hackney HA* [1998] AC 232 (HL); [1997] 4 All ER 771.

[29] 与其他国家立法机关与司法机关分离的机构设置不同,当时英国的上议院(House of Lords)不仅具有立法职能,而且还具有司法功能。英国上议院当时扮演着英国最高法院的角色。具体来讲,对于民事案件来说,英国上议院是整个英国的终审法院,而对于刑事案件来说,它是英格兰、威尔士和北爱尔兰的终审机构。英国上议院司法职能的具体扮演者是“law lords”(法律议员),其正式名称是“Lords of Appeal in Ordinary”。只所以称其为“in Ordinary”,是因为 Lords 是全职的且有薪水。英国的“law lords”往往是资深的司法人员,通常来自英国资深的上诉法院的法官,他们通常是在首相的建议下由英国女王来任命。英国的“law lords”性别比例严重失调。第一位女性 law lord(Baroness Hale of Richmond)产生于 2004 年。英国上议院有 12 位 Law Lords。每个上诉委员会(Appellate Committee)通常有五位 Law Lords 组成,有时也会出现成员为七位或九位的情况。为了维护公正性,Law Lords 一般不会冒险去就有争议性的政治问题发表意见。英国上议院集立法职能与司法职能于一身的现状仅仅源于一种传统(英国上议院担当此项职能已有 600 多年历史了)。不过,英国 2005 年的一项宪法改革法案(The Constitutional Reform Act 2005)已决定在机构上将司法机关与立法机关分离,决定将 law lords 从英国上议院中剥离出去,并于 2008 年成立了一个新的最高法院(United Kingdom Supreme Court)。英国最高法院于 2009 年 10 月 1 日开始运作。它继承的是英国上议院的司法职能。它由 12 位法官(Justices)组成。2009 年 10 月 1 日仍然在位的十位法律议员成为英国最高法院的首批法官。

的被认为代表“一个尽责的职业观点”的专家称,在案中情境下,他不会采取插管措施。相反,为原告出具证言的五位专家则称根据案中情况,他们会采取插管措施,而且这是唯一的一种预防损害的措施。尽管最终还是作出了对被告有利的结果,来自英国上议院的法律议员们[30]却认为,要想赢得法官的尊重,医学观点和医疗行业做法须是“负责任的”、“合理的”、“值得尊敬的”、“有逻辑基础的”(logical basis)、经得起逻辑分析(logical analysis)的。[31]作为一个标志性案,Bolitho 案基本上扭转了英国司法界在职业侵权诉讼中一味迎合职业流行观点和做法的局面。一些人士据此认为 Bolitho 案实际上是向 Bolam 标准的棺材上钉了一块很大的钉子。[32]

Bolam 案所引发的问题之二是,将在诊疗领域尚具生命力的 Bolam 标准一体化地适用于信息告知领域是否妥当。如果将 Bolam 标准应用于信息告知领域,信息披露的范围或内容将主要依赖于医疗行业做法。Bolam 标准给予医疗行业做法或医疗观点的多样性以尊重。这种尊重或容忍的空间的给予是基于对医疗观点分歧正当性的认可。[33]这意味着,如果一些负责任的医生会披露某一信息,而另一些同样负责任的医生不会披露该信息,未披露信息的医生并不必然存在过失。[34]在医疗行业做法上如果没有单独的专家证言,法院会直接将被告自己通常的做法作为适当标准来对待。[35]实际上,将 Bolam 标准应用于信息告知领域并不能带来很多可预见性,这是因为患者有权获得的信

---

[30] Browne-Wilkinson、Slynn、Nolan、Hoffmann 和 Clyde 法律议员。

[31] *Bolitho v. City and Hackney HA* [1997] 4 All ER 771,778.

[32] Catherine Tay Swee Kian "Interpretation of the *Bolam* Test in the Standard of Medical Care: Impact of the *Gunapathy* Case and Beyond" (2003) 19 Professional Negligence 384,384.

[33] Jonathan Montgomery *Health Care Law* (2 ed,Oxford University Press,New York, 2003) 248.

[34] Michael A. Jones *Medical Negligence* (Sweet & Maxwell, London, 2003) 545 (citing *Gold v. Haringey Health Authority* [1988] 1 QB 481).

[35] Michael A. Jones *Medical Negligence* (Sweet & Maxwell, London, 2003) 545, footnote 57 (citing *Thake v. Maurice* [1986] Q. B. 644).

息的多少将依赖于医疗行业关于信息告知的态度以及态度的改变。[36]

二、英国Sidaway案:充满裂缝的坚守

Bolam标准在诊疗领域和信息告知领域的一体化适用得到了英国最高司法机构的首肯。这便是备受关注和争议的Sidaway案。[37] 如前所述,英国的Bolam案是一个诊疗和信息告知混合型案子,它建立了以医疗行业做法为导向的、非常契合医生需要发挥医学判断和专业技能的诊疗领域的过失判定标准(即Bolam标准),同时被适用到了信息告知领域。当时英国最高裁判机构——英国上议院——审结的Sidaway案则是直面了Bolam标准是否适用于信息告知领域这一具体问题。通常认为,英国的Sidaway案容忍了Bolam标准之适用在信息告知领域的继续,将在诊断治疗领域尚具说服力的Bolam标准应用到了知情同意领域。

(一)案情与判决

Sidaway案是一涉及信息告知的案件。在该案中,原告因颈部、右肩和双臂疼痛于1974年在被告处做了一个手术。手术是有一位资深的神经外科医生做的。该手术,即使投入了适当的注意和技能,仍内含有一种风险,即对脊柱和神经造成伤害的风险。此风险的发生概率较低——只有1%~2%。不幸的是,潜在的风险在原告身上发生了,导致了其严重瘫痪。原告诉称被告未能向她披露或解释该手术内含的风险,因而存在过失。

本案初审法院根据Bolam标准驳回了原告的诉讼请求,原因在于,在1974年,不向患者告知上述风险是被一群尽责的、有技能的、有经验的神经外科医生认为是适当的一种做法。上诉法院肯定了初审法院法官的决定。争端被上诉至了英国上议院。英国上议院仍作出了有

---

[36] Michael A. Jones *Medical Negligence* (Sweet & Maxwell, London, 2003) 544 - 545.

[37] *Sidaway v. Bethlehem Royal Hospital Governors* [1985] 1 All ER 643, (1985) AC 871. 关于此案的具体评介,参见赵西巨:《医事法研究》,法律出版社2008年版,第264~268页。

利于被告的判决。

(二)特点:寄生于重大分歧之上的一份判决

Sidaway案有一大特点:案中五位法律议员均亮出了自己的观点且存在重大分歧。尽管最终遵从Bolam标准一体化适用的保守派占据了主导,但是案中的重大意见分歧削弱了它在判例法中的说服力。

在Bolam标准与医生告知义务的关系问题上,Sidaway案中法律议员意见存在两个"极端"。一个"极端"观点可以看作是"左"派或保守派观点,它来自于英国上议院法律议员Diplock勋爵。他也是该案多数派意见持有者。他毫无保留地将不加修改的Bolam标准适用到了知情同意案件,从而将以医生为取向的价值观推向了极致。他的一个主导理论是"单一综合性义务论"(a single comprehensive duty),即医生的义务是"在改善患者身体或精神状况中行使其技能和判断",而这一义务是不容分割的。[38] Diplock法律议员认为Bolam标准具有广泛适用性,它不仅适用于诊断、治疗领域,而且也适用于信息告知领域。他认为医生的注意义务具有综合性或一体性(comprehensive),医生的信息告知同样牵扯到医生职业技能和判断(professional skill and judgment)的行使问题。不过,这种"一体性"论点有个缝隙,即Diplock法律议员认可"患者提问"这一例外。他认为,当患者询问时,医生应告知患者想要知道的信息,医生的职业技能和判断退居其次。

在Sidaway案中,处于另一个"极端"的、属于"右"派或自由派的人物是崇尚权利的Scarman法律议员。该议员是该案的少数派意见持有者。该议员是患者自我决定权利的尊崇者,他彻底地否定了Bolam原则在信息提供领域的适用。Scarman法律议员认为,医疗决定并不是完全基于医学的考虑,医生也许并不知晓患者心中的价值观、目标、考虑情形,患者的决定也许并不同于建立在纯医疗判断上的决定。因此,如果从患者的自我决定权角度来考察医生的告知义务,医生有义务向患者告知治疗中的"实质性"(material)风险。而所谓的"实质性"风险指的是一个处于案中患者位置的合理患者认为"重要"(significant)的风险。这一以患者为导向的、建立在风险"实质性"考察基础之上的

---

[38] *Sidaway v. Bethlehem Royal Hospital Governors* [1985] 1 All ER 643,657-658.

医生告知义务有一"医疗特权"例外,即如果医生合理地认为信息的告知会对患者的健康(包括精神健康)产生损害,医生可以不予告知,尽管这一信息属于实质性信息。在Scarman法律议员思路中,医学证言可以来证明风险的大小、风险发生后的严重性和是否有必要基于医疗特权向患者保留相关信息,但是,医生告知义务的范围问题,或者说医生是否违反告知义务的问题,则最终是一个法律问题而非医学问题。

在Sidaway案中,除了上述两个"极端"法律议员之外,还存在许多属于"左""右"摆动型的持中间路线的法律议员。不过,他们均是与Diplock法律议员为伍的多数派意见支持者。其中,Bridge法律议员和Keith法律议员首先定了个基调,认为,"决定什么程度的风险告知最能帮助特定患者就是否接受某一特定的治疗做出合理的选择必须首要地是一个临床判断(clinical judgment)问题",医生是否违反告知义务是一个"主要"根据"专家医学证言"适用Bolam标准来判断的问题。至于个中原因,他们强调的更多是在医疗决定问题上患者缺乏医学知识、患者易于做出不合理的判断以及在如何更好地向患者告知信息问题上需要"临床判断"这些考虑因素。这基本上确定了一个以医生或医疗行业为导向的基调。不过,两位议员对Bolam标准的忠诚有两点折扣和保留:一是,若患者对某一信息提出具体询问,医生应负告知义务;二是,如果某一特定风险的告知是"明显必需的"(obviously necessary)以至于没有合理谨慎的医生会不去告知它(比如,医疗措施涉及到"具有严重不良后果的实质风险"),医生便负有告知义务,应尊重患者的决定权,尽管医生的未告知行为也符合医疗行业做法。处于两个"极端"之间的多数派意见持有者还有Templeman法律议员。Templeman法律议员注意到在医生的知识和客观与患者的无知和主观之间存在不平衡,但是,他认可患者具有医疗上的决定权,尽管患者做出的可能是不全面和不合理的判断。

因此,如果按照偏离传统的Bolam标准的程度从小到大的顺序来排列,五位法律议员的意见基本上形成了一个等级序列:Diplock—Bridge/Keith—Templeman—Scarman。其中,Diplock法律议员无条件地与Bolam标准站在了一起,而Scarman法律议员则是区分了"诊疗"与"信息告知",在信息告知问题上热情地拥抱了新发展起来的以患者为取向的标准。尽管从总体结果上来讲我们可以说 Sidaway 案属于一个英国上议院认可了 Bolam 标准在信息告知领域之适用的判例,但是实际上多数派法律议员中只有一位毫无保留地表达了在信息告知领域对 Bolam 标准的忠诚。

需要注意的一点是,多数派法律议员对 Bolam 标准的偏好也是有适用情形限制的。三位法律议员(Diplock、Bridge、Templeman)均区分了"(医生)主动告知未被问及的信息"(volunteering unsought information)之情形与"(医生)对患者的具体询问做出回应"(responding to patient's specific questions)之情形。[39]以医疗行业为取向的 Bolam 标准只适用于前一种情形。如若出现后一种情形,即患者提出了具体问题,医生即应积极响应,而不管医疗行业做法如何。也就是说,在后一种情形出现时,以尊重医疗行业做法为精髓的 Bolam 标准并无用武之地。

总之,用一位爱尔兰法官的话说,连为一体的 Bolam 和 Sidaway 案在信息告知领域建立的是一个以"医生为中心"(doctor centred)的标准。[40]具体展开来讲,该种标准包括二个主题、三层意思:第一个主题是,医疗从业者是否违反告知义务的衡量标准是看他是否遵循了一个负责任的医疗观点认为适当的医疗做法,这是因为何种风险需要披露以便让患者就是否接受某种治疗做出合理选择这一问题主要是一个"医学判断"事宜。它强调看问题应以医疗行业做法为瞻。第二个主题可以看作是第一个主题的转向或偏离或例外,即在某种情形下,医疗行业做法便不再重要。这种情形包括两个:一是在某些案件中对一个能带来严重不良后果的特定风险的告知对患者的知情决定是"如此明显地必要",以至于没有合理谨慎的医生会不去告知它,此时催生医生的告知义务;二是若患者对某一信息提出具体询问,医生应负告知义务。

---

[39] *Sidaway v. Bethlem Royal Hospital Governors* [1985] 1 All ER 643,659 (Lord Diplock),661 (Lord Bridge),664 (Lord Templeman).

[40] *Fitzpatrick v. White* [2008] 3 IR 551,560 at [25] per Kearns J..

(三)评价:分歧催生分裂

学术界对Sidaway案的评价不一,且负面评论较多。评价不一主要是源于Sidaway案法律议员的意见不一致以及对其侧重点不同的解读。有学者认为,Sidaway案充满了对Bolam标准的强烈批评、柔性限制和偏离,在信息告知新场景中对传统规则的稀释是明显的。㊶英国有学者认为,Sidaway案所展示的司法人员在注意标准设置上对医疗行业的尊重在考察"诊疗领域技术的专业性和适当性"上有更强的合理性,而在与非医学判断密切相关的信息告知领域,该种标准往往是站不住脚的。㊷有学者甚至认为,Sidaway案所钟情的Bolam标准具有潜在的"父权主义"倾向,其与患者的自主权是背道而驰的。㊸

在后Sidaway案时代,在英国司法方面,基于先例的约束力,英国的法院在信息告知标准的设定上持续地如Sidaway案一样给予医疗行业做法以尊重,但是,分歧、困惑、模棱两可依然存在。㊹英国法院持续地适用Bolam规则,但是对其施加了诸多限制。㊺

从英联邦司法来看,在Bolam案是否适用于信息告知领域这一问题上,英联邦国家产生了分裂。这种分裂表现在,在信息披露的范围和标准问题上,是如Sidaway案一样采用以医疗行业为导向的(合理)医生标准还是启用新的以患者为导向的患者标准/实质性(materiality)标准。

从英联邦的几大法域看,英国和新加坡固守着Bolam标准(医生标准),坚持医生诊疗义务与告知义务的一体化。英国Sidaway案见证

㊶ Analysis, Kenyon Mason and Douglas Brodie "*Bolam, Bolam* - Wherefore Art Thou *Bolam*?" (2005) 9 *Edinburgh L. Rev*. 298, 300.

㊷ Harvey Teff "Consent to Medical Procedures: Paternalism, Self-determination Or Therapeutic Alliance?" (1985) 101 The Law Quarterly Review 432, 432.

㊸ Kumaralingam Amirthalingam "Anglo-Australian Law of Medical Negligence - Towards Convergence?" (2003) 11 Torts Law Journal 117, 123.

㊹ Alasdair Maclean *Autonomy, Informed Consent and Medical Law: A Relational Challenge* (Cambridge University Press, 2009) 170 - 172.

㊺ Kumaralingam Amirthalingam "Anglo-Australian Law of Medical Negligence - Towards Convergence?" (2003) 11 *Torts Law Journal* 117, 128.

着 Bolam 标准在信息告知领域的适用。作为英联邦和普通法国家,新加坡仍然追随着 Bolam 标准,即使在信息告知领域。在 Gunapathy 案[46]中,新加坡的上诉法院确认了 Bolam 标准适用于医生向患者提供信息或咨询建议的场合。后续的新加坡司法判例进一步申明"医生的注意义务是综合性的",信息告知是否充分的问题主要是医学判断问题。[47]

但是,英联邦大家庭中的加拿大、澳大利亚、新西兰和马来西亚则意识到了信息告知与诊疗的不同面,在信息告知领域采纳了不同于 Bolam 标准的患者标准,从而与英国保持了距离。在 Reibl v. Hughes 一案[48]中,加拿大最高法院认为,信息告知问题需考虑"患者知晓实施特定手术或其他治疗之风险的权利",它"与医生是否根据可适用的职业标准实施了其职业活动这一问题不是同样性质的问题"。澳大利亚的 Rogers v. Whitaker 案[49]则明确否定了英国 Bolam 案和 Sidaway 案在信息告知领域的适用,从而建立了自己的 Rogers 标准。新西兰则是通过患者权利立法认可了以满足患者信息需求为目的的告知标准。[50]在 Bolam 标准与 Rogers 标准的选择上,马来西亚联邦法院也选择了后者,并认为 Rogers 标准,相较于 Bolam 标准,是"在这个一千年更加适当和更加有生命力的测试标准"。[51]

三、美国的 Canterbury 案和澳大利亚 Rogers 案:新标准在域外的生长

(一)美国的 Canterbury 案:患者/实质性标准的开拓者

在英语世界知情同意法的发展史上,美国 1972 年的 Canterbury v.

---

[46] *Dr Khoo James and Another v. Gunapathy d/o Muniandy and another appeal* [2002] 2 SLR 414; [2002] SGCA 25.

[47] *D'Conceicao Jeanie Doris(administratrix of the estate of Milakov Steven, deceased) v. Tong Ming Chuan* [2011] *SGHC* 193.

[48] *Reibl v. Hughes* [1980] 2 SCR 880 (SCC); (1980) 114 D. L. R. (3d).

[49] *Rogers v. Whitaker* (1992) 175 CLR 479 (HCA).

[50] Health and Disability Commissioner (Code of Health and Disability Services Consumers' Rights) Regulation 1996, Schedule, Right 6 (2).

[51] *Foo Fio Na v. Dr Soo Fook Mun and Anor* [2007] 1 MLJ 593, para. [78].

Spence案[52]享有举足轻重的地位。从患者角度看,它是一"良法"的开端。在美国,该案所设定的原则迅速地被其他案件所继承。[53]该案,通过对发展历史不长的"知情同意"法则的系统的、论据有力的论述,在英美法系中形成了强大的说服力。它的影响力不仅在加拿大和澳大利亚司法中轻而易举地占据了主导,[54]而且,正如Sidaway案中异彩纷呈的法官意见所展现的,在以保守和机械保护医疗行业而著称的英国也促生了一种强有力的声音。[55]

Canterbury案涉及一位19岁的男孩。他因严重背部疼痛而接受了一椎板切除术,手术无并发症。患者后来出现腰部以下麻痹,再次手术部分成功,患者的腿部恢复移动,但却出现尿失禁。患者诉称医方并未告知其手术的麻痹风险。

在信息披露的标准(standard of disclosure)方面,美国的Canterbury案一改以往司法所尊崇的以医生为取向的标准,而推出了以患者为取向的信息露标准或信息"实质性"(materiality)标准。它没有机械地顺依传统的过失侵权法所内含的尊从专家型行业这一层意思,而是从"知情同意"之法理出发,创造性地开辟了一条以患者自我决定权为导向的行为标准。

在该案中,法院言明,在知情同意领域,对医疗通常做法和行规的盲目依从是不可取的。原因有:(1)在医疗信息披露领域,是否存在一个"可辩明的行业做法"是令人质疑的。每个患者都有不同的变量,信息披露应以患者的个体情形为依归。医生会拿一个根本不存在的行业做法为自己的行为开脱。[56](2)任何以医疗行业或医师为取向的披露标准均与知情同意之法理——保护患者自我决定权——相左。应由患者

---

[52] *Canterbury v. Spence*, 464 F. 2d 772 (1972).

[53] *Cobbs v. Grant*, 8 Cal. 3d 229, 502 P. 2d 1, 104 Cal. Rptr. 505 (1972).

[54] *Reibl v. Hughes* [1980] 2 SCR 880, (1980) 114 D. L. R. (3d) 1 (S. C. C.); *Rogers v. Whitaker* (1992) 175 C. L. R. 479 (HCA).

[55] *Sidaway v. Bethlehem Royal Hospital Governors* [1985] 1 All ER 643, (1985) AC 871, Lord Scarman.

[56] *Canterbury v. Spence*, 464 F. 2d 772, 783 - 784 (1972).

的自我决定权而不是“行业做法”来定义信息披露的范围的边界。[57]信息披露标准应由法律来设定,而不是由医疗行业来设定。[58](3)在知情同意领域,行为决策往往涉及“非医学判断”,并不需要医学知识和技能的介入,没有必要让医疗行业规范担当衡量医生行为的法定标准。[59]

由此,Canterbury 案所推出的医生信息披露的标准是:(1)医生向患者披露信息的范围应以“患者的需求”来衡量;(2)患者所需求的应是对其同意决定具有实质性的信息;(3)一条风险信息是否属于“实质性信息”的判定标准是,一个处于患者位置(patient's position)的合理之人(a reasonable person)是否对某一信息“赋加重要性”(attach significance)。[60]尽管 Canterbury 案建立了一个对患者有利的告知标准,但它还是向传统的侵权法规则做出了些让步。这种让步体现在它启用的仍然是一个传统侵权法所惯常使用的抹杀了个体情形的客观的“合理之人”标准,尽管此合理之人是以患者而不是医生为取向,尽管客观性标准中揉进了具体“患者位置”这一主观因素。

(二)澳大利亚 Rogers 案:患者/实质性标准的丰富者

1. 案情

在 Rogers 案[61]中,被上诉人(原告)Whitaker 是一位患者,许多年来她的右眼一直不好,几乎失明。上诉人(被告)Rogers 是一位眼科外科医生,他为被上诉人(原告)做了一眼部手术。在手术前,他告诉患者此手术不仅可以达到祛斑美容的效果,而且很可能很大程度上恢复右眼的视力。但是,手术后,患者的右眼视力不仅没有改善,而且手术也导致了患者左眼感染从而使其左眼完全失明。因此,患者几乎双眼都失明了,严重影响了生活质量。患者因手术遭受了灾难性后果。患者左眼的感染是因交感性眼炎导致的。有证据表明,此种风险发生的概

---

[57] *Canterbury v. Spence*, 464 F. 2d 772,786 (1972).

[58] *Canterbury v. Spence*, 464 F. 2d 772,784 (1972).

[59] *Canterbury v. Spence*, 464 F. 2d 772,785 (1972).

[60] *Canterbury v. Spence*, 464 F. 2d 772,7867(1972) (quoting Waltz & Scheuneman "Informed Consent to Therapy" 64 *N. W. U. L. Rev.* 628,640).

[61] *Rogers v. Whitaker* (1992) 175 CLR 479 (HCA). 关于此案,参见赵西巨:《医事法研究》,法律出版社 2008 年版,第 267 ~271 页。

率大约是14,000例手术1例或更高一点,且通常情况下不会导致视力丧失。此案中对于被告在手术中的技能和注意并没有争议,原告起诉医生的是在手术前未能向其披露交感性眼炎这一风险。案情显示,患者对右眼手术对其左眼的影响非常关注,属于一位“好问的”(inquisitive)患者。

2. 判决及影响

本案涉及的主要问题是,被告未能向患者警示手术风险是否构成注意义务的违反。对于此种风险的披露,医疗界存在观点和做法上的分歧。根据一群“声誉良好的”医疗执业人员的证言,当时的一种医学观点认为,如果患者没有明确地问及,医生可能不去理会它,而根据本案情况,医生不会向患者警示交感性眼炎这一风险。但是,根据另一群“声誉良好的”医疗执业人员所提供的证言,另一种相反的医疗观点认为,在本案中,他们会向患者提供警示。基于此,被告企图借助Bolam标准而脱责。因此,是尊重医疗行业做法及其分歧还是尊重具体患者的信息需求成为案中关键问题。

值得称道的是,该案区分了诊断和治疗与信息提供。该案多数派意见[62]认为,“一位医疗执业人员是否依据适当的注意标准实施了某一特定治疗这一问题是一个负责任的职业观点将发挥影响力,通常是决定性作用,的问题;但是,在决定是否提供给了患者所有的相关信息让其选择是否接受某种治疗这一问题上,侧重次序应有所不同。一般来讲,它不是一个由医疗标准或做法来回答的问题。对信息的披露,包括对拟定治疗所含风险的披露,不需要专门的医疗技能,除非存在所有相关信息的提供会伤害一位异常敏感或情绪不易控制的患者这一特定的危险”。[63]

本案的Gaudron法官(同意意见持有者),在给出单独意见时,也指出,说医生负有“一个单一的综合的义务”是一种高度概括的说法,它没有考虑到在诊断和治疗与信息和建议提供之间所存在的“巨大的

---

[62] Mason C. J. ,Brennan,Dawson,Toohey and McHugh JJ.

[63] *Rogers v. Whitaker* (1992) 175 CLR 479,489 -490 (HCA).

概念上和实践中的不同”。[64]该法官进一步指出,在信息提供领域,医生告知义务的确切内容来自于对“患者需求、关切点和情形”的考虑,在确定何种信息应该提供时,医疗从业者的行业做法无法得到考虑。[65]

由此,在与 Bolam 标准拉开距离之后,Rogers 案推出了一个专门适用于信息告知领域的风险实质性测试标准,即 Rogers 标准:“如果,在特定案件的情形之中,处于患者位置的一个合理之人(a reasonable person in the patient's position),如果得到风险警示,可能对风险赋加重要性(significance),或者,如果医疗执业人员意识到或应当合理地意识到特定的患者(the particular patient),如果得到风险警示,可能对该风险赋加重要性,那么,该风险便是实质性风险。”[66]理论上讲,该测试标准有两翼:前半部分为“客观之翼”(objective limb),后半部分为“主观之翼”(subjective limb)。难能可贵的是,相较于美国的 Canterbury 案的客观标准,它增添了“主观之翼”。

“客观之翼”(即“处于患者位置的一个合理之人”)建立的是医生的“主动型告知义务”(proactive duty to warn),它不依赖于患者的主动询问,它瞄准的是“处于患者位置的一个合理之人”这样一个主客观因素兼具(“处于患者位置”+“合理之人”)但是客观定位为主的标准群体。

“主观之翼”(即“特定的患者”)建立的是医生“应对型告知义务”(reactive duty to warn),它有赖于患者的行为(包括主动询问)引起医生对具体患者特定关注点的意识,它瞄准的是“特定患者”这一具体的主观的群体。法律之所以增设“主观之翼”,是因为它意识到具体案件中的具体患者可能存在“合理之人”所不会有的“不合理”的关注点。特定患者可能不是“合理之人”,[67]他可能拥有一些专属于他的“不合理的”关切点,他可能通过提问或其他方式向医生传输一些关切点,而这些关切点会唤起医生注意从而使其认识到向该患者告知特定信息的必

[64] *Rogers v. Whitaker* (1992) 175 C. L. R. 479,492 (HCA).

[65] *Rogers v. Whitaker* (1992) 175 C. L. R. 479,493 (HCA).

[66] *Rogers v. Whitaker* (1992) 175 C. L. R. 479,490 (HCA).

[67] *Rosenberg v. Percival*[2001]205 CLR 434,459 per Gummow J; 500, per Callinan J..

要性。[68]如果医生意识到了或应当意识到这些特定的关切点,医生就应给予其充分的考虑。[69]基于保护患者自我决定权之法理,这些即使在客观的"合理人"眼中"不合理"的关注点也是应当引起法律关注的。这意味着,"患者越是好问,越是穷追不舍,越是复杂微妙,越是迷住心窍,越是多疑,越是癔想,医生就越有必要对哪怕是微小的风险加以确认并告知,因为这样的患者可能认为这样的风险是重要的"。[70]一种常见的启动"主观之翼"的途径是患者提出问题,但这不是唯一的患者表白特定关切点的方式。[71]存在"大量的潜在情形",在这些情形下法官会认为医疗从业者应该知道患者的特定关注点。[72]

Rogers 案中的"客观之翼"提供的是一个适用于"处于患者位置的抽象的合理之人"的"普适性的"测试标准。[73]但是,在"主观之翼"之下,"处于患者位置的合理之人"的需求可能因特定患者的存在得以"扩充"。[74]"主观之翼"实际上为医生的告知义务增加了一层负担,使得信息披露的实质性标准不仅以患者为取向,而且日益逼近具体患者的具体的主观层面,是一个更加契合知情同意之本性的法律设计。

澳大利亚的 Rogers v. Whitaker 案对其邻国新西兰的司法产生了很大影响。它不断地得到新西兰法官的引用。[75]在 B v. Medical Council 一案[76]中,新西兰高等法院 Elias 法官就指出,"通常的行业做法,尽管很重要,但不总具有决定性。所适用的标准的合理性应由法院来决定。法院在做此决定时,应考虑所有的情形,不仅包括通常的做法,而且也包括患者的利益和社会的期望。社会的期望包括不应让行业标准滞后

---

[68] *Rosenberg v. Percival* [2001] 205 CLR 434,482 –483,per Kirby J. .

[69] *Rosenberg v. Percival* [2001] 205 CLR 434,459 per Gummow J. .

[70] *Rosenberg v. Percival* [2001] 205 CLR 434,500,per Callinan J. .

[71] *Rosenberg v. Percival* [2001] 205 CLR 434,459 per Gummow J. .

[72] *Rosenberg v. Percival* [2001] 205 CLR 434,459 per Gummow J. .

[73] *Rosenberg v. Percival* [2001] 205 CLR 434,500,per Callinan J. .

[74] *Rosenberg v. Percival* [2001] 205 CLR 434,478,per Kirby J. .

[75] *Doyle v. Accident Compensation Corporation* [1997] 3 NZLR 160 (HC),165,per Fisher J. ; *B v. Medical Council of NZ* (Note) [2005] 3 NZLR 810.

[76] *B v. Medical Council of NZ* 8/7/96,Elias J,HC Auckland HC 11/96,noted at [2005] 3 NZLR 810.

这一期望”。[77]该法官还特别指出,“患者和社会的利益和期望在知情同意案件中特别重要”。[78]诊断/治疗与信息披露有别的观念在新西兰的立法中也有明确体现。在新西兰的健康服务消费者权利立法[79]中就出现了第四项权利和第六项权利的并立。第四项权利(获得适当标准的服务的权利)具有普适性。它要求健康服务提供商在提供服务时应行使合理的注意和技能。第六项权利(被充分告知的权利)则使信息提供的特质凸显,它不再以医疗标准为依归,而是以患者(消费者)需求为主导。它规定消费者有权获得处于该消费者情境中的一个合理的消费者期望获取的信息和为做出知情选择或知情同意所需要的信息,与此同时,对于与服务相关的询问,它规定每位消费者有权获得真诚的、准确的回答。

四、英国 Pearce 案、Chester v. Afshar 案和 Birch 案:传统天空下的点点星光

不同于加拿大和澳大利亚,自 Sidaway 案面世之后,英国的知情同意司法一直较为沉闷,没有出现权威的彰显“信息告知”之特殊面的判例。不过,在巨大的 Bolam 案—Sidaway 案之盘石之下,英国司法仍不甘寂寞,不时露出几道曙光,点燃人们对新规则的憧憬和向往。

(一)Pearce 案:患者/实质性标准出炉?

第一道闪亮的曙光来自于英国 Pearce v. United Bristol Healthcare NHS Trust 案[80]。在该案中,Woolf 法官在正面地大量援引先例 Sidaway 案和 Bolitho 案之后,提出了一个让人眼前一亮的信息披露标准,即“如果存在一个会影响到合理患者判断的重要(significant)风险,如果患者需要这一信息以便自己决定采取何种措施,在通常情况下,医生有义务

---

[77] *B v. Medical Council of NZ* (Note) [2005] 3 NZLR 810,811.

[78] *B v. Medical Council of NZ* (Note) [2005] 3 NZLR 810,811.

[79] The Health and Disability Commissioner (Code of Health and Disability Consumers' Rights) Regulations 1996, Statutory Regulations 1996, No. 78.

[80] *Pearce v. United Bristol Healthcare NHS Trust* (1999) 48 BMLR 118; [1999] PIQR 53.

向患者告知这一重要风险”。[81] 尽管这段文字的作者 Woolf 法官认为这段表述只是借由 Bolitho 案对 Sidaway 案再次解读的结果,[82]只是传统的 Bolam-Sidaway-Bolitho 三案判决思路的自然发展,但是它却被外人赋予了更多的价值和联想。如同人们对 Sidaway 案的响应一样,理论界对 Pearce 案反应也不一。有一种观点乐观地将 Pearce 案 Woolf 法官所言视为与患者标准的亲密接触。[83] Woolf 法官的说法被认为是在英国传统的以医生为取向的思维之下导入了一个新的合理患者标准。[84]可以这样讲,“影响一位合理患者之判断的重要风险的存在使得医生有义务根据 Bolam 标准来披露该重要风险”,法院可以通过评估“一位合理的医生应当如何去披露”来决定医生的该种风险告知义务是否存在。[85]但是,也有学者保守地认为,Pearce 案中 Woolf 法官所言进一步保留了医疗行业为取向的标准,这是因为法官会依赖医疗专家来判定某一风险的重要性。[86]当然,也有持折中路线的学者,认为 Woolf

[81] *Pearce v. United Bristol Healthcare NHS Trust* (1998) 48 BMLR 118,124; [1999] PIQR 53,59.

[82] Lord Woolf “Are the Courts Excessively Deferential to the Medical Profession?” (2001) 9 *Med L Rev* 1,11.

[83] Analysis, Kenyon Mason and Douglas Brodie “*Bolam, Bolam* - Wherefore Art Thou *Bolam*?” (2005) 9 *Edinburgh L. Rev*. 298,301; Sara Fovargue and José Miola “How Much Information Is ‘Enough’?” (2010) 5 Clinical Ethics 13 (认为 Woolf 法官所言实际上构造了一个“合理患者”标准); Shaun D. Pattinson *Medical Law and Ethics* (Sweet & Maxwell, London, 2006) 111 (认为 Woolf 法官所言与 Scarman 法律议员的“谨慎患者”标准已非常接近).

[84] Analysis, Kenyon Mason and Douglas Brodie “*Bolam, Bolam* - Wherefore Art Thou *Bolam*?” (2005) 9 *Edinburgh L. Rev*. 298,301.

[85] Michael A. Jones “Informed Consent and Other Fairy Stories” (1999) 7 *Med L Rev* 104,118.

[86] Alasdair R Maclean “The Doctrine of informed consent: does it exist and has it crossed the Atlantic?” (2004) 24 *Legal Studies* 386,408 – 409; Alasdair Maclean *Autonomy, Informed Consent and Medical Law: A Relational Challenge* (Cambridge University Press, 2009) 176 – 177.

法官所言是合理医生标准与合理患者标准的“合成”。[87]我们可以讲,Woolf 法官的表述认可了一个以患者为导向、以信息的“重要性”为判断标准的信息披露规则。这实际上采纳了 Sidaway 案中少数派/自由派 Scarman 法律议员的观点,与 Scarman 法律议员所讲的医生应告知处于患者位置的合理患者有可能赋予重要性的风险的说法一致。这其中并没有提到 Bolam 标准。

(二)Chester v. Afshar 案:对“重要风险”说的热情拥抱

Pearce 案中的上述 Woolf 法官观点在英国上议院审理的事关知情同意案件中因果关系之判定的 Chester v. Afshar 一案[88]中获得了正面援引。Woolf 法官的关于“重要风险”的表述被认为是 Bolam 案、Sidaway 案和 Bolitho 案三案发展的结果。[89]同样是英国最高司法机构,但不同于在 Sidaway 案中的表现,英国上议院在 Chester v. Afshar 一案中似乎遗忘了在司法中曾盛行一时的、旨在保护医疗行业、带有很强的“父权主义”色彩的 Bolam 标准,而对患者的自主权表现了很大的兴趣。案中 Steyn 法律议员认为,基于以下理由存在着保护本案原告的必要:(1)每一成年且心智正常之人均有权决定对其身体的处置;(2)患者被告知的权利是一项至关重要的权利,它必须得到尽可能的有效保护;(3)知情同意法则所保护的患者利益是患者的自主和尊严。[90]尽管该案件关注的是医疗侵权中的因果关系问题,但是该案对患者自主权的张扬让人印象深刻。案中的 Bingham 法律议员认为,医生之所以负有风险告知义务是因为这可以让患者自己做出密切影响他们生活和身体的决定。案中的 Walker 法律议员则认为患者的自主权正得到越来越广泛的认可,为了做出对自己的健康和福祉有深刻影响的医疗决定,患者有权获得有关医疗风险和替代医疗措施的信息和建议。

---

[87] José Miola “On the Materiality of Risk: Paper Tigers and Panaceas” (2009) 17 *Medical Law Review* 76,97.

[88] *Chester v. Afshar* [2004] 4 All ER 587,[2004] UKHL 41; [2005] 1 AC 32. 关于此案,参见赵西巨:《英联邦国家医疗侵权诉讼中因果关系之证明及评价》,载《证据科学》2009 年第 17 卷第 3 期。

[89] *Chester v. Afshar* [2004] 4 All ER 587,593 – 594, paras. 15,16.

[90] *Chester v. Afshar* [2004] 4 All ER 587,593 – 594, para. 14.

(三)Birch案:对"重要风险"说的再次拥抱

在新近的Birch案[91]中,Pearce案Woolf法官观点得到了再一次援引。Birch案法官将Woolf法官在Pearce案中所提出的"重要风险"告知这一说法作为医生信息告知的一般标准来对待,并认为,Pearce案Woolf法官和Chester v. Afshar案Steyn法律议员所言背后存有一个明显的法理,即"对患者自主的尊重和如若风险成为现实是由患者承担后果这一现实的尊重"。[92]

Birch案据说是英国聚焦"替代疗法"告知的首位知情同意案件。[93]早前的英国医生违反告知义务的案件一概关注医疗"风险"的告知,而且一般认为,如果某一疗法不属于某一医生所推荐的疗法,它一般不落入该医生的告知范围,即使该疗法属于其他医生可能推荐的疗法。[94]借助于Pearce案Woof法官所提出的"重要风险"标准,Birch案则指出,在某些情形下,医生的告知义务包括对"不同"疗法"比较风险"(comparative risks)的告知。

Birch案涉及血管造影术与磁共振成像术二种影像术的选择。患者诉称接受了"不必要"的医疗程序。案中患者有三种诊断可能:一是第三根颅神经存在缺血性损伤。这种情况,随着时间的推移,可以自愈。二是动脉瘤。这种情况是致命的,需要紧急排除。三是海绵窦异常。这种情况并非致命性的,但需要排除。在此方面,二种影像术各有千秋。血管造影术的优点是可以将动脉瘤100%确定地排除,但是其缺点是具有侵入性和更大的风险性,存在中风风险,而且它只能排除后交通动脉瘤,不能排除海绵窦异常。磁共振成像术的优点:一是不具有侵入性,不存在中风风险;二是它既能排除后交通动脉瘤,也能排除海

---

[91] *Birch v. University College Hospitals NHS Trust* (2008) 104 BMLR 168, (2008) 105 L. S. G. 19, [2008] All ER (D) 113 (Sep), [2008] EWHC 2237 (QB).

[92] *Birch v. University College Hospitals NHS Trust* [2008] EWHC 2237 (QB), at [72].

[93] Rob Heywood "Medical Disclosure of Alternative Treatments" (Case and Comment) (2009) *The Cambridge Law Journal* 30, 31.

[94] Alasdair Maclean *Autonomy, Informed Consent and Medical Law: A Relational Challenge* (Cambridge University Press, 2009) 203.

绵窦异常。但是,医学界在磁共振成像术能否检测出动脉瘤或者说强化的磁共振成像术是否有足够的灵敏性排除动脉瘤上存在分歧。在本案中,英国高等法院(王座分庭)[High Court (Queen's Bench Division)] Cranston 法官认为,尽管被告在决定采取血管造影术上并不存在过失,但是,被告未能向原告告知存在血管造影术与磁共振成像术二种不同的影像术及其各自相比较而言的风险,因此存在过失,从而应向原告承担责任。

但是,由于受到 Bolam 标准的羁绊,Birch 案在推出其观点时表现得相当谨慎。可以讲,由于该案主要着眼于案件事实(fact-driven),很容易从事实上被后来司法者所区别开,因而使其适用面变得狭窄,判决的约束力受到限制。首先,法院并不想以"一般的术语"来描述医生告知不同疗法及其风险的场景,[95]法院的判决只适用于案件中"不通常的"(unusual)或"特殊的"(special)情形。[96]案中这些"不通常的"或"特殊的"情形包括以下情况:(1)原告患者曾得到一位"神经病专科医生"的正确诊断,初始的治疗计划也是合情合理的;(2)但是,不知何因,一开始所建议的磁共振成像术并没有实施;(3)后来,原告患者被转到被告医院处,去排除两种可能致命的诊断;(4)由于神经病病房没有床位,原告落入了"神经外科医生"的手里;(5)一开始,血管造影术和磁共振成像术都是选择项;(6)但是,后来,也许是由于被告医院神经外科医生存在确定要排除动脉瘤的"偏见",考虑问题的中心转移到了动脉瘤的可能性以及优先考虑通过血管造影术排除动脉瘤,因此磁共振成像术这一选择项被放弃掉了;(7)最终,若从事后诸葛的视角来看,原告患者实际上是接受了一个不必要的医疗程序,并导致了中风。这一波三折的戏剧性变化强化了案件事实的狭窄性和不可重复性。其次,Birch 案判决的谨小慎微还表现在,它只要求医生告知具有"更少风

---

[95] *Birch v. University College Hospitals NHS Trust* [2008] EWHC 2237 (QB), at [74].

[96] *Birch v. University College Hospitals NHS Trust* [2008] EWHC 2237 (QB), at [78], [82].

险"或"不带风险"的替代疗法。[97]案中两种诊疗方法各有千秋,未告知的诊疗方法因不具有侵入性而更略胜一筹。可以想见,如果两种可能的诊疗方法在可取得的效果和成功率上悬殊巨大,法官可能会直接将一种方法宣示为系一种"不可行"的方法而将其排除在医生的告知义务范围之外。[98]最后,尽管 Birch 案看起来属于一个"替代疗法"的告知案子,但是,法官说理与判决的中心仍是诊疗方法的"风险"。由于援引的是 Pearce 案 Woolf 法官的"重要风险"说法,Birch 案法官的中心任务是探讨医生的"重要风险"告知义务到底包括什么。[99] Birch 案法官所归纳的需要回答的问题是,在告知患者所实施的诊疗方法(即血管造影术)所涉及的"重要风险"之外,被告医生是否有义务进一步向患者告知该方法与其他诊疗方法(特别是磁共振成像术)的比较风险。[100]最后,也是最重要的一点,Birch 案法官在推出医生有义务告知替代疗法的比较风险这一观点时,启用的仍是 Bolam-Bolitho 案的传统思维。也就是说,要看被告的做法是否代表一种能经得起逻辑分析的负责任的医疗观点。由于 Sidaway 案法官意见分歧严重,Birch 案法官在解读和适用 Sidaway 案上遭遇到了困难。[101]由于当时没有权威的先例,Birch 案法官不得不诉诸 Bolam-Bolitho 案的"两步分析法"(即"负责任的医疗观点 + 经得起逻辑分析")来判定被告的行为是否构成义务的违反。首先,法官认为,就原告患者的情况来看,"没有一个合理的谨慎的医疗执业者"会不去向患者告知相应的风险以给患者一个做出知情选择的机会;其次,法官认为,即使前一种说法不正确,被告的行为也不属于

[97] *Birch v. University College Hospitals NHS Trust* [2008] EWHC 2237 (QB), at [74].

[98] See Rob Heywood "Medical Disclosure of Alternative Treatments" (Case and Comment) (2009) *The Cambridge Law Journal* 30, 31.

[99] *Birch v. University College Hospitals NHS Trust* [2008] EWHC 2237 (QB), at [74].

[100] *Birch v. University College Hospitals NHS Trust* [2008] EWHC 2237 (QB), at [74].

[101] *Birch v. University College Hospitals NHS Trust* [2008] EWHC 2237 (QB), at [73].

一种"合理的""负责任的"或"具有逻辑性"的做法。[102]其实,Birch 案的这种分析思路是令人困惑的。从案中看,实际上,在医生是否有义务告知替代诊疗方法的比较风险这一问题上,医疗界是存在意见分歧的。[103]案中被告医生的做法也不乏追随者。因此,若启用 Bolam 标准,以尊重不同医疗意见而著称的 Bolam 标准本来是可以拯救被告医生的。在论证其观点时,Birch 案法官严重依赖的其实只是一位专家的证言。这位神经外科专家,虽然来自于被告医院,却坦承神经外科医生的"偏见"和被告医院的错误,并明确地指出医生应该与案中患者讨论不同的影像手段及其风险。这种自我解剖和检讨式的真诚证言博得了法官的信任和信赖。[104]对此,人们也有理由深思,如果缺少了这样一份证言,Birch 案法官的 Bolam-Bolitho 推理该如何去走。

(四)小结:Bolam 标准下一股潜流的酝酿和形成

总体来讲,在英国本土,Sidaway 案中少数派 Scarman 法律议员观点——Pearce 案 Woolf 法官观点——Chester v. Afshar 案——Birch 案基本上形成了一条志趣相投的发展路线。Sidaway 案中少数派 Scarman 法律议员观点和 Pearce 案 Woolf 法官观点都考虑到和认可了患者对重要性或实质信息的需求。在 Chester v. Afshar 案和 Birch 案中,Pearce 案 Woolf 法官观点都得到了法官的肯定。Pearce 案 Woolf 法官所提出的"重要风险"说法有一种在信息披露标准上将英国的医生标准转换为患者标准或信息实质性标准的潜能,但是,正如 Birch 案所显示的,由于受到 Bolam 案、Sidaway 案和 Bolitho 案三先例及其以医疗行业做法为重要衡量标准的做法的牵制,在英国这种潜能并没能实现。在 Montgomery 案出现之前,我们只能将英国的医生信息披露标准划归为保守的医生标准。

有意思的是,Pearce 案 Woolf 法官"重要风险"说法发展为患者标

---

[102] *Birch v. University College Hospitals NHS Trust* [2008] EWHC 2237 (QB), at [79].

[103] *Birch v. University College Hospitals NHS Trust* [2008] EWHC 2237 (QB), at [79].

[104] *Birch v. University College Hospitals NHS Trust* [2008] EWHC 2237 (QB), at [76], [79].

准或信息实质性标准的潜能在其邻邦爱尔兰得到了实现。在 Fitzpatrick v. White 一案[105]中,爱尔兰最高法院 Kearns 法官认为,Pearce 案 Woolf 法官所提出的标准"更具合理性",[106]是向"合理患者"标准的迈进。[107]在 Kearns 法官看来,Woolf 法官所提出的"重要风险"(significant risk)与澳大利亚 Rogers 标准中的"实质风险"(material risk)两个词汇是可以相互替换的,对风险"实质性"的判定都涉及到对风险发生的可能性及后果严重性的考虑。Kearns 法官认为,"如果在某一特定案件中,处于患者位置的一位合理之人,若得到风险警示,有可能对这一风险赋予重要性,该风险便可视为实质性风险"。[108]这实际上是接纳了澳大利亚 Rogers 标准中的"客观之翼"(主动型告知义务)。至于 Rogers 标准中的"主观之翼(被动型告知义务)"所涉及的情形,Kearns 法官认为可以先搁置一边,暂不予以考虑。[109]

五、英国的 Montgomery 案:新世纪迟到的华丽转身

在 Montgomery 案出现之前,在英国,有些学者曾试图协调传统的以医疗行业为导向的 *Bolam-Sidaway* 标准与新出现的"信息重要性/实质性"标准的关系,在医生标准与患者标准(信息实质性标准)之间寻求建构"混合"模式。这些学者认为,医疗行业、法院和患者三方均可以决定某种风险是否是实质性的,澳大利亚的 Rogers 标准与"重新建构的"Bolam 标准并没有很大的区别,因为二者都在肯定医疗证言的相关性的同时否定了医疗证言的决定性。[110]但是,这种对医生信息披露标准的解读实属勉强。患者标准或信息实质性标准考虑的是在谁(医生还是患者)看来,某一种风险是实质性的。法院和医疗行业的功能分

---

[105] *Fitzpatrick v. White* [2008] 3 IR 551.

[106] *Fitzpatrick v. White* [2008] 3 IR 551,564 at [35] per Kearns J..

[107] *Fitzpatrick v. White* [2008] 3 IR 551,560 at [26] per Kearns J..

[108] *Fitzpatrick v. White* [2008] 3 IR 551,564 at [35] per Kearns J..

[109] *Fitzpatrick v. White* [2008] 3 IR 551,564 at [35] per Kearns J..

[110] 参见 José Miola "On the Materiality of Risk: Paper Tigers and Panaceas" (2009) 17 *Medical Law Review* 76,76 – 108; Sara Fovargue and José Miola "How Much Information Is 'Enough'?" (2010) 5 *Clinical Ethics* 13,13 – 14.

配,或者说,医疗证言在过错判定中的决定性程度,是信息告知标准划分后的下位问题。有些学者将“一位合理的患者是否对某一条信息赋予重要性”与“一位合理的医生是否认为一位合理的患者应对某一条信息赋予重要性”区分了开来。[111]这种区分并无多大价值。一位合理的患者是否对某一条信息赋予重要性这一问题,即风险的实质性,并不涉及医疗判断。总之,以患者需求为导向的“信息实质性”标准与以医疗行业为导向的 Bolam-Sidaway 标准并不匹配,很难协调在一起。若想拥抱患者标准/“信息实质性”标准,就需要在 Bolam-Sidaway 标准之外重新启用新标准。Montgomery (Appellant) v. Lanarkshire Health Board (Respondent) (Scotland)案(以下简称 Montgomery 案)[112]便给司法者提供了这样一个机会。

在 Montgomery 案中,来自年轻的英国最高法院的七名法官[113]于 2015 年 3 月 11 日作出了一份必将改写英国知情同意法并影响整个医疗行业的、一致的、最终的判决。在判定信息告知领域的医疗过失方面,该判决热情拥抱了澳大利亚的 Rogers 标准,远离了英国的 Bolam 标准。该案在出世当天,即被媒体称之为“标志性的、划时代的”(landmark)、“重大的”(momentous)的判例,被认为是“30 年来最重要的医疗过失方面的判决”。[114]我们可以认为,借由 Montgomery 案,英国在信息告知标准上实现了由医生标准向患者标准的华丽转身。英联邦国家在信息告知标准上的分歧有可能因此而被弥合。

---

[111] Shaun D. Pattinson *Medical Law and Ethics* (Sweet & Maxwell, London, 2006) 112.

[112] *Montgomery (Appellant) v. Lanarkshire Health Board (Respondent) (Scotland)*, [2015] UKSC 11.

[113] 他们是:Lord Neuberger, Lady Hale, Lord Kerr, Lord Clarke, Lord Wilson, Lord Reed, Lord Hodge. 其中, Lord Kerr 和 Lord Reed 书写了主体判决意见,对此 Lord Neuberger、Lord Clarke、Lord Wilson 和 Lord Hodge 表示同意。Lady Hale 单独书写了判决意见,并表示完全同意 Lord Kerr 和 Lord Reed 的判决意见。

[114] Helen McArdle, "Mum whose son suffered brain damage during birth awarded £ 5.25m in landmark victory", < http://www.heraldscotland.com/news/health/landmark-victory-for-diabetic-lanarkshire-mother-whose-son-suffered-brain-damage-during-.120420931 >, 最后访问日期:2015 年 3 月 12 日。

(一)案情

本案的原告 Montgomery 女士曾在大学学习分子生物学并获得科学学士学位,后就职于一家药品公司,从事与医院有关的工作。她的母亲和姐姐均是医疗从业人员。她曾被法官描述为"明显地属于高智商的人"。本案的被告是雇佣 McLellan 医生的健康组织。被告 McLellan 医生是一位妇产科医生。

该案发生在1999年。那年,原告期待着她的第一个孩子的降临。原告属于小个子型,并且患有糖尿病。患有糖尿病的妇女所怀的孩子的个头很可能比正常人大,而且体重会聚集在胎儿的肩部。通常情况下,胎儿的头部最宽。在正常分娩情况下,只要头部成功出来,身体的其他部位都会平安无事地出来。但是,对于糖尿病妇女来说,因其胎儿的最宽部位可能是肩部而不是头部,就很可能发生胎儿的头部成功产出,但是胎儿的肩部因过宽不能自然产出的情况。这种情况在医学上被称为"肩难产",是一种会导致新生儿和产妇疾病或新生儿死亡、需要医疗干预的紧急情况。正因为此,患有糖尿病的原告被认为是具有高风险的、需要密切观察的孕妇。她为此选择的也是一家兼具产科和糖尿病医疗服务的诊所。

在本案中,原告被告知了她怀有的是一个较大体型的胎儿,但是她没有被告知生产的风险,特别是肩难产的风险。对于糖尿病孕妇来说,肩难产发生的风险是9% ~10%。尽管承认这是一个高风险,被告医生的做法是不花时间或不花很多时间与患者讨论这一肩难产的潜在风险。原因是,一方面,她认为肩难产导致婴儿严重问题的风险非常小;另一方面,在她看来,如果肩难产风险被提及,糖尿病孕妇常常会选择另一种生产方式——剖腹产,而她认为剖腹产并不符合母亲利益。尽管被告医生坦承原告曾对能否自然生产体型大的孩子向她表达了担心,但是被告医生认为原告并没有"特别问及"其中的具体风险,因此决定不去告知。因此,被告医生告诉原告她能自然分娩,如果自然分娩出现困难,可以采取剖腹产。

原告进行了两周一次超声波检查以便评估胎儿的大小和发育情况。原告最后一次做超声波检查是在妊娠36周时。被告医生决定不再在妊娠38周时给原告做超声检查,原因是她感觉原告对孩子的大小和自然生产能力越来越担忧。

被告医生根据妊娠36周的超声波检查估计胎儿出生时(妊娠38周)的重量为3.9公斤。根据被告医生的证言，一般来讲，对于糖尿病孕妇，如果胎儿出生时的重量为4.5公斤，她通常会采用剖腹产。由于原告个头较小，对于原告来说，如果其胎儿出生时的重量超过4公斤，她也会考虑剖腹产。实际情况是，被告医生对原告的评估有些保守。一方面，在评估时她没有考虑上下10%的误差。另一方面，孩子在原告怀孕38周零5天时出生，被告医生也没有考虑这5天的生长空间。最终，当孩子在第38周零5天如期而至时，孩子体重为4.25公斤。这个体重实际上超出了被告医生通常会考虑剖腹产的胎儿重量。

原告的生产并不顺利。分娩在几小时后停滞。在随后的几个小时里，更多的荷尔蒙不得不使用以增加收缩的力度和克服自然生产的迟延。婴儿的头部不能自然产生，被告医生使用了钳子。当天下午5点45分，当半个头已产出时，婴儿的肩部遭到了嵌塞。被告医生以前从没遇到过这种情况。据本案一位专家证言讲，这种情形是任何产科医生的梦魇。麻醉师曾对原告进行了全麻以便可以将婴儿推回子宫以行紧急剖腹产手术。但是被告医生决定继续完成自然生产。她使劲拽拉婴儿的头部以使其产出。为了让肩部产生，她曾试图切开骨的联合处以便将骨盆的两部分分开。她在切开联合处方面取得了部分成功。但是，因为当时没有刀片固定的外科用小手术刀，所使用的刀片在关节分开完成之前脱落。被告医生最终在当天下午5时57分将婴儿取出。

但是，就在从婴儿头部出现到分娩完成的这12分钟内，由于脐带完全或部分闭塞，婴儿不能获得氧气。由于缺氧，婴儿出生后被诊断为脑瘫。他同时遭受到了臂丛神经损伤，并导致胳膊的瘫痪。婴儿的四肢也受到了脑瘫的影响。如果原告选择剖腹产，婴儿的损害将不会发生。

在本案中，原告认为，如果她被告知了肩难产的风险，她将会要求医生解释这一风险及其后果。如果她认为这是一个重要的风险，她会要求医生采取剖腹产。

在被告医生是否有义务告知肩难产风险这一问题上，本案的医疗专家证言存在分歧。支持原告方的医疗专家认为，被告方未告知肩难产风险的做法并不恰当。当原告对胎儿的大小表达关注的时候,医生应就胎儿的大小所引发的问题与患者讨论。这种讨论包括对肩难产风险和剖腹产选择项的探讨。但是,支持被告方的医疗专家认为,被告方对原告关注的响应是充分的、合理的。有专家认为,如果医生告知孕妇肩难产风险,这实际上就是让孕妇选择剖腹产。

(二)判决

1. 下级法院的判决

在原告是否应当被告知医生所建议的自然生产的肩难产风险和替代的剖腹产生产方式这一问题上,出任民事初审独任法官的苏格兰最高民事法院法官(Lord Ordinary)做出了否定回答。初审法官主要追随了 Bolam 案和 Sidaway 案的判决思路,判断的是被告的未告知行为是否为一种负责任的医疗观点认为属适当。根据专家证言,初审法官认为被告的做法并不是一种不能经得起合理分析的做法。

贯穿在 Bolam 案和 Sidaway 案中的以医疗行业为导向的判定原则存在两个例外。一是看是否存在这样一个情形:所建议的治疗涉及了具有严重不良后果的实质性风险(a substantial risk of grave adverse consequences),患者对治疗的决定权利是如此明显以至于一位谨慎的医疗从业者不会不去警示这一风险。二是如果患者"特别地"提问到了某一治疗风险,医生应如实、全面地回答。但是,在初审法官眼中,这两个例外都不能适用于本案。一方面,初审法官认为,肩难产虽为重要风险,但是肩难产在多数情况下运用简单程序即可应对,对婴儿构成严重损害的几率较小,不属于"具有严重不良后果的实质性风险"。另一方面,初审法官认为,原告患者所表达的对自己生产较大婴儿能力的担心并不能等同于对具体风险的特别的提问,因此不能启动医生的如实回答义务。

在上诉阶段,原告(上诉方)坚持的仍是医生应告知肩难产风险和剖腹产替代处置方案这一主张。但是,苏格兰最高民事法院(上诉庭)(the Inner House of the Court of Session)仍然没有支持这一主张。上诉庭法官尊崇的仍是 Sidaway 案的判决精神,即医生在告知患者风险时,只要遵循了一群负责任的医疗从业者的做法即可。如初审法官一样,上诉庭法官也考虑了这一原则的两个例外:一是如果一个风险是明显地具有实质性以至于没有医疗从业者会合理地不去警示这一风险,此时便产生告知义务,医疗行业做法不再具有决定性;二是患者的具体提问启动医生的如实回答义务。上诉庭法官也认为本案患者不能受益于这两种例外。这是因为,一是本案涉及的风险不是肩难产发生的风险,而是肩难产所造成严重不良结果的风险。而后者的可能较小,不属于“明显地具有实质性”的风险。二是原告对婴儿大小和自身自然生产能力的担心具有一般性质,不属于“具体的提问”,不能引发医生的如实回答。

2. 英国最高法院的判决

(1)对 Sidaway 案的再审视

由于 Sidaway 案事关 Bolam 标准是否可适用于信息告知领域这一问题,Montgomery 案法官深入全面审视了 Sidaway 案。[115]总体来看,在 Montgomery 案中,在将 Bolam 标准适用于信息告知领域这一问题上,英国最高法院并不满意 Sidaway 案多数派法官的分析和观点。通过对 Sidaway 案法官不同意见的分析,英国最高法院认为,不应将 Sidaway 案看作是一个将 Bolam 标准毫无保留地适用于医生告知义务的判例。

如前所述,五位 Sidaway 案法律议员存在两个极端,一端是保守的 Diplock 法律议员,另一端是自由的 Scarman 法律议员,其余三位(Bridge 法律议员、Keith 法律议员、Templeman 法律议员)为中间派。这些中间派是中间偏“左”还是中间偏“右”?这取决于解读者的视角。Montgomery 案法官意欲“扶正”反对派 Scarman 法律议员,就不能让其孤立无援。因此,重新解读变得重要。在 Montgomery 案法官眼中,Bridge 法律议员、Keith 法律议员在 Bolam 标准适用于信息告知领域上的保留(即当患者提出具体询问时,当特定风险的告知是“明显必需”时,医生应负告知义务),特别是在特定情况下对患者决定权的认可,被认为是拉近了他们与少数派 Scarman 法律议员的距离。[116]同时,在

---

[115] *Montgomery* (*Appellant*) *v. Lanarkshire Health Board* (*Respondent*) (*Scotland*), [2015] UKSC 11, paras. 39 – 57.

[116] *Montgomery* (*Appellant*) *v. Lanarkshire Health Board* (*Respondent*) (*Scotland*), [2015] UKSC 11, paras. 50 – 54.

Montgomery 案法官看来,Templeman 法律议员对患者决定权的关注也与 Scarman 法律议员对人权的关注极为相似。[117]在 Montgomery 案法官眼中,三位中间派法律议员成了与 Scarman 法律议员为伍的志同道合者。因此,通过对 Sidaway 案的重新审视,Montgomery 案法官认为,如果说 Sidaway 案是毫无保留地将 Bolam 标准适用到了信息告知领域,这系误读。[118] Sidaway 案中只有 Diplock 法律议员持这种立场,其他法律议员或者明确反对,或者提出保留和限制。

Montgomery 案法官对 Sidaway 案及其"医生标准 + 例外"模式的不满意溢于言表。首先,Sidaway 案过于关注了患者的具体询问。[119]不应让可能不知从何问起的患者承担询问的负担。实际上,越是因缺乏知识而不能提出具体问题的人可能越需要信息。而且,正如 Montgomery 案所显示的,这种对询问的关注还会导致人们过度细致地去区分"提问"(questioning)和"尚不构成提问但属对关切点的表达"(expressions of concern falling short of questioning)。另外,让患者承担提问义务不符合医患关系的社会现实。其次,Sidaway 案在医疗行业做法决定医生告知义务这一大原则之下所创设的"风险告知明显必需"这一例外适用起来也不顺畅。[120]它具有潜在的不稳定性。法官会对其进行限缩解释。正如本案所显示的,"具有严重不良后果的实质风险"本来是 Bridge 法律议员说明"风险告知明显必需"的一个例证,但是却被一般化对待了,成为案中的争议焦点。

为了从其他法域汲取力量,Montgomery 案法官还观察了其他英美

---

[117] *Montgomery (Appellant) v. Lanarkshire Health Board (Respondent) (Scotland)*, [2015] UKSC 11, paras. 55, 56.

[118] *Montgomery (Appellant) v. Lanarkshire Health Board (Respondent) (Scotland)*, [2015] UKSC 11, para. 57.

[119] *Montgomery (Appellant) v. Lanarkshire Health Board (Respondent) (Scotland)*, [2015] UKSC 11, para. 58.

[120] *Montgomery (Appellant) v. Lanarkshire Health Board (Respondent) (Scotland)*, [2015] UKSC 11, para. 62.

法国家的司法,尤其是澳大利亚的 Rogers 案。[121]在 Montgomery 案法官看来,Rogers 标准既面向抽象的合理患者,也面向具体的、实际的患者。医生的告知内容来源于个体患者的需要、关注点和情形。在决定告知内容时,个别患者不管是表达一般性关注还是提出具体问题均应是相关考虑因素。法官不应仅因为患者没有提出某种特定的问题就忽视考察 Rogers 标准下医生面向特定患者的告知义务。

(2)法院形成的观点

法院认为,基于社会和法律发展,医患关系模式不应再是建立在医疗父权主义之上,不应再是建立在患者属于完全依赖医生所提供信息这一前提之下。[122]患者不应被看作完全被医生控制的人,而是有能力理解医疗措施的不确定性和风险性、勇于承担风险、勇于面对选择之后果的成年人。

这就要求,在医疗过失法中,医生应负的合理注意义务是要让患者意识到治疗中所隐含的实质性的损害风险,即有义务去避免将患者置于本可避免的损害风险之下。[123]医生的这一注意义务对应的是患者的决定权。患者决定权的行使并不完全依赖于医学考虑因素。

因此,法院认为,Sidaway 案将 Bolam 标准适用于医生的信息告知领域,这是不能令人满意的。没有理由再将 Bolam 标准适用于医生的信息告知领域。[124]在此方面,正确的法律立场应是英国 Sidaway 案中少数派意见持有者 Scarman 法律议员的观点、英国 Pearce 案中 Woolf 法官的观点和澳大利亚 Rogers 案所提出的 Rogers 标准。也就是说,一个成年的心智正常的人有权决定接受何种治疗,在治疗措施侵入其身体

---

[121] *Montgomery* (*Appellant*) *v. Lanarkshire Health Board* (*Respondent*) (*Scotland*), [2015] UKSC 11, paras. 70 – 73.

[122] *Montgomery* (*Appellant*) *v. Lanarkshire Health Board* (*Respondent*) (*Scotland*), [2015] UKSC 11, para. 81.

[123] *Montgomery* (*Appellant*) *v. Lanarkshire Health Board* (*Respondent*) (*Scotland*), [2015] UKSC 11, para. 82.

[124] *Montgomery* (*Appellant*) *v. Lanarkshire Health Board* (*Respondent*) (*Scotland*), [2015] UKSC 11, para. 86.

完整之前,必须获得患者的同意。[125]因此,医生有义务采取合理的注意来确保患者知晓了所推荐治疗中的任何实质性风险和合理的替代疗法。[126]“实质性”的测试标准是看,在特定的案情中,处于患者位置的一个合理之人是否有可能对风险赋加重要性,或者,医生是否意识到或应当合理地意识到特定的患者可能对该风险赋加重要性。[127]医生的告知义务存在例外。这些例外包括:(1)患者不愿被告知(即权利放弃);[128](2)医疗特权,[129]即如果,基于合理的医学判断,医生认为告知会对患者的健康产生不利,医生也不需要告知;(3)紧急情形。[130]“医疗特权”只是一种例外,它不能成为一般原则。[131]

对此,法院还说明了三点:一是对风险实质性的评估不能简单化为百分比的度量。[132]某种风险的重要性体现在诸多因素,比如风险的大小、风险的性质、风险发生对患者生命的影响、治疗的益处对患者的重要性、替代疗法及其风险。这种评估是基于案件事实的,且要反映患者的具体特性。二是医生的告知义务或者咨询角色涉及对话,即确保患者“理解”相关信息以做出知情的决定。[133]因此,医生要确保所提供的信

---

[125] *Montgomery* (*Appellant*) *v. Lanarkshire Health Board* (*Respondent*) (*Scotland*), [2015] UKSC 11, para. 87.

[126] *Montgomery* (*Appellant*) *v. Lanarkshire Health Board* (*Respondent*) (*Scotland*), [2015] UKSC 11, para. 87.

[127] *Montgomery* (*Appellant*) *v. Lanarkshire Health Board* (*Respondent*) (*Scotland*), [2015] UKSC 11, para. 87.

[128] *Montgomery* (*Appellant*) *v. Lanarkshire Health Board* (*Respondent*) (*Scotland*), [2015] UKSC 11, para. 85.

[129] *Montgomery* (*Appellant*) *v. Lanarkshire Health Board* (*Respondent*) (*Scotland*), [2015] UKSC 11, para. 88.

[130] *Montgomery* (*Appellant*) *v. Lanarkshire Health Board* (*Respondent*) (*Scotland*), [2015] UKSC 11, para. 88.

[131] *Montgomery* (*Appellant*) *v. Lanarkshire Health Board* (*Respondent*) (*Scotland*), [2015] UKSC 11, para. 85.

[132] *Montgomery* (*Appellant*) *v. Lanarkshire Health Board* (*Respondent*) (*Scotland*), [2015] UKSC 11, para. 89.

[133] *Montgomery* (*Appellant*) *v. Lanarkshire Health Board* (*Respondent*) (*Scotland*), [2015] UKSC 11, para. 90.

息是可理解的。医生履行告知义务并不意味着轰炸式地向患者提供不能合理期待其能理解的技术信息,更不意味着程序化地简单获取患者在知情同意书上的签字。三是医疗特权仅是医生的告知义务的例外,它是一般原则的有限的例外,不能滥用。[134]这一例外不能用来颠覆一般原则。只有患者具备选择能力,就应尊重其知情决定的权利。医生不能仅认为这种选择有违患者的最佳利益而阻止患者做出知情选择。

具体到本案,法院认为,医生应向患者告知肩难产风险和剖腹产替代方案。肩难产风险是实质性的,这种风险不仅包括对婴儿的风险,也包括对孕妇的身体和健康所带来的风险。相较之下,对于患者来说,剖腹产方式对母亲的风险较小,对婴儿所带来的风险几乎不存在。这更显现了告知肩难产风险的必要性。另外,医生已经意识到肩难产风险有可能影响到处于本案原告位置的患者的医疗决定,原告患者也对自己能否自然生产婴儿表示了担忧。所有这些都指向医生负有肩难产风险的告知义务。医生违反了这一告知义务,便存在医疗过失。医生不能因为害怕患者选择剖腹产而隐瞒自然分娩所含有的肩难产风险。

在本案中,持相同意见但书写了单独判决意见的 Hale 法官也认为,从有些医生倾向于自然产而认为剖腹产不符合母亲的最佳利益来看,对自然产的选择和对剖腹产的排斥不像是一个“纯粹的医学判断”(a purely medical judgment)。[135]这种判断更像是从道德上认为自然生产优于剖腹产,以至于可以剥夺孕妇为做自由选择而获取信息的权利。既然问题已经远离了纯粹医学判断而涉及“价值”(value)判断,Bolam 标准便不合时宜了。[136]在此问题上,患者有权考虑其自身的价值观,有权评估权衡自然产和剖腹产的利弊,而不管医学观点如何。她既可以选择自然产并承担其带来的风险,也可以拒绝自然产以避免其中的风险。

---

[134] *Montgomery* (*Appellant*) *v. Lanarkshire Health Board* (*Respondent*) (*Scotland*), [2015] UKSC 11, para. 91.

[135] *Montgomery* (*Appellant*) *v. Lanarkshire Health Board* (*Respondent*) (*Scotland*), [2015] UKSC 11, para. 114.

[136] *Montgomery* (*Appellant*) *v. Lanarkshire Health Board* (*Respondent*) (*Scotland*), [2015] UKSC 11, para. 115.

(三)评说

英国Sidaway案是当时英国最高司法机构英国上议院审结的案子。基于遵循"先例"原则,在Bolam标准是否适用于信息告知问题上,它具有最高的法律约束力。后来的一些判例尽管对Sidaway案判决意见做出了保留和稀释,但尚不能构成对其所拥有的判例法上的约束力的否定。现在,来自英国最高法院的Montgomery案明确否定了Sidaway案的多数派判决意见,不主张将Bolam标准适用于信息告知问题,并提出了在判定医生告知是否充分上不同于Bolam标准的新的标准。从这个意义上讲,英国Montgomery案是具有转折性的。

但是,对于这个过程中所表现出的法律上的发展,究竟是革命式的还是渐进式的,尚属仁者见仁、智者见智之范畴。一方面,Montgomery案否定了同一级别的司法机构30年前所作出的主导性判决意见,其震撼力和影响力不可低估,不能不说是具有革命性。另一方面,Montgomery案在做出这一法律改变时,力图挖掘的是法律的点滴发展和继承性,尽量让人少产生裂变的感觉。比如,尽管Montgomery案"扶正"的是Sidaway案中的少数派观点,但也分析了Sidaway案中的多数派观点与少数派观点的相通性。另外,通过判例援引,Montgomery案判决也让人们感觉到新的标准并不是空穴来风。英国Sidaway案中少数派意见持有者Scarman法律议员的观点、英国Pearce案中Woolf法官的观点、澳大利亚Rogers案所提出的Rogers标准和Montgomery案最终认可的"风险实质性"标准是具有一体性和连续性的。

坦诚地讲,从扩大的法域视野来看,就信息告知的标准而言,Montgomery案的继承性大于创新性。在英美法系国家司法中,对患者自主权利的张扬,以患者需求为导向的信息披露标准的导入,已不属于新鲜事。Montgomery案所认可的判定风险"实质性"(materiality)的标准和提法早在40多年前就出现在了美国的标志性知情同意案件Canterbury v. Spence案中,并在20多年前的澳大利亚的Rogers案中得到了丰富和完善。Montgomery案最终采纳的是Rogers案的版本。尽管Montgomery案在法理和理论方面的创新性不强,但是,考虑到英国以医疗行业做法为导向的信息披露标准曾长期占据知情同意法领域这一历史,Montgomery案的逆转定会在英国这个相对较为保守的法域产生重要影响。而且,考虑到英国在英联邦国家中“帮主”地位,该案也会对整个英联邦国家产生示范、指引和统一作用。英联邦法域在信息披露标准上的分歧会缩小。另外,除了上述标杆和象征意义,Montgomery 案还存在诸多实体价值。Montgomery 案判决书在解释为什么在信息告知领域不能适用 Bolam 标准上,特别是在医学判断与非医学判断领域的分析上,做出了不少实质性贡献。Montgomery 案的可圈可点之处还包括对患者自主权的明确认可、信息告知范围的宽泛列举和信息告知一般标准的推出。(具体见表 1)

表 1　信息告知标准在英国的演变

判例	案件类型	法院	信息告知标准	分类
Bolam 案	诊疗 + 信息告知		“一群能胜任的、合理的医疗人员”认为适当的行为标准	医生标准
Sidaway 案	信息告知	英国上议院	适用 Bolam 标准(+两个例外:①“风险告知明显必需”; ②患者询问); 少数派 Scarman 法律议员观点	医生标准
Pearce 案	信息告知		告知影响到合理患者判断的“重要风险”(Woolf 法官观点)	医生标准?患者标准?
Chester v. Afshar 案	信息告知(因果关系判定)	英国上议院	正面援引 Pearce 案	
Birch 案	信息告知(替代疗法)		正面援引 Pearce 案“重要风险”说法	
Montgomery 案	信息告知	英国最高法院	在特定的案情中,处于患者位置的一个合理之人是否有可能对风险赋加重要性,或者,医生是否意识到或应当合理地意识到特定的患者可能对该风险赋加重要性(Rogers 标准)	患者标准/实质性标准

六、判例法发展所析出的议题

(一)诊疗领域与信息告知领域之区分

相较于传统的诊断与治疗(diagnosis/treatment)领域,信息告知(information disclosure)领域的独特性主要来自两个方面:(1)存在独特的法理基础和权利基础—保护患者的自主权或自我决定权;(2)存在更多非专业知识的介入。信息告知领域并非由医学专业判断所主宰,以医疗行业为价值取向的规范设置丧失了依据和基础。即使对医疗信息(比如拟行治疗方案和其他替代治疗方案的正反面信息)的认知属于医学判断所管辖的范围,某条已认知的医疗信息是否需要披露,即该信息是否会对患者的决策产生实质性影响,则并非医学判断之所能。它需要根据患者的价值观和生活方式做出解答。医学专业判断应让位于一般人知识。

英国半个多世纪前的Bolam案秉持了一个不区分诊疗领域与信息告知领域而一体化地适用同一标准的原则。这与社会发展的阶段性和医疗文化不无关系。在一个父权主义医疗文化盛行、医生主宰一切、患者权利尚未发育和崛起的时代,人们无法奢求法官超越时空为患者的自主权利撑腰。英国的Sidaway案则是为Bolam标准的一体化适用盖上了英国最高司法机构的许可印章。在该案中,占据主导的保守派代表Diplock法律议员就提出了"单一综合性义务论"(a single comprehensive duty)的说法。在他看来,Bolam标准之所以得以一体化适用,是因为医生的注意义务(行使适当的医疗技能和判断)是不容分割的。

在英联邦国家,新标准的产生得益于诊疗领域与信息告知领域的区分。加拿大和澳大利亚司法虽然没有直接触碰和否定英国Sidaway案中的"单一综合性义务论",但是却以区分"诊断治疗"和"知情同意/提供信息"两种情境的方式,否定掉了Bolam标准在知情同意领域的适用。比如,在加拿大经典的知情同意案件——Reibl v. Hughes一案中,加拿大最高法院对在信息告知领域法官和医疗专家角色定位产生了重新认知。该法院认为:"让专家医学证言来决定什么风险是实质的因而应得到披露以及,相关地,什么风险不具有实质性,就是将披露义务之范围这一整个问题,包括是否存在义务违反问题,交给了医疗界来回答。在认定所建议的手术或其他治疗内含的或导致的风险这一问题上,专家的医学证言是相关的。它也与风险的实质性有关联。但是这不是一个仅基于专家医学证言便可以得出结论的问题。需考虑的问题与医生是否根据可适用的职业标准实施了其职业活动这一问题不是同样性质的问题。这需要考虑患者知晓实施特定手术或其他治疗之风险的权利。"[137]在澳大利亚的 Rogers 案中,该案的多数派意见指出在决定医疗执业人员是否违反注意标准问题上,法院应根据案件的不同性质——是关于诊断、治疗还是关于信息提供——去考虑不同的"因素",诊断和治疗与信息提供之间存在重大区别,不能用同一种方式去处理医生注意义务的所有方面,从而明确否定了英国 Bolam 案和 Sidaway 案在信息告知领域的适用。

(二)医学判断与非医学判断之区分

医学判断与非医学判断的区分与诊疗领域与信息告知领域的区分互为表里,相互呼应,它是医生标准走向患者标准的理论基础。Sidaway 案多数派意见之所以将适合于诊疗领域的 Bolam 标准适用于信息告知领域,是与以下认知有关:信息告知领域与诊疗领域一样充满着医学判断,因此医学专家证言的引入非常必要和重要。正如 Diplock 法律议员所言,"决定什么风险应向患者主动地告知以及在考虑警示的后果后此种警示(如果有的话)应以何种方式给出这些问题仍是职业技能和判断(professional skill and judgment)的行使,这与医生需要全面地对患者负注意义务的其他领域是一样的,因此在此问题上专家医学证言应得到同样的对待"。[138]

早在 Sidaway 案中,持不同意见者 Scarman 法律议员就认为,对于以下"医学因素",法院因其涉及医学判断而应重视医疗专家证言:(1)风险实际发生的可能程度;(2)可能的伤害的严重性;(3)风险的品性(是所有手术的共同风险还是特定手术的特有风险?);(4)医疗特权

[137] *Reibl v. Hughes* [1980] 2 SCR 880 (SCC), at pp. 894 - 895; (1980) 114 D. L. R. (3d), at p. 13.

[138] *Sidaway v. Bethlehem Royal Hospital Governors* [1985] 1 All ER 643, 657 - 658.

抗辩或患者最佳利益抗辩。[139]

在 Montgomery 案中,法院之所以在信息告知领域排斥了医生标准(Bolam 标准)的适用,是基于信息告知领域充斥的并不都是医学判断这一认知。在该案中,法院区分了医生的两种角色:[140]一是医生要考察可能的诊疗方案。这种角色需要行使职业的技能和判断。比如,手术中存在何种伤害风险这一问题落入医疗从业者的专业判断范围。二是,医生要向患者告知所推荐的疗法和可能的替代疗法及其伤害风险。医生的这一角色所牵扯的问题,即是否应将损害风险和替代疗法告知患者,不是一个纯粹的职业判断问题,并不完全依赖于医疗技能的行使。这其中要考虑到患者的自我决定权,而患者的决定可能受到非医学因素的影响。由于医生告知患者风险信息的意愿程度并非由医学知识或经验所决定,因此,如果将 Bolam 测试标准应用于信息告知领域将会导致一个不良后果,即不是因为存在医学上的不同观点或流派,而仅仅是因为医生对患者的尊重程度有所不同而认可了医疗实践中的一些不同做法。[141]

在 Montgomery 案中,关于其他事项是否涉及医学判断,法院也做了明确。一是关于权利放弃这一信息告知义务的例外,法院认为,决定一个人是否愿意被告知需要医生去做判断,但是它需要的不是医学专业知识的判断。[142]二是关于"医疗特权"这一信息告知义务的例外,法院认为,它需要基于合理的医学判断。[143]三是关于如何更好地向患者解释风险信息,法院认为这需要技能和判断,但是这种技能和判断不是

---

[139] *Sidaway v. Bethlehem Royal Hospital Governors* [1985] 1 All ER 643,654 - 655, Lord Scarman dissenting.

[140] *Montgomery* (*Appellant*) *v. Lanarkshire Health Board* (*Respondent*) (*Scotland*), [2015] UKSC 11,paras. 82,83.

[141] *Montgomery* (*Appellant*) *v. Lanarkshire Health Board* (*Respondent*) (*Scotland*), [2015] UKSC 11,para. 84.

[142] *Montgomery* (*Appellant*) *v. Lanarkshire Health Board* (*Respondent*) (*Scotland*), [2015] UKSC 11,para. 85.

[143] *Montgomery* (*Appellant*) *v. Lanarkshire Health Board* (*Respondent*) (*Scotland*), [2015] UKSC 11,para. 85.

Bolam 标准所关涉的那种(医学)技能和判断。[144]

因此,归纳起来,在 Montgomery 案中,法院的观点是,疗法和风险是否存在和“医疗特权”是否存在涉及医学判断,但是某一疗法和风险是否需要告知、患者是否放弃被告知权利、风险告知的技能和技巧则不涉及医学判断。

如果将视线放宽,这一医学判断与非医学判断的区分在其他法域也同样存在。比如,在美国一些司法中,“治疗的风险、风险的严重性、风险发生的可能性和合理的替代疗法”,涉及医学判断,需要医疗专家证言来证明。[145]但是,在特定的情景下处于原告患者的合理之人会认为什么具有实质性,或者说,特定风险的未告知对患者决定的实质性影响之证明,因其为非医学问题,则不需要专家证言。[146]在加拿大的 Reibl v. Hughes 案中,法院也认为,疗法风险的认定需要医学判断,但是,未告知风险对医疗决定的实质性影响则不需要。[147]该案援引了美国的 *Canterbury v. Spence* 案,认为以下因素的证明需要专家证言:(1)某一特定治疗中潜在的风险;(2)疾病不予治疗的后果;(3)替代的治疗方法及其风险;(4)原告患者所遭受的伤害的原因;(5)是否存在告知义务的例外,比如,是否存在紧急情形或风险告知对患者产生不利影响。

综合各法域的司法经验,梳理一下,具体来说,以下问题需要“专业判断”和医疗专家意见:(1)某一疗法的风险及其性质;(2)风险发生的可能性;(3)风险的严重性;(4)合理的、可用的替代疗法及其性质和风险;(5)疾病不予治疗的后果;(6)患者所遭受伤害的原因;(7)医疗特权、紧急情形等告知义务的例外。而以下问题落入人们的“一般知识”,不涉及医学判断:(1)医生是否告知某一风险;(2)对于某一风险,患者是否知晓;(3)某一信息的未披露是否对患者的医疗决定构成实

---

[144] *Montgomery (Appellant) v. Lanarkshire Health Board (Respondent) (Scotland)*, [2015] UKSC 11, para. 85.

[145] *Jaskoviak v. Gruver*, 638 N. W. 2d 1, 9 (N. D. 2002).

[146] *Bey v. Sacks*, 789 A. 2d 232, 238 (Pa. Super. 2001); *Jaskoviak v. Gruver*, 638 N. W. 2d 1, 9 (N. D. 2002).

[147] *Reibl v. Hughes* (1980) 114 D. L. R. (3d) 1, 13 (S. C. C.).

质性影响;(4)治疗后的不良后果;(5)患者是否放弃权利。就医生的告知义务来说,一条基本的思路是,存在一种“(疗法和风险)信息”(information)与“实质性”(materiality)的区分。也就是说,有关疗法和风险的“信息”(比如某一疗法或风险是否存在以及风险发生的可能性和严重性)属于医学判断的范畴,但是某一信息是否对患者的医疗决定产生“实质性”影响(或者说一位合理患者或特定患者是否认为其为重要信息)从而落入医生的告知义务范围则不涉及医学判断,因此在判定上没有必要唯医疗行业做法是瞻。

(三)信息告知与疗法选择、推荐、实施之区分

在某一病情存在诸多疗法时,疗法的选择与告知很容易成为系争问题。在此方面,“诊断治疗”与“信息告知”之区分便演变成了疗法的“选择、推荐与实施”与疗法的“信息告知”之区分。在疗法的“选择、推荐与实施”上,司法者会尊重医学判断和医学界的声音,容忍某一医疗人员的个人偏好。但是,在疗法的“信息告知”方面,医学判断与个人偏好应让位于患者的信息需求和权利实现,法律不会允许医疗从业者对某一疗法的个人偏好去淹没对其他疗法的披露。

Birch案判决较好地处理了疗法选择、推荐和信息告知之间的关系。首先,本案涉及的是被告医生未能告知其“不推荐”的医疗程序,因此,医生只告知“推荐的”(recommended)疗法或程序的传统观念遭到了颠覆。其次,法院很明确地区分了疗法的“选择”(selection)与疗法的“信息告知”(information disclosure)两个不同的情境。法院将被告“选择采用”血管造影术而不是磁共振成像术这一情形与被告未能“告知”不同程序的各自风险这一情形区分了开来。高等法院认为,在前种情形下,被告的行为不存在过失,因为这种选择代表了“一种负责任的医疗观点”,[148]而且能够经得起“逻辑分析”和“逻辑挑战”,[149]尽管2003年后越来越多的人倾向于采用磁共振成像术或其他非侵入性的

---

[148] *Birch v. University College Hospitals NHS Trust* [2008] EWHC 2237 (QB), at [68].

[149] *Birch v. University College Hospitals NHS Trust* [2008] EWHC 2237 (QB), at [69]-[70].

技术作为诊断手段。因为担心一旦漏诊动脉瘤可能发生的严重后果，神经外科医生确实存在急于排除动脉瘤的倾向或“偏向”(bias)。在这种思想支配下，血管造影术的风险不足以遏制排除动脉瘤之可能的考虑。[150]尽管神经外科业界存在这种“偏向”，被告医生选择血管造影术而不是磁共振成像术作为诊断手段的决定还称得上是一个风险—益处权衡后的结果。[151]但是，若将视线切换到信息告知领域，法院则认为，被告有义务与患者讨论两种诊断方法的各自风险。[152]在有些情况下，向患者告知“重要风险”(significant risks)的义务包括向患者告知另一医疗程序具有更少风险或不存在风险的情况。[153]最后，该案审理法院也区分了“信息告知”(information disclosure)与“推荐”(recommendation)两种情形。医生可以向患者自由表达在疗法选择上的个人倾向，向患者表达他认为何种疗法可以达到最佳效果，法律不禁止疗法上的推荐。但是，这不应妨碍医生向患者告知“不偏不倚的”(dispassionate)、“公平的”(fair)、“平衡的”(balanced)的信息。[154]

这种信息告知与疗法选择、推荐、实施之区分在 Montgomery 案中也有所体现。比如，Kerr 和 Reed 法官主笔的主体判决意见认为，医生可以并且有责任表达在医疗方案选择上的个人偏好和价值判

---

[150] *Birch v. University College Hospitals NHS Trust* [2008] EWHC 2237 (QB), at [69].

[151] *Birch v. University College Hospitals NHS Trust* [2008] EWHC 2237 (QB), at [69].

[152] *Birch v. University College Hospitals NHS Trust* [2008] EWHC 2237 (QB), at [77].

[153] *Birch v. University College Hospitals NHS Trust* [2008] EWHC 2237 (QB), at [74].

[154] 只可惜，法院是在判定“因果关系”时表达上述立场的。*See*, *Birch v. University College Hospitals NHS Trust* [2008] EWHC 2237 (QB), at [81] (法院认为，在判定因果关系时，要考虑的不是原告患者面对医生所推荐的血管造影术该如何去做，而是原告患者若接受了医生就两种不同的诊断方法的优势和不足所做的“不偏不倚的”描述后该决定如何去做。法院认为，如果患者就两种诊断方法获得了“公平的”“平衡的”信息，患者很有可能拒绝接受血管造影术而倾向于磁共振成像术，从而就可以避免案中中风风险的发生)。

断,比如倾向于自然产而非剖腹产,并解释其原因。但是,这应在患者知晓各种疗法及其风险之前提下进行。[155] Hale 法官在其单独判决意见中也提到,患者不能强迫医生去提供(offer)在他看来无效或不合适的治疗,但是患者至少有权获得做出医疗决定所需要的信息(information)。[156]

关于信息告知与疗法选择、推荐、实施之区分,在英国之外的其他法域也存在相似的表达。加拿大司法认为,"一位医生倾向于某一疗法而非其他疗法这一事实本身不能豁免他去告知其他可接受的和已知的疗法的义务"。[157]不管医生对疗法的偏好如何,患者有权知道其他可得的疗法。[158]美国司法也认为,医生不仅有义务去告知他所推荐的疗法,而且有义务去告知"他不推荐的[其他]医学上合理的替代疗法",否则的话,医生,通过不告知他不喜欢的疗法,实际上以自己的选择替代了患者个人的选择。[159]在新西兰,呵护患者权利法案的健康事务专员[160]在处理一起医患纠纷中同样言道:"[医生]个人认为[某一疗法]对[患者]不可行并不能免除他向患者提供全面信息以使患者做出知情决定的义务……外科医生有义务将其个人的观点置于全面的行业观

[155] *Montgomery* (*Appellant*) *v. Lanarkshire Health Board* (*Respondent*) (*Scotland*), [2015] UKSC 11, para. 95.

[156] *Montgomery* (*Appellant*) *v. Lanarkshire Health Board* (*Respondent*) (*Scotland*), [2015] UKSC 11, para. 115.

[157] *Seney v. Crooks* (1998), 166 D. L. R. (4th) 337, 354, at [64].

[158] *Nattrass v. Weber*, 2007 ABQB 577; 53 C. C. L. T. 105, 118, at [39] (Alta. Q. B.); *Nattrass v. Weber*, 2008 ABQB 259, at [391] (citing *Seney v. Crooks*, 1998 ABCA 316 at para. 55; 223 A. R. 145).

[159] *Matthies v. Mastromonaco*, 733 A. 2d 456, 462 (N. J. 1999).

[160] 为了保护患者权利和确保医疗服务质量,新西兰颁布了健康及残障事务专员法(Health and Disability Commissioner Act 1994),建立了健康事务专员(Health Commissioner)制度,负责保护"新西兰健康及残障服务消费者权利法案"(Code of Health and Disability Services Consumers' Rights)中所规定的患者的十项权利(其中包括获得适当标准的服务的权利、有效沟通的权利、被充分告知的权利、做出知情选择和给出知情同意的权利等)。相较于侵权损害赔偿体制,新西兰的患者权利法案和健康事务专员制度是一种低层次的纠纷解决机制,它提供了一种快速的、方便的,但不乏权威性的患者权利救济管道。

点之中,将其个人观点置于更宽广的背景中去考虑(contextualise their views),而不是仅仅倾向局限于其个人观点,因为后者实际上剥夺了患者做出知情决定的权利。"[161]在另一份就医患纠纷所出具的意见中,该健康事务专员还认为,就治疗方法,医疗服务提供商有义务向患者提供全方位的、公平的信息(balanced and fair information),要将个人的私人利益置于患者做出知情决定这一利益之下。[162]

(四)"实质性"之判断

风险的"实质性"很显然是一个弹性较强的概念,它给了法官较大的自由裁量的空间。但是这种自由裁量是有考虑因素的。

早在1983年,南澳大利亚州最高法院在其 *F* v. *R* 案中提出,在决定某一风险是否需要披露时,需考虑五个因素:[163](1)需披露事项的性质,即潜在损害发生的可能性和严重性(likelihood and seriousness of the potential harm)。一位通常的患者更有可能对更有可能发生的或会导致严重后果的风险赋予重要性。[164](2)拟行治疗方案的性质。对于重大的(major)手术或复杂的(complex)医疗干预措施,治疗风险和替代疗法的信息变得重要。[165]对于临床上非必需的医疗程序,比如美容手术,更多的信息需要披露。[166]而对于一些小的医疗程序中的惯常风险通常不需要披露,因为通常的人不可能对其赋予重要性。(3)患者的信息需求。如果患者提出问题,这些问题需得到真诚的和直接的回答,因为问题的提出会让医生意识到患者对该问题赋予重要性。(4)患者的性情和健康状况。患者因其性情或情感状态可能不会做出合理的决定。患者的精神或身体健康可能会受到过多信息的损害。在此情况下,保留信息(即"医疗特权"例外)变得有必要。(5)所涉其他情形,比

---

[161] *Opinion* 04*HDC*00031 (Health and Disability Commissioner,24/2/2005).

[162] *Opinion* 03*HDC*19128 (Health and Disability Commissioner,14/9/2004).

[163] *F. v. R.* (1983) 33 S. A. S. R 189,192 - 193,per King C. J..

[164] Loane Skene *Law and Medical Practice*: *Rights*, *Duties*, *Claims and Defences* (3 ed, LexisNexis Butterworths, Australia, 2008) 182.

[165] *F. v. R.* (1983) 33 S. A. S. R 189,192.

[166] Loane Skene *Law and Medical Practice*: *Rights*, *Duties*, *Claims and Defences* (3 ed, LexisNexis Butterworths, Australia, 2008) 184.

如紧急情形。在此情形下,医生缺乏“超然省思”(detached reflection)的机会,信息告知的义务范围应受到限制。[167]

在澳大利亚后来的 Rosenberg v. Percival 案中,Gummow 法官认为,在信息告知案件中,潜在损害发生的可能性和严重性是两个非常重要的考虑因素,而且二者应一并考虑。此外,还应考虑以下因素:(1)患者对手术的需求程度;(2)是否存在可合理获得的、令人满意的替代疗法;(3)医疗程序是选择性的(elective)还是可以挽救生命的(life saving)。[168]

在英国 Montgomery 案中,法院认为,风险的重要性或实质性评定应是根据案件事实(fact-sensitive)和患者的具体情形(characteristics)个案认定。这需要考虑一系列因素,比如风险的大小、风险的性质、风险发生对患者生命的影响、治疗的益处对患者的重要性、替代疗法及其风险、患者的具体情形。[169]

同样,在美国的 *Canterbury v. Spence* 案中,法官认为,损害的发生概率和损害的程度是患者赋予重要性的两大因素。[170]

因此,在决定信息的“实质性”时,法官应综合考虑医疗风险或损害后果发生的可能性和严重性、治疗的性质、医疗干预的必要性、患者的信息需求程度、是否存在替代疗法等情形。[171]正如美国的 Canterbury v. Spence 案所言,在“重要”(significant)信息与“非重要”(insignificant)信息并没有一条泾渭分明的分界线。[172]实质性标准要求医生去猜测医生很难知道的患者心中的观念,这着实为医生增添了不小的负担。[173]医生无法精确地知道对患者来说什么是重要的信息,但是医生可以基于

---

[167] *F. v. R.* (1983) 33 S. A. S. R 189,192.

[168] *Rosenberg v. Percival* [2001] 205 CLR 434,458 – 459,per Gummow J.

[169] *Montgomery* (*Appellant*) *v. Lanarkshire Health Board* (*Respondent*) (*Scotland*), [2015] UKSC 11,para. 89.

[170] *Canterbury v. Spence*, 464 F. 2d 772,788 (1972).

[171] Xiju Zhao *The Duty of Medical Practitioners and CAM/TCM Practitioners to Inform Competent Adult Patients about Alternatives* (Springer,2012),pp. 36 – 39.

[172] *Canterbury v. Spence*, 464 F. 2d 772,788 (1972).

[173] *Canterbury v. Spence*, 464 F. 2d 772,787 (1972).

其医学训练和经验感知(*sense*)一位通常的、合理的患者会如何反应。[174]这要考虑医生行为的合理性(reasonableness),他是否已经知道或应当知道患者的信息需求,[175]即要考虑医生的实际认知(actual knowledge)和推定认知(constructive knowledge)。[176]

另外,"实质性"并不等于"决定性"。医务人员应披露的"实质性"信息应是那些对患者的医疗决定产生"重要性"影响的信息,而不是具有"决定性"影响的信息。[177]只有在因果关系判定阶段,法律才需要考察未披露的信息与损害间的决定性关系,即患者若知晓该信息是否会做出不同决定或选择从而使得损害得以避免。应该讲,医疗过失判定阶段启用的信息"实质性"标准低于因果关系判定标准。

(五)法律标准与医疗实践之互动

二十多年前产生的 Rogers 标准,尽管给予具体患者的个体意愿和知情权利以尊重,却给医疗从业者添加了一项"严格的或苛刻的法定义务"。[178]它曾引起澳大利亚医疗业的不满。2001 年,在 Rogers 案出台十年后,澳大利亚高等法院有机会在 Rosenberg v. Percival 案[179]中重新审视、反思和检讨该标准,但最终还是维持了其存在的必要性。

在 Rosenberg v. Percival 案中,Kirby 法官承认 Rogers 测试标准"毫无疑问是一个严格的规则",并充分考虑了一些可以对该规则进行限缩适用的情形。这些情形包括:(1)一些患者会希望不想受到不必要信息的烦扰;(2)患者对风险信息的理解是不完美的;(3)让

[174] *Canterbury v. Spence*, 464 F. 2d 772,787 (1972).

[175] *Canterbury v. Spence*, 464 F. 2d 772,787 (1972).

[176] Harvey Teff "Consent to Medical Procedures: Paternalism, Self-determination Or Therapeutic Alliance?" (1985) 101 *The Law Quarterly Review* 432,441 - 442.

[177] 在澳大利亚一著名判例(*Rosenberg v. Percival* [2001] 205 CLR 434,458 - 459, per Gummow J.)中,法官曾讲,在认定"实质性"时,没有必要去考察如果患者被告知了风险,他是否会接受治疗,只需要考虑患者在做出是否接受治疗的决定之前会不会有可能"认真地考虑并权衡此风险"即可。美国也有判例(*Canterbury v. Spence*, 464 F. 2d 772 (1972))言明,法律不能给医生这样的误导性信息:只有导致患者拒绝治疗的风险才是需要披露的。

[178] *Chappel v. Hart* (1998) 195 CLR 232,272, per Kirby J..

[179] *Rosenberg v. Percival* [2001] 205 CLR 434.

医生完成法定的信息告知义务时间上不允许;(4)信息披露规则将信息告知简单化为"一个单一的警示事件"而不是"一个持续的对话";(5)新规则会导致医疗诉讼的增加和防御性医疗的产生。这些考虑情形可能会让人想到信息告知的内容是不是应该更加"现实的和可以达到的"。

但是,Kirby 法官认为,"现在还没有理由认为应当重新构造 Rogers 测试标准以对其限缩适用"。相反,Kirby 法官列举了以下支持维持 Rogers 测试标准之严格性的理由:(1)现今社会对个体自主权的认可和对基本人权和人性尊严的更加广泛的认知;(2)医患之间的沟通存在不足和缺陷;(3)健康服务提供商会面临利益冲突;(4)法律规则会产生象征和符号价值;(5)对患者履行充分告知实际上是有可能减少治疗失败后的反责和诉讼的。[180]案中 Callinan 法官也认为,尽管 Rogers 案的判决令医疗行业感到愕然,但是普通法确实是在发展的,一些行为和做法必须得以改变以跟进这种法律上的发展。[181]因此,尽管有些学者将 Rosenberg 案看作对 Rogers 标准的"紧缩",[182]但是,有些学者却认为,"Rogers 案对诊疗和信息告知的区分以及对其不同的标准的适用并没有因为 Rosenberg 案而受到侵蚀。"[183]

如果说十多年前澳大利亚的司法还在讨论医疗实践如何跟进法律的发展的话,那么十五年后的今天,在 Montgomery 案中,英国的司法者面对的议题则是法律如何跟进社会和医疗的发展。在该案中,法院认为,基于以下变化,将以医疗行业做法为导向的标准贯彻到信息告知领域的 Sidaway 案判决思路已不合时宜:[184]一是社会方面的变化。首先是医患关系格局的变化。患者不再是医疗服务的被动接受者,而是拥

---

[180] *Rosenberg v. Percival* [2001] 205 CLR 434, 476 – 481.

[181] *Rosenberg v. Percival* [2001] 205 CLR 434, 501.

[182] Kumaralingam Amirthalingam "Anglo-Australian Law of Medical Negligence - Towards Convergence?" (2003) 11 *Torts Law Journal* 117, 128.

[183] Malcolm Parker "Reforming the Law of Medical Negligence: Solutions in Search of a Problem" (2003) 11 *Torts Law Journal* 136, 159.

[184] *Montgomery (Appellant) v. Lanarkshire Health Board (Respondent) (Scotland)*, [2015] UKSC 11, paras 75 – 80.

有权利、可行使选择权的人。医疗服务提供商所提供的医疗一般认为不仅是基于他们的临床(医学)判断,而且是基于其他一些因素的考虑,比如医疗资源分配、成本控制和医院管理。另一个社会变化是患者不再是医学上无知的、不能理解医学问题或者完全依赖医生所提供信息的人。不能一般性地或概括性地将患者假定为缺乏知识和理解能力的人群。二是医疗实践的变化。根据英国医疗行业学会所发布的指南,医生已被要求与患者建立伙伴关系,向患者解释不同的治疗方法和每一种治疗方法的益处、风险、负担和副作用。三是法律的变化。这主要体现在司法判例和国际公约日益承认公民的自我决定权。

如同在 Rosenberg v. Percival 案中一样,Montgomery 案的法官们也直视了一些反对建立以患者权利为主导、以患者为导向、以信息实质性为核心的信息告知标准的理由。法院对此进行了正面响应。[185]一是有观点提出,有些患者宁愿相信医生也不愿知道风险信息。正如上面所提到的,法院认为,患者权利放弃可以构成医生告知义务的例外。二是有观点认为,由于医疗服务提供商可用的"时间"有限,风险告知不可能。对于这一"时间"抗辩,法院认为,其他法域的实践已证明,新建立的信息告知标准会让医疗服务提供商的行为根据法律要求做出调整,会让不愿和不会告知的人、会让忙碌的人停下来与患者进行交流。这种效果就像英国当年 Donoghue v. Stevenson 案[186]的面世改变了产品生产商的行为一样。三是有观点认为,新的信息告知标准会导致防御性医疗和医疗诉讼的增加。然而,法院则认为,让患者意识到医疗的潜在危险性和医疗结果的不确定性,并让患者对最终选择负起责任,当不利后果真的发生的时候,患者反责医生并提起诉讼的可能性反而会更小。四是有观点认为,随着新标准的出台,医疗诉讼的结局会更加不可预

---

[185] *Montgomery (Appellant) v. Lanarkshire Health Board (Respondent) (Scotland)*, [2015] UKSC 11, paras. 92, 93.

[186] *Donoghue v. Stevenson* [1932] AC 562. 这是一起英国早年的侵权法判例。它的贡献在于,它确立了产品的生产商对产品消费者所负的注意义务。具体参见赵西巨:《医事法研究》,法律出版社 2008 年版,第 191 ~ 194 页。

测。法院坦承在医生告知义务案件中不再适用 Bolam 标准的确会减少诉讼结果的可预测性,但是从保护患者免受损害风险的角度考虑,上述不可预测性是可以容忍的。总之,法院认为,在尊重患者尊严面前,上述反驳意见都是不足取的。

Montgomery 案的 Hale 法官在推崇知情同意(informed consent)[187]法则和以患者为导向的信息告知标准时,频繁引用了医疗行业标准。[188]这些行业标准包括英国全科医学会(General Medical Council)的 2008 年《同意:患者与医生共同做决定》这一指南(Guidance)和英国 NICE(National Institute for Health and Clinical Excellence)的临床指引(clinical guideline)。

英国全科医学会的 2008 年指南已经建立了一个以患者需求为导向的行业标准。根据该指南,以下信息会落入医生的告知义务范围:(1)治疗或管理患者病情的方案,包括不予治疗这一方案;(2)拟行疗法的目的;(3)每一种疗法的潜在益处、风险、负担、成功的可能性;(4)如果可及,益处或风险是否受到所选择的提供服务的某一医生或组织的影响;(5)治疗的试验性质或革新性质;(6)是否存在比某一医生或其组织所能提供(offer)的疗法更加具有潜在益处的其他疗法。[189]这些信息告知的范围已经远远超出了英国判例法所关注的医生告知义务范围(即仅关注医疗风险的告知)。在替代疗法的告知上,该指南不仅将告知义务扩展到了新兴疗法和在某一医疗机构不可及的疗

---

[187] 从早期司法来看,来源于美国法的、倡导尊重患者自主权的"知情同意/告知后同意"(informed consent)这一概念在英联邦国家的司法中并不是很受欢迎。加拿大最高法院曾认为这一概念混淆了 battery 和 negligence(*Reibl v. Hughes* (1980) 114 D. L. R. (3d) 1,8 –9 (S. C . C.))。澳大利亚高等法院也认为"知情同意"这一概念有些捉摸不定,它容易产生误导作用,因为它意在探讨患者同意的有效性(*Rogers v. Whitaker* (1992) 175 C. L. R. 479,490 (HCA))。在 *Rosenberg v. Percival* 案中,澳大利亚高等法院 Gleeson 法官也建议谨慎使用"患者的自我决定权"(patient's right of self-determination)和"知情同意"这些美国概念(*Rosenberg v. Percival* [2001] 205 CLR 434,440)。

[188] *Montgomery (Appellant) v. Lanarkshire Health Board (Respondent) (Scotland)*, [2015] UKSC 11,paras 107,109,110,112,116.

[189] General Medical Council (UK) *Consent: Patients and Doctors Making Decisions Together* (2008),para. 9 at <www. gmc-uk. org> (last accessed 24 April 2015).

法的告知，区分了疗法的提供与告知，而且还将告知范围延伸至了一些非医疗信息（如医疗服务提供商的个人情形）。因此，在 Montgomery 案面世之前，在英国出现了医疗行业标准比法律标准更加严格的一幕。Montgomery 案的出现会弥合医疗行业标准与法律标准之间的距离。

（六）判例突进与立法反思

在信息告知标准和范围上，对于医疗服务提供商来说，Rogers 标准无疑属于一个严格的标准。在 Rogers 标准产生之后，在 21 世纪初，澳大利亚曾进行过一场全国范围内的过失侵权法改革。各州的民事责任立法收紧了过失侵权法中的各类规范，作出了有利于医疗业的规定。在医疗过失的认定上，这表现在一些州的立法重新招回了被司法否定的 Bolam 标准，立法对同行业观点给予了很大的尊重，向有利于专家型职业的方向做了回归。

但是这种回归也是有节制的。这表现在，一是立法并没有认可原版的 Bolam 标准，而是对其做了修饰和限定，对可以称雄的同行业观点做了许多质量和数量上的限制。[190]二是即使在紧缩过失侵权法规范以减少诉讼的背景之下，澳大利亚的过失侵权法改革仍没有忘记区分传统的“诊断治疗”（适用重新界定的 Bolam 标准）和“提供信息”（适用不同的标准）之必要。过失侵权法改革专家小组曾建议重新修饰的界定注意标准的 Bolam 标准不宜适用于医生履行告知义务场合。随

---

[190] 比如，昆士兰州 2003 年民事责任法第 22 条规定了专家型职业人员的注意标准：“（1）如果有证据证明某一职业人员在提供某一职业服务时的行为被在提供服务时同领域相当数量的、尊敬的同行从业人员所持有的同行业观点广泛接受为称职的职业做法（widely accepted by peer professional opinion by a significant number of respected practitioners in the field as competent professional practice），该职业人员就没有违反义务。（2）但是，如果该同行业观点被法院认定为不合理（irrational）或有违成文法，该同行业观点就不能适用于本条。（3）就某一问题存在不同的被同领域相当数量的、尊敬的同行从业人员所广泛认可的同行业观点这一事实并不能阻止其中的任何一种或多种（或全部）行业观点被用于本条目的。（4）同行业观点没有必要普遍接受（universally accepted）才能构成广泛接受。”参见 *Civil Liability Act* 2003（Qld），s 22（1）（2）（3）（4）. 在其他州，类似条款有：*Civil Liability Act* 2002（Tas），s 22；*Civil Liability Act* 2002（WA），s 5PB；*Civil Liability Act* 1936（SA），s 41；*Civil Liability Act* 2002（NSW），s 5O.

后的一些州的立法接受了此建议。比如,昆士兰州 2003 年《民事责任法》第 22 条第 5 款就规定,该条所规定的注意标准不能适用于职业人员“提供警示、建议或其他信息”的场合。在此情景之下,对医生的告知义务做出单独规定成为必要。而对医生信息告知标准的单独规定基本上保留了 Rogers 测试标准“客观之翼 + 主观之翼”的架构。比如,昆士兰州 2003 年《民事责任法》第 21 条第 1 款就规定,“医生只有在未告知患者以下风险信息的情况下才能构成风险警示义务之违反:(a)处于患者位置的一个合理之人所需要的信息,以便能就是否接受治疗或顺从建议做出一个合理的知情的决定;(b)医生知晓或应当合理地知晓患者在就是否接受治疗或顺从建议做出决定前所要求的信息。”[191]

七、启示:从台湾地区与大陆法说起

就作者的视域而言,在信息告知的规则构建上,台湾立法,同中国大陆立法一样,也应属于“列举式”的。一方面,我国台湾“医师法”第 12 条、“医疗法”第 63 条、“医疗法”第 64 条、“医疗法”第 81 条规定了“医疗机构”或“医师”的说明义务,并列举了告知的具体内容范围。尚缺乏信息告知一般性标准之规定。另一方面,这些来自医师法和医疗法的条款均属于医疗行政法规层面的规定,对于明晰说明义务的来源和内容有参考价值,但是尚不属于民法层面(契约法和侵权责任法)的规范。[192]行政法下的专业管制法法规(医师法、医疗法)并不直接规范私人间的权利义务。[193]好在它并不排斥藉由侵权责任法上“专门职业人员之注意义务”来审视医师的说明义务,[194]抑或借助民法中对“权利(身体

---

[191] *Civil Liability Act* 2003 (Qld), s 21(1). 其他州也存在相似立法条款,比如 *Civil Liability Act* 2002 (*Tas*), s 21.

[192] 陈聪富:《告知后同意与医师说明义务(上)》,载《月旦法学教室》第 80 期,第 75 页。

[193] 杨秀仪:《论病人自主权——我国法上“告知后同意”之请求权基础探讨》,载《台大法学论丛》1995 年第 36 卷第 2 期。

[194] 曾品杰:《我国医疗上告知说明义务之实务发展——最高法院相关判决评释》,载《科技法学评论》2012 年第 9 卷第 1 期。

权及自主权)"之保护来建构"告知后同意"法则。[195]

在台湾所发生的与英国的Montgomery案案情相似的马偕医院肩难产事件中,医界和法界所聚焦的是医疗伤害事件是否适用无过失责任归责原则以及医疗服务是否适用消保法的问题,而不是医师是否违反了告知后同意法则(即说明义务的违反)问题。[196]这不仅模糊了马偕肩难产事件的本来面目,也压缩了违反说明义务的医疗伤害事件在民事侵权行为法体系中被讨论的空间。[197]这可能与台湾对告知后同意法则的研究起步较晚和法院对告知后同意法则的意识缺位有关联。[198]

在马偕医院肩难产案中,医师违反了告知后同意法则(说明义务的违反),即未说明自然产之肩难产风险。[199]值得称道的是,从地方法院及高等法院对该案的判决来看,其隐含着对疗法选择、实施与信息告知两个语境的区分。医生在自然产方式的选择上、肩难产的发生和对肩难产的处置上并无过失,医生的过失体现在未将依其专业知识所可预见到的肩难产风险充分告知病人。[200]可惜的是,法院未就医生违反说明义务的法律后果及因果关系的认定做深入的探究。[201]对于医疗干预及实施本身(医疗行为本身)的过失与违反告知义务之过失的区分、疗法选择上之过失与信息告知上之过失之区分,借由台湾司法判例学者亦

---

[195] 杨秀仪:《论病人自主权——我国法上"告知后同意"之请求权基础探讨》,载《台大法学论丛》1995年第36卷2期。

[196] 林欣柔、杨秀仪:《告别马偕肩难产事件?——新医疗法第八十二条第二项评析》,载《月旦法学杂志》2004年第12期。

[197] 林欣柔、杨秀仪:《告别马偕肩难产事件?——新医疗法第八十二条第二项评析》,载《月旦法学杂志》2004年第12期。

[198] 林欣柔、杨秀仪:《告别马偕肩难产事件?——新医疗法第八十二条第二项评析》,载《月旦法学杂志》2004年第12期。

[199] 林欣柔、杨秀仪:《告别马偕肩难产事件?——新医疗法第八十二条第二项评析》,载《月旦法学杂志》2004年第12期。

[200] 林欣柔、杨秀仪:《告别马偕肩难产事件?——新医疗法第八十二条第二项评析》,载《月旦法学杂志》2004年第12期。

[201] 林欣柔、杨秀仪:《告别马偕肩难产事件?——新医疗法第八十二条第二项评析》,载《月旦法学杂志》2004年第12期。

有辨析和阐释。[202]

在台湾地区,关于"理性医生标准"(reasonable physician standard)与"理性病人标准"(reasonable patient standard)两种信息告知标准的讨论来自于对美国法的梳理。[203]对于美国 Canterbury 案的"理性病患(reasonable patient)标准"或其实质性标准在台湾文献中亦有介绍和评价。[204]告知义务的三个例外(紧急情况(emergency)、病人放弃(waiver)、治疗上的特权(therapeutic privilege))也已成为共享的认知。[205]在台湾实务界,各有不同判决分别支持"理性医师标准"说与"理性病患标准"说,前者将医师告知的内容和范围交由医疗专业和"医疗惯行"来进行,而后者则是将说明义务的内容和范围建立在病患对信息的重视程度上。[206]

在司法层面,台湾地区"最高法院"曾将信息告知的范围做了丰富。[207]尽管台湾地区立法中未见类似 Rogers 标准的规定,但是台湾学术

---

[202] 陈聪富:《告知后同意与医师说明义务(上)》,载《月旦法学教室》第80期,第87~88页。亦可参见曾品杰:《我国医疗上告知说明义务之实务发展——最高法院相关判决评释》,载《科技法学评论》2012年第9卷第1期(区分说明义务与"施行手术时所应负注意义务")。

[203] 参见杨秀仪:《美国告知后同意法则之考察分析》,载《月旦法学杂志》2005年第121期;杨秀仪:《论病人自主权——我国法上"告知后同意"之请求权基础探讨》,载《台大法学论丛》1995年第36卷第2期;林欣柔、杨秀仪:《告别马偕肩难产事件?——新医疗法第八十二条第二项评析》,载《月旦法学杂志》2004年第12期;陈聪富:《告知后同意与医师说明义务(下)》,载《月旦法学教室》第82期,第66~69页。

[204] 陈聪富:《告知后同意与医师说明义务(下)》,载《月旦法学教室》第82期,第67页。

[205] 杨秀仪:《论病人自主权——我国法上"告知后同意"之请求权基础探讨》,载《台大法学论丛》1995年第36卷第2期。

[206] 陈聪富:《告知后同意与医师说明义务(下)》,载《月旦法学教室》第82期,第68页。

[207] 关于医师说明义务的内容,台湾地区"最高法院"94年台上字第2676号判决提出了以下诸点要求:"(一)诊断之病名、病况、预后及不接受治疗之后果。(二)建议治疗方案及其他可能之替代治疗方案暨其利弊。(三)治疗风险、常发生之并发症及副作用暨虽不常发生,但可能发生严重后果之风险。(四)治疗之成功率(死亡率)。(五)医院之设备及医师之专业能力等事项。"也可参见台湾地区"最高法院"2005年度台上字第2672号判决。

界和司法界却存在诸多意欲构筑偏向患者的、考察信息“重要性”的概括性标准的冲动和痕迹。比如,在学术界,就信息告知的标准而言,台湾翁玉荣教授倾向于具体病患标准说,即凡依现代治疗之“具体病患”之年龄、人格、信念、身心状态可确知某医疗资料与该病患息息相关为其所“重视”,且医师亦有预见可能者,就该数据,医师负有说明之义务。[208]王泽鉴教授也倾向于“具体患者说”,即医生依“医疗法”第63条规定而为告知时,须顾及各该人的教育程度、职业、年龄等情况,对病人提出的“特别问题”,亦应为必要的说明。[209]在司法层面,具体病患标准说的采纳可见台湾“高等法院台中分院”2001年度重上字第28号判决书。根据该判决书,医生的说明范围“应视医疗行为之种类、性质而定,须顾及病人的教育程度、职业、年龄等情况,凡依患者之年龄、人格、信念、身心状态,可确知某种医疗数据与病人之利益相结合,而为病人所重视数据,而医师有预见可能时,医师就该数据即有说明义务,对于病人提出之特别问题,亦应为说明”。它实际上推出了医师的主动型告知义务和应对型告知义务。令人注意的是,在台湾高等法院九十六年度医上字第一号民事判决案(“白内障开刀案”)中,台湾高等法院还将这种病人对信息的“重视”分为“客观重视”与“主观重视”,将做出医疗决定上一般合理病患所“客观重视”的信息和案中具体病患所“主观重视”的信息置于医师的告知义务范围之内。[210]从中可以窥见到澳大利亚 Rogers 标准客观之翼和主观之翼的影子。

虽系一刑事案件,台湾地区“最高法院”94年台上字第2676号判决书[211]在告知后同意法则构建方面有诸多贡献:一是明确了“医疗法”

[208] 程杰:《医疗知情同意的台湾经验与启示》,载《科技与法律》2013年第101卷第1期。

[209] 程杰:《医疗知情同意的台湾经验与启示》,载《科技与法律》2013年第101卷第1期。

[210] 陈聪富:《告知后同意与医师说明义务(下)》,载《月旦法学教室》第82期,第68页。

[211] 关于此案之评析,参见颜上咏:《医疗纠纷之告知后同意原则——九四年度台上字第二六七六号判决浅析》,载《医事法学》2009年第16卷第1期;杨秀仪:《告知后同意法则之司法实务发展——最高法院九四年度台上字第二六七六号判决评释》,载《台湾法学杂志》2005年第73期。

第63条之立法目的在于保护病人“身体自主权”;二是区分了“告知后同意”与“手术同意书”;三是界定了医生说明义务的范围;四是明确了说明义务的例外。特别值得一提的是,该案言及了医生说明义务产生的“一般情形”,即“如曾说明,病人即有拒绝医疗之可能时”,即有说明之义务,系从医疗信息对患者医疗决定的影响程度来划定医生的说明义务之一般边界。而且,根据该判决书,过于专业或细部疗法,可以不予说明,而“过于专业或细部疗法”系指那些涉及医疗专业技术,且一般而言不影响病人决定是否接受医疗的不具“重要性”信息。根据该案,常发生之并发症与副作用和虽不常发生但可能发生严重后果之风险,应予以说明。该案判决意欲构筑医生信息告知的一般标准,值得肯定。但是,在对信息“重要性”或“实质性”的定义上,该案存在混淆“重要性”与“决定性”之嫌。

由于医疗父权文化的影响,“命令—服从”医患互动模式在台湾仍然盛行,病人自主权的理论面与实务面存在巨大的鸿沟。[212] 因此有学者呼吁建构更具实践可能性的告知后同意法则。[213]这种实践可能性的探寻并不意味着否定患者标准而回退到医生标准上,而是着眼于如何完善告知后同意法则及其效用,比如处理好患者真正“理解”与签署同意书的关系、明确信息告知义务是有例外的。[214]在决定告知后同意的密度时,应考虑信息告知的“情境”,如是否为高风险的侵入性医疗行为。[215]这也印证了信息“实质性”的认定是一个基于多因素权衡(包括医疗行为的侵入性和风险程度)的个案认定过程这样一个道理。

大陆在《侵权责任法》之前也并不缺乏对知情同意规则的规定,但

---

[212] 杨秀仪:《告知后同意之伦理法律再思考:缩小理论与实务的落差》,载《月旦法学杂志》2008年第162期。

[213] 杨秀仪:《告知后同意之伦理法律再思考:缩小理论与实务的落差》,载《月旦法学杂志》2008年第162期。

[214] 杨秀仪:《告知后同意之伦理法律再思考:缩小理论与实务的落差》,载《月旦法学杂志》2008年第162期。

[215] 杨秀仪:《告知后同意之伦理法律再思考:缩小理论与实务的落差》,载《月旦法学杂志》2008年第162期。

是均出现在医疗行业规制法中。[216]在兼具医疗行业规制和民事医疗事故损害赔偿两种功能的《医疗事故处理条例》当中,虽然医师的告知义务也没有缺席,[217]但是医生对告知义务的违反只会导致行政处分或纪律处分,[218]而缺乏违反告知义务所生民事侵权损害赔偿责任的规定。庆幸的是,知情同意原则在大陆侵权法中的失语状态并没有阻止法院判决医院因侵害患者的知情权而承担民事侵权责任。[219]

大陆《侵权责任法》的面世改变了上述局面。医生的告知义务及责任对应的是《侵权责任法》第 55 条。该条规定,"医务人员在诊疗活动中应当向患者说明病情和医疗措施。需要实施手术、特殊检查、特殊治疗的,医务人员应当及时向患者说明医疗风险、替代医疗方案等情况,并取得其书面同意;不宜向患者说明的,应当向患者的近亲属说明,并取得其书面同意。医务人员未尽到前款义务,造成患者损害的,医疗机构应当承担赔偿责任。" 其中所言及的"不宜向患者说明"内含"医疗特权"这一医生告知义务的例外。另外,第 56 条还规定了医生告知

---

[216] 大陆《执业医师法》(1998 年)第 26 条规定,"医师应当如实向患者或者其家属介绍病情,但应注意避免对患者产生不利后果。医师进行实验性临床医疗,应当经医院批准并征得患者本人或者其家属同意。"《医疗机构管理条例》(1994 年)第 33 条规定,"医疗机构施行手术、特殊检查或者特殊治疗时,必须征得患者同意,并应当取得其家属或者关系人同意并签字;无法取得患者意见时,应当取得家属或者关系人同意并签字……"。《医疗机构管理条例实施细则》(1994 年)第 62 条规定,"医疗机构应当尊重患者对自己的病情、诊断、治疗的知情权利。在实施手术、特殊检查、特殊治疗时,应当向患者作必要的解释。因实施保护性医疗措施不宜向患者说明情况的,应当将有关情况通知患者家属。"

[217] 《医疗事故处理条例》(2002 年)第 11 条明确规定:"在医疗活动中,医疗机构及其医务人员应当将患者的病情、医疗措施、医疗风险等如实告知患者,及时解答其咨询;但是,应当避免对患者产生不利后果。"

[218] 《医疗事故处理条例》第 56 条。

[219] 上海市曾发生首例患者知情同意纠纷案,引起了医学与法律界的广泛关注。在该案中,一患者陈某以医院在对其施行左眼脂肪瘤摘除术之前未向其本人告知术后并发症(左眼上睑下垂)为由要求医院承担过错的赔偿责任。二审法院审理后认为,由于某甲医院未完全向陈某明示术后风险,致使陈某丧失选择手术与否的机会,并造成严重后果,侵害了患者的知情权,所以某甲医院应当就此承担民事侵权责任。参见陈福民、胡永庆:《对患者知情同意权的法律保护——对上海首例患者知情同意权纠纷案的评析》,载《政治与法律》2003 年第 2 期。

义务的第二种例外——紧急情形,即“因抢救生命垂危的患者等紧急情况,不能取得患者或者其近亲属意见的,经医疗机构负责人或者授权的负责人批准,可以立即实施相应的医疗措施。”通过第55条和第56条可以看出,大陆《侵权责任法》所推出的知情同意规则的轮廓为:(1)承认医生负有告知义务,告知的事项范围主要是医疗措施、医疗风险和替代疗法;(2)未尽到告知义务导致损害,将产生民事赔偿责任;(3)告知义务存在两种例外:医疗特权和紧急情形。但是,遗憾的是,中国《侵权责任法》第55条只是列举式地规定了医务人员的具体告知内容,没有规定告知/信息披露的一般标准这一核心问题。

关于信息披露的标准,大陆立法界和学术界并不是没有触及。只是目前尚存在意识不到位、梳理不清、挖掘不深的问题。

首先,在医生标准和患者标准的选择上,尚没有厘清。在对大陆《侵权责任法》第55条进行说明解释时,全国人大法工委一方面正确地认识到了医务人员的诊疗义务与告知义务是不同的这一点,[220]另一方面却重点引见了在日本法上正在成为历史的观点:是否违反“为回避不良结果的说明义务”的判断标准是“诊疗当时临床医学实践中的医疗水平”,对依当时诊疗水平未确立的内容,医师不负有说明义务。[221]这相当于认可了以医疗行业为导向的信息披露标准,并且没有区分说明的内容(信息)(需要医学判断)与某一信息是否需要说明(不需要医学判断)这两个方面。而有些学者已经开始站在患者信息需求的角度谈论医生告知义务的范围问题。[222]

其次,在启用患者标准的表述中,对“实质性”和“患者”此类概

[220] 全国人大常委会法制工作委员会民法室:《〈中华人民共和国侵权责任法〉条文说明、立法理由及相关规定》,北京大学出版社2010年版,第228页(谈到,医务人员尽管尽到了第55条下的告知义务,“但如果在后续的诊疗活动中未尽到与当时的医疗水平相适应的诊疗义务”,造成患者损害的,仍应承担赔偿责任)。

[221] 全国人大常委会法制工作委员会民法室:《〈中华人民共和国侵权责任法〉条文说明、立法理由及相关规定》,北京大学出版社2010年版,第229页。

[222] 高圣平:《〈中华人民共和国侵权责任法〉立法争点、立法例及经典案例》,北京大学出版社2010年版,第608页;余明永:《医疗损害赔偿纠纷》,法律出版社2010年版,第231页。

念缺乏正确的、统一的认识。在“实质性”问题上,存在一种将“实质性”等同为“决定性”的倾向。在一些学者看来,“医疗机构告知义务的范围主要是对患者作出决定具有决定性影响的信息”。[223]“通常情况下,若某一情况应为合理医师所知晓,且这一情况的告知与否有足以导致具体患者作出不同决定之可能,则对这一情况,医方有充分说明之义务。”[224]另外,在患者是指“合理患者”还是“具体患者”问题上,也存在不统一。有学者大胆启用了主观性很强的“具体患者”标准。[225]

需要厘清的一点是在第55条之外,大陆《侵权责任法》还有个第57条。第57条规定:“医务人员在诊疗活动中未尽到与当时的医疗水平相应的诊疗义务,造成患者损害的,医疗机构应当承担赔偿责任。”关于医疗过错的认定,该条借鉴了日本的“医疗水平”说,即看是否“尽到与当时的医疗水平相应的诊疗义务”。那么,在医疗过错的判定标准上,大陆《侵权责任法》第57条与第55条的关系是否属于统治与被统治的关系?作者认为,应谨慎待之。《侵权责任法》第55条应适当保持与第57条的距离。这是因为二者分属于“信息告知”和“诊疗”两个不同的领域。其实,在日本法中,医生的告知义务的范围已经不局限于医疗水平所确立的内容。日本法上有就未确立的乳癌姑息疗法的说明义务所作的判决。[226]案中涉及针对乳房癌的两种疗法:乳房全切除术

---

[223] 高圣平:《〈中华人民共和国侵权责任法〉立法争点、立法例及经典案例》,北京大学出版社2010年版,第608页;杨立新:《医疗损害责任法》,法律出版社2012年版,第257页。

[224] 余明永:《医疗损害赔偿纠纷》,法律出版社2010年版,第231页。

[225] 余明永:《医疗损害赔偿纠纷》,法律出版社2010年版,第231页(“通常情况下,若某一情况应为合理医师所知晓,且这一情况的告知与否有足以导致具体患者作出不同决定之可能,则对这一情况,医方有充分说明之义务”)。

[226] 参见夏芸:《医疗事故赔偿法——来自日本法的启示》,法律出版社2007年版,第548~555、688~700页。案中患者因患有乳房癌而接受了乳房全切除术。案件是针对治疗乳房癌的另一种疗法——乳癌姑息疗法——而展开的。对于乳房姑息疗法,医生只是“以间接并且消极的形式提及”。法院面临的是原告的二类诉讼请求:(1)诉称医生违反了实施乳房姑息手术的义务,或在自己不实施该手术的情况下转医的义务;(2)诉称医生违反了说明义务。从最高裁判所的判决来看,虽然法院没有支持第一种指控,却支持了第二种指控。

和乳房姑息手术。乳房全切除术仍是治疗乳房癌的“标准疗法”。乳房姑息手术是一种将连带肿瘤的乳房一部分切除,并在术后对残留乳房进行放射治疗的一种手术治疗方法。该手术在当时的日本并没有成熟到“医疗水平”的高度,在当时还不是安全性已经确立的手术方式。尽管,由于乳房姑息疗法尚不是治疗乳房癌的“标准疗法”,属于在医疗水平中尚未确立的疗法,医生因此没有实施的义务,但是,在一定条件下它会落入医生说明义务的范围。[227]医生说明义务的范围可能宽于医生实施义务的范围。令人注意的是,《德国民法典》第二编第八章第八节第二目“医疗合同”条款(第 630a ~ 630h 条)[228]也区分了医生的诊疗义务与告知义务。在诊疗领域,《德国民法典》第 630a 条认为,医方所提供的诊疗仅需要“按照诊疗当时存在的、公认的专业标准完成”,从而建立了一个以医疗专业标准来考察诊疗行为的判定标准。但是,在信息告知领域,根据《德国民法典》第 630e 条,医方的告知义务指向的是“所有对[患者]同意治疗有关键意义的(重要的)情况”,并特别列举了医方告知义务的范围。信息告知领域因有了属于自己的标准,再适用诊疗领域的标准显得不再有必要。美中不足的是,该条款中的患者系指“合理患者”还是“具体患者”,“重要性”的判断是以医生为视角还是以患者为视角,不够明确。

在信息披露标准问题上,目前世界范围内仍存在医生标准与患者

---

[227] 在本案上告审中,最高裁判所支持了患者关于说明义务的主张(最高裁判所第三小法庭 2001 年 11 月 27 日判决),认为:“在有的情况下,即便是尚未被认可的疗法(手术方式),医师也要承担说明义务。至少,在某一疗法(手术方式)已经在不少医疗机构被实施、有相当数目的实施先例、在具有实施经验的医师中正被积极评价的情况下,如果该患者有可能适用该疗法(手术方式),并且该医师也已经明确知道该患者强烈希望了解此疗法(手术方式)是否适合自己以及是否有可能实施的话,即使该医师对此疗法(手术方式)采取消极态度并且拒绝亲自实施,但也有义务在自己了解的范围内向该患者说明该疗法(手术方式)的内容、适用可能性或者该疗法的利害得失,以及正在实施此疗法(手术方式)的医疗机构名称地址等。”参见夏芸:《医疗事故赔偿法——来自日本法的启示》,法律出版社 2007 年版,第 548 ~ 555、696 页。

[228] 关于此部分内容,参见《德国医疗合同法》,夏昊晗译,载《民商法论丛》(第 55 卷),法律出版社 2014 年版,第 728 ~ 736 页;曾见:《德国患者权益新立法的主要内容和启示》,载《证据科学》2014 年第 2 期。

标准的对立。比较看来，Rogers 标准的细腻程度和发达程度最值得称道。Rogers 标准围绕“实质性”(materiality)或“重要性”(significance)这一概念展开了两翼(“客观之翼”和“主观之翼”)。此标准以“处于患者位置的合理之人”作为主要说明对象，并辅之以对主观(具体、个别)患者关切(如询问)的响应。

Montgomery 案标志着，英国已经发生了从医生标准(Bolam 标准)到患者标准(“实质性”标准)的转移。从 1957 年英国司法建立 Bolam 标准，到 1992 年澳大利亚司法启用 Rogers 标准，再到英国 Montgomery 案肯定和吸纳 Rogers 标准，在信息告知领域的医疗过失判定方面，英联邦国家法律的发展和转型足足用了半个多世纪的时间。从 Bolam 标准到 Rogers 标准漫长的转变与判例法讲究遵循先例、点滴发展的固有本性不无关系。英国立场的改变应给一些尚未启用患者标准/实质性标准的法域的抉择增添一些启示和决断的勇气。

Bolam 标准与 Rogers 标准的对立主要体现在是过于依赖医学观点和医疗做法还是以患者的信息需求为取向。当法律向精微处发展的时候，当法律不再将医疗领域和信息告知领域混为一谈的时候，当人们发现两个领域各有关注点和个性规则的时候，医疗过失法就不再会满足于一个单一的、统一的标准。可以讲，在信息告知领域的医疗过失判定方面，从以医生为导向的判定标准向以患者为导向、考察信息实质性和重要性的判定标准的转变是区分医疗领域和信息告知领域之后的一个自然选择。

患者标准/实质性标准的建立有赖于诊疗领域与信息告知领域之区分，疗法选择、推荐、实施与信息告知之区分，医学判断与非医学判断之区分。诊疗领域，或疗法选择、推荐、实施领域充斥着医学判断，但是，如图所示，医学判断并不占据着整个信息告知领域，一些重要事项，如未告知信息是否对患者的医疗决定具有实质性(重要性)影响，并不需要医学判断。

表2　信息告知:医学判断与非医学判断之区分

需要医学判断和专家鉴定的事项	不需要医学判断和专家鉴定的事项
(1)是否存在某一风险 (2)风险的性质 (3)风险发生的可能性 (4)风险发生的严重性 (5)所实施疗法的性质 (6)是否存在替代疗法 (7)替代疗法的性质 (8)替代疗法的风险与益处 (9)所实施疗法与替代疗法之间、不同替代疗法之间的风险与益处比较 (10)医疗干预的必要性、合理性 (11)“不予治疗”的后果 (12)是否存在“医疗特权”情形 (13)是否存在紧急情形	(1)医生是否告知某一风险或替代疗法 (2)对于某一风险或替代疗法,患者是否知晓 (3)未告知信息(医疗风险或替代疗法)是否对患者的医疗决定具有实质性(重要性)影响 (4)特定患者个体情形和因素 (5)患者的信息需求程度

就大陆法而言,为了有别于《侵权责任法》第57条,在构建《侵权责任法》第55条时,可以考虑建立一个以患者需求为导向、以信息的“实质性影响”为核心概念、以医生的客观化的主动型告知义务为主体、以更加主观化的积极响应型告知义务为补充的信息披露标准,从而在信息告知领域建立一个属于其自己的医疗过错判定标准。这样在信息披露规则上就会出现一个细腻的“概括式(实质性标准、主动型+应对型)+列举式(非穷竭列举)”的规则格局。其中,医生的告知分为两部分(具体见表2):

一是主动型告知。所谓“主动”是因为它的启动并不依赖于患者的询问。它是一种最起码或基础性的告知。它基本上考虑的是一个“合理患者”做医疗决定时的信息需求,同时这个“合理患者”是被置于具体的原告患者位置的,因此属于客观为主、考虑主观因素的告知。

二是应对型告知。它是一个主观性告知。它响应的是“具体患者”或特定患者的信息需求。这种信息需求很可能通过患者询问的方式来显现。但是,患者询问并不是患者表达关切从而唤起医生意识的唯一方式。在主动型告知之外，应对型告知更加接近个体患者的个性化信息需求。

两种告知都是围绕信息的“实质性”而展开的。信息的“实质性”实际上提供的是一个过滤机制，它只要求医生将对患者医疗决定起到实质性影响的信息告知给患者，而不是将所有的医疗信息和盘托出。它完成的是在医疗过错判定阶段对医疗信息的第一次过滤。在因果关系阶段，法律将进行第二次过滤，只有那些如若告知将会对患者的医疗决定产生决定性影响（患者会拒绝治疗）的信息的未告知才与损害后果之间存在因果关系。因此，患者标准/实质性标准内含着照顾和平衡患者和医师双方利益的效用。

（赵西巨，新西兰奥塔哥大学法学博士，山东中医药大学法学系教授、东南大学法学院兼职教授。）

多重表决权禁忌的消弭：对克莱斯勒—菲亚特收购案的监管对策*

［意］马可·温图卢佐(Marco Ventoruzzo) 著
李珂丽 译

目 次

一、引言

2015年8月，作为旨在提高封闭型公司的上市积极性，并在总体上进一步强化公司法契约自由的一揽子改革的一部分，意大利政府允许公司通过发行多重表决权股和忠诚股向长期持股股东分配增值的表

* 本译文受山东省政府公派出国留学项目资助；原文发表于ECGI2015年3月第288/2015号法学工作论文。

决权(以下统称为多重表决权股“MVS”)。[①]如此一来,意大利即加入了几个其他欧美国家的阵营,废除了意大利公司法上的古老禁忌。此举也针对这一颇具争议的强化控制机制的运用,给实务工作者、公司管理人、监管机构以及学者们提供了一个崭新而绝佳的测试平台,而这一平台也相应地突破了意大利证券交易的有限维度。[②]

意大利新近引入的多重表决权股首先带来的两点思考。

第一点可以概括为一句出处不甚确定的话(有人说源于勒内·笛卡尔(René Descartes),其他人则认为出自玛丽·安东内特(Marie Antoinette)):“没有新念头,只有被遗忘的念头。”或者换言之,我们使用美国诗人拉尔夫·瓦尔多·爱默生愤世嫉俗而更具讽刺意味的表述:“我最绝妙的思考都被古人窃取了。”实际上,1807 年的《法国商法典》,也吸收了意大利的部分内容,并未对发行多重表决权股作任何限制,并且 1865 年的《意大利商法典》和 1882 年的《意大利商法典》都确认了类似的自由度,甚至后者还禁止发行无表决权股。[③] 19 世纪末 20 世纪初,这一问题引发了激烈争论,所有股东应享有同等权利成为主流观点。然而,一战后的严重通货膨胀导致大家开始关注硬通货币国外方买家可能会恶意收购意大利公司这一现象,随之多重表决权股的使用得以修正。只是在 1942 年《意大利民法典》,以及其后经过仔细讨论和激烈冲突,多重表决权股才被禁止,并直到最近翻身前一直被视为禁忌。历史的钟摆,也就是这一小段历史,继续摇曳,往往如此这般,意大利政府的观点不过是兜兜转转重回了老路。

---

① 关于多重表决权,参见《意大利民法典》第 2351 条第 4 款和《统一金融法》(下称 TUF)第 127 - sexies 条。关于忠诚股,参阅 TUF 第 127 - quinquies 条。

② 通过行使表决权,多重表决权成为加强控制权的工具,被定义为所谓“控制权强化机制”(CEMs)。参见 Shearman & Sterling LLP 律师事务所,股东服务协会(ISS),欧洲公司治理协会(ECGI):《欧洲上市公司所有权控制权之间的比例——欧盟外部调研》。此关于比例原则的报告参见《欧盟》2007 年第 7 期,查询网址 http://ec.europa.eu/internal_market/company/docs/shareholders/study/final_report_en.pdf(参考非表决权股、金字塔结构等控制权强化机制)。

③ 参见 A. Padoa Schioppa,《商法史随笔》,1992 年版,第 221 页。

第二点是我们在将引入多重表决权股称之为革命时应慎之又慎。多重表决权股是在多个层面上值得借鉴的重要发展,但在 2015 年 8 月之前意大利也并未遵从严格的"一股一票"原则。正如我们所见,事实上,无论欧洲还是美国,都没有立法坚持强制所有上市公司采用死板的一股一票原则。④股东们可能轻易地选择一股一票原则,但在绝大多数的法系中,偏离此原则也是可能和常见的。在引入多重表决权股之前的意大利也没有例外,因为允许发行无表决权股和仅限特定决议的表决权股、附条件表决权股,以及限制单个股东能够行使的最大表决权数量。⑤所有这些规则的效果足够清晰,类似于多重表决权股,它们改变了表决权和资金权利之间或者控制力和投资间的比例关系。而且,从经济立场而言,其他强化控制力而无需进一步投资的法律工具,如股东协议或者公司群组,也曾在引入多重表决权股前存在过。在讨论多重表决权股的可行性与创新价值时,我们务必要考虑这一整套控制权加强机制。

本文将从多个方面探讨多重表决权股,首先,把最近的意大利改革置于欧洲更广泛的竞争监管的视野中去。其次,论文提供了多重表决权股在美国和其他欧洲国家适用的比较考察。再次,我们将明确多重表决权股呈现的关键问题:从投资者的观点而言是否有需要,是否与其他政策目标有关,从灵活性优势和契约自由方面看是否物有所值。这一部分我们将简要叙述新近非常有趣的关于多重表决权股效果的实证研究。接下来的两个段落将涵盖这一意大利新规则所呈现的主要问题的阐释性分析。最后,通过把此改革置于更广阔的欧洲公司法的棋局中,拷问其是否为我们提供了欧洲公司法走向的蛛丝马迹。

④　M. S. Spolidoro:《多重表决权:欧洲体系》,关于"欧盟:企业间的竞争与国家间的竞争"的第 28 次会议论文,库马约尔,2014 年 9 月 19 ~ 20 日第 5 页,可查询网址:http://www.cnpds.it/documenti/relazione_prof__spolidoro.pdf.

⑤　M. Ventoruzzo:《比较公司法实验:意大利的最新改革和缺乏高效的竞争监管规则的市场无道》,载《德克萨斯国家法学杂志》2004 年,第 118 页。

二、欧洲的竞争规制

谈到规制竞争可能会吸引(和留住)当地的并购公司,但正如有些学者考证的那样,这种竞争的特征和动态当然显著不同于美国公司章程的竞争。⑥讨论诸多不同点详解大西洋沿岸的差异需长篇大论且会偏离重心:少许主要的解释足矣。首先,当一定程度上的自由组合在欧洲存在,欧洲法院的主流和后续判例不像在美国那样完整和平滑。其次,欧盟成员国吸引公司的激励措施也不能和美国现存状况相比,特别是由于政策缺位而且实际上是禁止——古老大洲的特许经营税仍然存在。最后,只有统一和多样化之间得以平衡,竞争规制才能全面发展:竞争的司法管辖区必须足够相似,以便股东、经理、律师和投资者进行比较和评估,但也有足够的回旋余地来区分他们的产品。在欧洲,尽管统一和谐,但显著的障碍依然在竞争中共存。例如,司法管辖区之间的明显不同以及语言和法律文化方面的重要差异,还是很难让有关各方充分享受国内外共同参与(或重组)带来的积极效益。因此,套利监管比在美国更复杂且成本高昂。尤其是有关司法的作用更是如此,这是章程的竞争中最重要的驱动力之一,甚至可能比法定的规则本身更重要。⑦

但这并不意味着欧洲的立法机关和决策者们不去应对市场力量,不进行干预,以保持自身的竞争体系特别是直面邻邦。这方面一个最近的例子是最低资本规则在几个欧洲国家逐步开放,从德国到法国,从西班牙到意大利,貌似是更具灵活性的英国的竞争使然。⑧另一个例子是各成员国使用了收购指令中旨在保护当地企业防范收购者的可选规

---

⑥ M. Ventoruzzo:《"基于成本"和"基于规则"的竞争规制:美国和欧盟的公司章程市场》,载《纽约大学法律与贸易杂志》2006年,第96页以下,第102页以下。也可参考其他作者:M. Becht et al. :《在何处成立公司?》,欧洲公司治理协会2006年,第70号规则论文,第25页。

⑦ Jill E. Fisch:《特拉华州法院在争夺公司章程中的特殊作用》,载《辛辛那提大学法学评论》2000年,第1074页。

⑧ M. Ventoruzzo:《比较法在塑造公司法改革中的作用》,载《杜肯法律评论》2014年,第165页。

则的方式。[⑨]简言之,过去的15年中欧洲不同国家实施的改革旨在扩大控股股东和公司经理享有契约自由的程度,通过引入额外的(强制性的)对中小投资者的保护以防公司被外侵,自由只是得以部分平衡。无论这些发展构成了顶级的抑或是探底的竞赛,都非本文要探讨的主题。在这里我们的观点是简洁地认识一个灵活的金融结构,以及如何采取加强控制机制的可能性,多重表决权股所能实现的这两个目标,是使一个企业的法律制度对于企业决策者更具吸引力的重要杠杆。当然,明智的立法机构也必须考虑到中小投资者的保护需要,借以同样维持金融市场对资金供应商的吸引力,而多重表决权股的引入无疑是意大利立法机关颇具竞争力的举动。

从这个角度来看,在克莱斯勒-菲亚特这一兼跨从奥索尼亚热带海岸到荷兰的寒冷低地的意大利重要跨国公司之一的企业并购后几个月,意大利政府出台了多重表决权股。事实上,克莱斯勒-菲亚特2014年在荷兰重组后,也利用了荷兰体制的特定治理特色,尤其是多重表决权股。失去声名显赫的国有大佬之一的震惊可能对意大利决定引进多重表决权股功不可没。菲亚特-克莱斯勒将永远不会回来了,但希望——决策者一定这么以为——不会再有其他的大企业步其后尘了。正如我们将看到的,其他的动机可能也激发了引进多重表决权股MVS的决策,如使证券交易所更具吸引力的愿望,以及也有保留政府对可能被"私有化"的国有企业的控制权这一私益考量。

随着自由设立公司的障碍萎缩,成员国之间的竞争监管回升,而且契约自由得以加强,为多重表决权股这类新工具打开了门户。并且,在欧洲过去二十年里颇具特色的法律模式和法学机构(法学家组成的!)的交流促进,也采用了多重表决权股。这种模式和规则的交流确定了

---

⑨　M. Ventoruzzo:《欧洲的第十三指令和美国收购监管:监管方式和政治、经济效果》,载《得克萨斯国际法杂志》2006年,第217页以下;D. Tuchinsky:《收购指令和激励艺术:重新评估新千年中的欧盟公司治理市场》,载《纽约法律评论》2006~2007年,第710页。又见G. Ferrarini,G. P. Miller:《美国和欧洲的并购监管简论》,载《康奈尔大学国际法杂志》2009年,第317页以下(讨论收购指令在某些成员国中的实施);K. J. Hopt:《欧洲的收购防御:一个比较的理论和政策分析》,载《哥伦比亚欧洲法杂志》2014年,第274页,第276页以下。

一种自下而上的协调,或者至少是模拟,也会在没有正式的欧盟规定时发生。因此,多重表决权股很有趣,因为它们在欧洲既是竞争规制的原因,同时又是其结果。

三、美国的多重表决权股

即使多数上市公司遵循一股一票的原则,多重表决权股在美国也还是相当普遍,而且这也是默认的适用规则。⑩州法和联邦法律对发行不同表决权的股票未予明确限制并给予了很大的灵活性。正如我们所看到的,更多的硬性规定呈现于证券交易所制定的系列上市规则中,它们的演进代表了竞争规制的一个特例。参考美国的经验很重要不仅在于其尺度和市场的相关性,也因为就多重表决权股进行的多数实证研究,并且其中的几个例子我们将在考察美国部分的第5段讨论。

在20世纪初,多重表决权股已在美国得到广泛应用。然而,与其他国家相似,20世纪20年代以后,可能由于经济下滑驱使小型投资者远离了金融市场,该工具越来越被诟病,特别是一些像Ripley这样的知名经济学家,⑪于是其扩散开始萎缩。关于与投资不成比例的表决权股份负面影响的辩论是如此热闹,以至于在1926年进步报纸《纽约世界》(由Joseph Pulitzer运营成功)发表了简短而有趣的诗谴责无表决权股的使用,这可能是它在整个英语文学史上唯一一次贡献了这样的话题。⑫

这一战至少是部分成功了。从1940年在纽交所不再有含无表决权股的上市公司,且从当年至20世纪70年代末美国发行双级结构股票的公司数量还不足40家。80年代的并购浪潮,尤其是对恶意收购的恐惧,重新燃起了对这些(及其他)加强控制机制的兴趣。⑬此时竞争

---

⑩ 《商业公司示范法》,第7.21(a)条(建立了"[...]的,除非公司章程另有规定外,每个流通股份额,不分级别,有权在股东大会享有一事一票的表决权。"

⑪ W.Z. Ripley,《主街与华尔街》,波士顿,1927年,第77页。

⑫ 此诗题为"徒然等待新一批大众声讨无表决权股票",被S.M. Bainbridge引用于《美国证券交易委员会第19C-4规则的短命与再生》,载《华盛顿法律评论》1991年,第588页。

⑬ S.M. Bainbridge:《美国证券交易委员会第19C-4规则的短命与再生》,载《华盛顿法律评论》1991年,第570页以下。

被一触而发。传统上,纽约证券交易所和美国证券交易所有十分严格的限制,以防偏离一股一票原则。纳斯达克却并非如此。包括通用汽车在内的几家大公司显然已开始考虑,甚至采取初步措施,以放弃纽约证券交易所并转移到更加自由的纳斯达克。为避免业务流失,纽约证券交易所和美国证券交易所迫于这种竞争压力,向美国证券交易委员会提交申请要求修改其上市条件解禁双级结构。⑭

事实上,美国证券交易委员会并不满意,在20世纪80年代末,推出了著名但短命的19C－4规则。商业圆桌会议(大公司的首席执行官们的强势沙龙)立即在法庭上质疑这条规则。由此产生的1990年决议,商业圆桌会议诉美国证券交易委员会,是联邦监管机构的权力范围领域的指导性案例,法庭否决了规则,采纳了涉及公司内部事务的问题不属于美国证券交易委员会竞争范畴的意见。⑮

然而迅速达成了妥协。美国证券交易委员会相信,通过道德说教,证券交易所恢复了对多重表决权股的部分限制。如今的规定,如在纽约证券交易所上市公司手册的313.00规则禁止上市公司双级资本重组,但提供了多重表决权股上市项下的几个例外情形,正如我们所知,与最近意大利推出的内容非常类似。为简短起见而简化,事实上,多重表决权股可以在初次公开发行前发行并在公司上市后取得,可以发行有关表决权资本的预组合,并能在特定条件例如并购时发行。⑯

让我们简要地思考一下多重表决权股在美国是如何典型地运作的,当然,与多重表决权股的应用相关的基本经济问题在全球范围内类

---

⑭　S. M. Bainbridge:《美国证券交易委员会第19C－4规则的短命与再生》,载《华盛顿法律评论》1991年,第576页以下。

⑮　商业圆桌会议诉美国证券交易委员会,案号905 F. 2d 406(哥伦比亚特区巡回法庭,1990年)。参见S. M. Bainbridge:《美国证券交易委员会第19C－4规则的短命与再生》,载《华盛顿法律评论》1991年,第567页以下。G. M. Hayden, M. T. Bodie:《一股一票及股东同质化的虚假承诺》,载《卡多佐法律评论》2008年,第471页以下。

⑯　思考一下,例如,谷歌在2004首次发行上市,参见年2004年8月18日提交给美国证券交易委员会SEC的S－1表格注册声明,可参见网址http://www.sec.gov/Archives/edgar/data/1288776/000119312504142742/ds1a.htm。还可考虑谷歌最近所谓的"C类"股票的问题。参见美国证券交易委员会2014年5月6日发布的第34－72103号公告,可参见http://www.sec.gov/rules/sro/phlx/2014/34－72103.pdf。

似，但值得一提的是，欧洲的监管方法也存在相应的差异。在美国，通常会发行两类股票：一股一票的A股，类似欧洲的“普通”股；B股，每股多票（通常10票）。B股作为股息向全体股东发行；但是，如果股东将其转移给第三方，表决权丧失（经常转移到原持有人的继承人——该公司发起人——允许持有特殊的表决权）。结果是，在数周内B股及其多重表决权股集中于有意控股的股东手中，长远来看，机构投资者和散户投资者，显然交易完股票，几乎立即失去了超级表决权。

发行多重表决权股的可能性虽非完全自由，却仍然代表着美国交易的竞争优势。而有例为证，据传，当2012年曼联足球队决定公开上市，它首选纽约证交所而不是新加坡也因为只有前者允许使用该公司希望发行的多重表决权股，且评论家也建议新加坡决策当局应重新审视他们在这一领域的规则。[17]

四、欧洲的多重表决权股

显然，关于不同欧洲国家的非比例表决权股票类型规范的分析描述在这里是不可能的，而且只是部分有用，因为其他研究已经解决了这个问题，且很大程度上仍然适用于当下。[18]因此，我只会指出欧洲在这方面的一些总体趋势。

首先，正如许多学者尤其是他们中的Marco Spolidoro考察的，[19]几乎没有一个国家遵循硬性强制的一股一票规则。公司总是会采用一股一票结构，而且这是通常默认的选项，但偏离这一原则、采用非比例的

---

⑰ S. Davidoff Solomon：《曼联首次公开上市首选美国规则》，载《纽约时报》交易版2012年7月10日，参见网址http://dealbook.nytimes.com/2012/07/10/in-manchester-uniteds-i-p-o-a-preferencefor-u-s-rules/?_r=0；A. Smith，P. J. Davies，S. Foley：《双级股票交易》，载《金融时报》2014年，参见网址http://www.ft.com/cms/s/0/e18a6138-2b49-11e3-a1b7-00144feab7de.html#axzz3NKMuP18x；N. Tan：《双级股票——一个可喜变化？》，载《亚洲新闻频道》2014年，参见网址http://www.channelnewsasia.com/news/business/singapore/dual-class-shares-a/1406402.html。

⑱ Shearman&Sterling律师事务所，股东服务协会（ISS），欧洲公司治理协会（ECGI）：《欧洲上市公司所有权控制权之间的比例——欧盟外部调研》，第14页以下。

⑲ M. S. Spolidoro：《多重表决权：欧洲体系》，第5页以下。

表决权增强控制机制往往是可能的。事实上,一股一票最纯粹的版本,需要满足几个条件:在股东会议或决议中每一股票必须有且仅有一个表决权;表决权不能附条件或不确定;每个股东都有唯一的,但又是其拥有股票所载的全部表决权(没有特定的股东因特定股票而享有的特殊表决权)。其他要求涉及受益股东参与股东大会。[20]

Guido Ferrarini 在几年前出版的文献中有效地总结了建议不要坚持一股一票的纯粹刚性版本的理论依据。[21]虽然这些理由受到质疑,但与此理论框架一致,大多数会员国允许多重表决权股或无表决权股或有限表决权股,甚至有几个国家允许二者并存。并且,欧盟在表决权问题上未采用通用规则,可能源于作者认为的欧洲公司法微不足道的看法。[22]更具体地说,对于我们而言,欧盟在两个方面对多重表决权股进行了规制。在收购的情况下,非比例表决权(可)由第十三指令的破解规则予以中和。[23]再者,欧洲法院经常讨论私有化公司授予国家的颇受争议的表决权"金股"。显然,这是不同表决权股票的一个特别适用。在这些领域,欧洲议会和法官显示了对多重表决权股加诸公司控制权市场和行动自由的影响的关注,但这些规则对运用多重表决权股的实际影响是有限的,由于某些原因,我们无法在此详细说明,而且其他人已有论述。[24]

---

[20] M. S. Spolidoro:《多重表决权:欧洲体系》,第21页。

[21] G. Ferrarini:《一股一票:一个欧洲规则?》,载《欧洲公司与金融法评论》2006年,第153页以下。

[22] L. Enriques:《欧盟公司法指令和法规:他们分量几何?》,载《宾夕法尼亚大学国际经济法杂志》2006年,第3页以下。

[23] M. Ventoruzzo:《欧洲的第十三指令和美国收购监管:监管方式和政治、经济效果》,载《得克萨斯国际法杂志》2006年,第209页;K. J. Hopt:《欧洲的收购防御:一个比较的理论和政策分析》,载《哥伦比亚欧洲法杂志》2014年,第273页;L. Enriques, R. J. Gilson, A. M. Pacces:《一个无偏见收购法案例(附带欧盟的适用)》,载《哈佛商法评论》2014年,第118页。

[24] G. Ferrarini:《一股一票:一个欧洲规则?》,载《欧洲公司与金融法评论》2006年,第168页;K. J. Hopt:《欧洲的收购防御:一个比较的理论和政策分析》,载《哥伦比亚欧洲法杂志》2014年,第273页;L. Enriques, R. J. Gilson, A. M. Pacces:《一个无偏见收购法案例(附带欧盟的适用)》,载《哈佛商法评论》2014年,第119页。

如下表1、图2、图3,基于此前援引的美国 Sherman & Sterling 律师事务所 ISSECGI 报告,阐释了一些欧洲和非欧洲国家的情形概述(资料信息参考于2007年,由作者在意大利稍作更新)。

表1　不同级别股票的适用

国　家	多重表决权股	无表决权股
比利时	不适用	不适用
德国	不适用	不适用
丹麦	适用	不适用
芬兰	适用	适用
法国	适用	适用
希腊	不适用	不适用
爱尔兰	适用	适用
意大利	适用	适用
卢森堡	不适用	不适用
荷兰	适用	不适用
波兰	不适用	不适用
瑞典	适用	不适用
西班牙	不适用	不适用
英国	适用	适用
澳大利亚	不适用	适用
日本	适用	适用
美国	适用	适用

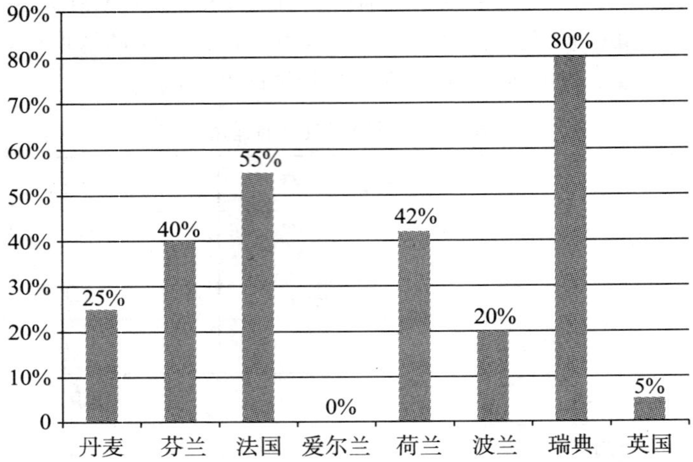

图1　上市公司使用多重表决权股的比例

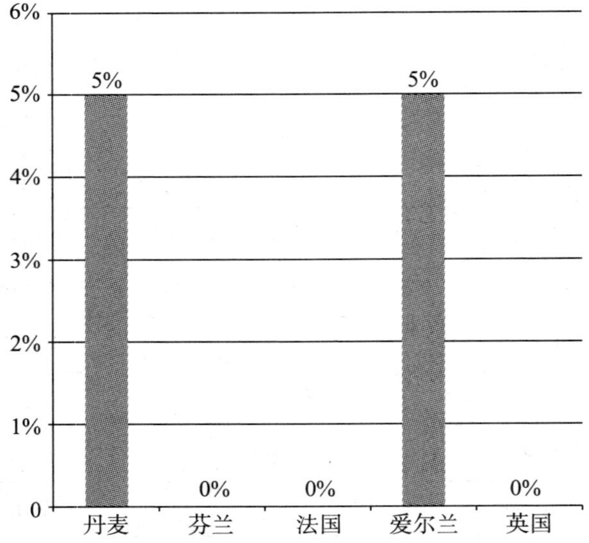

图2　上市公司使用无表决权股的比例

多重表决权股在欧洲大陆绝非罕见。事实上,一旦适用,他们比在美国更有市场,领先于世界其他地域的更为集中的股权结构,既是成因,又是结果。一个特别有趣的案例,专门针对我们将在下面探讨的意大利新规,来自法国。在这个国家,直到20世纪20年代,多重表决权股在所有上市或未上市的公共有限责任公司获准适用,每股票数并无限制。1930年新法规出台,也意在应对可能发生的滥用,禁止发行多重表决权新股,但并不影响已流通股,以便不危及现有的权利。几年后,另一法令只允许双重表决权股,而所有之前发行的多表决权股份被取消。该制度在接下来的几年中略有修改。

法国的多重表决权股实际上是"忠诚股份":双重表决权股只授予至少有两年持股记录的股东(且对于上市公司,一般不超过4年)。[25]双重表决权附着于股东而非股票本身,不随着股票一起流通。任何份额一经出售、转让或转换成无记名股票则丧失其双重表决权。不过,也有例外。继承的股份,先前由夫妻双方共同拥有并在离婚时归于他们中一方的股票,或者生前赠与给有遗产继承权的配偶或亲戚的股票,可以保有增强的表决权,并且转让不中断持股期。如果股东为公司且合并或分立、多重表决权股被转移到另一实体,那么交易中所涉及公司的管理文件中若无不同规定,则双重表决权得以保留。如果双重表决权股的发行公司合并或分立,双重表决权也得以保留,除非该章程另有规定。

有趣的是,2014年法国立法者将上市公司的"忠诚股"奉为默认规则(发行人可以选择放弃)。但实践中,大多数上市的法国公司已经在其章程中规定了忠诚股票,因此2014年的修正案主要是象征性的。改革的目标足够清晰,意在刺激和奖励长期持股,使股东树立长远眼光,减少短期行为。在非上市公司,双重表决权股票可以通过一个2/3绝对多数选票的章程确立。双重表决权股在非上市公司不那么常见,因为这些公司通常只有一个股东或由一个家族绝对控股,且和其他管理机制又不太兼容,比如股东协议就常被使用。

还有荷兰的情形也值得一提,特别是考虑到,如前所述,荷兰的多重表决权股规则是克莱斯勒—菲亚特近期用以跨境反向兼并和进入菲

㉕ 参见《法国商法典》第L225-123条。

亚特投资公司这一根据荷兰法律组建的全资子公司的原因之一。[26]特别是,根据荷兰法律,荷兰法律管辖的存续公司给意大利实体的原股东发行“特别表决权股份”。[27]相关股东因持有任一普通股而得到特殊表决权股。此外,股东可能有资格通过在“忠诚股登记簿”登记其全部或部分普通股而获得特殊表决权股。经过三年不间断的受益持有,股东获得每个普通股的特别表决权股。[28]这种方式长此以往,在该公司的参与度得以促进。[29]

纵览欧洲的情形证实,意大利议会允许运营良好的公司适用多重表决权股。更重要的是,它强化了竞争监管的力度塑造了欧洲的公司法这一假设。这究竟是一场顶级的比赛还是一场探底的游戏则是另一个更加复杂的问题,我们将在下一段讨论。

五、多重表决权股的实证研究

投资者是否渴望多重表决权股?哈里·杜鲁门,美国总统,盛传曾抱怨他的经济顾问从不曾给他一个直接的答案。“我所有的经济学家

---

[26] 见前注第 2 款,也见 Sergio Carbonara:《新菲亚特－克莱斯勒公司的多重表决权结构明显违反了股东平等待遇基本原则》,参见网址 http://ecgs. org/node/146(表述荷兰倾向性的公司治理需求,包括授予多重表决权股份给某些类别股东的可能性,激起了菲亚特集团对荷兰的兴趣)。并购于 2014 年 10 月 12 日生效:菲亚特克莱斯勒汽车公司(FCA),合并成立菲亚特克莱斯勒汽车公司控股 FCA 公司亮相纽约证交所,可参见网址 http://www. fcagroup. com/enUS/media_center/fca_press_release/FiatDocuments/2014/october/Merger_to_Form_Fiat_Chrysler_Automobiles_NV_Completed_FCA_Debuts_on_the_NYSE. pdf。

[27] 关于荷兰对多重表决权股份的规定,可参见 Sherman & Sterling 律师事务所和其他人:《欧洲上市公司所有权控制权之间的比例——欧盟外部调研》。另见 L. L. van Vliet,荷兰 —荷兰公司法的新发展:《“灵活”的封闭性公司》,载《民法研究杂志》2014 年,第 271 页。[聚焦封闭性公司(非上市公司)]。

[28] 菲亚特克莱斯勒汽车公司 FCA 有关菲亚特股份公司并入菲亚特投资公司的跨国并购相关文件资料,2014 年 10 月 11 日,第 93 页以下。参见网址 http://www. fcagroup. com/enUS/investor_relations/merger_of_fiat_spa_with_and_into_FCA_NV/Documents/Equivalent_Document_with_Annexes. PDF(以下简称 FCA 文件资料)。

[29] 参见 FCA 资料文件:《欧洲上市公司所有权控制权之间的比例——欧盟外部调研》,第 93 页。

都说——总统打趣说——‘一方面,这样……但另一方面,那样……’给我一个单手经济学家!”在这里,我的任务只是汇报经验证据,但我不想背负同样的批评。因此,我会大胆地提出有点儿简单但我认为公正的结论:在某些特定情形下,根据不同的行业、经营模式和股东的个性特色,投资者可能从多重表决权股中受益,但总体来说他们对于小股东往往是劣势而非优势,而且机构投资者普遍反对其使用。然而多重表决权股可有助于实现其他目标,如吸引更多公司到证券交易所。总之,多重表决权股既不是诅咒,也非祝福,可能最好的监管策略是让他们具有一定的预防措施来保护投资者,其中包括引入多重表决权股时充分披露有关表决权结构以及在公平条件下撤资的可能性。然而当我写下这些文字,我感觉到,它们危险地接近了杜鲁门调侃过的“一方面,另一方面”的手法。不过,我可以某种程度上推翻对我这些资料的指责,因为事实是,关于这一问题的经济研究尚无定论。

赞成和反对多重表决权股的理论依据更深入了,首先,几乎尽人皆知不必在此赘述,事实上,相当明显,当概括思考此问题时无视法律技术。批评者强调多重表决权股如何通过产生并激化所有权和控制权分离中固有的利益冲突而加剧代理问题。再者,根据他们的批评,多重表决权股导致了低效的金融结构且损害公司控制权市场和并购的监管功能。另外,多重表决权股的推崇者,认定这些风险是可以通过保护少数股东的几个具体措施得以降低或消除,并强调稳定的控制权会如何加固成功的长远战略。正如前面提到的,多重表决权股被确信为一种吸引企业上市并公开交易的方法,正是因为它们融合了以控制权的取得在股票市场融资的优势。撇开这些观点不说,在任何情况下,我们必须承认,当诸如无表决权股和有限表决权股这些仅代表了多重表决权股硬币之另一面的其他工具被允许使用的时候,从理论上很难堂而皇之地禁用多重表决权股。相比理论论证,实证研究是多重表决权股(或者他们的姐妹无表决权股或有限表决权股)可取性更好的试金石。需要注意几个问题。第一,大多数这类研究参照美国的金融市场;因此,不是所有的结论都可以扩展到其他司法辖区。第二,所有关于统计的常用免责声明在此是必要的。例如,相关事实不一定意味着因果关系。不同的研究也难以进行比较和对比,因为他们用不同的变量衡量多重表决权股的影响,从根据托宾Q比率确定的公司价值到股票的市值,从股权投资的风险和回报水平到资金成本。还是让我们来看一下。

首先,关于多重表决权的扩散,在美国2010年至2013年的三年中,大约有20家公司首次公开上市发行了1780股多重表决权股,数量基本与前几年持平。[30]此工具不像在前面提到的一些欧洲国家那么常见,但也远非无关。够有趣的是多重表决权股先是应用于出版和传媒企业,如纽约时报和新闻集团以及高新技术产业和时尚业。[31]对此的可能解释是控股股东可以在媒介公司享有的私人利益以及技术或艺术技巧和创始人人格魅力的相关性—— 这一点在上述企业中常常受投资者推崇。

发行多重表决权股的公司上市的结果模糊显现,首先,源于传闻证据。例如,考虑到2011年后发生的四家发行多重表决权股的高科技企业首次公开上市,在谈判开始后的一段类似时间内,LinkedIn公司注册价格增长了138%,而Zynga,Groupon和Facebook的价格有所下降,分别为72%、80%和53%。[32]

来看看更系统的研究,Dimitrov和Jain在2006年的论文中贡献了对多重表决权股的有趣的"防御"措施。[33]基于美国1979年至1998年发生的多重表决权股近200次发行的数据,作者得出结论,多重表决权

---

[30] 投资人责任研究中心IRRC,国际股东协会ISS,标准普尔1500的控股公司:《十年业绩和风险评价》2012年,第15页,可参见网址http://irrcinstitute.org/pdf/FINAL-Controlled-Company-ISS-Report.pdf; P. A. Gompers, J. Ishii, A. Metrick:《极端治理:美国双级结构企业的分析》,载《金融研究》2010年,第1056页以下。

[31] 投资人责任研究中心IRRC,国际股东协会ISS,标准普尔1500的控股公司:《十年业绩和风险评价》2012年,第19页以下; T. J. Chemmanur, Y. Jiao:《双级结构首次公开上市:理论分析》,载《银行与金融杂志》2012年,第307页。

[32] 投资人责任研究中心IRRC,国际股东协会ISS,标准普尔1500的控股公司:《十年业绩和风险评价》2012年,第15页。

[33] V. Dimitrov, P. C. Jain:《一级普通股重组为双级:增长和长期股票回报》,载《企业融资》2006年,第343页。又见M. Lamandini,多重表决权股,少数股东利益保护和要约收购,提交关于"欧盟:公司间的竞争与国家之间的竞争"的第28届会议论文,库马约尔2014年9月19~20日,第3页以下。S. Alvaro, A. Ciavarella, D. D'Eramo, N. Linciano:《"一股一票"原则的偏离和多重表决权股》,载《证监会法律笔记》2014年第5期,载《公司杂志》2014年,第482页以下。另请参见S. M. Bainbridge:《公司法与经济学》,纽约2002年,第456页。

股的使用决定了正向的超常受益。根据这项研究，得益于这些工具的公司控制权的稳定性，对股权投资的盈利性具有良性效应。[34]

然而，其他几项研究得出了相反的结论。Villalonga 和 Amit 在 2006 年的一篇文章中表明，根据托宾 Q 比率测算，坚持一股一票原则的公司有较高的市场价值。他们的分析建议投资者和市场以简单的资本结构犒赏公司。[35] Pajuste（2005 年）是批评多重表决权股或有限表决权股的另一项研究，这一次针对欧洲公司。基于近 500 个废除了双级结构实行普通股单一结构的欧洲发行人案例样本，作者的结论是，采用一股一票对资金成本有积极作用。[36]

让我们回到美国，最近有说服力的关于双级结构的研究成果已于 2012 年由两家投资者协会投资人责任研究中心 IRRC 和国际股东协会 ISS 出版。[37]这项研究将标准普尔公司分为三组：无控股股东的上市公司；由一个只有普通股的股东控股的公司（投资和表决权是成比例的）；有控股股东、但有不同的表决权股票级别尤其是多重表决权股的公司。对于这三组公司，该研究考察了其中的两个变量：在 1～10 年的不同时间跨度里股东的投资回报率以及风险水平（通过价格波动测算）。

结果某种程度上令人惊讶，并且和控制权稳定性（特别是通过多重表决权股）能保障长期较好的经济效果这一直觉推论截然相反。[38]换言之，这项研究出乎意料地表明，与上市公司相比，使用多重表决权股的具有强势控股股东的公司在短期内效果更好，而长期效果却很糟糕。下表 2 显示了全部股东的回报率：

---

[34] S. M. Bainbridge：《美国证券交易委员会第 19C－4 规则的短命与再生》，载《华盛顿法律评论》1991 年，第 570 页。

[35] B. Villalonga，R. Amit：《美国家族企业控制权增强机制的收益与成本》，欧洲公司治理协会 ECGI 金融工作论文，2006 年，第 27 页以下。

[36] A. Pajuste：《双级股票统一的决定因素和后果》，载《欧洲央行工作论文系列》2005 年第 465 号，第 10 页以下。

[37] 投资人责任研究中心，国际股东协会 ISS，标准普尔 1500 的控股公司：《十年业绩和风险评价》2012 年，第 1 页以下。

[38] 投资人责任研究中心 IRRC，国际股东协会 ISS，标准普尔 1500 的控股公司：《十年业绩和风险评价》2012 年，第 8 页。

表2　股东年回报率

所有权结构	股东的年回报率	股东的10年回报率
上市公司	14.81%	9.76%
只有普通股的子公司	13.78%	14.26%
有不同表决权股的子公司	17.48%	7.52%

有趣的是,考察结果显示有"强势"控股股东、未区分股票类别的企业,长期效果是最佳的。考察基于价格波动测算投资风险(波动性越大,风险越高)的数据也很有趣。(具体见表3)

表3　所有权结构与价格波动

所有权结构	1年内价格波动	10年内价格波动
上市公司	4.17	11.34
只有普通股的子公司	3.39	10.10
有不同表决权股的子公司	4.52	13.53

从这个角度看,无论短期效果还是长期效果,上市公司都比双级股票结构的公司风险更低,但再次强调,没有多重表决权股的子公司登记的结果更好。[39]当然,我们必须看到,较低的价格波动未必是所有投资者的期望:价格走势带来风险,同时也是资本收益的机会。

值得一提的还有另外的信息。它代表了对投资者最关注的治理问题晴雨表的美国最后一个代理赛季,消除多重表决权的建议尚未获得广泛共识,充其量得到了来自股东的冷淡回应。有两个例子是2012年谷歌和新闻集团尝试放弃多重表决权股。这方面的证据或许有添油加醋之嫌,因为不同的因素能够决定竞选代理的成与败。不过,传闻证据符合这一观点,即投资者并非对废除多重表决权股特别敏感,或者至少不是在所有类型的企业中如此。

---

[39] 投资人责任研究中心IRRC,国际股东协会ISS,标准普尔1500的控股公司:《十年业绩和风险评价》2012年,第9页。

从参考的数据和信息中定位一个单义的推断并非易事，也因为现有研究遵循不同的而不是比较的方法运用异质变量测定双级资本重组的影响。总体而言，实证研究提示投资者应谨慎对待多重表决权股是否可取的问题。然而有些学者得出了相反的结论，能够发行多重表决权股可吸引和留住发行人，对股票市场的竞争力产生积极的影响，因此助力资金来源的扩展渠道在信贷紧缩时期特别重要。[40]

然而，对于多重表决权股这最后可能的动机，值得怀疑的是多重表决权股能否在意大利引发一轮上市潮。其实众所周知的是，意大利的法律体系提供了一整套丰富的控制权强化机制，从股东协议到有限表决权股，从金字塔到一定梯度的恶意收购防范措施。[41]多重表决权股也可以促进少数股东的控制权，但鉴于无表决权股（“储蓄股”）的几十年经验，这令人惊讶的结论是，面对其他更重要的经济变量，多重表决权股可能在意大利证券交易所的发展中发挥举足轻重的作用。

无论如何，意大利引进多重表决权股，是契约自由及欧洲公司法管辖权竞争领域一项崭新而有趣的实验。[42]法学家和经济学家将会在短短几年内验证多重表决权股的影响，并提供更佳的资深评价，以及比现在可能给出的更终局的答案。传说，20 世纪 60 年代成熟睿智的中国外交官周恩来，被问及对 1789 年法国大革命的看法。近二百年之后，周恩来的机智平复了对话者的激进。他当时的反应是：“回答这个问题为时过早。”在非决定性的经验证据，以及意大利实验的特殊性面前，我们大概也可以拒绝妄下定论，至少在一段时间内如此。

然而，该挥之不去的问题，涉及意大利政府多少有些仓促地采用这

---

[40] N. Abriani：《多重表决权股及忠实股东表决权的强化：新景象和新问题解析》，载《民商法》2014 年，第 18 页；F. Annunziata：《竞争法令引入的多重表决权股之法则：股票（多重表决权股）的质押，用益和扣押》，载《意大利金融法》2014 年，第 1 页以下（着重指出，意大利立法者意在通过引入多重表决权股的新规定，促进公司上市）。

[41] M. S. Spolidoro：《多重表决权：欧洲体系》，关于“欧盟：企业间的竞争与国家间的竞争”的第 28 次会议论文，库马约尔，2014 年 9 月 19 ~ 20 日，第 6 页以下。

[42] M. S. Spolidoro：《多重表决权：欧洲体系》，关于“欧盟：企业间的竞争与国家间的竞争”的第 28 次会议论文，库马约尔，2014 年 9 月 19 ~ 20 日，第 5 页。

些新规则的真正动机(而且收购新规则也提出一个类似的问题)。[43]建立激励机制促进公开上市的愿望无疑影响了决策者,以及对多重表决权股的笃定信念,认为可能在某些情形下,多重表决权股会是比股东协议更加透明且有益投资者的控制加强工具。而一个健康的竞争压力可能有一定的作用。一个参照例子就是已经提过的克莱斯勒－菲亚特在荷兰重组的决议也是由多重表决权股机制的可行性驱动的(我们不要忘记,意大利报纸报道的传闻称,法拉利,意大利风格和技术的终极象征,也被控于克莱斯勒－菲亚特,可能共此命运)。[44]我们也应该犹疑地提及政府铭记国有企业也正在酝酿中的私有化、出台新工具允许少数人控股的可能性。这可能使意大利国债出售大量股票,在这些公司里兑现,而不会失去控制权。

六、意大利的忠诚股

在该框架中讨论,让我们用透视的眼光来仔细审视意大利立法机构是如何规范多重表决权股的。由2014年第91号法令引入的创新,转化为2014年第116号法令,提出了许多问题。并无意包罗万象,我们仅提及其中那些最重要的问题。

首先,《新意大利民法典》(ICC)第2351条第4款,允许非上市公司发行最多每股三票的多重表决权股。新规则冲淡了原有的——现在依然强制性的——发行的有限表决权股(ICC第2351条第2款)禁止

---

[43] 参看由2014年6月24日第91号法令第20条第1款而来的《统一金融法》第104－bis,105,106及109条,于2014年8月11日转化修改为第116号法令。参看P. Marchetti:《竞争法令第20条评论(加强表决权股,多重表决权股等等)》,2014年9月22日在米兰公证会主办会议上的演示论文,第11页。可参阅网址http://media.wix.com/ugd/e6b941_d6da3f031bfa4dcea5c360e2cb6f9cf2.pdf.

[44] P. Montalenti:《欧洲公司法的协调和规则竞争》,2014年9月19～20日于第28届关于"欧盟:企业间的竞争与国家间的竞争"的会议提交演示,第9页,库马约尔,可参见网址http://www.cnpds.it/documenti/relazione_prof__montalenti.pdf; B. Bertoldi:《怎么能(以及为什么)衡量和统计这些行为》,载《24小时太阳报》2014年16年2月13日,第16版。

超过流通股本的50%。[45]这一规定的目的是遏制所有权和控制权的分离。显然,在没有多重表决权股的情况,言外之意是在存在有限表决权股的公司里只要获得全部表决权股的至少25%加1股,即可获得公司的绝对控制权。[46]今天,有了三倍的表决权股,股权低于17%的投资就有可能取得对公司的绝对控制权;如果有限表决权股与多重表决权股组合使用,则最低持股比例降至12.5%。[47]

对于上市公司而言使用多重表决权股的可能性并不是很广泛,但还是十分可观。根据新《统一金融法》第127 - quinques条(非意大利籍的读者,请耐心等待法律颁布并融入现有规定之后增加了新规则的指定拉丁语增订版本),章程可以采用类似于在法国发展并广泛采用的忠诚股份。这些股票向持有股份至少两年的受益股东授予双重表决

---

[45] N. Abriani:《多重表决权股及忠实股东表决权的强化:新景象和新问题解析》,载《民商法》2014年,第10页以下。

[46] P. Marchetti:《竞争法令第20条评论(加强表决权股,多重表决权股等等)》,2014年9月22日在米兰公证会主办会议上的演示论文,第5页;又见M. Notari:《股份公司》,载A. Abriani主编《公司法简明手册》,米兰,2012年,第147页;N. Abriani,第2351条附款,载G. Cottino,G. Bonfante,O. Cagnasso,P. Montalenti(主编)《新公司法》,博洛尼亚,2004年第322页;V. Santoro,次2351条,载M. Sandulli,V. Santoro(主编)《公司改革》,都灵,2003年,第148页;A. Angelillis,M. L. Vitali,第2351条附款,载M. Notari(主编)《股份》,载P. Marchetti,L. A. Bianchi,F. Ghezzi,M. Notari(主编),《公司改革评论》,米兰,2008年第410页以下。A. Busani,M. Sagliocca:《不计算在内但值得重视的股票:公司引入多重表决权股和"强力"表决权股突破一股一票原则》,载《公司》2014年,第1050页;M. S. Spolidoro:《多重表决权:欧洲体系》,关于"欧盟:企业间的竞争与国家间的竞争"的第28次会议论文,库马约尔,2014年9月19 - 20,第5页;G. M. Hayden,M. T. Bodie:《一股一票及股东同质化的虚假承诺》,载《卡多佐法律评论》2008年,第445页以下。

[47] P. Marchetti:《竞争法令第20条评论(加强表决权股,多重表决权股等等)》,2014年9月22日在米兰公证会主办会议上的演示论文,第5页;N. Abriani:《多重表决权股及忠实股东表决权的强化:新景象和新问题解析》,载《民商法》2014年,第12页;A. Busani,M. Sagliocca:《不计算在内但值得重视的股票:公司引入多重表决权股和"强力"表决权股突破一股一票原则》,载《公司》2014年,第1051页。

权,股份转让时则特权丧失。[48]

规定产生了几个技术上的不确定性,如对于文中相关的受益拥有权的概念;但鉴于这篇文章的本旨,让我们着眼于更广泛的实质性问题。第一个,不难解决,是章程无特别规定时,这条规定应该如何适用于有限表决权股(如,股票只能在特定事项上表决,如公司管理文件的修改)和无表决权股。前者在他们有权表决的事项上享有一股两票的表决权,而后者仍将没有表决权,因为二乘以零——如果三年级数学成绩过关的话——等于零。

其次,更微妙的问题是,忠诚股是否是股份的一个类别。这会很重要,因为,举例来说,根据意大利法律以及许多其他国家的法律制度,有表决权作为决定股票的一个类别,这类股票可能对他们的权利产生不利影响(《意大利民法典》第 2376 条)。该法明确了根据持股期限而享有的多重表决权股不是一类股票。[49]这意味着,如果双重表决权接入,因为"忠诚"股已经存在,暂时"授权"的股份就不是一个类别。比如,潜在不利于这些长期股东利益的决定不会要求表决权类别。

不过在我看来,这并不意味着章程不能把双重表决权利益(与持股期间链接)只局限于一类有其他不同权利特征的股票,如没有股息支付优先权的股票。换句话说,法律上并未要求所有的流通股股份变为忠诚股,也似乎没有任何禁止性规定将此功能只归于某特定种类的(而且已经具备其他权利的)股票。并且,该解决方案,是与启发了意大利立法机关的国外经验相一致的,想想看,美国市场上的 A 股和 B 股即是如此。[50]

另一个有趣的问题是双重表决权,如果股票被转让表决权原则上就丧失,而忠诚股通过合并或分立被转让则表决权续存,除非章程有不

---

[48] M. S. Spolidoro:《多重表决权:欧洲体系》,关于"欧盟:企业间的竞争与国家间的竞争"的第 28 次会议论文,库马约尔,2014 年 9 月 19 – 20,第 17 页; M. Lamandini,多重表决权股,少数股东利益保护和要约收购,提交关于"欧盟:公司间的竞争与国家之间的竞争"的第 28 届会议论文,库马约尔 2014 年 9 月 19 ~ 20 日,第 6 页(注意类似的规则适用于法国)。

[49] 《统一金融法》第 127 – quinquies 条第 5 款。

[50] 《统一金融法》第 127 – quinquies 条第 3 款。

同规定(见《统一金融法》第127quinquies条第3款)。这意味着,如果发行了双重表决权忠诚股份的公司与另一公司合并,并入另一公司,那么因此,股权发生变动,新公司保留原有的强力表决权。这条规则,并无进一步的条件要求,可以发挥想象力。思考以下假设吧:X公司已持有Y公司的忠诚股三年,而目前享有双重表决权。如果X公司欲将股份转让给第三方,比如K公司,而未放弃双重表决权,这足以认为Y股份被分给了K公司,且将K发行给X的新股转让给了K公司的其他股东。如此一来,X和K都达到了虽然转让但不丧失额外表决权的目的,这几乎背离了规定的宗旨。关于多重表决权股的效力,在包括美国在内的其他法律体系中,其例外仅适用于“善意并购”,意即有独立经济意义的并购,且非出于单纯规避该规定的目的。诚然,像大多数法律制度那样,意大利法规定了意在防止规避适用强制性规定协议的反欺诈规则(《意大利民法典》第1344条),且如果交易导致了股东或其他第三方利益的损害,则将会有额外的制裁措施。不过,也因为举证责任的难以满足,导致这些规定在适用上困难重重。

另一方面,从相反的角度来看,当只有针对股份持有者的形式修订而无实质性改变时双重表决权应予废除,这一规则的依据值得怀疑。例如,如果A,个人,持有双重表决权忠诚股,章程规定,如果他将股票转给X,独资公司,表决权将丧失。如果可能有更加灵活的解释,这个选项是不能被完全理解的,即使它可能有助于限制其他类型的幻想。

另一个问题是第127-quinquies条第3款明确规定,根据《意大利民法典》第2437条第1款第g)项,引入规定忠诚股份的章程条款并不授予异议股东评价(或退出)的权利,原则上,根据该规则,表决权和参与权的修改引发评价权。一些学者认为,不长期持股的股东表决权的“间接”弱化是无关紧要的,还因为,至少在理论上,只要他们持股达指定期间,所有股东都有享受双重表决权的可能性。[51]虽然技术上正确,但值得怀疑的是,这个解释充分证明由于采用忠诚股份对现有少数股东缺乏保护,可能会发现主导控股股东多为自己的公司成员,且在此情

---

[51] P. Marchetti:《竞争法令第20条评论(加强表决权股,多重表决权股等等)》,2014年9月22日在米兰公证会主办会议上的演示论文,第10页。

况下其股份更难卖出去。在我们看来,评价的权利给了少数异议股东一个公平的出路,就像在不令人满意的婚姻中离婚:最好是改变现状,而非强迫不合适的配偶粘在一起。

无论如何,如果我们能在字面上做出结论说,引进忠诚股似乎并没有引发评价权,那么当忠诚股——以及双重表决权,或多重表决权的可能性——被取消又如何呢?股东在这种情况下有评价权吗?我的看法是,评价权应该授予,因为这一决定显然会导致对长期投资者表决权的偏见。如前所述,忠诚股股东没有权利在对他们造成不利影响的一类问题上进行表决的事实,强化了这一理念,即评价权是保护他们的必要手段。

为了部分抵消公司控制权市场上忠诚股的寒蝉效应,2014 年修改了的《统一金融法》第 107 条规定,当长期股权触发强力表决权,如股东拥有的表决权超过 30%(根据意大利法律,强制要约收购的触发门槛之一),面向所有流通股的强制性要约收购必须启动。这一规定可能会引发未来的微妙解释和技术问题,尤其是面对强制性收购的最低价格问题。

而且,说到价格,单方面记录旨在为今后研究的建议关乎对忠诚股的评价:这些股份显然对他们的持有人具有更高的价值,但它的价值注定要下降——随着他们的超级表决权一起——当出售给第三方时。该如何在评价的情况下估值呢?在并购的情况下呢?又该如何在持有人的财务报表中进行评估?要约人在要约收购时会为这些股票支付更高的价格吗?所有这些迷人的问题,我们必须留给今后的研究,它们会引导我们在公司法、会计和金融领域中摸着石头过河。

忠诚股受到了上市公司的一些关注。在引进后的几个月内,就被世界著名的饮料生产商 Campari(康巴利)以及 Amplifon(意大利米兰医疗设备公司)和 Astaldi 公司的章程采用了。

七、意大利的多重表决权股

正如先前提过的,除了法国模式的忠诚股,意大利议会也采用了——《意大利民法典》第 2351 条的新条文第 4 款——平实的多重表决权股,即独立于持股期限而享有加强表决权。不同于忠诚股,多重表决权股的情形是,表决权附着于股票并可随之一并转让给其他投资者。法律将额外表决权限制为每股三票。如果有必要获得一定的所有权结构,似乎也可能发行“部分”表决权,如每股1.5个表决权。应该指出,这是与忠诚股的另一个区别,即根据包括表决权类别在内的所有适用于股票种类的规则,多重表决权股是股票的一类。因此,一个公司可以发行包含不同表决权的不同级别多重表决权股(如,一类每股两票,一类每股三票)。扩充的表决权无法通过忠诚股机制相乘,以避免权利过度集中于有限的投资(结合三重表决权股,忠诚股和有限表决权股,从理论上说,股东可以等于6.25%的资本投入获得绝对控制权)。

只有非上市公司可以发行这一类股票,上市公司不可以(《统一金融法》第127sexies条第2款)。但是,正如在美国那样,这些股份可以由公司在初次公开发行(IPO)前发行并于上市后保留,这个想法是,如果投资者通过登记声明和招股说明书被适当告知公司的资本结构,他们可以充分衡量这一工具。因此,对于计划上市的公司而言,多重表决权股可能挺有趣的。

首次公开发行后,上市公司可再另外发行与流通中的多重表决权股类似的股份,以保持不同类别的股份之间的比例恒定。然而,这只有当新的股份无偿发行(将储备转化为资本),发行仅出于所有股东能够行使其优先购买权的考虑,以及发行是合并或分立的结果时才有可能(《统一金融法》第127-sexies条第2款)。这些不同情形的共同点是所有股东至少在理论上都有权按照其持股比例获得新股以及相应的表决权,且因此不再有表决权与投资之间的不均衡现象发生。

然而,尚不完全清楚若仅发行一个类别的新股为代价,情形会是怎样。设想一下60个单表决权股和40个三重表决权流通股的公司。如果发行10股新股,6股每股一票的,4股每股三票的,股东的优先认购权应授予每个类别股东对具有和他们已拥有股票相同特性的股票拥有第一优先购买权。这是一个宽泛的公司法问题,因此,尽管没有完全解决,但普遍的看法是,无论何时都应该保护潜在股东以防他们的权利被稀释。然而,如果该公司仅发行一类股份——而且似乎没有禁止这样做——例如,三重表决权股,这个选择可能显著稀释持有多重表决权股的老股东们的地位。[52]

基于《意大利民法典》第2351条第2款和第4款以及《统一金融法》第127-sexies条的规定,法律只在某些问题上允许创设强力表决权股,如董事的任命和撤销;或超级表决权股只针对特定事件,如发行人的经济运行或财务稳定性恶化。只有当公司正变为一个高风险的债务人时,这些工具才会引起可能掌握大局(意思是委派董事)的重要债权人的兴趣。

八、结论

意大利公司法引入的新工具多重表决权股和忠诚股的概括研究,是欧洲公司法制度和欧洲公司法的角色之间相互作用的最终反应。竞争监管和协调并不是相互排斥的,而且实际上能相互促进。一方面,当法律体系之间差异太大、遥不可及,如果并非毫无可能的话,竞争监管会变得更困难。调和不同的规则、评估外来规则的复杂影响的不确定性、实务工作者、商务人士和学者共同法律文化的缺乏,这些困难都可能限制思想交流,导致法律推广更谨慎。除非在非常极端的情况下,一种制度较其他制度明显处于劣势,那么只有在一定程度上存在协调时监管竞争才能奏效。法律体系必须足以进行可能且有意义的比较,而且公司组织制度的变化不至于伤筋动骨,还必须有足够的差异,以保持相对的竞争优势。用一个简单的比喻,它和超市差别不大:货架上的产品必须足够相似,以便于不同性价比的比较,而交易成本也不能是不可逾越的障碍。在中国广州异国情调(欧洲式的)的超市可以提供物美价廉的欧洲蔬菜,但非原住民都不知道如何烹饪,而欧洲的卢森堡人也不会利用周末去广州购物。不过,卢森堡人可能会被德国特里尔市一家不错的超市吸引,去买和父母周日准备的差不多类似的一块肉,但稍微嫩些,且更便宜。

意大利引进多重表决权股和忠诚股也是体现欧洲公司法体系变革的另一特性的绝佳例子。两股力量可以和谐共振:欧盟立法,以自上而

---

[52] 关于优先购买权,参见M. Ventoruzzo:《新股发行与优先购买权:比较分析》,载《里士满全球法律与商务杂志》2013年,第517页以下。

下的路径，有些学者认为太过谨慎而不能走向真正的共同市场；而自下而上的竞争监管，立法者相互模仿，立法机构和立法模式相互交流。这一现象，在过去十年中也因欧洲法院的司法判例而更显著，已然影响到合法资本、公司治理制度、有关收购的法律法规以及当下的股东权利。那么接下来会是什么呢？董事责任？公司集团？从这个角度来看，未来十年很可能至少和过去十年一样令人期待。

通过以上考察我们可以得出结论，从意大利以及欧盟其他成员国的角度来看，欧盟法律与邻国的法律不应再被简单地视为学术比较的趣味平台，而是也要作为经济发展的现实挑战和机遇。

（作者[美]马可·温图卢佐，意大利博科尼大学教授；
译者李柯丽，山东政法学院民商法学院副教授、
法学博士、意大利罗马大学法学院访问学者。）

美国"合理的隐私期待理论"及启示*

杜红原

目　次

虽然沃伦和布兰代斯创立了隐私权,①但并没有就隐私的内涵做出任何概念性的指引。也由于隐私内涵的复杂性,美国法院在侵权法领域和宪法领域分别创立了两种判定隐私侵权责任成立与否或隐私权存在与否的方法。在侵权法领域,普罗塞从实用主义的角度,对 1890 年后美国隐私侵权案例进行类型化,于 1960 年创立隐私侵权行为四分法,②后被《美国侵权法复述(二)》③全部采纳,并适用至今。宪法领域,美国联邦最高法院在 1967 年凯茨诉美国④案顺应时代潮流,重新解释了《美国联邦宪法》第四修正条款。它判决《美国联邦宪法》第四

* 本文系 2015 年内蒙古自治区高等学校科学研究项目"公共场所隐私权的法律保护"(项目编号 NJSY339)和内蒙古哲学社会科学规划项目"比较法视野下的中国公共场所隐私权研究"(项目编号 2015B060)的阶段性成果。

① Samuel D. Warren & Louis D. Brandeis, "The Right to Privacy", 4*Harvard Law Review*, 1890, p. 193.

② William L. Prosser, "Privacy", 48 *Cal. L. Rev.*, 1960, p. 389.

③ Restatement of Torts §652 (1977).

④ Katz v. United States, 389 U. S. 351 (1967).

修正条款保护隐私权,而不是财产权。自此,“合理的隐私期待理论”成为判定是否违反《美国联邦宪法》第四修正条款的唯一依据。⑤ 二者分别创立于信息时代的前夜和诞生之时,经过信息技术五十多年的发展,隐私侵权四分法愈来愈“僵化”和“狭隘”,⑥束缚了法官的思维,阻碍了新类型隐私侵权行为的出现。而“合理的隐私期待理论”因其灵活性而能不断回应新技术的发展,不但被美国侵权法和制定法吸收,更在世界范围内得到广泛借鉴。⑦

一、美国“合理的隐私期待理论”的产生

(一)“合理的隐私期待理论”产生之前:“受宪法保护领域理论”

美国历史就是一部隐私权的发展史。⑧ 从美国历史来看,政府才是侵犯个人隐私的最大主体。美国法律体系中规范个人与政府关系的法律是《美国联邦宪法》及其修正条款。尽管由于时代局限性,美国《宪法》及其修正条款并没有规定隐私权,但这些法律文件“几乎保护人们每一种被认可的隐私利益”。⑨ 其中,《美国联邦宪法》第四修正条款和第五修正条款是最重要的保护个人隐私的法律文件。

《美国联邦宪法》第四修正条款是在美殖民地人民反抗英军使用“一般搜查令状”任意搜查民宅的过程中产生的,旨“在自由社会与警察过度的执法活动之间筑起一道高墙”。⑩ 它规定:“公民对其人身、住宅、文件和财产享有免受无理搜查与扣押的权利;除非存在合理根据认为有罪,以宣誓或郑重声明保证,并详细说明应予搜查的地点、应予扣

⑤ 美国有两种宪法隐私权:一种是美国联邦最高法院在 1965 年在 Griswold v. Connecticut 案确立的“自治性隐私权”(decisional privacy);另一种是美国联邦最高法院 1967 年在 Katz v. United States 案确立的《美国联邦宪法》第四修正条款隐私权。

⑥ Richardst, NM., Solove, D. J.. Prosser's Privacy Law: A Mixed Legacy. 98 *Cal. L. Rev.*, 2010, p. 1917.

⑦ Solove, D. J., *Understanding Privacy*, Mass, Harvard University Press, 2008, p. 71.

⑧ Lane, Frederick S, *American Privacy: The 400 - Year History of Our Most Contested Right*, Boston, Beacon Press, 2011.

⑨ Allen, A. L., *Privacy Law and Society.*, Thomson Reuters, 2011, p. 239.

⑩ Renee McDonald Hutchins, "Tied up in *knotts*? gps technology and the fourth amendment", 55 *UCLA L. Rev.*, 409, 2007 - 2008, p. 444.

押的人或物,否则不得签发搜查证或者扣押证”。该条款的前半部分是实体性的规定;后半部分是程序性的规定。实体性的规定判定“何谓搜查”,程序性的规定决定该搜查是否“合理”。而依据《美国联邦宪法》第五修正条款,[11]警察“不合理搜查”获得的证据就是非法证据,不能呈堂证供。因此,何谓“搜查”成为判定是否违反《美国联邦宪法》第四修正条款的关键所在。

既然新的美国人民熟谙英国士兵实际物理性搜查住宅、人身的方式,《美国联邦宪法》的制定者们就用人们通常的理解定义“搜查”的概念,即“搜查”就是对他人住所、人身、文件和财产的实际物理性搜查。因此,“合理的隐私期待理论”产生之前,美国法院对《美国联邦宪法》第四修正条款进行文义解释,此即“实际侵入受宪法保护领域理论”。

(二)基于财产权的隐私权保护

《美国联邦宪法》第四修正条款继受了一条重要的英国普通法原则——“家是个人的城堡”。“将每个人的住宅比作城堡,这样的比喻非常睿智,这不仅是因为房屋住宅就是保护他人私有财产的堡垒,更是因为住宅属于他人的私人领域,他人能够随意在自己的住宅中进行各种私人事务。”[12]而文件、档案这些动产,也是“他人最私密的财产”。[13]因此,早期的判例将隐私归为一项个人在对有形的住所或财产行使独

⑪ 《美国联邦宪法》第五修正条款规定:“任何人不得在任何刑事案件中被迫自证其罪;未经正当法律程序,不得剥夺任何人的生命、自由或财产。”

⑫ [美]大卫·M.奥布赖恩:《隐私合理期待理论——〈美国联邦宪法第四修正案〉所保护的隐私权原则和政策》,张雨译,载张民安主编:《隐私合理期待总论——隐私合理期待理论的产生、发展、继受、分析方法、保护模式和争议》,中山大学出版社2015年版,第64页。

⑬ 19Howell's State Trials 1029,95Eng. Rep. 807(KB1765).转引自张民安主编:《隐私合理期待总论——隐私合理期待理论的产生、发展、继受、分析方法、保护模式和争议》,中山大学出版社2015年版,第7页。

占权时所体现的利益。[14] 1886 年博依德诉美国[15]案是人们普遍接受的美国隐私权的起源,博依德案判决法律保护"家的神圣性和生活的隐私",首次将隐私的理念编织进了"不受政府无理搜查和扣押"的《美国联邦宪法》第四修正条款,由此"隐私"权利作为"家的神圣性"原则的一般化存在了下来。

尽管"实际侵入理论"确立了一种简便、实用的规则,然而随着技术的进步,警察不必实际进入住所,就可获得他人隐私时,《美国联邦宪法》再也无法有效处理警察利用新技术大肆侵犯隐私的问题。直到凯茨诉美国案,美国联邦最高法院推翻了先例,重新解释了"何谓搜查"。

(三)"合理的隐私期待理论"产生的历史背景

隐私权是人类社会经济、政治、科技、文化发展到一定阶段的产物。隐私权理论的每一次重大发展,新技术都是其始作俑者。如果说沃伦和布兰代斯创立隐私权是照相技术发展的结果,那么"合理的隐私期待理论"就是窃听技术发展的结果。

1. 窃听技术的发展

19 世纪末到 20 世纪初,有三项影响隐私的革命性技术问世。第一种是 19 世纪 80 年代电话的发明,警察对个人的隐私侵犯经历了由殖民地时期擅闯民宅,美国南北战争期间政府对电报内容的检查,开始了电话窃听个人谈话的时代;第二种技术发明是 19 世纪 70 年代麦克风和 19 世纪 90 年代窃听器,这些装置使得警察可以在很远的地方听到室内的谈话内容,并将谈话内容永久保存;第三种技术发明是"即时照相技术"。[16] 前两项技术革新极大地提高了警察的工作效率,搭线窃听成为 20 世纪上半叶最重要的侦查手段。警察开始借侦查或阻止犯

---

⑭ [美]艾伦、特金顿:《美国隐私法:学说、判例与立法:cases and materials》,冯建妹等译,中国民主法制出版社 2004 年版,第 45 页。

⑮ Boyd v. United States,116 U. S. at 625 – 626. 本案判决《美国联邦海关法》的一个条款违反宪法。该条款要求当某人的货物被当作走私物品被海关官员扣押后,他必须在法庭上出示他的商业性文件,否则面临欺诈性进口货物的指控成立,并丧失货物的危险。但如果提供该商业性文件,也会被政府认作罪行成立的证据。

⑯ A F. Westin, *Privacy and Freedom*, New York, Atheneum, 1967, p. 338.

罪之名大肆窃听私人电话,并美其名曰“以毒攻毒”(Set a thief to catch a thief)。[17] 政府监控手段电子化和技术升级步伐的加快,成为“合理的隐私期待”理论产生的主要原因。[18]

2. 奉行自由主义的沃伦法庭

美国联邦最高法院内部历来就存在保守主义和自由主义之争。保守派坚持“法律与秩序”,“生怕任意解释宪法破坏了法治框架”,而自由派认为与时俱进的“活的宪法”才能体现制宪先贤的本意。[19] 所以,在历史的节点,美国联邦最高法院是倾向于保守主义还是自由主义,直接关系到隐私法的发展进程和历史走向。1928年的欧姆斯蒂德诉美国[20]案是美国联邦最高法院审理的第一起政府搭线窃听的案件。因首席大法官塔夫特(Taft)是保守派,他坚持《美国联邦宪法》第四修正条款只保护“人身、住所、文件和物品”这些宪法明确规定的有形物体,电话里的通话内容不属于宪法规定的有形物体,所以,其不受《美国联邦宪法》第四修正条款的保护。20世纪60年代的美国联邦最高法院正是提倡自由主义的自由派主政时期。艾尔·沃伦任首席大法官的“沃伦法庭”(Warren Court),也被后世视为是美国隐私权发展的黄金时期。说“沃伦法庭”是隐私法发展的黄金时期,从以下数字就可以得到最好的证明:从最高法院创立到沃伦1953年10月5日就任大法官的166年间,“隐私”这一词语在高级法院的判决中仅出现了88次,其中也只有少数判决实质探讨了隐私的概念。相反,在沃伦任大法官的15年半的时间里,107个高级法院的判决里出现了“隐私”,而且它们中的一些成为了具有里程碑式的案件,凯茨诉美国案就是其中之一。

---

[17] Frederick, S Lane, *American Privacy: The 400 - Year History of Our Most Contested Right* ,Boston,Beacon Press,2011,p. 85.

[18] Richard G. Wilkins, “Defining the ‘Reasonable Expectation of Privacy’: An Emerging Tripartite Analysis”,40 *Vand. L. Rev.* ,1987,p. 1080.

[19] 何帆:《大法官说了算》,中国民主法制出版社2016年版,第16~19页。

[20] Olmstead v. United States,277 U.S. 438(1928). Olmstead案发生在美国“禁酒令时期”,政府因怀疑一伙人违反《美国禁酒法》,非法进口、储存和售卖酒水,而对他们的住所和办公室外的电话进行长达五个月的监听,并做了长达775页的监听记录,获取了他们共谋违法行为的证据,然后将他们诉诸司法。

3. 美国民众的权利意识高涨

从1860年到20世纪50年代,随着技术监控效率的不断提高,美国公众对政府的监控行为持一种暧昧的态度。一方面,科学的发展不断创造着一个又一个的技术奇迹——它们扩展人类本来的视觉和听觉极限,并通过记录事件发生时的画面和声音永久保存事件的始末并复制。人们津津乐道于使用新技术智斗间谍、罪犯和其他反社会分子的英雄事迹;另一方面,公众也对新技术表现出了焦虑,担心政府对监控技术一旦使用不当或过于广泛,势必会危害到个人隐私,并使那些掌握信息的人获得可怕的力量。20世纪60年代是美国民权运动发展的重要时期,美国民众掀起反抗政府不受任何约束的偷听行为。这些反抗行为,不仅有对技术的恐惧,还有十多年来美国公众对自由和权利的理解都经历了巨大的变化,他们深刻意识到在现代政体中,隐私处于自由的核心。美国国会中无论是共和党领导人还是民主党领导人,对公众日益高涨的反对情绪迅速做出反应。司法部长罗伯特·肯尼迪表示支持立法,授权政府只有在获得法庭的命令后才能开展窃听活动。但对公众反应做出最积极回应的还是美国联邦最高法院。㉑

(四)"合理的隐私期待理论"的诞生

在凯茨诉美国案中,FBI的特工因怀疑凯茨在公用电话亭打电话传播赌博信息,就在该电话亭的外部安装了一个电子窃听器,窃听并记录其通话内容,然后将其作为证据向法庭指控凯茨通过电话传播赌注信息的行为违反了《美国联邦禁赌法案》。凯茨向美国联邦最高法院上诉,主张FBI特工的窃听行为,违反了《美国联邦宪法》第四修正条款禁止政府"无正当理由不合理地搜查和扣押个人人身、住所、文件和物品"的规定。政府辩称,因为FBI特工没有实际进入电话亭,FBI特工的行为不构成《美国联邦宪法》第四修正条款的"搜查行为"。而且,公用电话亭也不属于受宪法保护的范围。

美国联邦最高法院的法庭多数意见(majority opinion)最终撤销了对凯茨的有罪判决。其理由是,《美国联邦宪法》第四修正条款"保护

㉑ A. F. Westin, *Privacy and Freedom*, New York, Atheneum, 1967, pp. 195 – 196, 350.

人,而不是场所";"个人即使在家里或办公室,他故意暴露给公众的事务,不受《美国联邦宪法》第四修正条款的保护",然而,"即使他身处公众可自由出入的场所,他设法保有秘密的事务,也可能会受到《宪法》的保护"。所以,凯茨虽然在室外的公用电话亭,但他进入了四周封闭的空间。他随手带上门的行为表明他希望其通话内容保密。接着,法庭主张《美国联邦宪法》第四修正条款的保护范围,不依据警察是否"实际侵入了任一与外界相对隔绝的场所"而定。警察虽然没有实际侵入位于公共场所内的电话亭,但是他们电子监听电话亭内的通话内容的行为,侵犯了"通话人有正当理由信赖的隐私",所以其行为符合《美国联邦宪法》第四修正条款规定的搜查要件。而无搜查令的搜查为"不合理搜查",所获证据不能作为定案的依据。

大法官哈伦(Harlan)根据法庭的多数意见,在同意意见(concurring opinion)中强调,判断政府行为是否构成《美国联邦宪法》第四修正条款的"搜查",关键要看政府的行为是否侵犯了他人"合理的隐私期待"。而判断他人是否具备"合理的隐私期待"要分两部分。首先是主观要件,即个人的行为是否表现出他确实享有主观的隐私期待;如凯茨在一个四周封闭的电话亭打电话的行为表明,他不希望自己的通话内容被别人偷听到,尽管电话亭内的情形可以被公众从外面看的一清二楚;另外是客观要件,即社会是否认可他的隐私期待利益是"合理的",这就是美国隐私法上著名的"合理的隐私期待理论"。[22] 从此,"合理的隐私期待理论"取代"实际侵入受宪法保护领域理论",理论上成为判断是否构成"搜查"的唯一标准。

二、美国法院适用"合理的隐私期待理论"的具体情形

凯茨案确立"合理的隐私期待理论"后,美国法院利用该理论审理

㉒　据解密后的凯茨案庭审录音资料,"合理的隐私期待理论"实际上是哈伦法官在吸收凯茨的辩护律师,初出茅庐,后来的 Harvey Schneider 法官庭审时的口头辩论时的观点。此观点没有记载于诉状的案情简介中,是庭审时的即兴发挥。参见 Peter Winn, "*Katz* and the Origins of the 'Reasonable Expectation of Privacy' Test", 40 *McGeorge L. Rev.*, 2009, p. 9.

政府侵害个人隐私案件的方式总结起来有两种：一种侧重于主观的隐私期待分析，另一种侧重于客观的隐私期待分析，还有些法院主观和客观一起分析。㉓“这两步分析法虽然很容易记住，但却极难予以运用。也许，这是由于‘隐私’概念的复杂性的缘故吧。”㉔

（一）主观隐私期待分析法

凯茨案主张，“他人故意暴露给公众的，……不应受到《美国联邦宪法》第四修正条款的保护”。据此，美国法院认为，判定他人是否享有主观隐私期待时，应着重分析其是否具有隐藏行为，并创造出了一些理论。只是近几年，此种观念才有所改变。

1.“暴露于公共场合理论”（public exposure）和“一目了然理论”（plain view doctrine）

“暴露于公共场合理论”（public exposure）和“一目了然理论”（plain view doctrine）是一个硬币的两面，前者立足于主张隐私受侵犯的对象，后者立足于警察等侵权人。正如哈伦法官在同意意见中的观点，“暴露于外人目光所及之处的物体、活动或者主张是不受保护的，因未展示出保守秘密的意图”。㉕ 该原则与同意原则相连，即他人自愿将其行动暴露于公众，同意公众观看，意味着放弃了对那些活动的隐私期待。这就是为什么在美国，公共场所隐私侵犯问题，大多得不到法律保护的原因。

据此，如果警察在一个他有权占据的位置，用肉眼看到了被告的行为，警察可以任意对其进行搜查和扣押，被告无法主张合理的隐私期待。㉖ 这就是“一目了然理论”。“一目了然理论”太简单了，以至于大

㉓ Richard L. Aynest,“Katz and the Fourth Amendment: A Reasonable Expectation of Privacy or A Man's Home Is His Fort”,23 *Clev. St. L. Rev.* ,1974,p.74.

㉔ ［美］斯蒂芬·P. 琼斯：《公民的隐私合理期待——〈美国联邦宪法第四修正案〉中的搜查、扣押和诉权》，王垚译，载张民安主编：《隐私合理期待总论——隐私合理期待理论的产生、发展、继受、分析方法、保护模式和争议》，中山大学出版社2015年版，第139页。

㉕ Katz v. United States,389 U.S. at 361.

㉖ Harris v. United States,390 U.S. 234,236 (1968).

部分人甚至认为它不是一种理论。[27] 随着政府监控技术的飞速发展,如果还适用"一目了然理论"否定他人在公共场所享有隐私权,将会极大地损害其隐私利益。例如,警察使用 GPS"将他人所到之处,……全程记录下来,任何人无需太多努力就能想象到这些信息的绝对私人性"。[28] 他人的隐私期待还没有减少到,会真的同意警察的这种侵扰。因为这两个理论的适用,《美国联邦宪法》第四修正条款一度被视为是从"保护人民的武器"变成了"压迫人民的工具"。[29]

2. "自担风险理论"和"第三方当事人理论"

"自担风险理论"是指他人如果自愿遭遇已知风险,则不能从行为人那里获得任何救济。这是普通法遵从个人意愿的精神的简短表述。普通法坚持个人自由,自然将人的行为自由视为是整个体系的基础。每个人都是自己命运的主宰,法律禁止别人干涉其行为,但前提是他人完全有能力保护自己。……普通法保护他人免受暴力伤害、敲诈和胁迫,但是不保护他人率性的、自愿的和粗心的行为。[30]

目前"自担风险理论"主要适用于公共场所视频监控、电子交易、互联网通讯和交易的案件。法院在美国诉米勒[31]案判决,他人要承担银行将其在一般交易过程中提交给银行的信息泄露给政府的风险,他人对自己的银行信息没有合理的隐私期待。尽管米勒案没有使用电子设备进行支付的行为,但是美国联邦最高法院在使用电子设备的案件中,以同样方式适用了传统的"自担风险理论"。[32] 如在史密

[27] Jim Harper, "Reforming Fourth Amendment Privacy Doctrine", 57 *Am. U. L. Rev.* 1381, 2007 – 2008, p. 1389.

[28] Haley Plourde-Cole, "Back to Katz: Reasonable Expectation of Privacy in the Face Book Age", *Fordham Urban Law Journal*, Volume 38, Issue 2, 2010, p. 600.

[29] Bethany L. Dickman, "Untying Knotts: The Application of Mosaic Theory to GPS Surveillance In United States v. Maynard", 60 *Am. U. L. Rev.*, 2011, p. 738.

[30] Francis H. Bohlen, " Voluntary Assumption of Risk", 20 *Harv. L. Rev.* 14, 1906 – 1907, p. 14.

[31] United States v. Miller, 425 U. S. 435, 442 – 43 (1976).

[32] Samantha Arringtone:, "expectation of Privacy Test Is Necessary to Perpetuate a Majoritarian View of the Reasonable Expectation of Privacy in Electronic Communications to Third Parties", 90 *U. Det. Mercy L. Rev.* 179, 2012 – 2013, p. 180.

斯诉马里兰[33]案中，政府使用笔式记录器记录原告所拨电话号码，法院判决原告自愿将数字信息提供给电话公司，因此他要承担电话公司将该信息泄露给政府部门的风险，原告对自己拨出的电话号码不享有主观隐私期待。目前美国法院普遍判决政府搜查电脑用户信息的行为合法，电脑用户对他们的用户信息不享有合理的隐私期待，因为是他们自己将用户信息提供给了第三方——系统运营商。[34]

在谈论与第三方，如网络服务提供商（ISPs）、金融机构、社交网站的电子通讯问题时，深入探讨“自担风险理论”尤为重要，因为正是“自担风险理论”明确将对第三方的通讯排除在《美国联邦宪法》第四修正条款的保护范围之外。[35] 但是科尔认为，在多数情况下，“风险自担理论”更像是一个结果而不是一个推论，因为只有当《宪法》不保护公民信息隐私的时候，公民才需要自担风险。[36] 所以在有第三方的案件中，科尔主张用“第三方当事人理论”取代“自担风险理论”。但问题是，正如史密斯案的几名法官的反对意见，凯茨案中的原告也同样通过第三方电话公司传递自己的信息，如果适用“第三方当事人理论”，凯茨案就会面临被推翻的命运。

无论是“风险自担理论”，还是“第三方当事人理论”，都建立在对隐私的狭隘理解和同意原则的基础之上。但是，“本质上，隐私并不是一个全有或全无的概念，对那些出于有限的目的把自己的一些真实信息披露给银行或电话公司的人，不必推定其信息会被这些机构以其他

---

[33] Smith v. Maryland, 442 U. S. 735, 743 – 46 (1979).

[34] Guest v. Leis, 255 F. 3d 325, 335 (6th Cir. 2001). United States v. Hambrick, No. 99 – 4793, 2000 WL 1062039, at ＊4 (4th Cir. Aug. 3, 2000); United States v. Kennedy, 81 F. Supp. 2d 1103, 1110 (D. Kan. 2000); United States v. Maxwell, 45 M. J. 406, 418 (C. A. A. F. 1996).

[35] Samantha Arringtone, “expectation of Privacy Test Is Necessary to Perpetuate a Majoritarian View of the Reasonable Expectation of Privacy in Electronic Communications to Third Parties”, 90 *U. Det. Mercy L. Rev.* 179, 2012 – 2013, p. 185.

[36] ［美］奥林·S. 科尔：《第三方当事人理论与合理的隐私期待》，陈圆欣译，载张民安主编：《隐私合理期待分论——网络时代、新科技时代和人际关系时代的隐私合理期待》，中山大学出版社 2015 年版，第 484 页。

目的泄露出去”。[37]“公民仍然希望第三人只有出于交易目的才使用公民的个人信息。”[38]况且,多数情况下,公民的同意是“虚假的”“被迫的”、表面上的,因为如果不同意就无法拨打电话、申请银行账号和使用互联网,无法真正参与现代生活。马歇尔认为,“让他人在别无选择的情况下,承担信息被第三人泄露的风险,毫无意义可言”。[39] 所以,“这个理论非常不适合于数字时代,因为在数字时代,人们为完成日常工作不得不将自己大量的信息披露给第三方当事人”。[40] 随着时间的推移,美国社会越来越深刻地意识到,法院应废除隐私权案件中的“自担风险理论”,判决他人对在电子通讯中提供给第三方当事人的信息享有合理的隐私期待。[41]

3. 马赛克理论(mosaic theory)

终于,美国法院在美国诉梅娜德[42]等案件中,适用“马赛克理论”,拓展了合理的隐私期待理论。它驳斥了“暴露于公共场合理论”,也解决了“一目了然理论”理论所无法有效解决的,他人对自己在公共场所

---

[37] *Smith*,442 U. S. at 749 (Marshall,J. ,dissenting).

[38] Solove,D. J. Access and Aggregation: Public Records,Privacy and Constitution,86 MINN. L. REV. 1137,1177 -1179,1185(2002).转引自[美]托马斯·P. 克劳克:《从隐私权到自由权——Lawrence一案后的〈美国联邦宪法第四修正案〉》,敬罗晖译,载张民安主编:《隐私合理期待分论——网络时代、新科技时代和人际关系时代的隐私合理期待》,中山大学出版社2015年版,第405页。

[39] Smith,442U. S. at750(Marshall,J. ,dissenting).

[40] United States v. Jones,132 S. Ct. at 957(2012) (Sotomayor,J. ,concurring).

[41] Samantha Arringtone,“expectation of Privacy Test Is Necessary to Perpetuate a Majoritarian View of the Reasonable Expectation of Privacy in Electronic Communications to Third Parties”,90 *U. Det. Mercy L. Rev.* 179,2012 -2013,pp. 181 -182.

[42] United States v. Maynard,615F. 3d544,563 (D. C. Cir. 2010),reh'g en banc denied sub nom. 在该案中,琼斯和梅娜德被指控经销,及以经销为目的占有可卡因和含有可卡因成分的物质。在审讯中,政府使用此前放在琼斯车上的GPS确定了他的一个活动模式,当该信息与手机记录结合,就绘制出一幅琼斯的行踪图,从而证实警方提出的其参与毒品运输的指控。哥伦比亚特区上诉法院判决,警察在没有搜查证的情况下,使用GPS持续跟踪被告近一个月的行为构成“搜查”。

的活动也享有隐私的问题”。[43]

在梅娜德案中，法院判断琼斯是否表现了实际的、主观隐私期待，取决于他的行踪是否暴露给了公众。但是法院认为，尽管琼斯的每个单个活动可能暴露给了公众，但全部活动并没有，因为“一个理性人不期待任何人监视并保留他的每次行车记录，包括始发地、路线、目的地，每一处停靠点，及逗留的时间；相反他期待上次出行与下次出行之间没有关联，且不为人所知”。[44] 法院将琼斯的所有活动比作马赛克，即整体大于部分之和。整体和部分的差别“不是量的差别而是质的差别”。

法院使用“马赛克理论”得出结论的方法，一直被批评为以结果为导向，没有说服力。然而，它是对《美国联邦宪法》第四修正条款司法判例的革命性变革。即使当使用 GPS 设备成为一个社会的惯常做法，他人对自己行踪的隐私期待仍然存在。“马赛克理论”将法院从公私划分的物理性藩篱中解放出来，能更有效地解决与 GPS 或其他监控设备有关的深远的隐私问题。[45]

（二）客观隐私期待分析法

1. 两种客观隐私期待分析法

就隐私期待的两步分析法而言，哈钦斯认为，客观隐私期待分析比主观隐私期待分析更重要。[46] 科尔甚至认为，隐私期待分析法其实只有一步，即客观隐私期待分析法。[47] 那么，美国法院是如何判定“他人的隐私期待是社会认为合理的隐私期待”的呢？

---

[43] Bethany L. Dickman, “Untying Knotts: The Application of Mosaic Theory to GPS Surveillance In United States v. Maynard”, 60 *Am. U. L. Rev.*, 2011, p. 738.

[44] *Maynard* 615 F. 3d at 563（引用 Nader v. Gen. Motors Corp., 255 N. E. 2d765, 772（N. Y. 1970））.

[45] Bethany L. Dickman, “Untying Knotts: The Application of Mosaic Theory to GPS Surveillance In United States v. Maynard”, 60 *Am. U. L. Rev.*, 2011, p. 740.

[46] Renee McDonald Hutchins, “Tied up in *knotts*? gps technology and the fourth amendment”, 55 *UCLA L. Rev.* 409, 2007 – 2008, p. 429.

[47] Orin S Kerr, “Katz has Only One Step: the Irrelevance of Subjective Expectations”, 82 *U. Chi. L. Rev.*, 2015, p. 114.

有学者认为,“社会合理的隐私期待”应是社会上大多数人的隐私期待。在确定社会上大多数人的隐私期待时,美国法院可采用民意测验、访谈、调查等实证研究的方法。当无法进行实证研究时,则通过分析历史、立法行为、陪审团的裁决,以及其他可能代表主流观点的情形,来确定大多数美国人的隐私观。[48] 斯洛伯格和舒马赫就曾对“社会合理的隐私期待”做过实证研究,但其结论在许多方面,均与美国联邦最高法院的判决向左。[49]

实践中,美国法院在确定“社会合理的隐私期待”时,立足于《美国联邦宪法》第四修正条款的基本价值分析。虽然有时也可能考虑美国大多数人的期待,但并不受这些期待的约束。所以,美国法院在具体案件中,使用价值判断方法,在隐私与相冲突的价值间进行利益平衡,[50] 如隐私与安全、隐私与媒体的表达自由。在进行利益衡量时,适用一些司法实践中确定的客观判断要素,如“政府行为发生的地点”“他人是否承担信息不会保密的风险”“财产利益”“社会习俗”“人们过去在工作场所的习惯做法和期待”“所涉活动的合法性或私密性”等,并视个案赋予这些要素不同的重要性。[51]

2. 几种客观隐私期待判断要素

面对新技术,美国法院在确定隐私期待是否成立时,不得不“一个

---

[48] Andrew E. Taslitz Etal, *Constitutional Criminal Procedure*, 117 (4th ed. 2010)) pp. 107. *See* Samantha Arringtone, "expectation of Privacy Test Is Necessary to Perpetuate a Majoritarian View of the Reasonable Expectation of Privacy in Electronic Communications to Third Parties", 90 *U. Det. Mercy L. Rev.* 179, 2012 - 2013, p. 183.

[49] Slobogin, C. & Schumacher, J. E., "Reasonable Expectations of Privacy and Autonomy in Fourth Amendment Cases: An Empirical Look at 'Understandings Recognized and Permitted by Society'", 42 *DUKE L. J.* 727, 1993.

[50] Andrew E. Taslitz Etal, *Constitutional Criminal Procedure*, 117 (4th ed. 2010)) pp. 107. *See* Samantha Arringtone, "expectation of Privacy Test Is Necessary to Perpetuate a Majoritarian View of the Reasonable Expectation of Privacy in Electronic Communications to Third Parties", 90 *U. Det. Mercy L. Rev.* 179, 2012 - 2013, p. 184.

[51] Id.

案件一个案件,一个技术一个技术地分析”。[52] 经常适用的客观判断要素有以下几种:

(1)技术的侵扰性

美国法院在适用“合理的隐私期待分析法”时,常常将技术的侵扰性作为客观合理性的判断标准。[53] 具体而言,法院在案件中区分,所涉的某项技术是增强人的自然感官的技术还是替代人的自然感官的技术。“增强他人感官的监控技术”(sense-augmenting surveillance technologies)指,仅披露那些理论上通过人的眼、耳、口、鼻和舌五官即可获得信息的技术;而替代人的自然感官的超感监控技术(extrasensory surveillance technologies)指那些无法仅凭人的感官而必须通过监控技术才能获得信息的技术。[54] 哈钦斯认为,“正是侵扰性要素,使得《美国联邦宪法》第四修正条款,即使在面对制宪先贤所无法预见的现代高科技监控时代,也能够继续实现保护他人隐私利益的目标”。[55]

①增强感官的监控技术

在史密斯诉马里兰[56]案,法院认为笔式记录器的工作就相当于原来的接线员,仅披露了用户拨打的电话号码,并没有披露包括双方通话内容在内的其他信息,因而属于增强感官的技术。在美国诉卡塞雷斯[57]案中,法院认为原告使用录音装置偷录与被告谈话的行为,与警察当场用笔记录效果相同。在美国诉诺茨[58]案中,警察秘密将一电子寻呼机放在被告车上,并利用电子寻呼机发射的微弱的信号,在不远处跟踪被告。法院认为寻呼机属于增强感官的设备,因为警察利用寻呼机

[52] Koppel, Adam, "Warranting a Warrant: Fourth Amendment Concerns Raised by Law Enforcement's Warrantless Use of GPS and Cellular Phone Tracking", 64 *U. Miami L. Rev.* 1061, 2009 - 2010, p. 1070.

[53] Id.

[54] Renee McDonald Hutchins, "Tied up in *Knotts*? Gps Technology and the Fourth Amendment", 55 *UCLA L. Rev.* 409, 2007 - 2008, p. 433.

[55] Renee McDonald Hutchins, "Tied up in *Knotts*? Gps Technology and the Fourth Amendment", 55 *UCLA L. Rev.* 409, 2007 - 2008, p. 430.

[56] Smith v. Maryland, 442U. S. 735 (1979).

[57] United States v. Caceres, 440 U. S. 741 (1979).

[58] United States v. Knotts, 460 U. S. 276 (1983).

发射的信号跟踪被告的行为,与直接在大街上开车尾随被告差不多。在这些案件中,美国法院认为,增强人的自然感官的技术因其仅仅起到提高感官的能力,所以侵扰性小,当事人合理的隐私期待没有受到侵犯。

②超感监控技术

相反美国法院认为,超感技术因可替代人的感官,所以侵扰性大。警察没有搜查令,使用超感技术监控他人,侵犯了他人合理的隐私期待。如基于GPS设备定位准、时间长,且不需警察实际跟踪的特点,美国一些法院纷纷判定它比寻呼机更具侵扰性,是完全替代人的感官的技术。[59] 基洛诉美国案[60]中警察在原告住所外,使用热感应技术测量房屋外散发的热量。发现原告住所散发的热量,远高于附近住宅散发的热量后,无证入室搜查。法院判决,警察使用超感监控技术,获得了住宅内非通过物理性侵入方式,不能获得的信息,侵犯了他人对住宅合理的隐私期待。

(2)住所

哈钦斯认为,"有一个地方,法院在判断它是否受《美国联邦宪法》第四修正条款保护时,一般不会将政府行为的侵扰性作为考量要素,这个地方就是公民的住所"。[61] 基洛案即使不适用侵扰性要件,也会判决警察侵犯了原告的隐私权。因为"在住宅神圣的范围内,一切都是隐私"。[62] 凯茨案之前,《美国联邦宪法》第四修正条款的核心"是保护人们退回自己的住所、免受政府不合理侵扰的权利。美国联邦最高法院从未判决一位联邦政府官员没有搜查令、也未经同意的情况下,进入他人的办公室或住所偷看或偷听,并将所见所闻用于刑事指控"。[63] 尽管

---

[59] People v. Lacey, No. 2463N/02, 2004 WL 1040676, at *8 (N. Y. Crim. Ct. May 6, 2004) *aff'd*, 887 N. Y. S. 2d 158 (App. Div. 2009); State v. Jackson, 76 P. 3d 217, 224 (Wash. 2003) (en banc).

[60] Kyllo v. United States, 533 U. S. 27, 27 (2001).

[61] Renee McDonald Hutchins, "Tied up in *Knotts*? Gps Technology and the Fourth Amendment", 55 *UCLA L. Rev.* 409, 2007-2008, p. 442.

[62] Kyllo v. United States, 533 U. S. 27 (2001).

[63] Silverman v. United States, 365 U. S. 505 (1961).

凯茨案强调《美国联邦宪法》第四修正条款“保护人,而不是场所”,但住所依然受到绝对保护。在现代技术社会,家更被多数人视为是唯一可能期待隐私并保持隐私的地方。

同样是将寻呼机放在被告携带的容器里,跟踪被告的行为,诺茨案的警察通过跟踪设备发现了被告的住处,法院判决,“驾车行驶在公路上的被告对他在公共场所的行踪不享有合理的隐私期待”。美国诉卡罗[64]案警察发现了容器在住宅里这一具体事实,就判决原告侵犯了被告合理的隐私期待,因为寻呼机发射的信号是从被告私人住宅里发出来的。住所为美国法院的隐私权司法实践确立了一条明确的规则,即通常情况下,如果案件涉及住宅,则当事人的隐私利益大于维护安全的公共利益;反之,则安全利益大于隐私利益。房屋所有人或占有人的隐私利益甚至及于房屋的被邀请人,无论被邀请人基于何种原因出现在房屋内。[65]

(3)信息的私人性

在隐私权的司法实践中,法院一般都在个案,通过严密的逻辑推理,判断每一争议内容的私人性。在美国陶氏化学公司诉美国[66]案法院判决,警察从空中拍摄工厂的照片,因没有拍摄到可识别的人脸和秘密文件等隐秘的细节,因而不存在侵犯隐私的问题。在凯茨案,法院得出通信内容为隐私的结论。在涉及互联网这类新技术的案件中,美国法院采取类推的方式,判断某一事务是否属于隐私。例如,美国联邦第六巡回法院在 United States v. Warshak[67] 案,通过指出“传统的通信方式”(如信件和电话)受到法律保护的事实,判决公民对其电子邮件的内容享有主观隐私期待,并且社会也愿意承认这种期待的合理性。

在奥利弗诉美国案,法院判决与房屋连接的“庭院”是私人活动得

---

[64] United States v. Karo,468 U. S. 705 (1984).

[65] 525 U. S. 106 – 107(1998). (Ginsburg).

[66] Dow Chemical Company v. United States,476 U. S. 277(1986).

[67] 631F. 3d 266 (6th Cir. 2010). 转引自[美]泰瑞 · 多宾斯 · 巴克斯特:《科技对公民隐私合理期待的侵蚀》,凌玲译,载张民安主编:《隐私合理期待分论——网络时代、新科技时代和人际关系时代的隐私合理期待》,中山大学出版社 2015 年版,第 94 页。

以延伸的场所,与“家的神圣性和生活的隐私”相联系的地方。[68] 而美国诉邓恩[69]案中,美国联邦最高法院判决谷仓不是环绕邓恩家房屋的庭院的一部分,被告在此不从事与“家的神圣性和生活隐私”相联系的私人活动。在史密斯诉马里兰案中,斯图亚特法官推测,当特别考虑到这些电话号码可能会泄漏个人生活中非常隐秘的事情,很少有人会欣然接纳自己拨打的电话号码不受宪法免予无理搜查的规定的保护。

三、美国法院适用“合理的隐私期待理论”存在的问题

凯茨诉美国案与美国诉沙利文[70]案曾是美国联邦最高法院20世纪60年代作出的两个最具开创性的判例,前者在解决技术侵犯隐私问题方面具有革命性的意义,而后者的判决更被称为“激动人心”“值得当街起舞的时刻”。然而,虽然凯茨案曾为关心法律如何规制技术侵犯隐私问题的人带来了希望,但是很长一段时间“这个目标并没有实现”。[71] 究其原因,有以下几个方面。

(一)对隐私的狭隘理解

沃伦和布兰代斯将隐私权界定为“独处权”(the right to be let alone)。布兰代斯在奥姆斯特德案中,指出侦查人员的搭线窃听行为侵犯了奥姆斯特德的“独处权”,[72]很显然在该案中奥姆斯特德的“独处权”并没有受到侵犯。[73] 凯茨案也没明确“隐私”是什么,只是提出《美国联邦宪法》第四修正条款“保护他人不想公开的事务”。[74] 事实上,无论是美国隐私侵权法,还是《美国联邦宪法》第四修正条款的司法判

---

[68] Oliver v. United States, 466 U. S. 170, 179 (1984).

[69] United States v. Dunn, 480U. S. 294 (1987).

[70] New York Times Co. v. Sullivan, 376 U. S. 254 (1964).

[71] Thomas K. Clancy, “What does the Fourth Amendment Protect: Property, Privacy, or Security?”, 33 *Wake Forest L. Rev.*, 1998, p. 327.

[72] Olmstead, 277 U. S. at 478 (Brandeis, J., dissenting).

[73] Jim Harper, “Reforming Fourth Amendment Privacy Doctrine”, 57 *Am. U. L. Rev.* 1381, 2007 – 2008, p. 1384.

[74] Katz, 389 U. S. 347 (1967). at 351.

例，[75]一直将隐私狭隘地解释为“秘密”。这就不难理解，为什么美国法院将技术的侵扰性和行为是否发生在住所内，作为隐私存在的判断要素。也正因为将隐私狭隘地理解为“秘密”，才有了“一目了然理论”“第三方当事人理论”和“公共场所无隐私原则”。然而，“隐私和秘密是不同层次的信息隐藏状态，具有不同的目标”。[76] 把隐私视为秘密忽略了控制因素：“隐私可能不必然与公开相对立；它的功能可能是使得个人能够控制他生命中的某些方面”。[77] 隐私的内涵是非常丰富的，远非仅指秘密。而且随着社会的发展，会更加丰富。当人们谈论手机、电子邮件和网购的隐私保护问题时，索托马约尔认为，“只要《美国联邦宪法》第四修正条款的判例不再把保密作为隐私存在的前提条件，无论社会的隐私期待是什么，他们都能受到《宪法》的保护”。[78]

（二）法官是保守派还是自由派

美国联邦最高法院对公民的隐私保护是加强还是减弱，与最高法院的组成是自由派还是保守派也有很大的关系。正是自由派的沃伦法院，坚持“司法能动主义”，[79]审时度势，积极对《美国联邦宪法》第四修正条款进行灵活解释，催生了《美国联邦宪法》第四修正条款的隐私权，使美国隐私权的发展进入全新时期。自沃伦法院至今，美国联邦最高法院分别经历了伯格法院（1969～1986 年）、伦奎斯特法院（1986～2005 年）和罗伯茨法院三个阶段。起初，伯格法院还延续了沃伦法院时期的自由主义宪政思想，但到了 20 世纪 70 年代后期，联邦最高法院的判决开始趋于保守。伯格法院和伦奎斯特法院在刑事案件的审理中，对被告人的权利作了诸多限制，没有特别保护被告人隐私或《美国联邦宪法》第四修正条款权利的意愿。他们无意于扩大解释“合理的

---

[75] Daniel J. Solove, *Nothing to Hide: The False Tradeoff between Privacy and Security*, New Haven, Yale University Press, 2011, p. 177.

[76] Jim Harper, "Reforming Fourth Amendment Privacy Doctrine", 57 *Am. U. L. Rev.* 1381, 2007－2008, p. 1391.

[77] Julie C. Inness, "*Privacy, Intimacy, and Isolation*", Oxford University Press, 1992, p. 6.

[78] *Jones*, 132 S. Ct. at 957 (Sotomayor, J., concurring).

[79] 何帆：《大法官说了算》，中国法制出版社 2016 年版，第 19 页。

隐私期待理论”,也没对用“合理的隐私期待理论”处理新技术引发的隐私问题提供多少希望。[80] 不仅如此,伯格法院还“进一步限缩了《美国联邦宪法第四修正案》的保护范围,并且坚持认为应以“所有权”来判断他人是否享有合理隐私期待,他人是否应得到《美国联邦宪法第四修正案》的保护。因此,伯格法院在一定程度上规避了凯茨案对《美国联邦宪法第四修正案》的灵活解释,以及其所奠定的“合理的隐私期待理论”。[81] 2005年保守派罗伯茨出任首席大法官,“最高法院的保守倾向越来越严重”。[82] 但是公众越来越强烈要求保护隐私这一“民意”,以及在隐私权司法实践中可能出现的保守派与自由派“混搭”[83]的现象,隐私权的保护前景也不是晦暗一片,美国诉梅娜德[84]案承认他人对公共场所的行踪享有隐私期待即是一例。

(三)判例法“遵循先例”的特点

“遵循先例”是英美法的本质特征。凯茨案的革命性意义就在于,它完全推翻先例,为法院解决技术侵犯隐私问题提供了一个新方法。凯茨案之后,美国联邦最高法院对涉及隐私侵权的案件,本应皆遵循凯茨案的精神判决,但实际情况却相反,要么狭隘解释,要么完全摒弃“合理的隐私期待理论”。美国法院在大部分案件中,仍然继续适用凯茨案之前的“受宪法保护领域理论”,特别是警察使用新技术侵犯他人隐私权的案件,极大地限制了对个人隐私权的保护。而之后的类似案例又遵循之前的错误判决,这就造成了“合理的隐私期待理论”在美国隐私权司法实践中的尴尬地位。

例如,警察从地面或空中侦查敞田(open fields)的案例中,美国联

---

[80] Russell L. Weaver, “The Fourth Amendment, Privacy and Advancing Technology”, 80 *Miss. L. J.* 1131, 2010－2011, p. 1156.

[81] [美]大卫·M. 奥布赖恩:《隐私合理期待理论——《〈美国联邦宪法第四修正案〉所保护的隐私权原则和政策》,张雨译,载张民安主编:《隐私合理期待总论——隐私合理期待理论的产生、发展、继受、分析方法、保护模式和争议》,中山大学出版社2015年版,第56页。

[82] 何帆:《大法官说了算》,中国法制出版社2016年版,第18页。

[83] 何帆:《大法官说了算》,中国法制出版社2016年版,第19页。

[84] United States v. Maynard, 615F. 3d544, 563(D. C. Cir. 2010).

邦最高法院在奥利弗诉美国[85]案本有充分的理由判决，奥利弗即使在敞田里也有合理的隐私期待，但法官却遵循发生在凯茨之前的赫斯特诉美国[86]案，判决原告在敞田没有从事私人活动，而《美国联邦宪法》第四修正条款只保护“人身、住宅、文件和财物”，农作物种植不在法律的保护范围内。之后的加利福尼亚州诉奇劳洛[87]案、佛罗里达州诉赖利[88]案和邓恩案[89]又部分或全部地遵循了奥利弗案的判决。在警察对车内或住所内的他人进行侦查的案例中，拉卡斯诉伊利诺斯州[90]案以原告对车是否具有所有或占有利益来判断隐私期待的有无。美国联邦最高法院明尼苏达州诉卡特[91]案和罗林斯诉肯塔基州[92]案也继续遵循拉卡斯案，以对财产是否享有所有或占有利益来判断隐私期待的有无。在用电子传呼机跟踪的案例中，美国诉卡罗[93]案遵循了美国诉诺茨[94]案，继续坚持公共场所不同于私人场所，电子信号从住宅传出受《美国联邦宪法》第四修正条款保护，而在公共道路上则不受法律保护。在有第三方当事人的案例中，电子邮件通过网络服务提供商(ISPs)发送，电脑数据储存于“云计算”中。尽管用户使用电子邮件和“云计算”都使用密码，通常仅允许自己获取信息，由于米勒案和史密斯案并没有被推翻，[95]他人对自己电子邮件和储存于“云计算”中的数据的隐私期待是否能完全免受警察的侵犯还是个疑问。凯茨案涉及监听装置的问题，但在其他警察使用电子装置监听他人谈话案件中，美国联邦最高法院

---

[85] Oliver v. United States, 466U. S. 170 (1984).

[86] Hester v. United States, 265U. S. 57 (1924).

[87] California v. Ciraolo, 476U. S. 170 (1984).

[88] Florida v. Riley, 488U. S. 445, 449 – 51(1989).

[89] United States v. Dunn, 480U. S. 294(1987).

[90] Rakas v. Illinois, 439U. S. 128 (1978).

[91] Minnesota v. Carter, 525U. S. 83 (1998).

[92] Rawlings v. Kentucky, 448U. S. 98 (1980).

[93] United States v. Karo, 468U. S. 705 (1984).

[94] United States v. Knotts, 460U. S. 276 (1983).

[95] Russell L. Weaver, “The Fourth Amendment, Privacy and Advancing Technology”, 80*Miss. L. J.* 1131, 2010 – 2011, p. 1195.

一般否定他人的隐私请求,如美国诉怀特[96]案,就遵循欧姆斯蒂德诉美国案和高曼(Goldman)案的判决,以没有实际侵入住所不构成搜查为由,判决不侵犯他人合理的隐私期待。

(四)法官在面对新技术时的谨慎

《美国联邦宪法》第四修正条款一直在缓慢适应着新技术的发展。1928 年的欧姆斯蒂德诉美国案是美国联邦最高法院处理的第一起政府搭线窃听的案件,距 1967 年凯茨案首次判决政府搭线窃听违法、侵犯他人隐私权,已过去了整整四十年,距电话机的发明也有一百年的时间了。在美国陶氏化学公司诉美国案中,[97]法院讨论隔着墙壁或窗户,就可获得商业秘密的装置。虽然法院对允许政府使用这样的设备持保留态度,但也隐晦地表示,如果政府将来使用精密的小型卫星,或者在立交桥用高倍双筒望远镜或其他观测设备聚焦他人的住所,司法可能会采取否定的态度。十五年后,美国联邦最高法院判决基洛诉美国[98]案未入室监控室内的行为侵犯了他人的隐私权。在美国诉诺茨[99]案中,尽管法院当时判决使用寻呼机在公共道路上跟踪被告的行为没有侵犯其隐私权,但也承认,"如果被告所设想的(二十四小时)拉网式监控最终发生,法院会有足够的时间判定是否可能适用不同的宪法原则"。而三十年后,美国联邦最高法院才在美国诉梅娜德[100]等案推翻了诺茨案判决。美国法官在处理新技术引发隐私问题上保守的原因有二:

第一,美国法院主张在技术侵犯隐私问题上应谨慎行事,避免增加司法风险。

---

[96] United States v. White,401U. S. 745 (1971). 警察的一名线人和怀特在怀特家谈话,线人随身携带无线电发射机,警察在附近使用无线电接收机听到他们的全部谈话内容。

[97] Dow Chemical Company v. United States,476 U. S. 277(1986).

[98] Kyllo v. United States,533 U. S. 27,27(2001).

[99] United States v. Knotts,460 U. S. 276 (1983).

[100] United States v. Maynard,615F. 3d544,563 (D. C. Cir. 2010), reh'g en banc denied sub nom.

例如,在安大略市诉库昂[101]案,尽管美国联邦最高法院意识到了新技术带来的问题,以及人们隐私期待的变化,但是法院认为类似短信寻呼机已变成“自我表达,甚至自我认同的重要手段或必要工具”,涉及“影响广泛、意义重大”的社会问题时,法院秉承着“司法最低限度主义”,[102]认为不宜将政府雇员的隐私期待规定得过于宽泛,因为这些结论会对以后那些不可预见的案件产生巨大的参考作用,从而对司法造成困扰。所以法院认为,将工作人员所享有的隐私期待规定得稍微狭窄,是比较合适的做法。[103]

第二,美国法院怀疑法官对这些科技的理解不够透彻。凯茨案法官们对电话亭都很熟悉,所以可以做出比较恰当的结论。但是新型科技与电话亭不同,它们超越了法官的经验及理解的范围。由于法院对新型科技缺乏深入的了解,所以在判定公民对新型科技享有哪些合理隐私期待时,法院并不十分确定自己的判断是正确的,至少在没有其他判断根据可参考时,法院对自己的判断没有十足的把握。[104] 例如,在库昂案,美国联邦最高法院认为,警察局审查雇员短信,与窃听电话、侵入邮箱不同,“信息科技日新月异,不宜过早确立规则”。[105]

(五)隐私与安全的平衡

美国法院扩大隐私权的保护范围,亦或相反,国内的政治气候也起了决定性的作用。内战时期,林肯曾下令检查公民的电报;二战时期,罗斯福总统授权 FBI“在涉及国防安全问题上,必要时可窃听”;[106]冷战

---

[101] City of Ontario v. Quon,130S. Ct. 2619(2010). 该案是警察局分配警察使用短信寻呼机,警察局依据规定审核警察的短信。警察库昂因使用寻呼机发送与工作无关且与性有关的内容而遭到调查。库昂主张警察局的行为侵犯了他的隐私权。尽管其主张得到了安大略州地方法院和美国联邦第九巡回上诉法院的支持,但美国联邦最高法院仅有限地支持了他的诉讼请求。

[102] 何帆:《大法官说了算》,中国法制出版社 2016 年版,第 17 页。

[103] [美]泰瑞·多宾斯·巴克斯特:《科技对公民隐私合理期待的侵蚀》,凌玲译,载张民安主编:《隐私合理期待分论——网络时代、新科技时代和人际关系时代的隐私合理期待》,中山大学出版社 2015 年版,第 97 页。

[104] 同上。

[105] City of Ontario v. Quon,130S. Ct. 2629 – 30(2010).

[106] Alan F. Westin,*Privacy and freedom*,New York,Atheneum,1967,p. 177.

时期,美国政府为搜查政府、军队和艺术界里潜伏的“红色分子”,大肆侵犯个人隐私。[107] 2001年“9·11”恐怖袭击事件后,时任美国总统布什签发《美国爱国者法案》(USA Patriot Act)。这个法案以防止恐怖主义的目的扩张了美国检查机关的权限。根据法案内容,警察机关有权搜索电话、电子邮件通信、医疗、财务和其他种类的记录。2005年媒体披露美国国家安全局甚至实行无证监视计划(warrantless wiretapping program)。2013年美国“棱镜”事件迫使奥巴马政府宣布对《爱国者法案》中政府收集信息的权力进行适当改革。

“合理的隐私期待理论”的主观分析法和客观分析法隐含了个人隐私利益和社会其他利益的平衡。美国法院认为,国家的安全利益是现实的、有形的利益,而个人的隐私利益是抽象的、无形的利益。个案中安全利益与隐私利益的平衡,实际上就是“政府的安全计划所预防的有形损害与侵犯他人隐私可能造成的无形损害之间的平衡”。[108] 由于隐私一直被认为仅具有抽象的价值,在具体面临任何真正的、有形损害的危险时,政府往往强迫个人牺牲隐私。“当法院通过‘整体环境’的判断标准评估政府执法人员的搜查行为的合理性时,这个判断标准会加重公民的隐私利益与政府的执法利益之间的失衡,因为‘整体环境’的判断标准允许法院保护它认为更重要的利益。所以,当公民模糊的隐私利益与维持社会安全、预防暴力以及惩治犯罪的利益对立时,结果几乎已成定局——后者比前者更重要。”[109]但通过分析先例发现,隐私利益与安全利益的平衡会因场所而不同。如果是对住宅的搜查,美国法院严格适用搜查令要件,此时隐私利益大于安全利益;相反,如果是对住宅之外的场所搜查,即使警察的行为非常具有隐私侵犯性,美国法院为了侦查需要,常常判定社会的安全利益高于个人的隐私利益。

---

[107] Frederick S Lane, *American Privacy: The 400 - Year History of Our Most Contested Right*, Boston, Beacon Press, 2011, p. 122.

[108] Shaun B. Spencer, “Security Versus Privacy: Reframing the Debate”, 79 *Denver U. L. R.*, p. 519.

[109] [美]约翰·D.卡斯堤略内:《人格尊严理论与〈美国联邦宪法第四修正案〉》,陈圆欣译,载张民安主编:《隐私合理期待总论——隐私合理期待理论的产生、发展、继受、分析方法、保护模式和争议》,中山大学出版社2015年版,第452页。

四、“合理的隐私期待理论”对我国的启示

世界隐私权的发展一直处于相互吸收、借鉴的过程中，近十多年来英国、加拿大、欧洲人权法院吸收了“合理的隐私期待理论”，欧洲人权法院一些重大的隐私权判例对美国隐私权保护理念也产生了深刻的影响。笔者认为，“合理的隐私期待理论”对我国的启示主要在两方面：一是隐私权概念的界定；二是隐私权存在与否的判定问题。

（一）隐私权概念的界定

概念是制度的载体。在隐私权制度的构建中，关键问题是如何合理地界定隐私权的概念。换句话说，隐私权概念的合理界定对隐私权的立法、司法实践均具有重大的影响，根本上决定了一国隐私权的保护程度。沃伦和布兰代斯仅回答了“隐私有无”，并没有解答“隐私是什么”。由于隐私内涵的模糊性，美国隐私权界就“隐私是什么”存在三种观点：第一种是无法对隐私进行界定，以汤姆森[110]为代表；第二种是隐私的概念化，并提出了“独处说”“秘密说”“私人信息控制说”“有限接触说”“人格说”“亲密关系说”等隐私权的概念；[111]第三种是隐私的类型化。我国理论界也存在对隐私权予以界定和不予界定[112]两种观点，前者又主要包括两种隐私权概念。一种观点认为“隐私权是指自然人享有的对其个人的，与公共利益、群体利益无关的个人信息、私人活动和私有领域进行支配的具体人格权”（以下简称“通说”）。[113] 另一种观点认为“隐私权是指公民享有的私人生活安宁与私人信息秘密依法受到保护，不被他人非法侵扰、知悉、搜集、利用和公开等的一种人格权”（以下简称“私人生活安宁与私人信息秘密”说）。[114]

---

[110] J. J Thomson, “The Right to Privacy”, *Philosophical Dimensions Of Privacy: An Anthology* 272, 272 (*Ferdinand David Schoeman ed.*, 1984.

[111] D. J. Solove, “Conceptualizing Privacy”, 90 *Cal. L. Rev.*, 2002, pp. 1099 – 1124.

[112] 王立志：《隐私权之定义是否可能》，载《政治与法律》2015 年第 8 期。

[113] 梁慧星、廖新仲：《隐私的本质与隐私权的概念》，载找法网：http://www.findlaw.cn，最后访问日期：2017 年 2 月 16 日。

[114] 张新宝：《隐私权的法律保护》，群众出版社 1997 年版，第 21 页。王利明：《隐私权概念的再界定》，载《法学家》2012 年第 1 期。

“通说隐私权”概念包含了“个人信息”,“私人生活安宁与私人信息秘密”的隐私权概念里也包含了“私人信息秘密”。依据学说,个人信息本应是隐私的应有之义。但有理论认为,隐私与个人信息之间虽然有很多相似之处,但最主要的不同在于,隐私是需要隐藏的,而一部分个人信息是公开的;隐私权是消极的,而个人信息权是积极的。[115] 这是典型的、以沃伦为代表的、19世纪末美国精英阶层“不想让大众窥视私人生活”的隐私观。《民法总则(草案)》二审稿第108、109条之所以分别规定“隐私权”与“个人信息权”,很大程度上是重大社会事件推动的结果。但隐私权经过一百多年的发展,人们对隐私的理解也随着时代的发展而不断丰富,无论如何,拿现在的个人信息观念与最初的隐私权概念相比较,已有失公允。

“隐私的概念包含隐私的内容和隐私的价值;隐私权的概念涉及隐私在多大程度上受(或应受)法律保护的问题。”[116]对隐私权的界定,应立足于隐私权的本质特征。“合理的隐私期待理论”虽然保受诟病,但仍具有旺盛的生命力的原因在于,它道出了隐私权的本质,即第一,隐私是主观的,因人而异;第二,隐私权不是绝对的,隐私是分层次和程度的问题,隐私权要受公共安全、媒体表达自由等公共利益的制约;第三,也因“合理的隐私期待理论”作为一种隐私权存在与否的判定方法,没有将隐私权固定为某一种特定类型的隐私利益,从而能灵活、积极地回应技术发展侵害隐私的社会现实,不断将新出现的隐私利益纳入保护范围,体现了隐私权的开放性特征。[117]

(二)隐私权存在与否的判定问题

隐私(侵权行为)的类型化不仅要探求“隐私权是什么”,还要解决具体生活中出现的隐私侵权问题。隐私侵权行为类型化的代表就是普罗赛的隐私侵权行为四分法。普罗赛将沃伦和布兰代斯之后所有他认

---

[115] 王利明:《论个人信息权的法律保护——以个人信息权与隐私权的界分为中心》,载《现代法学》2013年第4期。

[116] D. J. Solove, P. M. Schwartz, *Information Privacy Law*, New York, Wolters Kluwer Law & Business, 4th ed, 2011, p. 40.

[117] 杜红原:《论隐私权概念的界定》,载《内蒙古社会科学》2014年第6期。

为属于隐私侵权的案例进行了分析、总结,最后归纳出四种隐私侵权行为:分别是“侵扰他人安宁的隐私侵权行为”(intrusion into seclusion)、“公开他人私人事务的隐私侵权行为”(public disclosure of private facts)、“擅自使用他人姓名、肖像甚至其他身份特征的侵权行为”(appropriation of name or likeness)和“公开丑化他人形象的隐私侵权行为”(publicity in a false light)。[118] 但是因“盗用姓名、肖像侵权”和“丑化他人形象侵权”后来分别被公开权和名誉权吸收,目前可被适用的隐私侵权行为仅剩前两种:即“侵扰他人安宁的隐私侵权”和“公开他人私人事务的隐私侵权”。由于普罗赛的隐私侵权行为类型化始于1960年信息时代的前夜,许多新技术产生的隐私问题无法归入到普罗赛的隐私侵权行为中。例如,没有规定信息侵权行为,导致无法全面保护现今信息被侵害的问题。

为积极回应21世纪的隐私问题,索罗韦一依据维特根斯坦的“家族相似性”理论和“实用主义”哲学思想,超越侵权法,以问题为导向,将所有可能造成隐私侵犯的问题分为:信息收集(information collection)、信息加工(information processing)、信息传播(information dissemination)和侵扰(intrusion)[119]四大类。这些隐私侵犯行为虽然各不相同,但都有一个内在一致的联系,即都损害了他人的人格尊严。但是庞德认为,“任何分类都多少有点任意性”。[120] “类型化学者常常试图提供一个完整的隐私的定义,但是无论他们在收集和整理相关案例时多么谨慎,都无法避免主体的相对性问题,以及将来可能产生的新问题和新案例。”[121]所以,索罗韦一的方法仍然无法克服类型化本身的弊端,而且索罗韦一的隐私分类法目前仅具有理论意义。

尽管饱受诟病,普罗赛的两类隐私侵权行为仍是法院处理隐私侵权问题的主要法律依据。除了狭隘和僵化,两类隐私侵权行为的

---

[118] W. L . Prosser,“Privacy”,48 *Cal. L. Rev.* ,1960,p. 389

[119] D. J. Solove,“A Taxonomy of Privacy”,154 *U. Pa. L. Rev.* ,2006,p. 489.

[120] Pound,“Interests of Personality”,28*Harvard Law Review*,1915,p. 349.

[121] Patrick O'Callaghan, *Refining Privacy in Tort Law*, Berlin, Springer-Verlag, 2013. p. 17.

责任构成要件中“令一个理性人高度反感”要件也倍受批评。一些法院认为“令人高度反感”要件似乎比“合理的隐私期待”标准更严格，不应作为判断隐私权存在与否的初始标准。[122] 为了使美国隐私权法能更好地适应时代的发展，美国法院开始在“侵扰他人安宁的隐私侵权”和“公开他人私人事务的隐私侵权”中吸收和借鉴“合理的隐私期待理论”，如 Shulman v. Group W Productions, Inc. 案[123]和 Phillips v. Grendahl 案。[124]

依据我国民法理论，隐私侵权责任承担需先满足侵权行为的构成要件。而对隐私侵权行为适用何种归责原则，理论界存在三种观点：第一种，过错责任原则；[125]第二种，过错推定原则；[126]第三种，无过错责任原则。[127] 首先，就过错责任原则来说，“在司法实践中，由于无法证明隐私信息的取得者的过错，造成大量在隐私权明显是被侵犯的情况下，特别是隐私信息是被国家机关取得的情况下，受害人往往得不到保护”。“从民法层面考察，造成这种隐私权受到侵犯，但难以获得救济的主要原因是我国目前在隐私权侵权中采取了过错责任归责原则。”[128]所以，隐私侵权责任适用过错归责原则似乎不太可取。其次，就过错推定原则来说，尽管我国《侵权责任法》第6条第2款对过错推定责任作出了规定，“但它不是一个独立的完整的侵权责任成立规范，法院也不能仅仅以该款作为裁判的依据，而必须结合法律中明确规定了过

---

[122] Hilary Delany, Eoin Carolan, *The Right to Privacy: A Doctrinal and Comparative Analysis*, Dublin, Thomson Round Hall, 2008, pp. 296 – 297.

[123] 955 P. 2d 469 (Cal. 1998).

[124] 312 F. 3d 357 (8th Cir. 2002). 转引自张民安主编：《隐私合理期待总论——隐私合理期待理论的产生、发展、继受、分析方法、保护模式和争议》，中山大学出版社 2015 年版，第 23 页。

[125] 马特：《隐私权研究——以体系建构为中心》，中国人民大学出版社 2014 年版，第 230 页。

[126] 张礼洪：《隐私权的中国命运——司法判例和法律文化的分析》，载《法学论坛》2014 年第 1 期。

[127] 张新宝：《隐私权研究》，载《法学研究》1990 年第 3 期。

[128] 张礼洪：《隐私权的中国命运——司法判例和法律文化的分析》，载《法学论坛》2014 年第 1 期，第 14 页。

错推定责任的条款。由于过错推定是一项法律推定,所以必须由法律明文规定之"。[129] 但是,我国法律没有明确规定隐私侵权责任适用过错推定原则。最后,就无过错责任原则来说,无过错责任的归责事由在于危险。在隐私侵权行为中,"并不存在高度危险行为、转承责任等情形,其归责无法适用报偿主义、危险主义等无过错责任理论"。[130]

综上所述,我国几种侵权行为构成要件理论,似乎均不太适合解决隐私侵权成立与否的问题。更有学者认为,"侵权法只能发挥保护的功能,而在确权方面存在不足"。[131] 因此,对隐私侵权问题,首先应"认定有无对隐私的'侵入'","合理隐私期待的提出旨在据以认定是否构成对隐私的侵犯"。[132] 如果说在其他民事权利的保护方面,还存在英美法和大陆法、判例法和制定法之别,但在隐私权领域,都是判例法,这可从法国、德国隐私权的发展中得到印证。普罗赛曾不无苦恼地表示,"隐私权就像一丛野草,在侵权法这块修剪平整的草坪里野蛮生长",[133] 正如他所预感到的,隐私权的蓬勃发展早已溢出他修剪的四块园地。"合理的隐私期待理论"作为一种确权方法,能够解决技术迅猛发展引发的大量、新型隐私侵权问题,既能给予当事人及时的保护,又可实现个人利益与社会公共利益的平衡。所以,我国隐私权制度的构建应当借鉴美国"合理的隐私期待"理论。

(杜红原,法学博士,内蒙古体育职业学院讲师。)

---

[129] 王利明:《中华人民共和国侵权责任法释义》,中国法制出版社2010年版,第43页。

[130] 马特:《隐私权研究——以体系建构为中心》,中国人民大学出版社2014年版,第230页。

[131] 马特:《隐私权研究——以体系建构为中心》,中国人民大学出版社2014年版,第13页。

[132] 王泽鉴:《人格权法:法释义学、比较法、案例研究》,北京大学出版社2013年版,第236、230页。

[133] Neil M. Richardst, D. J. Solove, " Prosser'Privacy Law: A Mixed Legacy", *Cal. L. Rev.*, 2010, p. 98.

证券虚假陈述揭示日认定规则再考察

——围绕多次部分揭示情形展开

杨 祥

目 次

引言

虚假陈述是我国证券市场上的主要违法形态。近年来,中国证监会不断加大行政执法力度,查处了大量虚假陈述案件,但此类违法仍然屡禁不绝,反倒呈现愈演愈烈的态势。①从美国等发达证券市场的经验来看,由私人主张的民事损害赔偿在规制违法行为中有突出的优势和价值,是重要的"私人检察官","事实上在证券执法中占据了最为重要

① 比较典型的案件如万福生科虚假陈述案、海联讯虚假陈述案、风神股份虚假陈述案、青鸟华光虚假陈述案以及欣泰电气虚假陈述案等。

的地位”。[②] 2003年，最高人民法院公布实施了《最高人民法院关于审理证券市场因虚假陈述引发的民事赔偿案件的若干规定》(简称《若干规定》，借鉴美国的做法，为蒙受损害的投资者提供民事救济的途径。应当说，《若干规定》突破了我国“重刑轻民”的传统理念，大大助推了我国证券市场的法治化，具有极为重要的意义。

不过，从司法实务来看，投资者求偿难的问题尚没有得到根本解决，[③]民事赔偿机制的威慑作用也未得到充分发挥。究其根源，主要在于司法解释规定不合理、条文过于原则而缺乏可操作性，如不恰当地设置诉讼前置程序，[④]排除“诱空型虚假陈述”，[⑤]对揭露日或更正日(以下简称揭示日)规定过于模糊，系统风险规定不明晰，以交易价差额法而非事件研究法来计算损失，以及未确立集团诉讼形式等。[⑥] 在诸多因素中，揭示日认定规则的欠缺是最主要的原因，因为依据司法解释第18、19条，揭示日是推定投资者损害与虚假陈述行为之间存在因果关系的关键

---

② 汤欣：《美国证券法上针对虚假陈述的民事赔偿机制——兼论一般性反欺诈条款制度的确立》，载《证券法苑》2010年第2卷，第192页。

③ 由于求偿成本高、诉讼风险过大，许多受害人选择放弃诉讼。有学者统计，截至2010年，在133个受到中国证监会处罚的虚假陈述案件中，有90家上市公司的股东没有提出赔偿。参见何朝丹：《“虚假陈述证券民事诉讼”法律实效研究》，载《证券法苑》2011年第2期。

④ 2015年4月15日，最高人民法院印发《关于人民法院推行立案登记制改革的意见》，将立案审查制改为立案登记制，法院不再对诉讼要件进行实质审查，这客观上废除了《若干规定》要求的诉讼前置程序。最高人民法院《关于当前商事审判工作中的若干具体问题》(2015年12月24日)也确认：“因虚假陈述、内幕交易和市场操纵行为引发的民事赔偿案件，立案受理时不再以监管部门的行政处罚和生效的刑事判决认定为前置条件。”可见，今后投资者求偿不会再遭遇诉讼前置程序的阻碍。

⑤ 《若干规定》第18、19条仅规定了诱多型虚假陈述中因果关系的认定，而将诱空型虚假陈述排除在外，立法者的理由之一是当时诱空型虚假陈述在我国证券市场上极其少见。经过十多年的发展，诱空型虚假陈述案件开始涌现，亟须立法对其作出规定，如“张瀚冰诉山东京博控股股份有限公司证券虚假陈述责任纠纷案”。关于该案的案情、争议焦点与因果关系的认定，可以参见杨祥：《论诱空型虚假陈述中因果关系的认定》，载《宁夏大学学报》(人文社会科学版)2016年第2期。

⑥ 参见汤欣、杨祥：《虚假陈述损害赔偿的最新实践及法理检视——以万福生科和海联讯补偿方案为例》，载《证券市场导报》2015年第3期。

时点,并且,揭示日前后的买卖价差一般也是投资者能够获得的赔偿金额。换言之,揭示日的认定不仅决定了投资者能否主张赔偿,而且也决定了投资者具体的获偿数额,以及虚假陈述行为人的具体责任范围。显然,要想充分发挥民事赔偿的价值、保护投资者合法权益、维护证券市场的正常秩序,必须结合真相揭示的现实形态,提出有针对性、可操作的揭露日或更正日认定理论。⑦对此,现有文献作了较多探讨。不过,现有理论与实务形态却出现了比较严重的脱节,突出体现在,对于同一项虚假陈述⑧的揭示,学理往往设想真相是被一次性完整揭示,然而在实践中这种状况却极少发生,绝大多数虚假陈述往往表现为真相的碎片化渗漏,需要市场或行为人进行若干次揭露或更正行为,并且每一次揭示都只是挖出真相的"冰山一角",直至反复多次才最终水落石出、真相全部暴露。对于这类实践情形,现有司法解释没有涉足,其对揭露日或更正日的定义也过于模糊,究竟应当如何确定该情形中的揭示日,已经成为摆在法官和受害投资者面前的重大难题,迫切需要法学界展开深入研究。

一、美国 Dura 案打开的"潘多拉盒"

(一)Dura 案确立的损失因果关系规则

美国具有发达的证券市场,证券法制也较为健全,对虚假陈述、内

---

⑦ 在此前发表的一篇文章中,笔者详细探讨了揭示日认定的一般检验标准及其背后的原理,即以市场据此能否且实际知悉"相关真相"作为检视标准,并分别依市场专业人士标准、专家证言、股价下跌及事件研究法等细化步骤,对争议的"揭示时点"作一一检验等。不过,该文侧重探讨揭示日的识别方法,没有深入探讨非一次性完整揭示情形中可能存在多个揭示日的问题,故笔者又展开了后续研究。参见杨祥:《论证券虚假陈述诉讼中揭示日的认定》,载郭锋主编:《证券法律评论:"国家法治现代化背景下的证券法治体系建设"专辑》(2015 年卷),中国法制出版社 2015 年版,第 97 ~ 120 页。

⑧ 本文所称"同一虚假陈述",是指针对同一事项作出的内容相同、类似或一致的虚假陈述,行为人可能对同一事项作出一次或多次虚假陈述行为,只要它们隐瞒或扭曲的是同一事实真相,则均包含在"同一虚假陈述"之内。为简化分析,本文主要围绕同一案件只存在一项虚假陈述的情形予以论述,但结论可以广泛适用于同一案件存在多项虚假陈述的情形,因为即便有多项虚假陈述,也应当遵循"一一对应"原则,将各项虚假陈述严格区隔开来,逐项寻找各自对应的揭示日,这一逐项寻找的过程,正是本文理论适用之处。参见汤欣、杨祥:《虚假陈述损害赔偿的最新实践及法理检视——以万福生科和海联讯补偿方案为例》,载《证券市场导报》2015 年第 3 期。

幕交易和操纵市场等证券欺诈有着较为完善的规制。美国是典型的判例法系国家,其对虚假陈述的规制也主要依赖判例形式,法官在裁判中比较注重吸收侵权法成果,同时也会融入法官的智慧和创新。[⑨]不过,判例制度也有其缺陷,因不同法官往往对同一案件有不同理解,可能出现“同案不同判”的现象。证券虚假陈述不同于民法上的一般侵权行为,不能直接套用后者的因果关系理论,具有相当的复杂性。长久以来,美国对证券虚假陈述的损失因果关系存在截然对立的两大学说:

其一是以 Merritt B. Fox 教授为代表的“股价灌水推定说”(inflated purchase price approach)。该说认为,虚假陈述致使投资者支付了更高的灌水股价,这一部分灌水就是投资者的损失,足以成立损失因果关系。[⑩]

其二是“股价下跌说”(或称“严格标准说”),以 John C. Coffee 教授为典型拥护者,其主要观点是,仅证明股价灌水并没有完成因果关系的举证,只有当投资者举证股价在虚假陈述更正披露之后出现明显下跌,才能认定损失因果关系的成立。[⑪]

在司法实践中,两大学说各自获得了一些法院的支持。在许多案件中,投资者只要证明被告实施了虚假陈述行为,哪怕其没有提供受损的证据,或者被告已经举证投资者不存在对虚假陈述的信赖,持“股价灌水推定说”的法院仍然支持投资者的诉求;反之,一些持“股价下跌说”的法院则要求投资者承担过高的举证责任,令虚假陈述行为人轻松逃脱法律的制裁。“同案不同判”的后果之一是,投资者在诉讼之前不得不精心挑选司法管辖区,而被告重点关注的也是管辖法院的先例是否有利于自己,双方往往是就管辖权问题展开争论,而不是原告是否

---

⑨ 若干经典判例,基本上确定了美国规制证券欺诈的基本架构和原理。参见施天涛、周伦军主编:《美国证券欺诈经典案例:内幕交易与虚假陈述》,法律出版社 2015 年版。

⑩ See Merritt B. Fox, *Understanding Dura*, The Business Lawyer, 2005, p. 1549; Merritt B. Fox, *After Dura: Causation in Fraud-on-the-Market Actions*, J. Corp. L. 31, 2005, p. 832.

⑪ John C. Coffee, Jr, *Causation by Presumption? Why the Supreme Court Should Reject Phantom Losses and Reverse Broudo*, 60 Bus. Law, 2005, pp. 533 – 542.

完成了因果关系举证。这加剧了美国各州司法恶意竞争,严重损害了司法公信力。

2005年,Dura Pharmaceuticals Inc. v. Broudo案[12](以下简称Dura案)为结束混乱提供了重要契机。在审理期间,Fox教授与Coffee教授分别撰文,提出针锋相对的观点,掀起了一场讨论因果关系认定规则的大辩论。在该案判决中,美国最高法院支持了"股价下跌说",要求提起集团诉讼的原告必须证明虚假陈述更正披露之后,股价出现明显下跌,并且股价下跌与被告欺诈行为之外的其他因素无关,只有完成这一举证,法院才会认定成立损失因果关系。[13]法院的推理依据是,原告购买时支付股价虽然包含了灌水部分,但作为等值对价也获得了股票的所有权,在真相泄露之前,投资者可以快速出售股票来避免损失,故股价灌水只是可能"触发"(touch on)而非必然"导致"(cause)后来的经济损失(Economic Loss),二者之间的关系并不紧密,更何况,投资者蒙受的损失往往还是其他非欺诈因素所致。美国最高法院认为,只有在欺诈涉及的真相被市场知悉之后,市场作出股价反应的市场检测(market test),投资者才能蒙受损失。这种以事后损失作为原告维持证券欺诈诉讼根据的路径,又被学者称为"事后损失规则"。

(二)虚假陈述行为人逃避责任的"潘多拉盒"被打开

自Dura案后,原告若要建立损失因果关系,必须证明当欺诈所涉的"相关真相"开始泄露(leak out)或以其他方式达到市场(the truth makes its way into the marketplace)时,导致了股价的下跌并引起了原告的经济损失。[14]这一规则抬高了原告诉讼的门槛,有效遏制了恶意诉讼,使虚假陈述民事责任避免成为"投资者的保险"。不过,硬币的另一面是,该规则也可能为虚假陈述行为人逃避责任打开便利之门。

首先,事后损失规则建立的预设前提是,在投资者作出购买决定与后来股价下跌之间的时间段里,除了真相被揭示之外,没有任何其他情况改变,或者,即便存在介入因素,也可以通过事件研究法等实证工具

---

⑫ Dura Pharmaceuticals Inc. v. Broudo,544 U.S. 336 (2005).

⑬ See Dura Pharmaceuticals Inc. v. Broudo,544 U.S. 336,342 - 43 (2005).

⑭ Id. at 342.

来排除。这一预设与实际情况不尽相符。在证券市场上,虚假陈述之外的诸多复合因素,如公司其他经营风险、工业走势、市场系统性风险等,通常会介入影响股价,对虚假陈述的灌水产生助推或抵消效果。虽然事件研究法能够排除大部分介入的无关因素,但也存在盲点和缺陷,在介入因素与虚假陈述紧密交织的情形下难以区分。而一旦原告方专家主持的事件研究法未能有效隔离无关因素(哪怕只是其中某一个因素),法院都将驳回原告的全部诉讼请求。可见,原告承担了事件研究法固有缺陷的不利后果。况且,证券市场上存在一些特殊介入因素,如市场系统性风险,无论虚假陈述是否存在,这类因素都将导致股价事后下跌,虚假陈述行为人完全可以股价下跌系市场系统性风险所致为由,抹掉虚假陈述的股价影响,主张免责。

其次,事件研究法等金融工具有其适用的前提,如涵盖所有可能的事件、确定合适的事件窗、对比股价与价值线等。其中,事件选择是否全面取决于揭示时点能否准确识别,事件窗长度是否合适取决于事件的分量及市场的估量,而股价是否相较于价值线出现明显变态反应,是认定揭示日及损失因果关系的关键。但要满足这些前提不无困难,除了各种介入因素干扰、专家自身经验和技能局限之外,虚假陈述行为人蓄意操纵的真相揭示与信息捆绑,如行为人将真相切割后向市场缓慢泄露,致使揭示时点模糊化、股价走势缓和化,往往会给事件研究法的有效评估制造重大障碍。

最后,证券的价格机制非常复杂,真相揭示之后股价是否明显下跌,并不能必然得出损失因果关系成立与否的结论。事后损失规则鼓励了造假的侥幸与赌徒心理,可能激发事后更多的谎言、操纵价格或信息释放。突出体现在,该规则排除了以下三种欺诈案件的救济:⑮

(1)当谎言是关于偶然事件,且随后偶然事件的发展对行为人有利;

(2)虽然偶然事件最终结果对行为人不利,但是与其他项目的积极消息捆绑在一起,后者弥补了该偶然事件的不利影响,导致对外股价

---

⑮ See James C. Spindler, *Why shareholders want their CEOs to lie more after Dura Pharmaceuticals*, Geo. LJ 95,2006,p.674.

反应不明显;

(3)虽然偶然事件最终结果对行为人不利,但是与一些外生事件的消极消息捆绑,即便没有虚假陈述,后者仍将导致损害的发生。

换言之,虚假陈述行为人先前违法的虚假陈述可能因事后形势的发展或其他事件的介入而免责。虚假陈述实施行为与后来真相揭示之间的相隔遥远,又进一步加剧了无关因素的介入概率,为行为人逃避责任创造了更多机会。

(三)准确识别揭示日成为规制虚假陈述的关键

Dura案要求原告证明股价在虚假陈述被揭示之后出现下跌,且真相揭示和股价下跌之间具有一定的关联性。显然,股价是否下跌一般参考股价走势图即可,通常不构成原告举证的重大障碍。诉讼当事人论争的核心焦点,主要在于真相是否被揭示、何时被揭示、是否存在多个揭示日,以及真相揭示与股价之间是否有关联等。

准确识别揭示日,已经成为投资者主张损害赔偿的关键。但虚假陈述行为人并不会坐以待毙,相反,事后损失规则的缺漏为其逃避责任提供了很大便利。一方面,虚假陈述行为人会在诉讼中要求原告投资者证明存在损失、股价出现下跌、股价下跌与虚假陈述之间存在因果关系,这一标准往往超出一般人的举证能力;另一方面,行为人也可能在实施虚假陈述之后,采取其他措施来干扰揭示日、股价反应等因素,人为制造投资者举证的障碍。典型的例子有,行为人有计划地向市场逐渐泄露真相,使市场悄无声息地缓慢调整股价,直到披露真相可能引起的股价反应被完全消释后,行为人这才郑重其事地发布“更正公告”,由于市场早已对该公告披露的内容作了充分价格反应,自然不会再出现股价下跌,行为人因此可能无须承担责任。又如,行为人在虚假陈述发生后,分若干次来揭露相关真相,并且每次都仅透露真相的某一部分,而单次揭露又均引起市场股价的反应,此时,如果仅认定其中某次为揭示日,势必导致大量适格的受害投资者被排除在救济范围之外。

可见,在Dura案后,分次泄露真相、操纵股价反应、缓慢消释真相披露的影响,进而否定真相揭示与股价下跌之间存在关联,干扰法院准确识别揭示日、认定因果关系及计算投资者损失,已经成为虚假陈述行为人逃避责任的主要手法。显然,能否准确把握并精准认定揭示日,是冲破虚假陈述行为人障眼手法并成功规制虚假陈述的关键所在。这在Dura案后的大量案例得到了体现。[16]

二、真相揭示的常态与现有法律供给困境

我国《若干规定》参考借鉴了美国证券法上的市场欺诈理论和信赖推定原则,[17]其背后的损害赔偿理念与规则设计,[18]与美国Dura案以降确立的损失因果关系规则不谋而合,由此,对于事后损失规则存在的上述问题,我国也应当引起关注。从我国司法案例的统计情况来看,法院在认定揭露日或更正日时一般缺乏说理和依据,不同判决之间常常相互矛盾和冲突,大量投资者因未能满足法院认定的揭露日或更正日而无法进入诉讼或因此败诉,揭示日的司法认定已经成为我国投资者主张损害赔偿的主要障碍。[19]这既与法官没有深刻领会和把握揭示日的内涵有关,也与真相揭示的现实形态过于复杂、相关规范又欠缺等紧密相连。

---

⑯　有学者对Dura案后法院裁判的案例进行了统计,得出以下结论:所有满足损失因果关系的案例都归因于真相揭示之后或隐瞒风险现实化之后的绝对股价下跌(absolute price decline),而失败的案件绝大多数是原告只主张了股价灌水,或者没有将股价的下跌与虚假陈述联结起来。参见James C. Spindler, Why shareholders want their CEOs to lie more after Dura Pharmaceuticals, Geo. LJ 95, 2006, p. 671.

⑰　参见李国光主编,最高人民法院民事审判第二庭编著:《最高人民法院关于审理证券市场虚假陈述案件司法解释的理解与适用》,人民法院出版社2003年版,第76页;《为证券市场发展提供司法保障——最高人民法院副院长李国光谈规定理解与适用》,载《中国证券报》2003年1月。

⑱　起草者认为,在揭示日揭示真相之前,虚假陈述引起的灌水一直包含在股价中,投资者购入后若在揭示日之前出售股票,则将灌水部分转移给了后面的其他投资者,并不会蒙受损失;只有真相揭示之后,灌水被刺破或挤压,投资者才蒙受损失。参见贾纬:《证券市场虚假陈述民事案件的赔偿范围》,载《人民司法》2004年第11期。

⑲　笔者在北大法宝上对涉及实体审理的案例进行了筛选统计,发现诉讼双方对揭示日发生争议的占57%,原告因在法院认定的揭露日之后购入股票被驳回的情形达原告未获赔偿情形的一半。考虑到立案审查、诉讼时效及大量案件调解结案等情况,统计结果表明,揭示日认定已经构成原告获得赔偿的主要障碍。参见杨祥:《论证券虚假陈述诉讼中揭示日的认定》,载郭锋主编:《证券法律评论:"国家法治现代化背景下的证券法治体系建设"专辑》(2015年卷),中国法制出版社2015年版,第100~106页。

（一）对同一虚假陈述作多次部分揭示，是真相揭示的常态

揭示日即揭示虚假陈述所涉真相之日。真相揭示的内涵是，虚假陈述所涉相关真相在该日被揭示，市场据此得以知悉虚假陈述掩盖的事实真相并迅速在股价中作出反应。真相揭示的理想情形是一次性完整揭示（one-time full disclosure），即在虚假陈述实施之后，行为人本身、新闻媒体或证监会等局外人一次性完整地揭示欺诈涉及的全部内容，市场知悉全部真相后结合已有的公开信息，迅速作出股价反应。在理想情形中，同一虚假陈述对应一个揭示事件、一个（完整）揭示日，股价中的全部灌水在揭示日后被挤净，股价回归真实价值。

然而，这一情形在现实生活中颇为罕见。一方面，虚假陈述行为人是自私自利的市场主体，为了逃避责任，势必努力掩盖虚假陈述所涉真相，或者尽力拖延或操纵真相以控制股价。比如，行为人将事实真相切割成碎片，分作多次向市场逐渐释放真相片段，使得股价反应平稳；或者，行为人在发布更正公告时，将无关的重大利好消息捆绑起来披露，以利好来对冲利空消息的股价影响。目前，我国证券市场在法制上还有待完善，这类非理想状态的揭示情形频频发生。另一方面，从客观规律来看，真相揭示本身就需要一个过程，先是各种小道消息或“谣言”传入市场，然后部分投资者尤其是某些市场专业人士如分析师等展开专业性调查，其后新闻媒体作出报道，或证监会等监管部门作出立案调查决定，虚假陈述行为人见真相可能暴露，或者监管部门将对自己苛以责任时，主动发布更正公告等。

显然，在现实生活中，一项虚假陈述行为完全可能同时涉及若干个揭示事件，对应多个揭示的时间点（可称为“揭示时点”，以区别于因果关系认定中的揭示日）。这或许是行为人企图规避责任的谋划安排，也有可能是处于信息不对称地位的局外人发现和揭示真相的必然过程。在许多情形中，局外人挖掘真相往往还与行为人主动释放信息交织在一起，共同促成虚假陈述掩盖真相的揭露。从我国证券市场的实际来看，对同一项虚假陈述的揭示多表现为分作多次的部分揭示（本文称为“多次部分揭示情形”），这既与虚假陈述行为人普遍具有规避责任的强烈诱因相符，也与局外人渐进式发现真相的过程相一致。

(二)现有法律供给不足,司法裁判无法应对现实常态

多次部分揭示情形不同于一次性完整揭示,在揭示日认定上具有一定的特殊性,而我国相关法律规范的模糊乃至空白,则进一步加剧了准确认定揭示日的难度。从司法解释来看,我国系以虚假陈述实施日、揭露日或更正日[20]及基准日三个时点为关键节点构建起来的损害赔偿机制。[21]对于极为关键的揭示日,《若干规定》仅在第20条第2、3项作了规定:"虚假陈述揭露日,是指虚假陈述在全国范围发行或者播放的报刊、电台、电视台等媒体上,首次被公开揭露之日。""虚假陈述更正日,是指虚假陈述行为人在中国证券监督管理委员会指定披露证券市场信息的媒体上,自行公告更正虚假陈述并按规定履行停牌手续之日。"

该规定明确了媒体范围及首次披露等认定要件,但对于披露内容是否必须涉及虚假陈述(如公司发布的"因违法被中国证监会立案调查公告"能否认定为揭示日)、披露真相应达到哪种程度(譬如,是否只有对真相完整披露的揭示时点才能被认定为揭示日)等关键问题则没有涉及。尤其是,该条要求"首次被公开揭露之日"才能认定为"揭露日",显然预设的是一次性完整揭示情形,难以适用于多次部分揭示情形。究竟应当如何处理多次部分揭示情形,是将首次部分揭示真相的日期认定为揭示日,还是将最后完整揭示相关真相的日期认定为揭示日?抑或,能否将所有揭示部分真相(且该真相披露具有重大性)的日期均认定为揭示日?对此,现行法律没有规定,而我国理论界也尚未涉足研究,这令裁判法官处于孤立无援的境地。从已有判决来看,多数法

---

[20] "揭露日"与"更正日"的主要区别在于,"揭露日"一般是虚假陈述行为人之外的局外人对真相的揭示,而"更正日"则是虚假陈述行为人自己对真相的揭示。由于"揭示"一词能够涵盖"揭露"和"更正"之意,并且除了司法解释中的揭露日和更正日之外,市场通过其他渠道或事件实际知悉真相等情形,也应具有与"揭露日""更正日"同样的法律意义,故除特别指出外,下文将以揭示日来指称包括"揭露日或更正日"在内的真相揭示。

[21] 《若干规定》仅规定了诱多型虚假陈述,投资者只有在虚假陈述实施日及之后至揭露日或者更正日之前买入股票,并在揭露日或更正日之后卖出蒙受损失,才能主张损害赔偿。鉴于诱空型虚假陈述的研究尚未成熟,本文亦仅就诱多型虚假陈述展开分析。

官拘泥于司法解释的规定,对多次部分揭示情形的特殊性鲜有关注,一般都套用《若干规定》第 20 条,将首次揭示时点认定为揭示日,致使大量受损害的投资者被排除在救济范围之外。同时,对于同一案件中存在若干项相互独立的虚假陈述的情形,法院也很少严格区分各项行为并逐项认定各自的揭示日。[22]这导致很多适格投资者被排除在民事救济范围之外,也无法对相关违法行为产生威慑和吓阻作用。

三、多次部分揭示情形的真实样态及内涵解读

(一)多次部分揭示情形的真实样态

Dura 案之后,真相揭示的问题成为虚假陈述诉讼中当事人争议的核心焦点。被告主张驳回原告诉讼的惯用依据是,原告没有指出明确的揭示日,没有举证揭示日与股价下跌之间存在关联等。由于证明标准陡然提高,普通投资者难以承担因果关系的证明责任,而在很多案件中,主审法官也明知若不予以救济将明显违背衡平原则,故针对一些投资者提出的部分揭示、真相泄露等新理论,美国一些法院开始采纳和支持。其中,Lormand 案和 PERSM 案是有关多次部分揭示情形的经典案例,法院在裁判中的推理为理论研究提供了宝贵素材。

1. Lormand 案

Lormand v. US Unwired, Inc 案[23](以下简称 Lormand 案)的基本事实是:主要被告 US Unwired(以下简称被告)是一家电信公司,2000 年 5 月 23 日上市发行股票。此前,1998 年,被告依据与 Sprint(美国一家全国性电信公司)订立的合同,成为后者关联性较弱的第Ⅲ类附属公司,但一段时间后,Sprint 威逼利诱地要求它转换为关联性更强的第Ⅱ类附属公司,对此,被告因不愿意失去对客户和现金流的控制权而予以拒绝。然而,在数次协商无果后,2000 年 9 月,被告妥协了,将其客户账单及收取客户付款等控制权转移给了 Sprint,尽管此后它向市场作了披露,但从未披露转移控制权将引发的风险,并多次作出乐观声明。

---

[22] 在大庆联谊虚假陈述案中,法官明确指出,该案存在两项独立的虚假陈述行为,各项行为分别对应不同的揭示日。这一区分得到了最高人民法院的同意。

[23] Lormand v. US Unwired, Inc., 565 F. 3d 228 (5th Cir. 2009).

2001 年 5 月开始，Sprint 为了占据市场份额，开始实施“零押金”套餐——次级信用的客户无须交付押金就可以透支消费一定金额的电话费，随后，又升级为“利索付”套餐，任何人无须交付押金或进行信用审查，就可以加入该套餐并透支一定的消费额。这两个套餐在其第Ⅰ、Ⅱ类附属公司中实施。被告的管理层根据之前的经验，明白这必将给公司发展带来灾难性影响，故提出了异议，但异议无效，只得实施这类套餐。在此期间，被告对外发布了一些相当乐观的披露公告，如在 2002 年 5 月一次公开电话会议上，CEO 积极推荐“零押金”套餐，称其具有长期收益，目前公司收入大幅增长，客户流失率会降低等。然而实际情况却是，大量次级信用客户在用完可透支的消费额之后，就立刻停用或更换电话号码，被告的客户流失率大幅攀升，公司债务水平巨增并陷入财务困境。正在此时，即 2002 年 6 月 6 日至 2002 年 8 月 13 日期间，数份有关“零押金”和“利索付”套餐恶化了被告公司财务状况的披露公告达到市场，导致其股价从 4.94 美元下跌到 0.90 美元。

以 Lormand 为集团代表的原告主张称，被告对转换为第Ⅱ类附属公司存在的风险，以及“零押金”和“利索付”套餐的实际情况等情况作出了虚假陈述。这些欺诈对应以下多次部分揭示：(1)2002 年 6 月 6 日，Sprint 公司的另一家附属公司发布公告称，公司因重新要求客户交纳押金而无法完成预定客户的增长目标，这导致情况与之相同的被告股价从 4.94 美元下跌到 3.96 美元；(2)2002 年 6 月 13 日，若干分析师下调了被告公司的信用评级；(3)2002 年 6 月 21 日，穆迪投资者服务公司称正在考虑，可能下调 Sprint 公司及被告的评级；(4)2002 年 7 月 19 日，被告发布公告称，公司后付费客户的流失率上升到 3.4%；(5)2002年 8 月 13 日，被告的 CEO 在公告中称，当年客户增长缓慢是因为公司重新要求次级信用客户交纳押金，使得后者退出合约。同日，被告在向 SEC 申报的材料中称，公司第二季度的客户流失率为 3.4%，远高于去年同期的 2.2%，这是由于中断或退出服务的次级信用客户大量增加所致。

原审中，地区法院以被告适用“安全港”规则、不负有披露义务，且原告未能指出明确的揭示日来证明损失因果关系为由，驳回了原告诉讼。原告不服提起上诉，美国第五巡回上诉法院在审理后，部分支持了原告的主张。该院认为,被告实施的隐瞒和虚假陈述不能适用安全港豁免,在明知风险存在的情况下也负有披露义务,但原告有关相关真相被揭示的上述主张,仅涉及客户增长与次级信用客户市场策略的问题,与 US Unwired 公司被迫转移客户账单、现金流及随后的隐瞒和虚假陈述无关,故有关后者导致其经济损失的主张不予支持。对于被告对客户增长与次级信用客户市场策略实施的虚假陈述,尽管不存在由被告发布的一次性完整披露,但从 Dura 案有关真相“泄露”和“让市场知悉”的陈述来看,真相可以通过一系列部分揭示逐渐出现,若能够证明这一系列部分揭示的整体导致了股价下跌,则损失因果关系得以成立。而本案中,原告主张的一系列披露都与“零押金”和“利索付”套餐恶化了被告公司财务状况相关,直到 2002 年 8 月 13 日被告明确讨论这一情况,才最终完成对真相的完整揭示,即被告向市场隐瞒了他们知悉针对次级信用客户的套餐将摧毁 US Unwired 公司、打破公司正常经营和财务计划的事实,考虑到这一整体揭示期间出现的股价巨幅下跌,应当说,足以证明成立损失因果关系。

2. PERSM 案

Lormand 案之后,第五巡回上诉法院在 2014 年 10 月裁判的 Public Employees Retirement System of Mississippi v. Amedisys, Inc. 案[24](原告简称 PERSM,本案简称 PERSM 案)中,再次确认和阐释了多次部分揭示理论。该案的基本事实是:被告 Amedisys(以下简称被告)是一家为慢性病人提供家庭护理的上市公司,收入来自医疗保险预期支付系统(PPS)的医疗报销,计算依据是它为某个病人在 60 天周期内提供的家庭护理次数。依据 2007 年 12 月 31 日之前的报销政策,如果护理公司提供十次以上的治疗探访服务,则 PPS 系统将多支付一倍的费用。但自 2008 年 1 月 1 日起,这一政策被新标准所取代。为获得丰厚的报酬,被告不顾联邦法律仅允许以提供必要的医疗服务取得医疗报销的规定,强迫其雇员为病人提供并不必要的探访治疗服务,从而满足十次或其他标准,获得加倍的报销费用。在 2005 年 8 月 2 日至 2010

---

[24] Public Employees Retirement System of Mississippi v. Amedisys, Inc., 769 F. 3d 313 (5th Cir. 2014).

年9月28日集团诉讼期间，被告多次就公司盈利模式的合规性作出虚假陈述。

以PERSM为代表的原告称，市场通过以下五次部分揭示知悉了被告的虚假陈述并作出了股价反应，由此导致原告的经济损失：(1)2008年8月12日，香橼公司(Citron Research)在一份网络报告中对被告的财务与医疗账单操作提出质疑，当日被告股价下跌17.86%；(2)2009年9月3日，被告发布一份总裁与首席信息官两位高管辞职的公告，同日其股价下跌21.68%；(3)2010年4月26日，华尔街日报发表一篇文章，以详细的医疗数据分析指出，被告可能利用了医疗报销系统的漏洞，第二天其股价下跌6.58%；(4)2010年5月至7月，三份有关SEC等政府机构已经介入被告账单操作调查的公告，分别导致被告股价下跌约10%；(5)2010年7月12日，被告向股东发布了糟糕的第二季度经营业绩，第二天股价下跌24.13%。

地区法院驳回了原告的起诉，认为上述任一部分揭示均不能构成证明因果关系成立的更正披露，主要理由是政府调查不构成真相揭示。原告提起上诉后，第五巡回上诉法院最终推翻了地区法院的判决。上诉法院指出，因循Dura案及Lormand案等先例，除了被告的正式披露之外，市场知悉真相的信息源是非常广泛的，如举报人、分析师质疑、CFO或审计师的辞职、公司财务变化公告等，只要呈现的真相与虚假陈述之间具有一定的相关性，即可满足损失因果关系的要求。在五份部分揭示中，尽管孤立地考量每一份揭示情形，可能都无法构成更正披露，如香橼报告只是猜测被告可能存在欺诈，两位高管辞职后的股价下跌可能是市场对突发信息的反应，政府开始调查信息本身一般不构成揭示，但将这若干份部分揭示作为一个整体来考虑，即媒体率先提出质疑并呼吁对被告调查，随后两名高管离职、华尔街日报发文指出被告的探访次数与医疗系统漏洞之间存在关系，紧接着，SEC等机构回应媒体呼吁开始介入调查，最后被告自己发布糟糕的经营业绩。显然，这些部分揭示逐渐曝光了被告的医疗欺诈行为，致使被告无法继续实施欺诈，业绩出现巨幅下跌，并且，在整个过程中，股价也对这些真相揭示作了充分反应，从66.07美元下跌到24.02美元，因此，这些部分揭示作为一个整体的影响远大于单个影响的数量之和，足以成立损失因果关系。

(二)多次部分揭示情形的内涵

上述案例反映了证券市场中真相揭示的常见情形,即对虚假陈述所掩盖真相的揭露,往往会经历一个较为复杂而漫长的过程,涉及多次部分揭示事件,如新闻媒体揭露、市场专业人士调查、信用评级下调、有权机关立案调查。在每一次揭示事件中,市场获得的都只是支离破碎的真相片段,但正是通过这样一点点的逐步揭示,最终得以拼凑出相关真相的完整画面。由于多次部分揭示的过程,形象地来说与挤牙膏类似,故可称为"挤牙膏"情形。[25] 这主要包括以下类型:

1. 虚假陈述行为人将真相切割成碎片,进行多次披露(multiple disclosures)、部分披露(partial disclosures)。由于理论上虚假陈述掩盖的真相最终必然会被发现,为了规避、减轻乃至免除自身的责任,虚假陈述行为人在尽力拖延暴露的同时,一般会利用现有损失因果关系的弊端,将事实真相切割成碎片,分点分次地逐渐向市场释放真实信息,使市场缓缓吸收真相并悄无声息地挤压出灌水,从而使原告因无法指出明确的揭示日而败诉,或者被告得以依据媒体报道、立案调查及更正公告等正式揭示事件发生时,没有引起股价明显变化为由,主张损失因果关系不成立,驳回诉讼。

2. 局外人对真相的渐进式揭露。虚假陈述行为人之外的主体如市场分析师、新闻媒体及有权机关等,囿于信息不对称及认识事物的客观规律,对真相的发掘往往有一个渐进的过程:先是上市公司的造假露出端倪,各种小道消息、"谣言"充斥市场,个别局外人率先提出猜测和质疑,其后,新闻媒体跟进报道,有权机关介入调查……各种涉及真相的揭示事件接连发生,直至虚假陈述所涉真相最终完全暴露。如在PERSM案中,首先是一家做空公司猜测被告可能实施了欺诈,随后,被告公司出现人事变动、华尔街日报发文进一步指出其违法的较高可能性,紧跟着,美国证监会回应报道介入调查,随着真相的逐渐暴露,被告

[25] 这一比喻最早提出于汤欣、杨祥:《虚假陈述损害赔偿的最新实践及法理检视——以万福生科和海联讯补偿方案为例》,载《证券市场导报》2015年第3期。该文对各项部分揭示均具有重大性的子情形作出了阐释,本文主要是在其基础上补充另一重要子情形,并对其特殊性问题作全面论述。

公司因无法继续实施违法报销而陷入严重财务困境，在真相遮掩无望之下，只得发布糟糕的经营业绩报告，至此，被告的违法盈利模式及真实财务状况才最终为市场所充分知悉。可见，局外人对于一项虚假陈述的揭露，一般要经历较长的过程，涉及多个揭露主体和多次揭露事件，这是认识事物的客观规律以及市场上信息不对称使然。要求局外人在事后对事实真相一次性作出客观、准确的还原，完全不切实际。

3. 虚假陈述行为人切割真相与局外人渐进揭示真相交织在一起。在欺诈行为露出端倪、局外人开始质疑的情况下，虚假陈述行为人有切割真相并将其分次零散释放的更强烈的动机与紧迫性；这反过来又会引起更多市场主体的警觉乃至有权机关的介入，并为局外人发现真相提供线索、材料。因此，虚假陈述行为人蓄意操纵的真相切割往往与局外人的渐进式揭示相互影响、交织在一起，构成证券市场上颇为常见的类型。例如，Lormand 案中，最早引起市场警觉的是一份由与被告情况相同的公司发布的公告，一周后，一些分析师下调了被告评级，信用评估机构也开始考虑下调评级；在真相日渐明朗的情况下，被告公司不得不作出披露，但仍拒绝一次性作出，而是分作两次：第一次仅揭示了公司真实的客户流失率，第二次才进一步指出，形成较高客户流失率的真实原因是“零押金”等套餐。

（三）一般检验标准及其适用局限

证券虚假陈述是一种特殊的侵权行为，在认定某一日期是否构成揭示日时，应当充分考虑真相揭示的复杂性及其与损失因果关系的联系。对此，可以以市场能够且实际知悉虚假陈述所涉相关真相作为一般的检验标准，其中，“相关真相”是指被揭示的内容要有一定程度的指向性和确定性。该标准的具体步骤是，面对讼争的若干“揭示事件”“揭示时点”，[26]应当先以市场专业人士标准判断市场能否知悉相关真相，若不能知悉，则终止审查，不构成揭示日；若能够知悉，则还须结合专家证言、股价立刻下跌及事件研究法等多项因素，对“市场是否实际

[26] 双方在诉讼中争论的揭示事件、揭示时点，不一定能够被认定为法律上的揭示事件、揭示时点，故在其上标注双引号以示区分。当然，即便是法律上的揭示时点，也不一定构成揭示日，如单个揭示时点影响微弱而须合并认定为一个揭示日的情形。

知悉虚假陈述相关真相"作出综合衡量。[27]

这一标准在绝大多数案件中都能适用。但若要适用于涉及多次部分揭示情形的案件,则尚需要讨论该情形的特殊性,即如何处理每一次的部分揭示、是否允许认定多个揭示日、能否将若干次部分揭示事件集合起来整体考虑等。前述问题是法官在处理该类案件时必须解决的障碍,也是适用上述标准的前提。因为上述标准比较依赖股价下跌的市场反应和事件研究法等实证工具,通常首先需确定合适的事件和事件窗,识别潜在的混杂事件并控制它们的影响,而对检验事件与事件窗的选择,实质上就涉及多次部分揭示情形中揭示日的内涵和认定规则:如果该情形通常是将多次部分揭示事件作为一个整体,将所有事件所跨期间整体认定为揭示日,则用来检验的事件是作为集合体的全部"部分揭示事件",事件窗则是所有"部分揭示时点"的跨期;而如果是将某一个或某几个部分揭示时点认定为法律上的揭示日,则应当以这些时点对应的揭示事件作为检验的事件,事件窗则应确定为这些"部分揭示时点"当日或前后一两日,并分别加以检验。可见,探讨多次部分揭示情形中揭示日的内涵及认定规则,具有理论与实务上的必要性。

四、多次部分揭示情形中揭示日的认定原理

对同一虚假陈述的多次部分揭示情形,涉及数个部分揭示事件、对应多个部分揭示时点,而每一次部分揭示可能都会挤压出一定灌水、引起股价下跌,[28]同时,当时尚未被揭露的真相部分则将继续维持与之相应的灌水,因此,区别于一次性完整揭示情形,多次部分揭示情形会产

---

[27] 参见杨祥:《论证券虚假陈述诉讼中揭示日的认定》,载郭锋主编:《证券法律评论:"国家法治现代化背景下的证券法治体系建设"专辑》(2015年卷),中国法制出版社2015年版,第97~120页。

[28] 需要注意的是,单次部分揭示在其出现当时是否会挤压出灌水、引起股价下跌,还与揭示信息的性质以及市场的预期等诸多因素有关。比如,该次部分揭示的内容(单独看来)被市场认为无关紧要,或者市场对其已经形成充分的预期,该信息只是对此确认,此时,灌水与股价可能就不受影响。但若结合其他部分整体分析,则不能排除其对灌水的实际挤压效果。故本文称单次部分揭示会"挤压出与揭示信息相对应的那部分灌水",系对其灌水挤压效果的整体性笼统描述,而非精确对应于其出现当时。

生阶梯效应与灌水维持等特殊效果，从而对其揭示日的认定产生重要影响。

(一)多次部分揭示情形的特殊性

1. 阶梯效应

在多次部分揭示情形中，对虚假陈述所涉真相的揭示包含若干次揭示事件分作多次进行，其中，每一次揭示都只是揭开了真相的一部分，直到经历了一个漫长的过程后，真相的全貌才得以最终呈现。依据有效市场理论，这些部分揭示事件也会对股价产生影响，市场在消化“真相碎片”之后，会迅速挤压出与该碎片相对应的灌水。而在这一“真相碎片”消化完毕，下一次部分揭示事件发生之前，假定没有其他因素介入，则股价将保持恒定状态，维持与尚未被揭露的(部分)真相相对应的灌水。这些灌水会在下一次部分揭示事件后进一步缩水，直到相关真相被完整揭露，才彻底刺破。可见，多次部分揭示情形存在一种非常特殊的效果——阶梯效应(step effect)。

为详细阐释阶梯效应的内涵，兹以上述 PERSM 案为例。根据判决书认定的事实及股价反应，我们可以先画出每次部分揭示对股价灌水的逐次挤压过程，见图 1：

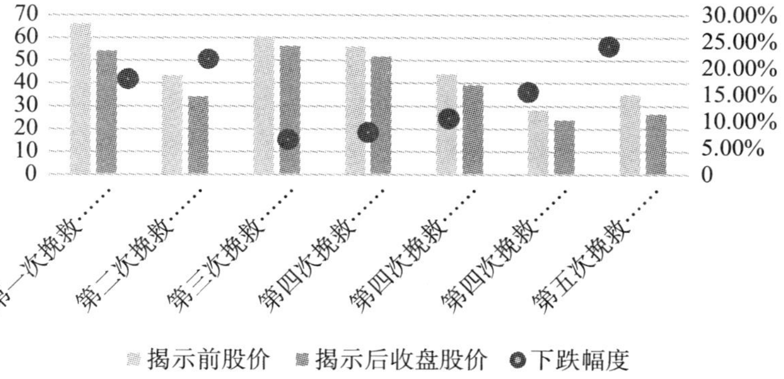

图 1　PERSM 案灌水挤压过程

从图 1 可以直观看出，各次揭示之间相隔较远，前后历时近两年之久，而且，每一次部分揭示均引起了股价大幅下跌，灌水挤压效果非常明显。不过，该图是依据证券市场上实际的股价变化作出，介入了市场系统性风险、产业状况等其他无关因素的影响,以致无法更为直观地反映整个灌水挤压的过程。为此,可以将这些介入因素排除,仅考虑虚假陈述及真相揭示对股价的影响,同时假定股票的真实价值恒定,则理想状态下的示意图2[29]如下:

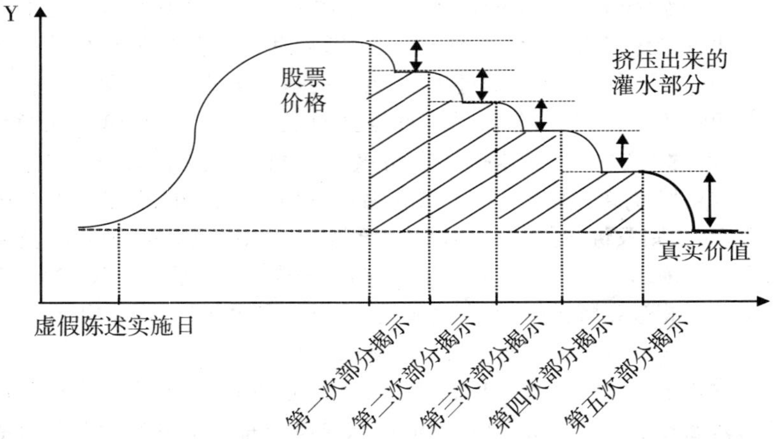

图2　PERSM案灌水挤压的“阶梯效应”

图2中双箭头的高度代表挤压出来的灌水,阴影部分则是每一次部分揭示之后维持的灌水。图2清楚地反映出,对于同一虚假陈述的多次部分揭示,将导致股价中的灌水逐级减少并在下一次揭示之前保持水平,呈现出阶梯状(见阴影部分)。“阶梯效应”这一概念较早由1994年的美国In re Seagate Technology II Securities Litigation案[30](以下简称Seagate案)提出。该判例描述称,一系列的部分揭示在股价灌水中制造了“阶梯效应”:每一个揭示都导致灌水逐级地部分减少(构成这一级“阶梯”的垂直面),而剩下的灌水部分则在下一

㉙ 为作图简便,将第四次部分揭示包含的三个立案调查公告用一个阶梯表现。

㉚ In re Seagate Technology II Securities Litigation, 843 F. Supp. 1341 (N. D. Cal. 1994).

次部分揭示之前几乎恒定不变(这构成该级“阶梯”的水平部分)。[31]多次部分揭示情形的这一特性,直接影响了其揭示日的内涵及具体认定。

2. 灌水维持

由于每一次部分揭示仅披露真相的某一部分,股价也只能挤掉与之相对应的那部分灌水,故与真相未披露事实相对应的那部分灌水,理论上不受之前各次部分揭示的影响而得以维持。同时,在真相被部分揭露之后,虚假陈述行为人为了逃避责任,继续维持股价中的灌水,往往会发布否认市场质疑的虚假“澄清公告”、作出明显违反事实的声明等,试图消除真相泄露的影响。例如,PERSM 案中,第一次部分揭示后,被告向投资者保证公司盈利的合规性,第二次部分揭示时,被告称两位高管离职与其违法经营无关,第三次部分揭示后,被告发言人称华尔街日报关于公司违法报销的文章是煽动和错误的,在第四次部分揭示之初,被告还声称媒体对家庭护理价值的描述不准确。[32]由于这些行为并未导致股价中增加新的灌水,而仅维持了先前已经存在的灌水,故在现有赔偿理论下能否要求被告承担赔偿责任,值得研究。

从美国判例来看,越来越多的法院开始适用“灌水维持理论”(“maintenance theory” of inflation)来保护投资者的利益。依据这一理论,原告并不需要证明案涉虚假陈述引起或增加了公司股价中的人为灌水,而只需简单地指出,该虚假陈述通过确认先前的虚假陈述,维持了已有的灌水;有法院还特意指出,在证券欺诈案件中,原告并不需要以“数学精度”来主张每一项陈述对投资者损失的影响。[33]据此,仅维持先前灌水的欺诈行为也可能构成一项虚假陈述行为。这意味着,即使行为人实施的多项行为指向的是相同内容的虚假陈述,这些行为也都

---

[31] In re Seagate Technology II Securities Litigation, 843 F. Supp. 1341, 1365 (N. D. Cal. 1994).

[32] See Public Employees Retirement System of Mississippi v. Amedisys, Inc. 769 F. 3d 313, 318 – 319 (5th Cir. 2014).

[33] See S. Austin King, *Proffering the Right Evidence: Proving Loss Causation and Damages under SEC Rule 10b – 5*, NC Banking Inst. 18, 2013, p. 453.

可能构成虚假陈述,从而对应多个虚假陈述实施日。总之,多次部分揭示情形能够产生灌水维持的效果,这导致了因果关系的特殊性,即只要虚假陈述所涉相关真相仍有部分内容尚未披露,则投资者因买卖股票蒙受的损失仍然可能与行为人实施的虚假陈述之间成立因果关系。

(二)特殊性下揭示日传统观念之修正

传统观念认为,一项虚假陈述在一个揭示事件中通常能够被完整揭示,故一般对应一个揭示日。从《若干规定》第20条第2项"首次被公开揭露"及其背景材料来看,我国司法解释的起草者可能并未清晰地预料到日后可能出现同一公司多次虚假陈述、多次揭示的复杂情形。[34]由于多次部分揭示情形是将真相分作多次逐渐暴露,在此期间会产生特殊的阶梯效应与灌水维持等效果,故应当结合揭示日的具体内涵,突破传统观念的束缚,探索区分认定多个揭示日或合并多次揭示时点的可能性。

首先,司法解释没有对揭示日的认定程序作出要求,有关揭示日的定义也并不周延。事实上,揭示日的内涵主要是虚假陈述所涉相关真相被揭示,市场得以知悉真实情况后挤压出灌水,据此,某一个揭示事件只要对相关真相有所揭示且具有重大性,则该时点就应构成揭示日。美国最高法院在Dura案中指出,有关虚假陈述的真相可以通过泄露或通过各种形式达到市场。[35]第五巡回上诉法院在PERSM案中也明确指出,更正披露并不必然要求一个单一披露(a single disclosure),相反,真相能够通过一系列披露逐渐被揭示,如果从案件全部情况能够得出这一系列披露整体上满足了损失因果关系的要求,则其整体构成更正披露。可见,只要能够达致揭示相关真相的客观效果,则形式上究竟是一次或多次揭示、一个或多个揭示日关系不大。在多次部分揭示情形中,将其

---

[34] 参见李国光主编,最高人民法院民事审判第二庭编著:《最高人民法院关于审理证券市场虚假陈述案件司法解释的理解与适用》,人民法院出版社2003年版,第260~268页。该书在论述虚假陈述对股价影响的示意图以及认定揭露日或更正日时,均未谈及多个揭露日的情形。

[35] See Dura Pharmaceuticals Inc. v. Broudo,544 U.S.336,342.

中满足揭示日要件的每一个揭示时点认定为揭示日，或者将整体上揭示真相的多个部分揭示时点合并为一个揭示日，符合真相揭示的客观规律与揭示日的内涵，有利于保护中小投资者权益，维护证券市场的正常秩序。

其次，司法解释起草人也并没有排除同一虚假陈述中存在多个揭示日的可能。譬如，在论述虚假陈述与揭露日（更正日）之间关系时，背景材料明确称，虚假陈述被揭示之后，“股价会急剧下挫，直至泡沫被挤净，价格趋于平稳”等，[36]可见，将股价中的灌水完全挤压出来，是起草人为揭示日预设的立法定位和应然效果，若仅将某一次部分揭示认定为唯一的揭露日或更正日，则必然无法实现其挤净全部灌水的立法定位。而且，“泡沫被挤净”的充分必要条件是真相被完整揭示。这表明，起草人非常关注揭示日最终完整揭示真相的功能，故《若干规定》第 20 条第 2 项的“首次被公开揭露之日”或许可以理解为“（完整真相）首次被公开揭露之日”，由此，在同一虚假陈述中，将满足揭示日内涵的所有揭示时点分别认定为揭示日直至真相最终被完整揭示，或者将作为一个整体完整揭示真相的多个揭示时点合并认定为一个揭示日，并不违反司法解释的原意。

（三）揭示日的具体认定：多个揭示时点的区分或合并

根据揭示程度的不同，多次部分揭示情形又可以归纳为以下子情形：（1）第一类子情形是，某一（部分）揭示事件揭露了虚假陈述所涉相关真相的一部分，并且具有重大性（引起股价大幅下跌）；（2）第二类子情形是，任一部分揭示事件孤立来看微乎其微或指向性不明确，但结合其他部分揭示事件从整体考量，则能够揭示相关真相且对股价影响重大；（3）第三类子情形是前两类的交织，即其中某一个或几个部分揭示时点满足了揭示日内涵，而其他多个部分揭示虽不能单独满足但作为一个整体揭示了相关真相（的其余部分）且具有重大性。由于第三类子情形仍适用混合前的规则，故下文主要对前两类子情形进行分析。

---

[36] 参见李国光主编，最高人民法院民事审判第二庭编著：《最高人民法院关于审理证券市场虚假陈述案件司法解释的理解与适用》，人民法院出版社 2003 年版，第 266 页。

1.规则一:满足揭示日内涵的单个部分揭示时点,都应当认定为揭示日

如果某一个部分揭示事件揭露了一项虚假陈述所涉真相的一部分,具有一定程度的指向性和确定性,并引起股价大幅下跌(即具有重大性),则应当将这个揭示时点认定为揭示日。如果同一虚假陈述中数个部分揭示时点均满足了这一条件,那么,可以认定多个揭示日,这并不违反立法原意。我们可以从损失因果关系的角度进一步阐述认定多个揭示日的可能性和必要性。

为便于理解,可借助图2来分析:[37]

(1)由于每一次部分揭示事件发生后股价会大幅下跌,于虚假陈述实施日后,第一次部分揭示时点之前买入股票的投资者,无论是在哪一次部分揭示时点之后卖出,均会因部分灌水被现实挤压掉而蒙受损失,二者之间成立损失因果关系,应当予以救济。

(2)在两个阶梯之间买入并卖出股票蒙受损失的投资者,若符合因果关系的其他要件,也应当给予救济。[38]因为市场在每次获悉泄露出来的部分真相时,一般并不知道这只是冰山一角,况且,即便当时对剩余真相部分有所警觉,也会因时间流逝(前后两次部分揭示之间可能相隔数月或更远)而误以为剩余真相不会出现,从而信赖股价在当时是公正的。投资者在某一个阶梯期间(阶梯的水平部分)购入股票时,同时购进了未披露真相部分维持的灌水,其后来在另一个阶梯期间卖出时,部分灌水(买卖行为各自对应阶梯的高度差)已经被这两个阶梯之间的界限——某个部分揭示事件挤压出来,由此蒙受了实际损失。这就要求将各次部分揭示认定为揭示日。此外,对市场而言,额外真相未被披露本身就可能构成一项新信息(没有消息就是好消息),在计算

[37] 需要说明的是,图2涉及的PERSM案中法院没有将这些揭示时点区分认定为多个揭示日,原因是法院认为它们单独考虑都不具有明确的指向性,这不同于本文预设的前提。

[38] 对此,提出“step effect”概念的法院也承认,交易边界跨越两个以上阶梯的投资者有权主张赔偿。In re Seagate Technology Ⅱ Securities Litigation, 843 F. Supp. 1341, 1365 (N. D. Cal. 1994).

先前虚假陈述导致的全部损害时应予考虑。[39]

2. 规则二:从整体上完整揭示真相的多个部分揭示时点,可以合并认定为一个揭示日

前文述及,公司可能会通过多次更正披露,来缓慢揭露一项欺诈以消散更正披露的影响;同时,局外人囿于信息不对称和认识的客观规律,也需要反复多次挖掘才能揭示完整真相。若单独衡量每一次部分揭示事件,可能都对公司股价只有微乎其微的影响,然而,若将它们作为一个整体来考虑,则市场将意识到这些披露揭示了真相,具有重要性,从而引起股价大幅下跌。与上一情形不同的是,这类子情形的任一次部分揭示都没有满足揭示日的内涵,无法单独构成一个揭示日——单个部分揭示事件要么不具有重大性,对股价没有产生明显影响,要么虽满足了重大性要求但是指向性不明确,致使市场难以将其与虚假陈述关联起来。

然而,结合其他部分揭示,虚假陈述所涉真相在整个揭示期间得以完整揭示。随着灌水逐渐消散,在虚假陈述实施后买入股票并在第一次部分揭示之后卖出,以及在整个部分揭示期间跨阶梯买卖的投资者,理论上都会蒙受实际损失。可见,在多个部分揭示事件合并而成的整体期间,投资者买卖股票的损失与行为人实施的虚假陈述之间成立损失因果关系。将多个部分揭示事件作为一个整体来考量,并将该整体所跨期间认定为一个(集合性的)揭示日,符合揭示日的宽泛内涵与立法定位,有助于投资者保护及威慑违法行为。这一理论也逐渐得到了美国一些法院的支持,如前述 Lormand 案与 PERSM 案。在 PERSM 案中,上诉法院特别强调称,对于这些部分揭示集合成一个揭示日的最好诠释是,它们作为一个整体的重大性,显而易见地要远大于各个部分之数量总和。[40]

---

[39] See Allen Ferrell & Atanu Saha, *The Loss Causation Requirement for Rule* 10*b* – 5 *Causes of Action*: *The Implications of Dura Pharmaceuticals*, *Inc. v. Broudo*, The Business Lawyer, 2007, p. 176.

[40] See Public Employees Retirement System of Mississippi, Puerto Rico Teachers Retirement System v. Amedisys, Inc., 769 F. 3d. 313, 324 (5th Cir. 2014).

五、结论

在证券市场上,对于同一虚假陈述所涉真相的揭示,通常表现为多次部分揭示的情形,较少体现为立法者设想的一次性完整披露。这与虚假陈述行为人试图掩盖、拖延真相暴露,尤其是利用现有规则的弊端逃避责任有关,也与信息不对称、局外人事后还原真相的渐进式过程密切相关。为此,应当结合多次部分揭示情形的特殊性即阶梯效应和灌水维持,来确定与之相应的揭示日认定规则。具体而言,在多次部分揭示情形中,股价呈阶梯状下跌态势,两个梯度之间的高差代表了阶梯跨期内被挤压出来的灌水,由此,在整个揭示期间卖出股票的投资者,以及在各个部分揭示时点之间买卖证券蒙受损失的投资者,均应有权主张损害赔偿,虚假陈述已经被部分揭示并不能阻碍因果关系的成立。同时,在多次部分揭示情形中,应当突破"一项虚假陈述对应一个揭示事件与一个揭示日"的传统观念,承认在同一虚假陈述中存在区分认定多个揭示日或合并认定一个揭示日的可能。具体而言:(1)如果某一个部分揭示事件揭露了相关真相的某一部分且具有重大性,则该揭示时点应当被认定为揭示日,凡是满足这一条件的所有揭示时点均应认定为揭示日,同一虚假陈述中存在多个揭示日并不违反立法本意;(2)若多个部分揭示事件单独考虑时微不足道(即不具有重大性),或(虽具有重大性)不具有指向性,但是将这些部分揭示事件作为一个整体加以考量却能够揭示相关真相且对股价产生重大影响,则应当将这些部分揭示事件合并为一个整体,将该整体所跨期间视为一个揭示日。

(杨祥,清华大学法学博士,中国农业发展银行总行。)

论好意同乘交通事故中民事责任

——日本审判实践及其启示

水木晴美　程绍飞

目　　次

一、问题的提出

关于好意同乘交通事故引发的民事责任，中国相关法律法规都未对其适用何种归责原则承担民事责任进行规定。理论上存在三种主张，一般过错侵权责任、无过错责任和适当补偿的归责原则。

须注意的是，实务上2012年《最高人民法院关于审理道路交通事故损害赔偿案件适用法律若干问题的解释》征求意见稿（以下称司法解释征求意见稿）第20条规定好意同乘发生交通事故被搭乘人承担的是过错责任。搭乘人存在过错时适用过错相抵原则应当减轻被搭乘人的责任。[①] 但该条款最终未能在司法解释中亮相。目前各地法院的审

① 2012年《最高人民法院关于审理道路交通事故损害赔偿案件适用法律若干问题的解释》征求意见稿第20条规定，免费搭乘机动车发生交通事故造成搭乘人损害，被搭乘方有过错的，应当承担赔偿责任，但可以适当减轻其责任。搭乘人有过错的，应当减轻被搭乘方的责任。

判实践也仍旧做法各异。

二、好意同乘内涵及其性质的界定

(一)好意同乘内涵

好意同乘又被称为无偿搭乘,在民法学上不是一个有确定含义的概念。其内涵是非以营业为目的的机动车所有人、管理人或驾驶人基于好意同意他人无偿搭乘便车。一般应具有如下几个方面特征:其一,须经机动车所有人、管理人或驾驶人的同意而搭乘同行。其二,同乘人必须是“无偿”搭乘。其三,机动车的所有人或驾驶人不以该车为营业目的。以营业为目的的机动车,即使机动车所有人、管理人或驾驶人同意无偿同乘也不能构成“好意同乘”,此点区别于无偿客运合同。

(二)合理界定好意同乘的法律性质

好意同乘性质的界定,主要涉及契约关系和施惠关系的不同及其法律效果。二者区分标准,在于当事人之间的约定是否欠缺法律行为的构成要素,即表示欲发生法律效果的意思。凡属当事人之间约定“无偿”同乘的情况,依照诚实信用原则应从交易惯例以及双方利益加以解释当事人的意思表示。若从交易的惯例和当事人利益方面斟酌确定,好意同乘应属于好意施惠关系,即德国法上的情谊行为。反之,若当事人的约定是有偿的,则成立契约关系。中国台湾地区有的学者认为,好意同乘是好意施惠关系非契约关系,②无法律的拘束力,非法律行为。虽然我们通常所指搭便车、搭顺风车为“好意同乘”。但是,好意同乘有别于互联网顺风车服务行为。互联网顺风车服务具有交易特点,是以网络顺风车平台为交易媒介,通常在线上交易线下服务的模式下完成每笔运送交易,驾驶人向搭乘人除收取必要车费还会有额外的收益,同时网络顺风车平台还会提取收益的一部分作为提供信息的服务费。在此服务中,搭乘人是通过互联网与顺风车平台达成将其送到指定地点的服务协议,然后顺风车平台指定与平台有契约的顺风车为搭乘人提供运送之服务,搭乘人在此运送中无需与顺风车有协议也无

---

② 参见林承铎等:《论“好意同乘”交通事故的侵权责任》,载《北京交通大学学报》2015年第14卷第2期,第109页。

需做出请求同意无偿同乘的意思表示，因此互联网顺风服务中的民事责任问题应属于契约关系而不属于好意同乘的民事责任问题。故，好意同乘的当搭乘者损害发生时不能发生契约上给付请求权而是发生侵权责任法损害赔偿责任的请求权，是对机动车的驾驶人课以的严格责任。当事人虽已约定同乘，同乘人也不得向好意人主张有同乘的权利。同样，该好意人也不得主张同乘人由此受有利益，无法律上原因而成立不当得利。[③] 好意人（施惠人）并没有希望其行为本身引发法律上效果、受法律拘束的意思。多数学者认为，意思表示是指向外部表示意欲发生法效果的表意行为。好意同乘的情谊行为欠缺民事法律行为的意思表示要素，因此好意同乘的情谊行为不受法律所调整。学理上的通说认为，民事法律行为的规则主要适用财产法领域的有偿交易行为。综上，好意同乘的性质足以说明所谓的客运合同关系或类推适用客运合同的观点是难以成立的。故此，好意同乘交通事故中好意人的过错导致搭乘者人身和财产权益损害，损害赔偿的请求权基础应是民法侵权行为责任所规定。既然好意同乘发生人身和财产损害赔偿的请求权基础是侵权责任法，就须确定其适用何种归责原则，从而根据适用的归责原则，确定侵权责任的构成要件及其举证责任，才能合理地保护受损搭乘人的权益。一旦适用的归责原则不妥当，侵权责任受害人的利益就不能或不完全能得到法律的适当保护。

三、好意同乘中侵权行为之分析

正确认识好意同乘交通事故中的行为是确认承担民事责任的基础。如前文所述，好意同乘是基于情谊而实施的行为，这种情谊行为不在法律调整的范畴内而属于道德、习俗的规范。即便如此，这并不意味着在好意同乘发生交通事故而引发搭乘人的人身伤害也不受法律调整，然而侵权责任法所调整的恰是好意人侵害搭乘人人身权利的行为绝非其情谊行为。

（一）认定好意同乘民事责任的法律依据

关于好意同乘交通事故民事责任，从司法解释征求意见稿第 16 条

---

③ 王泽鉴：《债法原理》（第一册），中国政法大学出版社 2002 年版，第 200 页。

规定中,可以看到对好意同乘的民事责任采取过错责任原则,还适当减轻赔偿责任的司法态度。

凡属道路交通事故的损害赔偿,《中华人民共和国道路交通安全法》(以下简称《交通安全法》)第76条、《最高人民法院关于审理道路交通事故损害赔偿案例适用法律若干问题的解释》(以下简称交通赔偿司法解释)第14条、《侵权责任法》第16条和第22条均规定了损害人身和财产权益的赔偿,因此该交通安全法的规定应理解为并未排除对好意同乘交通事故中被侵权人(搭乘人)的损害赔偿。

(二)承担民事责任的适用原则

被搭乘机动车一方在整个同乘过程中,始终负有不得损害搭乘人的人身和财产权益的注意义务。好意人给予"无偿搭乘"并不影响其所负有的安全保障义务。国内侵权责任法的归责原则:一般侵权行为采用过错责任原则;无过错责任主要适用于特殊侵权;《中华人民共和国民法通则》(以下简称《民法通则》)第132条规定的公平分担原则仅是对前两个原则的补充。从审判实务来看,在适用顺序的选择上,优先选择无过失责任,其次考虑选择过错责任,因为在法律特别规定情况下才能适用无过错责任;双方当事人都无过错才会考虑公平责任原则的适用。[④] 德国法上称无过失责任为危险责任,确立危险责任的理念是妥当分配受害人的"不幸损害"并非为了制裁违法行为。[⑤] 关于好意同乘交通事故民事责任的归责原则,目前国内学界主要存在无过错责任说和过错责任说,审判实践有的运用无过错责任,有的运用过错责任还有运用公平分担原则,未获统一。[⑥]

机动车损害赔偿责任的认定应从侵权责任法宗旨救济被侵权人、抑制侵权行为发生为出发点,从《中华人民共和国侵权责任法》(以下简称《侵权责任法》)第48条来看应依照道路交通安全法有关规定。然而,在该法中并没有明文规定好意同乘交通事故的赔偿责任,司法实践中也未形成裁判规则,针对法律未明确规定的情况,仅能靠法官行使

④　刘学文主编:《侵权案件立案标准》,人民法院出版社2009年版,第56页。

⑤　王泽鉴:《侵权行为法》(第一册),中国政法大学出版社2002年版,第18页。

⑥　张家勇:《因情谊给付所致损害的赔偿责任》,载《东方法学》2013年第1期。

自由裁量权裁判。近些年,法院处理这类案件大体有三种做法:有按照交警部门确定的事故责任认定其赔偿责任;有的法官认为好意同乘既然是无偿同乘就应由搭乘人风险自负;有的则适用无过失责任原则或过错推定,确定对受害搭乘人的民事责任赔偿。显然,好意同乘的损害赔偿问题是要依据民事法律原则确立裁判规则进行审理。目前受害的搭乘人因法官选择适用的原则不同,有的"不幸损害"可以获得法律保护,有的不能完全得到权益保护,有的根本得不到侵权责任的损害赔偿。

笔者认为,在处理好意同乘交通事故,对搭乘人的人身和财产权益的损害赔偿责任采用无过失责任原则更为妥当,若交通事故的损害发生由搭乘人的过错导致应减轻或免除其赔偿责任。理由在于:《侵权责任法》第六章是有关机动车交通事故责任的规定,从第 48 条到第 53 条共六条,其中第 48 条只是指明该类事故的处理依照《道路交通安全法》的规定。换句话说,侵权责任法作为一般法并没有规定交通事故民事责任的具体适用。依据交通安全法相关规定,笔者认为机动车交通事故是以无过错责任原则为基础而非过错责任,仅机动车之间的交通事故才完全采取适用过错责任的归责原则。即该法规定在第三者强制险的限额范围内保险公司承担着无过错责任原则。在超出保险限额的部分,例如,机动车之间所发生交通事故的情形,才适用过错责任原则承担相应责任,与非机动车、行人之间的交通事故则适用无过错责任原则,只有能证明因非机动车驾驶人、行人的故意招致交通事故损害时,机动车一方才能免除责任。

综上,该法第 76 条规定机动车发生交通事故造成损害赔偿责任的适用原则,排除机动车之间交通事故则以无过错责任为原则,机动车一方损害赔偿责任不以过错为要件。该当免除事由时,机动车一方可以免责。笔者认为对好意同乘人的损害赔偿责任并非属于机动车之间交通事故,因此直接适用过错责任并不妥当。需注意的是迄今为止也没有法律规定,好意同乘的搭乘人被排除在机动车交通事故的受害人之列。当然无过错责任原则的适用具有法定性特点,在法律没有明确规定时是不能适用的。但是,依据现有的法律好意同乘人的损害赔偿是无法得到相应的救济。既然如此,笔者认为在立法层面上应改正《交通安全法》第 76 条的规定,将好意同乘交通事故造成搭乘人伤亡的损害赔偿责任列入其中,需规定由保险公司以第三者强制险去承担无过错责任的赔偿。司法层面也应对好意同乘损害赔偿案件适用民事法律原理确立裁判规则。如果我们有专门法而没有规定该责任,那么保险公司也是难以设计此类保险项目。该法中减免责任事由的规定,更强有力地说明立法者就此问题不仅考虑适用无过错责任归责原则,而且对受害人的过错做了适当程度的减缓。在法律没有明文规定时,法官在审判实践中值得采取个案斟酌,以实现侵权责任法的功能使受害人的合法权益得到圆满保护。

(三)确立好意同乘归责原则的意义

好意同乘交通事故引发的民事责任,是适用过失责任还是适用无过失责任到底有何不同?所谓过失与无过失责任两者之间,并没有一个绝对的界限,无过失责任并非绝对也有其免责,当免责事由一旦成立则不须承担赔偿责任。机动车损害赔偿责任不以过错为要件,这并等于加害人就不存在过错。无过失责任原则通常采用举证倒置,除该当免责事由否则不得免责。即便好意同乘适用了无过错责任,若机动车驾驶人存在免责事由,则无须承担民事责任。

倘若搭乘人明知驾驶人存在行车危险等,甘愿介入危险情形,法院可认定搭乘人有相当程度的过错存在。如在搭乘人明知驾驶人是无证驾驶的情况下发生交通事故时,应属于自甘冒险。对此可认定适用过失相抵原则,酌定减少对受害人的赔偿额。⑦ 妥当确立好意同乘民事责任的归责原则,不仅是基于法的正义,更是对不幸损害进行妥当分配。

四、日本立法依据与审判实务

(一)立法依据

《日本机动车损害赔偿保障法》第3条规定:"为自己将机动车供运行之用者,因其运行而侵害他人之生命或身体时,对所生损害负赔偿责任。但证明了自己及驾驶人关于汽车之运行未怠于注意,受害人或驾驶人以外之第三人有故意或过失以及机动车无构造上之缺陷或机能之障害者,非在此限。"该法"他人"是指除为自己将机动车供运行之用

⑦ 王泽鉴:《侵权行为法》(第一册),中国政法大学出版社2002年版,第65页。

人及该车的驾驶人之外的人。1967 年 9 月 29 日最高裁判所第二小法庭的判决将该第三条的“他人”明确解释为自己将机动车供运行者和机动车驾驶人之外的人，认定了好意同乘搭乘者为该条的“他人”。⑧此后日本判例和学说也可见维持着该态度。

当前日本法实务中对好意同乘受害人的损害赔偿责任，适用无过错责任的归责原则，只有能够证明本法第三条规定的三种免责事由存在，才能免除损害赔偿责任。

(二)审判实践中具体认定原则

1. 仅以“无偿”搭乘为由不予以认定减少赔偿额

东京地方裁判所 1995 年 12 月 27 日的判决

搭乘男友的车兜风招致交通事故，供乘人以搭乘人容忍了其鲁莽驾驶而引发事故等为由，主张减轻对搭乘人的赔偿责任，法院否定了供乘人的主张未予以减轻赔偿数额。⑨

东京地方裁判所在 2004 年 3 月 22 日的判决上(交通事故民事裁判例集 37 卷 2 号 390 页)也表明仅以“无偿”搭乘为由不予减少赔偿额，在没有证据证明搭乘人的过错引发该事故损害，则不能认定被告人以“无偿”搭乘为由减少损害赔偿额 5% 的主张。⑩

日本审判实务已确立了好意同乘的裁判规则。供乘人在不能证明事故引发为搭乘人过错所致时，判决完全肯定其对搭乘人的损害赔偿责任。

2. 搭乘人的过错事由(明知危险、介入危险、增大危险程度等)对损害赔偿额的影响

(1)否认减少损害赔偿额之案例

大阪地方裁判所 2006 年 7 月 20 日的判决，加害人驾驶的普通货车撞上正停车的大型货车搭乘该事故车而死亡的被害人父母向加害人提出损害赔偿的诉讼。事发前供乘人和搭乘人饮酒整夜，供乘人所带酒气程度为呼气每 1 升含量 0.1mg 以下，于是不能推定加害人因饮酒或疲劳导致不能注意到前方车正停，虽不能完全否认疲劳因素但是加

⑧ 《判例时报》497 号第 41 页。

⑨ 东京地方裁判所，1995 年 12 月 27 日，交通事故民事裁判例集 28 卷 6 号第 1884 页。

⑩ 东京地方裁判所判决，2004 年 3 月 22 日，交通事故民事裁判例集 37 卷 2 号第 390 页。

害人在变换车道时未目视前方才是引发这起重大事故的原因之一。法官认为,供乘人以疲劳、喝酒来主张适用过失相抵未尽妥当;另在关于搭乘人没系安全带问题上,根据事故车辆损毁程度、搭乘人死因及供乘人同样也没系安全带却未受到大的伤害等因素的综合考量,否认了搭乘人没系安全带与其死因有因果关系,判决否认了供乘人减少损害赔偿金之主张。⑪

大阪地方裁判所2006年11月2日的判决,搭乘驾驶执照在停驾的供乘人摩托车,在一处有交通信号的十字路口与右转车相撞,致使搭乘人死亡的交通事故。该搭乘人的继承人向双方车辆的驾驶人提出损害赔偿请求。法官在对该起交通事故以及供乘人过错进行综合考量时,认为虽然存在供乘人取得驾照不到一年禁止二人同乘的事实,但是搭乘人并不存在明知此事而搭乘之过错,判决否认了对搭乘人适用过失相抵减轻损害赔偿额的抗辩。⑫

(2)认定减少损害赔偿额的事例

本案几名年轻人深夜驾车兜风,在追越同伴车时,因方向盘操作错误发生车祸。在该案中,搭乘者明知人员超载和长时间一人驾驶会导致疲劳而不顾,为追逐飞驰最终酿成重大交通事故,故判决认定对所有搭乘者损害赔偿减额25%。⑬

深夜,搭乘人与驾驶人在六本木共饮酒后让驾驶人驱车送其回家途中撞上护栏,搭乘人受伤。搭乘人明知驾驶人酩酊大醉还甘愿同乘所致伤害,判决认定损害赔偿减额20%。⑭

仅一人乘用的摩托车而二人乘坐,为逃脱警车开向单行道逆行,在十字路口与货车相撞,搭乘者还用帽子遮挡车牌号以帮助驾驶人逃脱警察的追踪,自己不戴头盔还容忍危险驾驶是导致受伤加重的主要原因之一。斟酌搭乘人存在的过错事由,判决认定减少对其损害赔偿额

⑪ 大板地方裁判所判决,2006年7月20日,交通事故民事裁判例集39卷4号第1043页。

⑫ 大板地方裁判所判决,2006年11月2日,自保日报1707号第11页。

⑬ 东京高级裁判所判决,1990年3月28日,判例TIMES 754号第192页。

⑭ 东京地方裁判所判决,1993年6月21日,交通事故民事裁判例集28卷3号第910页。

的 30%。[15]

搭乘人在酒店饮酒约 4 小时其中与驾驶人共饮 2 小时半，而且驾驶人应搭乘人之邀而来，交通事故发生时搭乘人坐在副驾驶没系安全带。判决认定，搭乘人自己招致该起交通事故的危险事态发生，并违反安全配带之义务，综合这两点过错事由，法院判决对其损害赔偿减额 25%。[16]

从日本审判实务看，因搭乘人存在容忍危险驾驶或诱导助长危险驾驶等情形，司法态度明确，即认定搭乘人的过错责任而对其损害赔偿额减少 20% ~30% 程度。

（三）其他情形的事例

加害人以超 40 公里的 120 公里时速变更车道，机动车失控而撞上道路护栏，坐在副驾驶座位的搭乘者死亡。被害人没系安全带，加害人让其系安全带应是不难之举，事故起因是加害人鲁莽驾驶所致，判决否定了过失相抵的适用。[17]

2004 年 12 月发生这起交通事故时，道路交通法上规定配安全带的义务人为驾驶人。但是，副驾驶者系安全带之义务，从 1985 年以来由所有道路上被法规制，已被社会所认可，为保护自己的生命、身体理所当然之义务。懈怠义务的搭乘人属于自己扩大危险事态发生之事由。东京地方裁判所 2007 年 3 月 30 日的判决就以搭乘人违反配戴安全带义务之事由而减轻驾驶人对其损害赔偿金。[18]

（四）日本审判实务之启示

日本法上“好意同乘交通事故的民事责任”的审判实践依照《机动车损害赔偿保障法》第 3 条规定的免责事由之外，对好意同乘交通事故的侵权民事责任判定，对供乘人适用无过错归责原则承担民事赔偿责任已成定论。以前在归责原则适用问题日本也同样存在过争议，曾适用过错责任而相对地加重了搭乘人的举证负担，使损害难以得到合理分配。在采取无过错责任的同时适用过失相抵原则，法官区分案例类

---

⑮ 东京地方裁判所判决，2004 年 5 月 10 日，交通事故民事裁判例集 37 卷 3 号第 618 页。

⑯ 东京地方裁判所判决，2007 年 3 月 30 日，交通事故民事裁判例集 40 卷 2 号第 502 页。

⑰ 横滨地方裁判所，2005 年 9 月 22 日，交通事故民事裁判例集 38 卷 5 号第 1306 页。

⑱ 东京地方裁判所，2007 年 3 月 30 日，交通事故民事裁判例集 40 卷 2 号第 502 页。

型个案斟酌来判断搭乘人在同乘前后及途中的言行等是否存在可适用过失相抵的过错以及对交通事故发生与有介入危险事态的程度,当认定其过错存在时,方能减少对其损害赔偿额,从而保证无过错责任的合理性和公平原则的适用。例如,搭乘人坐在副驾驶座位违反配戴安全带义务;存在明知供乘人无证驾驶或乘坐人员超载等违法行为却容忍放任等过错。如前所述,根据搭乘人介入危险事态的程度确定赔偿减额多少的标准,一般减额程度在10% ~30%上下,小于10%的一般忽略不计。在精神损害赔偿请求上,搭乘人容忍危险事态或诱导致事故发生,一般会扣除精神损害赔偿金的30%甚至更多。

本文认为在法律对尚未明确规定的情况,也无习惯可寻一般可采用立法确认和司法救济两种途径。法官可以根据立法者的地位加以添补,而且参照稳妥的学说和判例,还可用比较法的判例学说作为一个填补的方法。关于好意同乘受害人损害赔偿的规定,若采用立法机关依据法定程序,是得到法律保护的最直接也是最可靠的办法,但采用立法规制来实现是需要相当的时间。从比较法来看,大陆法系有的国家虽然没有法律明确规定,但通过判例学说已解决了好意同乘的损害赔偿问题。中国的这类案件不在少数,有成为我们法学研究的必要,尽快统一裁判规则,其关系到受害人的救济、关系到社会和谐。

五、结论

为了在司法审判中正确处理好意同乘交通事故的损害赔偿,需立法、司法层面结合审判实践经验确立损害赔偿的归责原则,以达到统一的裁判规则。只有在此基础上,方可能个案斟酌实现法的正义,是防止同类案裁判结果悬殊的捷径。

同时,警示好意同乘发生交通事故的风险防范。在国内有的地方严格规定,出租车司机要求具有三年驾龄且无重大交通事故方可提供运送客人的服务。温馨提示每个机动车驾驶人在提供他人无偿搭乘时,不妨参考一下上述规定考虑一下自己的驾龄和驾技。

(水木晴美,中国人民大学法学博士,三亚学院副教授;
程绍飞,北京大学法学硕士,北京曲和直律师事务所主任。)

国际私法

论英国法违反管辖权协议损害赔偿规则与布鲁塞尔管辖权体系的兼容性问题

王 磊

目 次

引言

秉持普通法传统的英国,在其国际私法逐渐欧盟化、成文化的过程中,英国议会立法的主权性、法院司法的自主性与欧盟立法和欧洲法院司法所追求的统一性和至上性的矛盾与张力贯穿始终。① 尤其在国际商事诉讼中,英国法院基于规制平行诉讼或鱼雷诉讼,促进当事人意思

---

① 李靖堃:《议会法至上还是欧共体法至上——试析英国议会主权原则与欧共体法最高效力之间的冲突》,载《欧洲研究》2006 年第 5 期;李世安:《英国议会在欧洲一体化进程中捍卫国家主权和利益的政策与措施》,载《世界历史》2003 年第 5 期。

自治原则与追求公平正义而发展的衡平法救济规则如禁诉令、非方便法院等,皆被欧洲法院以违背布鲁塞尔管辖权体系促进判决在成员国之间的自由流动、成员国之间的相互信任和欧盟统一的内部市场的目的,先后限制和禁止在成员国之间适用。欧洲法院在 Gasser② 案、Turner 案、③Owusu 案④宣告禁诉令和非方便法院原则在欧盟成员国间的适用,既引起英国学者的广泛批评,⑤也促使英国法院在欧洲布鲁塞尔管辖权体系的缝隙中并结合英国普通法恪守契约的精神,创造性地把内国法中的违约损害赔偿规则适用到其国际民事诉讼中规制违反以英国法院为排他性法院的管辖权协议的行为。⑥ 该损害赔偿规则既适用欧盟,也适用欧盟以外。基于该损害赔偿规则在欧盟以外适用,属于英国主权范围内的事,本文不打算着墨太多。因此,本文着重研究在欧盟范围内英国法违反排他性法院选择协议损害赔偿规则与布鲁塞尔管辖权体系的兼容性问题。又因为 2016 年英国脱欧公投、2017 年 1 月英国脱欧路线图公布使这种相容性问题变得更加复杂与扑朔迷离,加之

② Erich Gasser GmbH v. MISAT,2003 ECR I - 14693.

③ Gregory Paul Turner v. FelixFareed Ismail Grovit, Harada Ltd and Change point SA,2004 ECR I - 03565,paras. 27 - 31.

④ Andrew Owusu v. N. B. Jackson,2005 ECR I - 1383,para. 41.

⑤ A. Briggs,"Anti-Suit Injunctions and Utopian Ideals",(2004) 120 *L. Q. R.* 529; C. Hare,"A Lack of Restraint in Europe",[2004] *C. L. J.* 570; A. Briggs," The Death of Harrods: Forum Non Conveniens and the European Court",(2005) 121 *L. Q. R.* 535; Richard Fentiman,"English Domicile and the Staying of Actions",(2005) *C. L. J.* 303; Richard Fentiman, " Civil Jurisdiction and the Third States: Owusu and After, Civil jurisdiction",(2006) *C. M. L. R* 43, pp. 705 - 734; Trevor C. Hartley," the European Union and the Systematic Dismantling of the Common Law of Conflict of Laws", *the International and Comparative Law Quarterly*, Vol. 54, No. 4, 2005, pp. 813 - 828; Jonathan Harris," Understanding the English Response to the Europeanization of International Law", *Journal of Private International Law* Vol. 4, No. 3, 2008, pp. 347 - 395.

⑥ 尽管布瑞格斯说:"无论如何,根据 Ellerman Lines, Ltd v. Read 案([1928] 2 KB 144)最初判决,不可能说最近这些裁决才把这个法律带进其以前并没有适用的区域。" Adrain Briggs, *Civil Jurisdictions and Judgments*, 6th Ed. Informa, 2015, p. 579. 但其一直在回避该规则得以形成判例法规则的根本原因。

国内对该问题研究鲜有涉及,[7]故有必要对其作出全面的分析和前瞻性的预测。为此,本文着重从以下几个方面展开:第一,阐述英国法违反管辖权协议违约损害赔偿规则的形成过程、适用条件与基本功能;第二,分析布鲁塞尔管辖权体系的目的与特点,为下文的比较分析做好铺垫;第三,分析这两种规则在《布鲁塞尔条例I》及其修订本下兼容的可能性;第四,阐释在英国脱欧背景下这两种规则兼容性问题的继续及其可能出现的兼容性模式;第五,结合上述析理的结论,分析这种两种规则难以兼容的原因,从规则本身—规则背后价值诉求—利益维护的差异性方面探根溯源。对这两种规则兼容性问题分析的结论告诉我们,在全球化背景下如何处理主权、利益、私法规则的一体化取决于不同国家、地区相关法律观念的转变和彼此协商、妥协、让步,尽管过程是曲折与艰难的。

一、英国法违反管辖权协议损害赔偿规则

(一)形成过程

1. Ellerman Lines Ltd v. Read 案

布瑞格斯(Briggs)认为对法院选择协议的非违约方损害赔偿救济最早可追溯到 Ellerman Lines Ltd v. Read 案。在该案中,被告,起初同意在伦敦通过仲裁解决双方的任何争议,但是其扣押在英国法院诉讼原告的船舶并在土耳其康斯坦丁堡的法院提起诉讼。英国上诉法院裁定禁止被告寻求土耳其判决的执行,并对作出对英国诉讼原告的损害赔偿裁定以抵消土耳其判决的债务。[8] 这种对违反在何地诉讼协议的损害赔偿规则此后陷入长久的沉寂。[9] 1994 年 Continental Bank NA 案仍认为禁诉令是对被告违反法院选择协议唯一有效的救济措施,且认

---

⑦ 目前国内学者多集中于欧盟法与成员国法之间关系的概括研究:曾令良:《欧共体法与成员国法的关系》,载《法学论坛》2003 年第 18 卷第 1 期;刘卫翔:《论欧共体法的地位及其与成员国法的冲突》,载《法学评论》1995 年第 1 期;奚俊坚:《欧共体法的至高性原则与成员国主权:矛盾、互动与平衡》,载《欧洲研究》2005 年第 4 期等。

⑧ 该案是关于违反仲裁协议的违约损害赔偿诉讼,英国法院基于仲裁协议和管辖协议皆为契约的定性,对违反上述协议,本着契约必守和神圣性的精神,同样给予损害赔偿救济。

⑨ Adrain Briggs, *Civil Jurisdictions and Judgments*, 6th Ed. Informa, 2015, p. 579.

为违反法院选择协议损害赔偿救济是一种无效力的救济。[10] 1998年皮尔(Peel)在《排他性管辖协议:冲突法中的纯粹性和务实主义》一文不无感慨认为:“令人有些惊讶的是,英国尚没有此类诉讼(违反法院选择协议损害赔偿诉讼)的权威判例。”[11]直到2001年Union Discount案,现代版的违反排他性法院选择协议的损害赔偿救济规则才得以确立。

2. Union Discount案

上诉法院关于Union Discount(UC)案的判决成为违反法院选择协议损害赔偿规则确立的主导性案例。[12] 在该案中,Union Discount和Zoller(Z)缔结数个合同,每个合同都包括以英国为排他性法院的法院选择协议。原告UC在英国法院起诉被告Z。Z在美国纽约法院起诉。UC基于双方订有排他性法院选择协议而纽约法院没有管辖权的主张,要求美国法院排除管辖,且认为依纽约法,纽约法院不会对自己的诉讼开支作出裁决而没有提出相应要求。纽约法院最终排除管辖。UC在英国法院提出因Z违反排他性法院选择协议在非契约法院诉讼给自己造成损失的赔偿诉讼。初审法院作出有利于被告的简易判决。[13] 上诉法院推翻了初审法院裁定,判决相同当事人可以在英国法院回复在外国诉讼中的诉讼成本,其条件是:(1)原告于英国诉讼意欲回复的诉讼成本,是其作为英国诉讼之被告所提起外国诉讼中的被告所花费的成本;(2)在外国法院诉讼的原告违反了明确(排他性法院选择协议)条款,而该条款具有赋予英国诉讼原告以违约损害赔偿救济的效力;(3)外国法院仅在例外情况下准许诉讼成本的回复;(4)外国

---

[10] Continental Bank NA v. Aeakos Compania Naviera SA,[1994] 1 WLR 588,598.

[11] Edwin Peel,“Exclusive Jurisdiction Agreements: Purity and Pragmatism in the conflict of laws”, *Lloyd's Maritime and Commercial Law Quarterly*, Vol. 2,1998,p. 225.

[12] Union Discount Co Ltd. v. Zoller [2002] 1 WLR 1517.

[13] 关于英国民事诉讼程序中间程序之一的简易判决程序与规则,可参见《英国民事诉讼规则》,徐昕译,中国法制出版社2001年版,第112~115页;沈达明、冀宗儒编著:《1999年英国〈英国民事诉讼规则〉诠释》,对外经济贸易大学出版社2015年版,第154~163页。

法院没有对诉讼成本作出判决。[14] 尽管被告基于国际礼让提出公共政策抗辩,但是希曼法官(Schiemann)认为,违反排他性法院选择协议在外国法院开启完全没有必要诉讼程序的一方当事人应该不能利用政策规则以阻止诉讼成本的救济。[15] 对于此案,布瑞格斯认为:“尽管该判决建立在相当狭窄的基础上,但是其为违反法院选择协议的损害赔偿规则这个普通法规则注入新的生机。”[16]

同年上议院在 Donohue[17] 案对违反排他性管辖协议损害赔偿的可获得性做出附带声明。该声明扩大了 Union Discount 案的违反管辖协议损害赔偿的范围,既包括本案原告在外国诉讼中的开支,也包括任何额外的与此诉讼相关的将来开支。

3. Akar 案

Akar 案中高等法院认为 Union Discount 案已消解对违反排他性管辖协议损害救济规则的疑虑,对该规则的适用不依赖于原告证明其在外国诉讼中的开支而获得损害赔偿救济。[18]

4. Alexandros T 案

Alexandros T 案是关涉英国[19]与希腊两个欧盟成员国平行诉讼的案件。该案源于 2006 年 Alexandros T. 轮在南非近海受损,希腊船东 Starlight 在英国起诉保险人 CMI 和 LMI,[20]诉讼中双方以汤姆林令[21]达成和解协议,和解协议中涵括排他性英国管辖协议。但 2009 年,

---

[14] Continental Bank NA v. Aeakos Compania Naviera SA,[1994] 1 WLR 588,598, para. 18.

[15] Union Discount Co. Ltd. v. Zoller [2002] 1 WLR 1517, para. 9.

[16] Adrain Briggs, Civil Jurisdictions and Judgments, p. 579.

[17] Donohue v. Armco Inc. ,[2002] 1 All ER 749, para48; para. 62.

[18] A/S D/S Svenborg D/S of 1912 A/S v. Akar,[2003] E. W. H. C. 797 (Q. B. 2004), para. 37.

[19] 本文所指为脱欧前英国,若指脱欧后的英国,会作特别说明。

[20] Starlight(Starlight Shipping Company); CMI(the Company Market Insurers)与 LMI(the Lloyd's Market Insurers).

[21] Tomlin Order:在英国民事诉讼中,当事人诉讼和解时,通常把双方达成和解之条款记录在由 Tomlin 法官最初设计的诉令文书中,该诉令文书被称之“汤姆林令”,旨在以当事人同意和诉令文书条件而诉讼中止。

Starlight 以侵权诉由在希腊法院提起 9 个针对 CMIL 和 LMI 保险人诉讼请求,而这些诉求与在英国已提起、解决的诉求相同。2011 年保险人向英国法院申请执行和解协议,并提出 Starlight 违反和解协议与排他性英国法院管辖协议的损害赔偿、补偿和宣告诉讼,后者以布鲁塞尔条例 I(以下简称条例 I)之第 28 条关联诉讼为由,要求法院中止诉讼。博尔顿(Burton J)法官作简易判决,在认定保险人于违反法院选择协议的违约损害救济诉求的同时,[22]拒绝 Starlight 所主张条例 I 第 28 条的诉讼中止。后转至上诉法院,[23]该法院认定在英国诉讼与在希腊诉讼的诉由相同适用条例 I 第 27 条未决诉讼规则,英国法院应当中止诉讼;[24]后诉至高等法院,该法院一致认为第 27 条不适用与赔偿、法院选择协议相关的诉讼,若适用第 28 条,英国法院不会裁量中止在英国的诉讼。该案发回原审上诉法院,该院支持博尔顿法官的判决,准许保险人对 starlight 因违反排他性英国管辖协议在希腊诉讼的宣告诉讼和损害赔偿诉讼。[25] 虽本案法律争点在于第 27 条或第 28 条的适用,但是其内在法理乃是:若适用第 27 条,以先受理规则,即使英国为排他性法院选择协议的被选择法院,因欧洲法院(ECJ)于 Gasser[26] 案初步裁定中确立先受理规则优先于第 23 条协议管辖规则之适用,英国法院必须中止诉讼,[27]让位于先受理法院希腊法院,从而保险人丧失对违反排他性法院管辖协议的损害救济权;若构成第 28 条关联诉讼,英国法院有中止裁量权,基于对 Starlight 在希腊诉讼违反和解协议与排他性英国管辖协议,拒绝中止,支持保险人的违约损害赔偿请求。在该案中,英国法院扩大了违反法院选择协议损害赔偿救济规则所适用的契约类型

---

[22] Starlight Shipping Co v. Allianz Marine & Others [2011] EWHC 3381 (Comm.); [2012] 1 Lloyd's Rep 162 (Burton J), paras. 32, 35.

[23] Starlight Shipping Co v. Allianz Marine & Others [2012] EWCA Civ 1714; [2013] 1Lloyd's Rep 217.

[24] The Alexandros T [2013] UKSC 70; [2014] 1 All ER 590, para. 59.

[25] Starlight Shipping Co v. Allianz Marine & Others[2014] EWCA Civ 1010.

[26] Case C – 116/02 Erich Gasser GmbH v. MISAT Srl [2003] ECR I – 14693.

[27] 《布鲁塞尔条例 I》(修订本)已于本文本说明部分(19)和(20)与条文第 31(2)(3)(4)规定修改了 ECJ 于 Gasser 案的判例法原则,确定协议管辖优先于先受理规则。

(和解协议),扩展到欧盟成员国之间。因此,此案标志着该损害赔偿规则已全面稳固确立。[28]

5. CSAV 案

CSAV 案[29]是个无单放货损害赔偿案件,承运人 CSAV 所签发之提单中含有解决争议的法院和法律选择条款,[30]货主认为该提单管辖条款是非排他性法院选择条款,在中国大陆海事法院提起诉讼。承运人在英国起诉。英国法院认定提单中的管辖条款为排他性的,发布马瑞瓦禁令以限制货主在中国的诉讼,冻结货主在世界各地的资产;[31]发布因蔑视法庭判货主负责人三个月拘禁的命令,并裁定货主赔偿因违反管辖协议在中国诉讼给承运人造成的诉讼费用及返还中国法院所判承运人向货主支付的赔偿金。[32]

(二)适用条件

基于英国法院司法实践,我们可以适当地总结出该损害赔偿规则适用的基本条件:(1)法院选择协议确立英国法院的排他性管辖,排他性效力的认定不限于明文规定,还可默示推定,如 CSAV 案中上诉法院基于"理性商人"假设推定提单中的管辖条款为排他性的;(2)违反排他性管辖协议的一方当事人已在外国法院起诉;(3)非违约方在外国法院应诉,且花费相应的诉讼成本;(4)英国法院对违约方所造成的损害赔偿救济,不完全依赖于英国诉讼原告的申请,可依职权做出赔偿命令;(5)违反管辖协议的损害,不仅限于英国诉讼原告在外国诉讼的开支,还可包括与此诉讼相关的将来的花费;(6)外国法院是否做出违反法院选择协议的损害赔偿裁定,不影响英国法院的自由裁量,但外国法

---

[28] Albert Dinell, "the Limits on Remedy of Damages for Breach of Jurisdiction Agreements: the Law of Contract Meets Private International Law", *Melbourne University Law Review*, Vol. 38, 2015, p. 1024.

[29] Hin-Pro International Logistics Limited v. Compania Sud Americana De Vapores SA, ("CSAV"), [2015] EWCA Civ 401; [2014] EWHC 3632 (Comm.).

[30] 提单第 23 条规定,该提单及发生在该提单下的任何争议适用英国法,且受伦敦高等法院管辖。

[31] [2014] EWHC 3632 (Comm.), para. 13.

[32] [2014] EWHC 3632 (Comm.), paras. 5 – 6, 37 – 39.

院已有裁决数额可作为英国法院衡量损害赔偿数额的参考;(7)违反排他性法院选择协议损害赔偿规则的适用不限于布鲁塞尔管辖权体系对禁诉令限制适用的替代,已成为英国法院阻滞平行诉讼、挑选法院等法律行为的经常使用的法律规则,不囿于其起初适用范围的限制;(8)外国强制性政策或公共政策例外。

(三)基本功能

英国"立足于程序裁判规则以公正解决纠纷"[33]历史传承的普通法理念,秉承英国合同普通法违约损害赔偿规则于涉外契约关系适用的理念,[34]回避欧盟布鲁塞管辖机制和欧洲法院判例对英国于欧盟成员间适用禁诉令的限制,适度消解其他国家对英国法院使用禁诉令[35]所体现的司法沙文主义和法律霸权主义的埋怨和敌意,开创出国内违约损害赔偿规则的国际版。这种违反法院选择协议损害赔偿规则已成为英国法院处理当事人国际管辖协议争议之法律手段体系中的又一利器,其既具有与方便法院原则、禁诉令相似的功能,也具有自身独特的功能。

1. 绵延国内契约精神、捍卫协议神圣性

有研究者认为,"国内违约损害赔偿权提供了关于损害赔偿诉由最强有力的论点。如果法院针对违约通常准许赔偿救济,那当违反的协议为涵括在一个管辖条款中的协议时,似乎没有理由不应该同样对待"。[36] 这种从国内违约损害赔偿权到违反国际管辖协议损害赔偿权的类推是否可行,取决于英国法院对国际管辖协议性质的识别。与大陆法系对该协议程序性质识别不同,依据普通法传统,英国一般把国际

---

[33] [英]J. A. 乔罗威茨:《民事诉讼程序研究》,吴泽勇译,中国政法大学出版社2008年版,第18页。

[34] Daniel Tan and Nik Yeo, "Breaking Promises to Litigate in a Particular Forum: Are Damages an Appropriate Remedy?" *Lloyd's Maritime and Commercial Law Quarterly*, Vol. 4, 2003, p. 406.

[35] George A. Berman, "the Use of Anti-Suit Injunctions in International Litigation", *Columbia Journal of Transnational Law*, Vol. 28, No. 3, 1990, pp. 589 - 590.

[36] Daniel Tan, "Damages for Breach of Forum Selection Clauses, Principled Remedies, and Control of International Civil Litigation", *Texas International Law Journal*, Vol. 40, No. 4, 2005, p. 637.

管辖协议识别为合同性质。基于此种定性,英国法院对于违反以英国法院为排他性管辖的协议进行违约损害赔偿的制裁,既遵循传统,又回应现实需求。因为违约损害赔偿之诉是普通法承认的最一般的救济手段,[37]是国家协助私人协议的执行的意愿的明显例证,且表现国家意志在私人领域和社会经济活动方面的重要作用,[38]通过对违反以英国法院为排他性管辖的协议的损害赔偿制裁,敦促当事人遵守协议的神圣性,进而间接维护英国的司法主权和这种司法政策背后所蕴藏的国家利益。

2. 管控法院挑选、维护法律的确定性

丹宁勋爵在 the Atlantic Star 案中不无骄傲盛赞法院挑选:“任何人来英国进行诉讼都不会徒劳无益,在英国法院进行诉讼的并不仅限于英国人,其延伸到任何友好的外国人。如果他愿意这么做,他就能寻求到我们法院的帮助。假如你乐意你可以称其为‘选购法院’,但是如果法院是英国,它是个选购的好地方,因为其商品质量好和服务速度快。”[39]西蒙勋爵(Lord Simon)在该案中认为:“‘法院挑选’(forum shopping)是个肮脏的字眼。但其只不过是这样说的轻蔑表达:如果你让原告选择管辖的话,他自然会选择对他最为有利的管辖地诉讼:这应该不是令人感到惊讶或气愤的事儿。”[40]但是,上议院认为支持法院挑选所体现的自我优越感无法靠“转让英国人民所主张的公共利益来服务于世界正义的荣光”[41]加以实现。因为法院挑选虽然可以给英国带来某些收益,但是其“结果决定性的”[42]前景,之于被告无法预想的风险,冲突判决之于有序解决争议和判决执行的难度,契约双方法律适用的不确定性,既给英国法院带来案件审理和管理困难,也会让英国背负违反国际礼让的国际司法沙文主义的恶名,因此英国法院必须管控法院挑选。正如前文所

[37] [英]P. S. 阿迪亚:《合同法导论》(第5版),赵旭东等译,法律出版社2002年版,第469页。

[38] [英]P. S. 阿迪亚:《合同法导论》(第5版),赵旭东等译,法律出版社2002年版,第442页。

[39] [1972]2 LIoyd's Rep. 446,451.

[40] The Atlantic Star [1974] A. C. 436,471.

[41] 何其生:《比较法视野下的国际民事诉讼》,高等教育出版社2015年版,第142页。

[42] Antony L. Ryan, *Principles of Forum Selection*, West, No. 2, 2000, p. 200.

分析的,英国通常处理法院挑选的法律措施是非方便法院原则和禁诉令。但是在布鲁塞尔管辖机制下,以禁诉令为代表的衡平救济的可持续性利用"正在受到威胁",因此,"人们期望更加经常地借助或发展损害赔偿救济以弥补因违反管辖协议所造成的损失"。㊸ 通过将国内合同普通法违约损害赔偿的救济措施类比适用于以英国法院为排他性法院的管辖协议,既避免与布鲁塞尔管辖机制的冲突,也可增加管控法院挑选的选择手段,从而尽可能避免因管辖地不确定所导致的法律适用的不确定性。

3. 填补禁诉令受限的空缺,提升国际诉讼管控力

非方便原则和禁诉令遭到欧洲法院判例规则的限制令英国法院和学界极为不满。㊹ 但是基于欧盟法在成员国的直接适用效力和优先适用原则,在当时英国没有退出欧盟的前提下,只能在不违反欧盟法的前提下寻找上述规制协议管辖之衡平救济的替代措施——违反排他性协议管辖损害赔偿的救济措施。而且就该损害赔偿规则的确立和适用而言,其并没有遭到欧洲法院的明确限制,㊺且还能补强禁诉令规制违反协议管辖在适用上的功能不足。对于禁诉令规制管辖协议违约的功能缺陷,上诉法院法官赛德利(L. J. Sedley)在Donohue案中解释说:"对可获得的内国法院的有序利用仰赖于相互尊重和各自内国法院的自我否定。禁诉令,如果不明智地给予许可,其内在风险在于既不能成功阻止那些资产在法院管辖之外的当事人诉之海外,也不能阻遏其他国家法院受理该诉讼。"㊻因此,禁诉令需要借助排他性管辖协议违约损害赔偿等衡平救济手段补充,以便更好地实现对当事人法院挑选行为的

㊸ Chee Ho Tham, "Damages for breach of English jurisdiction clauses: More than meets the eye", *Lloyd's Maritime and Commercial Law Quarterly*, Vol. 1, 2004, p. 71.

㊹ See Trevor C. Hartley, *the European Union and the Systematic Dismantling of the Common Law of Conflict of Laws*, the International and Comparative Law Quarterly, Vol. 54, No. 4, 2005, pp. 813 – 828; Jonathan Harris, *Understanding the English Response to the Europeanization of International Law*, Journal of Private International Law Vol. 4, No. 3, 2008, pp. 347 – 395.

㊺ Jonas Steinle & Evan Vasiliades, "the Enforcement of Jurisdiction Agreements under the Brussels I Regulation: Reconsidering the Principle of Party Autonomy", *Journal of Private International Law*, Vol. 6, No. 3, 2010, p. 579.

㊻ Donohue v. Armco Inc., [2000] 1Lloyd's Rep. 579, 600 (C. A. 2000).

规制与提高当事人适用管辖和法律的确定性。而且,丹尼尔·唐认为排他性管辖协议违约损害赔偿这种衡平救济与禁诉令也具有自身的优势:(1)适用范围可能更大。因为排他性管辖协议违约损害赔偿并不仅仅局限于实施国的管辖范围,至少在理论上具有海外可执行性,而禁诉令因具有司法沙文主义的特点往往并不被其他国家所执行。(2)更具灵活性。因为法院能够调整裁定赔偿数量的大小以适合特定案件的情况和政策诉求,而禁诉令则呈现出全有或全无的刚性特征,无法针对国际诉讼涌现的复杂情势提供具有同样灵活性的应对措施。(3)排他性法院选择协议违约损害赔偿规则,若与禁诉令配合使用,会赋予法院更有效与更灵活地管控国际诉讼的权力,即这两种相互关联且迥异的救济方式能使法院提供惯常性救济行动以适应案件的具体情况。[47]

二、布鲁塞尔管辖权体系的目的与特点

之如前文所述,英国法院关于违反排他性法院选择协议损害赔偿判例法规则的形成,很大程度上源于布鲁塞尔管辖权体系对英国传统遏制平行诉讼之禁诉令、非方便法院原则于欧盟成员国之间限制适用的反动。从 2001 年 Union Discount Co Ltd v. Zoller 案,该损害赔偿判例法规则形成以来,至 2014 年 Starlight Shipping Co v. Allianz Marine & Others 案,英国法院已作出几个对该规则形成具有重要影响的判例,且对欧盟其他成员国产生了重要影响。[48] 但是欧洲法院至今没有作出限

[47] Daniel Tan, " Damages for Breach of Forum Selection Clauses, Principled Remedies, and Control of International Civil Litigation", *Texas International Law Journal*, Vol. 40, No. 4, 2005, p. 643.

[48] 西班牙法院:Sogo USA Inc v. Angel Jesus, STS (Sala de lo Civil, Sección 1ª), 12 January 2009, Repertorio de Jurisprudencia 2009/544. (布鲁塞尔管辖权体系外), 相关论文:S Alvarez Gonzalez, "The Spanish Tribunal Supremo Grants Damages for Breach of a Choice of Court Agreement", [2009] *IPRax* Vol. 29, Nº. 6, 2009, págs. 529 - 533; S Sanchez Fernandez, "Choice of Court Agreements: Breach and Damages within the Brussels I Regime", *Yearbook of Private International Law*, Vol. 12, 2010, pp. 382 - 385; 关于德国法院对违反管辖协议损害救济诉讼的情况, 相关论文:J Steinle and E Vasiliades, "The Enforcement of Jurisdiction Agreements under the Brussels I Regulation: Reconsidering the Principle of Party Autonomy", *Journal of Private International Law*, Vol. 6, No. 3, 2010, pp. 575 - 580.

制英国法院使用违反排他性管辖权协议违约损害赔偿规则的裁决。欧洲法院基于1971年《布鲁塞尔公约解释议定书》第2条和《欧洲联盟运行条约》第267条所拥有对"联盟机构、团体、机关或办事机构之法令的有效性及其解释"[49]的初步裁决权,但是这种初步裁决权建立在《关于欧洲联盟法院规约议定书》第23条由成员国相关法院或法庭将由《欧洲联盟运行条约》第267条规范的案件暂时中止诉讼程序并将案件提交给欧洲法院的决定通知欧洲法院[50]的基础上。也就是说,即使成员国法院遇到第267条规范之案件,若该成员国法院基于其他理由如不存在第267条第3款裁决请求义务或第4款涉及人员拘留等情形,成员国法院对是否将争议提交欧洲法院作出初步裁决享有自由裁量权。[51] 因此若成员国法院行使这种裁量权,认为没有上述裁量请求义务或欧洲法院依职权主动干预侵犯情形,认为当事人在本国法院可以通过上诉寻求进一步司法救济而不提交案件,欧洲法院也没有机会作出该问题的初步裁定。英国法院关于违反排他性管辖权协议违约损害赔偿规则的案件,如Alexandros T案,就是以不涉及第267条第3款裁决请求义务为理由没有提交欧洲法院。[52] 英国法院也不愿意提交欧洲法院,一方面是其忌惮于欧洲法院对该规则如禁诉令一样被禁止,[53]另一方面也与布鲁塞尔管辖权体系的目的与特点密切相关。

---

[49] 参见[比]海尔特·范·卡尔斯特:《欧洲国际私法》(许凯译)中关于《欧洲联盟运行条约》的译文,第420页。

[50] [比]海尔特·范·卡尔斯特:《欧洲国际私法》(许凯译)中关于《欧洲联盟运行条约》的译文,第446页。

[51] Case 244/80, Pasquale Foglia v. Mariella Novello, 1981 ECR. 3045, 33 CMLR. 585 (1981).

[52] [2014] EWCA Civ 1010, [2014] 2 Lloyd's Rep 544, para. 16.

[53] M Ahmed, "Case Comment: Marzillier, Dr Meier & Dr Guntner Rechtsanwaltsgesellschaft MbH v. AMT Futures Ltd", [2015] EWCA Civ 143. Aberdeen Student Law Review, Vol. 6, No. 1, 2015, p. 125; M Illmer, "English Court of Appeal Confirms Damages Award for Breach of a Jurisdiction Agreement", http://conflictoflaws.net. 最后访问日期:2017年1月17日; A Dickinson, "Once Bitten - Mutual Distrust in European Private International Law", (2015) 131 *Law Quarterly Review* 186, pp. 188, 190.

(一)工具性

为实现包括货物、人员、服务和资本的自由流动的没有内部边界的内部市场的良好运转,经里斯本条约修订的《欧洲联盟条约》与《欧洲联盟运行条约》要求成员国在相互承认司法判决和准司法裁决原则基础上基于相互信任原则展开含有跨越边界因素的民事方面的司法合作,为此要求欧洲议会和理事会通过普通立法程序制定措施。其中布鲁塞尔管辖权体系的构建就是实现上述目的的主要工具和手段之一。从 1968 年《布鲁塞尔公约》到 2001 年《布鲁塞条例 I》,再到 2012 年《布鲁塞尔条例 I 修订本》,[54]布鲁塞尔管辖权体系通过统一成员国民商事管辖权冲突的统一规则和通过简化程序事项加快,简化成员国判决承认与执行的相关规则,克服各成员国国内法有关民商事案件管辖权与判决的承认与执行规则的差异性对欧盟内部市场良好运行造成的阻碍,从而有利于实现以保障人的自由流动为目的的一个自由、安全与公正的区域的构建。英国著名国际私法学者理查德·芬特曼(Richard Fentiman)认为布鲁塞尔管辖权体系的工具性在于促进欧洲国际私法的统一性,尤其是服务于欧盟内部市场目的。[55] 欧洲法院在 Lugano Opinion 认为,布鲁塞尔条例之目的"在于统一民商事项的管辖权规则,消除源于有关此类问题成员国立法差异性对内部市场运作所产生的障碍因素"。[56]

(二)体系性

布鲁塞尔管辖权体系的工具性和目的性,既体现在欧盟国际私法

---

[54] Regulation (EU) No. 1215/2012 of the European Parliament and of the Council of 12 December 2012 on jurisdiction and the recognition and enforcement of judgments in civil and commercial matters (Recast), [2012] OJ L351/1.

[55] Richard Fentiman, *International Commercial Litigation*, Second Edition, Oxford University Press, 2015, p. 26.

[56] Opinion 1/03, request for an opinion pursuant to Art 300(6) EC made on 5 March 2003 by the Council of the European Union (Lugano Opinion), para. 143.

(立法或司法)的一般性原则,[57]也贯穿于自身由原则、规则和制度所构成的管辖权等级体系中。这种体系囊括其他条约管辖(第67、71、73条)、专属管辖(第24条)、应诉管辖(第26条)、特别管辖权(保险事件:第10~16条;消费合同:第17~19条;个人雇佣合同:第20~23条)、协议管辖(第25~26条)、一般管辖权(第4条)、第7~9条特别管辖权、剩余管辖权(第6条)、准许临时措施和保护措施的管辖权(第35条)、管辖权依据的审查与认证(第27~28条)、规制成员国间平行诉讼的管辖权规则(未决诉讼规则:第29条;关联诉讼规则:第30条)、规制与第三国平行诉讼的管辖权规则(第33~34条)等。布鲁塞尔管辖权机制,以成员国间的互信为基本原则,以避免判决冲突或不一致为价值诉求,尊重当事人选择法院的意思自由,但是这种自由以不能破坏成员国之间的司法互信为权力边界,而且以成员国法院为规制违反法院选择协议当事人所发布临时措施和保护措施对成员国相互信任的严重破坏为禁区,通过先受理法院制度和欧洲法院司法判决来克服未决诉讼、关联诉讼等当事人法院挑选行为所导致平行诉讼的风险。布鲁塞尔管辖权体系在管辖权规则的统一性和当事人意思自治原则关系上,一直强调管辖权规则统一的优先性。在Gasser案中,即使违反管辖权协议的一方当事人在意大利的诉讼被认为是缠诉,存在极度拖延策略,即所谓"鱼雷诉讼"对非违约方造成极大的不公平,基于排他性管辖协议而拥有管辖权的成员国法院能否基于公平利益和效率利益对违反管辖权协议的一方当事人实施禁诉令以使双方当事人到约定法院诉讼。欧洲法院在其初步裁定(prelimary ruling)中认定:"最后,英国

[57] Adrian Briggs将欧盟国际私法的一般性原则总结为12点:(1)这些规则是欧洲规则且必须这样理解(真诚合作、成员国司法机构平等、欧盟公民待遇平等、立法的目的解释);(2)立法术语含义统一;(3)法律解释应该增进法律的确定性(良好的司法管理、与先前条约的一致性、消除司法裁量、侵权特别管辖权、专属管辖权、外国法的适用);(4)条例之间立法术语含义应该相同;(5)欧盟立法所有语言文本具有同等效力;(6)一般规则与例外规则的功能划分;(7)立法条款一般不应该重叠;(8)法律解释应该保护弱者;(9)法律解释应该保护抗辩权;(10)惯常居所作为连接点;(11)证据与程序是欧盟立法中的专门术语;(12)排除事项是欧盟立法中的专门术语。引自Adrian Briggs, *Private International Law in English Courts*, Oxford University Press, 2014, pp. 43-88。

政府所指此种类型之困难，源于以延宕实质争议解决为目的，在明知因管辖权条款的成立而缺乏管辖权的法院起诉的一方当事人的拖延策略。但此种困难尚未以至于如此达到质疑对布鲁塞尔公约任何条款进行文义和目的解释的程度。”[58]欧洲法院因规制平行诉讼而对先受理法院制度的偏爱达到无以复加的程度，以至于英国学者芬特曼认为布鲁塞尔体系在意识形态上太不懂商业化，不适合解决商事争议，而 Gasser 案助长了法院挑选的风气，为国际民商事争议的解决带了商业混乱和不公平。[59] 而且在之后的 Turner 案与 Owusu 案又相继限制了英国法院经常使用的普通法救济规则，以至于哈特雷不无嘲讽说：“看起来欧洲法院的大陆法官想使劲浑身解数消灭普通法。”[60]迪金森质疑道 Turner 案是“欧洲策略诉讼的宪章吗？”[61]欧洲法与英国法冲突的根源在于“英国法院把国际私法当作捍卫当事人权利和提供商业上便利的解决办法的理念与由一系列条例所构建的明确的、确定的而又僵化的制度结构扞格不入”，[62]源于前者注重务实与政策，而后者关注政策目标和维护体系的完整性。[63]

三、这两种规则/体系的兼容性分析

基于前文所述，违反排他性管辖协议损害赔偿规则与禁诉令这两

---

[58] Erich Gasser GmbH v. MISAT, 2003 ECR I - 14693, para. 53.

[59] Richard Fentiman, “Parallel Proceedings and Jurisdiction Agreements in Europe”, in Pascal de Vareilles-Sommières (ed.), *Forum shopping in the European Judicial Area*, Hart Publishing, 2007, pp. 52 - 54.

[60] Trevor C. Hartley, “the European Union and the Systematic Dismantling of the Common Law of Conflict of Laws”, *the International and Comparative Law Quarterly*, Vol. 54, No. 4, 2005, p. 828.

[61] A Dickinson, “a Charter for Tactical Litigation in Europe?” *Lloyd's Maritime and Commercial Law Quarterly*, August 2004, Vol. 3, p. 273.

[62] Jonathan Harris, “Understanding the English Response to the Europeanization of International Law”, *Journal of Private International Law*, Vol. 4, No. 3, 2008, p. 394.

[63] Trevor C. Hartley, “the European Union and the Systematic Dismantling of the Common Law of Conflict of Laws”, *the International and Comparative Law Quarterly*, Vol. 54, No. 4, 2005, p. 814.

种普通法救济措施在功能和目的上存在诸多相似之处:控制平行诉讼、限制或排除外国诉讼、[64]破坏成员欧盟成员国之间的互信、破坏国际礼让等。[65] 鉴于布鲁塞尔管辖权体系的目的性和体系性和欧洲法院基于 Gasser 案、Tuner 案和 Owusu 案对该体系性与目的性优先于管辖权协议上的意思自治原则的态度,在《布鲁塞尔条例 I》第 27 条和第 28 条适用的背景下,违反排他性管辖协议规则与布鲁塞尔管辖权体系的兼容性空间几乎不存在。那么,在已于 2015 年生效的《布鲁塞尔条例 I(修订本)》改变先受理法院制度优先于协议管辖制度、赋予协议管辖例外于在先受理法院制度的背景下,违反排他性管辖协议损害赔偿规则与布鲁塞尔管辖机制的兼容性能得到改善和提升吗?

(一)与《布鲁塞尔条例 I》的兼容性

在《布鲁塞尔条例 I》适用下,英国法院关于违反排他性管辖权协议违约损害赔偿规则与布鲁塞尔管辖机制的兼容性问题,取决于其能否通过 Gasser 案和 Turner 案所确立欧盟布鲁塞尔管辖权体系中先受理法院制度相对于协议管辖的优先性规则与对禁诉令限制的规则。虽然欧盟法院因 Gasser 案僵化地坚守先受理法院制度而助长了法院挑选和"法院竞赛"的风气,但是基于欧盟复杂的宪法性权力分工和制约机制,对 Gasser 案规则的调整取决于欧洲立法调整和法院自身判决调整。从已发生的历史过程观察,在《布鲁塞尔条例 I》的背景下,欧盟法院从来没有考虑改变 Gasser 案判决对先受理法院制度的坚守。因此,英国法院通过违反排他性管辖权协议违约损害赔偿规则来抑制违约方进行法院挑选或鱼雷诉讼、捍卫合同的纯洁性和神圣性的行为,势必会被欧洲法院视为破坏成员之间的互信和欧洲统一的内部市场的目标的行为而被禁止。因此,Gasser 案的门槛难以逾越。但能否跨过 Turner 案对禁诉令限制之障碍,取决于违反排他性管辖权协议损害赔偿规则与禁诉令的差异性。如果在理论与实际后果上与禁诉令规则没有太大

---

[64] Mukarrum Ahmed, "The enforcement of settlement and jurisdiction agreements and parallel proceedings in the European Union: The Alexandros T litigation in the English courts", *Journal of Private International Law*, 2015, Vol. 11, No. 3, p. 435.

[65] Gilles Cuniberti, Marta Requejo, La sanction des clauses délection de for par loctroi de dommages et intérêts, ERA Forum, 2010.

差异，即之如有学者所认为违反排他性管辖权协议损害赔偿规则会推翻另一成员国判决的效力，进而通过质疑先受理法院的管辖权间接破坏《布鲁塞尔条例 I》第 27 条。依第 27 条效力，当事人有权在任何成员国法院证实管辖权协议的生效与效力，惩罚这种行为势必破坏当事人选择自己偏爱法院的权利。同时这种行为也可能被定性为对先受理法院裁定自己是否拥有管辖权的权利的攻击。因此，这种损害赔偿规则与禁诉令非常相似，具有对外国诉讼限制或排斥效力。[66] 因此，这种损害赔偿规则在《布鲁塞尔条例 I》体制下是不被允许的。但是，如果这种违反排他性管辖协议损害赔偿规则在理论与实际后果上存在根本性的不同，那该损害赔偿规则是可以和《布鲁塞尔条例 I》体制兼容的。这种观点为英国冲突法学者和部分欧洲大陆法学者所支持。英国冲突法学者布瑞格斯认为，即使管辖权协议不可以理解为创制私人之可执行权利且规避布鲁塞尔管辖权体系制约的契约条款，但接受当这些因契约条款而产生的权利被违背，继而衍生损害赔偿的权利，[67]这似乎看起来与布鲁塞尔管辖权体系并不是不相容。[68] 芬特曼认为，通过对违反管辖权协议损害赔偿规则与禁诉令规则类比，因为 Turner 案禁止了禁诉令规则的适用，进而推导出该损害赔偿规则难以被欧洲法院所认同的结论，这是一种误导。这种误导，源于受该损害赔偿规则与禁诉令规则表面相似性的迷惑和对 Turner 案本身的误解。芬特曼辩驳到，其

---

[66] Mukarrum Ahmed, "The enforcement of settlement and jurisdiction agreements and parallel proceedings in the European Union: The Alexandros T litigation in the English courts", *Journal of Private International Law*, 2015, Vol. 11, No. 3, pp. 434 - 435.

[67] 布瑞格斯对违反管辖权协议损害赔偿规则解释采取了折中主义态度。其试图调和英国普通法对管辖权协议的私法定性、私人契约与《布鲁塞尔条例 I》、欧洲法院对管辖权协议的公法定性、关涉欧盟整体利益之间的冲突，秉持英国传统的既得权理念，认为虽然认定管辖权协议不是合同条款，但是基于该协议所产生的私人权利应该得到保护。当这种权利被侵害时，被侵害人当然拥有寻求救济的权利。因这种救济是私人性质，因此这种违反管辖权协议损害赔偿规则不会损害成员国之间的互信和破坏国际礼让。

[68] Adrian Briggs, "The Impact of Recent Judgments of the European Court on English Procedural Law and Practice", University of Oxford Faculty of Law Legal Studies Research Paper Series Working Paper No. 11/2006, p. 20. http://www.ssrn.com/link/oxford-legal-studies.html. 最后访问日期：2017 年 1 月 17 日。

实该损害赔偿规则与禁诉令在理论与实际影响上是不同的。禁诉令的目的是直接针对外国法院的诉讼程序,而该损害赔偿规则不是;当准许禁诉令时,对在外国诉讼惩罚性的威胁是真实的、快捷和具体有形的(crystallized),而该损害赔偿规则对违约方在外国诉讼的威胁是间接的、初始的(inchoate)和无形的。[69] 对Turner案本身的误解体现在对其他成员国实施管辖权的任何间接干涉都是被禁止的观点。实际上,Turner案仅约束任何对其他成员国实施管辖权的直接干涉行为,并没有明确界定任何间接干涉行为都是非法的。因此,基于上述对违反排他性管辖协议规则影响的间接性,因此Turner案对该损害赔偿规则作为违反排他性管辖协议行为的救济措施没有实质性影响,即该损害赔偿规则在布鲁塞尔管辖权体系下在成员国之间存在适用的可能性。[70] 芬特曼从违反排他性管辖权协议与禁诉令规则的差异性以及对Turner案之于禁诉令规则界定为直接干涉他国诉讼从而对非直接干涉他国诉讼并非非法的狭义解释,认为该损害赔偿规则与布鲁塞尔管辖权体系是可以兼容的。2009年欧盟委员会所发布关于布鲁塞尔条例I实施情况调查的绿皮书提到可以采用违反管辖权协议损害赔偿方法以提升管辖权协议的效力。[71] 这似乎佐证了芬特曼关于二者可能兼容的观点。但是,截至2014年Alexandros T案,英国法院吸取Turner案前车之鉴,认为该案不存在向欧洲法院提请初步裁决的必要性。[72] 在《布鲁塞尔条例I》适用的前提下,基于欧洲法院裁判Turner案和Owusu的法律推理逻辑和法哲学,即几乎意识形态化地维持成员国之间的互信和共同的内部市场,成员国法院任何直接或间接破坏这种互信或共同市场的非共同体规则皆会被欧洲法院所禁止,即使在某些时候是以牺牲协议

---

[69] Richard Fentiman, *International Commercial Litigation*, Second Edition, Oxford University Press, 2015, p. 117.

[70] Richard Fentiman, *International Commercial Litigation*, Second Edition, Oxford University Press, p. 118.

[71] Commission of European Communities, Green Paper on the Review of Council Regulation (EC) No 44/2001on the Jurisdiction and the Recognition and Enforcement of Judgments in Civil and Commercial Matters, Brussels, 21. 4. 2009, COM (2009) 175 final, p. 5.

[72] [2014] EWCA Civ 1010, [2014] 2 Lloyd's Rep 544, para. 16.

管辖的效率或当事人的自主性为代价的。尤其遵循 Turner 案的强制性逻辑,违反排他性管辖协议损害赔偿规则在欧洲法院难逃与禁诉令同样的厄运。介于欧盟法与成员国法交汇的事项,从广义上将是政治性的。如果欧洲法院希望阻止该损害赔偿规则,其手段唾手可得。[73]

(二)与《布鲁塞尔条例 I(修订本)》的兼容性

已于 2015 年 1 月 10 日生效的《布鲁塞尔条例 I(修订本)》,基于先受理法院制度法定优先于管辖权协议所引起欧盟内鱼雷诉讼的弊端和欧盟加入《2005 年海牙法院选择协议公约》[74]的缘故,修改后的布鲁塞尔管辖权体系最重要的创新之一就是确立排他性管辖权协议相对于未决诉讼规则的例外。[75] 这种调整旨在增强管辖权协议的效力,消除在非被选择法院诉讼程序滥用的激励因素。[76] 这一例外规则的目的在于,赋予协议选择的成员国法院一种优先性的权力,并用于判断管辖权协议的有效性及其是否适用于案件等问题。[77] 但是这种例外规则不适用于:当事人之间存在相互冲突的管辖权协议、协议选择的法院为在先受理案件的法院、非排他性管辖权协议、[78]非对称性管辖权协议[79]以及

---

[73] Richard Fentiman, *International Commercial Litigation*, Second Edition, Oxford University Press, 2015, p. 118.

[74] European Union to deposit instrument of approval for 2005 Convention on Choice of Court Agreements, 5 December 2014; 2005 Choice of Court Convention to enter into force on 1 October 2015 following the approval by the European Union.

[75] Jochem Vlek, "Lis Pendens, Choice of Court Agreements and Abuse of Law Under Brussels Ibis", Nerthland International Law Review, October 2016, Volume 63, Issue3, p. 301.

[76] Proposal for a Regulation of the European Parliament and of the Council on jurisdiction and the recognition and enforcement of judgments in civil and commercial matters (Recast), COM (2010) 748 final, p. 3.

[77] 参见《布鲁塞尔条例 I(修订本)》Recital 22.

[78] Tena Ratkovi ć & Dora Zgrablji ć Rotar, "Choice-of-Court Agreements under the Brussels I Regulation (Recast)", *Journal of Private International Law*, 2013, Volume 9, No. 2, p. 263.

[79] 学界普遍认为非对称管辖权协议是非排他性管辖权协议,在《布鲁塞尔条例 I(修订本)》下,协议管辖规则相对于未决诉讼规则之例外的基础是有效的排他性管辖权协议,因此非对称管辖权协议不适用这种例外。但是,这并不意味着《布鲁塞尔条例 I(修订本)》下不适用非对称管辖权协议的认定。

第31条第4款的例外。《布鲁塞尔条例I(修订本)》最终在维护管辖权体系的统一性与协议管辖所体现的个人自由之间的关系上,确立协议管辖相对于未决诉讼规则的优先性。其实早在2014年Alexandros T案,Longmore法官认为,如果违反和解协议的补偿诉讼不违反欧盟法,那很难理解为什么违反管辖权协议的违约损害诉讼会违反欧盟法。[80]在2015年Marzillier, Dr Meier & Dr Guntner Rechtsanwaltsgesellschaft MbH v. AMT Futures Ltd. 案判决中,克拉克法官支持审理Alexandros T案的上诉法院关于违反管辖权协议违约损害规则的主张:除禁诉令以外,欧盟法不是通过损害赔偿裁定和其他措施对违反排他性管辖权协议所形成之诉由执行的阻碍。[81] 英国最高法院已准许AMT Futures Ltd的上诉,[82]对于该案,阿姆德(Ahmed)认为如果英国最高法院确定英国法院对该案有管辖权的话,其有必要对法官在Alexandros T案判决中的原则问题进行重新审查:损害赔偿救济与欧盟法直接效力原则和相互信任原则是否真正兼容。依《欧洲联盟运行条约》第267条要求欧盟法院做出初步裁决的可能性还没有排除。[83] 截止到目前,英国最高法院尚未作出最终判决。但是,鉴于欧洲法院Turner案判决遭到诸多的非议和《布鲁塞尔条例(修订本)》的生效,欧洲法院能在新形势下宽容英国法违反管辖权协议违约损害赔偿规则在欧盟成员国间适用吗?安德鲁·迪金森认为《布鲁塞尔条例(修订本)》可能会使欧洲法院重新审视对规制跨国诉讼程序滥用行为普通法方法的完全敌视态度。[84]

---

[80] Starlight Shipping Co. v. Allianz Marine & Others [2014] EWCA Civ. 1010, para. 17.

[81] Marzillier, Dr Meier & Dr Guntner Rechtsanwaltsgesellschaft MbH v. AMT Futures Ltd., [2015] EWCA Civ 143, para. 62.

[82] AMT Futures Ltd. v. Marzillier and others Case No: UKSC 2015/0091 (Supreme Court. uk, 28 July 2015) www. supremecourt. uk/docs/permission-to-appeal-2015-0607. pdf, 最后访问日期:2017年1月9日。

[83] M Ahmed, "Case Comment: Marzillier, Dr Meier & Dr Guntner Rechtsanwaltsgesellschaft MbH v. AMT Futures Ltd.", [2015] EWCA Civ. 143. (2015) 6 *Aberdeen Student Law Review* 118, pp. 124 - 125.

[84] Andrew Dickinson, "Once Bitten - Mutual Distrust in European Private International Law", *L. Q. R.* 2015, 131(Apr), p. 192.

Gazprom OAO 案初步裁决似乎意味着欧洲法院态度的转变。[85] Gazprom OAO 案涉及在立陶宛成立的"Lietuvos dujos",Gazprom(在俄罗斯设立)公司与其他两大股东达成股东协议,该协议包含以斯德哥尔摩商会仲裁院为仲裁机构(SCC)的仲裁协议。争议产生于立陶宛能源部长向本国 Vilnius 地区法院申请对 Lietuvos dujos 法人活动情况的调查并牵涉 Gazprom 公司高层人员。Gazprom 公司以立陶宛政府违反仲裁协议为由,向 SCC 提交了针对立陶宛能源部长的仲裁请求。该仲裁庭宣告立陶宛政府部分违反了股东协议中的仲裁条款,命令立陶宛能源部长撤销或限制部分在该国地区法院的诉讼。后来该案经立陶宛上诉法院又诉至立陶宛最高法院。依欧洲法院判例与《布鲁塞尔条例 I》第 71 条,立陶宛法院在承认与执行被定性为反诉禁令的仲裁裁定之后,对申请启动法人活动调查是否拥有管辖权问题上有裁决权。基于此,立陶宛最高法院不能确定是否可以拒绝对 SCC 仲裁裁定的承认与执行,决定中止该法院诉讼,请求欧洲法院作出初步裁决。护法官 Wathelet 认为《布鲁塞尔条例 I》必须被解释为不要求成员国法院拒绝承认与执行仲裁庭所发布的禁诉令,包含禁诉令的仲裁裁定不是基于 1958 年《纽约公约》第 5 条第 2 款第 b 项下拒绝承认与执行该裁定的充分理由。[86] 迪金森认为 Wathelet 的观点,虽不完全具有说服力,但其还是赞成在欧盟内推翻对禁诉令的限制以支持仲裁协议和程序。[87] 也有学者批判 Wathelet 的观点,认为其意见着眼于《布鲁塞尔条例 I(修订本)》、低估禁诉令对跨国诉讼的影响、夸大《布鲁塞尔条例 I(修订本)》Recital 12(2)在条例解释中的作用等因素,主要考虑仲裁的效力,《布鲁塞尔条例 I》的效力仅在涉及与 1958 年《纽约公约》的一致性时

---

[85] Gazprom OAO v. Lietuvos Respublika, ECLI:EU:C:2015:316.

[86] Opinion of Advocate General Wathelet Delivered on 4 December 2014, Case C – 536/13, ECLI:EU:C:2014:2414, para. 189.

[87] Andrew Dickinson, " Once Bitten - Mutual Distrust in European Private International Law", *L. Q. R.* 2015, 131(Apr), p. 192.

被考虑到。[88] 欧洲法院对 Gazprom OAO 案的初步裁决结果是《布鲁塞尔条例 I》必须被解释为不排除成员国法院承认和执行或拒绝承认与执行禁止在该成员国法院提起诉讼的仲裁裁定,因为此条例不调整在该成员国对另一成员国仲裁庭所作的仲裁裁定的承认与执行。[89] 因此,有学者认为鉴于 1958 年《纽约公约》第 2 条第 3 款[90]条文措辞的明确性,《布鲁塞尔条例 I(修订本)》重新引进禁诉令并不破坏该条例所涵括的国际私法的基本原则。[91] 虽然该条例 Recital(12)和第 1 条第 2 款 d 项对仲裁事项的明确排除并不意味着已推翻欧洲法院 West Tanker 案[92]的判决,但 Gazprom OAO 案至少显示出欧洲法院在《布鲁塞尔条例 I(修订本)》下对禁诉令的软化态度。[93] 如果这种推理是正确的话,之如前文芬特曼对禁诉令和违反管辖权协议违约损害赔偿规则特点的区分,如果禁诉令在《布鲁塞尔条例 I(修订本)》下的适用存在转机,那么,举重以明轻,作为间接影响他国法院管辖权的救济手段又怎么不能与布鲁塞尔管辖权体系相兼容? 鉴于布鲁塞尔管辖权立法没有涉及此类问题,因此二者是否兼容取决于欧洲法院的裁定。但是,虽然很难理解欧洲法院不会认为该损害赔偿规则违背 West Tanker 案所

[88] Marta Requejo, "Arbitration and EU-Procedural Law: Two Advocate Generals of the CJEU Promote Diverging Views", http://conflictoflaws.net/2015/arbitration-and-eu-procedural-law-two-advocate-generals-of-the-cjeu-promote-diverging-views. 最后访问日期:2017 年 1 月 10 日。

[89] Gazprom OAO v. Lietuvos Respublika, ECLI:EU:C:2015:316, para. 44.

[90] 当事人就诉讼事项订有本条所称之协定者,缔约国法院受理诉讼时应依当事人一造之请求,命当事人提交仲裁,但前述协定经法院认定无效、失效或不能实行者不在此限。

[91] J. J. A. Burke, "International Commercial Arbitration: Allocation of Competence between Municipal Courts and Arbitral Tribunal Under Article II (3) OF the New York Convention and Anti-suit injunctions under Brussels I (Recast) and Gazprom OAO", *Tansnational Dispute Management*, July 2015, p. 28.

[92] Case C – 185/07, ECLI:EU:C:2009:69.

[93] 也有不同观点, see Pietro Ortolani, Anti-suit Injunctions in Support of Arbitration under the Recast Brussels Regulations, MPILux Working Paper 6, www.mpi.lu. 最后访问日期:2017 年 1 月 12 日。

确立的"每个受理案件法院依其所适用之规则独自裁定其对争议是否有管辖权"的一般原则,可在英国法院(作为准许违约损害赔偿的唯一法院)认为 Alexandros T 案中的问题没有必要提交之后,实际上欧洲法院极不可能有机会作出判决。[94]

四、英国脱欧背景下这两种规则/体系兼容性问题的继续

2016 年 6 月脱欧公投开启了英欧"婚姻关系"解体的政治进程,[95]这既打开了英欧政治、经济与法律关系的不确定性进程,也给英欧在国际私法领域中的合作关系蒙上了一层阴影。英国脱离欧盟所导致的其对欧身份关系的转变,在违反排他性管辖协议违约损害赔偿规则与欧盟布鲁塞尔管辖权体系兼容性问题上的投射,就是二者兼容性问题将由成员国内部性问题转化为非成员国与欧盟之间的外部法律问题。英国脱离欧盟并不意味着这二者兼容性问题的消失,而全球化与英欧间近邻关系的存在决定着兼容性问题的继续。而兼容性问题呈现的形式取决于英欧未来国际私法合作的类型。本文基于英欧国际私法合作的现有或可能领域,认为违反排他性管辖权协议违约损害赔偿规则与布鲁塞尔管辖权体系之间的兼容性问题将呈现出《布鲁塞尔公约》或《卢迦诺公约》模式、布鲁塞尔管辖权体系下第三国模式和 2005 年海牙《法院选择协议公约》模式。

---

[94] Jan Von Hein,"The Protection of Arbitration Agreements within the EU after West Tankers, Gazprom, and the Brussels I Recast", http://conflictoflaws.net/2015/the-protection-of-arbitration-agreements-within-the-eu-after-west-tankers-gazprom-and-the-brussels-i-recast,最后访问日期:2017 年 1 月 10 日。

[95] 截至目前,英国脱欧进程仅限于英国内部的政治和法律行动,尤其是英国政府未经议会批准启动《里斯本条约》第 50 条第 2 款与欧盟开展脱离欧盟谈判的合法性问题,目前已上诉到英国最高法院。https://www.supremecourt.uk/news/article-50-brexit-appeal.html,最后访问日期:2017 年 1 月 11 日。"因为影响私人权利的条约,以及一般地修改普通法或制定法才能由英国法院予以执行的条约,必须通过国会的授权法取得国会的许可。"参见[英]劳特派特修订:《奥本海国际法》(上卷 平时法)(第一分册),王铁崖等译,商务印书馆出版 1971 年版,第 27 页。

(一)《布鲁塞尔公约》或《卢迦诺公约》模式

鉴于欧盟法对英国冲突法的深远影响,[96]英国脱离欧盟会导致在英国已经生效的欧盟主要的国际私法条例[97]被废除和欧盟参与缔结的对英国有约束力的国际条约对英国失去效力。[98] 欧盟法从英国国际私法中的褪去,是否会使英国重回1972年《英国与欧洲共同体法》之前处理与欧盟私法关系的普通法主宰的时代,引起人们广泛的疑虑。英国学者迪金森认为就民商事项的管辖权、判决的承认与执行而言,基于《布鲁塞尔条例I》及其修订本的前身1968年《布鲁塞尔公约》和2007年《卢迦诺公约》的前身1988年《卢迦诺公约》是建立在主权国家之间的"国际条约",而非欧盟国际私法,同时考虑到英国在这两个公约中的角色,如果在与相关成员国成功协商的基础上,那么英国在脱离欧盟之后处理与欧盟的管辖权、判决的承认与执行问题上是可以适用1968年《布鲁塞尔条约》或1988年《卢迦诺公约》的。[99] 固然有学者对此提出批驳,[100]但是无论如何在英欧法律关系没有最终确立下来以前是不能否定这种可能性的存在的。在这两种公约于英欧法律关系得以可能适用的情况下,违反排他性管辖权协议违约损害赔偿规则能否与这些

---

[96] 布瑞格斯认为,英国冲突法体系不再是与新欧盟法律体系相得益彰的普通法学科,相反则是欧洲国际私法结构的一部分,假如我们对剩余的普通法规则还满意的话。See Adrian Briggs, *the Conflict of Laws*, 3rd ed. Oxford University Press, 2013, Preface.

[97] 《布鲁塞尔条例Ⅰ》及其修订、《布鲁塞尔条例Ⅱ》及其修订、《罗马条例Ⅰ》与《罗马条例Ⅱ》等。

[98] 《卢迦诺公约》和2005年海牙《法院选择协议公约》等。

[99] Andrew Dickinson, "Back to the future: the UK's EU exit and the conflict of laws", *Journal of Private International Law*, Vol. 12, No. 2, 2016, pp. 201 – 207.

[100] P Beaumont, "Respecting Reverse Subsidiarity is an excellent strategy for the European Union at The Hague Conference on Private International Law: Currently being well deployed in the Judgments Project", 2 Centre for Private International Law Aberdeen Working Paper Series, Working Paper No. 2016/3, p. 4. http://www.abdn.ac.uk/law/documents/CPIL_Working_No_2016_3_by_Beaumont.pdf. 最后访问日期:2017年1月13日; B Hess, Back to the Past: BREXIT und das europäische internationale Privat-und Verfahrensrecht, 36 Praxis des Internationalen Privat-und Verfahrensrechts (IPRax) 409 (2016); J Basedow, Brexit und das Privat und Wirtschaftsrecht 24 Zeitschrift für Europäisches Privatrecht (ZEuP) 567 – 572 (2016).

公约下的未决诉讼规则或关联诉讼规则兼容,取决于欧洲法院 Gasser 案或 Turner 案判决规则是否适用。如前文所述,在《布鲁塞尔条例 I》下该损害赔偿规则难以兼容于该布鲁塞尔体系,1968 年《布鲁塞尔公约》下应当依然。同样,基于《卢迦诺公约》与《布鲁塞尔公约》在条文内容上的相似性和赋予欧洲法院同样的条约解释权,[101]这两大公约都具有严重的缺陷即 Gasser 案和 Turner 案规则依旧适用。[102] 如果这种法律推理成立的话,违反排他性管辖权协议违约损害赔偿规则在《布鲁塞尔公约》或《卢迦诺公约》模式下是难以兼容的。

(二) 布鲁塞尔管辖权体系的第三国模式

如果说违反管辖权协议违约损害赔偿规则在《布鲁塞尔公约》或《卢迦诺公约》模式下难以兼容和在英国与欧盟没有关于民商事项的管辖权、判决的承认与执行方面的条约关系的话,英国法上违反管辖权协议违约损害赔偿规则与布鲁塞尔管辖权体系的兼容性问题很可能会出现在《布鲁塞尔体例 I(修订本)》第 33 条未决诉讼规则的第三国模式下。依该新条例第 33 条第 1 款,若同时满足四个条件:(1)欧盟成员国法院依该条例第 4 条或第 7、8、9 条之规定行使管辖权;(2)相同当事人基于相同诉由在欧盟以外的第三国法院起诉,且该第三国法院为先受理法院;(3)第三国法院所作之判决可以预见能够在成员国内获得承认与执行;(4)成员国法院对于案件的中止是出于良好司法管理之必要,成员国法院应当中止诉讼。如果当事人双方达成以英国法院为排他性管辖的法院选择协议,且该协议不存在形式效力或是实质效力无效等情形,假如上述条件不能满足,欧盟成员国法院会以此为由认为其无权中止诉讼。在此种情况下,英国法院绝不会束手无策,其赋予排他性管辖协议非违约方的救济手段可以有两种:(1)使用禁诉令。因为英国脱离欧盟使其禁诉令从欧洲法院 Gasser 案和 Turner 案判决的

---

[101] 欧洲法院对《卢迦诺公约》解释权来自《统一解释卢迦诺公约议定书 2》第 1 条第 1 款和该公约另外两个附加声明。See TC Hartley, *Choice of Court Agreements Under the European and International Instruments*, Oxford University Press, 2013, pp. 15 – 18.

[102] M Ahmed, "BREXIT and English Jurisdiction Agreements: The Post-Referendum Legal Landscape", 27 *European Business Law Review* 989, 2016, p. 3. https://ssrn.com/abstract=2839342,最后访问日期:2017 年 1 月 17 日。

桎梏中解放出来。排他性管辖权协议违约方如果不遵守禁诉令将面临罚款、监禁或没收财产的风险。出现或资产在英国的违约方会遵守禁诉令或接受资产的损失。[103] (2)基于禁诉令的使用面临直接干涉他国法院司法管辖权的指责,英国法院同样可以选择违反排他性管辖协议违约损害赔偿规则,同样可以达到与禁诉令同样的法律效果,但是与禁诉令相比少了几分刚性。在这种情形下,违反管辖权协议违约损害赔偿规则与布鲁塞尔管辖权体系的兼容性问题,就受制于英欧这两个平等司法主体之间的禁反言规则、程序性或强制性法律规范或公共政策的约束。[104] 在《布鲁塞尔体例I(修订本)》下,违反排他性管辖权协议违约损害赔偿规则是否违反欧盟的强制性规范,之如前文所述,学界虽各持观点,但欧洲法院并没有作出判决。

(三) 2005海牙《法院选择协议公约》模式

英国脱离欧盟使其违反排他性管辖权协议违约损害赔偿规则与布鲁塞尔管辖权体系之间的欧盟内部的兼容性问题转换成平等国际法主体间法律规范的冲突问题,从前述分析来看,无论是《布鲁塞尔公约》或《卢迦诺公约》模式还是布鲁塞尔管辖权体系下的第三国模式,该损害赔偿规则被布鲁塞尔管辖权体系接纳的可能性比较小。但是这并不意味着英国不能使用该损害赔偿规则,且该规则已成为英国规制法院挑选的主要救济措施之一,成为英国普通法规则体系的一部分。虽然英国脱离欧盟会对英国造成不小的影响,[105]但是单就国际私法的管辖权、判决的承认与执行而言,似乎不完全是负面的影响,欧洲法院禁锢对英国普通法规制平行诉讼的常用手段如禁诉令、非方便法院原则等禁锢的枷锁已经打碎,英国法院恢复使用上述救济手段的自由。在此种情形下,英国法违反排他性管辖协议违约损害赔偿规则与布鲁塞尔

[103] Ibid, p. 9.

[104] Richard Fentiman, *International Commercial Litigation*, Second Edition, Oxford University Press, 2015, p. 114; Edwin Peel, "Introduction" in Pascal de Vareilles-Sommières (ed.), *Forum shopping in the European Judicial Area*, Hart Publishing, 2007, pp. 17 - 18.

[105] Marta Requejo, "Brexit - Immediate Consequences on the London Judicial Market", http://conflictoflaws.net/2016/brexit-immediate-consequences-on-the-london-judicial-market, 最后访问日期:2017年1月14日。

管辖权体系很可能会在 2005 年海牙《法院选择协议公约》里相遇。[106] 在英欧同时作为 2005 年海牙《法院选择协议公约》的话，如果当事人达成以英国法院为排他性管辖的法院选择协议，且该协议以被选择法院法律审查为有效的话（公约第 5 条），作为违反以英国法院为排他性管辖的法院选择协议受理案件的欧盟成员国的非被选法院，依该公约第 6 条必须中止诉讼，除非出现五种例外情况。如果欧盟成员国法院，作为非被选择法院不考虑有效的以英国法院为排他性管辖的协议实施管辖，公约可以允许英国法院对欧盟成员国非被选择法院对该管辖权协议的生效和效力的判决提出质疑，并且可以作出违反英国法院排他性管辖的法院选择协议的损害赔偿裁定。英国法院的损害赔偿裁定能否被欧洲法欧法院接受，在很大程度上取决于依《布鲁塞尔条例 I（修订本）》第 71 条如何处理条例与其他公约的关系。在处理布鲁塞尔条例与其他公约的关系问题上，虽然实行其他公约优先原则，但是欧洲法院在 Nipponkoa 案判决中认为其他公约的适用不得牺牲欧盟民商事项司法合作的基本原则：例如 44/2001 条例前言中 Recitals 第 6、11、12、15、16、17 段所阐述的民商事判决自由流动、法院管辖权的可预测性、对起诉人来说法律的确定性、良好的司法管理、平行诉讼风险的降低、欧盟范围司法管理的互信等原则。[107] 基于上述原则，违反管辖权协议违约损害赔偿规则肯定难以被布鲁塞尔管辖权体系接受。但是，Ahmed 和 Beaumont 对此提出了质疑。他们认为在 2005 年海牙《法院选择协议公约》适用的前提下英国法上违反排他性管辖权协议违约损害赔偿是可以适用的，理由是：(1) 2005 年海牙《法院选择协议公约》建立在部分或有限信任的基础上，与建立在完全信任基础之上的布鲁塞尔管辖权体系不同；(2) 在救济措施方面，对 2005 年海牙公约在欧盟

---

[106] 因为此前欧盟以整体身份加入了 2005 年海牙《法院选择协议公约》，从使英国间接获得该公约成员的资格。如果英国最后脱离欧盟的话，其可以根据 1969 年《维也纳条约法公约》第 14 条或第 15 条规定以批准或加入 2005 年海牙《法院选择协议公约》以避免该公约适用的间断。

[107] Case C – 452/12 Nipponkoa Insurance Co (Europe) Ltd. v. Interzuid Transport BV ECLI:EU:C:2013:858, [2014] I. L. Pr. 10, para. 36; Case C – 533/08 TNT Express Nederland BV v. AXA Versicherung AG ECLI:EU:C:2010:243, [2010] I. L. Pr. 35, para. 49.

与全球范围内解释方法的差异性会扩大欧盟与普通法世界的鸿沟,会损害管辖权上意思自治的可执行性,会限制欧盟内在 2005 年海牙公约案件上管辖权冲突实际解决办法的范围;(3)另外,在 2005 年海牙公约适用的案件中,如果当事人达成以脱离欧盟前的英国法院为排他性管辖的法院选择协议,且在非欧盟的缔约国法院出现先发制人的鱼雷诉讼的话,则不存在类似或相当的因素阻碍英国法院采用违反管辖协议损害赔偿规则以执行上述的法院选择协议。[108] 但是,基于欧洲法院在 Nipponkoa 案判决中对欧盟民商事司法合作基本原则的坚决维护和对《布鲁塞尔条例 I》第 71 条的解释,本文认为在 2005 年海牙公约适用的案件中,布鲁塞尔管辖权体系的成员国司法互信等原则或许会取代任何不符合《布鲁塞尔条例 I(修订本)》第 31 条第 2 款"反向未决诉讼规则"(reverse *lis pendens* rule)对 2005 年海牙公约第 6 条的解释。因此,尽管在《布鲁塞尔条例 I(修订本)》和 2005 年海牙公约下当事人选择管辖权上的意思自治受到一定尊重,但是按照欧洲法院判例规则及其在该规则下维护成员国之间的司法互信、构建统一的欧盟市场的法律意识形态哲学,英国法违反管辖权协议违约损害赔偿规则能相容于布鲁塞尔管辖权体系的可能性不会太大。这两种规则体系之间的冲突,不仅没有消解,反而会在英国脱离欧盟以后得以释放、扩大和持续。

通过上述分析,我们可以看到英国法违反管辖权协议违约损害赔偿规则与布鲁塞尔管辖权体系的兼容性问题在上述三种不同模式下既表现出差异性,也展现出共同性。差异性在于在不同公约适用背景下这两种规则可能冲突的表现形式不同,以及对这两种规则可能冲突的法律逻辑和复杂性程度的不同。共同性在于,尽管也存在某些方面的一致性,[109]但是鉴于这两种规则设计本身、规则价值诉求和规则维护的

---

[108] Mukarrum Ahmed, Paul Beaumont, "Exclusive choice of court agreements: some issues on the Hague Convention on Choice of Court Agreements and its relationship with the Brussels I Recast especially anti-suit injunctions, concurrent proceedings and the implications of BREXIT", (2016) 2 Centre for Private International Law Aberdeen Working Paper Series, Working Paper No. 2016/5. https://ssrn.com/abstract=2824703, p. 19,最后访问日期:2017 年 1 月 19 日。

[109] 强调当事人意识自治、尊重契约的神圣性和避免相互冲突的判决等。

根本利益存在根本性的冲突,因此二者兼容的可能性小。

五、这两种规则/体系难以兼容的原因分析

英国法上违反排他性管辖权协议违约损害赔偿规则与布鲁塞尔管辖权体系的难以兼容的原因:尽管兼具大陆法系与普通法系冲突的一般性特征,[110]但是作为英国法上规制平行诉讼与法院挑选行为的一种救济措施,作为英国国际私法众多规则体系中的一点,其更多体现在与布鲁塞尔管辖权体系在这两种对排他性管辖权协议的定性、价值诉求与利益维护的根本的不同:

(一)对排他性管辖权协议定性的差异

在国际商事领域,管辖权协议与一般契约协议最大的不同,在于当事人对一国法院管辖权的选择。当一方当事人违反一般契约协议时,非违约的另一方当事人在该协议合法有效的前提下,可以向违约方寻求违约损害赔偿救济,这种救济属于私法领域的救济;而当一方当事人违反管辖权协议时,非违约的另一方当事人在该管辖权协议合法有效的前提下,能否向违约方寻求违约损害赔偿救济,则取决于法院地法或被选择法院地法对管辖权协议的定性。依照国际社会的立法与实践,对管辖权协议的定性,一般分为三种:(1)合同性;(2)程序性;(3)分割制下的合同性与程序性兼备。管辖权协议定性的差异,反映所调整主体之间法律权力关系的类型,即平权型关系或隶属性关系,反映出其私法、公法或公法私法兼具性的属性定位。如果管辖权协议定性为合同性的,意味着其私法属性;如果定性为程序性的,意味着公法属性。如果定性为分割制下的合同性与程序性兼备,意味着管辖权协议是公法私法兼具性的。管辖权协议定性的差异不仅影响其法律功能的属性定位,而且还影响在国际商事诉讼中管辖权协议准据法的适用。而管辖权协议准据法适用的差异,影响着管辖权协议的成立(existence)、生效(validity)与效力(effect)以及违反该协议的救济。基于上述关于管辖

---

[110] Anna Gardella and Luca G. Radicati di Brozolo, "Civil Law, Common Law and Market Integration: The EC Approach to Conflicts of Jurisdiction", *The American Journal of Comparative Law*, Vol. 51, No. 3 (Summer, 2003), pp. 611 - 637.

权协议定性的原理来审视英国法违反排他性管辖权协议损害违约规则与布鲁塞尔条例管辖权体系难以兼容的原因时,就会发现这两个规则体系对管辖权协议定性的差别。英国法将管辖权协议定性为合同,视为在争议发生前或发生后当事人关于争议在何处(where)解决的私人契约。英国法将管辖权协议的契约化定性,如前文所述,是在 Ellerman Lines, Ltd. v. Read 案中确立,是将其国内契约神圣性和纯洁性在涉外商事诉讼的延伸,是以英国为代表普通法系对个人自主性和承诺必须信守精神的捍卫。因此,违反管辖权协议,在没有无效或其他契约受阻事由的条件下,就意味着违约。违约就意味着救济,救济产生权利。[111] 而布鲁塞尔管辖权体系下管辖权协议的定性,来自大陆法系主导下的公法属性定位。[112] 如德国联邦法院就把把管辖权协议定性为当事人之

---

[111] British Airways Board Respondents v. Laker Airways Ltd and Other Appellants [1985] AC 58; Continental Bank NA v. Aeakos Compania Naviera SA and Others [1994] 1 WLR 588; Donohue v. Amco Inc and Others [2002] Lloyd's Rep 425; L Merrett, "The Enforcement of Jurisdiction Agreements within the Brussels Regime", (2006) 55 *International and Comparative Law Quarterly* 315, p. 317; Adrian Briggs, *Agreements on Jurisdiction and Choice of Law*, Oxford University Press, 2008, p. 325; J Harris, "Understanding the English Response to the Europeanization of Private International Law", *Journal of Private International Law* Vol. 4, No. 3, 2008, p. 388; D Tan and N Yeo, "Breaking Promises to Litigate in a Particular Forum: Are Dam-ages an Appropriate Remedy?" [2003] *Lloyd's Maritime and Commercial Law Quarterly*, p. 435; J Kurth, Inländischer Rechtsschutz gegen Verfahren vor ausländischen Gerichten, Duncker & Humboldt, 1989, p. 66. etc.

[112] Mukarrum Ahmed, Paul Beaumont, "Exclusive choice of court agreements: some issues on the Hague Convention on Choice of Court Agreements and its relationship with the Brussels I Recast especially anti-suit injunctions, concurrent proceedings and the implications of BREXIT", (2016) 2 Centre for Private International Law Aberdeen Working Paper Series, Working Paper No. 2016/5. https://ssrn.com/abstract=2824703, p. 14, 最后访问日期:2017 年 1 月 19 日; Justin P. Cook, "Pragmatism in the European Union: Recasting the Brussels I Regulation to Ensure the Effectiveness of Exclusive Choice-of-Court Agreements", *Aberdeen Student Law Review*, Vol. 4, 2013, p. 91.

间程序性关系的合同,[113]管辖权协议的效力仅限于对某些法院管辖权的赋予或排除,以此方法,违反管辖权协议的违约损害赔偿是不能获得的,因为该协议并没有产生相应的义务。[114] 还有学者认为,正确看待管辖权协议的方法就是将其看作邀请(invitation)法院实施公法权利和对争议事项行使管辖权。[115] 正是基于这一点,关于《罗马公约》的Giuliano-Lagarde 报告明确把管辖权条款从该公约排除出去:"管辖权规则是公共政策问题,是合同自由的边际(marginal)。"[116]从上述分析可以看出,英国国际私法与欧盟国际私法对管辖权协议定性的差异性,是英国法违反管辖权协议违约损害赔偿规则与布鲁塞尔管辖权体系难以兼容的重要原因之一。

(二)规则价值诉求的差异

如果说这两种规则对管辖权协议定性的差异是这二者难以兼容的重要原因的话,那么这两种规则价值诉求的差异同样是导致其难以兼容的重要原因。依法的价值冲突理论,法的价值冲突是必然的,其不仅表现为"不同价值主体之间在价值观念、认识、选择等问题上的相互对立情形",也展现为"法律体系、法律制度、法律规范之间所蕴藏的价值对立状态"。[117] 这意味着在法律制度设计与实施的技术上,对法的不同价值进行权衡和取舍,使法的不同价值呈现出位阶性[118]以解决法的价值冲突。如前文所述,布鲁塞尔管辖权体系不仅体现目的性、工具性上,而且在不同法律规则所实现的价值上具有体系性和位阶性。这种法律规则价值的位阶性,蕴藏于对布鲁塞尔管辖权体系解释的价值准

[113] German Federal Court (Bundesgerichtshof [BGH]) [1968] Neue Juristische Wochenschrift (NJW),1233; BGH [1972] NJW,1622; BGH [1989] NJW,1431; BGH [1997] NJW,2885.

[114] Jonas Steinle & Evan Vasiliades, "The Enforcement of Jurisdiction Agreements under the Brussels I Regulation: Reconsidering the Principle of Party Autonomy", *Journal of Private International Law*, Vol. 6, No. 3, 2010, p. 576.

[115] Cjs Knight, "The Damage of Damages: Agreements on Jurisdiction and Choice of Law", *Journal of Private International Law*, Vol. 4, No. 3, 2008, p. 506.

[116] [1980] OJC282, p. 1, 10.

[117] 卓泽源著:《法的价值论》,法律出版社 2006 年版,第 587 页。

[118] 刘作祥主编:《法理学》,社会科学文献出版社 2005 年版,第 473 页。

则和特定的制度设计中。[119] 芬特曼认为对布鲁塞尔管辖权规则的含义和效力的争议,不仅受到一般法律原则体系的制约,尤其受到源于欧盟法第一位阶(first-order)的法律规则和反映《布鲁塞尔条例I(修订本)》特殊目的第二位阶(second-order)的法律规则的限制。[120] 第一位阶的欧盟法规则涵括正义原则、直接效力原则、相互信任原则、增进内部市场原则。而增进内部市场原则又衍生出三个次级原则:统一性原则、确定性原则和普遍性原则。[121] 反映《布鲁塞尔条例I(修订本)》特殊目的第二位阶(second-order)的法律规则包括确保程序公平原则、防止不一致判决原则、确保程序效率原则、促进确定性原则等。[122] 这两个位阶的价值准则体系,是阐释和捍卫布鲁塞尔管辖权体系的基石,成员国内国法律规则能否兼容于这一体系,必须经受这两个位阶的法律价值准则体系的考验。而且"毋庸置疑,该体系受民法影响,由民法法系所推崇的法的确定性、可预测性和中立性原则构造",[123]体现出对秩序、公平的价值偏好,对自由与个人权利的保护略显不足,但同时显露布鲁塞尔管辖权分配规则的严格性与僵化性。[124] 为了保证上述价值规则体系的实现,布鲁塞尔管辖权体系还创设了先受理法院制度。《布鲁塞尔条例I》为捍卫先受理法院制度的刚性,不惜以牺牲成员国的剩余管辖权为代价,欧洲法院先后宣告了英国禁诉令、非方便法院原则在成员国之间的适用禁止。在《布鲁塞尔条例I(修订本)》下,虽然先受理法

---

[119] 如先受理法院制度等。

[120] Richard Fentiman, *International Commercial Litigation*, Second Edition, Oxford University Press, 2015, p. 294.

[121] Ibid, pp. 295－296.

[122] Ibid, pp. 297－299.

[123] Anna Gardella and Luca G. Radicati di Brozolo, "Civil Law, Common Law and Market Integration: The EC Approach to Conflicts of Jurisdiction", *The American Journal of Comparative Law*, Vol. 51, No. 3 (Summer, 2003), p. 615.

[124] Anna Gardella and Luca G. Radicati di Brozolo, "Civil Law, Common Law and Market Integration: The EC Approach to Conflicts of Jurisdiction", *The American Journal of Comparative Law*, Vol. 51, No. 3 (Summer, 2003), p. 614; J Harris, "Understanding the English Response to the Europeanization of Private International Law", *Journal of Private International Law* Vol. 4, No. 3, 2008, p. 394.

院制度的刚性受到削弱,但是削弱程度依然有限。商事行为主体的个体自由与意思自治在布鲁塞尔管辖权体系内的伸张依然受到严格的限制。相较于布鲁塞尔管辖权体系,违反排他性管辖权协议损害赔偿规则彰显英国国际私法捍卫个人权利、自由和便利商事争议解决的价值倾向。因此,英国法违反排他性管辖权协议损害赔偿规则与布鲁塞尔管辖权体系二者间的价值冲突,不仅是难以避免的,而且在不远的将来,伴随着英国脱离欧盟,会更加凸显和棘手,除非英国与欧盟在根本利益上的一致性使双方痛下决心彼此让步。

(三)利益维护的差异

依据法的利益理论,[125]英国法违反排他性管辖权协议违约损害赔偿规则与布鲁塞尔管辖权体系的难以兼容,不仅源于规则本身的差异

---

[125] 马克思主义法的利益理论认为,利益对法具有决定性作用,表现在利益分化导致法的产生;统治阶级的共同利益决定着法的存在与本质;利益的发展决定着法的发展。法对利益的形成与发展具有能动作用,引自朱力宇、张曙光主编:《立法学》(第3版),中国人民大学出版社2009年版,第74~80页。承继耶林的目的法学的赫克的利益法学认为,利益冲突是法律诫命的原因,法律规范成为透过立法对必须规定的生活关系及利益冲突,规范地加以确定且具有拘束力的一种利益评价之结果。对于利益法学来说,法律也是价值判断与价值理念的体系,价值判断的冲突需要层级性的价值秩序(价值位阶)来规范调整。但是由于利益法学欠缺利益评价的标准,为后继的价值法学所补充,引自吴从周著:《概念法学、利益法学与价值法学——探索一部民法方法论的演变史》,中国法制出版社2011年版,第238~248、第416~430页;[美]E.博登海默著:《法理学:法律哲学与法律方法》,邓正来译,中国政法大学出版社2004年版,第149~150页。庞德的法的利益理论认为法律制度要达到维护法律制度的目的,必须承认特定的利益、确定利益的范围和认可范围内的利益。引自[美]罗斯科·庞德著:《法理学》(第3卷),廖德宇译,法律出版社2007年版,第十四章,第4~374页。美国国际私法学教授布雷纳德·柯里(Bralnerd Currie)政府利益分析学说以政策问题、利益问题、分析方法为主要内容,以虚假冲突、真实冲突、无着落案件模型为分析支点,以法院地法、分析真假冲突、属人法、分割为四大原则,以解决冲突法的核心问题:当两个或两个以上州的利益存在冲突时,何州利益将让位的问题。引自邓正来:《美国现代国际私法流派》(修订版),中国政法大学出版社2006年版,第91~133页。综合上述法的利益理论,本文认为利益或利益冲突是法律规范产生的基础,但是法律规范不仅仅是利益分配或冲突解决的工具,其还承载着的价值判断和价值理想的负载,因此,从根本讲规则之间、规则体系之间或规则与规则体系之间的冲突,不仅承载价值的冲突,更体现为深层的利益冲突;不仅展现于国内的立法与司法实践,也充溢于国际社会的立法和司法实践中。

性、规则背后价值诉求的不同,更源于规则背后维护的主体利益的差异性。英国法此种违约损害赔偿规则,是其国内合同法违约损害赔偿规则在管辖权领域的延伸,是英国法传统用来规制平行诉讼的禁诉令、非方便法院原则等衡平手段在布鲁塞尔管辖权体系下使用以后英国法院的智慧创新。所有这些手段的目的,皆是通过所谓维护公平正义、当事人的自主自由和捍卫契约的纯洁性、神圣性等对法的价值的践行和高扬,借助于本国完善的法律体系、高水平法官队伍和律师团队,在日益激烈竞争的全球化管辖权市场中,最大程度地争取更多的份额和利益,提升本国法律文化的吸引力和软实力,从而更为有效地维护其在国际海商事和金融诉讼中的核心地位以及诉讼、仲裁行为衍生出来的巨大的经济利益。而布鲁塞尔管辖权体系是欧盟深入实现区域司法一体化的重要组成部分。为了更好地促进成员国之间的司法互信、促进判决的自由流动、提升诉讼的效率、节约司法成本,布鲁塞尔管辖权体系更加注重规则的刚性和意识形态化,对管辖权分配和规制的法哲学中,欠缺精明的商业偏好。[126] 但是考虑到欧盟成员国间政治、经济、法律和文化方面的巨大差异,如果不强调成员国之间的司法互信、平等和欧盟法的直接效力,而过于强调商业化偏好、个人自主性,忽视成员国司法行为和规则对欧盟整体性的破坏,欧盟一体化的深入发展就会受到侵蚀以致坍塌。因此,从法的利益理论来看,欧洲法院基于欧盟一体化的整体利益对欧盟法与布鲁塞尔管辖权体系的誓死捍卫,也在情理之中。如果从这个视角观察,作为英国法与欧盟法在管辖权分配与规制哲学价值偏好与根本利益冲突的一个缩影,英国法违反排他性管辖权协议违约损害赔偿规则与布鲁塞尔管辖权体系的难以兼容,是不可避免的。

如果这两种规则体系在规则本身、规则背后的价值诉求与规则维护主体利益的差异性是真实存在的话,固然欧盟已在《布鲁塞尔条例Ⅰ(修订本)》作了部分调整,但是二者之间要想实现兼容,除非双方为了实现根本利益的一致而相互妥协。无情的现实敲碎对未来的期待。2017年1月17日,英国女首相特里萨·梅要让英国干干净净脱离欧洲

---

[126] Richard Fentiman, *International Commercial Litigation*, Second Edition, Oxford University Press, 2015, pp. 28 – 29.

的“路线图”12 条有限措施中,就包括“脱离欧盟司法体系,收回司法主权”。[127] 但是,英欧关系的分离并没有消灭这两种规则体系的兼容性问题,只不过在将来以其他的形式出现,因为英欧近邻关系和全球化体系依然存在。

六、结论

英国法上违反排他性管辖权协议损害赔偿规则与布鲁塞尔管辖权体系的兼容性问题,是英国法与欧盟法冲突的一个缩影。基于此,本文探讨了英国法违反排他性管辖权协议违约损害赔偿规则的形成过程、适用条件、基本功能,分析了布鲁塞尔管辖权体系的目的与特点,探究了这种损害赔偿规则与《布鲁塞尔条例 I》《布鲁塞尔条例 I》(修订本)兼容的可能性,预测了英国脱欧背景下英国法此种损害赔偿规则与布鲁塞尔管辖权体系兼容性在未来可能呈现的三种模式,深刻洞察了这两种规则/体系难以兼容的多重原因。通过上述分析,我们可以预测,未来这两种规则/体系能否实现兼容,取决于英欧将来利益的一致性与彼此让步、妥协的程度。

(王磊,武汉大学国际问题研究院 2014 级博士研究生。)

[127] The Government's Negotiating Objectives for Exiting the EU:PM Speech,https://www. gov. uk/government/speeches/the-governments-negotiating-objectives-for-exiting-the-eu-pm-speech, 最后访问日期:2017 年 1 月 22 日。

论国际货物运输合同的伞状协议法律特征

黄力华

目　　次

伞状协议(Umbrella Agreement)是学界尚无定论的一种合同形态。对于伞状协议是否存在、伞状协议的法律特征,学者们有着不同的看法。根据英国学者 STEFANOS MOUZAS 和 MICHAEL FURMSTON 的观点来看,伞状协议①是现代经济生活中所出现的一种合同形态,其作用在于为将来类似的交易提供合同范本,以期降低交易之成本。而就法律、法规及规范性文件来看,目前仅有 1995 年国际航空承运人协议(IATA)在其设立"双轨制责任"的"国际航协承运人间关于国际航空旅客运输责任的协议书"(IIA)文件中明确规定:本协议书为伞状协议。② 然而,该协议书并未对什么是伞状协议加以说明。我们只能根

① STEFANOS MOUZAS * AND MICHAEL FURMSTON * * "From Contract to Umbrella Agreement", Cambridge Law Journal, 67(1), March 2008, pp. 37 - 50.

② http://www.iata.org/publications/Documents/toc-essentials-liability-3rdEd-20121031.

据“双轨制责任”的司法实践来了解什么是伞状协议。就1995年至今的司法实践来看,IATA伞状协议最为显著的特征就在于它能对非协议缔约当事人产生约束力。

从伞状协议这一基本特征出发,我们不难发现,国际货物运输合同是最为典型的伞状协议。本文将通过对国际货物运输合同的研究,来阐明伞状协议的法律特征。

国际货物运输合同,是托运人与承运人之间订立的,由承运人将托运人的货物从一国运送到另一国,而托运人支付运费的一种意义表示一致的协议。国际货物运输合同根据其采用的主要运输方式的不同,可以被分为国际货物海上运输合同、航空运输合同、铁路运输合同、公路运输合同及多式联运合同。

虽然各种不同的运输合同会因为运输工具的差异而各有特色,但在合同当事人以及参与合同履约的第三人方面,各种合同却存在惊人的相似之处。

首先,在任何一种国际货物运输合同中,无论其采用何种运输方式,其合同都离不开托运人与承运人两个缔约当事人。所谓托运人,是指与承运人订立货物运输合同,将货物提交给承运人并支付运费的当事人。在某些情况下,托运人会直接向承运人提交货物。如CIF贸易术语条件下的卖方,它不仅要与承运人订立货物运输合同、支付运费,而且要向承运人提交货物。而在另一种情况下,托运人则不会向承运人提交货物,如FOB贸易术语条件下,作为收货人的买方会托运人的名义与承运人订立货物运输合同并支付运费,但却不负担提交货物的义务。

而承运人,则是指与托运人订立货物运输合同,收取运费并承揽货物运输的当事人。由于国际货物运输实践中,许多运输事实上是由国际货物运输合同中缔约的承运人以外的其他人来实施的。为避免发生识别错误,我们将那些与托运人订立运输合同的承运人称为缔约承运人,而将那些与托运人没有合同关系,而只是根据缔约承运人的指示来实施运输任务的当事人称为实际承运人。缔约承运人与实际承运人这两个概念最初是由 1952 年“瓜达拉哈拉公约”[③]确立的,这种区分方法已经为 1978 年“汉堡规则”[④]以及 1999 年的“蒙特利尔公约”[⑤]所采纳。而调整国际铁路运输的 CIM [⑥]则将承运人区分为承运人、连续承运人及替代承运人三种。而调整国际货物公路运输的 CMR[⑦] 将承运人分为承运人和连续承运人两类。2008 年的“鹿特丹规则”[⑧]将缔约承运人称为承运人,而将实际承运人称为海运履约方或履约方。为便于论述,本文采用缔约承运人与实际承运人的区分方法。

其次,在绝大多数国际货物运输合同中,都存在收货人与单据托运人这两种第三人。所谓收货人,是指根据运输单据的记载或指示,有权向承运人主张提取货物的当事人。由于绝大多数国际货物运输都是国际货物买卖的产物,因此,收货人通常就是国际货物买卖合同中的买方。在某些情况下,收货人会与托运人竞合,最为典型的就是 FOB 贸易术语条件的买方,它同为托运人和收货人;然而在其他贸易术语条件下,如 CIF 贸易术语中,收货人就是合同缔约方以外的第三人了。而所谓单据托运人,则是 2008 年“鹿特丹规则”所新确立的概念,它是指那些不是合同缔约当事人,但向承运人实际提交货物并同意承运人将其记载入“托运人”栏的第三人。在国际货物运输中,如果买卖双方采用 FOB,或 FRC 贸易术语,则卖方就是典型的单据托运人。收货人及单据托运人不是国际货物运输合同的缔约方,但它们享有运输合同所带来的利益并同时承担相应的义务。收货人及单据托运人与货物运输合同间的关系,可根据第三人利益合同原则加以阐述。货物运输合同早已突合同相对性原则,这已为学界所公认。而且,货物运输合同为不纯正的第三人利益合同,它不仅可以为第三人创设权利,而且可以为第三人设定义务。

---

③　指《关于非缔约承运人办理国际航空运输以补充 1929 年在华沙订立的“统一国际航空运输若干规则的公约’的公约”》(作者注)。

④　1978 年《联合国国际货物海上运输公约》(作者注)。

⑤　1999 年在蒙特利尔订立的《统一国际航空运输某些规则的国际公约》(作者注)。

⑥　1999 年《国际铁路货物运输合同统一规则》(作者注)。

⑦　1956 年《国际公路货物运输合同公约》(作者注)。

⑧　2008 年《联合国全程或部分海上货物运输合同公约》(作者注)。

最后,如果仅有缔约当事人和上述第三方当事人参与,国际货物运输合同是根本无法履行的。受货物运输特殊性的影响,任何一个国际货物运输合同中都不避免地存在难以数计的合同当事人以外的第三人的参与和配合。其原因大致有以下几个方面:一是受国内法的制约,绝大多数国家明确规定国内货物运输只能由本国承运人经营。例如,国际铁路运输中,本国境内的铁路运输只能由本国铁路承运人承担,而外国境内的铁路运输则必须由该外国的国内铁路承运人承担。二是国际货物运输往往需要多种运输工具的配合方能实现。例如,在航空运输及海上运输中,都需要公路或铁路运输的配合,才能使货物到达航空站或港口。三是国际货物在运输过程中需要提供装卸、仓储服务的第三人的配合。

协助货物运输合同履行第三人包括了为货物运输提供"核心业务"服务的实际承运人以及短途运输承运人,还包括了为货物运输提供"非核心业务"服务的仓储保管人,集装箱装箱、掏箱当事人,货物吊装当事人,货物积载、卸载当事人。在国际货物运输公约中,通常只有实际承运人这种第三人得到了体现,而其他当事人要么在公约中根本不予提及("华沙公约""蒙特利尔公约""汉堡规则"),要么以"为履行合同提供服务之人"名义,与承运人雇员、代理人一并提及(CIM 第 27 条第 5 款,CMR 第 3 条)。直到 2008 年的"鹿特丹规则",这些为运输合同提供"非核心业务"服务的当事人才正式被冠以"履约方"的名称。但是,这些参与到货物运输合同履行中来的实际承运人和履约方同货物运输合同之间的关系如何?其法律地位如何?这样一些关键问题仍然未获解答。本文主要将针对这一问题展开讨论。

一、从合同相对性到第三人利益合同

缔约承运人与实际承运人、履约方之间的关系是否可以解释为第三人利益合同中代为履行的第三方关系?要了解这个问题,就必须从合同相对性说起。合同相对性是合同制度的一项基本特征。罗马法谚所云:任何人不得为他人订立契约,便是对合同相对性的高度概括。合同之所以具有相对性,其根本原因在于合同是当事人设立、变更、终止民事法律关系的意思表示一致的协议。合同可以在当事人间形成法锁关系,亦有人将合同称为当事人之间的法律。[9] 这种法锁关系是如此之重要,以至于它必须由具备完全民事行为能力之人通过协商一致方能形成。正因为如此,如果允许合同当事人擅自在合同中为第三人设定义务,创设权利,其后果将不堪设想的。降至近代,随着社会经济的不断发展,经济多元化和社会分工日渐发达。由合同当事人以外第三人履行合同债务,或合同债务人向合同当事人以外第三人履行债务,都逐渐得到了认可,合同相对性理论首次得以突破。

货物运输合同本身就是一种典型的突破了合同相对性的合同,是典型的第三人利益合同。[10] 由于绝大多数国际货物运输都是基于买卖合同而产生的,因此,托运人和收货人通常由不同的当事人担当,其结果就必然会造成托运人和收货人中有一方不是合同当事人的情况。让货物运输合同突破合同之相对性,使合同当事人以外的第三人享受权利或承担义务,就成了货物运输合同顺利履行的必然选择。

二、第三人利益合同的困局

国际货物运输业是一个极其年轻的领域,它是随着专业化分工时代来到才出现的。虽然货物运输的历史可以追溯到人类社会的早期,但在相当长的时间内,国际货物运输都属于商人自运自贩的范畴。正因为如此,调整国际货物海上运输的法律才被称为“海商法”。在海商们运输自己的物品时,货物运输合同也就自然没有存在的空间。直至资本主义时代到来,海商们才转而从事专业运输,货物运输业才成为一项独立的产业。在专业运输的初期阶段,承运人特别是当时居于统治地位的海上运输承运人,其所从事的运输业务是非常简单的。海运承运人通常在起运港船边接收托运人提交的货物,然后在目的港船边将货物交给收货人。在当时的运输条件下,承运人可以通过其雇员完成绝大多数的运输任务,而自己无法完成的部分则可以通过代理人来实施。所以,第三人利益合同可以满足国际货物运输合同的履行需要了。

---

⑨　张民安:《过错侵权责任制度研究》,中国政法大学出版社2002年版,第162页以下。

⑩　张家勇:《为第三人利益的合同的制度构造》,法律出版社2007年版,第268页。

然而,随着国际货物运输的进一步发展,承运人的业务变得越来越复杂,货物运输的链条也变得越来越长。在此情况下,仅靠第三人利益合同以及代理人的配合,已根本不可能履行国际货物运输合同了。在现代国际货物运输中,特别是随着集装箱运输的普及,货物运输早已从以往的起运港到目的港的运输,变成了托运人工厂到收货人货场的“门到门”运输。在此情况下,与托运人订立货物运输合同的缔约承运人,至多只能履行货物运输合同中的部分债务,而其他债务则必须依赖其他与货物运输合同无关的第三方来协助其履行。

那么,那些为货物运输合同履行提供协助的实际承运人及履约方,是否可以理解为第三人利益合同中的第三方呢?所谓第三人利益合同,是指突破了合同相对性的合同,该合同可以为缔约当事人以外的第三人设定义务或创设权利。具体而言,第三人利益合同又可以分为由第三人履行合同和向第三人履行合同。第三人利益合同具有如下的法律特征。第一,在第三人利益合同中,尤其是在由第三人履行之合同中,第三人必须是合同当事人一致同意的第三人。由于合同履行效果会对合同债权人产生重大影响,因此合同债权人必然会关注代为履行的第三人的资信状况及诚信。虽然第三人不履行合同时,合同债权人可要求合同债务人承担责任,然而在经济交往中,合同的履行远比合同的救济更为有效。例如,甲与乙订立合同,乙向甲采纳生产设备一套,而甲却提出由丙向乙提供设备。如乙曾向丙采购过同种设备,因丙所生产的设备质量极差,乙在通过诉讼将设备退还给丙之后,方才转向甲采购同样设备。在此情况下,乙是绝对不会接受由丙代为履行的,甲乙之间的第三人利益合同也就不可能成立。正因为如此,第三人利益合同中的第三人,必须是合同当事人所一致同意的当事人。第二,在第三人利益合同中,第三人须为事先明确的第三人。无论是在由第三人履行之合同,还是向第三人履行之合同中,须事先明确第三人并在合同加以注明。而且非经双方当事人同意,第三人是不能予以更换的。例如,甲与乙订立设备供应合同,合同约定由丁代为履行,则丁为该第三人利益合同中的第三人。在合同订立以后,甲不得擅自将代为履行的丁修改为另一设备生产商乙。第三,在第三人利益合同中,特别是在由第三人履行之合同中,第三人所履行的给付内容必须与合同债务人的给付内容一致。如上所述的例子中,甲与乙所订立的第三人利益合同中,丁代为履行时所生产的设备,必须与合同所列明的设备相一致。第四,在第三人利益合同中,原则上第三人需独立完成合同债务之履行,除非合同另有约定。

然而,当我们观察货物运输合同中的实际承运人及履约方时,却发现它们并不符合第三人利益合同的特征。首先,我们将对承担运输"核心业务"的第三人进行分析。在国际货物运输中承担运输"核心业务"的第三人通常被称为实际承运人,而在"鹿特丹规则"中他们被称为海上运输履约方及履约方。鉴于绝大多数国际货物运输公约都采用实际承运人这一概念,因而我们将用实际承运人这一概念。实际承运人这一概念最初出现在"瓜达拉哈拉公约"中。根据该公约的规定来看,实际承运人是指那些"根据缔约承运人的指示,而不是自己与托运人的运输合同,来承担运输任务的承运人"。公约规定明确表明实际承运人不是货物运输合同的缔约当事人,那么,实际承运人是否是第三人利益合同中的第三人。在笔者看来,实际承运人不是第三人利益合同中的第三人。理由如下:第一,实际承运人完全是由运输合同的缔约当事人—承运人单方选定的,根本不存在货物运输合同双方当事人一致同意的情况。因此,它根本不符合第三人利益合同中第三人的条件。第二,在任何一个货物运输合同中以及承运人所签发的运输单据中,承运人都不会记载实际承运人。事实上,货物运输合同中的承运人根本不会告诉托运人货物将由实际承运人承运,托运人和收货人往往只有在提交货物或者提取货物时,才知道货物是由一个根本不认识的第三人在运输。第三,实际承运人所承担的的确是货物运输任务,然而它所承担的运输任务并不一定与运输合同所约定的保持一致。例如,在一个海上货物运输合同中,实际承运人所承担的运输任务有可能是海上运输,但也有可能是将货物从托运人处运至港口而实施的公路运输或铁路运输。同样,在航空运输中,实际承运人也有可能承担的是将货物从托运人处运至机场的公路运输任务。第四,实际承运人在履行货物运输合同时,只能履行其中一部分债务,而根本无法履行全部合同债务。

其次,当我们观察为货物运输合同提供"非核心业务"服务的第三人,也就是"鹿特丹规则"中所谓的履约方时,我们同样会发现它们与货物运输合同的关系不是第三人利益合同关系。第一,这些履约方根本不是运输合同当事人所协商一致的第三人,更有甚者,它们甚至是缔约承运人都不认识的第三人。由于货物运输的起运地、目的地和经停地点遍布世界各地,要缔约承运人认识不同地点、不同服务类型的履约方,也是根本不可能的。第二,基于上述理由,履约方也不可能在运输合同当中或在承运人所签发的运输单据中加以记载。第三,履约方在履行货物运输合同时,其所提供的服务与缔约承运人、实际承运人所提供的服务有着较大的差别。缔约承运人及实际承运人所提供的服务,是实现货物在空间位置上的变化,而履约方所提供的服务,则是仓储、吊装、积载、卸载等辅助性服务。更为重要的是,履约方所提供的服务,从严格意义上讲可以归入承揽合同、仓储保管合同范畴。第四,履约方同样也只能履行货物运输合同中的部分债务。

通过上述分析,我们可以清楚地认识到,实际承运人、履约方与运输合同的关系不是第三人利益合同关系。

三、缔约承运人与实际承运人、履约方之间的关系

既然实际承运人、履约方与运输合同间的关系不是第三人利益合同关系,那么缔约承运人与实际承运人、履约方之间的关系到底是什么样的一种关系呢?

大多数人认为实际承运人、履约方与缔约承运人之间的关系是合同关系,换言之,实际承运人、履约方就是所谓的"独立合同人"。[11] 这种观点从理论上讲无疑是正确的。这是因为合同是一个在当事人之间设立、变更和终止民事法律关系的意思表示一致的协议,除了少数事实合同关系以外,其余的当事人之间的权利义务关系均受合同之约束。但是,如果我们将缔约承运人与实际承运人、履约方之间的关系定性为合同关系时,我们会面临一些难以克服的困难。

第一,货物运输活动是一项大规范经营活动,其数量之大、范围之广、参与者人数之大,都是其他经营活动难以比肩的。仅以 2016 年 11

---

⑪ 王威:《国际航运发展之〈鹿特丹规则〉中的海运履约方》,法律出版社 2013 年版,第 101 页。

月11日“双十一购物节”为例,当天我国淘宝、京东等电商平台共销售了数十亿件商品,而这些商品都是通过顺丰、申通等数十家快递公司运送到消费者手中。如果缔约承运人与实际承运人、履约方之间的关系真的是合同关系,那么顺丰、申通等数十家快递公司就必须签订数百亿份合同,才能实现货物的运输。这对于货物运输承运人来说,是完全不可能做到的事。

第二,如果我们真的按照合同原则来处理缔约承运人与实际承运人、履约方之间的关系,还可能给国际货物运输赖以生存的统一法制度带来灭顶之灾。这是因为,如果缔约承运人必须跟履约方这样的第三人订立合同,那么缔约承运人与仓储保管人订立的就是仓储保管合同;与提供装载、积载、卸载服务的履约方签订的则是承揽合同。即使是与实际承运人签订的合同,也会因为实际承运人所使用的运输工具的不同,而出现分别订立铁路、公践、海运、航空运输合同的情形。当货物因可归责于履约方的原因而出现货损时,缔约承运人便只能根据不同的合同向有责任的履约方索赔。这样一来,国际货物运输就会变成混乱不堪,以运输国际公约为基础的统一法制度也必然会受到冲击。

第三,如果缔约承运人与实际承运人、履约方之间的关系为合同关系,那么在出现货损的情况下,受合同相对性的制束,托运人及收货人就只能向缔约承运人索赔,而不得向实际承运人或履约方主张权利。然而在实践中,为了保护托运人及收货人的权益,各个国际货物运输公约均不限制托运人、收货人向实际承运人索赔。

第四,如果缔约承运人与实际承运人、履约方之间的关系为合同关系,那么在出现货损时,实际承运人及履约方特别是承担“非核心业务”的履约方,是根本无权主张享受国际货物运输公约所规定的各种抗辩权,也不得享受国际货物运输公司所规定的责任限额保护。然而事实上,实际承运人以及履约方都是享受国际货物运输公约所规定的抗辩及责任限额保护的。

从以上几点分析我们可以看出:缔约承运人与实际承运人、履约方之间即使存在的合同关系,这种合同也不是针对具体货物运输的合同,而只是一个规定双方大致权利义务、收费标准、通知方式的框架式协议。而且在绝大多数情况下，缔约承运人与实际承运人、履约方之间无需独立合同的存在，实际承运人、履约方也可以参与到货物运输合同的履行中来。

第二种观点认为，缔约承运人与实际承运人、履约方之间的关系，为"喜马拉雅条款"扩张适用的结果。[12] 持这种观点的学者认为，许多公约都在雇员及代理人章节中规定实际承运人及履约方的权利义务，因而可以适用"喜马拉雅条款"来解释缔约承运人与实际承运人、履约方之间的关系。诚然，大多数公约都将实际承运人、履约方的责任问题规定在缔约承运人雇员及代理人条款内。例如，CIM 第 40 条规定，承运人须对其雇员、代理人，以及为合同履行提供服务之人的行为负责；CMR 第 3 条规定，承运人应对其雇员、代理人及为其履行合同提供服务之人负责。雇员、代理人及为其履行合同提供服务之人的行为、过失，视为承运人之行为、过失。就连《鹿特丹规则》第 18 条也规定，下列人的作为或不作为违反本约对承运人规定的义务，承运人应负赔偿责任：(1) 任何履约方；(2) 船长或船员；(3) 承运人的受雇人或履约方的受雇人；或者(4) 履行或承诺履行运输合同规定的承运人的义务的其他任何人，以该人按照承运人的要求，或者在承运人的监督或者控制下直接或间接行为为限。

这种观点的不足之处也是显而易见的。众所周知，"喜马拉雅条款"是针对"海牙规则"的不足而专门设立的、用于明确缔约承运人雇员、代理人法律地位及责任的一个条款。实际承运人、履约方及缔约承运人的代理人在任何情况下都不是缔约人的雇员，因而不能用该条款来解释缔约承运人与实际承运人、履约方之间的关系。

还有一种观点认为，实际承运人与缔约承运人之间的关系为债务履行辅助人。[13] 但作者认为该观点也存在不足之处。因为债务履行辅助人须在合同债务人的指挥之下行事，而这与货物运输大规模经营的

---

⑫ 王威：《国际航运发展之〈鹿特丹规则〉中的海运履约方》，法律出版社 2013 年版，第 104 页以下。

⑬ 王威：《国际航运发展之〈鹿特丹规则〉中的海运履约方》，法律出版社 2013 年版，第 98 页。

具体情况是不吻合的。

四、伞状协议

实际承运人、履约方既不是货物运输合同的第三人、债务履行辅助人,它们也不是依据自己与缔约承运人之间的合同而参与到货物运输合同履行中来的"独立合同人",那么它们与货物运输合同之间到底是什么关系呢?笔者认为,实际承运人、履约方之所以能够参与到货物运输合同履行中来,其根本原因在于国际货物运输合同的约束力已扩张到了非缔约当事人,因而它是一种典型的伞状协议。

伞状协议,顾名思义,它就像一把雨伞,只要你愿意站到伞下面,你可以避雨而无需自己亲自撑伞;但如果你想避雨,你就必须遵循撑伞者的指示行动。伞状协议是一种非常特殊的合同形态,并非所有的合同都能成为伞状协议。构成伞状协议的合同必须具备如下条件。

1. 伞状协议是大规模经营活动中所使用的合同。对于一般的合同而言,伞状协议没有适用的余地。因为这些合同的当事人数量相对较少,或者当事人数量较多,但交易数量较少,因此独立磋商并订立合同并不会造成不便。而对于货物运输合同来说,情况就大为不同,货物运输不仅规模大,而且为履行货物运输合同而提供服务的实际承运人和履约方也难以数计,如果要求缔约承运人对每一件运输都单独与实际承运人、履约方订立合同,那无论是在经济上还是在效率上都是不可取的;唯有采用伞状协议,才能保证国际货物运输活动的顺利开展。

2. 伞状协议的合同债务人须无法独立履行全部合同债务。并非所有的大规模经营活动所使用的合同都可以成为伞状协议。买卖合同就是一种极为常见的大规模经营合同,其使用范围及频繁程度甚至超过了货物运输合同,然而买卖合同至多只能突破合同的相对性,而成为第三人利益合同,但不能构成伞状协议。究其原因,就在于买卖合同中债务之履行通常仅需卖方一己之力就能完成。在伞状协议中,作为合同债务人的缔约承运人离开了实际承运人及履约方的配合,就根本无法履行合同债务。随着社会分工的不断发展,现代承运人除了运输工具以外,不再拥有任何辅助性的设备、设施,离开了履约方的配合,承运人甚至无法将货物装上或卸下自己的运输工具,更遑论货物的运输与储存、保管了。所以,判断一个合同能否成为伞状协议,必须考察合同债务人能否独立履行合同债务。

3. 伞状协议中实际承运人及履约方在协助合同债务履行时,其履行债务的给付内容必须与合同债务人的给付内容不一致。如果实际承运人或履约方在协助合同债务履行时,其履行的给付内容与合同债务的给付内容一致的话,那么实际承运人或履约方就是第三人利益合同中的代为履行合同债务的第三人。伞状协议的一个重要特征就是实际承运人或履约方在协助履行合同债务时,其给付内容与合同债务人不一致,而这种不一致具体表现为合同种类的不同。对于实际承运人而言,虽然它所承担的合同责任是货物运输,但是其所使用的运输工具可能与合同债务人的工具存在差异。如合同债务人所承担的是海上货物运输,而实际承运人所承担的是将货物从托运人营业所运至港口的陆上运输。对于履约方来说,它们所承担的合同债务,则主要是承揽合同及仓储保管合同债务。给付内容的不一致性,是伞状协议区别于由第三人履行合同的重要标志。

4. 伞状协议在内部关系上适用责任吸收原则。在伞状协议下,协助履行合同债务的实际承运人、履约方的行为,被视为是合同债务人的行为。实际承运人、履约方在履行合同债务时,如造成货物遗失、毁损或迟延损失,无论造成损失的合同性质如何,该损失均被视为合同债务人所致损失。例如,"蒙特利尔公约"第 18 条第 4 款规定,为航空运输而发生的陆上、海上运输均视为航空运输;CMR 也同样规定,因公路运输而发生的海上运输,视为公路运输。"鹿特丹规则"第 18 条"承运人为他人负赔偿责任",亦规定,下列人的作为或者不作为违反本公约对承运人规定的义务,承运人应当负赔偿责任:(1)任何履约方;(2)船长或者船员;(3)承运人的受雇人或者履约方的受雇人;或者(4)履行或者承诺履行运输合同规定的承运人义务的其他任何人,以该人按照承运人的要求,或者在承运人的监督或者控制下直接或者间接作为为限。

上述几个公约关于实际承运人、履约方责任的规定,充分体现了伞状协议的吸收原则。实际承运人、履约方的行为被视为是缔约承运人自己的行为,实际承运人、履约方的责任被吸收为缔约承运人的责任。

5. 伞状协议必须是以统一责任制度为前提条件。统一责任制度,这是伞状协议合同区别于其他合同的重要标志。在伞状协议合同下，无论第三人提供的服务属于何种合同行为，其对货损的责任，都必须与合同债务人的责任保持一致。具体而言，在任何一个国际运输公约中，无论第三人是仓储保管人还是集装箱拼箱、掏箱人，它对于货损都享有与承运人相同的抗辩权，同时也受相同的责任限额保护。换言之，离开了统一的国际货物运输公约，也就没有伞状协议存在的前提条件。

6. 伞状协议的实际承运人及履约方根据合同即可行事，而无需依赖合同债务人的指示。虽然“瓜达拉哈拉公约”将实际承运人定义为根据缔约承运人的指示而行事的当事人，但事实上伞状协议下的实际承运人及履约方，必须具备仅依照合同之规定就能协助合同履行之条件。已如前述，货物运输是一项大规模经营活动，因此，不仅缔约承运人不可能与参与到合同履行中来的第三人专门订立合同，就连与托运人也极少有书面合同。通常情况下，缔约承运人与托运人之间的货物运输合同的订立，都采用推定合意的方式。具体来说，就是托运人填写托运单据，然后将货物及单据提交给承运人，货物运输合同即告成立，而承运人收取货物并签发货物运输单据时，货物运输合同即生效。

鉴于货物运输合同为要式合同，承运人承运货物后都必须签发货物运输单据，如不签发单据，或签发单据有瑕疵，则承运人不得主张国际货物运输公约所规定的抗辩，也不得享受公约所规定的责任限额保护(CMR 第 5 条，CIM 第 7 条，“蒙特利尔公约”第 5 条，“鹿特丹规则”第 36 条)。而承运人所签发的运输单据，无论该货物运输方式如何，根据各国际货物运输公约的规定来看，该运输单据都是托运人、承运人订立货物运输合同的证明，以及承运人收到货物的证明，而且该单据包含了货物运输合同的全部或部份内容。这样一来，在货物运输中所不可或缺的运输单据，已经具备了为实际承运人、履约方提供指示的功能。而在具体运输实务中，货物运输单据还会以某种形式与所运输的货物相结合，如以条形码的方式粘贴在货物外包装上，或以无线电射频信号发生器安装到集装箱上。参加到货物运输履行中来的实际承运人以及履约方，只需要利用手执式的数字处理机(PDA)对货物外包装上的条形码进行扫描，或通过接收射频信号发生器所发出的电子信号，就可以了解到货物运输合同的主要内容，并对货物进行相应的处理。因此，参与到合同履行中来的实际承运人以及履约方,完全可以根据运输单据,或附带在货物的条形码、射频信号的内容来行事,而无需缔约承运人的指示。

7. 伞状协议是建立在行业统一收费标准之上的合同。在伞状协议中,无论是提供"核心业务"服务的实际承运人,还是提供"非核心业务"服务的履约方,其收费都是建立在行业统一收费标准之上的。对实际承运人而言,这种统一收费标准就是向社会公开的、按照吨/公里标准计收的运价表,而对于履约方而言,则是公开的收费标准。这种统一收费标准的存在,使得缔约承运人勿需事先与实际承运人及履约方进行协商,就可以将货物运输合同交由它们协助履行。

五、小结

通过对国际货物运输合同的分析,我们不难看出:在国际货物运输合同中,缔约承运人必须借助大量的实际承运人及履行方的配合,方能履行自己的合同债务。而实际承运人及履约方这些合同当事人以外的第三人,之所以能够顺利地参与到合同履行当中来,其原因在于货物运输合同是一个伞状协议。

按照伞状协议的要求,缔约承运人与实际承运人以及履约方之间的关系并非是独立合同关系,相反,它们都受货物运输合同穿上伞状协议的约束。具体来说,当实际承运人接到缔约承运人通知后,实际承运人就可以前往托运人营业场所或缔约承运人所指定的场所接收货物,并将货物运至收货人营业场所或自己运输工具所能送达之处,以便其他实际承运人能够继续完成运输。而对于履约方来说,它可以通过扫描附带于货物外包装上的条形码或者接收集装箱上所安装的射频装置所发出的无线电信号,将货物卸下、储存或交付给缔约承运人所指定的实际承运人。待实际承运人、履约方协助完成货物运输合同履行后,实际承运人、履约方将向缔约承运人索要报酬。

如果实际承运人、履约方在协助履行货物运输合同债务时,由于可归因于自己的原因而造成货物遗失、毁损或迟延损失。那么依照伞状协议的吸收原则,该货损应当被视为是缔约承运人的损失。缔约承运人应向托运人或收货人赔偿货物损失,之后,缔约承运人有权向有过错的实际承运人或履约方进行追偿。当然,出于保护托运人、收货人利益的需要,各个国际货物运输公约均不限制托运人或收货人直接向实际承运人提出索赔。这种情况属于吸收原则之例外。

而在货损责任归责原则上,由于伞状协议所具有的统一责任原则,因此对货损负有责任的实际承运人和履约方可以沿用缔约承运人所享有的抗辩及责任限额保护。例如,在国际航空货物运输中,履约方有权沿用"蒙特利尔公约"所规定的抗辩理由,通过证明自己为避免损失的发生已采取了一切的可合理的措施,来免除因迟延而导致的货物损失。在实际承运人和履约方无法通过抗辩来免除自己责任的情况下,它们仍然同缔约承运人一样,享受各国际货物运输公约所规定的责任限额保护。而在货损是由实际承运人或履约方故意或重大过失所造成时,实际承运人或履约方就不能主张责任限额的保护,而必须对货物的全部损失承担责任。

值得特别注意的是,由于各个国际货物运输公约均属于最低责任公约,因而根据各公约而订立的国际货物运输合同也就属于最低责任合同。为更好地保护托运人、收货人的利益,各国际运输公约均不限制托运人与缔约承运人以特别约定的方式,在货物运输合同中约定比国际货物运输公约更为严格的责任以及更高的责任限额。但是托运人与缔约承运人在货物运输合同中所作的这种特别约定,并不对实际承运人和履约方产生约束力,除非实际承运人与履约方事先同意该特别约定。应该看到,该项规定是符合伞状协议的统一责任原则要求的。这是因为伞状协议是建立在国际货物运输公约所确立的统一责任制基础之上的,而通过特别约定来加重缔约承运人的责任,是统一责任制度的一个例外,自然需要实际承运人及履约方的同意。

此外,作为伞状协议的当事人,实际承运人及履约方在以下几个方面享有缔约承运人同等的合同权利。第一,对于因托运人错报、误报货物性质,而对实际承运人、履约方及第三人造成损害的,实际承运人、履约方有权要求托运人承担责任。第二,对于因托运人包装下瑕疵而给实际承运人、履约方及第三人造成损害的,实际承运人及履约方有权要求托运人承担赔偿责任。第三,对于危险性显露的货物,实际承运人、履约方有权将其卸下或采取相应措施使之无害,而对此所造成的损害,实际承运人及履约方均不负赔偿之责。第四,如托运人直接向实际承运人或履约方提交货物,那么实际承运人或履约方还有权要求托运人正确填写托运单据,提交与货物运输有关的全部单据,并有权有货物进行检查。当然,在实际承运人或履约方直接接收货物之情形,实际承运人或履约方应当向托运人出具运输单据。如收货人直接向实际承运人或履约方提取货物,实际承运人或履约方有权要求收货人出具运输单据的收货人联,或出具提单正本。

当然,实际承运人或履约方不得享有专属于缔约承运人的合同权利,其中最为重要的是留置权。当收货人向实际承运人或履约方主张提取货物时,实际承运人或履约方不得以自己尚未从缔约承运人处取得报酬为由,对货物进行留置,也不得因缔约承运人尚未收到运费,或运输途中出现运费上涨或产生其他费用,而对货物进行留置,除非缔约承运人指示实际承运人或履约方采取留置行为。

综上所述,伞状协议是国际货物运输中所产生的一种特殊合同形态,它进一步地突破了合同的相对性,从而使合同能够对合同当事人以外的第三人产生约束力。

(黄力华,四川大学。)

论直接适用的法在国际私法教材体系中的地位

董金鑫

目　　次

引言

直接适用的法(*lois d'application immédiate*),即国际性强制规范(internationally mandatory rules),是指为维护一国在政治、社会、经济与文化等领域的重大公共利益,无须多边冲突规范的指引,直接适用于国际民商事案件的实体强制性规范。① 早在2002年中国银行(香港)诉铜川鑫光担保纠纷上诉案,②广东省高级人民法院即认定我国对外担保审批规定具有超越当事人选择外域法适用的直接效力。2010年《涉外民事关系法律适用法》(以下简称《法律适用法》)第4条正式确立了

① 肖永平、龙威狄:《论中国国际私法中的强制性规范》,载《中国社会科学》2012年第10期,第107页。

② (2004)粤高法民四终字第6号判决书。

强制性规定的直接适用,其范围由《最高人民法院关于适用〈中华人民共和国涉外民事关系法律适用法〉若干问题的解释(一)》第10条加以界定,形成了较为全面的中国直接适用的法规则。

受此影响,虽然目前国际私法学界对直接适用的法的研究方兴未艾,但其中的弊病也十分明显。关于直接适用的法在冲突法层面具有何种价值、与传统国际私法解决法律冲突的方法存在何种不同以及与公共秩序保留、法律规避禁止、单边冲突规范等易混淆概念的辨析等基础问题仍没有得到充分阐述。此种理论上的不足直接导致了迄今在国际私法教材当中缺乏系统论述直接适用的法问题的章节,进而在实践中发生多起误用直接适用的法的案件。[③] 此种对直接适用的法认识的模糊需要国际私法教材加以澄清。根据笔者从事国际私法教学积攒的一点心得体会,本文立足于我国现有的国际私法教材的框架体系,试图明确直接适用的法发生的冲突领域以及所属的选法方法,进而分析其与相似的国际私法概念的关系,为编写国际私法教材中的直接适用的法部分的体系安排提供思路。

一、直接适用的法发生之法律冲突领域

(一)目前国际私法教材对法律冲突的认识

作为国际私法解决对象的法律冲突在国际私法教材体系当中占有重要位置,一直作为总论部分授课的重点。在教学的过程中引起疑惑的是,直接适用的法在国际私法层面会引发何种法律冲突,其与冲突规范原本所解决的法律冲突是否存在本质差别,从而是否需要以及如何在教材编写乃至教师课堂讲授当中进行特别安排?

为说明冲突规范所针对的对象范围,比较权威的国际私法教材已经将法律冲突划分为公法冲突和私法冲突。[④] 就公法冲突而言,当出

③ 参见董金鑫:《〈法律适用法〉中的强制性规定之界定——析〈解释(一)〉第10条》,载《武大国际法评论》2014年第16卷第2期。甚至在《〈法律适用法〉解释(一)》颁布后,仍有法院将我国的冲突规范视为直接适用的法,(2014)佛中法民一终字第1221号、(2014)青海法海商初字第1121号判决书。

④ 参见肖永平:《法理学视野下的冲突法》,高等教育出版社2008年版,第7页。

现涉外案件时,由于公法更加涉及国家和公共公益,各国从属地主义理念出发,不承认外国公法在本国的适用,而只能依照内国法的适用要求单边解决;就私法冲突而言,出于国际交往的方便,由于目前各国原则上承认外国私法在本国适用的域外效力,从而可以通过双边冲突规范的指引从内外国法当中进行适当选择。然而,上述教材没有专门探讨跨国背景下的公私法冲突,无法妥善处理因直接适用的法的出现而引发的法律冲突问题,此种状况应当在未来国际私法的教材编写当中加以改变。

(二)将直接适用的法视为私法冲突的不足

即便现有的国际私法教材对管制性立法在私人案件中的适用问题有所关注,也多数认为应援引解决各国私法冲突的冲突规范加以解决,[5]因此导致准据法理论(*Schuldstatutstheorie*)的大行其道。该理论建立在"统一联系"(*Einheitsanknüpfung*)的基础之上,认为直接适用的法同样构成准据法的一部分。也就是说,如果属于冲突规范指引的准据法体系,则在符合自身的适用意愿并且不违反法院地公共政策的情况下可以适用;[6]反之,除本国直接适用的法可借助公共秩序保留原则例外援用,[7]一概不予考虑。

此种作法虽然较完全否定外国公法在本国法院的适用有可取之处,并获得一些国家的国际私法立法的支持,[8]但从根本上无法解决公法在私人诉讼的适用问题。作为功能主义立法的代表,直接适用的法的兴起,并非说某些特殊的强制规范的适用原来由冲突规范指引,而是

---

⑤ 参见张仲伯:《国际私法学》,中国政法大学出版社2012年版,第89页。

⑥ Jan-Jaap Kuipers, EU Law and Private International Law: The Interrelationship in Contractual Obligations, Martinus Nijhoff Publishers, 2011, p. 148. Jan Kropholler, Internationales Privatrecht, 6. Auflage, Mohr Siebeck, 2006, S. 481.

⑦ Dieter Martiny, VO (EG) 593/2008 Art. 9 Eingriffsnormen, in Münchener Kommentar zum BGB, 5. Auflage, C. H. Beck, 2010, Rn. 37. 除公共秩序保留,法院地直接适用的法还存在许多间接适用的方式,如认定为程序问题、存在法律规避情形。

⑧ 此类立法有1987年《瑞士联邦国际私法》第13条、2001年《韩国修订国际私法》第6条、1998年《吉尔吉斯斯坦民法典》第1167条以及1998年《突尼斯国际私法典》第38条第3款。

因其内在的公法性以及该领域法律冲突的差异本身就需要特别对待。故此,统一指引虽然有助于准据法所属国的直接适用的法的适用,但此种实用主义的做法欠缺逻辑。无论将准据法视为调整涉外民商事关系的具体规范,还是视为规范所在的法律体系,都不能改变公法不属于一国的私法体系的事实。以合同为例,如果将此种政策性法律的适用交由当事人选择的合同准据法支配,不仅与立法自身必须适用的政策目标不符,还容易出现规避法律的情形。在实践中,准据法与直接适用的法所属国的指向一致在具体个案中可能有助于特定法律适用结果的达成,但对构建法律适用理论没有太大的意义。在当事人选择与其以及合同没有关联的中立法的情况下,这一点表现得更为突出。[9]

另外,即使根据客观连结点确立准据法,将直接适用的法带来的法律适用冲突视为私法冲突也会产生"费舍尔式的疑问"。[10] 也就是说,在当事人没有做出法律选择时,根据《国际货物销售法律适用公约》将适用卖方营业地法。此时根据统一指引原理,可以实现卖方营业地国颁布的出口禁令希望发生的否定合同效力的民事结果,但对买方营业地国颁布的进口禁令的效力则完全不予考虑。这显然不利于国际判决的一致。在我国,司法实践一直将直接适用的法引发的法律冲突作为私法冲突解决。以往法院主要援引公共秩序保留或法律规避禁止排除外国准据法,转而适用我国直接适用的法。[11] 此种做法在《法律适用法》颁布之后没有得以彻底转变,我国强制规范的直接适用仍然只在我国法不具有准据法资格的情况下才可能发生。

(三)将直接适用的法视为公法冲突的不足

在20世纪中叶,解决各国公法冲突的属地适用理论一度兴盛。德国学者认为保护政治经济政策的法律规定关系到国家利益,宜由另一

---

⑨ See Jürgen Basedow, The Law of Open Societies: Private Ordering and Public Regulation of International Relations: General Course on Private International Law, Recueil des Cours, Vol. 360, 2012, p. 328.

⑩ Frank Vischer, General Course on Private International Law, Recueil des Cours, Vol. 232, 1992, p. 166.

⑪ 参见中国银行(香港)诉湛江第二轻工公司、罗发、湛江市政府担保纠纷案,(2004)粤高法民四终字第26号判决书。

套冲突法体系解决。当且仅当该外国有能力实施其公法时,法院地国才可以考虑适用。⑫ 故各国私法的适用问题由私法冲突法解决,而根据属地性原则(*Territorialitätsprinzip*),一国公法在本国之外没有效力,被称为国际公法的内向单边主义。⑬

属地适用理论被视为各国相互尊重主权的重要表现。但该理论未如准据法理论声名显赫,在国际私法教材当中往往被一笔带过,而且其在解决因直接适用的法带来的法律冲突有不足之处。首先,直接适用的法的适用与否体现了公私法的双重价值,单纯依靠公法冲突的解决方式容易忽视其中的私法价值考量;其次,属地适用理论在本国公法不适用的情形,法院只能驳回诉讼请求,不存在适用外国公法作为裁判依据的可能,与国际私法普遍适用法律的精髓不符。⑭ 故而该理论表明的是一国不受理外国当局基于该国公法而产生诉因的诉讼,或在此类诉讼中执行外国公法,而非一概不可以在私人诉讼中考虑要求直接适用的外国公法所发生的私法上的效果。

(四)直接适用的法与公私法冲突的关系

在编写国际私法教材的过程中,要明确直接适用的法所属冲突类型的实质,必须进行如下考虑。在频繁的国际经贸往来背景下国家管制对私人交易的影响日益深刻,涉外经济管制立法在各国的大量出现,这使得强制规范通过何种途径作用于私人生活从一国法的范畴扩大到多国法律体系的公私法适用冲突,必然波及国际私法层面的法律适用。一方面,直接适用的法不构成一类单独的规范类型,而是那些公法性的强制规范在国际私法法律适用层面上的投射;另一方面,此种公法适用并非发生在公法诉讼当中,而仅仅是公法对私人生活的干预,故不能完

---

⑫ Soergel, Kommentar zum BGB, 10th ed., 1970, Vol. 7, note 283 – 284. Cited in F. A. Mann, Conflict of Laws and Public Law, Recueil des Cours, Vol. 132, 1971, p. 120.

⑬ Kurt Siehr, Ausländische Eingriffsnormen im inländischen Wirtschaftskollisionsrecht, RabelsZ, Bd. 52, H. 1 – 2, 1988, p. 74.

⑭ 笔者进行法律冲突部分的授课时,将公法冲突排除国际私法调整范围的理由是:(1)诉讼无法进行,如一国法院不会受理外国税务机关追缴税款的诉讼;(2)适用外国公法事实上的不便利,如特殊的刑罚措施;(3)司法资源的浪费,法院不存在利益。当然这只是基于教学经验的初步想法。

全交由解决国家之间的公法冲突的原则来处理。

属于公法范畴的直接适用的法不由私法适用法主宰。对此应特别注意特别联系理论(*Sonderanknüpfungstheorie*),即根据强制规范要求适用这一特殊意图而在准据法外直接适用。该理论主张那些公法性强制规范不属于准据法的范畴,不能借助统一联系而适用,其理由是因为传统冲突规范的连结因素不适合作为选择直接适用的法的依据。[15] 就国内民事案件,管制性立法的出现打破了私法自给自足的局面,从而需要发展应对公私法冲突的理论;当案件存在涉外因素时,上述法律打破了由冲突规范指引的准据法(一般准据法)以及运用公共秩序保留进行矫正的法院地法(特别准据法)共同支配合同法律适用的局面。直接适用的法的出现使得该问题不再局限于一国民法的范畴,而是发生更为复杂的法律冲突。

在合同领域,公法作用于私法体系的过程需要《合同法》第 52 条第 5 项这一转介条款的帮助。作为管制型强制规范介入私人生活的渠道,该项一直是我国民法研究的热点,最高人民法院先后出台数份司法解释[16]进行界定。然长期以来,国际私法学界认为它只是冲突规范援引之准据法的一部分,并非法律选择过程中所要考虑的问题。实际上,它对涉外合同的法律选择也有重大影响。特别在合同准据法为外国法的情况下,直接适用于涉外纠纷的我国管制规范同样要援引该款。此类条款在涉外合同法律适用层面的归属值得关注,即在跨国背景下选择哪一国家的转介条款进行解释。或许认为应交由准据法所属国的转介条款支配,而由公共秩序保留制度进行矫正,使之保留承担所不具有的功能。应考虑将法院地转介条款纳入到直接适用的法制度当中,从而具有复合选法功能。此种国际私法与民事实体法的关联性,宜在编写国际私法教材直接适用的法部分得以展现。

---

[15] See Kerstin Ann-Susann Schäfer, Application of Mandatory Rules in the Private International Law of Contracts, Peter Lang, 2010, pp. 142 – 143.

[16] 《关于适用〈合同法〉若干问题的解释(二)》第 14 条、《关于适用〈合同法〉若干问题的解释(一)》第 4 条。

二、直接适用的法所属之国际私法选法方法

在编写国际私法教材的过程中,如果不探求不同选法方法的本源,不仅将会给学生造成理解上的困惑,也使得教师在有限的课时内无法有效地讲授。根据直接适用的法的规范类型以及由此发生的特殊类型的法律冲突,可以发现直接适用的法代表的乃是一种可以与冲突规范分庭抗礼的全新选法方法。

(一)国际私法教材中的既往选法方法

虽然国际私法教材专门探讨国际私法选法方法的不多,但是这一内容往往隐含在国际私法的学术史当中,其中以巴托鲁斯的单边方法和萨维尼的双边方法为代表。由于内容的晦涩难懂,作为国际私法理论鼻祖的巴托鲁斯创建的法则区别说一直是国际私法课程教学的难点。综合目前国际私法教材的通说,该学说强调法律冲突的解决基于各国法律的适用意图,而且通过检验所涉国家的实体规范可以发现这一意图。作为对应,萨维尼建立的法律关系本座说恰恰相反,聚集于纠纷或者说法律关系的分类。[17] 学者这样评价之,他断然抛弃延续了五百多年的法则区别说,从法律或法则自身的性质来探讨法律冲突的解决方法,改而从法律关系的性质入手,通过寻求其应隶属的地域的法律,即所谓的"本座",来解决各种不同法律关系应适用的法律。我们知道,法律规则乃是从社会关系中抽象出来的行为规则,因此,就法律规则与其调整的法律关系的关系来讲,法律关系是第一位的,法律规则是第二位的,法律关系决定法律规则。法则区别说的基础是建立在对法律规则的划分之上的,而萨维尼的法律关系本座说却抓住了法律关系本身的属性和分类来确定应予适用的法律……[18]可见,巴托鲁斯理解的法则正是抽象层面的法律关系的自身,只是在他那个时代法律方法还没有发达到能专门创设这一个概念。总之,法则区别说解决的是

---

⑰ Symeon C. Symeonides, eds., The American Choice-of-Law Revolution: Past, Present and Future, Martinus Nijhoff, 2006, p. 367.

⑱ 李双元:《萨维尼法学实践中一个矛盾现象之透视》,载《浙江社会科学》2000 年第 2 期,第 82 页。

私法规范引发的法律冲突，存在由相应的法律关系支配的空间，单边方法不是唯一的选择，其最终形成的选法规则也与双边冲突规范别无二致。故在法律关系本座说出现以后，法则区别说在理论层面最终被取代。

而双边冲突规范根据法律关系中某些可地域化的特征即连结点指引应适用的法律，带有明显的私法特征。由于实体法对当事人意思自治尊重的广泛影响，涉外合同适用当事人选择的法律。那些构成合同基础的原则性规定，如契约必须信守、缔约自由原则，却不易产生法律冲突。而各国关于合同的形式、是否需要对价即使规定了强制要求，为国际交往的需要也不宜无一例外地延伸至国际领域。除极例外的情形下利用公共秩序保留排除外国法，否则此类规范即使在国内层面不允许当事人选择，也可以广泛地参与国际交换，为冲突规范指引的准据法所替代。

（二）直接适用的法在选法方法上引发的困惑

单边或双边方法或曰主义必须针对不同类型的法律冲突，否则在学习的过程中容易发生混淆。巴托鲁斯和萨维尼的学说都建立在私法冲突的基础上，而直接适用的法却发生于公私法冲突领域。直接适用的法与传统冲突规范代表了两种形态各异的调整涉外民事法律关系的方法。[19] 私法的适用基本上可以由冲突规范支配，即将内外国法置于平等地位的一种双边主义的选法方法；不同的是，那些作用于私法关系的公法性强制规范不具有可交换性，应视为单边方法的回归。

以笔者在讲课中经常举到的例子为证，在2004年星花投资债务及担保合同纠纷案[20]中，最高人民法院认定对外商独资企业自行提供对外担保未经登记的仅受到行政处罚，但对外担保合同仍应认定为有效。虽然结果值得肯定，但法律适用的路径存在明显不足。判决认为担保合同当事人选择香港法的行为规避了我国对外担保登记制度，从而以

---

⑲ 参见徐冬根：《论“直接适用的法”与冲突规范的关系》，载《中国法学》1990年第3期，第87页。国际私法存在直接调整方法与间接调整方法的区别，多认为直接适用的法代表的是一种充满法律选择灵活性的直接方法。

⑳ （2004）民四终字第21号判决书。

法律规避为由认定当事人的这一选择无效,进而适用中国法。中国法适用的实体结果却是担保合同的效力仍应该得到维护,不因为未经登记而被否定。既然最高人民法院《关于适用〈中华人民共和国担保法〉若干问题的解释》第 6 条不适用于该案的对外担保合同,那么合同法律选择条款又如何构成我国的禁止性规定呢?

此种思路如延续至今,则法院一方面将基于《法律适用法》第 4 条认定某些强制规范可以直接适用,另一方面又认为此类规范不能作用于合同效力,使之丧失直接适用的资格。造成这一法律适用的逻辑困惑其实是人为割裂了法律选择的过程和适用的结果。尽管通常存在适用顺序,即先确定准据法所在的法律体系,然后从中寻找作用于本案的法律规则,但在特殊情况下却并非如此。如果特定强制规范不能作用于合同的效力或者履行,那么它在涉外民事纠纷的法律适用过程中也将失去意义。

(三)选法方法差异的实质

实际上,这是由于以法律关系本座说为代表的双边方法和以直接适用的法为代表的单边方法在方法论上存在差异。就法律人需要掌握的思维方法而言,法律适用都是灵活运用从大前提、小前提到结论这一形式逻辑的三段论的过程。[21] 这离不开对法律关系性质的分析。法律关系本座说的优点在于它将法律选择寓于法律适用的过程,从而符合大陆法系的利用法律关系的思维模型。虽然只有冲突规范指引的准据法体系中的具体规则才能最终决定某种法律关系是否产生,但法院地法和准据法发生冲突的情形并不常见。毕竟法律关系本座说建立的前提是各国民法体系具有可交换性,而可交换性的关键在于法律关系分类的相似。

由于直接适用的法自身的性质以及所涉及的私人诉讼,其无法遵循上述演绎式的逻辑推理,其能否存在以及能否适用更多的是借助司法者的经验和归纳总结。回到外商独资企业提供的对外担保,既然最高人民法院认为此种作法仅仅导致行政处罚,则不能再以此为由否定当事人选择法律的效力,毕竟对当事人选法的限制正是出于特定实体

---

[21] 参见梁慧星:《裁判的方法》,法律出版社 2012 年版,第 8 页。

结果的达成。就目前判决先确立管辖权和准据法后进行事实认定和适用实体法律的论述方式,在阐述直接适用的法问题时难免会遭致不便。就此,要么在查找准据法的部分一并探讨强制规范对合同效力所能产生之影响,从而明确其能够直接适用的地位;㉒要么仅在此部分说明合同所要适用的准据法的理由,而就此类强制规范能否直接适用这一问题则留在实体法律适用部分进行论述。从逻辑证成的角度,后者是更好的选择。

三、直接适用的法与国际私法教材中易混概念的辨析

基于以上内容,在编写国际私法教材时,应注意将直接适用的法与易混概念进行辨析,以进一步明确其在国际私法教学体系中的地位。

(一)直接适用的法与公共秩序保留的辨析

明确直接适用的法和公共秩序保留的关系一直是国际私法教学当中老生常谈又十分重要的话题。包括我国㉓在内的大陆法系国家以往多认为直接适用的法彰显了公共秩序的积极功能,㉔以至于法院地直接适用的法可以由基本公共政策条款所涵盖。㉕ 例如,我国台湾地区学者编写的权威教材认为,《法国民法典》第3条基于公共利益对外国法适用的间接限制,发生公共秩序的积极效力。㉖ 故不承认直接适用的法的适用问题构成包括公共秩序保留在内的传统选法理论的例外。

㉒ 虽案涉《权益确认书》约定适用香港特区法律,但根据《法律适用法》第4条规定,《外汇管理条例》要求对外担保需通过外汇管理机关的批准及登记,故判定作为国内法人的被告向境外公司即原告提供担保的效力问题上,应直接适用内地的法律规定。(2011)东二法民四初字第126号判决书。

㉓ 2002年《涉外商事审判实务问题解答》(讨论稿)第54条将违反我国法律的限制性或者禁止性规定视为违反我国社会公共利益的情形。

㉔ G. Parra-Aranguren, General Course of Private International Law-Selected Problems, Recueil des Cours, Vol. 210, 1988, p. 122.

㉕ Kurt Siehr, General Problems of Private International Law in Modern Codifications, Yb. Priv. Int. L., Vol. 7, 2005, p. 57.

㉖ 参见马汉宝:《国际私法·总论分论》,翰芦图书出版有限公司2006年版,第235~238页;林益山:《国际私法与实例解说》,台北大学法学丛书编辑委员会2009年版,第126页。

在此不应过多停留在作用机制上的比较,[27]应特别注意从实质内涵引导学生对二者进行区别。就特殊性质而言,直接适用的法与国家公共机构的功能密切相关。追求一国特别目标的条款并非为确保基本的道德观念和正义原则,而是表现为国家出于维护经济秩序和社会福利的目的对某些私人活动的监管。[28] 由此,作为直接适用的法判断标准的公共利益更确切地说是国家利益,特别反映在国家对具体部门领域的公法管制,是立法自上而下推行的过程;而作为外国法管控机制的公共秩序保留,则更多表现为一国的道德观念或法律原则,偏向于私法上的公序良俗,仍处于私法冲突的范畴。其与一国社会环境、习惯传统以及人的观念密不可分,需要法官在司法实践中自下而上地加以认定。

(二)直接适用的法与法律规避禁止的辨析

在目前的国际私法教材当中,另一个容易同直接适用的法混淆的是国际私法上的法律规避禁止。就二者的区别,传统国际私法理论认为,与直接适用的法不同,法律规避禁止更关注当事人在形成连结点事实时的主观状态。在《法律适用法》颁布之后,学者普遍认为,直接适用的法不需要考察当事人主观是否有法律规避的故意,只要规定本身具有强制性即可得到适用,因此可以替代法律规避制度的功能。[29]

然而,二者最为关键的区别却在于所面临强制规范的类型不同,即是否由准据法支配。[30] 根据强制规范以及法律冲突的分类,直接适用的法乃是针对传统私法之外的宪法、行政法等公法性强制规范,其发生冲突的领域主要指公私法之间的冲突,不能通过双边冲突规范交换;而法律规避禁止当中的强制规范理应由冲突规范支配,只是那些使用硬性连结点的冲突规范容易被当事人加以利用从而改变连结点的指向。

---

[27] See Peter E. Nygh, *Autonomy in International Contracts*, Oxford University Press, 1999, p. 206.

[28] See Seyed Nasrollah Ebrahimi, Mandatory Rules and Other Party Autonomy Limitations, Athena Press London, 2005, p. 191.

[29] 参见郭玉军:《中国国际私法的立法反思及其完善——以〈涉外民事关系法律适用法〉为中心》,载《清华法学》2011年第5期,第159页。

[30] 参见徐崇利:《法律规避制度可否缺位于中国冲突法——从与强制性规则适用制度之关系的角度分析》,《清华法学》2011年第6期,第126页。

此类强制规范属于私法的范畴，本身能够进行国际法律交换，这一点类似于矫正法律选择结果的公共秩序保留适用的情形。

在讲授这一部分内容时，笔者注意启发学生的发散性思维，强调对直接适用的法的规避问题，即当事人通过冲突法上的方式规避《合同法》第52条的法律、行政法规强制性规定所指的直接适用的法。区别于传统的法律规避，当某一直接适用的法具有较为明确的属地或属人适用范围，为摆脱此类规范的直接适用，当事人故意在该法域之外设置联系。对此，法官必须在探究强制规范内在的适用意图和维护交易安全之间寻求平衡，以决定此时是否发生法律禁止的情形，[31]故不需要单独设置规避直接适用的法禁止制度。

（三）直接适用的法与单边冲突规范的辨析

单边冲突规范构成国际私法教材中的冲突规范类型部分的重点讲授内容，从而广为人知。作为法院地法本位主义的体现，单边冲突规范在国际私法理论尚不发达的时期盛行，且多数可以通过司法上的双边化补足。随着国际私法立法的向前推进，单边冲突规范已经不多见。就直接适用的法和单边冲突规范的关系，有学者认为直接适用的法自身包含单边冲突规范，[32]如此一来直接适用的法与其他规范都需要冲突规范的指引，其存在的必要性大打折扣；[33]另外，考虑到通常直接适用的法限于法院地法的范畴，而一国法下的单边冲突规范也往往指向法院地法，更容易使人认为二者的结构和功能存在类似之处。

从本体的角度看，包括单边冲突规范在内的冲突规范都旨在解决

---

[31] 如由于A国禁止向B国出口某种货物，A国公司在无此种禁止的C国准备货源或进行生产并出口至B国，是否违反此类禁止？或A国公司先将货物从A国出口至C国，然后转售B国，是否违反此类禁止？

[32] Trevor C. Hartley, Mandatory Rules in International Contracts: The Common Law Approach, *Recueil des Cours*, Vol. 266, 1997, pp. 346 – 348.

[33] 我国学者也有此种看法，如谢石松：《论国际私法中的直接适用的法》，载《中国国际法年刊》2011年卷，第441页。此种观点混淆了直接适用的法和作为直接适用的法判断依据的适用范围条款以及直接适用的法制度，后者只是前者在冲突法上的反映，是否构成直接适用的法由规范自身的性质和目的决定。

不同国家的私法冲突,而直接适用的法则是跨国领域内公法介入私法关系的结果;从方法论的角度看,法律关系本座说采取立法演绎的方式对民事法律关系作系统分类,进而选取恰当的本座用以确定一类规则的适用,那些偶然出现的单边冲突规范也是如此;作为真正意义上的单边方法,直接适用的法则支配具体法律关系中的特殊方面,如合同因违法发生的无效问题。[34] 法官需要从单个规范的适用意图出发,进一步地归纳其是否构成直接适用的法。

在进行相关课程讲授的过程中,笔者经常以规定在我国境内履行的中外合资企业合同、中外合作企业合同、中外合作勘探开发自然资源合同适用我国的《合同法》第126条第2款为例。该款形式上是单边冲突规范,其实仅针对《中外合资经营企业法》《中外合作经营企业法》等法律文件中个别强制规范的适用。之所以产生此种情形,是因为传统国际私法对直接适用的法的认识不足,故一国在立法时为了实现维护本国重大公益的强制规范的必须适用,只能借助单边冲突规范的模式对当事人法律选择的边界加以界定。然而为本国某些强制规范的适用一概排斥外国法对特定法律关系支配的做法明显缺乏针对性,超出了立法者的意图,理应为直接适用的法所取代。

四、结束语

作为跨国交易背景下经济管制立法的大量出现所引发的公私法冲突的结果,直接适用的法代表了一种完全不同以往的新的选法方法。目前的国际私法教材以及作为教学所需的课件却大多忽视了这种区别,没有在最为基础的法律冲突以及选法方法部分对直接适用的法的性质加以说明。同样,公共秩序保留、法律规避禁止和单边冲突规范与直接适用的法虽然在具体运用当中有类似之处,但在方法论上存在本质区别。具体而言,公共秩序保留、法律规避禁止和单边冲突规范虽然表现为双边选法模式的例外,但所针对的仍然是各国私法间的适用冲突,无法充分实现要求单边适用的直接适用的法的意图,更无法在适用过程中充分权衡国家之间、当事人之间以及国家和当事人之间的利益

---

[34] 参见(2013)江开法民四初字第4号判决书。

关系。由此,国际私法教师在教学的过程中可以将直接适用的法与公共秩序保留、法律规避禁止和单边冲突规范进行比较,但在编写国际私法教材的安排上却不宜将直接适用的法规定在冲突法的制度或冲突规范的类型当中,㉟以免让初学者产生混淆。

同样,虽然本文所选用的直接适用的法案件多发生在合同领域,但这不表示在民事法律主体、法定之债、财产权以及婚姻家庭继承领域一定不存在直接适用的可能,㊱更何况《法律适用法》第 4 条乃以一个概括性的规定,故而不能单纯放在涉外合同的法律适用部分讲授。总之,直接适用的法适合在国际私法教材总论的基础部分加以阐述,以做到正本清源,从根本上让学生知悉其与传统冲突规范在应对的法律冲突和所属的选法方法上的差异。为了较为直观地展示他们的区别,笔者专门在总论部分教学课件中制作了如下表格:

比较对象	冲突领域	冲突类型	选法方法
直接适用的法制度	公私法交叉领域	公私法冲突	单边方法
传统冲突规范	纯粹私法领域	私法冲突	双边方法

最后还要说明的是,作为教育部规定的法学 14 门核心必修课程之一,横贯涉外法和私法领域的国际私法在整个法学体系当中具有重要的地位。特别在"一带一路"和自贸区建设战略实施的大背景下,加强国际私法教学服务于我国进一步对外开放的大局,能便利跨国商事交易的顺利开展,也符合党的十八届四中全会《全面推进依法治国若干重大问题的决定》关于建设涉外法治人才队伍的题中之义。然而国际私法的特殊性与专业性造成了许多法学学生在本科学习阶段对该学科很难有深入系统的掌握,甚至达不到课程设定的目标,这对国际私法教

㉟ 对该问题,德国国际私法教材特别注意他们的区别,在不同章节加以设置,避免功能上的混同。参见[德]博文:《欧盟与德国国际私法——案例分析参考书》,董一梁译,Books on Demand 出版社 2014 年版,第 74、103 页。

㊱ 如国际法院在 1958 年审理的福果(Boll)案确立了涉外监护领域保护未成年人的强制规范在准据法外的适用,直接推动了直接适用的法实践的发展。

师的课程体系安排提出了更高的要求。本文虽然仅仅旨在明确直接适用的法在国际私法教材体系中的地位,但希望学界同仁能进一步加强国际私法本科教材的建设,应特别做到在学科体系安排上清晰明了,以便于教师讲解及学生理解。

(董金鑫,法学博士,硕士生导师,中国石油大学(华东)法学系讲师。)

资　料

法国合同法、债法总则和债之证据改革*

刘　骏　译

目　　次

第三编　债的发生原因

第1100条

债因法律行为、法律事实或仅有法律才有的效力①而产生。

还可产生于针对他人的道德义务(un devoir de conscience

---

* 本文翻译自“2016年2月10日修改合同法、债法总则和债之证据的法令”(Ordonnance n° 2016－131 du 10 février 2016 portant réforme du droit des contrats, du régime général et de la preuve des obligations),已于2016年10月1日正式生效,官方文本请参见https://www.legifrance.gouv.fr/affichTexte.do?cidTexte=JORFTEXT000032004939&categorieLien=id,最后访问日期:2016年11月1日,本文略去“债之证据”(第1353条至第1386－1条)部分的翻译。

① 参见民法典原第1370条,可译为“法定之债”,是指非自愿形成的债务,诸如相邻所有权人之间负有的义务以及监护人或其他管理人因法律授予其的职权而负有的义务。François Terré, Philippe Simler et Yves Lequette, *Les obligations*, 11e éd., Paris, Dalloz, 2013, p. 25, n°15.

envers autrui)②的自愿履行或履行承诺。

第1100-1条

法律行为是以产生法律效果为目的的意思表示,其可是合意的或单方的。

法律行为的生效和法效果,在合理的范围内,适用规范合同的规则。

第1100-2条

法律事实是法律赋予法律效果的事件或行为。

因法律事实产生的债依据情况,由与非合同责任相关的次编或与其他债的产生原因相关的次编规范。

第一次编 合 同

第一章 序 言

第1101条

合同是以产生、变更、移转或消灭债为目的的两个或多个人的一致意思表示。

第1102条

在法律确定的范围之内,每人皆有缔约或不缔约的自由,自由选择其缔约对象和决定合同的内容和形式。

合同自由不得对有关公共秩序的规则构成例外。

第1103条

合法成立的合同在缔约人之间有相当于法律的效力。

第1104条

合同应诚实信用地磋商、成立和履行。

本规定属于公共秩序。

第1105条

合同无论是否有专有的名称,都适用本次编的一般规定。

② 针对他人的道德义务(un devoir de conscience envers autrui)属于直译,似又可翻译为"自然债务"(obligation naturelle)。

适用于一些合同的特殊规则由规范该合同的专有规定而确立。

一般规定的适用受限于这些特殊规则。

第 1106 条

缔约人互对彼此承担义务的合同是双务的。

一个或多个缔约人针对另一个人或多个其他缔约人承担义务,而后者没有相应义务的合同是单务的。

第 1107 条

当一方缔约人从另一方接受一利益,作为其对另一方带来利益的交换,该合同是有偿的。

当一方缔约人为另一方带来一利益但既不期待也未接受对价的是无偿合同。

第 1108 条

合同是实定的,当每一方缔约人承诺为另一方带来一利益,该利益被看作是其接受对方利益的等价物。

当缔约人同意使将产生利益和损失的合同效果取决于一个不确定的事件的是射幸合同。

第 1109 条

诺成合同是指仅因缔约人意思表示一致而成立的合同,而无论其表达方式。

要式合同是指合同的生效取决于法律规定的形式。

要物合同是指合同的成立要求物的交付。

第 1110 条

两愿合同(contrat de gré à gré)是指合同的条款由当事人自由协商的合同。

格式合同(contrat d'adhésion)是指合同的定型化条款③(conditions

③ "定型化条款"是指"抽象概括的条款,适用于所有后来订立的个别契约,提前由一方当事人制定并施加于另一方缔约人", François Terré, Philippe Simler et Yves Lequette, *op. cit.*, p. 228, n° 202;似又可将"conditions générales","General conditions"译为"合同的一般条款",参见韩世远:《欧洲合同法原则》,载《外国法译评》1999 年第 1 期。

générales)由一方缔约人提前确立,而未经共同协商的合同。

第1111条

框架合同(contrat cadre)是缔约人约定他们未来合同关系的一般特征的协议。适用合同(contrats d'application)决定其具体的履行方式。

第1111-1条

一时性合同是指合同债务可经一次性给付而得到履行的合同。

继续性合同是指至少一方缔约人的合同债务在时间上经多次分期进行的给付而得到履行的合同。

第二章 合同的成立

第一节 合同的订立

第一小节 磋 商

第1112条

先合同磋商的起意、继续和中断是自由的,但必须满足诚信原则的要求。

因这些磋商过程中的过错引起的损害赔偿,其内容不包括未订立合同期待利益的赔偿。

第1112-1条

合同磋商中,一方缔约人知道一项对于另一方缔约人做出缔约同意起着决定性作用的信息,应该向其告知,既然后者可合理地不知道该信息或信赖其共同缔约人。

但该信息提供义务不涉及给付价值的估计。

与合同内容或缔约人性质有着直接或必然关系的信息是具有决定性作用的。

应由声称应被提供但未被提供信息的一方缔约人证明另一方应该向其提供信息,后者应该证明其已经提供。

当事人不可限制、排除该信息提供义务。

除缔约人就未提供信息而承担责任之外,该义务的违反还可根据第1130条及其以下规定的条件引起合同的撤销。

第 1112－2 条

缔约人未经许可,使用或披露在合同磋商过程中获取的对方机密信息,应依据共同法的条件承担责任。

第二小节　要约和承诺

第 1113 条

合同的订立须要约和承诺的相遇,表明各缔约人互受合同拘束的意图。

该意图可通过行为人的声明或明确的举动而被表示。

第 1114 条

向特定或不特定的人做出的要约,包括所欲订立合同的核心要素以及表明在承诺的情况下要约人受拘束的意思表示。否则,仅仅是要约邀请。

第 1115 条

要约在未到达受要约人之前,可被自由撤回。

第 1116 条

要约人规定了要约到期期限,在该期限到期之前,或未规定到期期限但在合理期限到期之前,要约不可被撤回。

违反该禁止性规定撤回要约的阻止合同的订立。

该违反,仅要求要约人依据共同法的条件承担非合同责任,但并不要求其赔偿合同期待利益的损失。

第 1117 条

在要约人规定的期限到期之后,或未规定到期期限,在合理期限到期之后,要约失效(caduque)。

在要约人成为无行为能力人或死亡的情形下,要约也失效。

第 1118 条

承诺是行为人表明同意受要约条款拘束的意思表示。

当承诺未到达要约人时,承诺人可自由撤回承诺,只要该撤回在承诺到达要约人之前。

不符合要约的承诺不产生效力,但构成一个新的要约。

第 1119 条

一方缔约人主张的定型化条款(conditions générales)仅在其被告知给另一方缔约人后以及被后者接受后,才可对其发生效力。

在双方各自主张的定型化条款不一致时,不一致的条款无效。

在定型化条款和特殊条款不一致时,后者优先于前者。

第 1120 条

沉默不等于承诺,除非可从法律、习惯、商事关系或特定情形下得出相反结论。

第 1121 条

自承诺到达要约人,合同即被订立并被认为是在承诺到达的地点订立。

第 1122 条

法律或合同可规定一考虑期间(délai de réflexion),在该期间到期之前,受要约人不可有效地做出承诺,或一撤回期间(délai de rétractation),在该期间到期之前,受要约人可撤回其承诺。

第三小节　优先协议和单方承诺

第 1123 条

优先协议(pacte de préférence)是一方缔约人向受益人承诺优先地向后者提议与其订立合同,在其将来决定缔约时。

违反优先协议与第三人订立合同,受益人可获得所受损害的赔偿。当第三人知道优先协议的存在和受益人会利用该协议的意图时,受益人可提起该合同无效之诉,或向法官要求在已订立的合同中替代第三人。

第三人可向受益人书面求证,要求后者在其确定的且合理的期限之内确认优先协议是否存在以及受益人是否意图使用之。

该文书写明,若在期限之内不予答复,优先协议的受益人不可再要求在已经订立的合同中替代第三人和提起合同无效之诉。

第 1124 条

单方允诺(promesse unilatéral)是允诺人(promettant)允许受益人(bénéficaire)在一定期限之内有权选择缔约,该合同的核心内容已经被确定,其成立仅缺少受益人意思表示的合同。

在给予受益人选择的期限之内撤回允诺,不阻止已被允诺的合同的成立。

违反单方允诺,与知道该允诺存在的第三人缔约的合同无效。

第四小节 与经电子途径订立的合同有关的规定

第 1125 条

可经电子途径传递有关财产或服务合同的缔约条款和信息。

第 1126 条

为订立合同而被要求提供的信息或在合同履行过程中发出的信息可经电子邮件传递,如果收信人已接受该方式的运用。

第 1127 条

向经营者(professionnel)传递的信息可经电子邮件发送,既然其已经告知了他的电子邮件地址。

如果这些信息应该包含在一表格中,该表格以电子方式提供给应该填写的人。

第 1127 -1 条

任何人以经营为目的,以电子途径提出财产的供给或服务的给付,应以被适用的合同条款得以保存和复制的方式,提供这些条款。

要约人继续受其要约的拘束,当该要约可以其行为通过电子途径而被接触。

此外,要约明确:

1. 为以电子途径订立合同,所要遵循的不同步骤;

2. 允许受要约人在订立合同之前,辨别和纠正可能在输入信息时所犯错误的技术手段;

3. 为订立合同所被提出使用的数个语言,其中应出现法语;

4. 必要的情况下,要约人进行合同存档的方式,以及接触存档合同的准入条件;

5. 通过电子途径咨询,要约人意图适用的,必要的情况下,遵循的职业和商业规则的方式;

第 1127 –2 条

合同仅在确认预定(commande)以表示最终的承诺之前,受要约人有可能核实其预定的明细和总价款以及纠正可能出现的错误时,才是有效订立的。

要约人应以电子途径在合理期间内声称收到已经向其发出的预定。

预定、承诺的确认和回执(l'accusé de réception)被认为是已经被收到,当其收信人可了解这些信息时。

第 1127 –3 条

对于仅通过电子邮件交换而订立的财产提供或服务给付合同,不适用第 1127 –1 条第 1 至第 5 项和第 1127 –2 条前两款规定的义务。

此外,经营者之间订立的合同,可以约定排除适用第 1127 –1 条第 1 至第 5 项和第 1127 –2 条。

第 1127 –4 条

与合同订立或履行有关的普通信件(lettre simple)可通过电子邮件发送。

所署的发送日期可从被推定可靠的电子程序得出,直至相反的证据,当该电子程序满足最高行政法院法令确定的要求时。

第 1127 –5 条

与合同订立或履行有关的挂号信可通过电子邮件发送,只要该信件可由第三人依据能够辨明第三人的方法送达,该方法还允许指明发信人,确保收信人的身份以及确定该信件是否送至收信人。

信件的内容,依据发信人的选择,可由第三人纸质打印出来以送至收信人,或可经电子途径送至收信人。在后一种情况下,如果收信人不是经营者,其应该已经要求以这种方式寄信,或在先前的交往中已经接受这种方式的使用。

当所署的发信日期或收信日期源自一电子程序时,推定该电子程序可靠,如果该程序满足最高行政法院法令确定的要求,直至相反的证据。

回执(avis de réception)可经电子途径发送给发信人,或经得允许保存该回执的其他方法发送。

本条的适用方式由最高行政法院的法令确定。

第 1127－6 条

除了第 1125 条和第 1126 条规定的情况之外，当收信人在已经可以了解电子文书之后发送回执，电子文书的交付是有效的。

如果一条款规定应该向收信人宣读文书，依据前款规定的条件向利害关系人交付的电子文书即等于阅读。

第二节　合同的生效

第 1128 条

以下内容对于合同的生效是必须的：

1. 缔约人的合意（consentement）；
2. 缔约人的行为能力（capacité）；
3. 合法、确定的内容（contenu）。

第一小节　意思表示

第一段　意思表示的存在

第 1129 条

依据第 414－1 条，为有效做出缔约意思表示，应具备识别能力（sain d'esprit）。

第二段　意思表示瑕疵

第 1130 条

错误、欺诈和胁迫导致意思表示瑕疵，当这些瑕疵在其不存在时，性质上足以使一方缔约人本不会缔约或以实质上不同的条件缔约。

评价意思表示瑕疵的决定性特征时应考虑到当事人和意思表示作出时的具体情况。

第 1131 条

意思表示瑕疵是合同相对无效的原因。

第 1132 条

法律错误或事实错误是合同无效的原因，如果是对应负给付的核心特征或共同缔约人核心特征的认识错误，除非该错误是不可被原谅的。

第1133条

给付的核心特征是指被缔约人明示或暗示地约定的和当事人曾缔约时考虑到的给付特征。

错误是无效的原因,无论是对一方或另一方缔约人给付的认识错误。

对给付性质射幸性的接受,排除与该性质有关的错误。

第1134条

对共同缔约人核心特征的认识错误,仅在考虑属人性而缔结的合同中才是无效的原因。

第1135条

单纯的动机错误,与应被给予的给付或共同缔约人核心特征无关的,非无效的原因,除非缔约人已明确表示动机是他们意思表示的决定性要素。

但关于遗赠(libéralité)的动机错误,无该错误,遗赠人本不会实施该遗赠行为的,是无效的原因。

第1136条

单纯对给付价值的错误,而未对给付的核心特征发生认识错误,缔约人仅是对其作出了不正确的经济价值估计,非合同无效的原因。

第1137条

欺诈是一缔约人通过阴谋或谎言而获得另一缔约人同意的行为。

一方缔约人故意向另一方隐瞒一项其知道该信息对后者非常重要的信息,也构成欺诈。

第1138条

如果欺诈源自缔约人的代理人、事务管理人、雇员或作保人(le porte-fort),也同样构成欺诈。

当欺诈源自通谋第三人时,也构成欺诈。

第1139条

因欺诈而产生的错误总是可原谅的;虽然因欺诈而对给付价值或对单纯合同动机发生认识错误,但该错误仍是合同无效的原因。

第1140条

当一方缔约人在一强迫的压力下同意缔约,该强迫引起其对自己人身、财产或其亲属的人身、财产遭受重大不利的担忧时，为胁迫。

第 1141 条

因行使法律提供的救济而产生的威胁不构成胁迫。然而，当该救济的行使背离其目的或当主张行使该救济是为了获得明显过分的利益时，构成胁迫。

第 1142 条

胁迫是合同无效的原因，无论其是被第三人或缔约人行使。

第 1143 条

当一方缔约人乘机利用其共同缔约人所处于的依赖状态（乘人之危），为获得若不存在该强迫后者则不会缔结的合同债务，并从中获取明显过分的利益时，也构成胁迫。

第 1144 条

在错误或欺诈的情况下，无效之诉的时效在错误或欺诈被发现之日起开始起算。无效之诉的时效在胁迫状态停止之日起开始计算。

第二小节　行为能力和代理

第一段　行为能力

第 1145 条

所有的自然人都可缔约，除法律规定的无行为能力人。

法人的行为能力受限于对它们章程规定的目的实现有用的行为，以及从属于这些行为的行为，并遵守适用于每一类型法人的规则。

第 1146 条

在法律规定情况下，下列人无行为能力：

1. 未被解除监护的未成年人；
2. 本法典第 425 条意义上的受保护的成年人。

第 1147 条

缺乏行为能力是合同相对无效的原因。

第 1148 条

但无行为能力人皆可独自缔结法律或习惯允许其缔结的日常行为，只要这些日常行为是在正常的条件下订立的。

第 1149 条

对于法律或习惯允许未成年人缔结的日常行为,合同显失公平(simple lésion)构成被撤销的原因。然而,当显失公平是因不可预见的事件而被引起时,不导致无效。

未成年人所作出的单纯成年宣告,并不影响撤销。

但未成年人不可逃避其在职业活动中已订立的合同拘束。

第 1150 条

受保护的成年人完成的行为受第 435 条、第 465 条和第 494 - 9 条规范,不影响第 1148 条、第 1151 条和第 1352 - 4 条的适用。

第 1151 条

具备完全行为能力的缔约人可抗辩对其提起的合同无效之诉,通过表明订立的合同对受保护的人是有益的以及不存在显失公平的情形,或者已使后者有所获益。

其还可以共同缔约人具备或重新具备行为能力的确认(confirmation)抗辩无效之诉。

第 1152 条

诉讼时效开始起算:

1. 对于未成年完成的行为,从其成年或解除监护之日起;

2. 对于受保护的成年人,从其对自己完成的行为已有认识,并处于可有效重做行为的状态之日起;

3. 对于处于监护(tutelle)或财产管理(curatelle)之人或受家庭授权④保护之人的继承人,如果时效以前并未开始计算,则从被监护人死亡之日起。

第二段 代　理

第 1153 条

法定、意定或司法代理人,仅有权在其被授予的代理权范围之内行为。

第 1154 条

当代理人在其代理权范围之内以被代理人名义,为其利益而行为,

④ 一种成年保护措施。

仅后者受因此而缔结的权利义务拘束。

当代理人声称为他人利益行事，但以自己名义缔约，仅其个人针对共同缔约的相对人而受合同拘束。

第 1155 条

当代理人的代理权被不明确地授予，⑤其只可完成保存和管理行为。

当代理权被明确地确定，代理人仅可完成得到授权的行为以及该被授权行为的附属行为。

第 1156 条

无权代理或超越代理权而完成的行为不可对抗被代理人，除非相对人可合理信赖代理人的权力是真实的，特别是因被代理人的行为或表示。

当相对人不知道其与无权代理人缔结的法律行为是后者无代理权或超越代理权而做出的，相对人可主张该行为的无效。

当被代理人已追认无权代理行为时，不可对抗性作为代理行为无效的原因不可被提起。

第 1157 条

当代理人滥用代理权损害被代理人利益时，且如果相对人知道或者不可忽视该滥用行为，被代理人可提起该行为的无效。

第 1158 条

当在准备缔结合同时，相对人不确信意定代理人的代理权范围时，可书面向被代理人求证，要求被代理人在其确定的，且合理的期限内确认代理人是否有权完成该行为。

该文书以明确的方式写明，在期限内若无回复则代理人被视为有权代理。

---

⑤ 本条参考了民法典第 1988 条关于委托（mandat）的规定，罗结珍先生将其翻译为："以一般概括性语言成立的委托，仅包括管理行为"，参见罗结珍：《法国民法典》，北京大学出版社 2010 年版，第 466 页；这里区别于 mandat général 即一般授权或概括授权（对应的是 mandat spécial 即特殊授权），le mandat donné en termes généraux 可直译为以概括性语言或不明确语言成立的委托，但主要指的是授权不明确的情况，其对应的情况是 mandat exprès 即明确的授权。

第1159条

享有法定或司法代理权的机构,在其代理权享有期间内,剥夺被代理人已授予代理人的权力。

意定代理并不剥夺被代理人亲自行使其权利的自由。

第1160条

当被代理人成为无行为能力人或受禁令时,其代理权终止。

第1161条

代理人不可代理合同的双方当事人,也不可为自己利益与被代理人缔约。

这些情况下,代理人完成的行为是无效的,除非法律许可或被代理人追认或认可。

第三小节　合同的内容

第1162条

合同的条款、目的不可对公共秩序构成例外,无论其目的(but)是否被所有的缔约人所认识到。

第1163条

债务可以现在或未来的给付为内容。

给付应该是可能和确定的或可被确定的。

当给付可从合同中得出或通过参考习惯或缔约人之前的来往关系而得出,而缔约人无必要通过订立一个新的协议以确定时,给付是可被确定的。

第1164条

在框架合同中,可约定价款将随后由一方缔约人确定,在有争议时,由该缔约人说明该价款的理由。

在定价滥用时,法官可受理因此而产生的损害赔偿请求,以及必要的情况下解除合同。

第1165条

在服务给付合同中,在给付履行之前缔约人未约定时,价款可由债权人确定,在有争议时,由债权人来说明该价款的理由。在滥用定价时,可向法官提起损害赔偿。

第 1166 条

当依据合同,给付的质量未被确定或不可被确定时,债务人提供的给付质量应该符合缔约人的合理期待,结合给付的性质、习惯和对方给付对价的金额。

第 1167 条

当合同的价款或其他要素应该参考一个不再存在、已经停止存在或无法可得到的指数而被确定时,该指数被与其最接近的指数替换。

第 1168 条

在双务合同中,给付的不对等(défaut d'équivalence)不是合同相对无效的原因,除非法律另有规定。

第 1169 条

有偿合同是无效的,当在合同成立时,给予负担债务一方的约定对价是微不足道的或虚假的。

第 1170 条

所有剥夺债务人主要债务实质性内容的条款被视为未被写就。

第 1171 条

在格式合同中,所有引起缔约人权利义务严重失衡的条款,被视为未被写就。

严重失衡的评价不涉及合同的主要标的,也不涉及给付价款的合适性。

第三节　合同的形式

第一小节　一般规定

第 1172 条

原则上,合同是诺成的。

例外地,要式合同的有效性取决于遵守法律规定的形式,否则合同无效,除非可能的补正[⑥](régularisation)。

此外,法律要求一些合同的订立须有物的交付。

第 1173 条

以证据(preuve)或对抗性(opposabilité)为目的所要求的形式,对合同的生效没有影响。

第二小节　与经电子途径订立的合同有关的规定

第 1174 条

当合同的生效要求书面文书时,其可在第 1366 条和第 1367 条规定的条件下通过电子途径确立和保存,当合同的生效要求公正文书时,适用第 1369 条第 2 款的规定。

当需要承担债务的人亲手书写时,其可通过电子形式签署如果该签署性质上足以保证仅是其本人书写的。

第 1175 条

下列情形,不适用前款规定:

与家庭和继承法有关的私署文书;

与民商事性质的人保或物保(sûreté personnelle ou réelle)有关的私署文书,除非该文书的签署是缔约人为其职业需要而作出的。

第 1176 条

当纸质书面文书需要符合可读性或外观的特殊条件时,电子文书也应该符合同等的条件。

通过某一允许进入表格或依据同样方法转发表格的电子程序,可满足可被分开的表格的要求。

第 1177 条

通过电子途径发送的文书符合寄送数个副本(exemplaire)的要求,

---

⑥ 补正区别于确认(confirmation),补正是指当事人在一新的协议中补救初始合同中的不规则性,如以新的合法的指数条款替代原有的,而“确认”仅仅是单方行为;Voy. Jacques Flour, Jean-Luc Aubert et Éric Savaux, *Les obligations, l'acte juridique*, tome I, 16e éd., Paris, Sirey, 2014, pp. 356 à 357, n° 341. 另可参见鲁春雅:《论法律行为补正制度的建构》,载《清华法学》2011 年第 4 期;史尚宽:《民法总论》,中国政法大学出版社 2000 年版,第 577 ~ 588 页。

如果文书可被收信人打印。

第四节 制 裁

第一小节 无 效

第 1178 条

不满足合同生效要件的合同是无效的。无效应由法官确认,除非缔约人以一致协议确认之。

无效合同被认为从未存在。

已经履行的给付依据第 1352 条至 1352 - 9 条的规定产生返还的义务。

除合同无效之外,受损害的缔约人可依据非合同责任共同法的条件,要求所受损害的填补。

第 1179 条

当违反涉及公共利益保护的规则时,合同的无效是绝对的。

当违反涉及私人利益保护的规则时,合同的无效是相对的。

第 1180 条

任何利害关系人以及检察院(Ministère public)都可提起绝对无效之诉。

绝对无效的合同不可得到确认(confirmation)。

第 1181 条

相对无效仅可被法律所意图保护的当事人所请求。

相对无效可被确认。

如果有数个权利人可提起相对无效之诉,一权利人的放弃不影响其他人提起诉讼的权利。

第 1182 条

确认(confirmation)是本可主张合同无效的缔约人放弃该主张的行为。该行为表明债的标的和合同所附带的瑕疵。

确认仅可在合同订立之后作出。

明知无效的原因,自愿履行合同,等于确认。在胁迫的情况下,确认仅可在胁迫消失之后做出。

确认包括放弃可被用来对抗的理由和抗辩,但不影响第三人的权利。

第 1183 条

一方缔约人可书面向另一方可主张无效的缔约人请求,或者确认合同,或者提起无效之诉,在不超个六个月的除斥期间(forclusion)之内。无效的原因应该已经停止。

该文书明确写明,在六个月期限到期之前若不提起无效之诉,合同将会被视为得到确认。

第 1184 条

当无效原因仅涉及合同的一个或多个条款,仅在这个或这些条款构成缔约人或一方缔约人承担合同拘束的决定性因素时,才引起整个合同的无效。

当法律将一条款视为未被写就,或被违反规则的规范目的要求合同维持时,合同被维持。

第 1185 条

无效的抗辩不适用时效,如果其涉及尚未得到任何履行的合同。

第二小节　失　　效

第 1186 条

有效成立的合同失效,如果其一核心要件消失。

当数个合同的履行对于同一交易的实现是必不可少的,且其中一个合同不再存在时,如果全部合同的履行因该合同的不再存在而变为不可能时和不再存在的合同的履行曾是一方缔约人做出意思表示的决定性条件时,全部合同失效。

然而,失效仅可针对在做出意思表示时知道整个合同交易存在的缔约人而提起。

第 1187 条

失效使合同终止。

其可在第 1352 条至第 1352 -9 条规定的条件下产生返还。

第三章 合同的解释

第 1188 条

合同依据缔约人的共同意图而被解释,而非停留于合同条款的字面意思。

当该共同意图不可被探寻时,合同依据理性人在该情形下所理解的意思解释。

第 1189 条

合同的所有条款应该相互联系地被解释,对每个条款的解释应符合整个合同的协调性。

当依据缔约人的共同意图,数个合同导致同一交易,合同应依据该交易而被解释。

第 1190 条

有疑义时,两愿合同以不利于债权人、有利于债务人的意思解释,格式合同以不利于格式合同提供者的意思解释。

第 1191 条

当一条款可有两种解释,使其产生法律效果的解释优于使其不产生任何法律效果的解释。

第 1192 条

不可解释清楚明晰的条款,否则不构成解释。

第四章 合同的效力

第一节 缔约人之间的合同效力

第一小节 拘 束 力

第 1193 条

合同仅在缔约人合意下或因法律允许的事由才可被变更或撤销。

第 1194 条

具有拘束力的内容不仅仅包括合同中明确表述的事项,而且还包括公平原则、习惯或法律赋予合同的所有后续结果。

第 1195 条

如果在合同订立时不可被预计的情势发生变化,使得合同的履行对一没有接受承担该情况变化风险的缔约人来说非常昂贵,其可向共同缔约人要求重新磋商合同。在重新磋商过程中其继续履行债务。

重新磋商失败或受拒绝的情况下,缔约人可依据他们确定的条件和日期约定解除合同,或共同向法官请求调整合同。在合理期限内仍未达成协议的,法官可在一方缔约人的请求下,变更或终止合同依据其确定的条件和日期。

第二小节　权利移转的效力

第1196条

在以所有权或另一权利让与为标的的合同中,自合同订立时起发生权利移转。

该变动可依当事人的意志、事物的性质或法律的效果而被推迟。

所有权的移转包括标的物的风险转移。但依据第1344－2条自负有交付义务的债务人被催告时起,其重新负担风险,在不抵触第1351－1条规定适用的情况下。

第1197条

交付物的义务包括在交付之前,保存该物的义务,并尽一个理性人的全部注意。

第1198条

当同一有体动产的两个连续受让人因同一个人而取得权利,首先占有该物的人优先,虽然其权利后发生只要其是善意的。

当同一不动产的两个连续受让人因同一个人而取得权利,首先将以公证文书形式作成的权利取得凭证(titre d'acquisition)登记于不动产登记薄的受让人优先,尽管其权利后发生只要其是善意的。

第二节　合同针对第三人的效力

第一小节　一般规定

第1199条

合同仅在缔约人之间产生债务。

第三人既不可以要求合同的履行也不可以被要求履行合同,在不影响本节的规定和第四编第三章规定适用的情况下。

第 1200 条

第三人应尊重合同所创造的法律状态。

其可主张该合同以证明一项事实。

第 1201 条

当缔约人缔结了一个表面合同以掩盖一个暗藏的合同，后一合同也被叫做"黑合同"(contre-lettre)在当事人之间发生效力。"黑合同"不可对抗第三人，但第三人可主张该合同。

第 1202 条

所有以提高在司法助理机构⑦的转让协议中规定的价款为目的的"黑合同"无效。

任何以隐瞒一部分价款为目的的合同也无效，当这些合同涉及不动产买卖、客户或营业资产的转让、租赁权的让与、关于不动产一部或全部租赁承诺的受益，以及互易补足价款的一部或全部或包含不动产、营业资产或客户的财产分割的补足价款一部或全部。

第二小节　作保和为他人利益的合同

第 1203 条

仅可以个人名义为其个人而缔约。

第 1204 条

可作保(port-fort)，通过保证第三人的行为。

允诺人(promettant)不承担任何债务，如果第三人完成了被保证的行为。在相反的情况下，其可被判决承担损害赔偿。

当为一项债之拘束(engagement)的追认而作保，该债务拘束自担保被做之日起溯及地发生效力。

第 1205 条

可为他人利益而缔约。

一方缔约人，"要求作出承诺的人"(stipulant)，可使另一方缔约人即"允诺人"(promettant)承诺完成一项为第三人，即受益人

⑦ 诸如公证员、司法执达员等。

(bénéficiaire)利益的给付。受益人可是尚未出生的人但应被明确的指明或在承诺履行时可被确定。

第1206条

自为他人利益的合同订立起,受益人对允诺人的给付享有直接的权利。

但当受益人还未接受时,要求作出承诺的人可自由撤销该为他人利益合同。

自从受益人的接受到达要求作出承诺的债权人或允诺人起,该合同不可被撤销。

第1207条

撤销仅可源自要求作出承诺的人,或在其去世后,其继承人。

要求作出承诺的人的继承人不可撤销该合同,自其催告受益人接受之日起三个月之内。

如果该撤销没有附有一个新的受益人指定,依据情况该撤销使要求作出承诺的人或其继承人受益。

自从受益人或允诺人知道该撤销时起,该撤销发生效力。

当撤销以遗嘱的方式作出,其自死亡之日起发生效力。

最初被指定的第三人被认为从未受益于为其利益而订立的合同。

第1208条

接受可源自受益人或其去世后,其继承人。接受既可明示也可暗示。其甚至可在要求作出承诺的人或允诺人死亡之后发生。

第1209条

要求作出承诺的人本人可要求允诺人向受益人履行承诺。

第三节 合同的期限

第1210条

永久性的合同拘束是禁止的。

永久性合同的各缔约人都可依据不定期合同规定的条件终止合同。

第1211条

为不确定期限而订立的合同,各缔约人都可随时终止合同,在遵守合同中规定的预先通知(préavis)期限,或在没有规定时,合理的期限的条件之下。

第 1212 条

定期订立的合同,每个缔约人都应履行合同直至合同届满。

任何人不可强求合同的续订(renouvellement)。

第 1213 条

如果缔约人在合同届满之前表明展期的意图,合同可被展期。合同的展期(prorogation)不可损害第三人的权利。

第 1214 条

不定期合同可因法律效果或当事人的协议而续订。

续订产生了一个内容与前一个合同一样的新合同,但合同期限是不确定的。

第 1215 条

在合同期限届满之前,定期合同的缔约人继续履行合同债务,构成默示的更新(tacite reconduction),产生与合同续订一样的法律效果。

第四节 合同的转让

第 1216 条

一缔约人,即转让人(cédant),可经其共同缔约人,即被转让人(cédé)的同意将其合同缔约人的资格转让给第三人,即受让人(cessionnaire)。

该同意可被事先授予,特别是在将来的转让人和被转让人之间订立的合同,在这种情况下,当将转让人与受让人之间订立的合同通知给被转让人或被转让人确认知悉(prendre acte)之日起,合同的转让对被转让人产生效力。

合同的转让应以文书的形式做成,否则无效。

第 1216 -1 条

如果被转让人明确同意,合同的转让面向将来地解除转让人的合同拘束。

否则,除非相反规定,转让人对合同的履行连带地负责。

第1216-2条

受让人可针对被转让人提起与债务内在相关的抗辩,如无效、不履行抗辩、解除或关联债务的抵销。其不可提起专属于转让人个人的抗辩以对抗被转让人。

被转让人可以向受让人提起其本可针对转让人行使的所有抗辩。

第1216-3条

如果转让人未被被转让人解除合同拘束,已经被给予的担保继续存在。相反,第三人给予的担保仅在他们同意的情况下存续。

如果转让人不再受合同拘束,其共同连带债务人继续承担债务,扣除转让人在总债务中的份额。

第五节　合同的不履行

第1217条

向一方缔约人履行的债务没有得到履行或瑕疵履行,其可:

——拒绝或中止其个人债务的履行;

——起诉要求债务的强制履行;

——行使减价权;

——提起合同的解除;

——要求不履行后果的填补;

不是互不兼容的救济可以累积;损害赔偿总是可附加于其他的救济。

第1218条

当一事件不受债务人的控制,也不可在合同订立时被合理预见、该事件的后果也不可以合适的措施避免,并妨碍债务人履行债务的,为合同法上的不可抗力。

该妨碍是暂时性的,债务的履行中止,除非该中止引起的迟延使解除合同成为正当。如果妨碍是终局性的,合同当然地解除,缔约人在第1351条和第1351-1条规定的条件下解除债务负担。

第一小节 不履行的抗辩

第1219条

如果一方缔约人不履行其应履行的债务且该不履行是非常严重的,另一方可拒绝履行其所负的债务,即使该债务是到期的。

第1220条

一方缔约人可中止其债务的履行,既然事实显然表明其共同缔约人到期将不会履行债务且该不履行的后果是对前者是足够严重的。该中止履行(suspension)应尽快地被通知。

第二小节 强制实际履行

第1221条

债权人在催告债务人之后,可起诉要求实际履行(exécution en nature),除非该履行是不可能的或在该履行给债务人带来的成本和给债务人带来的利益之间存在明显的失衡。

第1222条

在催告之后,债权人也可在合理的期限内且以合理的成本,亲自履行债务或者在法官的事先许可下,摧毁违约而做成的物。其可要求债务人偿还为此目的而花费的款项。

其也可司法请求债务人提前支付为此履行或此摧毁所必要的款项。

第三小节 减 价

第1223条

债权人可在催告之后,接受合同的瑕疵履行,并要求成比例的减价。

如果其还没付款,债权人应尽快通知其减价的决定。

第四小节 解 除

第1224条

解除可或因适用解除条款(clause résolutoire),或在不履行足够严重的情况下债权人对债务人的通知或司法判决而引起。

第 1225 条

解除条款明确规定债务的不履行将引起合同的解除。

当没有明确规定催告仅可因不履行事实而被引起时,解除取决于一个并无实益的催告。催告仅在其明确提及解除条款时才发生效力。

第 1226 条

债权人可以通知的途径解除合同,由其承担风险。除紧急情况外,其应该事先催告违约的债务人在合理的期限内履行债务。

催告明确提及,若债务人不履行其债务,债权人将有权解除合同。

如果不履行持续,债权人通知债务人合同的解除和解除的理由。

债务人可继续(à tout moment)起诉争议该解除。于是债权人应该证明不履行的严重性。

第 1227 条

无论如何,可要求司法解除合同。

第 1228 条

法官可依据情况,确认或宣布解除或通过在可能的情况下给予债务人一项期限的方式命令合同的履行,或仅判决损害赔偿。

第 1229 条

解除终止合同。

依据情况,解除发生效力:或在解除条款规定的条件下,或在债务人接到债权人作出的通知之日起,或在法官确定的日期,否则,在传唤(assignation en justice)之日起。

当互相交换的给付仅可通过被解除合同的完全履行才有益处时,缔约人应该返还其已经从另一方获得的全部。当互相交换的给付伴随着合同的相互履行才有益处时,尚未获得对价的最后一次给付之前发生的给付没必要返还;在这种情况下,解除被称为终止(résiliation)。

在第 1352 条至第 1352-9 条规定的条件下,发生返还。

第 1230 条

解除既不影响与争议解决有关的条款,也不影响尽管在合同解除时仍发生效力的条款,诸如竞业禁止和保密条款。

第五小节 因合同不履行引起的损害赔偿

第 1231 条

除非不履行是确定性的,债务人仅在事先被催告在合理期限内履行债务之后,才负损害赔偿。

第 1231－1 条

如有必要,债务人应负或与其债务不履行程度相适应的损害赔偿,或者与其履行迟延相适应的损害赔偿,如果其未证明不履行是因不可抗力而引起的。

第 1231－2 条

通常,应负给债权人的损害赔偿,是债权人遭受的损失和被剥夺的利益,除非下面提及的例外和修改。

第 1231－3 条

债务人仅被要求赔偿在合同订立时预见的或可以被预见的损害,除非当不履行是因其重大或欺诈性过错而引起的。

第 1231－4 条

即使合同不履行是因债务人的重大或欺诈性过错而引起的,损害赔偿只包括不履行直接和立即的后果。

第 1231－5 条

当合同规定违约人将支付一定的款项作为损害赔偿,不可给予债权人更多或更少于这一款项的数额。

但法官可以依职权增加或降低缔约人约定的违约金(pénalité),如果违约金是明显过高或微不足道的。

所有与前两款不一致的规定被视为未写就。

除非确定不履行,当债务人被催告后,才导致违约金。

第 1231－6 条

根据金钱之债清偿的迟延程度而应负的损害赔偿,是从催告之日起起算的法定利息。

该损害赔偿无需债权人证明任何损失。

迟延清偿的债务人恶意地对债权人造成一项独立于该迟延清偿的损害,可要求与该迟延利息相区别的损害赔偿。

第 1231 -7 条

在所有债的情形下,判决赔偿损害金引起法定利息,尽管没有被要求或判决书没有特别提及。除非法律相反的规定,这些利息自判决宣布之日起起算,除非法官另有规定。

被上诉法官确认的给予损害赔偿金的决定,该决定当然引起自一审判决时开始以法定利率起算的利息。在其他情况下,上诉给予的赔偿金从上诉判决作出时起开始计算利益。上诉法官可排除前款规定的适用。

第二次编 非合同责任

第一章 非合同责任总则

第 1240 条

一人的任何行为对他人造成损害的,因过错而使该行为发生的人应赔偿该损害。

第 1241 条

每人不仅对其自身行为造成的损害负责,而且还对其疏忽或不谨慎造成的损害负责。

第 1242 条

行为人不仅对其自身行为造成的损害负责,还对其应该负责之人的行为或处于其照管之下物造成的损害负责。

然而,无论以什么名义占有部分或全部不动产或动产的人,该动产或不动产发生了火灾,仅在证明火灾应归结于该财产占有人的过错或其应负责之人的过错的情况下,该财产占有人才针对第三人承担该火灾造成的损害。

该规定不适用于所有权人和承租人之间的关系,该关系仍被《民法典》第 1233 条和第 1234 条规范。

父亲或母亲,作为行使亲权的人,对与其共同居住的未成年子女造成的损害连带地负责。

主人和雇主,对他们雇佣的家仆和雇员在职务范围之内造成的损害负责。

教师和工匠对学生和学徒造成的损害负责，当后者处于他们监督之下时。

以上提及的责任有必要，除非父母、工匠证明他们不可能阻止引起责任发生的行为。

关于教师，对其指控的、引起损害事实发生的过错、不谨慎或疏忽，应被原告依据共同法证明之。

第 1243 条

动物的所有人或使用人，在使用动物期间，对动物造成的损害负责，无论动物处于其照看之下还是动物走失或逃逸。

第 1244 条

当建筑物倒塌因欠缺维修或建筑瑕疵而引起时，建筑物的所有人对该倒塌造成的损害负责。

第二章　缺陷产品责任

（略去第 1245 条至第 1245－17 条，与《民法典》原第 1386－1 条到第 1386－18 条几无变化。本次债法修订，侵权法部分只是进行了若干条文结构的微调，留待下次专门的改革。）

第三次编　其他债的发生原因

第 1300 条

准合同（quasi-contrat）是纯自愿行为，该行为引起没有权利而获益之人的债务，有时也引起行为人针对他人的债务。

本次编规范的准合同有无因管理（gestion d'affaire）、非债清偿（paiement de l'indu）和不当获利（enrichissement injustifié）。

第一章　无 因 管 理

第 1301 条

并无义务，但故意、有益地管理他人事务的人，在本人不知道或不反对的情况下，就其完成管理的事实和法律行为，适用受托人（mandataire）的所有义务。

第1301－1条

在管理事务时,管理人(gérant)有义务尽一个理性人的全部注意;其应该继续管理事务直至本人或其继承人可接替管理该事务。

法官可依据情况,减低本人因管理人的过错或疏忽而所负的赔偿金。

第1301－2条

事务被有利地完成的本人应该承担管理人为其利益而缔结的权利义务。

本人偿还管理人为其利益所做的花费,赔偿其因该管理事务而遭受的损害。

管理人预先支付的费用自从支付之日起计算利息。

第1301－3条

本人对管理事务的追认相当于委托(mandat)。

第1301－4条

管理人对管理他人事务也有个人利益时不排除无因管理规则的适用。

在这种情况下,债务、花费、损害的承担依据每个人在共同事务中的利益比例而分担。

第1301－5条

如果管理人的行为不符合无因管理的要件,但仍使事务被管理的本人获利的,后者应依据不当获利的规则赔偿管理人。

第二章　非债清偿

第1302条

所有的清偿都要求债务的存在;并无债务而被接受的清偿应被返还。

返还不适用于被自愿清偿的自然债务。

第1302－1条

故意或错误地接受并不欠其的债务的清偿,应将其返还至不当清偿之人。

第1302－2条

因错误或被强迫而清偿他人之债可向债权人提起返还之诉。但在债权人因该清偿,已损毁其债权凭证或放弃担保其债权的担保时,该权利应被停止行使。

返还请求也可向债务被错误清偿的人提起。

第 1302 -3 条

返还适用于第 1352 条至第 1352 -9 条确定的规则。

如果不当清偿是因一过错而引起的,返还可被减少。

第三章　不当获利

第 1303 条

除无因管理和非债清偿之外,受益于不当获利却损害他人的,应赔偿因此而遭受损失的人,该赔偿金额等于:获利和损失中较低的数额。

第 1303 -1 条

当获利既不源自受损人债务的履行,也不源自其赠与意图时,获利是不当的。

第 1303 -2 条

如果致损起源于受损人为个人获益而完成的行为,没有必要赔偿。

如果该致损起因于受损人的过错,法官可以减低赔偿的数额。

第 1303 -3 条

受损人不可依据不当获利提起诉讼,当其可行使可得到救济的另一个诉讼或该诉讼救济遇到法律上的障碍,诸如时效。

第 1303 -4 条

在支出之日观察到的致损和提起诉讼之日起留存的获利,在判决之日被评定。在获利人恶意的情况下,应被给予的赔偿金等于这两个价值中最高的。

第四编　债法总则

第一章　债的形态

第一节　附条件之债

第 1304 条

当债取决于一个未来的、不确定的事件时,是附条件之债。

当条件的成就使债发生效力的是附生效条件。

当条件的成就引起债的消灭的是附解除条件。

第1304-1条

条件应是合法的。否则债无效。

第1304-2条

当条件的成就完全取决于债务人的意志,在该条件之下订立的债务是无效的。当债务人清楚该条件并已履行债务时,该无效不可被提起。

第1304-3条

当与条件成就有利害关系的人阻止了生效条件的成就,生效条件被视为成就。

如果有利害关系的人促使了解除条件的成就,解除条件被视为不成就。

第1304-4条

在条件还未成就时,一方缔约人可自由放弃仅为其利益而设定的条件。

第1304-5条

在生效条件成就之前,债务人应该避免任何将会阻碍债务适当履行的行为;债权人可采取所有的保存行为和追诉债务人因欺诈其权利而完成的行为。

在条件未被成就时已经给付的可被返还。

第1304-6条

自从生效条件成就之日起,债即发生效力。

然而,当事人可以规定条件的成就追溯至合同订立之日起。在条件成就之前,物、债务的标的的风险仍由债务人负担,其维持标的的管理并有获取孳息的权利。

在条件不成就时,债被视为从未存在。

第1304-7条

解除条件的成就溯及既往地引起债的消灭,如有必要,不影响管理行为和保存行为的效力。

如果当事人协议有所规定或互相给予的给付伴随着合同的相互履

行而有利益时，不发生溯及力。

第二节 附期限之债

第1305条

当债被推迟至一件未来的、确定的事件出现才到期，虽然该事件的日期是不确定的，是附期限之债。

第1305－1条

期限(terme)可是明示或默示的。

如未有约定，法官可以综合考虑债的性质和当事人的境况而确定期限。

第1305－2条

在期限到期之前，到期才应被给予的给付不可被要求；但提前已经被给付的，不可被追索。

第1305－3条

期限有利于债务人，如果不是依据法律、当事人的意图或期限确立的情形而有利于债权人或双方当事人。

独自地受益于为其设定的期限，可放弃该期限，而无需另一方当事人的同意。

第1305－4条

若债务人未提供承诺给债权人的担保或减少债务的担保，其不可要求享受期限利益。

第1305－5条

一债务人所享受期限的失效，不可对抗其共同债务人，即使是连带共同债务人。

第三节 多数之债

第一小节 债之标的多数

第一段 累积之债

第1306条

债务是累积的，当其以数个给付为标的，只有债务人履行完毕所有的给付才使债务人解除债务负担。

第二段 选择之债

第1307条

当债务是以数个给付为标的,其中一个给付的履行完毕使债务人解除债务负担。

第1307-1条

给付的选择属于债务人。

如果该选择没有在约定时间内或合理的期限内被行使,另一方当事人可在催告债务人之后行使该选择权或解除合同。

做出的选择是终局性的,使债务失去选择性特征。

第1307-2条

被选择的给付的因不可抗力而履行不能,债务人不再受拘束。

第1307-3条

没有告知其选择的债务人,如果一给付变为不可能时,应该履行其他给付中的一个。

第1307-4条

若一给付因不可抗力而变为履行不能时,没有告知其选择的债权人应该满足于其他给付中的任一个。

第1307-5条

如果所有的给付变为不可能时,债务人仅在每个给付的履行不能都源自不可抗力时,债务人才不再被拘束。

第三段 任意之债

第1308条

如果债务以一定的给付为标的,但债务人可提供另一个给付作为清偿,其是任意的。

如果最初约定的给付因不可抗力而履行不能时,任意之债消灭。

第二小节 债之主体多数

第1309条

拘束多个债权人或债务人之债在他们之间当然地是可分的。可分性也发生在他们的继承人(successeur)之间,尽管该债务是连带的。如果可分性没有被法律或合同另有规定,作平均等分。

每个债权人仅对共同债权中属于他的部分享有权利;每个债务人仅受共同债务中属于他的部分的拘束。

在债权人和债务人之间的关系中,如果债是连带的或应负的给付是不可分的,则非如此。

第一段 连带之债

第1310条

连带性是法定的或约定的;其不可被推定。

第1311条

债权人之间的连带性允许每个债权人要求和接受全部债权的清偿。对其中一个债权人作出的清偿,使债务人针对所有债权人不再受拘束,接受该清偿的债权人应向其他债权人分配该债权。

当债务人未被其中一个债权人举张权利时,其可对连带债权人中的任意一个作出清偿。

第1312条

所有针对其中一个连带债权人发生效力的中断或中止时效行为,也使其他债权人受益。

第1313条

债务人之间的连带性要求每个债务人对全部债务负责。其中一个债务人作出的清偿使所有的债务人针对债权人,不再受债务拘束。

债权人可向其选择的连带债务人要求清偿。针对一个连带债务人提起的追诉,不阻碍债权人对其他债务人行使同样的的追诉。

第1314条

向其中一个连带债务人提出的迟延履行期间的利息请求,使利息针对所有人开始起算。

第1315条

被债权人追诉的连带债务人,可提起所有属于共同债务人的抗辩,如无效、解除和提起专属于其个人的抗辩。其不可提起属于其他共同债务人个人的抗辩,如期限的给予。但,当属于另一个共同债务人个人的抗辩消灭了该共同债务人的可分份额,特别是在抵销或债务免除的情况下,被追诉的连带债务人可主张该抗辩以从共同债务总额中扣除该份额。

第 1316 条

接受一个连带债务人的清偿和对一个连带债务人免除债务连带性的债权人,对其他债务人仍保持着债权,但扣除被免除债务负担的债务人份额。

第 1317 条

在连带债务人之间,各债务人仅对其应承担的债务份额负责。

超过其份额而作出了清偿的连带债务人,可对其他共同债务人依据他们债务份额的比例行使追偿权。

如果其中一个连带债务人无清偿能力,其债务承担份额分摊至其他连带债务人,包括已经作出清偿和已经享受免除债务连带性的债务人。

第 1318 条

如果债务因一个仅涉及一连带债务人的事件而发生,后者对其他连带债务人的债务负责。如果其已经清偿,其不享有对其他债务人的追偿权。已清偿的其他债务人可对该债务人行使追偿权。

第 1319 条

连带债务人对债务的不履行连带地负责。债务负担最终地由不履行可被归责的债务人负责。

第二段　不可分给付之债

第 1320 条

依据事物性质或合同,不可分给付之债的每个债权人可要求和接受债的完全清偿,尽管应向其他债权人报告,但其不可单独处分债权,也不可放弃接受物而接受价款。

不可分给付之债的债务人对整个债务负责,但其可向其他债务人行使追偿分担之权利。

对于不可分给付之债的债权人和债务人的每个继承人,也是如此。

第二章 债之操作

第一节 债权让与

第1321条

债权让与是债权让与人有偿或无偿地将其针对被转让债权的债务人的全部或部分债权转移至被称为“受让人”即第三人的合同。

债权让与可涉及一个或多个债权，现存的或未来的，已确定的或可被确定的。

债权让与也扩展至债权从权利的让与。

债权让与无需债务人的同意，除非债权被约定不可让与。

第1322条

债权的让与应该由文书作成，否则无效。

第1323条

在当事人之间，债权转让在文书作成之日发生效力。

自此时起，其可对抗第三人。在有争议时，让与日期由受让人来证明，后者可通过各种途径证明之。

然而，将来债权的让与仅在其产生之日起发生效力，无论是在当事人之间还是针对第三人。

第1324条

如果债务人尚未对债权转让作出同意，债权让与仅在其被通知给债务人或债务人确认知悉后(prendre acte)，才可对抗债务人。

债务人可以与债务内在相关的抗辩对抗受让人，诸如无效、不履行抗辩、解除或关联债务的抵销。债务人还可提起在债务可对抗其之前、因其与让与人之间的关系而产生的抗辩，例如，期限的给予、债务免除或非关联债务的抵销。

让与人与受让人连带地负担因债权让与而产生的所有额外费用，债务人没有必要支付预付款。除非相反规定，这些费用的负担由受让人负责。

第1325条

一项债权的连续受让人，其中日期在前的受让人优先；该受让人可对债务人本不应该做出清偿之人行使追索权。

第 1326 条

有偿债权让与的让与人保证债权和其从权利的存在,除非受让人已自愿承担风险地受让该债权或者其已经知悉该债权的不确定性特点。

让与人仅其已作出担保的情况下,才对债务人的清偿能力负责,以其可从债权让与中获取的价款为限。

当让与人对债务人的清偿能力做出了担保,该担保债务仅覆盖债务人现有的清偿能力;然而,其可扩展至债务到期时债务人的清偿能力,但以让与人的明确表示为条件。

第二节　债 务 转 让

第 1327 条

债务人可经债权人同意,转让其债务。

第 1327 -1 条

债权人如果其提前同意了债务让与或其没有介入债权让与,仅可自其被通知或其确认知悉债权让与之日起被该转让对抗之或主张该让与。

第 1327 -2 条

如果债权人明确同意,原债务人面向将来不再受债务拘束。否则,没有相反的规定下,其连带地承担债务直至债务的清偿。

第 1328 条

替代的债务人和原债务人如果其仍受拘束的话,可以与债务内在相关的抗辩对抗受让人,诸如无效、不履行抗辩、解除或关联债务的抵销。每个人还可各行使专属于其个人的抗辩。

第 1328 -1 条

当原债务人没有被债权人解除债务负担,担保存续。相反,第三人提供的担保仅在他们同意的情况下才存续。

如果债务让与人(cédant)被解除债务负担,其共同连带债务人继续负担债务,扣除让与人在总债务中的债务份额。

第三节 债的更新

第1329条

债的更新是以合同创设一个新债替代其消灭的债,为标的的合同。

债的更新可通过同一当事人之间的债的替换、因债务人或债权人的更换而发生。

第1330条

债的更新不可被推定;债的更新的意图应明确地源自法律行为。

第1331条

仅在新债和旧债都是有效的情况下,才发生债的更新,除非债的更新明确宣称以一有效的债务(engagement)替代有瑕疵的债务为标的。

第1332条

因债务人更换而引起的更新可发生而无需先债务人的协助。

第1333条

因债权人更换而引起的更新需要债务人的同意。后者可提前接受由先债权人指定的后债权人。

债的更新在该行为做成之日起对抗第三人。在更新日期有争议时,由新债权人证明之,其可通过各种途径证明。

第1334条

旧债的消灭扩及其所有的从权利。

例外地,在提供担保的第三人同意的情况下,原有的担保可存续以担保新的债务。

第1335条

债权人与一连带债务人约定的更新使其他共同债务人解除债务负担。

债权人与保证人之间约定的更新不解除主债务人的债务负担。其解除其他保证人的负担,以保证人的债务分担份额为限,保证人的债务是债的更新合同的标的。

第四节 指示债务加入

第1336条

指示债务加入是债务加入指示人(délégant)获得债务加入人(délégué)

的同意,后者同意向第三人即债权人(délégataire)负担债务,债权人接受其作为债务人的操作。

除非相反规定,债务加入人不可以因其与债务加入指示人之间的关系或债权人与债务加入指示人之间的关系产生的任何抗辩对抗债权人。

第1337条

当债务加入指示人是债权人的债务人,债权人解除债务加入指示人债务负担的意图明确源自法律行为,指示债务加入引起债的更新。

但,债务加入指示人仍受拘束,如果其已明确表示担保债务加入人的未来清偿能力或者在指示债务加入时后者正处于债务清理程序。

第1338条

当债务加入指示人是债权人的债务人,但债权人并没有解除其债务负担,指示债务加入使债权人拥有第二个债务人。

两个债务人中任意一个的清偿依据清偿数额的比例而使另一个解除债务负担。

第1339条

当债务加入指示人是债务加入人的债权人,其债权仅通过债务加入人向债权人作出的债务履行且依据清偿比例而消灭。

直至债务加入指示人债权的清偿,债务加入指示人不可向债务加入人要求或接受将超出债务加入人向债权人所负担债务的履行。[⑧] 其仅通过向债权人履行其自己的债务而重新恢复其针对债务加入人的权利。

在同样的限制条件下,债务加入指示人针对债权加入人享有债权的让与或扣押才发生效力。

但,如果债权人已解除债务加入指示人的债务负担,债务加入人本人针对债务加入指示人解除负担,以其针对债权人的债务承担份额为限。

第1340条

债务人单纯指示一个人代替其清偿既不引起债的更新,也不引起指

---

⑧　这种情况发生在债务加入指示人针对债权加入人享有的债权数额高于债权加入人向债权人做出债务履行的数额。

示债务加入。债权人单纯指示一个人代替其为其接受清偿,也是如此。

第三章 债权人可提起的诉讼

第 1341 条

债权人有权获得债务的履行;其可在法律规定的条件强制债务人履行。

第 1341 -1 条

当债务人怠于行使其财产性质的权利和诉讼而损害其债权人的权利,债权人可为债务人的利益而行使之,除非那些排他性地依附于债务人个人的权利和诉讼。

第 1341 -2 条

债权人也可以个人名义使宣告债务人为欺诈其权利所完成的行为不可对抗之,如果是有偿行为,其有义务确立与债务人缔约的第三人知悉该欺诈行为。

第 1341 -3 条

在法律规定的情况下,为获得清偿,债权人可直接要求其债务人的一债务人清偿其债权。

第四章 债 的 消 灭

第一节 清 偿

第一小节 一 般 规 定

第 1342 条

清偿是应负给付的自愿履行。

债务一到期,就应为清偿。

其使债务人针对债权人解除债务负担和消灭债务,除非法律或合同规定了债权人权利的代位行使。

第 1342 -1 条

清偿可由不负担债务的人作出,除非债权人的正当拒绝。

第 1342 -2 条

清偿应向债权人或受债权人指示受领清偿的人作出。

向一没有资格受领清偿的人作出的清偿毕竟是有效的,如果债权人追认或因此已受益。

向无行为能力的债权人作出的清偿无效,如果债权人未从中获利。

第1342-3条

善意向表见债权人作出的清偿有效。

第1342-4条

债权人可拒绝部分清偿,尽管给付是可分的。

其可接受另一不同于应负给付的物作为清偿。

第1342-5条

负有返还特定物(corps certain)的债务人通过原状返还该物,而解除债务负担,不排除在物损毁的情况下,通过证明该损毁非因其个人行为或非因其应该负责之人的行为而引起。

第1342-6条

没有法律、合同或法官的其他指定,清偿应该在债务人的住所地作出。

第1342-7条

清偿的费用由债务人负担。

第1342-8条

清偿可通过各种途径得到证明。

第1342-9条

债权人自愿向债务人交付私署文书原件或其债权凭证的执行副本,相当于解除债务负担的简单(可反驳的)推定。

向一连带共同债务人作出的同样交付,对所有共同债务人产生同一效果。

第1342-10条

负有数个债务的债务人可在其清偿时,指明其欲结清的债务。

若债务人没有指明,债务的充抵(imputation)如此发生:首先是到期债务;在到期债务之中,债务人最有利益清偿的债务;如利益都一样,最早的债务;所有的债务同等,成比例地充抵。

第二小节 金钱之债的特殊规定

第 1343 条

金钱之债的债务人通过支付债务的面额数目(montant nominal)而清偿。

其数额可依据指数化制度而变动。

价值之债(dette de valeur)的债务人通过支付折算给付之价值而得出的数额而解除债务负担。

第 1343 -1 条

当金钱之债附有利息时,债务人通过支付本金和利息而清偿。部分清偿首先充抵利息。

利息由合同规定和法律给予。约定利息的利率应该由书面确定。默认地适用年利率。

第 1343 -2 条

因不少于一整年而被欠的到期利息,如果合同已有规定或司法判决明确规定时,产生利息。

第 1343 -3 条

在法国,一项金钱之债的清偿以欧元结算。然而,如果规定的债务产生于国际合同或外国判决,可以另一种外汇为清偿。

第 1343 -4 条

没有法律、合同和法官的其他规定,金钱之债的清偿地点是债权人的住所地。

第 1343 -5 条

考虑到债务人的情况和债权人的需要,法官可在两年时间内,命令推迟或分期清偿被欠价款。

通过特别并附带理由的判决,法官可决定被推迟的分期清偿的价款适用较低的利率,该利率至少与法定利率相等,或命令清偿首先将充抵本金。

法官可将这些措施的采取取决于债务人为促使或保证债务清偿自身行为的完成。

法官的判决中止债权人提起的执行程序的进行。迟延履行的情况下,约定的违约金或迟延履行期间的利息在法官确定的期间内不被计算。

相反的规定被视为未被写就。

本条的规定不适用于抚养债务(dettes d'aliment)。

第三小节　催　　告

第一段　对债务人的催告

第1344条

债务人或因一项通知或附有明显督促的文书,或如果合同有规定只经债务之届满,而被催告。

第1344-1条

催告支付一项金钱债务,使迟延履行期间的利息以法定利率开始起算,而无需债权人说明其所受的损害。

第1344-2条

交付一物的催告使债务人负担风险,除非该风险已经由债务人负担。

第二段　对债权人的催告

第1345条

当债权人拒绝接受应对其给付的到期债务的清偿或者以其行为阻碍该清偿,而无任何正当理由时。债务人可催告其接受清偿或允许债务的履行。

对债权人的催告停止债务人所欠利息的计算,并将物之风险负担转移至债权人除非该风险已经由债权人承担,但债务人有重大过错或欺诈性过错的除外。

该催告不中断时效。

第1345-1条

如果债权人的阻碍在债务人的催告两个月之后仍未结束,当是金钱之债时,债务人可将其提存(consigner)至法国信托局(la Caisse des dépôts et consignations),或当是给付物之债时,将该标的物提存(séquestrer)至职业保管人。

如果标的物之提存是不可能的或太昂贵,法官可批准该标的物的协议买卖或拍卖。扣除买卖费用后的价款被提存至法国信托局。

自将提存通知给债权人之日起,提存使债务人解除债务负担。

第 1345 -2 条

当债以其他标的为内容时,如果债权人的阻碍在催告两个月之后仍未停止,债务人被解除债务负担。

第 1345 -3 条

催告和提存的费用由债权人负担。

第四小节 代位清偿

第 1346 条

仅依据法律的效果而发生的代位清偿,以有利于对该代位有正当利益的人,其清偿使债务人针对债权人解除债务负担,但债务人最终应承担该债务一部或全部负担。

第 1346 -1 条

意定代位清偿依据债权人的提议而发生,当债权人接受第三人的清偿,使第三人代位行使其对债务人所享有的权利。

该代位应是明示的。

允许代位清偿的同意应该与清偿同时作出,除非在在先的法律行为中,被代位清偿的债权人已经表明愿意其共同缔约人在清偿时代位行使其权利。代位和清偿的同时发生可通过各种途径证明。

第 1346 -2 条

当债务人为清偿其债务而借款时,也发生代位清偿,使出借人在债权人的协作下代位行使债权人的权利。在这种情况下代位清偿应该是明确的,以及债权人给予的收据(quittance)应写明资金的来源。

非经债权人协作,代位清偿也可被同意,但以债务到期或期限有利于债务人为条件。因而,需要借据和收据以公证文书的形式作成,以及在借据中表明该款项是为清偿而借出的,还需要收据中明确清偿是被新债权人以符合该借款目的的方式而作出。

第 1346 -3 条

当代位清偿是部分清偿时,不可损害债权人的利益;在这种情况下,债权人可对尚欠的部分债权行使权利,就该部分优先于其已接受部分清偿的代位清偿人。

第 1346 -4 条

代位清偿转移债权和其从权利至其受益人即代位清偿人,在代位清偿人已清偿的范围之内,除非排他性地依附于债权人本人的权利。

然而,代位清偿人(subrogé)仅自催告之日起,才享有起算法定利息的权利,如果其没有与债务人约定一个新的利息。这些利息被从属于债权的担保所担保,如果是由第三人提供的担保,该利息的担保不超过第三人最初的担保债务数额,如果第三人没有同意对超过最初的担保债务数额进行担保。

第 1346 -5 条

债务人可自其知悉时起主张代位清偿,但该代位清偿仅可在通知债务人之后或在债务人确认知悉之后才可对抗之。

自清偿时起,代位清偿可对抗第三人。

债务人可以与债务内在相关的抗辩对抗代位清偿的债权人,诸如无效、履行抗辩权、解除及关联债务的抵销。其也可以因其与被代位的债权人(subrogeant)之间关系产生的抗辩对抗之,在代位清偿可对抗其之前,诸如期限的赋予、债务免除和非关联债务的抵销。

第二节　抵　　销

第一小节　一般规定

第 1347 条

抵销是两个人之间互负债务的同时消灭。

抵销在其条件得到满足之日,在其被主张适用的条件下,以两个同等的数额发生。

第 1347 -1 条

在不影响后一小节规定适用的条件之下,抵销只发生在两个可替换的(fongible)、确定的(certaine)、有价额的(liquide)和到期的(exigible)债务之间。

尽管是以不同货币表示的金钱之债,只要其是可相互转换的,或者以一定量的同一种类物为标的的债务,都是可替换的。

第 1347 –2 条

不可扣押之债权和保管之物、使用借贷和所有权被不正当剥夺之物的返还之债，仅在债权人同意的情况下才是可抵销的。

第 1347 –3 条

宽限期不阻碍抵销的发生。

第 1347 –4 条

如果有数个可抵销之债，清偿的充抵规则是可被移植适用的。

第 1347 –5 条

毫无保留地确认知悉债权的转让，不可以其曾本可以针对让与人提起的抵销对抗受让人。

第 1347 –6 条

保证人可以债权人与主债务人之间发生的抵销对抗债权人。

连带债务人可以主张其中一个连带债务人和债权人之间发生的抵销，以从总债务中减去该可分割的部分。

第 1347 –7 条

抵销不损害第三人的既得权利。

第二小节 特殊规定

第 1348 条

抵销可被司法判决，尽管其中的一个债务，虽然是可确定的，但还尚未是到期的或有价额的。除非判决另有规定，抵销自判决之日起发生效力。

第 1348 –1 条

法官不可仅以其中一个债务将会不是有价额的或到期的为理由，拒绝关联债务的抵销。

在这种情况下，抵销被视为在两个债务中的第一个债务到期之日发生。

在同样的情况下，第三人对其中一个债务获得的权利，不影响债务人以抵销对抗之。

第 1348 –2 条

缔约人可自由约定以抵销的方式消灭所有相互的债务，现在的或未来的;该抵销自他们达成协议之日起发生效力,或在未来之债的情况下,自债务存在之日起发生效力。

第三节　混　　同

第1349条

混同(confusion)因一人兼任同一债务的债权人和债务人资格而引起。混同消灭债权及其从权利,不影响针对第三人既得的权利或第三人既得的权利。

第1349-1条

当数个债权人或数个债务人之间有连带性以及混同仅涉及其中一个人时,对于其他人仅该部分债务消灭。

当债务涉及一被担保债务,保证人,尽管是连带的,也被解除债务负担。当混同涉及多个保证人中一个保证人的债务,主债务人并不解除负担。其他保证人就该保证的部分解除债务负担。

第四节　债务的免除

第1350条

债务免除是债权人解除债务人债务负担的合同。

第1350-1条

向一个连带债务人作出的债务免除,就该债务人的债务部分免除其他连带债务人的债务负担。

仅其中一个连带债权人作出的债务免除,就该债权人的债权部分免除债务人的负担。

第1350-2条

向主债务人授予的债务免除也解除保证人(caution)的负担,尽管是连带保证人。

对一连带保证人给予的免除,不解除主债务人的负担,但就该免除部分使其他连带保证人解除负担。

债权人从保证人处接受的为免除其保证的,应冲抵于债务之中,并相应地免除主债务人的债务负担。其他保证人仅对扣除该被免除债务的保证人负担之后的部分负责,或对扣除被免除的保证人提供的价值之后的部分，如果其提供的价值超过其应负担的份额。

第五节　履行不能

第 1351 条

当给付的履行不能是因不可抗力引起并是确定性的时候，就应给付的部分解除债务人的债务负担，除非债务人已被事先催告或已约定由他承担该履行不能。

第 1351 -1 条

当履行不能因应被给付之物的毁损而引起，被催告履行的债务人仍是免责的，如果其证明即使债务被履行该毁损也会发生。

但债务人应向债权人让与从属于该物的权利和诉讼。

第五章　返　　还

第 1352 条

非金钱之物的返还应以原物（en nature）返还，或当该返还是不可能时，以价值的形式返还，价值在返还之日被估定。

第 1352 -1 条

应该返还物之人应对影响物之价值的损毁和变质负责，除非其是善意的以及该损毁和变质并非由于其过错。

第 1352 -2 条

善意接受物并随后出卖的，只应返还该买卖的价款。

如果其恶意接受该物，其应返还在返还之日时物的价值，当该价值高于买卖的价款时。

第 1352 -3 条

返还包括孳息和物所带来的收益（jouissance）价值。

收益的价值由法官在判决之日估价。

除非相反规定，如果孳息不以原物的形式存在，依偿还之日的估价而发生返还，根据债务清偿之日物所处之状态。

第 1352 -4 条

对未解除监护或受保护的成年人所作的返还，应相应地扣除其可从被撤销行为中所获得的利益。

第1352-5条

为确定返还的数额,应该考虑负返还义务之人为保存该物所作的必要花费和增加物之价值的花费,在返还之日估定的增值范围之内。

第1352-6条

金钱返还包括接受该金钱之人所占有的按法定利率计算的利息和所结清的税费。

第1352-7条

恶意接受之人应返还利息、其所获取的孳息和收益的价值,从清偿之日开始起算。善意接受之人仅在被请求返还之日起返还这些。

第1352-8条

服务的给付以价值形式返还。该价值在其被提供之日而被估定。

第1352-9条

为债务清偿而设立的担保当然地转至担保返还义务,但不剥夺担保人享有的期限利益。

(刘骏)

瑞士成年人保护制度*

陈 苇 陈 钊 译

目 次

第二编 家 庭 法

第三分编 成年人保护①

第十章 自我照顾安排和法定措施

第一节 自我照顾安排

第一目 预先照顾指令

第360条

A. 原则

1. 任何具有民事行为能力的人可以委托一名自然人或法人,承担

---

* 本文译自《瑞士民法典》(2016年修正)英文版,Swiss Civil Code,载瑞士联邦政府官方网站:https://www.admin.ch/opc/en/classified-compilation/19070042/201604010000/210.pdf,最后访问日期:2016年3月1日。

① 该制度英文全称:The protection of adults,引自瑞士联邦政府官方网站:https://www.admin.ch/opc/en/classified-compilation/19070042/201604010000/210.pdf,最后访问日期:2016年3月1日。

其不再有判断能力时的个人照顾或是管理其财产，抑或是在与他人的法律关系中作为其代理人。

2. 委托人必须准确地解释被指定的事务，并可以对如何履行该事务作出指示。

3. 委托人可以在受托人不适合某项事务或不接受委任或是终止委任时提供一名替代者。

第361条

B. 委托的设立和撤销

Ⅰ. 设立

1. 预先照顾指令必须以自书或是公证的方式设立。

2. 自书的预先照顾指令必须是经过委托人从头至尾手写的、有日期的且签字的。

3. 根据委托人的申请书，户籍登记部门应当在中央数据库中登记这一事实，即委托人已经设立预先照顾指令以及委托备案的地点。联邦委员会应当颁布必要的规定，尤其是如何访问这个数据库。

第362条

Ⅱ. 撤销

1. 委托人可以随时以法定设立委托的任一方式撤销预先照顾指令。

2. 委托人也可以通过销毁委托文书来撤销预先照顾指令。

3. 如果委托人没有明确撤销前一指令而设立一个新的预先照顾指令，除新指令确实只是对前一指令进行补充外，后一指令将取代前一指令。

第363条

C. 委托效力的确认和委托的接受

1. 成年人保护机构得知某人已经不再具有判断能力，但是不确定其是否已经设立预先照顾指令，成年人保护机构应当在户籍登记部门查询。

2. 如果该人已经有预先照顾指令，那么成年人保护机构应当审核下列事项：

(1)指令的设立是否有效；

(2)指令生效的必要条件是否都已具备；

(3)受托人是否具备履行任务的能力;

(4)是否需要其他成年人保护措施。

3. 如果受托人接受委托,成年人保护机构应当告知其《瑞士债法典》有关委托合同中规定的义务并且发布规定其权限的正式文件。

第364条

D. 委托的解释和补充说明

受托人可以请求成年人保护机构解释预先照顾指令并且补充说明非实质性问题。

第365条

E. 委托的执行

1. 受托人应当依照预先照顾指令代表委托人,并根据《瑞士债法典》中有关委托合同的规定谨慎地完成委托事宜。

2. 当预先照顾指令未涵盖的事宜必须要执行,或受托人与委托人之间有利益冲突时,受托人必须及时告知成年人保护机构。

3. 如果受托人与委托人之间有利益冲突,则受托人的权利依法终止。

第366条

F. 酬金和开销

1. 如果预先照顾指令中没有受托人酬金的内容,成年人保护机构应当根据委托事宜的具体情况,或对受托人的付出按照通常的标准来确定适当的酬金。

2. 酬金及所需开销,均向委托人收取。

第367条

G. 受托人的终止

1. 受托人可以提前两个月以书面形式通知成年人保护机构,随时终止预先照顾指令。

2. 出于正当理由,受托人可以立即终止指令而无需通知。

第368条

H. 成年人保护机构的介入

1. 如果委托人的利益受到威胁或不处于被保护之下,成年人保护机构依职权或经其密切关系人的请求,可以采取必要的措施。

2. 成年人保护机构可以向受托人发出特别指令,命令受托人制作财产清单、定期提交财产账目和报告,或是废除其全部或部分权利。

第369条

I. 恢复判断能力

1. 如果委托人恢复判断能力,预先照顾指令应依法终止其效力。

2. 如果委托人的利益因此受到威胁,受托人应当继续执行指定给他或她的任务,直到委托人可以自行保障自己的利益。

3. 受托人在知晓措施已终止适用前,其仍要受制于该指令所规定的事务。

第二目　患者指令

第370条

A. 原则

1. 凡具有判断能力的人(委托人)可以在患者指令中指出在其丧失判断能力的情况下,同意或者不同意的医疗方案。

2. 委托人也可以指定一名自然人(受托人),在其丧失判断能力的情况下,该受托人应与主治医生商量医疗方案,并根据委托人的利益作出决定。委托人可以向该名受托人发出指示。

3. 委托人也可以就被指定的受托人不适合这项工作、不接受委任或者终止委任时,作出替代的指示。

第371条

B. 患者指令的设立和撤销

1. 患者指令必须以书面形式设立,注明日期并由委托人签字。

2. 任何设立患者指令的人可以在其健康保险卡中记录设立患者指令之事实以及其保存的地点。联邦委员会应为此颁布必要的规定,特别是对数据的准入事宜。

3. 此规定可比照适用预先照顾指令撤销的规定。

第372条

C. 判断能力丧失

1. 如果患者缺乏判断能力,而且主治医生不知道是否存在患者指令,主治医生须从其健康保险卡查询其状态。上述规定不适用于紧急情况。

2. 医生必须遵从患者指令，除非该指令违反法律规定或是基于对患者自由意志的合理怀疑或是根据已经知道的情况可以推断出该指令不符合患者的意愿。

3. 医生应在患者的病例中记录没有遵从患者指令的全部原因。

第373条

D. 成年人保护机构的介入

1. 当出现如下情形时，所有与患者关系密切的人都可以以书面形式请求成年人保护机构介入：

(1)患者指令没有被遵从；

(2)患者的利益受到威胁或不处于被保护之下；

(3)患者指令不是基于患者的自由意志。

2. 涉及成年人保护机构介入的规定可比照适用预先照顾指令中的相关规定。

第二节　针对无判断能力的人的法定措施

第一目　配偶或登记伴侣作为法定代理

第374条

A. 成为法定代理人的必要条件及其权利范围

1. 在没有预先照顾指令并且没有被任命的代理人的情况下，与其共同居住或经常对其扶助的配偶或登记伴侣享有法定代理权。

2. 法定代理人的权利包含：

(1)满足被代理人需要的，通常应进行的所有法律行为；

(2)日常管理被代理人的收入和其他财产；

(3)在需要时，打开和处理被代理人的通讯信息。

3. 对特殊资产管理的法律行为，其配偶或是登记伴侣必须获得成年人保护机构的同意。

第375条

B. 法定代理权的行使

法定代理权的行使类推适用于《瑞士债法典》中关于委托合同的

相关规定。

第 376 条

C. 成年人保护机构的介入

1. 对是否符合法定代理条件存在异议,由成年人保护机构对代理权予以决定;如有必要,成年人保护机构应向配偶或登记伴侣出具证明其代理权的文件。

2. 如果丧失判断能力人利益受到威胁或不处于被保护之下,成年人保护机构经关系密切人的请求或依职权,应当撤销配偶或登记伴侣作为法定代理人的部分或全部权利,或是指定一名官方代理人。

第二目 与医疗事务相关的法定代理

第 377 条

A. 治疗方案

1. 如果某人丧失判断能力,且在患者指令中没有给出治疗指示,主治医生应将所需的治疗计划与具有资格的医疗事务法定代理人进行协商确定。

2. 医生应向医疗事务法定代理人告知其预期治疗的所有相关事项,特别是关于其目的、形式、方法、风险、副作用和费用、不进行治疗的后果及其他治疗方案。

3. 应当尽可能地让丧失判断能力人参与决策。

4. 治疗方案应当与医学发展水平以及当事人的患病状况相适应。

第 378 条

B. 医疗事务法定代理人

1. 下列人员有权按照以下顺序代表丧失判断能力人,同意或拒绝同意计划的门诊或住院的措施:

(1)在患者指令或预先照顾指令中指定的受托人;

(2)具有医疗事务代理权的官方代理人;

(3)与其共同居住或经常对其扶助的配偶或登记伴侣;

(4)与其共同居住或经常对其扶助的人;

(5)经常和亲自对其扶助的子女;

(6)经常和亲自对其扶助的父母;

(7)经常和亲自对其扶助的兄弟姐妹。

2. 如果有两个或两个以上的人有权作为医疗事务法定代理人,医生出于善意可以推定其每个行为都已经过他们的同意。

3. 如果患者指令不包含任何指示,医疗事务法定代理人应当代表丧失判断能力人,就是否同意医生提出的治疗方案作出决定。

第 379 条

C. 紧急情况

在紧急情况下,医生可以根据推定丧失判断能力人的意愿和其利益,对其进行治疗。

第 380 条

D. 精神病的治疗

在精神病医院,丧失判断能力的精神障碍者的治疗应依照"与住院治疗相关的照顾"的规定。

第 381 条

E. 成年人保护机构的介入

1. 当没有医疗事务法定代理人或该代理人不愿意履行其职责时,成年人保护机构应设立一个保佐型代理关系。②

2. 当有如下情形时,成年人保护机构应当指定一名医疗事务法定代理人或者设立保佐型代理关系:

(1)有权作为医疗事务法定代理人不明的;

(2)全体医疗事务法定代理人无法达成一致意见的;或

(3)丧失判断能力人的利益受到威胁或不处于被保护之下的。

3. 成年人保护机构的介入须经医生、其他关系密切人的请求或依职权进行。

第三目　寄宿或护理机构

第 382 条

A. 照顾协议

1. 如果丧失判断能力人较长时期内在寄宿或护理机构被照顾之

② 关于保佐型代理关系,参见本译文第 394 条。

下,必须制定一份书面协议,以规范该机构提供的服务及其费用。

2. 在确定该机构提供的服务时,必须尽可能地考虑丧失判断能力人的意愿。

3. 代表丧失判断能力人缔结、修改或终止服务协议的责任,比照适用涉及医疗代理的法定措施的相关规定。

第383条

B. 自由活动的限制

Ⅰ. 必要条件

1. 当一般措施已经明显不足以适用,或证明将不足以适用时,寄宿或护理机构可以制定限制丧失判断能力人的活动自由的措施,该措施的目的如下:

(1)防止其严重威胁自身或第三方的生命或身体健康;或

(2)预防对护理机构内和周围生活造成严重破坏的救济措施。

2. 在限制被保护人自由活动之前,寄宿或护理机构应当向被保护人解释发生了何情况、为何安排此措施,可能会持续多久,这个时期谁将对被保护人负责。上述规定不适用于紧急情况。

3. 该限制行动自由的措施应当及时被撤销,应当对每一种情况定期审查,以确定该命令是否仍然被需要。

第384条

Ⅱ. 记录和信息

1. 任何限制行动自由的措施都应记录在案。记录应尤其包含决定采取措施者的姓名、目的、性质和措施持续的时间。

2. 该限制行动自由的措施,应当被通知给医疗事务法定代理人,并且其可以随时查阅记录。

3. 寄宿或护理机构的监督人员同样有权检查记录。

第385条

Ⅲ. 成年人保护机构的介入

1. 被限制行动自由的人或关系密切人可随时向该机构所在地的成年人保护机构提交书面申请,以干预有关限制行动自由的措施。

2. 成年人保护机构查实该措施不符合法定条件时,应当对该措施进行修改、撤销或制定官方成人保护措施。如有必要,应通知该机构的监督机关。

3. 成年人保护机构对患者作出鉴定的要求,均须立即传达给该机构的监督机关。

第 386 条

C. 隐私权保护

1. 寄宿或护理机构应当保护丧失判断能力人的隐私,并在可能的情况下鼓励其与该机构以外的人员接触。

2. 如果该机构以外没有人对当事人表示愿意接触的,寄宿或护理机构应通知成人保护机构。

3. 应当尊重其选择医生的自由,有正当理由除外。

第 387 条

D. 寄宿和护理机构的监督

各州应当对照顾丧失判断能力人的寄宿机构和护理机构进行监督,但联邦法规已经能够保证监督管理的除外。

第十一章 官方措施

第一节 一般原则

第 388 条

A. 目的

1. 官方成年人保护措施应当保障有保护需要的人的福祉和提供保护。

2. 在可能的情况下,应当保护和支持有保护需要的人之独立性。

第 389 条

B. 辅助性原则和比例原则

1. 成年人保护机构在出现以下情形时应制定措施,情形如下:

(1)为有保护需要的人提供保护的家庭、其他关系密切人、私立或公共服务存在不足或证明其将要存在不足;

(2)有保护需要的人丧失判断能力,其已不能作出为其自身照顾的任何或充足的安排,并且现有的法定措施存在不足。

2. 任何官方措施必须是必要且适当的。

第二节 官方代理关系

第一目 总 则

第390条

A. 必要条件

1. 成年人保护机构应当建立官方代理关系,当一个成年人:

(1)由于智力障碍、精神障碍或类似于天生的衰弱致使其不能全部管理或部分管理自己事务;

(2)由于暂时丧失判断能力或暂时下落不明,导致其不能处理事项,并且也没有指定法定代理人。

2. 必须考虑到对家庭成员和第三人带来的负担及对他们的保护。

3. 代理关系应当经当事人或关系密切人的请求或依职权设立。

第391条

B. 职责范围

1. 成年人保护机构应当根据当事人的需要确定代理人的职责范围。

2. 职责范围应当涉及个人护理、资产管理或法律事务。

3. 未经当事人的同意,但成年人保护机构已明确授予代理人权利的,代理人可以打开当事人的通讯信息,或者进入其住所。

第392条

C. 撤销代理关系

如果基于所涉工作的范围,建立代理关系是明显不相称的措施,成年人保护机构可以撤销现有的代理关系,然后实施以下措施:

1. 进行该工作本身要求的事务,特别是同意一个交易;

2. 指示第三方执行个别任务;或

3. 另行指定一个合适的人或机构,且在特定事项上必须咨询和通知成年人保护机构。

第二目 官方代理关系的类型

第393条

A. 辅助型代理关系

1. 辅助型代理关系是在当事人需要帮助来处理特定事务时,经过其同意而建立的。

2. 辅助型代理关系被设立的,当事人的行为能力不受限制。

第 394 条

B. 保佐型代理关系

Ⅰ. 一般情况

1. 保佐型代理关系,是在需要保护的人没能力处理特定事务,而必须被保佐时设立。

2. 成年人保护机构可以依情况限制当事人采取相应行为的能力。

3. 即使当事人的行为能力不受限制,其仍应为代理人行为的后果承担责任。

第 395 条

Ⅱ. 资产管理

1. 如果成年人保护机构设立保佐型代理关系用于管理财产,应当明确指定由代理人管理的财产范围。由代理人管理的财产范围可以是全部或部分收入、全部或部分资产,或全部或部分的收入和资产。

2. 除成年人保护机构提供其他管理范围外,管理权还涉及所管理收入产生的储蓄金或所管理资本产生的收益。

3. 在当事人行为能力不受限制的情形下,成年人保护机构可以禁止其查阅(或使用)个人资产。

4. 如果成年人保护机构禁止当事人处理可继承的地产,则其必须在土地登记中注明这一事项。

第 396 条

C. 顾问型代理关系

1. 顾问型代理关系是在当事人基于保护自身利益的需要,要求作出特定行为需经代理人同意时设立的。

2. 当事人的行为能力因此依据法律被限制。

第 397 条

D. 结合型代理关系

即辅助型、保佐型和顾问型代理关系可以相互结合设立。

第398条

E. 一般型代理关系

1. 一般型代理关系是当某人,特别是其由于永久性丧失判断能力而尤其需要时建立。

2. 它涵盖了个人护理、资产管理和法律事务的所有方面。

3. 该当事人的行为能力被法律所撤销。

第三目　官方代理关系的终止

第399条

1. 依据法律规定,当事人死亡时代理关系终止。

2. 在没有继续代理的理由时,成年人保护机构经当事人或关系密切人的申请或依职权,及时终止代理关系。

第四目　代　理　人

第400条

A. 指定

Ⅰ. 一般要求

1. 成年人保护机构应当指定具有个人能力和相关知识处理计划事项的、有必要时间的、可以亲自执行任务的自然人作为代理人。在情况需要时,可以指定两名以上代理人。

2. 除有正当理由外,被指定的人必须接受代理关系。

3. 成年人保护机构须确保代理人得到指令、通知和其需要的帮助。

第401条

Ⅱ. 当事人或其密切相关的人的意愿

1. 如果当事人推荐某人作为其代理人,如果被推荐的人是合适的并准备接受代理关系,成年人保护机构应当同意。

2. 应当尽可能考虑到家庭成员或其他关系密切人的意愿。

3. 如果当事人拒绝某一特定人作为其代理人,若该意愿是合理的,成年人保护机构应尊重其意愿。

第402条

Ⅲ任命两名以上代理人

1. 如果成年人保护机构任命两名以上代理人,其应当指定何项事务应当共同执行，或何项事务应当由特定代理人执行。

2. 有两名以上代理人的，只有经他们同意，才共同执行某项任务。

第 403 条

B. 无行为能力或者利益冲突

1. 如果代理人无行为能力或者代理人的利益与当事人的利益冲突，成年人保护机构应当另行任命一位替代者或者由该机构处理这项事务。

2. 在利益冲突的情况下，根据相关的法律规定，代理人的权利被停止。

第 404 条

C. 报酬和开销

1. 代理人有权获得报酬并且可以从当事人的财产中就必要的开销获得补偿。如果是职业代理人，应当由雇主给付报酬、补偿开销。

2. 成年人保护机构决定报酬的等级，在决定报酬时尤其要考虑分配给代理人任务的内容和复杂程度。

3. 如果报酬和补偿金不能通过当事人的财产获得补偿的，各州应当颁布有关报酬和补偿金的规定和规则。

第五目　代理职务的内容

第 405 条

A. 履职

1. 代理人应当获得完成其任务所需的资料，并须与当事人保持联系。

2. 如果代理职务包含财产管理，代理人应当及时与成年人保护机构共同编制财产清单。

3. 如有正当情形，成年人保护机构可以要求其制作一个公示的财产清单，该清单对债权人有与《继承法》中遗产继承之财产清册相同的效力。

4. 第三人必须为制作财产清单提供所需要的所有信息。

第 406 条

B. 与当事人的关系

1. 代理人应当依据维护当事人利益的原则执行其职务，应当考虑当事人的意见,尽可能根据被代理人的能力和意愿来规划其人生。

2. 代理人应当尝试建立与被代理人相互信任的关系,同时预防被代理人的不良情况恶化或是降低带来的影响。

第407条

C. 当事人的自治权

虽然当事人的行为能力已经被撤销③,但具有判断能力的当事人仍应在人法范围内对自身行为承担责任,自主行使与其自身密切相关的权利。

第408条

D. 财产管理

Ⅰ. 任务

1. 代理人管理财产时应当尽到合理的注意义务,并且执行与管理相关的所有法律行为。

2. 在特别的情况下,代理人可以:

(1)接受第三方偿付给当事人的欠款;

(2)适时偿还债务;

(3)在必要的情况下代表当事人处理其日常需要。

3. 联邦委员会应当就财产的投资和安全监管发布条例。

第409条

Ⅱ. 日常生活零用钱

代理人应当从被代理人的财产中支付零用钱,以供被代理人自由花费使用。

第410条

Ⅲ. 账目

1. 代理人应当记录账目,并在成年人保护机构指定的周期内(或者至少每两年)将其提交给机构审批。

2. 代理人应当向当事人解释账目,并在其要求的情况下向其提交一份账目复印本。

---

③　根据《瑞士民法典》第19c条的规定,有判断能力但无民事行为能力的人,可以独立行使与其自身密切相关的权利;但法律要求须经法定代理人同意的情形除外。

第 411 条

E. 报告

1. 代理人应当在必要时或者至少每两年向成年人保护机构汇报当事人的情况以及代理关系。

2. 代理人在准备报告的时候，如果有可能，应咨询当事人，并应当事人的请求提供给其一份报告的复印件。

第 412 条

F. 特别的交易

1. 代理人不应当以当事人的名义作出任何财政担保、设立任何基金会或者作出赠与，但特殊场合的按照惯例的赠与除外。

2. 对当事人或其家人有特别价值的财产，应当尽可能不予以处分。

第 413 条

G. 谨慎与保密义务

1. 代理人在履行其任务时，应该与《瑞士债法典》中受托人履行同样的谨慎义务。

2. 代理关系应当遵守保密义务，但保守秘密将会危害最重要的利益时除外。

3. 考虑到让代理人按要求及时履行其任务，必须告知第三人该代理关系的存在。

第 414 条

H. 情况的变更

代理人应当及时通知成年人保护机构任何情况，包括可能需要修改代理措施的情况或者可能终止代理关系的情况。

第六目 成年人保护机构的职责

第 415 条

A. 账目与报告的审查

1. 成年人保护机构应当审查账目，并予以批准或拒绝批准；必要时，应当要求对账目予以修正。

2. 成年人保护机构应审查报告，如有必要，要求予以修正。

3. 在必要时，应当采取适当措施以保障当事人的利益。

第416条

B.需要同意的交易

Ⅰ.依据法律规定

1.代理人在代表当事人进行以下交易前,应当征得成年人保护机构的同意:

(1)家庭财产清算,终止当事人住所的租约;

(2)为当事人订立长期居住合同;

(3)当事人表达或声明自己的意愿后,代理人按照其意愿接受或放弃继承、订立继承合同和分割财产协议;

(4)在常规的管理活动之外,收购、变卖、抵押不动产、对不动产上设置负担或者建造建筑;

(5)在通常行政和管理行为之外获得、变卖抵押其他财产或者建立用益物权;

(6)接受或发放大量的贷款,承担与汇票相关的义务;

(7)养老金和与人身保险相关的相似利益,只要这些利益并不是与雇佣合同相关的职业养老金的组成部分;

(8)对于生意的接管和清算,以个人责任加入公司或者对其投入大量资金;

(9)宣告无力偿债、法律诉讼行为、财产的转让决定、订立仲裁协议或和解协议以及在紧急情况下代理人保留临时性措施。

2.如果有判断能力的当事人给予同意或者其行为能力没有被代理关系所限制,则不需要成年人保护机构的同意。

3.代理人与当事人的合同必须获得成年人保护机构的同意,但合同中并没有涉及报酬给付的除外。

第417条

Ⅱ.依据命令

成年人保护机构基于正当理由可以发布命令,即其他的交易行为应当获得它的同意。

第418条

Ⅲ.缺乏同意

如果进行一项交易,未经法律要求的成年人保护机构的同意,则其对当事人的后果,与人法中缺乏法定代理人同意的后果相同。

第七目 成年人保护机构的介入

第419条

当事人、关系密切人或者任何具有合法利害关系的人可以请求成年人保护机构,干预代理人、第三人或成年人保护机构委托部门的作为与不作为。

第八目 家庭成员的特殊条款

第420条

如果当事人的配偶、登记伴侣、父母,兄弟姐妹或者事实上的生活伴侣被任命为代理人,成年人保护机构可以全部或者部分免除代理人准备财产清单、提交常规报告和账目,并且在正当情形下对特殊交易获得其同意的义务。

第九目 代理职位的终止

第421条

A. 法律规定

代理职位按照以下法定情形终止:

1. 成年人保护机构设置的任期已经届满,但代理人再次被确认此职位的除外;

2. 代理关系的结束;

3. 职业代理人雇佣关系的终止;

4. 代理人需要被代理、丧失判断能力或死亡。

第422条

B. 解聘

Ⅰ. 在代理人的请求之下

1. 在至少服务四年后,代理人可以请求解聘。

2. 代理届满之前,如果有适当的理由,代理人可以请求解聘。

第423条

Ⅱ. 其他情形

1. 成年人保护机构应该解除代理人的职务,包括:

(1)代理人不再适合实施这项任务;

(2)解除代理人职务的其他正当理由。

2. 代理人或者关系亲密人可以请求代理人卸任。

第424条

C. 职务的继续

除成年人保护机构另有命令外,代理人应当继续执行不能被延期的事务直到有接替者接替这项职务。职业代理人不适用此项规定。

第425条

D. 总结报告和决算账目

1. 当任期结束时,代理人应当向成年人保护机构提交总结报告,适当时应当提交决算账目。对于职业代理人,成年人保护机构可以在雇佣关系解除时免除这项要求。

2. 成年人保护机构适用审核和批准常规报告和账目一样的方式,对待总结报告和决算账目。

3. 应当将总结报告和决算账目转交给当事人或者其子嗣,或者给新的代理人,并且同时应当提醒上述人员注意相关法律义务。

4. 应当通知上述人员是否免除代理人职务、拒绝批准总结报告或决算账目。

第三节　与照顾相关的住院治疗

第426条

A. 措施

Ⅰ. 为治疗或者照顾进入医院

1. 如果其他方式无法提供所需的治疗和照顾,精神障碍者或者精神残疾者或者被严重疏于照顾(的患者)应当被托付给合适的医疗机构。

2. 必须考虑患者对其家属和第三方带来的负担,以及对他们的保护。

3. 如果住院治疗的要求不再被满足,患者就应当出院。

4. 患者或其关系密切人可以随时要求患者出院,且这个决定必须在提出请求后立即做出。

第427条

Ⅱ.对自愿出院患者的扣留

1.自愿进入医疗机构的精神障碍患者,如果其提出离开医疗机构,其将被医疗机构的主治医生扣留并给予最长三天的医学治疗,如果患者有以下情况:

(1)对自己的生命和健康来说是一种危险;

(2)对于他人的生命或者身体健康是一种危险。

2.在三天的医疗结束后,患者可以离开医疗机构,但被强制住院治疗决定的除外;

3.患者应该被书面通知其可以向法院申诉。

第428条

B.住院和出院的职责

Ⅰ.成年人保护机构

1.成年人保护机构应当负责决定住院和出院。

2.在特定的情况下,成年人保护机构可以将决定出院的权利授权给医疗机构。

第429条

Ⅱ.医生

1.职责

(1)州可以指定成年人保护机构之外的医生,该医生有权按州法律规定的期限(不得超过六周)内决定医疗救治。

(2)超过规定的期限,住院治疗便不能再继续,但经成年人保护机构采取强制性住院治疗决定的除外。

(3)对于医生作出的住院治疗,医疗机构就出院作出决定。

第430条

2.常规程序

(1)医生应当亲自检查和会见患者;

(2)住院治疗决定应当包含至少以下几个信息:①检查的地点和日期;②医生的姓名;③诊断结论及原因和住院治疗的目的。④申诉权利的说明。

(3)申诉不具有中止的效力,医生和主管法院另有要求的除外。

(4)住院治疗决定的副本,一份应该给患者,另一份副本应该给患者的住院机构。

(5)医生应当尽可能将患者被送入医院和申诉的权利以书面的形式告知与患者关系密切的人。

第431条

C. 定期检查

1. 成年人保护机构应当住院治疗之后最迟六个月时进行检查,查看住院治疗的需求是否被满足以及这个医疗机构是否适合患者。

2. 该机构应当在第一次检查后的六个月之内进行第二次检查。此检查进行的越频繁越好,且至少每年一次。

第432条

D. 被授权的法定代理人

被送入医疗机构的任何人可以在其住院期间指定其信任的人作为代理人来帮助自己,直到相关医疗措施全部结束。

第433条

E. 针对精神障碍的医疗措施

Ⅰ. 治疗计划

1. 如果某人因精神障碍而被送入医疗机构治疗,其主治医生应当在与患者协商(如有必要,应当与其授权的法定代理人)确定书面的治疗方案。

2. 医生应当将所有计划的医疗措施通知患者和其授权的法定代理人,特别是该治疗措施的原因、目的、药性、治疗方式、风险和副作用、如果不进行此项治疗的后果和其他替代的治疗选择。

3. 治疗方案应当提供给患者以便其同意。患者无判断能力时,必须采用患者指令。

4. 治疗方案应当根据病情的发展而做不断调整。

第434条

Ⅱ. 未经同意的治疗

1. 在未经患者的同意下,主任医师可以在出现下述情形时以书面的形式决定采取治疗计划中的医疗措施:

(1)不进行此项治疗将会对患者或者第三人的生命或者身体健康

造成严重的损害或者极大地威胁；

(2)患者无法做出与其治疗相关的决定；

(3)已经没有侵害性更小且合适的其他治疗方法。

2. 决定的书面通知连同申诉权的详细说明，应当被提供给患者及其授权的代理人。

第 435 条

Ⅲ. 紧急情况

1. 在紧急的情况下，应该立即实施必要的医疗措施来保护患者和第三人。

2. 如果医疗机构意识到患者希望被治疗，其应该将这些意愿考虑在内。

第 436 条

Ⅳ. 出院前的检查

1. 如果医疗情况有将再次发生的风险，主治医生应尝试在患者出院前就其在再一次被托付给医疗机构时的治疗原则上，达成一致意见。

2. 出院前的访谈应当被记录。

第 437 条

Ⅴ. 州法律

1. 州应当规定后续的照料；

2. 州有权对门诊措施作出规定。

第 438 条

F. 限制行动自由的措施

限制患者在医疗机构行动自由的措施，应当准用限制患者在寄宿或者护理机构自由行动的规定，并且应当保留患者申诉的权利。

第 439 条

G. 向法院申诉

1. 在以下的情形时，患者或者关系密切人可以书面向有决定权的法院申诉：

(1)在医生决定住院治疗的情形下；

(2)在机构扣留患者的情形下；

(3)在出院请求被机构拒绝的情形下；

(4)在没有征得同意就对精神障碍患者进行治疗的情况下;

(5)在采取限制行为自由措施的情形下。

2. 向法院申诉的截止日期是从决定的通知发布之后的十天内,而在采取限制行动自由措施的情形下,可以随时向法院申诉。

3. 在法院受理案件之前,司法程序应当按照相关诉讼条款进行。

4. 司法鉴定的申诉应当立即转移给有权受理的法院。

第十二章　机构组织

第一节　官方机构与地方司法管辖权

第440条

A. 成年人保护机构

1. 成年人保护机构是一个专门的机构,其由州任命。

2. 此机构作出决议的法定人数是三个人,但是在特殊的情形下,州可以做出例外规定。

3. 该机构也开展儿童保护机构的工作。

第441条

B. 监督管理机构

1. 州应当指定监督管理机构;

2. 联邦委员会应当发布有关监督方面的规定。

第442条

C. 地方司法管辖权

1. 当事人住所地的成年人保护机构有管辖权,在正在进行的诉讼中,同一权力机构应当保留司法管辖权直到结案。

2. 在紧急的案件中,当事人实际居住地的机构具有司法管辖权,如果这个机构采取措施,那么其应当通知当事人经常住所地的机构。

3. 在无官方代理关系的情形下,被管理的或者被转移大部分财产的所在地机构有管辖权。

4. 各州有权宣布当事人的原籍地而不是居住地,对居住在该州的公民拥有司法管辖权,规定原籍地全部或部分负责支持有需要的人。

5. 如果此项措施涉及的当事人改变住所地,除有正当理由外,新住所地的机构应当立即承担责任。

第二节　程　　序

第一目　成年人保护机构

第 443 条

A. 通知的权利和义务

1. 任何人知悉他人需要设置保护措施的，均可以通知成年人保护机构，但涉及职业保密条款的情形除外。

2. 任何公职人员在执行公务期间发现他人需要设置保护措施的，均被要求应当通知成年人保护机构，州可以对此规定更进一步的通知义务。

第 444 条

B. 管辖权核实

1. 成年人保护机构应当依职权核实其管辖权。

2. 如果成年人保护机构确定其没有管辖权，其应当将案件立即移交给被认为有管辖权的机构。

3. 如果此成年人管辖机构不确定其是否有管辖权，那么应当咨询其认为可能有管辖权的机构。

4. 如果在咨询之后没有达成合意，则原先涉案的机构应当就此问题询问受理上诉的机构。

第 445 条

C. 预防措施

1. 应诉讼当事人的请求或者依职权，成年人保护机构应当采取诉讼持续所需要的全部预防措施，尤其是可以将成年人保护措施作为预防措施。

2. 在特别紧急的情形下，机构可以在没有诉讼当事人申请的情况下，立即采取预防措施。同时，它应当允许诉讼当事人表达其观点，据此审查自己的决定。

3. 对预防措施提出的申诉应当在通知被发出的十天内提交。

第 446 条

D. 调查程序规则

1. 成年人保护机构依职权调查案件的情况。

2. 该机构应当进行必须的调查、收集必要的证据。该机构可以委托合适第三人或机构进行调查。如有必要,其应征求专家意见。

3. 调查程序的开始并不限于由诉讼当事人提出申请。

4. 该机构应当依职权适用法律的规定。

第447条

E. 听证

1. 当事人应当亲自参与听证,但不适宜的除外。

2. 与照顾相关的住院医疗的案件中,成年人保护机构应当像陪审团一样按惯例听取当事人的意见。

第448条

F. 合作义务和行政帮助

1. 为认定事实,诉讼当事人和第三方有义务在调查中进行合作,成年人保护机构应当就此要求作出安排,以保障合法权益。如有必要,它应当命令强制履行合作义务。

2. 依照成年人保护机构的要求,有保密权的人已经授权他们这样做,或如果他们的上级已经解除了他们的专业保密义务,医生、牙科医生、药剂师、助产士和他们的辅助人员必须合作。

3. 在案件中委任的神职人员、律师、辩护代理人、调解员和前福利代理不受合作义务的约束。

4 行政机关和法院应当移交所需的档案、制定报告并提供资料,但为了保护合法利益的除外。

第449条

G. 在评估机构鉴定

1. 如果精神病鉴定是必要的,不能在基础门诊进行,成年人保护机关应当准许当事人到合适的评估机构进行鉴定。

2. 比照适用与护理相关的住院治疗措施上的规定。

第449a条

H. 法定代理人的指定

如有必要,成年人保护机构应当为当事人指定法定代理人,并指定一名在护理与法律事务方面富有经验的人担任其官方代理人。

第449b条

I. 档案的查阅

1. 诉讼当事人有权查阅案件档案,但为了保护合法利益的除外。

2. 如果成年人保护机构拒绝诉讼当事人查阅案件档案,而以口头或者书面形式向诉讼当事人告知案件的相关资料,则该资料仅可在诉讼程序中使用。

第449c条

J. 通知义务

成年人保护机构应该通知民事户籍登记部门如果:

1. 为永久性失去判断能力人,设立一般型代理关系。

2. 当某人永久性丧失判断能力,其预先照顾指令开始生效。

第二目　申诉机构

第450条

A. 申诉的对象和权利

1. 对成年人保护机构的决定不服的有权向管辖法院申诉。

2. 下列人员有申诉权:(1)参与成年人保护机构程序的人;(2)与当事人关系密切的人;(3)在有争议的决定中合法权益被否认或者修改的人。

3. 申诉的诉求必须书面提交法院并且说明申诉的理由。

第450a条

B. 申诉的理由

1. 申诉被驳斥的情形:(1)违反法律;(2)法律相关事实的裁决不正确或者不完整;(3)一个不恰当的决定。

2. 申诉有权以被不公正对待或被不合理延误为理由。

第450b条

C. 提交申诉的截止日期

1. 申诉必须在决定通知之日起三十日内提出,截止日期同样适用于那些不被要求通知这个决定但是有申诉权的人。

2. 在住院治疗措施中,申诉必须在决定通知之日起十日内提出。

3. 基于被不公正对待或被不合理延误为理由的申诉,可以随时被提出。

第450c条

D. 中止的效力

申诉将会发生中止的效力,成年人保护机构或者法院另有规定除外。

第450d条

E. 与下级协商和重新考虑

1. 司法申诉机构应该给成年人保护机构表达其立场的机会。

2. 成年人保护机构也可以不提出意见,而重新考虑其决定。

第450e条

F. 与照顾相关的住院医疗案件的特别规定

1. 当针对一个涉及照顾相关的住院医疗的决定提起申诉时,不需要陈述任何理由。

2. 除成年人保护机构或法院另有规定外,申诉不发生中止的效力。

3. 涉及精神障碍患者的案件,这个决定必须被建立在专家意见的基础上。

4. 法院通常应当作为陪审法官听取当事人的陈述。在必要的情况下,应当为当事人指定法定代理人,并且指定一名在照顾方面与法律事务方面富有经验的人作为官方代理人。

5. 在通常情况下,在申诉被提出之后的五个工作日内应当作出决定。

第三目　共同条款

第450f条

除此之外,比照适用民事诉讼条例,但州另有规定的除外。

第四目　执　　行

第450g条

1. 成年人保护机构应当经请求或者依职权,执行其决定。

2. 如果成年人保护机构或法院在决定中已经下令采取强制执行措施,则这些措施将被直接执行。

3. 负责执行的人员在必要时应当争取警察的帮助，通常在采用直接的强制措施前需要给予当事人警告。

第三节　与第三方的关系及合作义务

第 451 条

A. 保密义务和提供信息义务

1. 成年人保护机构在不涉及优先保护利益的情形下，应当履行保密义务。

2. 具有信赖利益的任何人可以要求成年人保护机构提供某人的成年人保护措施存在及其效力的信息。

第 452 条

B. 措施对第三方的效力

1. 成年人保护措施可以被用于对抗善意第三人。

2. 如果官方代理关系限制了当事人的行为能力，且合同是由被代理人订立的，就必须通知债务人。债务人必须对代理人清偿债务后，才能解除其给付义务。在代理情况通知被发出之前，官方代理关系并不能被用来对抗善意债务人。

3. 如果受到成年人保护措施的人诱导第三人错误地相信其具有行为能力，则其应当对由此造成的损失或损害承担责任。

第 453 条

C. 合作的义务

1. 如果有严重的风险，即有需要的人会危及自己，或者犯重罪或者轻罪对其他人的生理或心理造成严重地损害或者造成物质损失，则成年人保护机构应该与相关机构及警方合作。

2. 在此情况下，负有保密职务或者职业秘密要求的人有权通知成年人保护机构。

第四节　法 律 责 任

第 454 条

A. 原则

1. 针对官方措施，因非法行为或不履行法律责任而遭受损害的人，均有权请求损害赔偿;如有证据证明其遭受严重损害的,还可以请求精神损害赔偿。

2. 如果成年人保护机构或者监管机构在保护成年人的其他方面有非法行为,受害人也享有上述权利。

3. 州负有责任的情况下,受害方没有权利向造成损害的人提出损害赔偿请求权。

4. 州的对造成损害的人的追索权应当由州法律所规定。

第455条

B. 诉讼时效期间

1. 行使损害赔偿请求权受时效限制,从受损害的人知悉其受侵害时开始计算,但是在任何情况下,该权利自致害行为发生起十年后消灭。

2. 如果该索赔是基于刑事犯罪,而刑法明确规定了一个更长的时效,则应当适用此时效。

3. 如果损害是因决定或实施长期的措施造成的,则针对州的起诉,其诉讼时效从该长期措施结束或者是从移交到另一个州时起算。

第456条

C. 代理法律责任

因某人丧失判断能力而委托的受托人、丧失判断能力人的配偶或者登记伴侣、医疗事务法定代理人,若他们不是官方代理人的情况下,其责任适用《瑞士债法典》中委托代理的规定。

(陈苇,西南政法大学民商法学院教授,博士生导师;
陈钊,西南政法大学民商法学院博士研究生。)

《民商法论丛》征稿启事

一、本丛书接受电子版投稿，邮箱地址为：lhuixing@ sina. com。编辑部以送当期样书方式替代稿酬，如另有需求请投稿时特别声明。请作者务必提供有效联系方式（尤其是手机号），以便寄送样书。

二、来稿请以“作者姓名 + 文章标题”为邮件名称。

请在标题和正文中间添加目次（一级标题即可），同时文末在小括号内写明作者个人简介（包括姓名、单位、职务或职称、地址、联系电话、电子邮箱）。

三、来稿脚注采取篇连注形式，即全篇文章脚注连续编号，编号为①②③。

四、非直接引用原文的，注释前加“参见”；非引自原始出处的，注释前加“转引自”。

五、数个资料引自同一出处的，如果两个注释并非相邻，分别列出完整的文献信息；如果两个注释相邻，则采用“同上书，第×页”。

六、具体注释规范如下：

（一）中文著作

①梁慧星：《民法总论》，法律出版社2011年版，第3页。

②赵旭东主编：《公司法学》（第2版），高等教育出版社2006年版，第337页。

（二）译著

①［德］卡尔·拉伦茨：《法学方法论》，陈爱娥译，商务印书馆2005年版，第366～367页。

②［美］拉里·哈里斯主编：《监管下的交易所：经济增长的强劲助推器》，上海证券交易所译，中信出版社2010年版，第14页。

(三)中文期刊、报纸

①程啸:《抵押权的实现程序》,载《中外法学》2012年第6期,第17页。

②尹田:《法国合同责任的理论与实践》,载梁慧星主编:《民商法论丛》(第3卷),法律出版社1995年版,第151~152页。

③庚向荣:《说理是司法裁判文书的生命》,载《法制日报》2013年2月19日,第7版。

(四)学位论文

刘杰敏:《论违约损害赔偿的范围及计算》,武汉大学2004年博士学位论文,第7页。

(五)网络文献

苏力:《中国现代化进程中的法制问题》,载北大法律信息网文献库:http://chinalawinfo. com/fzdt/xwnr. asp? id = 11223. ,最后访问时间:2004年1月5日。

(六)古代文献

(清)姚际恒:《古今伪书考》卷三,光绪三年苏州文学山房活字本。

(七)英文文献

① A. Jayier Trevino, *The Sociology of Law: Classical and Contemporary Perspectives*, New York, St. Martin's Press, 1990, pp. 6 – 7.

② See James D. Cox, Thomas Lee Hazen, *Corporations*, 2nd edition, New York, Aspen Publishers, 2003, pp. 123 – 128.

③ Douglas D. Heckathorn, "Collective Sanctions and Compliance Norms: A Formal Theory of Group Mediate Social Control", *American Sociological Review* 55, 1990, p. 370.

(八)其他外文文献

依照该文种注释习惯。

《民商法论丛》第 64 卷勘误及致歉声明

由于排版上的疏忽，梁慧星主编：《民商法论丛》（第 64 卷），法律出版社 2017 年版，第 39、62 页出现错误：将同期刊载的《合同债权人代位权的法理逻辑》（高永周，安徽师范大学法学院副教授）的基金项目（安徽师范大学博士科研启动金项目（2016XJJ105））错误添加为《论赔礼道歉责任法律化的不可能》的基金项目。

现向文章作者致歉，并更正如下：

第 39 页，《论赔礼道歉责任法律化的不可能》一文的项目信息

原表述为：

“本论文得到国家留学基金委的资助。基金项目：安徽师范大学博士科研启动金项目（2016XJJ105）”

更正为：

“本论文得到国家留学基金委的资助。”

第 62 页，《合同债权人代位权的法理逻辑》一文应增加项目信息如下：

本文属于安徽师范大学博士科研启动金项目（2016XJJ105）成果。

出版社将会在加印以及电子化时及时修改。

图书在版编目(CIP)数据

民商法论丛. 第65卷 / 梁慧星主编. -- 北京 : 法律出版社, 2017
(民商法论丛)
ISBN 978-7-5197-1842-8

Ⅰ. ①民… Ⅱ. ①梁… Ⅲ. ①民法-研究-文集②商法-研究-文集 Ⅳ. ①D913.04-53

中国版本图书馆CIP数据核字(2017)第330783号

民商法论丛(第65卷)
MINSHANGFA LUNCONG(DI 65 JUAN)

梁慧星 主编

策划编辑 李峰沄
责任编辑 李峰沄
装帧设计 李 瞻

出版 法律出版社
总发行 中国法律图书有限公司
经销 新华书店
印刷 三河市兴达印务有限公司
责任校对 晁明慧
责任印制 陶 松

编辑统筹 学术·对外出版分社
开本 A5
印张 23.5
字数 693千
版本 2017年12月第1版
印次 2017年12月第1次印刷

法律出版社/北京市丰台区莲花池西里7号(100073)
网址/www.lawpress.com.cn
投稿邮箱/info@lawpress.com.cn
举报维权邮箱/jbwq@lawpress.com.cn
销售热线/010-63939792
咨询电话/010-63939796

中国法律图书有限公司/北京市丰台区莲花池西里7号(100073)
全国各地中法图分、子公司销售电话:
统一销售客服/400-660-6393
第一法律书店/010-63939781/9782
重庆分公司/023-67453036
深圳分公司/0755-83072995
西安分公司/029-85330678
上海分公司/021-62071639/1636

书号:ISBN 978-7-5197-1842-8
定价:96.00元
(如有缺页或倒装,中国法律图书有限公司负责退换)